Espiritualidad africana

Explorando las prácticas espirituales de África, Isese, Ori, Egun, Ogun, Oshun y Yemaya

© Copyright 2025

Todos los derechos reservados. Ninguna parte de este libro puede ser reproducida de ninguna forma sin el permiso escrito del autor. Los revisores pueden citar breves pasajes en las reseñas.

Descargo de responsabilidad: Ninguna parte de esta publicación puede ser reproducida o transmitida de ninguna forma o por ningún medio, mecánico o electrónico, incluyendo fotocopias o grabaciones, o por ningún sistema de almacenamiento y recuperación de información, o transmitida por correo electrónico sin permiso escrito del editor.

Si bien se ha hecho todo lo posible por verificar la información proporcionada en esta publicación, ni el autor ni el editor asumen responsabilidad alguna por los errores, omisiones o interpretaciones contrarias al tema aquí tratado.

Este libro es solo para fines de entretenimiento. Las opiniones expresadas son únicamente las del autor y no deben tomarse como instrucciones u órdenes de expertos. El lector es responsable de sus propias acciones.

La adhesión a todas las leyes y regulaciones aplicables, incluyendo las leyes internacionales, federales, estatales y locales que rigen la concesión de licencias profesionales, las prácticas comerciales, la publicidad y todos los demás aspectos de la realización de negocios en los EE. UU., Canadá, Reino Unido o cualquier otra jurisdicción es responsabilidad exclusiva del comprador o del lector.

Ni el autor ni el editor asumen responsabilidad alguna en nombre del comprador o lector de estos materiales. Cualquier desaire percibido de cualquier individuo u organización es puramente involuntario.

Su regalo gratuito

¡Gracias por descargar este libro! Si desea aprender más acerca de varios temas de espiritualidad, entonces únase a la comunidad de Mari Silva y obtenga el MP3 de meditación guiada para despertar su tercer ojo. Este MP3 de meditación guiada está diseñado para abrir y fortalecer el tercer ojo para que pueda experimentar un estado superior de conciencia.

https://livetolearn.lpages.co/mari-silva-third-eye-meditation-mp3-spanish/

¡O escanee el código QR!

Índice

PRIMERA PARTE: PRÁCTICAS ESPIRITUALES AFRICANAS 1
  INTRODUCCIÓN 2
  CAPÍTULO 1: CONOCER LAS PRÁCTICAS ESPIRITUALES AFRICANAS 4
  CAPÍTULO 2: *MAAT*: TRAER ARMONÍA Y EQUILIBRIO A LA VIDA 14
  CAPÍTULO 3: DIOSES CREADORES SUPREMOS 24
  CAPÍTULO 4: LOS *LWA* Y LOS *ORISHAS* 33
  CAPÍTULO 5: LA SANTERÍA Y LOS SANTOS 43
  CAPÍTULO 6: HONRAR A LOS ANTEPASADOS 55
  CAPÍTULO 7: HIERBAS Y PLANTAS SAGRADAS 65
  CAPÍTULO 8: HABLEMOS DE ALTARES Y SANTUARIOS 76
  CAPÍTULO 9: BOLSAS DE MOJO Y GRIS-GRIS 83
  CAPÍTULO 10: FESTIVALES Y CEREMONIAS 90
  CONCLUSIÓN 99
  GLOSARIO DE TÉRMINOS 101
SEGUNDA PARTE: ISESE 106
  INTRODUCCIÓN 107
  CAPÍTULO 1: ¿QUÉ ES ISESE? 109
  CAPÍTULO 2: OLODUMARE, EL COSMOS Y USTED 120
  CAPÍTULO 3: *ODU IFÁ*, LA ESCRITURA DIVINA 130
  CAPÍTULO 4: PRÁCTICA DE LA ADIVINACIÓN DE IFÁ 141
  CAPÍTULO 5: LOS SIETE GRANDES ORISHAS 153

CAPÍTULO 6: RECORRER EL CAMINO DE SUS ANTEPASADOS 171
CAPÍTULO 7: HONRAR A LOS ANTEPASADOS..............................178
CAPÍTULO 8: LO QUE ENSEÑAN LAS BANDERAS ASAFO 186
CAPÍTULO 9: IWA, LA CONSTRUCCIÓN DE UN CARÁCTER FUERTE..194
CAPÍTULO 10: PRACTICAR EL ISESE TODOS LOS DÍAS................201
BONIFICACIÓN: GLOSARIO ISESE 208
CONCLUSIÓN 211
TERCERA PARTE: ORÍ 213
INTRODUCCIÓN 214
CAPÍTULO 1: CONCEPTOS ESPIRITUALES BÁSICOS DE LA CULTURA YORUBA 216
CAPÍTULO 2: ¿QUÉ ES EL ORÍ?..227
CAPÍTULO 3: DESTINO VS. LIBRE ALBEDRÍO EN LA CULTURA YORUBA 236
CAPÍTULO 4: OLODUMARE Y LOS ORISHÁS...............................245
CAPÍTULO 5: ORÍ COMO ORISHÁ 256
CAPÍTULO 6: ANTEPASADOS 265
CAPÍTULO 7: VIVIR CON LA BENDICIÓN DE LOS ANTEPASADOS...274
CAPÍTULO 8: EGBE, SU FAMILIA ESPIRITUAL 282
CAPÍTULO 9: ODU IFÁ, UNA GUÍA PARA UNA VIDA JUSTA 289
CAPÍTULO 10: ALINEACIÓN CON SU ORÍ 297
BONIFICACIÓN: GLOSARIO DE TÉRMINOS 304
CONCLUSIÓN 310
CUARTA PARTE: EGÚN 312
INTRODUCCIÓN 313
CAPÍTULO 1: CONCEPTOS BÁSICOS DE LA ESPIRITUALIDAD YORUBA...315
CAPÍTULO 2: ORISHÁS, SUS GUÍAS ESPIRITUALES DIVINOS 324
CAPÍTULO 3: CÓMO VENERAR A LOS ORISHÁS..........................335
CAPÍTULO 4: EGBE, SUS COMPAÑEROS ESPIRITUALES 345
CAPÍTULO 5: LA IMPORTANCIA DE LOS ANTEPASADOS...............353
CAPÍTULO 6: EL ODUN EGUNGÚN 361
CAPÍTULO 7: CREACIÓN DE UN ALTAR O SANTUARIO DE EGÚN..369
CAPÍTULO 8: MÁS FORMAS DE VENERAR A SUS ANTEPASADOS...377

CAPÍTULO 9: LA REENCARNACIÓN EN LA FILOSOFÍA YORUBA 386
CAPÍTULO 10: MALDICIONES ANCESTRALES Y CÓMO QUEBRARLAS 397
CONCLUSIÓN 404
GLOSARIO DE TÉRMINOS YORUBA 406

QUINTA PARTE: OGUN 412
INTRODUCCIÓN 413
CAPÍTULO 1: ¿QUIÉN ES OGUN? 415
CAPÍTULO 2: OGUN COMO SANTO 425
CAPÍTULO 3: ¿ES USTED HIJO DE OGUN? 435
CAPÍTULO 4: OGUN EN MITOS Y LEYENDAS 445
CAPÍTULO 5: LO QUE OGUN ENSEÑA A SUS SEGUIDORES 457
CAPÍTULO 6: SÍMBOLOS Y OFRENDAS A OGUN 471
CAPÍTULO 7: CONSTRUYENDO UN ALTAR SAGRADO 484
CAPÍTULO 8: RITUALES Y HECHIZOS ÚTILES 493
CAPÍTULO 9: FIESTAS Y DÍAS FESTIVOS DE OGUN ... 503
CAPÍTULO 10: RITUALES COTIDIANOS PARA CELEBRAR OGUN 510
EXTRA: GLOSARIO DE TÉRMINOS 517
CONCLUSIÓN 519

SEXTA PARTE: OSHUN 521
INTRODUCCIÓN 522
CAPÍTULO 1: OSHUN - ESPÍRITU, SANTA, ORISHA 524
CAPÍTULO 2: ¿ES HIJO DE OSHUN? 535
CAPÍTULO 3: OSHUN EN MITOS Y LEYENDAS 542
CAPÍTULO 4: CONEXIÓN CON LA DIVINIDAD FEMENINA 551
CAPÍTULO 5: PLANTAS, SÍMBOLOS Y OFRENDAS 560
CAPÍTULO 6: CREAR UN ALTAR PARA LA DIOSA 572
CAPÍTULO 7: HECHIZOS Y RITUALES PARA EL AMOR Y LA BELLEZA 580
CAPÍTULO 8: HECHIZOS Y RITUALES DE ABUNDANCIA Y PROSPERIDAD 591
CAPÍTULO 9: DÍAS SAGRADOS Y FESTIVALES 602
CAPÍTULO 10: RITUALES DIARIOS PARA HONRAR A OSHUN 611
EXTRA: GLOSARIO DE TÉRMINOS 620
CONCLUSIÓN 626

SÉPTIMA PARTE: YEMAYÁ 628
   INTRODUCCIÓN 629
   CAPÍTULO 1: ¿QUIÉN ES YEMAYÁ? 631
   CAPÍTULO 2: LA SABIDURÍA DE LA MADRE EN EL MITO Y LA TRADICIÓN 640
   CAPÍTULO 3: YEMAYÁ Y LA VIRGEN MARÍA 649
   CAPÍTULO 4: CÓMO CONECTAR CON YEMAYÁ 658
   CAPÍTULO 5: LA DIOSA DEL OCÉANO Y LA LUNA 668
   CAPÍTULO 6: HERRAMIENTAS Y SÍMBOLOS RITUALES 680
   CAPÍTULO 7: CONSTRUIR UN SANTUARIO SAGRADO 692
   CAPÍTULO 8: BAÑOS ESPIRITUALES Y HECHIZOS 701
   CAPÍTULO 9: DÍAS SAGRADOS Y FESTIVALES 713
   CAPÍTULO 10: RITUALES DIARIOS PARA HONRAR A YEMAYÁ 722
   CONCLUSIÓN 732
VEA MÁS LIBROS ESCRITOS POR MARI SILVA 734
SU REGALO GRATUITO 735
REFERENCIAS 736
FUENTES DE IMAGENES 755

Primera Parte: Prácticas Espirituales Africanas

La guía definitiva sobre santería, yoruba, orishas, espiritualidad negra, veneración ancestral, maat, vudú haitiano y hoodoo

Introducción

Cuando la gente piensa en espiritualidad, sus mentes a menudo se dirigen a prácticas asiáticas y occidentales, como el yoga, la *wicca*, el paganismo y el druidismo. Sin embargo, hay muchas otras prácticas espirituales por conocer alrededor de todo el mundo, y el continente africano alberga varias tradiciones espirituales vibrantes y fascinantes.

Algunas de las variadas tradiciones espirituales de África son el kemetismo (o neopaganismo egipcio), el *isese* (o religión yoruba), el vudú haitiano, el *hoodoo* y la santería. La mayoría de los libros sobre tradiciones espirituales se centran en las más conocidas, omitiendo por completo estas vibrantes tradiciones. En cambio, este libro destaca estas tradiciones espirituales y explora ampliamente sus prácticas asociadas.

Este libro se abre con una visión general de las prácticas espirituales africanas que se exploran con más detalle en los capítulos posteriores. Examina cómo está estructurada cada comunidad espiritual y cómo se llevan a cabo los rituales. Analiza algunas de sus creencias para que los lectores puedan comprender cada tradición en su totalidad.

Luego, el libro explora el *maat*, el kemetismo y la ortodoxia kemética y examina las formas de atraer el *maat* (orden cósmico) a su vida. Indaga los siete principios y las 42 leyes de *maat* y explica cómo los lectores pueden adoptarlos y seguirlos.

Tras explorar el *maat*, el libro profundiza en las tradiciones de los dioses creadores supremos de las tradiciones espirituales africanas y en las formas en las que los creyentes creen que se formó el mundo. Al principio del libro se explica cómo se venera a estos dioses creadores.

El cuarto capítulo explora los *lwa* y los *orishas*, los dioses y espíritus del vudú y el *isese* haitianos. Examina los panteones de cada tradición espiritual y ayuda a los lectores a comprender mejor cómo los practicantes veneraban a estas deidades y se comunicaban con ellas.

A continuación, el libro examina la misteriosa tradición espiritual de la santería y los santos importantes en esta tradición. Explora los vínculos entre la santería y el catolicismo, el vudú haitiano y el *isese*, y ayuda a los lectores a invocar los poderes de cada santo.

El sexto capítulo profundiza en la fuerte tradición de veneración ancestral del continente africano. Los lectores comprenderán mejor por qué se venera a los antepasados y cómo se practica esta veneración en las distintas tradiciones espirituales y religiones.

Tras explorar la veneración de los antepasados, el libro examina algunas de las hierbas y plantas sagradas de África y su importancia para los rituales y conjuros de tradiciones espirituales africanas como el *Hoodoo*. También se explora el papel de los altares y santuarios en estas tradiciones y se enseña a construir un altar para uso personal.

Luego, se habla en detalle de dos talismanes comunes: las bolsas de mojo y el gris-gris. Le enseña a crear y utilizar cada uno de estos talismanes para que los use como fuente de protección y magia adondequiera que vaya.

Por último, se examinan los festivales y ceremonias que se celebran en estas tradiciones espirituales africanas. Dado que las tradiciones africanas siguen siendo relativamente desconocidas, hay un conocimiento limitado de sus celebraciones religiosas y el capítulo pretende poner remedio a esta carencia.

Este libro también ofrece un glosario de términos que facilita la comprensión de las prácticas espirituales que trata. Dado que estas prácticas suelen ir acompañadas de términos nuevos y desconocidos, aprender sobre ellas puede resultar todo un reto.

Así que, sin más preámbulos, exploremos el mundo de las prácticas espirituales africanas y descubramos sus secretos.

Capítulo 1: Conocer las prácticas espirituales africanas

De las religiones africanas y afroamericanas proceden muchas prácticas culturales y espirituales únicas. Desde Senegal hasta Sudáfrica, estas prácticas suelen estar relacionadas con la espiritualidad, las ceremonias, los rituales y otras tradiciones que varían de una zona a otra. Algunas se siguen practicando hoy en día, mientras que otras se han perdido en el tiempo. Estas prácticas se han transmitido de generación en generación y varían de una tribu a otra. Algunas eran practicadas por todos los miembros de la comunidad, mientras que otras estaban reservadas para personas concretas (a menudo, aquellas que tenían un gran poder o potencial). Este capítulo examina algunas de las prácticas espirituales africanas más populares y su historia.

Las prácticas espirituales africanas se extienden por todo el continente africano[1]

Yoruba

El pueblo yoruba tiene una historia rica y compleja que sigue siendo estudiada por los historiadores modernos. La religión yoruba es uno de los mayores grupos de la diáspora africana, con miembros repartidos por todo el planeta. Según los documentos registrados, el pueblo yoruba se originó en África Occidental, principalmente en Nigeria, Benín y Ghana, donde vivieron pacífica e independientemente durante muchos siglos. La fe yoruba es una de las religiones más antiguas del mundo. Hace más de 5000 años, los yoruba entraron en contacto con exploradores y comerciantes europeos, y con misioneros musulmanes y cristianos, que influyeron en sus prácticas y creencias. Varios grupos yoruba se convirtieron al cristianismo durante este periodo, mientras que otros abrazaron el islam. Aun así, muchos mantuvieron las prácticas tradicionales de sus antepasados, lo que dio lugar a una religión diversa y ampliamente practicada que sigue siendo parte esencial de la cultura yoruba. Aunque sus creencias han variado a lo largo de los siglos, la religión yoruba se define generalmente por un sistema de creencias politeísta (múltiples deidades), centrado en el culto a los antepasados y un papel central de la adivinación, conocida como *ifá*. A través de este sistema de adivinación, los seguidores pueden comprender la intención del Ser Supremo Olodumare.

Durante la trata de esclavos, muchos africanos fueron obligados a convertirse al catolicismo. Sin embargo, la cultura yoruba representaba su historia y su identidad. No podían simplemente abandonar sus raíces. Practicaban su fe en secreto fusionando algunos aspectos yorubas con el catolicismo, mezclando muchos de los *orishas* con santos católicos. Aferrarse a su fe era una forma de rebelión contra la esclavitud y la pérdida de su libertad.

Creencias de la religión yoruba

Los yoruba creen que su deidad suprema, Olodumare, creó el universo. Con la ayuda de espíritus menores, Olodumare formó la Tierra y todo lo que hay en ella, incluidos los humanos. La gente debe esforzarse por vivir de acuerdo con Olodumare para ser bendecida con buena fortuna. Según la religión yoruba, *ashe* es la energía que se encuentra en todas las cosas naturales, incluidos los humanos y las deidades.

La religión yoruba se centra principalmente en el culto a deidades llamadas *orishas*. Estas deidades suelen estar asociadas a fuerzas naturales como los animales, las plantas y el medio ambiente. Son seres espirituales buenos y malos (*egungun* y *ajogun*). Aunque no son tan poderosos como Olodumare, los *orishas* pueden realizar tareas importantes, como curar y proteger a los humanos de las fuerzas malignas. A cambio de regalos y ofrendas, los *orishas* protegen a la gente y le proporcionan regalos especiales.

Rituales y costumbres yoruba

Los rituales yoruba son sagrados y seculares, y abarcan desde las ceremonias religiosas hasta la vida cotidiana. Los rituales tradicionales yoruba se realizan por muchos motivos, como la celebración del nacimiento, el matrimonio o la muerte de una persona. Mantienen la armonía y el equilibrio en la comunidad. El aspecto más importante de los rituales yoruba es el respeto a todas las personas. En la cultura yoruba, todos somos iguales. Las personas tienen diferentes funciones y responsabilidades dentro de la comunidad, pero todos tienen valor y son importantes. Los rituales muestran respeto por quienes nos han precedido conmemorando sus vidas y asegurándose de que las generaciones futuras sean atendidas en su ausencia. Estas ceremonias tienen un significado inmenso y varían significativamente entre las distintas comunidades de África Occidental.

Un aspecto interesante de la religión yoruba es la relación entre sacerdotes y seguidores. Mientras que muchas religiones tienen una jerarquía estricta con unos pocos individuos (sacerdotes, pastores, etc.) en la cima, los sacerdotes yoruba no se consideran espiritualmente superiores al resto de la comunidad. Por el contrario, son consejeros, maestros y curanderos que han estudiado y conocen los asuntos del espíritu. Los sacerdotes suelen ser elegidos por sus comunidades para dirigir el culto y celebrar las ceremonias esenciales, pero no ocupan una posición de gran autoridad espiritual. Además, en la religión yoruba no existe una organización central ni un liderazgo jerárquico. Cada comunidad es autónoma y tiene libertad para practicar e interpretar la religión como mejor le parezca.

Aunque la mayoría de los practicantes de la religión yoruba pertenecen a uno de los distintos linajes que componen la comunidad yoruba, cada practicante debe adherirse a algunos principios básicos. El primero es ser iniciado en la religión de niño por un miembro de la comunidad capacitado para esta tarea. Esta iniciación debe tener lugar entre el nacimiento y la edad adulta, pero lo más habitual es que se produzca cuando los niños tienen entre cinco y siete años. Tras ser iniciado en la religión, es vital aprender lo que significa ser una persona yoruba. Estos principios incluyen honrar a los antepasados, respetar a los mayores y seguir las leyes y costumbres tradicionales. También incluyen instrucciones sobre cómo comportarse en público, cómo en iglesias y mercados, para no ofender a los demás ni deshonrar a la propia familia. Sin embargo, por encima de todo, es esencial no olvidarse de vivir con un propósito y un sentido en la vida.

Santería

Mientras que los yoruba son un grupo étnico, la santería es una religión desarrollada en Cuba por los yoruba y sus descendientes. La santería es una religión afrocaribeña creada por los esclavos atlánticos llevados a Cuba, Puerto Rico y otras islas del Caribe entre los siglos XVI y XIX. Los esclavos llevaron al Caribe muchas de sus creencias tradicionales africanas, que se transformaron con el tiempo en la santería. No se trata de una sola religión, sino de una síntesis de creencias tradicionales yoruba, espiritismo y cristianismo católico romano.

Creencias de la santería

No existe una doctrina o dogma fijo dentro de la santería. En su lugar, existen múltiples sectas con creencias y prácticas ligeramente diferentes. Sin embargo, la santería es politeísta y gira en torno a las mismas deidades *orishas* que el pueblo yoruba. Enfatiza la idea de que todas las cosas tienen un espíritu y que los espíritus proceden de los dioses que crearon el universo. Los practicantes de la santería creen que pueden comunicarse con estos espíritus y pedirles ayuda. Los principales objetivos de esta religión son honrar y respetar a los espíritus.

Rituales y costumbres de la santería

En esta religión, los practicantes realizan rituales y ceremonias para conectar con el mundo de los espíritus. Estos rituales rinden culto a las deidades y sus ceremonias incluyen tambores, danzas y cánticos. También incluyen oraciones, ofrendas y ayunos. Estos rituales suelen ser guiados por un santero (hombre) o una santera (mujer). Además de actuar como medio espiritual para los practicantes, la santería permite a los seguidores conectar con sus antepasados a través de rituales de enraizamiento y posesión de espíritus. Algunos practicantes creen que pueden comunicarse con sus antepasados a través de estos medios.

El grado de participación en la santería varía enormemente. La práctica de la santería reconoce tres deidades principales, cada una con sus prácticas rituales asociadas. Las deidades más importantes son los *orishas*, que procede del pueblo yoruba de África Occidental. Hay muchos *orishas* y algunos son honrados en más de una forma de santería.

Los rituales de la santería se dividen en diferentes categorías que reflejan el espíritu al que se honra. Cualquier ritual puede describirse como «santería», siempre que honre a una o más deidades. Cada categoría tiene unos pasos específicos que deben seguirse para honrar adecuadamente al espíritu en cuestión. Por ejemplo, algunas ceremonias se incluyen elaboradas ofrendas y danzas que permiten a los participantes comunicarse con el espíritu honrado. Otras se centran principalmente en la limpieza espiritual y la curación a través de la oración y las hierbas. Algunas ceremonias también incluyen el sacrificio de animales para apaciguar al espíritu al que se honra y protegerlo.

Vudú haitiano

Durante el comercio atlántico de esclavos entre el siglo XVI y el XIX, el vudú haitiano, también conocido como vodú, se desarrolló entre las comunidades afrohaitianas. Los yoruba, *fon* y *kongo*, entre otros esclavos de África Central y Occidental, llegaron a La Española con sus religiones tradicionales fusionadas. Con el tiempo, la religión evolucionó hasta incluir elementos de las religiones indígenas y del cristianismo. Combina creencias espirituales autóctonas y prácticas del catolicismo y se caracteriza por rendir culto a espíritus y antepasados. En la actualidad, muchas personas practican el vudú en todo el mundo. Alrededor de 60 millones de practicantes siguen alguna de las diversas variantes de esta fe. Algunos practicantes del vudú haitiano remontan su ascendencia a quienes fueron llevados a Haití como esclavos. Otros afirman descender directamente de quienes nacieron allí o se trasladaron tras la abolición de la esclavitud. Personas de ambos orígenes practican el vudú, ya sea por creencia o por curiosidad. Los seguidores del vudú se denominan vuduistas.

En muchos aspectos, el vudú haitiano es similar a las religiones africanas. Por ejemplo, los rituales del vudú haitiano suelen incluir alimentos, bebidas y hierbas con fines curativos y espirituales. Como muchas otras religiones de la diáspora africana, el vudú haitiano ha sido influenciado por el cristianismo. Muchos haitianos son cristianos y practican algunos elementos de la religión de sus antepasados junto con sus creencias cristianas.

El vudú se considera una religión sincrética porque incorpora elementos de múltiples fuentes. Estas fuentes incluyen la religión africana y el cristianismo. Algo que diferencia al vudú haitiano de la religión yoruba y la santería es su teología. En esta teología, el culto a una única deidad se combina con el culto a múltiples deidades (politeísmo).

Existe la idea errónea de que el vudú está relacionado con la magia negra, la violencia y el culto al diablo. Sin embargo, esta es una visión injusta de una religión pacífica que no guarda relación alguna con la brujería. Durante siglos, el vudú ha sufrido muchos malentendidos que hicieron que la gente lo temiera y sintiera curiosidad por él. Hollywood no ayudó, al presentarlo constantemente como un método para causar daño a la gente.

Un famoso incidente ocurrido en Haití en 1791 podría haber desatado la polémica y los malentendidos en torno al vudú. Hubo una ceremonia vudú pacífica que muchos testigos malinterpretaron como un pacto de los participantes con el diablo. Las violentas revoluciones esclavistas que se produjeron después llevaron a los colonos blancos a hacer estas asociaciones negativas.

Los muñecos de vudú también han sido tergiversados en la cultura pop como herramientas para realizar magia negra y provocar dolor y sufrimiento a los demás. Los vuduistas asignan muñecos específicos a sus *lwa* y los utilizan para invocar ayuda o guía.

Creencias del vudú haitiano

Resulta difícil definir esta religión, ya que bebe de muchas fuentes y contiene muchas tradiciones. Sin embargo, el vudú se caracteriza por su énfasis en la magia y el culto a los antepasados. Algunas religiones vudú creen que los espíritus pueden poseer personas, animales y objetos (*loa*). Otras rinden culto a dioses y diosas. También forman parte del vudú distintos tipos de magia. Algunos rituales mágicos utilizan sacrificios de animales. Otros utilizan pociones o polvos que creen que tienen poderes especiales. Los rituales vudú suelen incluir bailes, cánticos y tambores. A veces se hacen ofrendas a dioses y diosas durante estas ceremonias.

Rituales y costumbres del vudú haitiano

Los sacerdotes del vudú pueden ser hombres o mujeres. Los sacerdotes masculinos se llaman *oungan*, mientras que las sacerdotisas femeninas reciben el nombre de *manbo*. Ambos realizan rituales de iniciación como reverencias, cánticos y oraciones para comunicarse con los espíritus o *lwa*. Se encargan de administrar bendiciones, amuletos y rituales a los enfermos y de curar enfermedades mediante la oración. Además de poseer conocimientos sobre los rituales vudú, los *manbo* son expertos en fitoterapia y utilizan hierbas en sus pociones con fines curativos.

Hoodoo

Vudú y *hoodoo* suelen utilizarse indistintamente, pero hay una diferencia.

El vudú es una religión, mientras que el *hoodoo* no lo es. Además de rituales, maestros y líderes, el vudú tiene dos ramas distintas: el vudú de Nueva Orleans y el vudú haitiano. En cambio, el *hoodoo* no es una religión, no tiene estructura organizativa y lo practican individuos que afirman poseer ciertos poderes mágicos, cada uno con su estilo distintivo.

En el *hoodoo*, el cristianismo, el espiritismo, la religión africana y el islam se combinan en un sistema espiritual sincrético.

Hay muchos conceptos erróneos sobre el *hoodoo*: es como el vudú, sus practicantes son adivinos. En realidad, el *hoodoo* es una mezcla de diversas prácticas para interactuar con el mundo espiritual. Es una ´practica que evolucionó a partir de las religiones tribales de África Occidental traídas a América por los africanos esclavizados. Hoy en día, suele asociarse con la cultura afroamericana del sur, suroeste y noreste de Estados Unidos.

El *hoodoo* es una forma de magia del sur de Estados Unidos, traída originalmente a este país por los esclavos africanos. Siguió siendo una tradición importante en el sur de Estados Unidos y continúa practicándose hoy en día. Evolucionó a partir de las religiones tribales de África Occidental traídas a América por los africanos esclavizados. Aunque sus raíces exactas se discuten, los estudiosos coinciden en que el desarrollo del *hoodoo* se remonta al siglo XIX. Comenzando en los estados del Sur, donde la mayoría de los africanos eran esclavos, el *hoodoo* pasó de ser un sistema secreto (oculto a los dueños de esclavos) de prácticas espirituales, utilizado para la curación y la protección, a una religión que también abordaba los problemas de la vida cotidiana.

Creencias del *hoodoo*

El *hoodoo* es la síntesis de varias prácticas y tradiciones populares africanas y del Nuevo Mundo. Los practicantes del *hoodoo* creen que en el mundo actúan una serie de fuerzas místicas. Entre ellas se incluyen potentes entidades, espíritus y fuerzas sobrenaturales. También creen que estas fuerzas pueden aprovecharse y utilizarse para mejorar la vida de las personas. Los practicantes de *hoodoo* utilizan una serie de técnicas para conectar con estas fuerzas. Algunas de ellas son el lanzamiento de hechizos, la elaboración de pociones y la realización de rituales. También utilizan amuletos y talismanes. El objetivo de todas estas técnicas es crear una conexión entre el practicante y la fuerza mística que intenta dominar. Una vez creada esta conexión, el practicante puede influir o controlar las fuerzas sobrenaturales. Los practicantes de *hoodoo* creen que las fuerzas místicas pueden manipularse utilizando ciertos objetos. Estos objetos incluyen piedras o huesos de animales como perros o gatos, porque algunos practicantes *hoodoo* creen que estos animales tienen poderes sobrenaturales.

Rituales y costumbres *hoodoo*

El *hoodoo* es una práctica espiritual centrada en el uso de la magia, la brujería y la botánica. Existen muchos *hoodoo* diferentes, pero todos comparten elementos comunes. Entre ellos, la creencia en el poder de la naturaleza y el énfasis en las ofrendas a deidades y espíritus. Muchas religiones *hoodoo* incorporan elementos de otras religiones, como el cristianismo o las creencias tribales africanas. No hay normas ni leyes establecidas que rijan la religión *hoodoo*, por lo que resulta difícil de entender para los forasteros. Sin embargo, hay algunas prácticas básicas en las que la mayoría de los practicantes están de acuerdo. Por ejemplo, la mayoría de los practicantes están de acuerdo en que la magia requiere un elemento de azar e incluye rituales como la adivinación. También están de acuerdo en que todo culto debe ir acompañado de algún tipo de sacrificio u ofrenda. Algunos de los rituales más comunes utilizan espíritus para diversos fines, amuletos de la suerte llamados bolsas de mojo o piezas de la suerte para atraer la buena fortuna, hechizos para cambiar a una persona o situación y maleficios para invocar energía o expulsarla.

Los sacerdotes del *hoodoo* se conocen como *rootworkers* (hechiceros). Estos practican el vudú para ayudar a las personas a resolver sus problemas. También se les conoce como médicos conjuradores o maestros conjuradores. Aunque estos términos pueden usarse indistintamente, los *rootworkers* son distintos de los prestidigitadores, que suelen ser herbolarios que utilizan remedios caseros para curar dolencias. Los *rootworkers* se centran en el uso de la magia popular y las prácticas espirituales, como maleficios o hechizos, para ayudar a la gente con sus problemas. La tradición *hoodoo* se transmite de maestro a alumno, y los estudiantes suelen pasar por un rito de iniciación antes de empezar sus estudios. En algunos casos, los estudiantes se someten a una iniciación o prueba antes de comenzar sus estudios y convertirse en practicantes de *hoodoo* con pleno derecho.

Ortodoxia kemética

La ortodoxia kemética es menos una religión y más una teología dedicada a la exploración de la verdad y el conocimiento mediante el culto a deidades. Es una religión basada en las antiguas creencias y formas de vida egipcias. Se ha adaptado y cambiado para ajustarse a la vida y los valores modernos. Es un enfoque sincrético que combina elementos del cristianismo y de otras religiones del mundo y crea una nueva síntesis. La fe se centra en el poder espiritual de antiguos elementos keméticos, como dioses y diosas egipcios, bestias míticas, plantas, animales y lugares sagrados como templos, cementerios y panteones. Se basa en una mezcla ecléctica de fuentes, como la antigua religión kemética, el neopaganismo, el animismo, las religiones tradicionales africanas y tradiciones religiosas occidentales como el cristianismo y el judaísmo. Muchas personas practican aspectos de la ortodoxia kemética sin identificarse necesariamente con la religión. En concreto, los keméticos practican la espiritualidad ancestral sola o combinada con otras formas de espiritualidad. Por ejemplo, algunos practican la ortodoxia kemética al tiempo que practican la *wicca* o el neopaganismo. Otros practican la ortodoxia kemética a la vez que siguen un camino cristiano o judío más tradicional.

La ortodoxia kemética se originó en Estados Unidos y ha experimentado un crecimiento significativo desde su fundación, en la década de 1980, por la reverenda Tamara L. Siuda. Actualmente, individuos y grupos la practican en todo el mundo.

Creencias de la ortodoxia kemética

Los practicantes, conocidos como *shemsu*, se guían a través de la fe por cinco principios básicos:

- Participar en la comunidad y respetarla.
- La creencia en Netjer (el Ser Supremo).
- La veneración de los *akhu* (antepasados).
- La defensa de los principios de *maat* (moralidad y ética).
- El reconocimiento de Siuda (el fundador de la fe) como *nisut* (líder).

Aunque la ortodoxia kemética cree en un poder divino (Netjer), también es una religión politeísta que cree en múltiples deidades, similar a la yoruba y la santería.

Rituales y costumbres de la ortodoxia kemética

La práctica de la fe se divide en tres categorías:

- Culto formal o estatal: Todos los miembros son observados por un sacerdote elegido y realizan oraciones al amanecer a una deidad elegida.
- Culto personal: Todos los miembros, sacerdotes y clérigos superiores alaban y rinden culto a las deidades en un *senut* (santuario) determinado.
- Devoción ancestral mediante ofrendas y oraciones.

Estas son cinco de las muchas religiones y prácticas espirituales africanas que existen desde hace siglos. Las prácticas varían considerablemente de una región a otra. Cada una se basa en diversas deidades y diferentes rituales y prácticas de culto. Todas son únicas, y sus historias y tradiciones son fascinantes. Ofrecen una visión deslumbrante de la historia de las regiones africanas y de las gentes que las habitaron durante siglos.

Estas religiones son más que prácticas tradicionales: representan la identidad y las raíces africanas. Aunque las religiones abrahámicas llegaron a África, muchas personas siguen aferrándose a las tradiciones de sus antepasados.

Capítulo 2: *Maat*: Traer armonía y equilibrio a la vida

Maat, ¿una antigua diosa egipcia o un concepto? Maat era una diosa, pero representa algo más que eso. Simboliza el orden y la armonía. El deber de todo rey era asegurarse de que *maat* (el orden) se estableciera para reemplazar el desorden (*isfet*) y el caos. *Maat* representaba varias nociones significativas en las antiguas culturas egipcias, como la verdad y la justicia. Sin embargo, también era una diosa poderosa e influyente, hija del dios creador y dios del sol, Ra. Cuando Ra estaba creando el universo, Maat fue creada a partir de él, lo que significa que ha existido desde el principio de los tiempos y ha aportado equilibrio y armonía a un universo caótico. Por esta razón,

Maat representaba el orden y la armonía[2]

muchos concebían *maat* como un concepto por el que vivir más que como una deidad.

No tenía una historia como las demás diosas ni una personalidad. Solo representaba algunas ideas cruciales. Quienes se unían a Maat y a sus principios, llevarían una vida equilibrada y tendrían garantizada una eternidad pacífica en el más allá. En cambio, quienes rechazaban sus leyes y principios, sufrirían graves consecuencias en la otra vida. En otras palabras, *maat* representaba el comportamiento y las características ideales que debían respetarse y en las que todas las demás deidades estaban de acuerdo. Maat era la base sobre la que Ra construyó su creación y representaba las reglas que los antiguos egipcios debían seguir.

Maat significa *«lo que es verdadero y recto»*, que es todo lo que la diosa representa. Se la representa como una mujer con alas que porta la llave de la vida (el *anj*). Maat era apreciada entre los reyes y el pueblo del antiguo Egipto, y sus seguidores se llamaban a sí mismos «Amados de Maat». En algunas leyendas, estaba casada con su hermano Thoth, el dios de la sabiduría.

Cada persona tenía la opción de llevar una vida honorable y honesta y acatar los principios de Maat, o podía ignorarlos y vivir según sus propias reglas. En otras palabras, cada uno era responsable de sus actos sin la interferencia de ningún dios. Los dioses eran justos. Dejaban a cada uno a su aire, pero todos debían estar preparados para afrontar las consecuencias en la otra vida y pagar por sus errores. Sin embargo, los dioses seguían esperando que la gente se preocupara por los demás como ellos lo hacían y vivieran en armonía. Vivir en armonía con los dioses significaba acatar los principios de Maat.

Los antiguos egipcios, al igual que muchas otras culturas de la época, creían en la vida después de la muerte. La forma en que pasarían su vida después de la muerte dependía de la vida que eligieran llevar. Cada persona se sometía a un juicio, conocido como «El pesaje de los corazones».

El pesaje de los corazones

Tras la muerte, el alma del difunto llega a un lugar en el más allá llamado «Salón de la verdad». Ya fuera un rey o un campesino, todos tenían que ser juzgados y enfrentarse al juicio de los dioses. Los dioses que juzgaban a las almas eran conocidos como el consejo de Maat.

Durante cada juicio, el alma del muerto permanecía frente a los jueces mientras que el cuerpo humano permanecía en su tumba. Sin embargo, solo los aspectos del alma humana llegaban al Salón de la verdad para el juicio.

Los antiguos egipcios creían que el alma de cada persona constaba de nueve partes.

1. El *khat* (el cuerpo físico).
2. El *ren* (el nombre secreto de una persona).
3. El *ka* (la doble forma de una persona).
4. El *ab* (el corazón que impulsa a la persona a ser buena o mala).
5. El *ba* (una parte del alma que adoptaba la forma de un pájaro con cabeza humana y podía viajar entre el cielo y la tierra).
6. El *akh* (el yo inmortal).
7. El *sahu* (un aspecto del *akh*).
8. El *sechem* (otro aspecto del *akh*).
9. El *shuyet* (el yo sombra).

Estas nueve partes representaban los aspectos del alma humana que existían en la Tierra. Después de la muerte, el *akh* y sus dos aspectos, *shuyet* y *sechem*, viajaban al inframundo y se presentaban ante el dios del inframundo, Osiris, para esperar su juicio ante cuarenta y dos jueces. Algunos de los dioses y diosas más significativos del antiguo Egipto se encontraban entre ellos, como el creador, Ra; Horus, el dios del sol; Nut, la diosa del cielo; Geb, la diosa de la tierra; Hathor, la diosa del amor; Shu, la diosa de la paz; Neftis, la diosa de los muertos; y su hermana Isis, la diosa de la vida. El cuarto aspecto del alma, el *ab* (corazón), se colocaba en una balanza de oro y su peso se comparaba con el de una pluma blanca. Sin embargo, no se trataba de una pluma blanca cualquiera, sino que pertenecía a Maat y se la denominaba la pluma de la verdad.

Antes de colocar el corazón en la balanza, el ser inmortal (el *akh*) debía recitar la «Confesión negativa» o «Declaración de inocencia», que consistía en una lista de cuarenta y dos acciones pecaminosas para decir que nunca las había cometido. Las confesiones se hacían a cada uno de los jueces. Las confesiones negativas diferían de una persona a otra. Se hacían a la medida de cada persona, porque todos son diferentes y las tentaciones a las que se enfrenta y los pecados que comete cada uno no son los mismos. Por ejemplo, un pecado como «nunca ordené matar» era apropiado para un herrero que normalmente nunca se involucraría en acabar con la vida de alguien. Sin embargo, los reyes, soldados y jueces probablemente habían estado en una situación en la que habían ordenado la muerte de alguien. Por lo tanto, este pecado no estaba incluido en sus confesiones, ya que, en este caso, era su trabajo, no un pecado. Tenían que negar haber cometido todos los pecados que se les presentaban. Si un guerrero negaba haber matado a alguien, estaría mintiendo. Por lo tanto, no había una lista estándar, pero había algunos pecados comunes que ninguna persona debía cometer jamás, como robar o maldecir a los dioses. Las intenciones eran importantes en estas confesiones. Por ejemplo, la confesión: «Nunca he hecho llorar a nadie». Nadie podría atestiguar si esto era cierto, porque nunca podría saberse si sus acciones o palabras habían hecho llorar a alguien. Esta confesión está basada en la intención, lo que significa que nunca tuvo la intención de hacer llorar a alguien.

Los pecados representaban todo lo que iba en contra de los principios de Maat. Quienes vivían según sus reglas eran virtuosos e incluso cuando cometían pecados, lo hacían sin mala intención. El propósito de estas confesiones era mostrar que cada persona entendía que la vida solo debía vivirse según las enseñanzas de los dioses y no según los caprichos de las personas.

Después de que alguien enumeraba sus confesiones, su corazón era colocado en la balanza. Aunque alguien mintiera durante las confesiones, su corazón nunca mentiría. Si fingía ser virtuoso, la balanza lo desenmascaraba. El corazón de una buena persona era más ligero que la pluma de la verdad. En caso de ser así, Osiris consultaba con Thoth y los cuarenta y dos jueces para determinar si la persona era realmente digna y debía ser recompensada. Los dioses evaluaban cuántos pecados había cometido y decidían si estaba en el lado de los virtuosos o de los pecadores. Sin embargo, si el corazón pesaba más que la pluma de Maat, a la persona se le negaba la vida después de la muerte. A diferencia de otras religiones, los antiguos egipcios no tenían un concepto del infierno. La diosa Ammut devoraba los corazones pesados y las personas dejaban de existir. Maat era representada en lo alto de la balanza de oro durante el juicio. Sin embargo, otros dibujos la mostraban al lado de Osiris.

Tras el juicio, a los corazones ligeros se les permitía el paso al Campo de los juncos, el equivalente al cielo de los antiguos egipcios. Sin embargo, el viaje no era fácil. Fuerzas malignas como los demonios creaban caos y trampas para impedir que las almas llegaran a su destino final. Los que lograban llegar sanos y salvos se reunían con sus seres queridos y pasaban la eternidad en el reino encantado del Campo de los juncos. Otros mitos no incluyen las trampas demoníacas: las almas realizan un viaje fácil a través del Lago de los lirios, donde se enfrentan a una última prueba antes de llegar al Campo de los juncos.

Maat protegía este reino y todas sus residencias. Si una persona era lo bastante afortunada y tenía un corazón puro, tenía la oportunidad de ver a Maat. Su papel no consistía únicamente en pesar los corazones, sino que también apoyaba las almas de las personas del Campo de juncos que acataban sus reglas.

El papel de Maat en el kemetismo

En el kemetismo, el mito de la creación sostiene que en el principio el caos era lo único existente. Ra surgió del caos para crear el universo. Fue creado como un poder contra el caos. El papel de Maat en el kemetismo era similar al que desempeñaba en la antigua religión egipcia. Era la guardiana del orden, la armonía y la verdad y evitaba el caos. Representaba la justicia y la verdad. De ahí que su pluma determinara la valía del corazón de una persona. El concepto de *maat* y todo lo que representaba era muy importante en el kemetismo. Los adoradores realizaban rituales y oraciones específicas para honrar las leyes de Maat y ayudar a difundirlas entre los demás.

Cuando el alto y el bajo Egipto se unieron, los seguidores del kemetismo conocieron las cuarenta y dos reglas de Maat, que aplicaban en su vida cotidiana y utilizaban en sus confesiones negativas. El pesaje de los corazones también tenía lugar en su creencia en el inframundo o *duat* contra la pluma de la verdad de Maat. Si Maat comprobaba que la persona había acatado sus leyes, se le concedía la eternidad en el Campo de juncos, donde se encontraría con Osiris, que custodiaba sus puertas.

Un corazón ligero en el viaje espiritual

Un corazón ligero concede la eternidad en el paraíso o en el Campo de los juncos. Significa que una persona ha llevado una vida honesta y está en armonía con los dioses. Un corazón ligero es un corazón puro y virtuoso. Una persona debe garantizar que su corazón es ligero antes de embarcarse en un viaje espiritual. Un viaje espiritual implica autodescubrirse, hacerse preguntas, encontrar respuestas, encontrar el propio lugar en el universo, despertar el espíritu y experimentar un renacimiento. Durante este viaje, se toma conciencia de quién se es y quién se supone que se debe ser.

En este viaje se necesita un corazón ligero. Durante el viaje espiritual se despierta otra versión de usted: una más positiva, segura y poderosa. Convertirse en la mejor versión de usted mismo requiere un corazón puro que pueda soltar la ira, la codicia, la mentira y otros vicios y abrazar la positividad y la luz. Tanto si emprende un viaje espiritual para descubrirse, encontrar su lugar en el universo, crecer, conectar con una deidad o superar un pasado desafortunado, su corazón debe estar libre de todo lo que le ha frenado. La mayoría de las personas se guían por su corazón, y un corazón impuro le impedirá alcanzar el propósito de su viaje.

Puede tener un corazón puro siguiendo las leyes de Maat. Aunque estas reglas son antiguas, siguen siendo aplicables. Muchas cosas han cambiado a lo largo de los siglos, excepto lo que define a una buena persona. Estas leyes y principios atemporales le ayudarán a caminar por un sendero recto. Purifican su corazón del odio, la ira, la codicia, la envidia y todo lo que pueda mancharlo. Le otorgan el poder de llevar una vida honesta, aunque a veces parezca difícil.

En el kemetismo, aplicar los principios de Maat es necesario para vivir una vida equilibrada y tener un corazón ligero y puro.

Los siete principios y las cuarenta y dos leyes de Maat

En este capítulo se han mencionado varias veces los principios y las leyes de Maat. Aquí, descubrirá cuáles son estos principios y las leyes que se pueden aplicar en los tiempos modernos.

1. Orden

Maat es lo opuesto al caos, así que tiene sentido que su primer principio sea el «orden». El universo no fue creado al azar. Hay un patrón detrás de todo en la creación. Todo está en orden: la noche sigue al día, los planetas giran alrededor del sol y la luna atraviesa diferentes ciclos. Incluso en el mundo de las deidades hay una jerarquía, y cada dios y diosa conoce su lugar. El dios del inframundo no abandona su posición para gobernar los cielos o viceversa. Maat fue creada para poner orden en un universo antaño caótico y mantener el equilibrio. El orden es vida, ese es el eje principal del kemetismo. Sin orden, el universo sucumbiría al caos y perecería.

Puede aplicar el concepto de orden en la vida manteniendo su entorno organizado, limpio y libre de desorden.

2. Equilibrio

Encontrar el equilibrio entre los opuestos en la vida es necesario. No debe llevar una vida de excesos. Por ejemplo, una vida en la que solo se juega y no se trabaja es una pérdida de tiempo, y una vida en la que solo se trabaja y no se juega puede ser dura y aburrida. Encuentre el equilibrio en todo para vivir en armonía. En otras palabras, coexista con la naturaleza. No vacíe sus recursos y tome solo lo que necesite. No quiera privar a las generaciones futuras de los recursos de la madre naturaleza.

3. Justicia

La justicia es la base de la vida y uno de los principios más significativos de Maat. Al igual que los dioses no distinguen entre reyes y campesinos, las personas también deben tratar a todos por igual. Aplicar la justicia es vivir según un código ético en el que se pone lo que es correcto por encima de todo lo demás. Representa la igualdad en la que nadie pasa hambre y cada persona tiene cubiertas sus necesidades básicas: comida, agua, atención médica y un hogar. Todo el mundo debe ser tratado con respeto independientemente de su estatus social. Si se aplica la justicia, hay menos asesinatos, robos y engaños.

4. La verdad

La verdad es honestidad, tanto consigo mismo sobre quién es realmente y qué necesita, como con los demás diciendo la verdad y evitando las mentiras. Vivir su propia verdad requiere que se vea a sí mismo como realmente es y que sea su yo más verdadero y auténtico, sin mentir ni fingir. Todo lo que piense, diga o haga debe ser sincero. Es una muestra de respeto honrarse a sí mismo y a los demás con la verdad.

5. Reciprocidad

La reciprocidad se asemeja al concepto de karma o lo que va, vuelve. Este concepto está presente en muchas religiones, como el cristianismo y el budismo. Si hace buenas acciones y trata a todo el mundo con amabilidad y respeto, los demás le tratarán de la misma manera y le ocurrirán cosas buenas. En cambio, las malas acciones y la falta de respeto solo traerán negatividad a su vida.

6. Armonía

La armonía se logra cuando las personas, las plantas y los animales viven auténticamente y se mueven juntos de forma alineada.

7. Propiedad

La propiedad es la comprensión de que todos los seres vivos tienen derecho a existir. Todas las criaturas, como los animales, deben vivir en paz sin sentirse amenazadas o dañadas. Es similar al código ético en el que se basan el vegetarianismo y el veganismo. La propiedad también implica que no debe hacerse daño a sí mismo ni a los demás con palabras o acciones.

Las cuarenta y dos leyes de Maat

Las cuarenta y dos leyes de Maat se derivan de sus siete principios.

1. Nunca he maldecido.
2. Nunca he pecado.
3. Nunca he comido más de lo que debía.
4. Nunca he robado.
5. Nunca he mentido.
6. Nunca he matado.
7. Nunca he robado a una deidad.
8. Nunca he engañado a los dioses y diosas con ofrendas.
9. Nunca he utilizado la violencia para cometer un robo.
10. Nunca he robado comida.
11. Nunca me he enfadado sin motivo.
12. Nunca he ignorado la verdad.
13. Nunca he acusado a una persona inocente.
14. Nunca he sido infiel.
15. Nunca he escuchado a escondidas.
16. Nunca he hecho llorar a alguien.
17. Nunca he engañado a nadie.
18. Nunca me he sentido triste sin motivo.
19. Nunca he robado las tierras de alguien.
20. Nunca he atacado a nadie.
21. Nunca he traspasado mis límites.

22. Nunca he seducido a la mujer de otro hombre.
23. Nunca he sido imprudente ni he actuado sin pensar.
24. Nunca me he contaminado.
25. Nunca he perturbado la paz de nadie.
26. Nunca he asustado a nadie.
27. Nunca he sido violento.
28. Nunca he infringido la ley.
29. Nunca he maldecido a una deidad.
30. Nunca me he enfadado mucho.
31. Nunca he destruido un templo.
32. Nunca he exagerado la verdad.
33. Nunca he sido arrogante.
34. Nunca he cometido maldades.
35. Nunca he robado comida a un niño.
36. Nunca he contaminado el agua.
37. Nunca he faltado el respeto a los muertos ni les he robado.
38. Nunca he hablado con arrogancia o ira.
39. Nunca he robado nada que perteneciera a una deidad.
40. Nunca he maldecido con hechos, palabras o pensamientos.
41. Nunca me he puesto en un pedestal.
42. Nunca he tenido malas acciones, palabras o pensamientos.

Puede que se sienta culpable o desanimado por haber aprendido estas leyes hace poco. Sin embargo, nunca es demasiado tarde para empezar a trabajar en usted mismo. No importa lo que hizo ayer o quién era antes. Ahora que conoce las leyes de Maat, puede empezar un nuevo capítulo en su vida siguiendo sus reglas. El resto de su vida puede empezar hoy.

Las leyes de Maat le empujarán a ser mejor persona, le harán sentir bien con usted mismo y con su vida y fortalecerán su relación con los demás. Si no está seguro de necesitar estas reglas, pregúntese:

- ¿Estoy contento con mi vida ahora mismo?
- ¿Soy la mejor versión de mí mismo?
- ¿Estoy llevando una vida de la que debería sentirme orgulloso?

- ¿Estoy viviendo una vida honesta y auténtica?
- Si muriera hoy, ¿mi corazón sería ligero o pesado?
- ¿Qué puedo hacer para ser mejor y hacerlo mejor?

Le llevará tiempo memorizar estas leyes para incluirlas en su vida. Puede ayudarle escribirlas en una nota en su teléfono y leerlas todos los días antes de acostarse y al levantarse, para tenerlas siempre presentes. Puede escribirlas como preguntas en su diario, por ejemplo: ¿Hoy he mentido? ¿He hecho llorar a alguien? ¿He sido arrogante? ¿Me he enfadado sin motivo? O puede escribir cada ley en un trocito de papel, doblarlos todos y ponerlos en un cuenco. Cada mañana elija al azar un trozo de papel y haga dos o tres cosas para aplicar la ley.

Maat, como concepto o diosa, es una parte fascinante de la historia del antiguo Egipto. Todo lo que representaba y sus leyes y principios aún pueden aplicarse en la era moderna. Lleva tiempo y esfuerzo acostumbrarse a sus enseñanzas, pero con persistencia, podrá tener un corazón ligero. Recuerde, tener un corazón ligero no significa ser perfecto o no cometer pecados. Se trata de dejar que lo bueno que hay en usted pese más que lo malo.

Capítulo 3: Dioses creadores supremos

En los sistemas de creencias de las culturas africanas, los dioses creadores supremos eran los responsables de la creación de las personas y del mundo. Son los dioses más importantes y elevados del panteón y tienen muchos puntos comunes entre ellos. Estos dioses tienen tanto en común porque probablemente provienen de la misma fuente. Las similitudes son una prueba de que una religión panafricana anterior se fragmentó con el tiempo y el lugar a medida que la gente se asentaba, cultivaba y adoptaba nuevas prácticas. Además de ser creadores, estos dioses supremos también son notablemente importantes en estas culturas.

Los dioses creadores supremos son el orden más elevado de deidades[8]

Por ejemplo, algunos son conocidos como intermediarios entre los humanos y otros seres divinos. Otros son menos importantes, pero tienen características específicas que los distinguen de los demás. Este capítulo explora los dioses creadores supremos en las religiones de origen africano. Por ejemplo, la religión yoruba venera a Olodumare como su ser supremo. Olodumare creó y gobernó todas las cosas. Él determinó el destino de los humanos y sus caracteres. Bondye, otro ser supremo, es venerado como creador del mundo y sustentador del equilibrio en el *vudú*.

Olodumare

Olodumare, también llamado Olorun u Olafin-Orunis, es la deidad suprema venerada en la religión yoruba, la santería, la umbanda, el catolicismo popular y el candomblé. La palabra «*olodumare*» es una combinación de dos palabras: «*olofin*» y «*odumare*», que significan «espíritu noble» y «señor». Es el dios de la creación y el dueño de todas las cosas. En pocas palabras, es quien lo ha hecho todo posible. Olodumare no es ni hombre ni mujer y a menudo se le llama «ellos». Pocas personas conocen a Olodumare. Pero quienes sí, pueden tener más preguntas que respuestas. ¿Quién es exactamente este dios? ¿Por qué debemos adorarlo? ¿Por qué querría alguien seguirle?

¿Quién es Olodumare?

Olodumare es la deidad suprema de las tradiciones religiosas yoruba. Como creador y gobernante del universo, es la fuente última de todo poder. Olodumare suele considerarse una deidad monoteísta. Su nombre significa «el dueño de la casa», «el dueño del mercado» o «el rey del mercado». En este caso, el mercado es el mundo, y él es el dueño. Como deidad suprema y creadora de todas las cosas en el panteón yoruba de dioses y diosas, vive en el cielo, donde viven los dioses. Todas las criaturas y espíritus de la tierra, el aire y el mar están sometidos a él, pero no es omnipresente ni camina sobre la Tierra, aunque permanece activo y responde a las plegarias.

Como la religión yoruba se transmite oralmente, existen varias versiones de los mitos y leyendas. Algunas historias describen a Olodumare como una deidad ausente que no interviene en la vida de los hombres. Vive en el cielo, lejos de la gente y sus asuntos, y ni siquiera escucha sus plegarias. Por ello, existen los *orishas* como intermediarios entre Olodumare y la humanidad. Sin embargo, otras leyendas cuentan una historia diferente de una deidad atenta que conoce los asuntos del hombre y los *orishas*.

El significado simbólico de Olodumare

El pueblo yoruba entiende al dios del cielo y los cielos, Olodumare, de muchas maneras. Creó el universo y todas las cosas que hay en él y es la fuente última de autoridad, ley y orden. Por ello, se le considera el Ser Supremo, al que no se puede desobedecer. Es la fuente de la sabiduría, el conocimiento y la comprensión. A través de Olodumare, aprendemos y crecemos. Es el juez de todas las personas y decide su destino después de la muerte. Él es quien reparte recompensas y castigos y decide si alguien debe ser enviado al cielo o al infierno después de la muerte.

¿Cómo creó Olodumare el mundo?

Las religiones africanas creen que la creación tuvo lugar en diferentes planetas de diversos sistemas a lo largo del universo en diferentes momentos. Existen varias versiones de esta historia de la creación, según el lugar. Una de las más conocidas es la de la araña y la palmera. En esta historia, Olodumare creó primero una araña. Le dijo que tejiera una tela lo bastante fuerte como para sostener el mundo. La araña lo intentó durante mucho tiempo, pero no lo consiguió. Olodumare la mató y utilizó sus restos para crear una palmera. Entonces, le dijo a la palmera que se inclinara y formara el suelo del mundo. El árbol se inclinó tanto que formó una estructura en forma de cuenco en la superficie de la Tierra. Olodumare utilizó agua del océano para llenar el cuenco, formando los océanos y los mares. Utilizó un poco de tierra para crear tierra seca, que formó los continentes. Utilizó el tronco de la palmera para crear las montañas y las hojas del árbol para hacer los bosques. Por último, dobló las ramas del árbol para formar el cielo.

Otra versión de la historia de la creación implica a Obatala, el padre del cielo. Tras la creación del universo, solo había cielo y agua. Obatala no estaba satisfecho con la creación del universo y sentía que le faltaba algo. Se dirigió a Olodumare para pedirle permiso para crear tierra firme, y él se lo concedió. Con la ayuda de otros *orishas*, Obatala obtuvo las herramientas necesarias y descendió a la Tierra para construir colinas, valles y montañas. Pasó algún tiempo disfrutando de su nueva creación, pero se sintió solo y aburrido. Volvió a pedir permiso a Olodumare para crear la humanidad, y la deidad accedió. Después de que Obatala creara a los humanos, Olodumare les insufló vida. Por lo tanto, cada ser vivo posee una parte de lo divino en su interior.

Olodumare no estaba contento con el estado del mundo. Sentía que faltaba algo. El mundo necesitaba una fuerza positiva que aportara alegría y felicidad, así que creó a Oshun, el *orisha* del amor.

Los *orishas*

Los yoruba creen que Olodumare creó espíritus responsables de diversos aspectos de la vida y del mundo natural. Estos espíritus se llamaban *orishas*. Estos *orishas*, como Oshu, Orunmila y otros dioses, son intermediarios entre la humanidad y Olodumare. Son responsables de mantener la armonía y el orden en el universo. Los *orishas* también son responsables del bienestar de los habitantes de la Tierra y actúan como guardianes, proporcionando consejos, curación y otros tipos de ayuda a los humanos. Lo que hace a los *orishas* especiales es que se cree que una vez fueron humanos. Por eso comprenden las condiciones humanas y ayudan a los humanos cuando lo necesitan. Olodumare tiene un vínculo especial con los *orishas* y les confía los asuntos del mundo. Sin embargo, esta confianza ha sido, en ocasiones, traicionada. Los *orishas* han conspirado en más de una ocasión para matar a Olodumare.

Religiones que rinden culto a Olodumare

Muchas religiones rinden culto a Olodumare. Algunas son la religión yoruba, la religión *ifá*, la religión *obeah*, las religiones tradicionales africanas y las religiones caribeñas. También muchas religiones de la Nueva Era rinden culto a Olodumare. Para los yoruba, Olodumare es la deidad suprema. Creen que creó el mundo y todo lo que hay en él. Habla a sus seguidores a través de sus sacerdotes y sacerdotisas, conocidos como *babalawos*. Están entrenados en un sistema de adivinación conocido como *ifá*. *Ifá* es una religión tradicional que se practica en África Occidental desde la antigüedad. Actualmente se practica sobre todo en Nigeria, Ghana, Togo y Benín. *Ifá* hace hincapié en la importancia de la naturaleza y el medio ambiente y enseña que los seres humanos pueden vivir en armonía con el mundo viviendo de un modo respetuoso. La religión *obeah* es una religión tradicional africana que se practica principalmente en Jamaica y otras islas del Caribe. Combina la religión yoruba y elementos religiosos de África Occidental con el cristianismo y otras influencias. Una de sus deidades centrales es Olodumare. Las religiones tradicionales africanas son religiones afines que se practican en muchos países africanos. La mayoría rinde culto a Olodumare, pero algunos también a Orungan y Obatala.

¿Cómo rinden culto a Olodumare?

Los seguidores de Olodumare le rezan para que les guíe y les ayude a llevar una vida armoniosa y compasiva. Suelen pedirle curación y orientación en cuestiones relacionadas con la salud. Aunque no hay santuarios específicos dedicados a él (porque no vino a la Tierra y no se sabe qué aspecto tiene), los seguidores de Olodumare suelen crear santuarios dedicados a él y a otros *orishas*. Estos santuarios suelen encontrarse en las casas de las personas que practican la religión de los *orishas*. Se encienden velas, se derraman libaciones y se reza a ellos. A menudo, dejan regalos, como dulces o flores, como ofrenda a los *orishas*. Algunos también ofrecen sacrificios de animales a sus *orishas*, pero no es una práctica generalizada.

¿Cómo se relacionan los seguidores con Olodumare?

Hay muchas formas de conectar con Olodumare. Una es seguir cualquiera de las religiones que le rinden culto. Otra es meditar en su nombre y pedir que lo guie. Otras formas son rezarle o leer sobre su creación y sus obras. Puede que se sienta desconectado de lo divino si falta algo en su vida y no se siente realizado o feliz. No tiene por qué ir por la vida sintiendo que le falta una parte. Puede conectar con lo divino de muchas maneras, pero debe hacerlo.

Bondye

Al principio, había oscuridad, caos y ruido. Puede que no se sepa cómo ni cuándo se creó el mundo, pero sí se sabe que los haitianos tenían mucho que decir al respecto. Dado que la religión haitiana procede de una cultura y una región diferentes, la historia del origen de su dios supremo difiere de la de Olodumare. Bondye, también conocido como *Gran Mèt* o *Grand Maître*, es el creador supremo de todas las cosas. Nuestra comprensión de esta deidad vudú es limitada, ya que la mayoría de los recursos solo dan una visión general de su papel en los rituales vudú. Sin embargo, si se investiga más a fondo, se puede comprender por qué este complejo sistema de creencias proporciona un simbolismo tan rico a sus seguidores.

¿Quién es Bondye?

La mayoría de los haitianos practican el vudú, una religión surgida en África Occidental que combina elementos de la espiritualidad africana y el catolicismo. Una de las figuras más importantes del panteón vudú es Bondye, un dios creador que a menudo se equipara a Dios en el cristianismo u otras religiones. Sin embargo, no existe un diablo equivalente. Se le suele representar como un anciano de larga barba y cabellos que llegan hasta el suelo. Es la fuente de todas las cosas y el benefactor de toda la humanidad.

El significado simbólico de Bondye

Bondye suele ser representado con una caracola que simboliza su voz, que utilizó para crear el mundo. Tiene otros dos símbolos: una jarra de fuego y una cruz azul. Los símbolos de Bondye representan su poder para crear vida y luz. Sus colores son el blanco y el negro, porque la oscuridad y la luz tienen cualidades opuestas que representan la dualidad de todas las cosas.

El papel de Bondye fue crear todo lo que existe en el mundo, incluidas las personas, los animales y las cosas materiales como las plantas y los minerales. Desde su trono en el centro del mundo, supervisa todo lo que ocurre en la Tierra, dándole forma al hacer que llueva y dándole vida al hacer que la luz del sol brille sobre ella. Cuando alguien le reza, invoca su poder para hacer realidad sus deseos.

Bondye también es considerado un protector contra fuerzas malignas como las maldiciones vudú y un oráculo que ayuda a la gente a comunicarse con espíritus de más allá de este mundo. Además, es un juez que decide quién vive y quién muere en la Tierra por las buenas o malas acciones que realizó en vida.

El nombre Bondye procede de las palabras francesas *bon* y *dye*, que significan «dios bueno». Al igual que Olodumare, Bondye no se involucra en los asuntos de la humanidad, por lo que creó a los *lwas* para que le ayudaran y fueran intermediarios entre él y los humanos. Puede ser que la falta de implicación de Bondye se deba a su desinterés. Sin embargo, Bondye, al igual que Olodumare, representa muchas complejidades que suelen asociarse a las deidades supremas. Es demasiado complicado para que la mente humana interactúe con él o lo comprenda. Está más allá de nuestra comprensión. Por eso creó a los *lwas*, que son entidades simples pero divinas. Los *lwas* son seres imperfectos con muchos defectos, como los humanos. Esto nos lleva a preguntarnos si Olodumare y Bondye crearon a propósito a los *orishas* y a los *lwas* para que fueran imperfectos. Probablemente, los dioses pretendían que las entidades con las que la gente interactúa a diario fueran identificables.

¿Cómo creó Bondye el mundo?

Lo primero que creó Bondye fueron los espíritus (*lwas*). Fueron creados para ayudar a la gente a superar los momentos difíciles de la vida.

Después de crear los espíritus, Bondye creó a los humanos. Cuando las personas nacían, salían del propio Bondye. Tenían diferentes colores de piel o rasgos faciales dependiendo de la parte de Bondye de la que procedieran.

A continuación, Bondye creó la Tierra. Hizo que las plantas crecieran a partir de semillas y colocó animales sobre la Tierra. Luego creó islas y montañas para proteger a sus creaciones de demonios y espíritus malignos. Por último, se transformó en la noche y lo cubrió todo de oscuridad para alejar el mal.

Cuando la gente adora a Bondye, cree que participa en una danza cósmica de creación. Crean su propio mundo con la ayuda de Bondye. Junto con Bondye, la gente que le rinde culto también participa en la creación de su mundo. Están creando su lugar para vivir, donde se sienten cómodos y seguros.

Lwa

Los espíritus que pertenecen a Bondye son diferentes de los *orishas* de Olodumare. Por ejemplo, los *lwa* son antepasados que una vez fueron humanos. Los *orishas* eran dioses y diosas separados de sus seguidores.

Esta diferencia también incluye la creación de *lwa* o *loa*, que encarnan los valores haitianos para compartir su sabiduría con los demás. Los *lwa* son poderosos sanadores y protectores. Mantienen a salvo a las personas y las guían en su camino de la vida. Por ejemplo, si alguien está pasando un mal momento en el trabajo o en la escuela, un espíritu puede venir con consejos sobre cómo afrontarlo o protegerse de males mayores. Además, cuando alguien está en peligro, el espíritu puede ayudarle a encontrar una salida a la situación o a ponerse en contacto con los servicios de emergencia para escapar lo antes posible. Los espíritus Bondye también tienen personalidades diferentes. Algunos tienen más poder que otros, pero todo depende de la conexión con ese espíritu y de la voluntad de trabajar con él y darle órdenes.

¿Cómo rinden culto a Bondye los seguidores?

El vudú abarca actividades sencillas, como la posesión de espíritus, y también rituales más complejos, como la consagración de un altar o una ofrenda para un *lwa* (espíritu) concreto. Los seguidores rinden culto a Bondye a través de una serie de rituales, a menudo con tambores, danzas, cantos y estados de trance. Durante el ritual, los seguidores pueden comunicarse con los espíritus de sus antepasados y con Bondye.

¿Cómo se conectan los seguidores con Bondye?

Los seguidores del vudú haitiano se conectan con sus dioses o con el poder supremo a través de diversos métodos. En algunos casos, estos métodos reflejan las creencias religiosas del seguidor, mientras que en otros pueden ser más personales o idiosincrásicos. Entre los métodos más comunes están la oración y la danza ritual, como el *sabbat*. Además, muchos practicantes del vudú haitiano utilizan hierbas y remedios herbales para conectar con sus dioses. Según las necesidades de cada adepto, estos métodos pueden utilizarse solos o combinados con otros. Aunque ningún método es intrínsecamente superior a otro, cada uno tiene ventajas e inconvenientes. Algunos son más eficaces para las personas en determinados momentos, mientras que otros pueden tener un impacto más duradero en el bienestar espiritual general.

¿Por qué es importante Bondye?

La historia del creador supremo del vudú haitiano, Bondye, es intrigante, compleja y de gran importancia para los seguidores de esta religión. La historia de la creación de Bondye y sus dos ayudantes es un bello ejemplo de cómo diversas culturas pueden mezclarse y producir algo único. Bondye es el creador supremo de todas las cosas, buenas y malas, para los seguidores del vudú haitiano. La historia de su creación nos remonta a una época en la que reinaba el caos. Es una historia de luz que emerge de la oscuridad y de orden que surge del caos.

¿Por qué estas religiones necesitan un creador supremo?

Las religiones africanas siguen a un creador supremo por varias razones, entre ellas, probablemente nacieron de un periodo de desorganización social. En otras palabras, se crearon para preservar la identidad cultural. Como la gente se desplazaba y cambiaba su estilo de vida, idearon nuevas formas de explicar quiénes eran y de dónde venían. También es posible que estuvieran naturalmente más inclinados a creer en un creador supremo que los no africanos. Aunque esto no sea cierto, no significa que la creencia en un creador supremo no tenga sentido.

Las culturas africanas siempre han sido conocidas por sus fuertes creencias espirituales y su conexión con la tierra. Por lo tanto, tiene sentido que crean en un creador supremo.

Las religiones africanas siguen a un dios supremo por varias razones:

- Surgieron en el continente y los africanos tienen afinidad con sus dioses ancestrales.
- Muchos dioses africanos tienen similitudes con otras religiones del mundo, lo que los hace familiares y accesibles.
- Estas religiones tienen un gran número de seguidores en todo el continente, lo que proporciona un punto de anclaje para que la gente se reúna y se organice.

Estas son algunas de las razones por las que las religiones africanas siguen a un dios supremo. Otras son las limitaciones de espacio, la falta de familiaridad con otras deidades y las influencias culturales. Todos estos factores influyeron significativamente en el desarrollo religioso africano.

El concepto de dios supremo creador procede de las religiones africanas. Sus creencias se centran en un dios único que creó todas las cosas o en un grupo de dioses que son los más elevados y poderosos de su especie.

Estos dioses creadores supremos son mucho más grandes que los humanos y suelen tener nombres diferentes en las distintas culturas. Casi siempre están separados de la naturaleza. Pueden seguir residiendo fuera del mundo natural o simplemente estar apartados de él hasta que lo recuperen de nuevo o envíen a sus seguidores de vuelta a él.

La humanidad se lo debe todo a las deidades supremas. Ellas crearon el universo e insuflaron vida a todos los seres vivos. Aunque existan lejos de la gente, no pueden ser acusadas de abandonar su creación. Dejaron el mundo al cuidado de los *orishas* y los *lwas*, que nunca han dejado de servir como apoyo y guía. Tanto si los dioses están implicados como si no, existen en todas sus creaciones.

Capítulo 4: Los *lwa* y los *orishas*

A medida que aprenda más sobre las prácticas espirituales africanas, los términos *lwa* y *orishas* aparecerán con bastante frecuencia. Es fácil confundirlos, ya que tienen muchas similitudes. Sin embargo, hay una diferencia clave entre ambos. Los *lwa* son espíritus en las religiones vudú, mientras que los *orishas* son dioses en la religión yoruba. Este capítulo ofrece información detallada sobre los *lwa* y los *orishas*, sus similitudes y diferencias.

Los *orishas* son dioses en la religión yoruba[4]

Los Lwa

La palabra «*lwa*» significa espíritus, pero estas entidades no son espíritus ordinarios. Son seres divinos de gran importancia en las prácticas de vudú haitianas. Sin embargo, a diferencia de los *orishas*, no son dioses. Los *lwas* o *loas* son espíritus intermediarios que viajan entre el cielo y la tierra para entregar los mensajes de la humanidad a Bondye, el dios creador en las religiones vudú. Nadie sabe cuántos *loas* existen. Podrían ser infinitos, ya que hay algunos que desconocemos, pero en el vudú hay unos mil *loas*. Se dividen en familias, como los *Guede*, los *Petwo lwa* y los *Rada lwa*. Cada familia difiere en su música, rituales, ofrendas y danzas.

Según las creencias del vudú haitiano, los *loas* están por todas partes a nuestro alrededor en el mundo natural. Existen en las plantas, las montañas, los ríos, los árboles, etc. Los *loas* son espíritus útiles asociados a diversos aspectos de la naturaleza, como el viento y la lluvia, y ayudan a la humanidad en muchas actividades cotidianas como la agricultura, la lucha y la curación de los enfermos. Sin embargo, son algo más que espíritus útiles. Son lo bastante poderosos como para cambiar el destino de alguien. No tienen una forma específica, ya que son espíritus. Suelen aparecerse a la gente mediante la posesión de una persona dispuesta durante un ritual para interactuar con los asistentes.

Algunos *loas* eran originalmente espíritus de los muertos, pero muchos proceden de dioses y diosas africanos. Residen con los espíritus de los muertos en un lugar llamado Vilokan. Legba, un destacado *lwa* masculino, monta guardia a las puertas del Vilokan. Nadie puede comunicarse con un *lwa* o con los espíritus de Vilokan sin su permiso. En las prácticas vudú, los practicantes invocan a sus *lwas* para pedirles ayuda. Los apaciguan haciéndoles diversas ofrendas, como bebidas o comida.

Durante la esclavitud y tras la llegada del cristianismo, los esclavos que vivían en lugares como Luisiana y Haití no abandonaron sus creencias paganas. Combinaban los *lwas* con algunos de los santos católicos. Negarse a abandonar su religión era una forma de rebelión contra la opresión a la que se enfrentaban. Aferrarse a sus creencias y a su historia era su forma de mantener su identidad.

Veneración de los *loas*

A diferencia de Bondye, los *loas* estaban más implicados en la vida cotidiana de la gente. Aunque desde fuera la relación entre la humanidad y los *loas* parece exigente, ya que los humanos les sirven, no deja de ser una relación muy satisfactoria. Los *loas* influyen significativamente en las prácticas de vudú, y servirles es una de las principales actividades de la religión. Aunque los *loas* son serviciales y generosos, también tienen un lado oscuro que puede evitarse fácilmente. Honrarlos y presentarles ofrendas protege de su ira y su castigo. La relación entre los *loas* y los humanos es mutuamente beneficiosa. Los humanos les presentan ofrendas y devociones y los loas les ofrecen a cambio protección, favores, bendiciones y curaciones.

Los practicantes de vudú veneran mucho a los *loas*, como se entiende por la forma en que los invocan. Les rinden el mismo respeto que a una persona mayor, llamándoles «*manman*», que significa madre, «*papa*», que significa padre, y «*metrès*», que significa señora. Los practicantes celebran ceremonias específicas para los *loas*. Estas ceremonias tienen carácter religioso y suelen celebrarse en un templo vudú dirigido por un sacerdote o una sacerdotisa.

Las ceremonias rituales de los *loas* suelen incluir tambores, danzas, canciones, oraciones y la práctica de *veves*. Los *veves* son rituales específicos en los que los participantes dibujan símbolos llamados «*veve*». Hay tantos *veves* como *loas*, ya que cada uno tiene asociado un símbolo o más. El propósito de estas ceremonias es invitarles a aceptar las ofrendas. Cuando el *lwa* llega a la ceremonia, posee al sacerdote o a la sacerdotisa que dirige el ritual. En algunos raros casos, posee a uno de los asistentes. La posesión permite a los *loa* comunicarse con los fieles. Es la oportunidad perfecta para que hagan preguntas o pidan favores a su *loa*.

La posesión no es una experiencia negativa ni peligrosa como en las películas. Los *loa* no pretenden hacer daño; responden a las llamadas y oraciones de la gente y poseen a un anfitrión dispuesto. Proporciona orientación y curación. Como la palabra posesión tiene una connotación negativa, mucha gente utiliza en su lugar el término «intermediación».

El Panteón de los *lwa*

Los *loas* se clasifican en familias dependiendo de sus características y responsabilidades. Esta parte del capítulo se centra en las tres familias *loas* más significativas: *Rada lwa*, *Ghede lwa* y *Petro lwa*.

Rada lwa

Los *Rada lwa* son originarios de África Occidental. Se trata de una familia de espíritus o deidades conocidas por su creatividad y su naturaleza tranquila y bondadosa. Aunque los *Rada loa* tienen un temperamento tranquilo, algunos presentan aspectos similares a las características agresivas de los *Petro lwa*. Estos *loas* eran muy venerados entre los esclavos traídos a América. Muchos *Rada loa* se integraron en el cristianismo y se asociaron con varios santos.

Una de las figuras más significativas del panteón *Rada lwa* es Papa Legba. Aunque es un espíritu muy poderoso, se le conoce por ser travieso y un embaucador que puede incluso engañar al destino. Las personas que se enfrentan a una decisión difícil o necesitan un cambio en sus vidas invocan a Legba para que les guíe. Todos los rituales deben comenzar invocando a Legba, ya que es el guardián del mundo sobrenatural y el intermediario entre la humanidad y los *loas*. En algunos lugares de África, Legba es considerado un dios de la fertilidad. En otros, es el guardián de los niños. A menudo se le asocia con San Pedro, el guardián del cielo del cristianismo.

Dambala es otra figura prominente, y es el rival de Legba. Según el mito africano, Dambala fue el primer *lwa* creado por Bondye y le ayudó a crear el universo. De ahí que se le considere una figura paterna para la humanidad. Su imagen es la de una serpiente blanca. Las leyendas cuentan que mudó su piel para crear valles y montañas. Dambala representa la sabiduría, la magia curativa y el conocimiento. Vive entre el mar y la tierra y también se le asocia con San Patricio.

Erzulie es una *lwa* femenina asociada a los colores rosa y azul. Es la diosa del amor y la belleza y simboliza la sensualidad y la feminidad. La invocan las mujeres que se enfrentan a problemas relacionados con la sexualidad femenina o la maternidad. Erzulie se asocia al tema cristiano de la Dama de los Dolores que está constantemente afligida por lo que no puede tener y suele llorar al final de los rituales.

Loco, el patrón de los curanderos, y su esposa Ayizan, la gobernante del comercio, son considerados *loas* prominentes en el panteón de *Rada loa*. Son los padres del sacerdocio espiritual, ya que fueron el primer sacerdote y la primera sacerdotisa.

Ghede lwa

El panteón *Ghede lwa* está asociado con el deseo sexual y la muerte. Son los encargados de llevar los espíritus de los muertos al inframundo. Estos *loas* son conocidos por su comportamiento obsceno, por hacer bromas inapropiadas o movimientos de baile provocativos. Aunque se les asocia con la muerte, son conocidos por disfrutar y celebrar la vida.

El Barón Samedi es el *lwa* superior del panteón *Ghede lwa*. Es el *lwa* de la muerte y es extremadamente poderoso. Recibe a los espíritus de los muertos y los guía en su viaje al otro mundo. El Barón Samedi es representado como un cadáver cubierto de tela negra, que es la costumbre tradicional de los entierros haitianos. Es el protector de los cementerios y es muy venerado y temido entre los seguidores del vudú. Al igual que a su familia, al Barón Samedi le gusta decir palabrotas, hacer chistes groseros, beber y fumar. Es conocido por sus múltiples romances con mujeres mortales, a pesar de estar casado con la mujer *lwa* Manman Brigitte. No solo ayuda a los muertos, sino también a los vivos. Puede levantar maldiciones, curar a los enfermos y resucitar a los muertos. La gente lo invoca para salvar a los enfermos y moribundos.

Petro lwa

Petro o *Petwo lwa* no es tan antigua como las otras familias, ya que es originaria de Haití. Son los *loas* de temperamento caliente y agresivo, a diferencia de los *Rada* y los *Gehde*. Por esta razón, pueden ser invocados para prácticas oscuras y magia. Categorizar a los *Petro lwa* como malvados es ingenuo, ya que muchos son invocados en rituales para proporcionar ayuda en lugar de daño.

Los *orishas*

Los *orishas* u *orisas* son deidades o espíritus menores de la religión yoruba. Al igual que los *loas*, actúan como mediadores entre el dios supremo yoruba, Olodumare, y la humanidad. Al igual que en el vudú, la deidad suprema no se involucra directamente con las personas y sus asuntos. Son los *orishas* quienes les ayudan en sus actividades cotidianas. La simple mente humana nunca comprenderá la complejidad de Olodumare, así que este creó a los *orishas* como diferentes aspectos de sí mismo. No hay tantos *orishas* como *loas*, ya que solo hay 401 *orishas*. Cuando los yorubas esclavizados llegaron a América y fueron introducidos al cristianismo, combinaron a los *orishas* con santos cristianos católicos, al igual que sucedió con los *loas*.

Por esta razón, países como Brasil y Cuba se refieren a los *orishas* como Santos o Santas. Otra similitud con los *loas* es que muchos *orishas* fueron una vez los espíritus de los muertos. Sin embargo, estos eran los espíritus de individuos sabios e intelectuales.

Los practicantes invocan a los *orishas* en busca de guía, ayuda e iluminación. Muchas personas de todo el mundo, como los *wiccanos*, los neopaganos y los seguidores de la santería, veneran a los *orishas* y los incorporan a sus rituales. Los *orishas* se representan con formas humanas y pueden aparecerse a la gente a través de posesiones como las *loas*.

El principal propósito de los *orishas* es ayudar a la humanidad sin beneficio egoísta. Sin embargo, tienen una personalidad y unas características con puntos fuertes y débiles, que los hacen más parecidos a los humanos que a los dioses. Como resultado, desafían su propósito y, en lugar de ayudar, se centran en conseguir beneficios propios. Ni la humanidad ni los *orishas* son perfectos y pueden sucumbir al lado oscuro y volverse arrogantes, envidiosos u orgullosos. En una leyenda, los *orishas* se rebelan contra Olodumare y se niegan a seguir sus órdenes porque creen que deben gobernar el universo al estar más involucrados en los asuntos de la humanidad. Cuando Olodumare se entera, detiene la lluvia, provocando la sequía y la muerte de las tierras y los cultivos. Fue una dura lección para los *orishas*, que se arrepintieron y pidieron perdón a Olodumare. Aunque sus cualidades humanas los metieron en problemas con Olodumare, también hicieron que los practicantes se sientan identificados con ellos. No son seres perfectos alejados de la humanidad. Tienen defectos, lo que facilita que la gente se identifique y simpatice con ellos.

Al igual que los *loas*, los *orishas* existen en la naturaleza y aceptan ofrendas de comida y bebida. Cada *orisha* está asociado con un color y un número y tiene sus ofrendas favoritas. Entendiendo a los *orishas* y sus personalidades, puede dar la ofrenda correcta a cada uno para que la reconozcan. Los *orishas* gobiernan la naturaleza, y se puede aprender sobre sus personalidades y temperamento observando las fuerzas de la naturaleza que representan.

Venerar a los *orishas*

Los rituales que incluyen danzas y tambores ayudan a los practicantes a comunicarse con los *orishas*. Al igual que ocurre con los *lwa*, un *orisha* posee al sacerdote que dirige el ritual, lo que se conoce como posesión en trance. La posesión en trance es muy importante para venerar a los *orishas* en la santería. Se celebra una ceremonia para los *orishas*, llamada bembé (fiesta de tambores). El propósito de estas ceremonias es el mismo que el de las *loas*: invitar a un *orisha* a comunicarse con los sacerdotes asistentes.

Durante estas ceremonias se interpretan canciones y danzas específicas para atraer al *orisha*. Quienquiera que el *orisha* elija para poseer debe considerarlo un gran honor y una bendición. Al igual que los *loas*, los *orishas* solo poseen a sacerdotes o sacerdotisas. Sin embargo, si intervienen (poseen) a uno de los asistentes, significa que esta persona debe convertirse en sacerdote o sacerdotisa. Durante la posesión en trance, los asistentes pueden comunicarse con el *orisha*. La identificación es una experiencia gozosa que deja a la persona más sabia y asombrada de ser anfitriona de un ser tan poderoso.

Se puede venerar a *orishas* y *loas* juntos o solo a los *orishas*, ya que pueden sustituir a los *loas* en muchos rituales.

El panteón de los *orishas*

El panteón de los *orishas* es diferente al de los *loas*, ya que no están categorizados en familias. Esta parte del capítulo se centra en los *orishas* más significativos en la religión yoruba y la santería.

Eshu

Eshu o Elegba, similar a Papa Legba, es el dios del engaño y la travesura. Tiene los mismos poderes que el dios nórdico Loki, pero Eshu no es tan malvado como su homólogo y no daña a la humanidad ni a otros dioses. Actúa como mensajero entre la humanidad y el mundo de los espíritus. Eshu goza del favor de Olodumare desde que le ayudó durante la rebelión de los *orishas*. Eshu fue quien le dijo a Olodumare que los *orishas* no seguían sus órdenes. En otra historia, Olodumare tiene pánico a los ratones, así que los *orishas* deciden aprovecharse de esta debilidad y asustarle hasta la muerte para gobernar en su lugar. Su plan estuvo a punto de funcionar, pero Eshu interfirió y rescató a Olodumare, quien castigó a los *orishas* implicados y recompensó a Eshu. La recompensa de Eshu consistió en que podía hacer lo que quisiera sin consecuencias, lo que le permitía realizar muchos trucos y travesuras.

Shango

Al igual que el dios nórdico Thor, Shango, o Chango en la santería, es el dios del trueno. Controla el rayo y el trueno y se asocia con la magia, la masculinidad y la sexualidad. Está casado con tres *orishas*: Oba, Oya y Oshun. Los practicantes le invocan para eliminar maleficios y maldiciones. En el cristianismo se le asocia con Santa Bárbara.

Oya

Oya es la protectora de los muertos y se asocia con los cementerios, los antepasados y el clima. Gobierna sobre todos a los muertos, incluidos los animales y las plantas. Oya es la diosa del cambio y, como el clima, cambia constantemente y nunca permanece mucho tiempo en el mismo estado. Oya es también una guerrera feroz, que a menudo lucha al lado de su esposo en la batalla. Ha sido relacionada con Santa Teresa en el cristianismo.

Oshun

Oshun es la *orisha* de los ríos, la fertilidad, el amor y el matrimonio. Gobierna todas las relaciones y se asocia con los genitales y la belleza femenina. El papel de Oshun fue crucial en la leyenda en la que Olodumare provocó la sequía en respuesta a la rebelión de los *orishas*. Los *orishas* se arrepintieron de sus actos y lloraron para suplicar a Olodumare que devolviera la lluvia. Sin embargo, sus voces nunca llegaron hasta él. Oshun decidió llevar el mensaje de arrepentimiento de los *orishas* a Olodumare y rogarle que los perdonara. Se transformó en pavo real y emprendió un largo viaje hasta Olodumare. Sin embargo, voló demasiado cerca del sol y se quemó las alas. Consiguió transmitir el mensaje, aunque perdió las alas y enfermó. Olodumare quedó impresionado por su valor y persistencia, la curó y sustituyó las alas quemadas del pavo real por las de un buitre. La honró convirtiéndola en la única *orisha* que le entregaba mensajes. Oshun se corresponde con Nuestra Señora de la Caridad, un aspecto de la Virgen María.

Orunmila

Orunmila u Ornula es el *orisha* de la sabiduría, el conocimiento y la adivinación. Es el único *orisha* que no interactúa con la humanidad a través de la posesión o la interferencia. Los practicantes se comunican con él a través de la adivinación. Orunmila es uno de los *orishas* más antiguos, ha existido desde el principio de los tiempos y fue testigo de la creación de la humanidad. Por lo tanto, conoce el destino de la humanidad y el pasado, presente y futuro de cada alma. Los practicantes invocan a Orunmila para comprender lo que les depara el futuro y saber si sus acciones les ayudarán a alcanzar su destino. En el cristianismo se le asocia con San José, San Felipe y San Francisco de Asís.

Yemaya

Yemaya es la protectora de las mujeres y la *orisha* de los mares, el misterio y los lagos. Se la considera una figura materna, ya que está asociada con la maternidad. Es la madre de los *orishas*, por lo que es una de las más veneradas del panteón. Se parece a Nuestra Señora de Regla en el cristianismo católico.

Osain

Osain es el dios de la naturaleza. Gobierna los bosques y tiene poderes sobre las hierbas, que le confieren la capacidad de curar. Es el protector de los hogares y se le asocia con la caza. Osain solía parecer un hombre normal, pero después de perder un ojo, una oreja, una pierna y un brazo, parecía un cíclope con el otro ojo en el centro de la frente. También se ayuda de una rama de árbol para caminar. Se le asocia con varios santos cristianos como San José, San Juan, San Benito y San Ambrosio.

Obaluaye

Obaluaye es el dios de los milagros y la curación. Aunque es un sanador, también tiene el poder de maldecir a la gente. De ahí que la gente le tema y le respete. Los practicantes le invocan para curar a los enfermos, especialmente a los graves.

Oba

Oba es la *orisha* de los ríos y simboliza el agua. Representa la energía, la flexibilidad, la manifestación, la restauración, el movimiento y la protección. Es hija de Yemaya y una de las tres esposas de Shango. Oba es responsable del flujo del tiempo, por lo que la gente acude a ella cuando se siente estancada e incapaz de alcanzar sus objetivos. Oba y sus hermanas, Oya y Oshun, proporcionan aguas seguras a las personas que las necesitan para sobrevivir. En algunos lugares de África, es la protectora de las prostitutas y, en Brasil, es la *orisha* del amor.

Los *loas* y los *orishas* se parecen más de lo que se diferencian. Tienen cualidades humanas y no son seres perfectos que no hacen nada malo. Ambas entidades son cercanas porque se guían por sus emociones y tienen debilidades que pueden ocasionarles problemas. La gente se siente cercana a ellos porque, como nosotros, también sufren, luchan, caen y vuelven a levantarse.

Ambas entidades fueron creadas para ayudar y servir a los humanos, por lo que merecen ser muy veneradas. Siempre hay que reconocer su existencia y mostrarles gratitud para garantizar la continuidad de sus bendiciones. Los *orishas* y los *loas* necesitan a los humanos igual que los humanos necesitan de ellos. La gente necesita ayuda de los *lwa* y *orishas* a diario; estas entidades dependen del reconocimiento humano y de las ofrendas para sobrevivir.

Capítulo 5: La santería y los santos

Debido a las similitudes entre el culto a los *orishas* y la representación de sus santos, la santería es a menudo comparada con su religión madre, la yoruba. Sin embargo, a diferencia de las tradiciones yoruba con respecto a las deidades, el sincretismo religioso de la santería hace que los espíritus sean representados por santos católicos. Tras la colonización, los esclavos traídos al Nuevo Mundo fueron obligados a convertirse al cristianismo. Sin embargo, como había muchas similitudes entre las deidades de las religiones africanas y los santos cristianos, los esclavos podían mantener sus creencias

El culto de la santería puede hacerse a través de un altar o con representaciones simbólicas de estatuas o muñecos[5]

simplemente cambiando el nombre de sus dioses. Podían seguir adorándolos y así crearon otra religión llamada santería. Este capítulo está dedicado a la santería, sus santos y cómo se celebran a través de sus diferentes correspondencias.

¿Qué es la santería?

La santería es una religión nacida de la combinación de una religión africana llamada «Regla ocha de los yorubas" y el catolicismo. Debido a esto, acepta y mezcla rigurosas tradiciones cristianas y prácticas yorubas de libre circulación. Santería significa «el camino de los santos» o «la forma de adorar a los santos». Los santos en cuestión también se identifican como *orishas* o *lwas* en distintas religiones africanas. Sin embargo, los *orishas* y los espíritus (*lwas* y los santos de la santería) son vistos de forma diferente, que se evidencia en cómo se les rinde culto. Mientras que los *orishas* son representados como deidades que solo responden ante el Ser Supremo, los espíritus no tienen cualidades divinas.

La santería engloba dos conceptos principales, *ache* (poder divino) y *ebbo* (sacrificio). Al conectar con *ache*, los practicantes pueden alcanzar cualquier objetivo espiritual. La mayoría de los rituales de la santería ayudan a alcanzar *ache*, que, a su vez, ayuda a encontrar respuestas a preguntas u orientación en lo que se necesite. Por otro lado, el *ebbo* es un sacrificio que se hace a los orishas (santos) cuando se les pide un favor específico. Estos favores suelen estar relacionados con la brujería y las dolencias. Las ofrendas incluyen flores, velas, frutas y otros alimentos y bebidas.

La santería es un sistema único, ya que representa una religión descentralizada, lo que significa que los practicantes no tienen lugares específicos de culto. No hay formas predeterminadas de honrar a las deidades, doctrinas que seguir o reglas para llevar a cabo los rituales. Cuando un practicante tiene una necesidad, invoca a un santo (*orisha*) y le pide guía, ayuda o lo que necesite. También se ofrece gratitud o se hacen sacrificios y ofrendas antes y después de recibir las bendiciones. La forma de hacerlo varía de un practicante a otro, lo que indica que es una práctica muy intuitiva.

Además de venerar a los santos, los seguidores de la santería también practican la veneración ancestral y creen que existe la posibilidad de comunicarse con los espíritus ancestrales y las distintas fuerzas de la naturaleza. Si se quiere evocar a un santo, a un ancestro o a otros espíritus, la mejor manera es mediante un altar preparado para la ocasión. Para invocarlos es necesario un símbolo del santo. Puede ser una imagen o una estatua. El altar se cubre con una tela del color asociado al santo. Los demás elementos (velas, elementos de la naturaleza, símbolos de ofrendas) están vinculados al *orisha*. Si se dirige a otro espíritu, como los antepasados, el altar se viste con sus colores, ofrendas y símbolos favoritos.

Los santos de la santería

Aunque el número de santos (deidades) con los que se puede trabajar en las prácticas de la santería es enorme, algunos pueden ser especialmente útiles para los principiantes. A continuación, encontrará algunos con los que puede conectar. Debe acercarse a ellos con respeto y darles las gracias cuando reciba su ayuda. Si no está seguro de con qué santo debe contactar, medite con sus símbolos para ver cuál resuena con usted. Leer sobre sus poderes lo guiará para determinar quién puede ayudarle con sus necesidades o peticiones. Una vez que haya encontrado la entidad con cuyo poder necesita conectar, prepárese para acercarse a ella. Trabajar con santos de la santería requiere práctica. Necesita acercarse a ellos para comprenderlos. Comprenderlos le ayudará a preparar las ofrendas adecuadas, complacerlos y aprovechar su poder para descubrir la sabiduría superior.

María - Yemaya

Conocida como Yemalla y Estrella del Mar, Yemaya representa el aspecto santero de la trinidad divina. Es la diosa de las aguas saladas, de donde procede la vida, por lo que se la considera la madre del mundo. Yemaya también gobierna la luna y guía a los marineros y pescadores que viajan por los mares y océanos. La diosa se asocia con la brujería, la fertilidad, los niños y las mujeres. Representa a la Virgen María y a menudo se la llama Nuestra Señora de Regla en las oraciones.

Además de las oraciones, se puede invocar a María a través de la meditación, la visualización y otras técnicas cuando se necesita ayuda con problemas de fertilidad, embarazo y enfermedades infantiles. Ella puede acompañarlo en un viaje a través del mar o del océano y concederle un viaje seguro. Invoque a Yemaya el sábado anterior a su viaje para asegurar los mejores resultados. Sus colores son el blanco y el azul, así que úselos para decorar su altar y llévelos en sus viajes. Con cuentas de cristal blancas y azules, puede hacer un amuleto que aproveche los poderes protectores de Yemaya.

Puede realizar varios rituales para invocar a Yemaya: úselos para meditar, afirmar o para pedir ayuda, guía o curación. He aquí un ritual sencillo:

- Haga una ofrenda de fruta (plátanos, piñas y otras frutas tropicales funcionan mejor, pero también puede usar lo que esté de temporada).
- Coloque la ofrenda en un cuenco (o en una concha marina grande, si puede encontrar una) sobre su altar.
- Ponga un cuenco de agua salada junto a la ofrenda.
- Coloque siete monedas alrededor de los cuencos formando un círculo. Representan los días que hay entre las dos fases de la luna.
- Mire el agua y diga lo siguiente:

    «*María, tú eres la gracia,*

    Eres la iluminación,

    Tú eres bendita entre las mujeres,

    Y también el fruto de tu vientre.

    Bendíceme, madre de todos

    Ayúdame en este viaje».

- Los practicantes suelen combinar una versión similar de la oración a María (Ave María) con un rosario. Si se siente cómodo, puede repetir esta oración varias veces utilizando las cuentas del rosario.
- Cuando haya terminado con esta oración, con sus palabras, dígale a la diosa qué ayuda necesita.
- Termine con una expresión de gratitud por concederle su poder.

Las Mercedes - Obatala

Como segundo aspecto de la trinidad divina, Obatala representa la contraparte masculina de María. Conocida como Nuestra Señora de la Misericordia, Obatala fue quien trajo la vida a la tierra. Fue el primer santo (deidad) creado por Olodumare, lo que implica que es el más sabio de todos. Puede ahuyentar las energías negativas y proteger a los padres, igual que Yemaya protege a las madres y a sus hijos.

El color de Obatala es el blanco, por lo que todas sus ofrendas y representaciones se presentan en este color. Las ofrendas tradicionales a esta deidad incluyen arroz, leche, coco, ñame, cascarilla, gallinas, palomas blancas y algodón. Las ofrendas realizadas y las oraciones solicitando ayuda deben recitarse en domingo.

Invocar a Obatala es útil cuando necesita comunicar sus sentimientos negativos hacia los demás o eliminar la negatividad de su vida. El uso de una vela blanca de siete días le garantizará la pureza de mente y cuerpo y la consecución de sus objetivos.

Necesita lo siguiente:
- Ñame.
- Arroz.
- Leche.
- Virutas de coco.
- Cascarilla (fresca o seca).
- Un trozo de hilo de algodón blanco.
- Una vela blanca de siete días.
- Una representación del santo.

Instrucciones:
1. Organice su altar o espacio sagrado despejando todo lo que no sea necesario para este ritual.
2. Coloque la vela blanca y un símbolo que represente a Obatala en su altar.
3. Prepare el arroz, la leche, el coco y el ñame en cuencos separados y colóquelos sobre el altar.
4. Si utiliza cascarilla fresca o seca entera, ate la planta en un manojo con hilo de algodón blanco.
5. Si utiliza hojas secas picadas, espárzalas alrededor de la vela y ate el hilo alrededor de la parte inferior de la vela.
6. Cuando esté lista, encienda la vela, cierre los ojos y prepárese para invocar a Nuestra Señora de la Merced.

A continuación, recite el siguiente conjuro:

> «Oh gran Señora de la Misericordia, por favor préstame tu poder,
> Envíame paciencia y conocimiento.
> Que sea fuerte y sabio,
> Para que pueda perseguir mis pasiones.
> Ayúdame a ser justo y bondadoso
> Para tratar a los demás con gran integridad».

7. La vela debe arder durante siete días. La mejor práctica es dejarla encendida solo durante el tiempo que pueda supervisarla y concentrarse en recoger la energía del santo.
8. Apague la vela cuando haya terminado de rezar y siga con su jornada. Vuelva a encenderla cuando pueda supervisarla hasta que se consuma.

Santa Bárbara - Chango

El tercer aspecto de la trinidad divina es Chango, patrono de la transformación, el fuego y la alegría. Gobierna el trueno y la iluminación, a través de los cuales ostenta un inmenso poder. Santa Bárbara fue una joven inocente que se convirtió en protectora de las almas que sufrieron muertes injustas tras ser asesinada por su padre cuando se convirtió al cristianismo. Chango es un espíritu que da poder a las personas que buscan venganza o quieren recuperar algo que les ha sido robado. Según la tradición, su padre fue alcanzado por un rayo cuando murió Santa Bárbara. De ahí la conexión entre esta pareja aparentemente improbable.

Los colores de Chango son el blanco y el rojo. El viernes es el mejor día para rezarle o pedirle ayuda. En este día, puede reclamar su poder utilizando el poder de Chango. Aquí tiene una práctica que le ayudará en esta tarea.

Necesitará lo siguiente:

- Cuentas de oración rojas y blancas (98 en total).
- Papel y bolígrafo.
- Vela roja.

Instrucciones:

1. Haga un collar con las cuentas, empezando por una piedra blanca. Luego añada seis rojas, seguidas de seis blancas, y termine la secuencia con una roja.

2. Repita el patrón seis veces.

3. Escriba afirmaciones para cada cuenta del collar. Asegúrese de que sean afirmaciones positivas y escríbalas en presente, como si ya tuviera lo que desea.

4. Adorne su altar con detalles blancos y rojos, símbolos de Santa Bárbara, espadas, rayos, una copa y una vela roja.

5. Un viernes por la noche, encienda la vela y diga tantas afirmaciones como pueda mientras permanece concentrado y piensa en las cuentas.

6. Repita los pasos durante 24 viernes consecutivos, dejando ofrendas de manzanas, plátanos, anís, okra roja y vino tinto a Chango.

San Antonio – Eleggua

Mientras que Eleggua es el mensajero de las divinidades del panteón yoruba, San Antonio reconcilia a las personas que han perdido el contacto o han tenido un desencuentro. Eleggua abre la puerta a la sabiduría divina y hace que la gente escuche lo que de otro modo se perdería. Antes de invocar a otro santo, debe invocar a San Antonio (Eleggua) para asegurarse de que su mensaje será enviado. Por ejemplo, puede decir:

«Eleggua, te pido que me abras las puertas,
Que elimines la barrera entre este mundo y el reino espiritual
Para que pueda pasar mi mensaje».

Como Eleggua también está relacionado con la protección, puede aprovechar su poder para alejar las energías negativas. Sus colores son el rojo y el negro, así que utilice cuentas, flores o adornos de este color para hacer un amuleto o talismán. Colóquelo en la puerta de su casa para protegerla o llévelo con usted para protegerse.

También puede ofrecer ron, puros, coco, pescado ahumado, otros alimentos y bebidas de color rojo y blanco, caramelos y juguetes, preferiblemente evoque a Eleggua los lunes. Le será útil si necesita un favor específico.

Necesita lo siguiente:

- Una vela marrón.
- Una representación del santo o deidad.
- Un surtido de conservas.

Instrucciones:
1. Comience encendiendo la vela y diciendo lo siguiente:

    «*San Antonio, tú que siempre estás dispuesto a ayudar a los que tienen problemas,*

    te pido que me concedas lo que necesito hacer.

    Mi petición puede ser grande, pero tengo fe en ti.

    Por favor, concédeme este favor y te estaré eternamente agradecido».

2. Visualice que su mensaje es llevado hacia arriba a través del humo de las velas y viaja hacia el reino espiritual.
3. Deje que la vela se consuma, agarre los alimentos enlatados y ofrézcalos a alguien que los necesite, ya sea un banco de alimentos o una persona concreta.

San José - Osain

El esposo de María, San José, tiene una clara conexión con Osain, el dios de la naturaleza de los yoruba. A pesar de que a menudo se le representa como una persona frágil que depende de una muleta, San José puede ser un poderoso aliado. Responde a todas las plegarias que se le dedican, sobre todo si proceden del corazón. Es el patrón de los hogares, los carpinteros, los trabajadores manuales, los padres, los que mueren felices y los padres que acogen a niños que necesitan un hogar cariñoso.

Osain se asocia con la naturaleza y el bosque y da poder a las hierbas curativas. Según la santería, si se le reza mientras se busca comida, ayudará a encontrar las plantas necesarias para ahuyentar a los malos espíritus y sus efectos. Sin embargo, San José supervisa todo lo vulnerable, por lo que hay que pedirle permiso antes de sacar cualquier planta o hierba de su hábitat natural.

Un ritual realizado en nombre de San José ayuda a conceder su *ashe* para protección o curación. Le gusta el color amarillo, y ofrecer comida y otros objetos de este color los jueves hace que el ritual sea aún más poderoso.

Para este ritual, necesita lo siguiente:

- Una vela amarilla.
- Incienso de pino (para representar la naturaleza).
- Un símbolo (imagen o estatua) de San José.

- Partes de plantas que encuentre en un bosque, como piñas, agujas de cedro, espinas de zarzamora, etc.
- Una bolsita.

Instrucciones:

1. Coloque la vela y el incienso en su altar frente al símbolo y enciéndalos.
2. Tome el símbolo en sus manos y muévalo sobre el humo del incienso mientras dice:

    «Por el poder del fuego de esta vela y el humo del pino
    Que mi hogar esté protegido de los malos espíritus.
    San José, por favor, escucha mi plegaria.
    Como todas las cosas verdes crecen
    Y sanan con tu ayuda
    Que tu ashe me proteja
    Por favor, protege mi hogar y a los que están dentro».

3. Introduzca las partes de la planta en la bolsa y termine el ritual con esta oración:

    «Nuestro protector, San José
    Concédeme el alivio del daño espiritual
    Te imploro que protejas este hogar del mal».

4. Coloque la bolsa con las partes de la planta delante de su casa colgándola o quemándola parcialmente en el suelo para fijarla en su sitio.

Nuestra Señora de la Caridad - Oshun

También conocida como Nuestra Señora de la Caridad del Cobre, Oshun es una de las santas y deidades más influyentes. Es la diosa del amor, la fertilidad, el renacimiento, la renovación, el placer, el matrimonio, la sexualidad, el arte y las finanzas. Oshun puede concederle fertilidad en todos los ámbitos de la vida y es conocida por ser muy caritativa, lo que explica que esté vinculada a Nuestra Señora de la Caridad.

Se suele evocar a Oshun los viernes. Sin embargo, es más poderosa el 8 de septiembre, día en que se celebra con una gran fiesta. A pesar de su compasión, se enfada con facilidad. Para no hacerla perder los estribos, hay que apaciguarla con regularidad. Le encanta el oro y las decoraciones suntuosas, si quiere dirigirse a ella, así es como debe adornar su altar. Le encantan las joyas de oro, las velas doradas, amarillas o blancas, la miel, el vino blanco, los pasteles de ron, las calabazas y otras frutas y verduras amarillas y blancas.

Realice este ritual para Nuestra Señora de la Caridad para atraer el amor y la prosperidad.

Necesita lo siguiente:

- Una joya.
- Un bonito plato de metal.
- Una vela amarilla o dorada.
- Miel.
- Una representación del santo.
- Un trozo de tela amarilla.
- Papel y bolígrafo.

Instrucciones:

1. Coloque las joyas en el plato de su altar frente a la representación del santo.
2. Vierta la miel sobre las joyas y encienda la vela.
3. Concéntrese en su intención y medite sobre ella. Piense por qué quiere atraer esa cosa específica.
4. Apague la vela y váyase a dormir.
5. Cuando se despierte a la mañana siguiente, envuelva la joya en un paño amarillo y rece a Oshun.
6. A continuación, escriba cinco líneas reafirmando su intención (las razones que decidió la noche anterior).
7. Doble el papel cinco veces y colóquelo debajo de la vela utilizada la noche anterior.
8. Encienda de nuevo la vela y ofrezca otra oración a Oshun.
9. Cuando haya terminado, apague la vela.
10. Repita el último paso durante cinco días, queme el papel y entierre sus cenizas en el jardín o en una maceta.
11. Dé las gracias al santo cuando se cumplan sus deseos.

San Pedro - Oggun

Al igual que a San Pedro se le pide ayuda cuando alguien necesita trabajo o quiere tener éxito en su lugar de trabajo, Oggun proporciona el *ashe* a las personas trabajadoras. Si está dispuesto a esforzarse, él le ayudará a alcanzar sus metas profesionales. Se le asocia con los colores verde y negro. Si quiere realizar una nueva aventura empresarial o manifestar un trabajo mejor, adorne su altar con estos colores. El mejor día para rezar a San Pedro es el martes. Las mejores ofrendas para él son la comida verde, el ron, los puros, las hojas verdes y los animales «trabajadores», como un gallo que madruga. Oggun está relacionado con el elemento tierra, así que puede utilizar tierra en sus rituales.

Para un ritual sencillo invocando a San Pedro, necesita lo siguiente:

- Un símbolo de San Pedro.
- Un caldero o cuenco de hierro.
- Dos llaves (simbolizan al santo y a la deidad).
- Otras siete piezas de hierro (clavos, pequeñas herramientas, etc.).
- Tela negra y verde para el altar.
- Cuentas negras y verdes.
- Cuerda.
- Ofrendas de su elección.
- Papel y bolígrafo.

Instrucciones:

1. Haga un círculo con el hilo y las cuentas, empezando con una piedra negra. Siga con siete cuentas verdes, añada siete negras y termine la secuencia con una verde.
2. Repita la operación seis veces para tener 112 cuentas en la circunferencia.
3. Escriba su intención en el papel, y meta el papel debajo de la vela verde que puso en su altar.
4. Encienda la vela y rece a San José mientras visualiza su objetivo y repasa las cuentas.
5. Cuando haya terminado, apague la vela y entierre el papel en la tierra.

La religión de la santería incluye muchos santos representados por santos católicos. Estos santos son de la más alta jerarquía y exigen el debido respeto. Por lo tanto, siempre que los invoque para pedir favores o preguntas, debe hacerlo con el máximo respeto y gratitud.

Capítulo 6: Honrar a los antepasados

La veneración de los antepasados es una práctica compartida por varias culturas. Las personas que honran a sus antepasados mediante prácticas espirituales creen que sus seres queridos existen en otro reino. La mayoría de los humanos sólo son capaces de ver lo que hay en el reino físico, y no todos pueden ser testigos de espíritus que han dejado el reino físico.

Honrar a los antepasados es parte integrante de la espiritualidad africana[6]

Por eso, la gente se comunica con sus antepasados por medios espirituales. Por supuesto, hay otras razones por las que honrar a los antepasados es una práctica vital. Este capítulo explica detalladamente la naturaleza del culto a los antepasados, cómo ven a los antepasados las distintas prácticas espirituales y cómo y por qué los honran.

Los antepasados: ¿Quiénes son? ¿Por qué debemos honrarlos?

Definir la palabra «antepasados» puede parecer un poco absurdo, pero es crucial para entender realmente la veneración ancestral.

Cuando se menciona la palabra «antepasados», la mayoría de la gente piensa en los miembros de la familia que les precedieron; abuelos, bisabuelos, etc. En un sentido estrictamente biológico, hasta cierto punto, esto es cierto. Sus antepasados son las personas que vinieron antes que usted y con las que comparte un vínculo de sangre.

Sin embargo, la definición de antepasados tiene menos que ver con la sangre y más con la conexión con las prácticas espirituales. Incluye todas las conexiones hechas a lo largo de la vida de una persona, conexiones espirituales, conexiones hechas con guías o mentores, conexiones con seres queridos, amigos y parientes consanguíneos.

Por supuesto, algunos practicantes creen firmemente que sólo los parientes consanguíneos cuentan como antepasados. En la espiritualidad no hay reglas rígidas. En última instancia, se trata de lo que mejor le queda al practicante.

Según la teología africana, el hombre no es sólo carne. El ser humano tiene tres capas: Ma, Ka y Ba. Ma es el cuerpo, Ka es la fuerza energética que mueve el cuerpo y Ba es el alma. Sin embargo, cuando el cuerpo completa su ciclo terrenal, el alma se separa de él y regresa a su reino divino. El alma de la persona muerta físicamente sigue existiendo y es posible comunicarse con ella.

Honrar a los muertos forma parte de la cultura africana. Está profundamente arraigado. Se refleja en sus prácticas espirituales, independientemente de cómo varíen. Dedicar días u horas específicas a los antepasados es una celebración de sus vidas. Así es como les rendimos respeto y honor.

Los antepasados son vistos como protectores y dadores de sabiduría. Muchos creen que los antepasados pueden ayudar desde el más allá. Su ayuda puede ser cualquier cosa que necesite. ¿Busca respuestas a preguntas para las que no tiene respuestas? Pregunte a sus antepasados. ¿Necesita que le guíen en una situación determinada? Ruegue a sus antepasados que le guíen. ¿Está teniendo problemas con su vida últimamente? Pida a sus antepasados que le ayuden en estos momentos difíciles.

Los antepasados se perciben como figuras divinas y amorosas. Lo quieren y velan por usted desde otro reino. Confíe en que su interés es lo mejor para usted. Le ofrecerán sabiduría y orientación siempre que lo necesite.

Por eso es importante que mantenga la comunicación con sus antepasados. Celebrarlos en determinados días demuestra que los honra y respeta. Demuestre que aprecia lo que hacen por usted y que está agradecido. Honrar a los antepasados en días concretos o comunicarse frecuentemente con ellos construye una relación sólida con ellos. Cuanto más se comunique o rece a sus antepasados, más fuerte los sentirá a su alrededor. Sentirá su presencia a su alrededor y sentirá su protección y su cálido abrazo.

Es importante aclarar que cada cultura africana tiene su propia forma de honrar a los espíritus del más allá. La espiritualidad africana se considera en la mayoría de los casos una práctica cerrada, lo que significa que sólo las personas con raíces africanas pueden participar en estas prácticas. Esto también se aplica a las prácticas dentro de la cultura. Si practica el vudú haitiano, lo mejor será honrar a sus antepasados según sus creencias.

Sin embargo, algunas prácticas como el *Hoodoo* y el Vudú haitiano permiten a los forasteros practicar sus creencias y rituales. Esto sólo ocurre a través de un proceso de iniciación dirigido por ciertos sacerdotes. Si no es miembro de ninguna de estas prácticas, pero se siente unido a sus enseñanzas y rituales, es mejor que investigue y consulte a los sacerdotes antes de unirse. También es fundamental ser educado y respetuoso al dirigirse a los sacerdotes. Al fin y al cabo, estas religiones son muy apreciadas y valoradas, así que sea siempre respetuoso.

Yoruba

Los individuos que viven según la religión yoruba, llamados *isese*, tienen santuarios para sus antepasados. Los antepasados pueden estar emparentados con usted por sangre, tierra o historia. Construir un santuario o un altar es esencial para conectar con sus antepasados. Irá al santuario siempre que necesite rezar para pedir consejo u orientación, ya que es el lugar de reunión designado que ha construido para sus guías espirituales.

Para construir un santuario, primero debe elegir una superficie. Puede utilizar una mesa limpia o cualquier cosa que pueda servir de tablero. Es preferible colocar esta mesa en algún lugar privado de su apartamento o casa. No querrá interrupciones cuando esté interactuando con las energías.

Puede colocar sobre ella cualquier cosa que esté relacionada con sus antepasados cuando estaban vivos. Puede ser una prenda de ropa, su flor favorita, hojas, fotos, etc. Coloque un plato de arcilla o una concha marina que contenga hojas o hierbas.

Limpiar el altar física y espiritualmente es vital. El lugar debe estar libre de polvo o desorden. Se considera una falta de respeto colocar el altar en una zona sucia. La limpieza espiritual del altar requiere humo de salvia o romero. Ponga su corazón y sus intenciones en el lugar correcto mientras limpia energéticamente el altar. Debe creer que el humo está deshaciendo cualquier energía no deseada y está dando la bienvenida a los espíritus a un espacio purificado. La limpieza espiritual debe producirse antes y después de sus oraciones.

También es vital que haga ofrendas a los antepasados. Las ofrendas pueden ser tan simples como un cuenco de frutas, una vela blanca encendida, un vaso de agua, aceites, etc. Cuando hace ofrendas, muestra aprecio y gratitud a los espíritus. Las ofrendas deben ir acompañadas de una oración. La oración invita a los espíritus y les hace saber que estas ofrendas son para ellos.

«*E nle oo rami o. Los saludo, amigos míos.*

Be ekolo ba juba ile a lanu. Si la lombriz rinde homenaje a la tierra, la tierra siempre le da acceso.

Omode ki ijuba ki iba pa a. Un niño que rinde homenaje nunca sufre las consecuencias.

Egun mo ki e o. Ancestros, los saludo.

Egun mo ki e o ike eye. Ancestros, los saludo con respeto.

Ohun usted wu ba njhe lajule Orun. Cualquier cosa buena se come en el reino de los ancestros.

No mo ba won je. Coman mi ofrenda con ellos.

J'epo a t'ayie sola n'igbale. Coman ricamente de la tierra.

Omo a t'ayie sola n-igbale. Los hijos de la tierra agradecen su bendición.

Ori Egun, mo dupe. Agradezco la sabiduría de los ancestros.

Ase. Que así sea».

Cuando se necesita la guía de los espíritus, primero hay que rezarles. La oración se hace sobre el santuario y forma parte del ritual de limpieza. Se reza sobre las hojas para bendecirlas.

«*Iba se Egun. Rindo homenaje al Espíritu de los antepasados*

Emi (su nombre) Omo (enumere su linaje empezando por sus padres y hacia atrás). Soy (su nombre), hijo de (linaje)

Iba se Ori Ewe. Rindo homenaje al Espíritu de las hojas

Ko si 'ku. Despido al Espíritu de la muerte

Ko si arun. Aleja la enfermedad

Ko si wahala. Aleja todos los chismes

Ase. Que así sea».

Queme las hojas sobre el santuario. También puede utilizar el humo para limpiarse. Dirija el humo desde los pies hasta la cabeza. Cuando sienta que el humo ha limpiado el santuario, diga: «*Ase*», que significa suficiente.

Los sacerdotes yoruba aconsejan a la gente que sólo invite a espíritus concretos al santuario. Suelen evitar invitar a los antepasados que tuvieron problemas o mostraron conductas adictivas. Lo mismo ocurre con los antepasados que hayan cometido algún tipo de abuso. Los sacerdotes yoruba dicen que sus energías podrían causar problemas no deseados a la persona que les reza.

Por último, debe sellar el santuario con una fragancia que suela usar, mezclada con su saliva o fluidos corporales que le pertenezcan. Esto permite a los espíritus saber que está en el santuario al que se les invita. Una vez hecho esto, pida a los espíritus que le guíen o haga lecturas para recibir sus respuestas.

Santería

La santería es similar a la religión yoruba. Las personas que practican la santería también construyen un santuario para sus antepasados. Los componentes pueden ser diferentes, pero los rituales son similares. Al igual que *isese*, la santería se originó en Nigeria, pero se practica más en Cuba y Estados Unidos.

La palabra «santería» se traduce como *«el camino de los santos»*. Los santos se refieren a los *orishas*, conocidos como espíritus o deidades africanas. La santería gira en torno a rezar a los santos y honrarlos constantemente. Por eso, construir un santuario para honrarlos es un paso vital.

En la santería, a los antepasados se les llama *Egun*. Un *Egun* puede estar relacionado con personas por sangre o religión, lo que significa que no tiene que limitar sus oraciones a sus antepasados familiares. Puede rezar a cualquier antepasado que haya practicado la santería. El santuario debe incluir dos ingredientes principales: palos y ofrendas.

Los palos que coloca en su altar proceden de un árbol específico que los sacerdotes han bendecido. Pídale a su sacerdote que le dé nueve palos. Ate los nueve palos con un paño rojo y colóquelos en el altar.

A continuación, coloque la ofrenda. La ofrenda puede ser un sacrificio animal, comida o bebida. Todas las ofrendas deben colocarse alrededor de los palos. Si va a invocar a un espíritu, debe utilizar un *Opa egun*, un palo recto y alto cogido de un árbol. Si va a invocar a un espíritu, debe ser varón y golpear lentamente el suelo con el palo para captar la atención del antepasado y que pueda escuchar sus plegarias.

Comer después de haber hecho las ofrendas es importante cuando se ofrece comida y bebida al espíritu. De lo contrario, se considera una falta de respeto. Las ofrendas siempre deben contener comida y bebida. La bebida puede ser agua o cualquier alcohol o licor. También es tradición rociar el santuario con agua o licor a través de los labios o la punta de los dedos.

En la santería deben realizarse ciertas ceremonias para honrar a los antepasados. La ceremonia dura varios días. El primer día, la gente ofrece grandes cantidades de comida cocinada, ofrendas de animales y bebidas. La gente también canta y baila a sus antepasados. El segundo día se canta, se baila y se tocan tambores para honrar a los espíritus. Ese día también se sirve comida.

Durante las ceremonias, se reza la siguiente oración si un miembro quiere conectar con su antepasado. El espíritu de los antepasados monta (o posee) suavemente a los médiums mientras un buitre sobrevuela la ceremonia como una serpiente. Los antepasados poseen un poder más allá de los reinos de la muerte. Debemos barrer y limpiar el suelo antes de saludar a nuestros antepasados a su llegada.

> «*El espíritu de la muerte dirige nuestro Ori hacia los antepasados que han obtenido el secreto de la vida más allá de la muerte. Hoy, muestro las marcas de mi cuerpo como un himno al sagrado juramento. Ofrezco mi devoción a los ancestros a través del juramento. Y soy bendecido por su energía y su sabiduría. Ashe».*

Fèt gede en el vudú haitiano

Fèt gede, o Festival del día de los muertos, es una importante celebración dedicada a honrar a los antepasados. El vudú haitiano cree que los espíritus no se ven ningún otro día y sólo aparecen durante su ceremonia.

El *gede* o antepasado puede ser un amigo cercano o un familiar. Durante una ceremonia, el vuduista o practicante de vudú invoca su espíritu y lo convierte en un *gede*.

Esta fiesta se celebra cada 1 y 2 de noviembre. Suele celebrarse en el cementerio y, al igual que la santería, implica muchos cantos y bailes. Los *gede* pueden poseer a individuos durante el festival.

Si un individuo está poseído, se le reconoce inmediatamente por su aspecto físico. Suelen cubrirse la cara con polvo blanco, llevar gafas de sol negras y un bastón. También visten ropas moradas, negras y blancas. Beben bebidas alcohólicas infusionadas con pimientos picantes, ya que a los *gede* les encantan los pimientos picantes. Muchos comen o se aplican pimientos picantes en la piel durante el festival.

Las posesiones son otra forma de honrar a los muertos. Es una forma de que los vuduistas muestren a los espíritus que son bienvenidos a su mundo, espacio y cuerpos. Lo ideal es que los *gedes* no tengan malas intenciones hacia su persona, por lo que normalmente no hay daño durante la posesión.

La posesión también muestra el fuerte vínculo entre la persona y el *gede*. Por supuesto, no todo el mundo se siente cómodo con las posesiones, pero se practican, no obstante. Si está interesado en tener este vínculo con su *gede*, pregunte a su sacerdote para saber más.

Al igual que la santería y el *isese*, los vuduistas haitianos ofrecen comida y bebida a sus antepasados. Las ofrendas deben colocarse en una mesa del cementerio para honrar y respetar a quienes han pasado al reino espiritual.

La celebración vudú haitiana de los muertos es similar a la santería, ya que bailan, cantan y tocan el tambor a los muertos. Los sacerdotes también presentan sus respetos y comen los alimentos ofrecidos a los muertos. A diferencia de la santería y el *isese*, las posesiones tienen lugar el día de la fiesta.

La ceremonia no puede celebrarse sin el permiso de *Papa gede*, el primer hombre que murió. Una vez que los sacerdotes tienen permiso para llevar a cabo la ceremonia, comienzan las celebraciones.

Hoodoo

El *hoodoo* es similar al *isese* y honra a los antepasados. Debe establecerse un santuario limpio en un entorno ordenado. Debe limpiarse con agua salada o humo de salvia. El altar debe tener fotos de los antepasados o cualquier objeto relacionado con ellos. Los *hoodoos* se comunican frecuentemente con sus antepasados.

Sus comunicaciones pueden ser a través de oraciones o conversaciones normales. Por supuesto, se deben hacer ofrendas, y esto es algo que *isese*, santería, vudú haitiano y *hoodoo* tienen en común.

La ofrenda puede ser una vela encendida, comida, bebida o un objeto especial. La ceremonia de honra puede no ser tan ruidosa como la de la santería o el vudú haitiano, pero es rica en sentimientos y emociones profundas. Normalmente, los *hoodooistas* piden a los ancestros que les quiten enfermedades o problemas que han estado afectando a sus vidas.

Los *hoodoos* conectan profundamente con sus antepasados debido a su alto nivel de comunicación. Los practicantes hacen lecturas espirituales con sus antepasados. Pueden obtener un sí, un no o tal vez a través de un médium espiritual. Los practicantes utilizan cáscaras de maíz, cartas del tarot y otras herramientas para entender lo que dicen los espíritus.

Dejan un sacrificio animal o una cesta de fruta junto a un árbol en nombre de sus antepasados. El árbol debe estar cerca de la casa de la persona y es otra forma de respetar y mostrar agradecimiento a los espíritus.

Al igual que en la santería, algunos practicantes cantan a sus antepasados. Sin embargo, las canciones las canta una sola persona, normalmente durante su tiempo privado con los antepasados. Los practicantes encienden velas para los espíritus y deben limpiar energéticamente el espacio antes y después de una oración, o se lleva a cabo una ceremonia.

Honrar a los antepasados es una actividad sagrada compartida por muchas creencias espirituales africanas. Por muy diferentes que sean unas de otras, recordar a los espíritus es una práctica divina que se lleva a cabo anual o diariamente.

La espiritualidad africana gira en torno a la conexión entre el individuo, la naturaleza y los espíritus. Esta conexión debe mantenerse incluso cuando los vivos adoptan una forma diferente. Por ello, es esencial que los practicantes sigan honrando a los muertos, para que su conexión se mantenga fuerte y viva. Los espíritus son vistos como deidades que tienen sabiduría y poder. Se cree que influyen en su vida para mejor, por lo que los practicantes piden su guía y ayuda.

Las prácticas espirituales africanas como la santería y el *isese* no ven a los antepasados sólo como parientes. Los antepasados pueden ser cualquier persona vinculada a la religión o a la historia del practicante. Por otro lado, el vudú haitiano considera a los antepasados como parientes o amigos cercanos. El isese es similar al vudú haitiano, ya que también define a los antepasados por su linaje o su relación con el practicante.

Las ofrendas son un elemento común a estas creencias. Cuando la gente honra a sus espíritus mediante ofrendas, lo considera una forma de dar la bienvenida a sus antepasados, honrarlos y mostrarles respeto. Las herramientas utilizadas durante la ceremonia difieren de una creencia a otra. Sin embargo, no importa qué herramientas utilice siempre que su corazón esté en el lugar correcto cuando honre a sus seres queridos.

Tanto si ha nacido en las tradiciones espirituales africanas con raíces ancestrales como si es un forastero con un profundo sentido de pertenencia, debe respetar las creencias de la fe y atenerse a sus normas.

Las consecuencias de la falta de respeto y la arrogancia repercutirán negativamente en su vida. Estas tradiciones han sobrevivido durante siglos gracias a la devota fe de sus seguidores.

Capítulo 7: Hierbas y plantas sagradas

La herboristería es un conocimiento sagrado, y los espiritistas africanos no son ajenos a ella. Ya sea la raíz, el tallo, los pétalos o las hojas, casi todas las partes de la planta se utilizan en todos los hechizos. En este capítulo se explican las distintas hierbas más utilizadas por los practicantes africanos. Si ha estado tratando de encontrar hierbas para hechizos de amor o protección, las encontrará en este capítulo. También se explican otras hierbas para ayudar con el poder, la prosperidad, la purificación, los espíritus y la lujuria.

Algunas hierbas y plantas se consideran sagradas[7]

Es común ingerir ciertas hierbas durante las ceremonias y el trabajo con hechizos. Sin embargo, hay que tener cuidado con lo que se ingiere. Para empezar, probablemente sea mejor evitar ingerir cualquier hierba o planta si es un hechicero principiante. Si no sabes si es alérgico a ciertas hierbas o plantas, debería evitar todas. Siempre Puede quemar la hierba en lugar de consumirla y ver cómo se manifiesta su poder.

Raíz de Adán y Eva

La raíz de Adán y Eva se utiliza principalmente para hechizos de amor. Sus propiedades espirituales se asocian con asuntos de amor, conexión y lujuria. Los practicantes ungen la raíz con aceites esenciales de atracción, como salvia sclarea, lavanda, jazmín o rosa.

Esta raíz se utiliza en parejas del mismo sexo y en parejas de sexo opuesto. La raíz de Adán y Eva puede llevarse como amuleto o ungirse a diario para fortalecer el amor y avivar la relación.

Agrimonia

La agrimonia es una hierba muy versátil. Se utiliza principalmente con fines de protección, pero también para eliminar bloqueos energéticos. Esta hierba se utiliza normalmente en hechizos de protección y es el ingrediente principal que los practicantes utilizan para romper la mala suerte.

Los practicantes de magia *hoodoo* utilizan la agrimonia para eliminar bloqueos energéticos. También la utilizan para limpiar sus herramientas antes de trabajar en sus hechizos. Quemar agrimonia es habitual para protegerse del mal de ojo. A menudo, los espiritistas utilizan esta hierba como aderezo de las velas cuando trabajan en un hechizo que rompe los chismes o impide que la gente hable mal de ellos. Es común que la gente queme agrimonia para fortalecer su campo energético.

Albahaca

La albahaca se utiliza comúnmente en toda la brujería africana. Se asocia con la prosperidad, la suerte y la felicidad. Los practicantes la utilizan para atraer la prosperidad a sus vidas y conseguir más dinero. Untan una vela verde con hojas secas de albahaca y lanzan un hechizo para que el dinero fluya suavemente hacia ellos. Algunas personas llevan albahaca consigo cuando juegan porque la consideran un amuleto de la suerte.

Otros utilizan la albahaca como hierba curativa. Además de curar y prevenir enfermedades, también da energía al hechicero, ya que ayuda a combatir la fatiga y la confusión cerebral. Las mujeres aderezan una vela roja con aceite de albahaca para aliviar los dolores menstruales.

Hojas de laurel

Espiritistas de distintas procedencias utilizan esta hierba por su gran versatilidad. Algunos la utilizan para atraer el dinero, y otros para conjurar contra el mal de ojo, desterrar hechizos dañinos y liberarse de problemas laborales y familiares. El resultado de esta hierba depende del hechizo y de cómo se utilice.

En la espiritualidad africana es habitual lavarse con agua de laurel. Se cree que lavarse las manos y los pies con esta agua aumenta las posibilidades de recibir dinero. Otros practicantes guardan el agua de laurel para limpiar sus puertas y espejos. ¿Por qué? Porque aporta energía positiva y elimina la negatividad de la casa.

Belladona

La belladona es una hierba que debe utilizarse con precaución. **No debe ingerirse ni inhalarse de ninguna manera.** Esta hierba se asocia con la alucinación, la seducción y la magia. Suele utilizarse en hechizos de amor y en muñecos de vudú.

Se desaconseja su uso a los practicantes principiantes debido a su poder, y es difícil trabajar con ella cuando no se tiene suficiente experiencia con la brujería.

Algunos vuduistas introducen belladona en muñecos de vudú cuando preparan un hechizo de amor. Normalmente, este hechizo consiste en aumentar el atractivo de una persona para seducir. Otros simplemente graban el nombre de la persona en una vela roja y la ungen con belladona para atraerla.

Cedro

El humo del cedro es famoso por agudizar las capacidades psíquicas y escuchar a los espíritus. También es conocido por su capacidad rejuvenecedora. Los espiritistas utilizan el cedro para sentirse llenos de energía y sanar cuerpos doloridos o cansados. El cedro se utiliza para ahuyentar enfermedades, por lo que es común estar cerca del humo del cedro cuando un espiritista siente que está a punto de enfermar.

Los vuduistas utilizan el humo de cedro para santificar sus muñecos de vudú. Este ritual de santificación es la última parte de la creación de un muñeco vudú. El cedro bendice el muñeco y lo protege de cualquier energía no deseada.

El humo de cedro se utiliza para agudizar las capacidades psíquicas y alejar las enfermedades°

Manzanilla

La manzanilla es otra hierba muy versátil. Algunos practicantes la utilizan para asegurarse de que sus manifestaciones se hagan realidad, mientras que otros la utilizan para tener mejores sueños.

Los practicantes africanos ponen manzanilla en sus bolsas de mojo para aumentar sus posibilidades de ganar en los juegos de azar. Otros llenan sus bolsitas de manzanilla y las colocan bajo la almohada para tener mejores sueños y reducir las posibilidades de sufrir pesadillas y parálisis del sueño.

Algunos espiritistas se bañan con agua de manzanilla para aumentar el atractivo y el amor propio. Otros esparcen pétalos secos de manzanilla por la casa para alejar las energías y entidades negativas de su espacio.

Canela

La canela es una planta poderosa asociada con la prosperidad financiera y la protección. Si quiere atraer el dinero a su vida, siga este hechizo.

El primero de cada mes, ponga un poco de canela en polvo en sus manos y sople sobre la puerta de su casa. Puede hacer lo mismo con su tienda, empresa, etc. Cuando sople el polvo de canela, visualícese recibiendo dinero y sienta las emociones que experimentaría con la prosperidad. Después de soplar el polvo, frótelo en sus manos. Lavarlo puede disminuir la intensidad del hechizo.

Cuando trabaje en un hechizo de protección, unja un trozo de papel con su nombre con canela, o vista una vela blanca con canela e imagínese a usted mismo siendo protegido de la negatividad y de la gente que le desea el mal.

Raíz de Juan el conquistador

Esta raíz es muy apreciada entre los *hoodoos*. Según el folclore, Juan el conquistador se enamoró de Lilith, la hija del diablo. El diablo desafió a Juan y le prometió la mano de Lilith si superaba con éxito los desafíos. Juan aceptó los retos con valentía, pero sabía que el diablo lo mataría. Sabiendo esto, Juan y Lilith robaron el caballo del diablo y escaparon a África. Acordaron no volver a usar sus poderes para que el padre de Lilith no pudiera encontrarlos y asesinarlos. Juan puso sus poderes en la raíz y escapó con Lilith.

Hoy en día, los *hoodoos* utilizan esta raíz para ser bendecidos por el poder de Juan. Los practicantes visten velas blancas con esta raíz buscando protección y paz. Otros ungen velas rojas y rosas con esta raíz para atraer el amor. La gente usa esta raíz con velas verdes para recibir dinero y aumentar su suerte.

Hisopo

El hisopo es una hierba popular en la brujería africana. Se utiliza principalmente en rituales de purificación y limpieza. Es habitual que los practicantes se bañen en su agua antes y después de trabajar en un hechizo poderoso.

Los vuduistas haitianos rocían sus altares con su agua, mientras que los *hoodoos* limpian sus bolsas de mojo y gris-gris con el humo de la hierba. A otros les gusta limpiar sus utensilios de brujería con agua o humo de hisopo antes de lanzar un hechizo. Las herramientas deben estar purificadas de hechizos anteriores. De lo contrario, las consecuencias podrían ser nefastas. Los espiritistas también ponen las flores y hojas púrpuras del hisopo en sus bolsas de mojo para protegerse de deidades y entidades malignas.

Hierba carmín

La hierba carmín se utilizaba entre los vuduistas durante la esclavitud. Creían que esta hierba facilitaba el proceso de posesión. Durante las ceremonias, el individuo consumía esta hierba y era poseído por un espíritu o un antepasado.

Hoy en día, esta hierba no debe consumirse sin supervisión. Múltiples testigos han afirmado que la hierba provoca en las personas una falta total de conciencia de sí mismas. Los investigadores Busia y Heckles señalaron que la hierba provoca un «frenesí corporal» durante las ceremonias de posesión.

Los vuduistas utilizan esta hierba para alcanzar niveles de conciencia refinados. No todo el mundo se siente seguro tomando esta raíz, así que es mejor no consumirla si no tiene experiencia con ella o no está rodeado de profesionales que puedan garantizar su seguridad.

Lavanda

Esta flor tiene varias propiedades espirituales, como atraer el amor y la belleza, aumentar el dinero y potenciar la intuición. Las tonalidades púrpuras de la flor se asocian con la intuición y las habilidades psíquicas. Se sabe que mezclar lavanda con pétalos de rosa atrae el amor a la vida de una persona y aumenta su atractivo físico. Llevar lavanda encima enriquece económicamente a la persona.

Si quiere participar en alguno de estos hechizos, preste mucha atención a estas instrucciones:

- Para aumentar su atractivo y encontrar el amor, prepare un baño, rocíelo con lavanda y pétalos de rosa, y sumerja su cuerpo en el agua. Si no tiene bañera, ponga lavanda y pétalos de rosa en una bolsita y cuélguela sobre la ducha. Deje correr el agua y dúchese.

- Si quiere más dinero, ponga lavanda en una bolsita verde con unas monedas. Lleve esta bolsita con usted, sobre todo si va de camino al trabajo o a jugar.
- Para reforzar su intuición, queme un poco de lavanda y rodéese de su humo. Ejercite su intuición rezando a los antepasados o practicando sus habilidades psíquicas durante este tiempo. La lavanda agudizará su intuición para lograr mejores resultados.

Raíz de la mano de la suerte

Por su nombre, puede deducir que las propiedades espirituales de esta raíz están relacionadas con la suerte. La raíz de la mano de la suerte es una hierba excelente para llevar encima cuando compita, juegue o participe en la lotería.

Puede llevar esta hierba, manteniéndola cerca de su pecho, o ponerla en su bolsa de mojo. Muchos *hoodoos* sustituyen su bolsa de mojo por una raíz de la mano de la suerte porque es muy poderosa. Las personas que llevan esta raíz, en lugar de una bolsa de mojo, suelen ungir la mano de la suerte con elementos esenciales, como canela y sándalo, para aumentar su suerte y asegurar sus ganancias.

Raíz de mandrágora

La raíz de mandrágora se acerca a la función de los muñecos vudú. En otras palabras, puede curar o dañar a alguien. Por ejemplo, supongamos que ha creado un muñeco vudú para curar a un cliente. En lugar de crear un muñeco vudú desde cero, puede tallar el nombre del cliente en la raíz y proceder con su ceremonia de curación.

Esta raíz es increíblemente poderosa, especialmente si manifiesta algo en su vida. Por ejemplo, talle su nombre en la raíz y aplique hierbas y aceites asociados con el éxito y la prosperidad si quiere manifestar éxito y riqueza.

Si utiliza esta raíz, debe tener cuidado con su ubicación e ingerirla. Esta raíz puede influir mucho en la vida de alguien, por lo que debe asegurarse de ser la única persona con acceso a ella. Además, evite ingerir la raíz, ya que no está destinada al consumo humano.

Raíz de maguey

Los santeros, sacerdotes de la santería, creen que la raíz de maguey tiene increíbles poderes curativos. Es muy común beber té de raíz de maguey si practica la santería, ya que se cree que cura enfermedades y aleja la negatividad. Los *hoodoos* utilizan esta raíz como un amuleto que aumenta el poder de la bolsa de mojo. Esta raíz se utiliza con velas rojas para aumentar la lujuria en una relación o hacer que alguien se enamore de usted. La raíz de maguey se utiliza para limpiarse de espíritus y energías negativas.

Raíz de serpiente de cascabel

Quemar raíz de serpiente de cascabel con la intención de atraer el amor atrae a las personas adecuadas a su vida y le protege de individuos que no son para usted.

Los espiritistas dicen que esta raíz puede hacer que la gente se vaya de su vida, pero, en realidad, la raíz le protege de las personas que no son adecuadas para usted. Si tiene un interés amoroso y quiere saber si encaja bien con usted, utilice esta raíz. Sin embargo, si no quiere experimentar la dura realidad a la que la raíz puede exponerle, quizá no sea el momento de usarla.

Rue

Si cree que alguien le ha hechizado o embrujado, puede que necesite bañarse con agua de ruda. Los practicantes espolvorean ruda en sus bañeras para romper maleficios y mala suerte.

Otros practicantes prefieren beber té de ruda en lugar de bañarse en él, pero de nuevo, es mejor no beber ninguna hierba si no sabe qué efecto tendrá en su cuerpo.

Los espiritistas creen que espolvorear hojas de ruda fuera de sus casas puede traerles prosperidad y suerte. Si quiere más riqueza en su vida, es más probable que atraiga la prosperidad si sopla canela en su puerta y espolvorea hojas de ruda fuera de ella.

Salvia

La salvia es otra hierba que utilizan todos los practicantes africanos. Es conocida sobre todo por sus propiedades purificadoras. Por ejemplo, los yoruba y los *hoodoos* utilizan el humo de la salvia para limpiar sus altares.

La salvia se utiliza para limpiar⁹

Los vuduistas haitianos utilizan la salvia para limpiarse y limpiar su casa. Por ejemplo, digamos que tuvo un invitado en su casa, y después de que se fue, sintió que la energía de la casa dio un giro para peor. En este caso, lo mejor que puede hacer es coger un manojo de salvia u hojas de salvia y quemarlas. Abra una ventana para que la energía negativa tenga un lugar a dónde ir, lejos de su casa. La energía de su casa se repondrá y renovará.

Raíz de serpiente de Sampson

La raíz de serpiente Sampson mejora la fertilidad masculina y el rendimiento sexual. También se utiliza para ganar poder y respeto en la comunidad o el lugar de trabajo.

Los practicantes suelen remojar la hierba con whisky y consumir 1 cucharada sopera cada día. Otros prefieren prepararla en té y beberla. Los hombres que desean mejorar su rendimiento sexual se lavan los genitales con su agua para obtener todo el efecto de esta poderosa raíz.

Las personas que desean aumentar su energía masculina utilizan esta raíz. En otras palabras, las mujeres también pueden utilizar esta raíz. Como personas, todos tenemos energías femeninas y masculinas, así que las personas que quieran conectar con sus energías masculinas se beneficiarán del uso de la raíz de serpiente de Sampson.

Baya de Saw Palmetto

La baya de Saw Palmetto es utilizada principalmente por las personas que practican la santería. La gente la mezcla con alcohol y la utiliza como afrodisíaco. Se considera uno de los ingredientes principales de los hechizos de amor y lujuria. Los practicantes también le añaden miel para potenciar su poder amatorio.

Durante las ceremonias de magia sexual, la baya de Saw Palmetto se empapa con licor y se sirve a los participantes. La bebida los prepara para las energías y emociones que van a experimentar.

Otros practicantes utilizan las bayas como amuletos de amor y las ponen en sus bolsas de mojo o alrededor del muñeco vudú para aumentar el amor y la lujuria.

Sasafrás

A veces los practicantes se encuentran en el punto de mira de otros hechiceros. Estos practicantes pueden ser víctimas de maleficios o entidades dañinas. Una forma de protegerse es rellenar una bolsa de mojo con hojas de sasafrás y dejarla cerca de la cama o debajo de la almohada.

Las hojas de sasafrás son conocidas por sus propiedades protectoras. Principalmente, protegen de entidades malignas y maleficios o hechizos dañinos. Sin embargo, las hojas de sasafrás deben sustituirse por otras nuevas cada dos días, dependiendo de la entidad con la que esté tratando. Cambie la bolsa de mojo cada dos días para garantizar su seguridad.

Raíz de sello de Salomón

Esta raíz une a los espíritus, buenos y malos. Algunos practicantes la utilizan para invocar a los espíritus buenos para protegerse de las entidades malignas que les atacan. Otros invocan a los espíritus para salir adelante en la vida o vengarse de las personas que les han hecho daño.

Trabajar con esta raíz puede resultar difícil y complicado. Se aconseja a los practicantes novatos que eviten esta raíz porque necesita mucha energía y experiencia que no tienen. Así que, si no es un hechicero avanzado, trabaje con raíces más fáciles antes de usar la raíz del sello de Salomón.

Quita maldición

La quita maldición es una hierba popular en la santería. Esta planta es mayormente conocida como el «removedor de maldiciones» dentro de la comunidad. Si usted o un ser querido presenta síntomas de estar maldito, lo mejor es quemar quita maldición a su alrededor. Esta hierba también resulta útil para eliminar un maleficio o mal de ojo propio o ajeno. Recuerde, quemar esta hierba quita maldiciones, pero no las previene. Así que, la próxima vez que se limpie de un mal de ojo o una maldición, asegúrese de usar hierbas que también le protejan de ellas. Además, no utilice ambas hierbas juntas. Primero, elimine la maldición, límpiese con salvia y, por último, queme una hierba que le proteja de futuros daños.

Hierba frescura

La hierba frescura es excelente para curar los bloqueos energéticos. Si siente que su casa ha perdido su energía o tiene una energía extraña, entonces necesita quemar esta planta. También puede usarla si su energía está bloqueada. ¿Cómo puede saber si su energía está bloqueada? Su intuición no será tan aguda, puede que se sienta cansado y, lo más importante, su chispa se irá apagando poco a poco. Los bloqueos energéticos son temporales, por lo que no debe preocuparse. Queme esta planta para restaurar su energía y hacer que corra suavemente por su cuerpo.

Hay una gran variedad de hierbas y plantas para usar en velas o bañarse con ellas. Además, otros hechizos requieren ingerir ciertas plantas, pero lo mejor es evitar consumir cualquier planta o raíz. Sin embargo, si está seguro de que no sufrirá una mala reacción, es seguro ingerir estos ingredientes. Pero, si no está seguro o no ha consumido ciertas hierbas antes, es mejor evitar ingerirlas. Puede hacerse pruebas de alergia y preguntar siempre a un profesional de la salud sobre las plantas y raíces por las que sienta curiosidad. Recuerde que no todos los hechizos son para principiantes, así que si es novato, trabaje con ingredientes más fáciles y hechizos que se ajusten a su nivel. Es mejor ganar experiencia antes de trabajar en hechizos desafiantes. Buena suerte y cuídese.

Capítulo 8: Hablemos de altares y santuarios

Los altares y los santuarios se consideran temas muy delicados, ya que la mayoría de las tradiciones espirituales africanas requieren iniciación. Por lo tanto, siempre debe buscar la guía y aprobación de un sacerdote antes de construir su santuario y utilizarlo para trabajar con sus ancestros o los *orishas*.

Los altares y santuarios son sagrados en las prácticas espirituales africanas[10]

Los altares y santuarios caseros son relativamente fáciles de montar. Son estupendos porque pueden adaptarse a una amplia gama de creencias y credos. Un lugar sagrado para prácticas espirituales, rituales y oraciones ayuda a reforzar su conexión con las deidades y los espíritus y repone su fe. Independientemente de su sistema de creencias, un altar puede ayudar a recargar y a mantener la paz y el bienestar interior.

Al leer este capítulo, comprenderá la estructura y disposición general de los altares en yoruba, santería, *hoodoo* y vudú haitiano. Aprenderá sobre sus diferencias y similitudes y descubrirá cómo cada tradición espiritual establece y trabaja con los *orishas* y los altares de los ancestros. Por último, daremos consejos sobre cómo construir su propio altar en casa.

Yoruba

Los altares yoruba tienen varios tamaños y apariencias. La forma exacta de un altar difiere de las preferencias e ideologías de un practicante a otro. Los altares yorubas no suelen ser ornamentados ni gigantescos, y lo mejor de todo es que pueden adaptarse a las limitaciones de espacio, dinero y herramientas de una persona normal. Se parecen mucho a las características del santo.

Los yorubas utilizan los altares para comunicarse con los santos, por lo que suelen estar situados en un nivel más alto que el suelo. Un altar yoruba es un espacio sagrado donde se pueden hacer ofrendas, realizar sacrificios, rezar o participar en otras actividades espirituales. La elección de las prácticas y ofrendas depende principalmente de si dedica su altar a los *orishas* o a los antepasados. No hay por qué preocuparse si quiere rendir culto a los *orishas* y a los antepasados simultáneamente, ya que la religión yoruba no exige que los altares sean inamovibles una vez montados.

En días concretos del año, como el 4 de octubre y el 17 de diciembre, días de Orula y San Lázaro respectivamente, los practicantes construyen grandes altares y lo celebran juntos. La gente también dedica gran parte de sus casas a hacer altares coloridos con numerosos símbolos, representantes y ofrendas.

Los yorubas cristianos suelen incorporar santos católicos a sus santuarios. Los más comunes son la Virgen de Regla, la Virgen de las Mercedes, Santa Bárbara y la Caridad del Cobre, entre otras figuras significativas. Además, decoran los santuarios con frutas, velas y flores.

Los *orishas* yoruba se representan con recipientes de cerámica, güira, porcelana o sopa de barro por orden de jerarquía.

Las figuras de las deidades se colocan sobre piedras en los soperos y suelen adornarse con anillos, túnicas y otros símbolos asociados a los *orishas* y los santos. Suelen incluir alimentos, bebidas, flores, ofrendas de frutas, abanicos, juguetes y herramientas. Lo que se haga para trabajar u honrar a un *orisha* depende de sus preferencias y características únicas.

Cuando se prepara un santuario de antepasados, hay que buscar la ayuda de un sacerdote porque es necesario obtener nueve palos de un árbol específico y prepararlos ritualmente antes de atarlos juntos con un paño rojo. A este haz de palos es al que se le harán las ofrendas. También necesita un «*Opa egun*», una rama de madera gruesa, recta y alta para sus invocaciones. Un practicante masculino la utilizará para dar golpecitos en el suelo mientras usted, u otra persona, invocan a los antepasados. Ofrézcales siempre la primera ración de cualquier comida. También se suele ofrecer agua o licor.

Santería

Al igual que los yoruba, muchos de los principales *orishas* de la santería tienen homólogos católicos. puede construir un santuario en honor al *orisha* que desee venerar y honrar utilizando símbolos y colores que los representen y hacer las ofrendas pertinentes.

Los yorubas y los practicantes de la santería comparten la misma creencia respecto a los antepasados; éstos pasan al mundo invisible para velar por sus seres queridos. Sin embargo, sólo aquellos que cumplen los requisitos para ser honrados mediante el trabajo con los antepasados pueden estar a la altura de su destino. Suelen ser personas que vivieron vidas honorables y contribuyeron a su sociedad. Esas personas también deberían haber experimentado vidas largas y muertes naturales.

Algunas personas dedican un espacio separado o incluso un edificio separado a sus altares. Depende de las tradiciones familiares y de las preferencias personales. Los altares de los antepasados suelen incluir una vela blanca y un paño. También se añaden fotos o pertenencias del antepasado, flores o tres vasos de agua (se puede utilizar cualquier número impar de vasos de agua). A algunas personas les gusta separar en el altar a los antepasados masculinos de los femeninos. Algunas personas también separan a las distintas familias, lo que sería una gran idea para individuos que nunca se llevaron bien.

Si va a montar un altar de *orishas*, guarda todos los *orishas* (excepto las deidades guerreras) en vasijas de cerámica. El color y la decoración de la vasija dependen de las características y símbolos del *orisha* con el que *esté* trabajando. Estas *vasijas* contienen las piedras sagradas de los *orishas*, que es una extensión de la tradición yoruba de colocar piedras en cuencos u ollas.

Si está trabajando con un *orisha* guerrero, evite usar *vasijas*. Guárdelos en ollas de hierro o arcilla destapadas. Use recipientes sellados con agua para los *orishas* de agua. Cada *orisha* acepta ofrendas únicas, a menudo dejadas junto a su vasija u otro recipiente. Algunas ofrendas, conocidas como *ebó*, se consideran sacrificios porque se compran, que es un sacrificio económico, o se hacen, que es un sacrificio de tiempo. Hacer un *ebó* semanal para el *orisha* puede mantenerlo fuerte y complacido.

Hoodoo

Los practicantes de *hoodoo* preparan su altar visitando las tumbas de sus antepasados con un pequeño recipiente. Se presentan y notifican a los antepasados sus intenciones. Guardan un poco de tierra en el recipiente, se la llevan a casa y la utilizan para establecer una conexión con el antepasado.

Los practicantes de *hoodoo* echan la tierra en sus recipientes cavando con monedas cerca de las tumbas de sus antepasados después de verter whisky sobre la tumba. Cuando llegan a casa, vacían la tierra en un recipiente de mejor aspecto.

Según las tradiciones *hoodoo*, el sábado es ideal para trabajar con los muertos. Suelen hacer ofrendas alimenticias de carne y papas y un poco de agua teñida de azul pálido. Montan un altar básico para sus antepasados y los recrean semanalmente con música, comida u otras ofrendas. También puede servir los platos favoritos de sus antepasados. Puede incluir varios recipientes con tierra de tumba de los altares de distintas personas, con sus fotos y algunas de sus pertenencias. Algunos practicantes incluyen un marco de fotos vacío como símbolo de los familiares y antepasados que no conocen.

Vudú haitiano

Los santuarios del vudú haitiano son conocidos por sus colores vibrantes y su magnificencia. Los *orishas* suelen estar representados en sus propios lugares. Los santuarios del vudú haitiano incorporan varios objetos requeridos por las deidades, o *lwa*, según con quién se trabaje. Otros utensilios, como las botellas decoradas, se consideran ofrendas y cumplen una función específica.

Las botellas llenas y vacías suelen estar ornamentadas con imágenes y símbolos específicos. A menudo se cubren con lentejuelas u otros adornos de colores. Aunque se utilizan muñecos, no son tan terroríficos como se cree que son los muñecos vudú. Mucha gente cree que los practicantes clavan alfileres en estos muñecos para lanzar maldiciones dañinas a los demás. Sin embargo, se utilizan para honrar a ciertas deidades. Algunas personas emplean los muñecos como mensajeros entre el reino físico y los espíritus. Los paquetes de tela rellenos de hierbas también son adornos populares en los altares. Los colores de los trozos de tela y su decoración dependen de los colores de los *lwas*. Se cree que estos paquetes aportan protección y estimulan la curación. Curiosamente, los practicantes del vudú haitiano dejan banderas apoyadas en el altar como objetos rituales que atraen a los *lwa* para reponer su energía espiritual.

Construir el altar

Decida la finalidad

Lo primero que debe hacer antes de construir su altar es determinar su propósito. ¿Qué camino espiritual está siguiendo? ¿Quiere construir un altar de *orishas* o antepasados? ¿Tiene una deidad específica a la que desea honrar? ¿Va a utilizar su altar para celebraciones? ¿Su altar es móvil o debe ser fijo?

Debe asegurarse de que su altar ofrezca un espacio cómodo, ya que podría utilizarlo para meditar, rezar, comunicarse con sus antepasados, realizar invocaciones o llevar a cabo otros rituales.

Decida dónde colocarlo

La ubicación y el tamaño de su altar dependen principalmente de sus necesidades, estilo de vida y preferencias. A algunas personas les gusta dedicar una habitación entera a sus prácticas espirituales, mientras que otras creen que su armario o estantería sería suficiente. Sin embargo, cuando monte su altar, debe estar orientado en una dirección significativa o agradable. Por ejemplo, si está construyendo un altar para sus antepasados, oriéntelo en la dirección de la tierra natal de su antepasado.

Lo mejor es construir el altar en un lugar tranquilo y privado. Así no tendrá que preocuparse de que alguien lo tire o interrumpa sus prácticas espirituales. No hay que apresurarse para encontrar el lugar adecuado. Algunas personas se sienten atraídas por un lugar que simplemente «les parece bien». Piense en la energía que desprende ese lugar. ¿Es acogedor y luminoso? puede hacer una limpieza con sahumerios u otras técnicas de limpieza energética antes de preparar el espacio. También ayuda hacer una limpieza energética de vez en cuando.

Averigüe qué herramientas necesita

Aunque hay algunas reglas que debe seguir a la hora de montar su altar, especialmente si trabaja con *orishas* específicos, a menudo tendrá que recurrir a su intuición. Preste atención a sus antojos y señales para captar las ofrendas que los *orishas* desean recibir. Su instinto también puede indicar ciertos objetos que debe incorporar a su santuario de antepasados. A menos que vaya en contra de las instrucciones, no hay límites en cuanto a lo que puede tener en su altar. Sin embargo, pida siempre la opinión de su sacerdote hasta que haya adquirido suficiente confianza en sus conocimientos.

Las velas son herramientas muy populares para añadir a su altar y a menudo son necesarias cuando se trabaja con ciertos *orishas*. Tenga cuidado de no dejar las velas encendidas sin vigilancia y manténgalas alejadas de materiales inflamables. Tenga especial cuidado si tiene niños o mascotas en casa.

Prepare su altar

Una vez que haya limpiado su espacio energéticamente, piense en cómo le gustaría disponer las herramientas y objetos en su altar. Empiece con pocos objetos para evitar sentirse abrumado. Como regla general, mantenga el altar simétrico, con el objeto más alto en el centro. Cubra la mesa o la superficie con un paño si desea protegerla de la cera de las velas, la ceniza u otros objetos potencialmente dañinos.

Sea constante con sus esfuerzos

Debe procurar utilizar su altar habitualmente. Si es demasiada presión, empiece con una práctica estacional y continúe a partir de ahí. Por ejemplo, si practica el yoruba, monte un altar para conmemorar celebraciones notables. Una vez que se sienta preparado, puede construir un altar de *orishas* o antepasados y atenderlo una vez a la semana. Si trabajar con un altar se convierte en un hábito, podrá incorporarlo fácilmente a su rutina diaria. Con el tiempo, su día se sentirá incompleto sin los 10 o 15 minutos diarios que le dedica a su altar.

Lo más importante es que su altar esté siempre limpio y organizado, independientemente de la frecuencia con que lo utilice. Cada vez que se acerque a su altar, debe desprender emociones positivas; nunca debe parecerle una tarea pesada. Si se martiriza por no haber rezado hoy, acabará temiendo tener que hacerlo. En lugar de ser un espacio apacible al cual retirarse, le parecerá pesado y sofocante. Renueve su altar, retire los objetos que ya no necesite e introduzca otros nuevos de vez en cuando. Limpie a menudo el altar y todo lo que hay en él.

Su altar o santuario debe estar en un lugar donde no le interrumpan. Debe dedicar tiempo a conectar con sus antepasados para que le den paz y le guíen. Conozca su propósito para contactar con ellos, tenga sus preguntas preparadas de antemano.

Ahora que ha leído este capítulo, entiende cómo utilizan los altares y santuarios las distintas tradiciones espirituales africanas. Está preparado para construir el altar de su antepasado u *orisha* con la guía de un sacerdote experimentado. Estas tradiciones espirituales se han utilizado durante siglos, por lo que funcionarán para usted si cree en el sistema.

Capítulo 9: Bolsas de mojo y gris-gris

Las bolsas de mojo y el gris-gris suelen confundirse. Sin embargo, ambas herramientas tienen diferencias significativas. Debe aprender las distinciones entre ambos instrumentos para garantizar un entorno y una experiencia de práctica seguros.

Este capítulo profundiza en las diferencias entre estos talismanes para identificar el adecuado para usted. Aprenderá cómo se crean las bolsas de mojo y los gris-gris y cómo se limpian, consagran, cargan, almacenan y utilizan de forma segura.

Bolsa de mojo[11]

Historia de las bolsas de mojo

Las bolsas de mojo fueron traídas a América por africanos esclavizados hace siglos. Fabricar estas bolsas de mojo y llevarlas en los bolsillos era lo único que les mantenía cuerdos mientras soportaban los terrores de la esclavitud. Las bolsas de mojo eran mucho más que talismanes para los africanos esclavizados. Eran un medio de garantía y ofrecían una sensación de seguridad en un entorno sumamente cruel e incierto. Pronto, estos pequeños amuletos de la buena suerte se incorporaron al *hoodoo*, un sistema mágico tradicional.

Lo increíble de las bolsas de mojo y de toda la práctica del *hoodoo* es que combinan muchas prácticas y tradiciones mágicas africanas, nativas americanas e incluso europeas. Algunas personas creen que estos talismanes tienen un gran número de similitudes con las bolsas de medicina, originarias de los nativos americanos. Ambas herramientas mágicas incorporan varios objetos personales y naturales para inducir un efecto específico y poderoso, y ambas se llevan discretamente o se guardan en un lugar seguro.

Bolsas de mojo

Las bolsas de mojo se crean para atraer ciertas cosas y energías a la vida de una persona. Las bolsas de mojo sirven para una gran variedad de propósitos. Por ejemplo, puede crear una para atraer protección a su vida y otra para iniciar el amor. Las bolsas de mojo vienen en diferentes colores, dependiendo de la energía y los resultados que desee conseguir.

Una bolsa de mojo contiene varias piedras, hierbas y otras baratijas que pueden ayudarle a manifestar sus deseos. Debe establecer una intención clara, nombrar su bolsa de mojo y rellenarla de vez en cuando. Para que una bolsa de mojo surta efecto, primero hay que dormir con ella. Si la guarda debajo de la almohada o de la cama, o la coloca a su lado mientras duerme, podrá establecer un vínculo con ella. El objetivo principal de esta práctica es fusionar su esencia con la suya. Lleve su bolsa de mojo o téngala con usted, pero nunca debe ser visible para los demás.

Este talismán puede transformar o elevar varias áreas de su vida. puede aumentar su éxito, mantenerle sano, protegerle de posibles daños, atraer el amor y la abundancia a su vida, y mucho más. Considérelo un amuleto cargado de hechizos y magia. Mucha gente considera a las bolsas de mojo como seres místicos a los que hay que alimentar y cuidar adecuadamente, ya que es la única forma de que aumenten sus poderes y redirijan sus energías a la vida de sus poseedores.

Cómo hacer y utilizar una bolsa de mojo

Elija una bolsa de tela que se alinee con su deseo e intención. Estas bolsas vienen en una amplia gama de colores y telas y están disponibles en cualquier tienda de manualidades. Utilice la siguiente lista como guía para elegir el color que se corresponda a su intención:

- Naranja: éxito, vigor, resistencia y vitalidad.
- Morado: adivinación y espiritualidad. También se utiliza para superar y sanar lecciones kármicas.
- Rojo: protección, valor y pasión. El rojo también puede asociarse al matrimonio.
- Azul: sabiduría y filosofía. El azul se considera el color del intelecto.
- Negro: protección y eliminación de la negatividad. También se relaciona con la disciplina.
- Amarillo: autoexpresión, felicidad y creatividad.
- Rosa: amor, romance y amistad. El rosa también se corresponde con el arte, la curación emocional y la belleza.
- Gris: secretos y misterios. También representa la neutralidad.
- Verde: riqueza, abundancia y prosperidad. El verde también se asocia con la suerte y el empleo.
- Plata: receptividad y meditación.
- Blanco: paz y curación psicológica. El blanco se considera el color de la guía angélica.
- Oro: proyección y prosperidad.

Después de elegir un color que corresponda con lo que quiere manifestar, tiene que llenarlo de símbolos, hierbas y piedras relevantes. Aunque las posibilidades son infinitas, he aquí una pequeña lista de elementos que corresponden a determinados propósitos para que empiece:

- Riqueza: pirita, esmeralda, bayas, monedas y canela.
- Victoria: capuchina, raíz de Juan el conquistador y cornalina.
- Amor: hierba gatera, miel, rosa, cuarzo rosa, almendra y morganita.
- Salud: lobelia, hematites, clavo, piedra de sangre y piel de naranja.
- Protección: sal, borraja, turmalina negra, albahaca y gloria de la mañana

Considere la posibilidad de coser a mano su bolsa de mojo en lugar de comprar una ya hecha, ya que esto ayuda a amplificar sus efectos. He aquí cómo hacerlo:

1. Mida el ancho de su cinturón y haga un corte 3 veces más largo. Por ejemplo, si usa un cinturón de 5 cm de ancho, hágala de 15 cm de largo.
2. Dóblela por la mitad, asegurándose de que ambas mitades estén perfectamente alineadas.
3. Cosa los lados, dejando unos 2,5 cm sin coser al final. La parte superior no debe coserse, ya que será la abertura de la bolsa de mojo.
4. De la vuelta a la cinta, ocultando las costuras del interior.
5. Doble las solapas de 1,25 pulgadas hacia fuera y hacia abajo y haga unos 4 pequeños cortes a lo largo de ambos pliegues.
6. Despliegue las solapas y pase un cordel por los cortes alrededor de la circunferencia de la bolsa.
7. Llene la bolsa con los artículos seleccionados y haga un nudo firme con los cordones.
8. Para alimentar su bolsa de mojo, úntela con un aceite esencial o queme incienso y pásela por el humo. Al hacerlo, establezca una intención clara.

Guarde la bolsa del mojo en su bolsillo o debajo de la almohada. Si se siente cómodo con el lugar donde la guarda, deje que permanezca allí. Si no es así, pruebe diferentes lugares hasta que encuentre uno que le haga sentir bien. Debe recargar la bolsa de su mojo con regularidad, alimentándola. La mayoría de la gente la recarga cada luna llena.

Gris-Gris

Muchos confunden las bolsas de mojo con los gris-gris porque estos últimos también sirven como talismán en una pequeña bolsa. Sin embargo, el objetivo principal de un gris-gris es proteger a su portador del mal de ojo y de energías no deseadas. El truco está en que debe incorporar una parte de su cuerpo, o de quien desee la protección, al *satchel*. Así es como el portador conecta con el gris-gris y se convierte en uno con su esencia.

Además de ingredientes espeluznantes como huesos, pelos y uñas, este talismán también incluye cristales, hierbas y otras herramientas e ingredientes mágicos. A diferencia de las bolsas de mojo, el gris-gris se asocia con la magia negra y las artes oscuras.

Un gris-gris crea un potente escudo oscuro alrededor de su portador para mantener alejadas las energías negativas y no deseadas. El talismán consigue este efecto porque al principio tiene que enfrentarse a magia más pesada y oscura.

El gris-gris es una práctica vudú que puede resultar muy peligrosa si no se utiliza con cuidado. Debe tener mucho cuidado con sus intenciones y con lo que le pide a este talismán. Además, debe pensar mucho en los ingredientes que utiliza para hacer su gris-gris. Añadir una parte de su cuerpo puede amplificar significativamente su conexión con el talismán. Los novatos y quienes no estén preparados para este vínculo no soportarán su intensidad y sus efectos.

Cómo hacer y utilizar un gris-gris

Cuando prepare un gris-gris, preste mucha atención a lo que piensa y siente. Sólo debe hacer o utilizar un gris-gris cuando *esté* experimentando un estado de ánimo positivo. Dirija toda su atención con amor y positividad hacia su intención, tanto si lo hace para usted como para otra persona. Sea lo más específico posible al expresar y redactar su intención. Tenga una fe inquebrantable en la capacidad del talismán para protegerle de posibles daños.

Lo mejor es utilizar una bolsa negra, ya que es el color de la protección y el destierro de la energía negativa. Utilice también símbolos protectores, cristales y hierbas, como sal, borraja, turmalina negra y albahaca. Sin embargo, a la hora de crear un gris-gris, déjese llevar por sus instintos.

Puede incluir en el gris-gris el número de elementos que desee, siempre que el resultado final sea impar. Mantenga el número de elementos entre 3 y 13, incluyendo su mechón de pelo o uñas y las conchas y dijes. Si hace el gris-gris para otra persona, pídale que añada su cabello o uñas a la bolsa.

Limpie y purifique su espacio antes de empezar a hacer el gris-gris. Si tiene un altar, utilícelo como lugar de trabajo. Si no, busque un lugar que suela asociar con energías curativas y positivas. Por ejemplo, las mesas de comedor son ideales porque es donde tienen lugar las cálidas reuniones familiares.

Limpie la superficie y queme incienso o salvia. Muchas personas prefieren quemar hojas de enebro. Cuando haya terminado, utilice palos de cedro para emborronar el espacio o barra la energía negativa con una escoba ceremonial o de madera vieja. No es necesario barrer el suelo. Simplemente rodee el suelo con la escoba. Coloque los ingredientes delante de usted y encienda una vela en el centro de la mesa. Diga: «Bendice este espacio y todo el poder que se produce» mientras enciende la vela. Pida la guía del universo e invoque a una deidad, un antepasado, espíritus guía o cualquier poder superior con el que desee trabajar. Pídales que le guíen en esta tarea.

Si está haciendo un gris-gris para otra persona, tenga su foto delante o grabe su nombre en la vela que utilice. Introduzca cada objeto en la bolsa, dando las gracias a la piedra, la flor o el árbol. Manténgase totalmente presente y con su intención durante todo el proceso. Exprese en voz alta su deseo de protección. Cuando haya atado la bolsa, agradezca al universo, a sus poderes superiores y a la madre naturaleza su ayuda y apague la vela.

Recite su intención cada noche mientras dure la luna menguante y hasta que llegue la luna nueva.

Siempre que *esté* creando un gris-gris, recuerde que cualquier pensamiento, emoción o intención que envíe al universo volverá a usted por partida triple. Por lo tanto, exprese siempre su gratitud y sea positivo mientras crea la bolsa. Si va a crear un gris-gris para otra persona, pídale permiso antes. Evite utilizar el gris-gris para influir en la voluntad de otras personas y sea muy específico y consciente de sus intenciones.

¿Qué talismán elegir?

Si está dispuesto a experimentar con diferentes energías y magias, probablemente se sienta indeciso sobre qué talismán utilizar. Las bolsas de mojo suelen ser más versátiles, por lo que mucha gente prefiere utilizarlas. Pueden adaptarse a sus objetivos, intenciones y necesidades personales. Cualquiera que se sienta más cómodo utilizando hechizos de magia blanca o roja debería decantarse por las bolsas de mojo.

Gris-gris es interesante de usar. Algunas personas disfrutan de la reflexión adicional (y el riesgo añadido) de crear y utilizar este talismán. Sin embargo, son bastante desafiantes y requieren cierto grado de conocimiento y experiencia con la magia negra.

Las bolsas de mojo son estupendas porque pueden enfocarse con un punto de vista positivo. Cuando le da energía positiva, espere que se la devuelva. Dado que las bolsas de mojo se aplican a una plétora de magia, deben ser abordadas con amor y una sensación de aire, lo cual es muy importante para protegerse de las energías negativas que le rodean.

Algunas personas no se sienten cómodas incorporando partes de su cuerpo a las prácticas mágicas. Su opinión no le hace ni menos ni más cualificado para utilizar talismanes. Simplemente le ayuda a determinar qué magia utilizar. Los practicantes de artes oscuras se inclinan por el uso del gris-gris, y también las brujas verdes (confían en aceites esenciales, raíces, hierbas y otros ingredientes naturales) se sienten más a gusto cuando utilizan el gris-gris.

Si es nuevo en el mundo de la magia o la espiritualidad africana, puede que le lleve algún tiempo descubrir su campo de acción y las áreas en las que le gusta trabajar. Tómese su tiempo para experimentar y explorar sus inclinaciones, siempre que lo haga con seguridad y bajo la orientación adecuada.

Cada persona es diferente, así que recuerde que es libre de establecer el horizonte y los límites de su práctica única. Una vez que se sienta más seguro de su capacidad para utilizar talismanes, descubrirá que no hay un camino correcto o incorrecto en esta práctica. Se apoyará en su intuición para determinar las prácticas con las que resuena.

Capítulo 10: Festivales y ceremonias

Las fiestas son importantes en muchas religiones y tradiciones espirituales. Son un momento en el que las comunidades y las familias pueden reunirse. Además, la celebración de festivales religiosos es un momento en el que los fieles pueden expresar públicamente sus creencias y reforzar su vínculo con las deidades. Las fiestas y celebraciones religiosas son también un momento en el que las comunidades pueden crear y difundir relatos e historias religiosas, que luego se transmiten de generación en generación.

Los festivales y ceremonias celebran la espiritualidad[18]

La importancia de estos festivales y ceremonias es evidente en las religiones y prácticas espirituales de todo el mundo, y las prácticas y tradiciones espirituales africanas no son diferentes. Cada religión y práctica espiritual promueve y celebra un conjunto diferente de fiestas, que tienen importancia espiritual en la tradición específica.

Kemetismo y ortodoxia kemética

La ortodoxia kemética es una rama del kemetismo tradicional (conocido como paganismo egipcio) y cuenta con muchas fiestas que celebran a las deidades keméticas. Algunas de las principales fiestas de la ortodoxia kemética son:

Hermosa fiesta del valle

También conocida como la Fiesta del hermoso valle, es una antigua festividad kemética que celebra a los muertos. En el calendario moderno, se celebra en torno al 28 de abril.

Esta fiesta consiste en recordar a los muertos y a los que ya no están y era la fiesta más importante de Tebas. Había grandes procesiones a templos y tumbas, donde las familias celebraban banquetes con sus antepasados. También era el momento de celebrar al dios Amón, cuya figura encabezaba estas procesiones.

En la actualidad, esta fiesta suele coincidir con la pagana de Beltane y se celebra de forma similar. Consiste en crear altares para los antepasados y comer con amigos, familiares y otros seres queridos.

Fiesta de Opet

También conocida como la Hermosa fiesta de Opet, la fiesta de Opet era una de las festividades keméticas antiguas más destacadas. El festival celebraba a las deidades Amón, Mut y Khonsu y tenía lugar durante 24 días. Era la celebración más importante de Luxor.

La fiesta se celebraba durante la crecida del Nilo. Por lo tanto, también actuaba como festival y celebración de la fertilidad. En el calendario moderno, este festival se celebra en junio y festeja a las deidades Amón, Mut y Khonsu. Aunque las celebraciones modernas del festival no duran 24 días, muchos seguidores del kemetismo dejan los altares en pie durante todo el mes de junio y realizan ofrendas diarias para reproducir la antigua celebración.

Aset luminosa

Aset es otro nombre de la diosa madre egipcia Isis. Es un festival de luces y conmemora la búsqueda de Aset (Isis) de su hermano-esposo Wesir (Osiris) después de que su hermano Set (Seth) atrapa y mata a Osiris en un ataúd de madera.

En la historia, Aset busca a su marido por todas partes, incluso de noche, a la luz de su antorcha. Los seguidores de la religión kemética encienden velas, lámparas y antorchas para ayudarla en su búsqueda. Además, crean barcos de papel con oraciones escritas en ellos y una fuente de luz (como una vela de té) y los colocan en una fuente de agua (como un río) para que la diosa disponga de luz allá donde vaya.

Esta fiesta suele celebrarse a principios de julio, en torno al 2 de julio.

Wep Ronpet

Wep Ronpet es esencialmente el Año Nuevo kemético. La fecha de esta fiesta varía cada año, pero suele celebrarse a finales de julio o principios de agosto. La fecha concreta depende de cuándo sale la estrella Sirio en el templo de Tawy (el templo principal de la ortodoxia kemética, con sede en Illinois, Estados Unidos).

El Wep Ronpet va precedido de 5 días conocidos como Días Epagómenos. Estos días se celebran como los cumpleaños de los cuatro o cinco hijos de Geb y Nut - en orden:

- Osiris
- Horus - en algunas tradiciones (sobre todo greco-egipcias posteriores), hay dos deidades conocidas como Horus (Horus el viejo es hijo de Geb y Nut, y Horus el joven es hijo de Isis y Osiris)
- Set
- Isis
- Neftis

Durante los Días epagómenos, se procura no correr demasiados riesgos, ya que estos días se consideran fuera del año tradicional. En cada día se rinde culto al cumpleaños del dios correspondiente, lo que incluye la creación de santuarios para cada dios y la realización de ofrendas.

El día del Wep Ronpet, los fieles celebran el Año Nuevo deshaciéndose de lo viejo, normalmente limpiando sus casas o lugares de trabajo y celebrando el día con familiares y amigos. Para los practicantes de magia, el día puede incluir la renovación de las guardas, la realización de limpiezas y otras labores de protección en el hogar y sus alrededores.

Festival Wag

El Festival Wag, o Festival del Wag, tiene lugar a finales de agosto y conmemora y celebra al dios Wesir (Osiris). Era esencialmente un festival de los muertos y un día para celebrar y recordar a las almas que fallecieron antes, especialmente en el año que acababa de pasar.

La Fiesta de Wag es una de las más antiguas que se conocen y se celebra desde los tiempos del Reino Antiguo. En el antiguo Egipto, la gente celebraba la fiesta creando pequeñas barcas de papiro decoradas con oraciones y enviándolas a la orilla oriental del Nilo. Era una forma de conmemorar la muerte de Osiris.

Otras celebraciones consistían en visitar las tumbas de los antepasados con ofrendas para que los muertos estuvieran satisfechos en la otra vida.

Hoy en día, la gente celebra la fiesta creando barcos de papel y enviándolos a flotar en los cuerpos de agua locales. Es un día para crear altares para los antepasados y colocar sus ofrendas.

Fiesta de Sed

El festival de Sed, o jubileo real, es un antiguo festival kemético que conmemora el gobierno del faraón.

En tiempos modernos, este festival se celebra en honor de Horus el joven, que actúa como rey de los vivos. También es una ocasión para honrar la memoria de los faraones egipcios fallecidos. Otras deidades honradas durante el festival son Sekhmet y Wepwawet. En el calendario moderno, la fiesta se celebra el 15 de noviembre.

Éstas son sólo algunas de las fiestas que se celebran en el kemetismo y la ortodoxia keméticos. En el antiguo kemetismo se celebran cientos de festivales (en algunos calendarios, hay casi una celebración por cada día del año). Los seguidores modernos suelen elegir fiestas destacadas o fiestas que celebran a sus deidades preferidas.

Isese

Conocida como la religión yoruba, el *isese* es seguida por el pueblo yoruba en África, particularmente en la actual Nigeria. Algunos festivales *isese* son

Festival Eyo

El festival *Eyo* se celebra principalmente en Lagos y se conoce como el Juego de Adamu *orisha*. Este festival se celebra tradicionalmente para escoltar al espíritu de un rey o jefe fallecido y ayudar a dar la bienvenida a su sucesor. El festival rinde homenaje al Oba (rey o gobernante) de Lagos.

El festival dura 24 días e incluye un conocido desfile de artistas vestidos con túnicas blancas. El festival recibe su nombre de estos bailarines disfrazados llamados «*Eyo*».

Este festival se celebra cuando es necesario y a menudo para honrar y conmemorar a miembros destacados de la comunidad yoruba de Lagos y a sus jefes y reyes. Sin embargo, este festival también se celebra con más frecuencia como acontecimiento turístico y es una conocida fuente de turismo en Lagos.

Festival Osun-Osogbo

El festival Osun-Osogbo se celebra todos los años en agosto en la arboleda sagrada de Osun-Osogbo, situada a orillas del río Osun, a las afueras de la ciudad de Osogbo.

Este festival es una celebración del *orisha* Osun (Oshun), el *orisha* del amor, la belleza, el agua dulce y la riqueza. El festival tiene al menos siete siglos de antigüedad y es una celebración de dos semanas que incluye lo siguiente:

- Una limpieza tradicional de Osogbo
- El encendido de la lámpara de dieciséis puntas, Ina Olojumerindinlogun, de 500 años de antigüedad.
- La Iboriade, donde se reúnen y bendicen las coronas de los anteriores gobernantes de Osogbo
- Una gran procesión frente al santuario de Osun-Osogbo. Esta procesión es una celebración que incluye bailes, actuaciones musicales, alabanzas, poesía, juerguistas disfrazados y mucho más. La procesión está encabezada por el gobernante de Osogbo, el Ataoja, el Arugba (portador de la calabaza) y un grupo de sacerdotisas.

Este festival reproduce el encuentro entre Osun y un grupo de emigrantes que huían de la hambruna. Los *orishas* acordaron proporcionar prosperidad a cambio de un sacrificio anual, y el festival incluye este sacrificio anual.

Al igual que el Festival *Eyo*, el festival Osun-Osogbo ayuda a promover el turismo en la zona, además de los motivos religiosos y espirituales.

Festival de Shangó

El festival de Shangó data de hace más de 1000 años y se celebra en agosto. Se celebra para honrar y conmemorar a Shangó, el *orisha* del trueno y el fuego. Shangó también es considerado el padre fundador del pueblo de Oyo y se cree que fue el tercer *Alaafin* de Oyo, lo que le convierte en antepasado de la realeza actual.

Este festival se celebra en el estado nigeriano de Oyo, y las principales celebraciones suelen tener lugar en el palacio del actual *Alaafin* de Oyo.

Es un festival de 10 días de duración que celebran los seguidores vestidos de rojo o blanco. Algunas celebraciones incluyen una competición de *ayo* (uno de los juegos yoruba más antiguos que se juega con un tablero de madera y guijarros), exhibiciones culturales y tradicionales y espectáculos de magia. Al igual que el Osun-Osogbo, el Shangó es un espectáculo público que se celebra en comunidad.

Festival de Igogo

El festival de Igogo se celebra anualmente en septiembre en Owo. Este festival celebra a la reina *orisha* Oronsen. Oronsen era la esposa de Olowo Rerengejen.

Esta fiesta se celebra desde hace al menos 600 años y dura 17 días, comenzando con una procesión de jefes *iloro*. El Olowo de Owo y los altos jefes del reino se visten de mujer. Los Olowo también celebran al mismo tiempo la fiesta del ñame nuevo, incorporada a la de los Igogo. Durante el festival, está prohibido disparar armas, no se deben golpear los tambores y está prohibido usar gorras y lazos en la cabeza.

Fiesta de Olojo

El festival de Olojo se celebra anualmente en octubre en Ife, estado de Osun. Se celebra en honor de Ogun, el *orisha* del hierro, que se cree que es el hijo mayor del progenitor del pueblo yoruba, Oduduwa. El festival es también una celebración de la creación del mundo.

Durante los siete días anteriores a la fiesta, el Ooni de Ifé debe recluirse, rezar por su pueblo y estar en comunión con los antepasados. El día de la fiesta, sale de su reclusión con la corona Aare, considerada la corona original de Oduduwa.

Junto con una multitud de seguidores, el Ooni visita varios santuarios sagrados para ofrecer plegarias y realizar rituales. Entre los santuarios visitados se encuentran el de Okemogun y otros de importancia histórica. Entre los rituales que se celebran figuran los que piden la paz en todas las tierras yoruba.

Festival de Oro

El festival del Oro es un festival anual que tiene lugar en toda la tierra yoruba y se celebra en todos los pueblos y asentamientos de origen yoruba. Es un festival muy específico que sólo celebran los hombres descendientes a través de sus antepasados paternos, nativos de cada localidad.

Durante la fiesta, las mujeres y los descendientes de no nativos deben permanecer siempre en casa. La gente suele viajar a sus lugares de origen para celebrar esta fiesta.

Como su nombre indica, el festival Oro celebra al *orisha* Oro, el *orisha* de los toreros y la justicia. Se cree que las mujeres y los no nativos no deben ver a Oro, por lo que se espera que permanezcan en casa durante el festival. Si alguien que no esté destinado a celebrar la fiesta sale y ve a Oro, morirá.

La fiesta dura varios días y las celebraciones específicas varían de un asentamiento a otro. Al tratarse de un festival tan exclusivo, se sabe muy poco sobre cómo se celebra en realidad.

Vodoun

El vodoun es una religión de África occidental, conocida como *voudou* y vudú, practicada por los pueblos aja, ewe y fon.

Fiesta del Vodoun

La Fiesta del Vodoun es un festival que se celebra anualmente el 10 de enero en Benín. La fiesta es una celebración de todas las cosas Vodoun, y las celebraciones comienzan con el sacrificio de una cabra.

Los seguidores se visten de dioses y realizan rituales, y una de las partes más conocidas del festival consiste en que la gente se vista de *Zangbeto* (guardianes tradicionales del vudú) y actúe. La gente también se viste de *Egungun*, y los espectadores deben evitar a estos individuos, ya que se cree que si uno de los *Egungun* le toca, podría morir.

También se canta, se baila y se bebe. Además de ser muy popular entre los seguidores del Vodoun, el festival es una atracción turística muy conocida. Viajan turistas de todo el mundo para asistir a la celebración.

Vudú haitiano

El vudú haitiano comparte algunos elementos con el vodoun, pero es una religión diferente y sus celebraciones son distintas.

Fiesta gede

Conocida como el Día de los muertos haitiano y la Fiesta de los antepasados, la Fête gede se celebra anualmente los dos primeros días de noviembre.

En esta fiesta se celebra una procesión pública, y muchos de los participantes se disfrazan. La gente entra en comunión con sus antepasados y viaja a los cementerios para ofrecerles comida y bebida. El festival también celebra el Iwa de la muerte y la fertilidad e incluye música, bailes y banquetes.

Sin embargo, antes de poder viajar a las tumbas de sus antepasados, los fieles deben honrar y hacer ofrendas en la tumba de Papa gede, el primer hombre que murió. Las personas que no pueden viajar a Haití para asistir a la fiesta, realizan primero ofrendas en sus altares.

Fiesta de la Virgen milagrosa de Saut d'Eau

La fiesta de la Virgen milagrosa de Saut d'Eau no es tanto una fiesta como una peregrinación. Se celebra todos los años del 14 al 16 de julio. La Virgen milagrosa de Saut d'Eau, conocida como Santa Ana y Pequeña Santa Ana, es considerada la madre de la Virgen María. Se cree que trae suerte en el romance y las finanzas.

Esta fiesta es una peregrinación a la cascada de Saut d'Eau, situada al norte de Puerto Príncipe. En la cascada, los seguidores del vudú llevan a cabo rituales de purificación conocidos como «baños de la suerte». Consiste en bañarse bajo la cascada, tras lo cual se rompe un *calabash* (frasco de agua hecho con una calabaza). Además, la persona deja su ropa en la cascada y se pone ropa nueva, simbolizando la eliminación de la mala suerte pasada y la introducción de la buena suerte nueva.

Aunque esta peregrinación se celebra principalmente en julio, puede realizarse en cualquier época del año. La romería de julio también atrae a numerosos turistas interesados en contemplarla.

Festival de Plaine Du Nord

Conocido como el Festival Plen Dino, el Festival Plaine Du Nord se celebra anualmente durante dos días de julio en Plaine-du-Nord, en el norte de Haití.

Este festival celebra la Revolución haitiana, que se cree contó con la ayuda de las deidades y los espíritus. También se celebra al *orisha* Ogun, el *orisha* del metal, los soldados y los herreros.

Durante la fiesta, los creyentes hacen ofrendas en la iglesia de Santiago o Ogoun Feraille. Ofrecen oraciones a la Virgen María del Monte Caramel, asociada a Erzulie Freda, la diosa del amor. Los peregrinos ofrecen sacrificios a los dioses, incluso se ofrendan animales.

Además, los fieles toman un baño ritual de barro en el Agujero de Santiago, una charca de barro sagrada. Estos baños rituales son dirigidos por sacerdotes que rezan con los peregrinos, y los baños son como un renacimiento y un bautismo. La fiesta también se celebra limitando la comida y la bebida (no es un ayuno completo), lo que permite a los peregrinos experimentar las privaciones que vivieron los guerreros durante la Revolución haitiana.

Conclusión

El continente africano alberga algunas de las civilizaciones más antiguas del mundo y tiene una rica historia de prácticas espirituales. Aprender sobre estas prácticas espirituales es una excelente manera de comprender a las personas que las practican y puede ser un gran trampolín si quiere explorar estas prácticas como parte de su viaje espiritual.

Como ha aprendido en este libro, las prácticas espirituales africanas son muchas y variadas e incluyen prácticas como el vudú haitiano, el *hoodoo*, la santería y la ortodoxia kemética. Aunque estas tradiciones son únicas y dispares, también comparten algunas similitudes, como las tradiciones principalmente orales, el culto a los antepasados y la creencia en el mundo de los espíritus y en seres sobrenaturales como los santos de la santería, los *lwa* del vudú y los *orishas* yoruba.

Muchos africanos creen en religiones más recientes como el cristianismo y el islam. Sin embargo, las religiones tradicionales y las prácticas espirituales están volviendo a ganar popularidad. El crecimiento de religiones sincréticas y tradiciones como la ortodoxia kemética refleja este interés por la historia de las religiones tradicionales africanas, y este libro es una introducción a estas tradiciones.

Para dominar cualquier tema, primero hay que comprender su historia y sus conceptos fundamentales; las prácticas espirituales africanas no son diferentes. Una vez que haya aprendido lo básico de cada tradición, podrá encontrar la que más le llame la atención y explorarla más a fondo.

Una vez que conozca estas tradiciones, también es esencial que aprenda algunas de sus prácticas: en concreto, la importancia de la veneración de los antepasados, la construcción de altares y santuarios, y el uso de gris-gris y bolsas de mojo. La veneración de los antepasados, en particular, se practica en la mayoría de las corrientes espirituales tradicionales africanas y es un pilar fundamental de la comunidad en el continente.

Además de aprender más sobre estas prácticas, también debería centrarse en conocer las hierbas y plantas sagradas del continente africano. Estas hierbas y plantas son fundamentales en muchos rituales y hechizos. A menudo son desconocidas para los lectores no africanos debido a sus nombres tradicionales o, en algunos casos, a la dificultad de encontrarlas fuera de África.

Del mismo modo, puede resultar difícil familiarizarse con muchas prácticas espirituales africanas debido a los términos y palabras desconocidos. El glosario que figura al final de este libro le ayudará, facilitándole la comprensión del significado de estas palabras y la forma de pronunciarlas.

La espiritualidad africana es un rico y complejo tapiz de tradiciones y prácticas que el resto del mundo suele pasar por alto. Este libro le ayudará a comprender los fundamentos de estas creencias y a iniciar su viaje para aprender más sobre estas fascinantes tradiciones.

Para muchas personas, la espiritualidad africana es sinónimo de maldad y brujería. Como descubrirá en este libro, este concepto está muy lejos de la realidad. Estas tradiciones están llenas de emociones profundas y se basan en la naturaleza y los dioses.

Tanto si le interesa este libro como guía para su viaje espiritual como si simplemente quiere aprender más sobre las prácticas espirituales africanas, este libro cubre ambos espectros. Así que no olvide tener este libro a su lado mientras explora más a fondo el mundo de la espiritualidad africana. Buena suerte.

Glosario de términos

Las prácticas espirituales africanas utilizan muchas palabras y frases extranjeras que suenan complicadas y extrañas para los que están iniciando. Aunque cada término se explica y se discute a fondo en los capítulos, este capítulo resume las palabras difíciles utilizadas a lo largo del libro. Puede utilizarlo para entender ciertas palabras mientras lee el libro.

Términos de uso común en las prácticas espirituales africanas

Akhu - conocidos como *akh*, los *akhu* son almas bendecidas tras la muerte de su cuerpo físico por haber sobrevivido a ésta. Estos espíritus emiten una energía poderosa (brillante), proporcionan protección y ayudan a encontrar la sabiduría divina. Se mencionan en el capítulo 2.

Ashe - la energía divina que se puede obtener a través de las prácticas espirituales africanas. Cada *orisha* tiene su *ashe* distintivo que ofrecen para dar poder o bendecir a los devotos. Mencionado en el capítulo 1.

Ayo - es uno de los juegos yoruba más antiguos. Se juega con un tablero de madera y guijarros durante el festival de Shangó. Mencionado en el capítulo 10.

Ba - según las creencias ortodoxas keméticas, Ba es la parte del alma que viaja entre los reinos. Mencionado en el capítulo 2.

Barón Samedi - el *Lwa* superior del panteón *Ghede Lwa*. Es el *Lwa* de la muerte, saluda a los espíritus de los muertos y los guía en su viaje al otro mundo. Mencionado en el capítulo 4.

Bolsa de mojo - para realizar hechizos poderosos, los practicantes de vudú utilizan pequeñas bolsas llenas de cristales, partes de animales como pieles, huesos, plumas y plantas secas. Se denominan bolsas de mojo y se utilizan para aprovechar o alejar el poder. Se mencionan en el capítulo 9.

Bondye - pronunciado como «bohn-diay»- es un ser supremo en el vudú y el vudú haitiano. Es el creador del universo y el equivalente de Olodumare en la religión yoruba. Se menciona en el capítulo 3.

Chango - conocido como Shangó y Santa Bárbara. Chango es el dios del rayo y el trueno, y se le asocia con la magia, la masculinidad y la sexualidad. Se menciona en los capítulos 4 y 5.

Ebo - llamado ebbo. *Ebo* es un término utilizado para las ofrendas y sacrificios hechos a los *orishas*. *Ebo* puede presentarse de muchas formas, como alimentos, comidas, objetos, liberación de animales vivos, etc. Se menciona en el capítulo 8.

Egun - son las almas de los antepasados fallecidos o espíritus a los que el practicante se siente cercano. Suelen ser parientes consanguíneos, pero también pueden formar parte de la familia religiosa de una persona. A veces, los espíritus guías e incluso los espíritus animales se consideran *egun* si se les honra, concretamente en ritos y ceremonias llamados toque de *egun*. Se menciona en el capítulo 6.

Egungun - espíritus ancestrales malignos que deben evitarse porque pueden herir y matar a las personas. Mencionado en el capítulo 10.

El Campo de juncos - el equivalente al cielo de los antiguos egipcios. Mencionado en el capítulo 2.

El Pesaje de los corazones - es una prueba y juicio por el que cada persona debe pasar para determinar dónde pasará su vida después de la muerte dependiendo de la vida que haya llevado. Mencionado en el capítulo 2.

Elegba - conocidos como *legba*, los *elegba* son los guardianes del mundo. Salvaguardan las puertas entre este mundo y los reinos divino y espiritual. *Elegba* deriva del nombre Eleggua (llamado San Pedro o San Antonio), un ser poderoso que guarda la encrucijada por la que pasan todas las almas tras partir. Se menciona en los capítulos 4 y 5.

Festival Eyo - conocido como el Juego de Adamu *orisha*. Este festival se celebra tradicionalmente para escoltar al espíritu de un rey o jefe fallecido y ayudar a dar la bienvenida a su sucesor. Se menciona en el capítulo 10.

Festival Igogo - celebración del *orisha* Oronsen y de la cosecha del ñame. Mencionado en el capítulo 10.

Festival Opet - era una de las festividades keméticas antiguas más destacadas. El festival celebraba a las deidades Amón, Mut y Khonsu. Mencionado en el capítulo 10.

Festival Wag - celebración que conmemora al dios Osiris, mencionado en el capítulo 10.

Fèt gede - conocido como «Festival del día de los muertos», es una celebración del vudú haitiano. Mencionada en los capítulos 6 y 10.

Fête du Vodoun - fiesta tradicional vudú en la que la gente se disfraza de espíritus malignos y guardianes. Se menciona en el capítulo 10.

Fiesta de Sed – conocida como jubileo real, Sed es una antigua fiesta kemética que conmemora el reinado del faraón. Más concretamente, honra a Horus el joven, el rey de los vivos. Se menciona en el capítulo 10.

Ghede Lwa es una de las familias *lwa* más importantes de África occidental. Se menciona en el capítulo 4.

Gris-gris - pronunciado como «gris-gris», es un acto de creación de un poderoso amuleto mágico. Su creación suele requerir la combinación de magia blanca y negra, por lo que sólo se recomienda a practicantes experimentados. Se menciona en el capítulo 9.

Hoodoo - pronunciado como «ju-du», es una práctica mágica que incorpora tradiciones populares y hierbas medicinales. También incluye conjuros y otras prácticas mágicas relacionadas con el vudú. El *hoodoo* combina la práctica espiritual africana con creencias europeas y nativas americanas. Se menciona en el capítulo 1.

Ifá - dogma central de la religión yoruba. Mencionado en el capítulo 1.

Isfet - significa desorden y contrasta profundamente con *maat*, que se creó para abolir el *isfet*. Mencionado en el capítulo 2.

Juju - pronunciado «ju-ju», es un término vudú que designa los amuletos utilizados para la protección, la curación y otros fines mágicos positivos.

Ka - se refiere a una de las partes más fundamentales del alma, tal y como se describe en las tradiciones keméticas. Se menciona en el capítulo 2.

Lwa - conocido como *loa*, un *lwa* es un espíritu poderoso que, según ciertas tradiciones espirituales africanas, gobierna los diferentes reinos del mundo natural y al que se le puede pedir ayuda, como a los santos y a los *orishas* en otras religiones. Se menciona en los capítulos 1 y 4.

Ma'at - también maat, significa verdad, orden, justicia o equilibrio. Representa un dogma fundamental en las creencias keméticas y está vinculado a la deidad del mismo nombre. Se menciona en el capítulo 2.

Manman - término de gran respeto utilizado para *lwas* femeninas. Significa madre y tiene el mismo significado para los ancianos vivos. Mencionado en el capítulo 4.

Mojo - término vudú utilizado para designar los amuletos que aportan beneficios específicos, como financieros, de protección, emocionales, etc. Mencionado en el capítulo 9.

Netjer - término kemético que designa la fuente de las fuerzas divinas. Se cree que todas las deidades tienen su origen en Netjer. Mencionado en el capítulo 1.

Olodumare - el ser supremo y creador del universo según la religión yoruba. Es un ser que sólo se comunica con los *orishas* y no puede ser invocado por las personas. Se menciona en los capítulos 1 y 3.

Opa egun - una rama de madera gruesa, recta y alta. Se utiliza para invocar a los *orishas*. Mencionada en el capítulo 8.

Orisha - en las creencias yoruba, los *orishas* son seres espirituales que supervisan a otros seres vivos. Poseen poderes que la gente puede aprovechar para el éxito, el crecimiento espiritual, los ritos de paso, la curación emocional y física, la adivinación y mucho más. Los *orishas* responden al ser supremo. Se mencionan en el capítulo 1.

Ortodoxia kemética - antiguo sistema de creencias egipcio, según el cual los creadores hacían las almas y las deidades las guiaban. Mencionado en el capítulo 1.

Orunmila u Ornula - es el *orisha* de la sabiduría, el conocimiento y la adivinación. Está asociado con San José, San Felipe y San Francisco de Asís en el cristianismo. Se menciona en los capítulos 4 y 5.

Oshun - *orisha* de los ríos, la fertilidad, el amor y el matrimonio. Se asocia con Nuestra Señora de la Caridad, que es un aspecto de la Virgen

María. Se menciona en los capítulos 4 y 5.

Papa - significa padre y se utiliza para los *lwas* masculinos. Denota respeto y honor por estos poderosos seres. Mencionado en el capítulo 4.

Petro Lwa - es una de las familias *lwa* más significativas, originaria de África occidental. Mencionada en el capítulo 4.

Politeísmo - se refiere a las creencias que reconocen más de una deidad (a menudo un gran número), como ocurre en muchas prácticas espirituales africanas. Mencionado en el capítulo 1.

Ra - el dios sol y creador del universo según ciertas religiones africanas. Se cree que Maat fue creada a partir de él. Mencionado en el capítulo 2.

Rada Lwa - una de las familias *lwa* más importantes, originaria de África occidental. Mencionada en el capítulo 4.

Rootworkers (hechiceros) - término popular para los practicantes de *hoodoo* que utilizan su sabiduría para ayudar a otros en diferentes aspectos de la vida. Se menciona en el capítulo 1.

Santería - conocida como Lucumi en los tiempos modernos, es una religión única que incorpora elementos de prácticas espirituales africanas y creencias cristianas. Mencionada en los capítulos 1 y 5.

Veve - símbolos trazados durante rituales hechos para invocar y celebrar *Lwas*. Mencionado en el capítulo 4.

Vudú - práctica mágica que combina rituales en actos religiosos cristianos y espiritualidad africana. Mencionado en el capítulo 4.

Vudú haitiano - similar a otras religiones africanas, el vudú haitiano es una práctica espiritual en la que los rituales implican alimentos, bebidas y hierbas con fines curativos y espirituales. Se menciona en el capítulo 1.

Wep Ronpet - el Año Nuevo kemético, precedido por los 5 Días epagómenos que celebran los cumpleaños de los hijos de Geb y Nut. Mencionado en el capítulo 10.

Yemaya - protectora de las mujeres y *orisha* de los mares, misterios y lagos. Se parece a Nuestra Señora de Regla. Mencionada en el capítulo 4.

Zangbeto - guardianes tradicionales del vudú que alejan las influencias malignas. Mencionado en el capítulo 10.

Segunda Parte: Isese

La guía definitiva de la tradición espiritual ancestral, adivinación Ifá, yoruba, Odu, Iwa, Asafo y orishas

Introducción

¿Quiere aprender más sobre Isese y sus orígenes? ¿Se ha preguntado alguna vez cómo seguir este camino? Si es así, este libro es para usted.

El Isese es un conjunto de prácticas utilizadas tradicionalmente por el pueblo yoruba de Nigeria para mantener la salud mental y física, así como para limpiar el cuerpo y prepararlo para ocasiones especiales. La palabra Isese significa «purificación», y estas prácticas pretenden purificar el cuerpo y el alma. El Isese incluye la limpieza interna y externa, las restricciones dietéticas, la meditación y la oración. Muchos yorubas siguen utilizando estas prácticas hoy en día y creen que ayudan a alcanzar el equilibrio físico, mental y espiritual. Además, el Isese se utiliza a menudo como forma de medicina preventiva, ya que se cree que ayuda a evitar enfermedades.

En este libro exploraremos la historia del Isese y su importancia en la cultura yoruba. Hablaremos de la importancia de honrar a los antepasados y del papel de los orishas y *Odu Ifá* en el Isese. También veremos cómo practicar la adivinación del Isese e incorporar esta práctica a la vida cotidiana. Por último, hablaremos del papel de Iwa en Isese, que es un conjunto de valores a los que la gente debe adherirse para mantener el equilibrio espiritual.

El Isese es una religión tradicional nigeriana que ofrece a los africanos oportunidades diarias de conectar con el mundo de los espíritus. La práctica del Isese implica la comunicación con los antepasados y otros espíritus a través de la oración, las ofrendas y la adivinación. Los seguidores del Isese creen que los espíritus pueden ayudarles a superar los retos de la vida cotidiana.

El Isese suele practicarse en casa, a menudo temprano por la mañana o tarde por la noche. Una sesión típica consiste en encender una vela y rezar a los antepasados. Muchos creyentes también tienen un altar para sus antepasados en casa, decorado con fotos, estatuas u otros símbolos de respeto. La práctica del Isese puede aportar una sensación de paz y conexión a quienes participan en ella. También puede ser una forma de aprovechar la sabiduría de nuestros antepasados, que puede ayudarnos a tomar decisiones en nuestras propias vidas. Para muchos africanos, el Isese es esencial para su patrimonio cultural y su identidad.

Sea cual sea su origen, este libro le dará las herramientas y los conocimientos necesarios para vivir un auténtico estilo de vida Isese. Al final de este libro, comprenderá mejor el Isese y su importancia para el pueblo yoruba. También habrá adquirido conocimientos sobre cómo seguir el Isese en su propia vida y cómo utilizarlo para fomentar el equilibrio físico y espiritual. El camino del Isese puede ser difícil y desafiante a veces, pero la recompensa merece la pena al final. Así que, si está listo para comenzar su viaje, venga y únase a nosotros mientras exploramos las maravillas de Isese.

Capítulo 1: ¿Qué es Isese?

El Isese es una antigua espiritualidad y religión africana que tiene sus raíces en el pueblo yoruba de Nigeria y Benín. A lo largo de los siglos, ha evolucionado hasta convertirse en un sistema de creencias distinto con prácticas únicas. Se basa en el culto a los orishas, un panteón de deidades responsables de distintos aspectos de la vida humana. Uno de los aspectos más importantes del Isese es el uso de rituales y ceremonias para honrar a las deidades y pedir su guía y protección. En los últimos años ha resurgido el interés por el Isese entre los yoruba, y ahora se practica en todo el mundo.

El Isese tiene sus raíces en el pueblo yoruba[18]

Este capítulo introducirá a los lectores en los conceptos básicos del Isese, proporcionará una visión general de su historia y su contexto cultural, y explorará la estructura y la práctica del Isese y las figuras y símbolos clave asociados a la religión. Además, explicará las diferencias entre el Isese y la espiritualidad africana tradicional y esbozará los principios esenciales del Isese. Por último, los lectores recibirán consejos útiles para pronunciar los términos yoruba e Isese.

El origen del Isese

Se cree que el Isese tiene miles de años de antigüedad y pertenece a la antigua cultura yoruba, que floreció en la costa occidental de África, en las actuales Nigeria y Benín. Este sistema de creencias se desarrolló a partir de las religiones tradicionales de los indígenas, una fe politeísta que honraba a múltiples deidades y espíritus.

El Isese se basa en la creencia de que los espíritus de los antepasados pueden ayudar o entorpecer la vida de una persona. Si se les honra y respeta debidamente, intercederán en favor de sus parientes vivos. Sin embargo, si no se les honra, pueden traer la desgracia o incluso la muerte. Por ello, los practicantes de Isese dan mucha importancia a la veneración de los antepasados. Construyen santuarios para sus antepasados y les hacen ofrendas de comida, bebida y otros objetos. También celebran festivales y ceremonias en honor de sus seres queridos. Al honrar a sus antepasados, se aseguran de seguir recibiendo sus bendiciones.

¿De dónde viene Isese?

La palabra «Isese» también puede traducirse como «divinidad» o «deidad», y sus practicantes creen en un panteón de dioses y diosas que supervisan distintos aspectos de la vida. El Isese se basa en el culto a los antepasados, y muchas ceremonias y rituales se centran en honrar a los que han fallecido. La oración, el sacrificio y la adivinación son también componentes clave de la religión. El Isese se ha transmitido de generación en generación durante siglos, y sigue desempeñando un papel esencial en la vida de sus fieles. Aunque esta religión pueda resultar desconocida para algunos, sus ricas tradiciones e historia ofrecen una visión de la vibrante cultura del pueblo yoruba.

La historia del Isese

El Isese tiene sus raíces en las creencias tradicionales de los yoruba de Nigeria y Dahomey (actual Benín). El Isese se basa en la creencia de que existe un dios creador supremo, Olorun, responsable de todo lo que existe. Olorun es servido por un panteón de dioses menores conocidos como orishas. Cada orisha está asociado a un aspecto concreto de la vida humana, como el amor, la fertilidad o la guerra. Los practicantes del Isese creen que es posible comunicarse con los orishas y solicitar su ayuda para resolver los problemas cotidianos.

El Isese llegó a América de la mano de los esclavos yoruba que fueron llevados a Brasil y Cuba durante la trata de esclavos en el Atlántico. En Cuba, la religión se fusionó con el catolicismo para crear la popular religión afrocubana de la santería. En Brasil, el Isese evolucionó hacia el candomblé, otra religión afrobrasileña. En la actualidad, se calcula que hay más de 100 millones de seguidores de esta religión y sus diversas ramificaciones en todo el mundo.

Contexto cultural e histórico

El Isese se basa en la espiritualidad, la comunidad y la cultura. Los practicantes del Isese creen que cada persona tiene dos caras en su personalidad y que es crucial equilibrarlas para llevar una vida feliz y sana. Para lograr este equilibrio, los practicantes de Isese utilizan diversas técnicas, como rituales de trance, cantos, bailes y tambores. El Isese se practica a menudo en actos y ceremonias comunitarios, ya que se cree que la comunidad puede apoyar y curar a los individuos. Esta práctica tiene una larga historia en la cultura yoruba y sigue siendo un aspecto vital de la identidad yoruba en la actualidad.

Estructura y práctica del Isese

Los principios básicos del Isese giran en torno al culto a Olodumare, el dios creador supremo, y a los espíritus conocidos como orishas. Los seguidores del Isese creen que los orishas ocupan un reino entre el mundo humano y el divino y actúan como mediadores entre Olodumare y la humanidad. El Isese se practica normalmente a través de rituales y ceremonias comunales, a menudo con cantos, bailes y tambores. Estas actividades promueven un sentimiento de comunidad y unidad entre los practicantes, al tiempo que facilitan el contacto con los orishas. El Isese es un sistema de creencias complejo y dinámico que millones de personas han practicado durante siglos.

Convertirse en Babalawo

En la religión yoruba, un Babalawo es un sacerdote que actúa como mediador entre el mundo humano y el de los espíritus. La función del Babalawo es realizar rituales y ofrecer orientación a quienes la buscan. Convertirse en Babalawo no es tarea fácil. Requiere años de estudio y aprendizaje bajo la tutela de un Babalawo experimentado. El primer paso es completar un curso de estudios en una escuela de divinidad yoruba. Esto suele llevar cuatro años. Una vez que haya completado sus estudios, será aprendiz de un Babalawo experimentado durante dos años. Durante este aprendizaje, aprenderá a realizar rituales y a interpretar presagios. Una vez finalizado el aprendizaje, estará preparado para asumir el papel de Babalawo.

Los Babalawo actúan como mediadores entre el mundo de los humanos y el de los espíritus[14]

Iniciación formal en Isese

Los iniciados en Isese se someten a un riguroso proceso de estudio y formación, que puede durar muchos años. La etapa final de la iniciación es una ceremonia formal en la que el iniciado es reconocido formalmente como sacerdote o sacerdotisa de la religión. La ceremonia consiste en hacer ofrendas a los antepasados y a los espíritus de la naturaleza y suele ir seguida de un banquete. Se espera que los iniciados en Isese mantengan un estricto código de conducta, y se les exige que lleven ropas y joyas especiales que indiquen su estatus dentro de la religión. Los iniciados en Isese a menudo se encuentran en el centro de su comunidad, actuando como líderes espirituales y consejeros.

Prácticas de culto de Isese

Los practicantes de Isese creen en el poder de los rituales y las ceremonias para lograr la curación y el equilibrio espirituales. He aquí un breve resumen de los rituales y ceremonias que suelen realizar los practicantes de Isese:

1. Ritos y rituales

Hay varios ritos y rituales asociados a la religión yoruba. Se realizan para promover el equilibrio y la armonía en el mundo y honrar a las múltiples deidades de la religión. Algunos se realizan en comunidad, mientras que otros pueden hacerse individualmente. Los ritos y rituales más comunes incluyen ofrendas a los antepasados y a los espíritus de la naturaleza, plegarias y sacrificios. Muchos de estos ritos y rituales se siguen celebrando hoy en día y desempeñan un papel importante en la vida de los practicantes yoruba. Desde los nacimientos y las ceremonias de asignación de nombres hasta los funerales y los actos conmemorativos, el Isese ayuda a los yoruba a conectar con sus antepasados y el mundo de los espíritus. Es una religión impregnada de tradición e historia, y sus prácticas siguen proporcionando consuelo y fuerza a sus seguidores.

2. Ofrendas y sacrificios

La tradición de ofrendar y sacrificar a los dioses es una parte esencial de la religión Isese. Las ofrendas pueden ser cualquier cosa, desde comida y bebida hasta velas e incienso. Las ofrendas suelen hacerse para agradecer bendiciones u orientación, para buscar protección contra la desgracia y para honrar a los antepasados. Los sacrificios, en cambio, suelen ser más extremos. Pueden implicar la muerte de un animal. El propósito de un sacrificio es mostrar la máxima devoción a los dioses y recibir sus bendiciones. Aunque algunas personas pueden ver estas prácticas como bárbaras, son esenciales para la religión Isese.

3. Comunión con los antepasados

El Isese se basa en la creencia de que los difuntos siguen desempeñando un papel activo en la vida de sus seres queridos y que pueden ayudar a protegerlos y guiarlos desde el mundo de los espíritus. Los yoruba suelen comunicarse con sus antepasados mediante la oración, la danza y el canto. También ofrecen a sus antepasados comida, agua y otros objetos para honrarlos. En algunos casos, incluso les piden consejo u orientación en decisiones críticas. Al mantener una estrecha relación con sus antepasados, los yoruba pueden recurrir a una poderosa fuente de sabiduría y protección.

Figuras clave y símbolos del Isese

El Isese es una religión afrobrasileña originaria del pueblo yoruba de África Occidental. Muchas de sus figuras y símbolos clave proceden de la mitología yoruba. Por ejemplo, la orisha Oshun se asocia con los ríos y la fertilidad y suele representarse con una mariposa amarilla. Del mismo modo, el orisha Obatalá se asocia con la sabiduría y la pureza y suele representarse con una paloma blanca. Otros símbolos importantes del Isese son las cuentas, las plumas y las conchas, que se utilizan en rituales y ceremonias. En conjunto, estas figuras y símbolos clave desempeñan un papel esencial en la práctica del Isese.

Isese frente a la espiritualidad africana tradicional

La espiritualidad tradicional africana se basa en la creencia de que todo en el universo está conectado. Esto incluye animales, plantas, rocas e incluso los espíritus de los muertos. Se considera que Dios está presente en toda la creación y que los seres humanos forman parte de ese todo. Por ello, la espiritualidad tradicional africana subraya la importancia de vivir en armonía con el mundo natural. En cambio, el Isese es una religión más individualista que se centra en la salvación personal y el crecimiento espiritual. Aunque ambas religiones tienen creencias únicas, comparten un objetivo común: ayudar a las personas a llevar vidas plenas y significativas. Como tales, ofrecen dos caminos diferentes pero igualmente válidos hacia la iluminación espiritual.

Diferencias entre el Isese y otras tradiciones africanas

El Isese es una tradición africana única en muchos sentidos. Por un lado, es la única tradición africana que se centra en el papel de los antepasados en la vida de los vivos. Además, es una de las pocas tradiciones que siguen basándose en gran medida en la narración oral.

El Isese también se centra en la comunidad, lo que resulta evidente en la organización de las familias y los clanes. Por último, el Isese se distingue por el uso de símbolos y rituales para comunicar valores culturales significativos. Aunque el Isese comparte algunas similitudes con otras tradiciones africanas, sus rasgos distintivos le ayudan a destacar entre la multitud.

Historias y prácticas originarias

Muchas historias y prácticas de origen están asociadas a la tradición Isese en África. En muchas otras tradiciones africanas, se venera y respeta a los antepasados, pero no se les considera necesariamente parte integrante de la vida cotidiana. Para el Isese, sin embargo, los antepasados son una parte esencial de su cultura y desempeñan un papel en todo, desde la toma de decisiones hasta la curación. Otra diferencia significativa es la práctica de la adivinación. En la tradición Isese, la adivinación se utiliza para comunicarse con los espíritus y buscar su guía. Se trata de una parte fundamental de su práctica religiosa, y es algo que les diferencia de otras tradiciones africanas.

Simbología y estructuras de la práctica

El estudio de la simbología es crucial para comprender tanto el Isese como otras tradiciones religiosas de todo el mundo. A menudo se dice que Isese es una religión «simbólica», lo que significa que utiliza símbolos para representar ideas o realidades. Este uso de símbolos es un ejemplo de las diferencias entre el Isese y otras tradiciones religiosas. A diferencia del Isese, muchas otras religiones se centran más en las prácticas que en los símbolos. Por ejemplo, el hinduismo tiene un complejo sistema de puja, o culto, mientras que el budismo hace hincapié en la meditación y en el Noble óctuple sendero. Este enfoque en las prácticas más que en los símbolos significa que el Isese puede considerarse una religión más «experiencial», mientras que otras religiones son más «conceptuales». Aunque existen importantes diferencias entre estos dos enfoques de la religión, tanto el Isese como otras tradiciones religiosas ofrecen valiosos conocimientos sobre la experiencia humana.

Principios esenciales del Isese

Los principios esenciales del Isese se basan en la creencia de que los seres humanos pueden alcanzar el crecimiento y la plenitud espirituales a través de prácticas naturales. Esto incluye seguir una serie de principios morales, como el respeto a uno mismo y a los demás, honrar a los antepasados y vivir en armonía con el mundo natural. He aquí algunos principios esenciales del Isese:

Dualidad

El Isese es un principio de la cosmología yoruba que sostiene que todo en el universo está compuesto tanto de espíritu como de materia. Esta dualidad se refleja en el hecho de que todos los humanos tienen un Egúngún, o espíritu ancestral, y un orisha, o espíritu guardián. Se cree que estos dos espíritus trabajan juntos para guiar y proteger al individuo. Además de proporcionar fuerza y guía, Isese enseña que todos los humanos están conectados con el mundo natural. Esta interconexión se refleja en el hecho de que los humanos nacen con un destino, u Orunmila, determinado por sus acciones pasadas. Comprendiendo y siguiendo el principio del Isese, los individuos pueden vivir en armonía con el mundo natural y cumplir su destino.

Veneración de los antepasados

La veneración de los antepasados es una de las tradiciones religiosas más antiguas del mundo. Los yoruba creen que los espíritus de los antepasados fallecidos siguen desempeñando un papel activo en la vida de sus descendientes. Como tales, deben ser honrados y respetados mediante ofrendas rituales y oraciones. A cambio, los antepasados bendicen a sus familias y las protegen de todo mal. Esta relación recíproca entre vivos y muertos es esencial para mantener el equilibrio y el orden en el universo. Sin ella, reinaría el caos. Así pues, la veneración de los antepasados es un principio central del Isese y desempeña un papel vital en el mantenimiento del orden cósmico.

Culto a la naturaleza

Los practicantes creen que el mundo natural está imbuido de poder creativo y que trabajar en armonía con él puede propiciar la transformación personal y comunitaria. Por eso rinden culto a un panteón de deidades que supervisan distintos aspectos de la naturaleza, como la tierra, el viento, el fuego y el agua. Los seguidores de Isese también creen que el ser humano es parte integrante de la naturaleza y, por tanto, debe esforzarse por vivir en equilibrio con su entorno. Esto se manifiesta en su práctica de utilizar materiales naturales en sus rituales y ceremonias y en su interés por una vida sostenible. Al honrar el mundo natural y nuestro lugar en él, los practicantes de Isese esperan crear una sociedad más justa y equitativa.

Adivinación y curación

En la tradición yoruba hay un dicho: «Ife ni mo pin, mo juba l'aiye», que significa: «Ife es mi tabla, la borraré y empezaré de nuevo en la vida». Este dicho resume el principio esencial del Isese, que es que a través de la adivinación y la curación podemos aprender de nuestros errores, enmendarlos y empezar de nuevo. El proceso de Isese nos ayuda a conectar con nuestros antepasados y el mundo de los espíritus para que podamos recibir orientación y apoyo en nuestro viaje. Se cree que cuando dejamos atrás el pasado, nos abrimos a nuevas posibilidades y potenciales. Isese es, por tanto, un principio esencial para quienes desean crear un cambio positivo en sus vidas.

Comprensión y aceptación de los ciclos naturales

Isese describe la interconexión de todas las cosas y los ciclos naturales de la vida. Por ejemplo, dependemos del ciclo de las estaciones para obtener alimentos y agua. El ciclo del día y la noche nos da un ritmo regular en nuestras vidas. Y el ciclo del nacimiento, la muerte y el renacimiento nos recuerda que la vida cambia y se desarrolla constantemente. Comprender y aceptar estos ciclos naturales nos permite vivir en armonía con el mundo que nos rodea. Este principio de Isese es esencial para alcanzar el equilibrio y la paz en nuestras vidas.

Compromiso con la rectitud

Isese se refiere al compromiso con la rectitud y la verdad, y a menudo se simboliza con el color blanco. Ser puro de corazón y mente es estar libre de corrupción y engaño, y aquellos comprometidos con Isese se esfuerzan por vivir sus vidas según este principio. La búsqueda del Isese es un viaje que dura toda la vida, y se cree que a través del Isese se puede alcanzar la iluminación espiritual. En un mundo a menudo lleno de caos y confusión, el compromiso con Isese puede ser una fuente de fortaleza y guía. Para quienes siguen este camino, el Isese es algo más que una práctica religiosa: es una forma de vida.

Reconocer el poder de las palabras

En la tradición yoruba, se dice que «ese» (pronunciado eh-shay) es el mayor de todos los poderes. Esto se debe a que nuestras palabras pueden crear y destruir. Pueden curar o herir, construir o destruir. Por eso es fundamental prestar atención a nuestras palabras. Cada palabra que pronunciamos tiene energía y poder detrás. Por eso debemos elegirlas siempre con cuidado. Cuando decimos palabras de amor, paz y felicidad, estamos ayudando a crear un mundo más positivo. Por el contrario, cuando utilizamos palabras negativas, engendradas por el odio, la ira y la violencia, estamos contribuyendo a los problemas de nuestro mundo. Este es un principio fundamental del Isese, que significa «respeto por todas las cosas» en yoruba. Respetando el poder de nuestras palabras, podemos ayudar a crear un mundo más positivo para todos.

Consejos para pronunciar términos yoruba

El yoruba es una lengua hablada por el pueblo yoruba de África Occidental. Aquí tiene algunos consejos para pronunciar algunos términos yoruba comunes:

- Isese (pronunciado: i-shey-shey)
- Babalawo (pronunciado: BAH-bah-lah-woh)
- Ifa (pronunciado: I-fah)
- Odu (se pronuncia: oh-du)
- Orisha (se pronuncia: oh-ri-shah)
- Ebo (se pronuncia: eh-boh)
- Ase (pronunciado: ah-shey)
- Iyanifa (pronunciado: I-yah-ni-fah)
- Iyanifara (pronunciado: I-yah-ni-fah-rah)

Estos son sólo algunos ejemplos de los muchos términos yoruba que encontrará en este libro. Aprender a pronunciarlos correctamente le ayudará a comprender los conceptos presentados en este libro de forma más precisa y completa.

Como hemos visto, el Isese es una antigua tradición que nos proporciona un camino hacia la iluminación espiritual. A través de sus principios fundamentales, podemos vivir en armonía con los ciclos naturales de la vida, perseguir la rectitud y la verdad, y reconocer el poder de nuestras palabras. Si adoptamos el Isese y aplicamos sus principios a nuestras vidas, podremos crear un mundo más positivo para nosotros y para las generaciones venideras.

En el próximo capítulo analizaremos con más detalle a Olodumare, el Ser Supremo, y a otros orishas. Hablaremos de sus funciones dentro del sistema espiritual del Isese y de cómo los practicantes les rinden culto. También exploraremos la historia de la creación y examinaremos este sistema sagrado de adivinación.

Capítulo 2: Olodumare, el cosmos y usted

Olodumare, el Supremo, es una deidad poderosa y compasiva de la religión yoruba. Durante milenios, Olodumare ha sido venerado por su inmenso poder y se cree que es el creador de todo lo que existe en el reino físico (Aye). En la cosmología yoruba, Olodumare es la fuente de toda vida y se le considera una fuerza benévola que guía y protege a la humanidad.

Olodumare es el soberano del universo[16]

Este capítulo explorará la importancia de Olodumare en los conceptos espirituales y la cosmología yoruba, cómo se le representa en la naturaleza, la mitología, las creencias religiosas, el arte y la música, sus características, su papel en la sociedad yoruba y las enseñanzas asociadas a él. También estudiaremos la relación e influencia de Olodumare con Obatalá, el agente y emisario del creador, y cómo influye Olodumare en el reino físico (Aye). Por último, hablaremos de la importancia de respetar y agradecer a Olodumare en la vida cotidiana. Al comprender a Olodumare y su papel en la espiritualidad yoruba, podemos apreciar mejor el poder y la belleza de esta antigua religión. Olodumare es más que un ser divino; es una parte integral de la espiritualidad, la cosmología y la cultura yoruba.

Olodumare - El Supremo

En la religión yoruba, Olodumare es el Supremo, el creador y soberano del universo. A menudo se le representa como un hombre joven, lleno de energía y vida. Se dice que es amable y cariñoso, pero también justo y equitativo. Se le invoca en tiempos de necesidad, por ejemplo, cuando la gente busca guía o fuerza. También se le asocia con la fertilidad y los nuevos comienzos. En muchos sentidos, Olodumare representa lo mejor que puede ser la humanidad: creativa, vibrante y llena de esperanza. Los seguidores de la religión yoruba creen que Olodumare es una fuerza que guía la vida y que siempre está ahí para ofrecer orientación y protección.

Representaciones de Olodumare

En la mitología yoruba, Olodumare suele ser representado como un hombre joven de larga barba, con una tela de lino alrededor de la cintura. A veces se le muestra con cuatro brazos, sosteniendo un bastón y una espada. En algunas tradiciones, también se le asocia con el Sol y el color blanco. Olodumare suele representarse como un dios benévolo preocupado por el bienestar de la humanidad. Se le invoca en las plegarias para pedir curación y guía, y se cree que es la fuente de toda abundancia y prosperidad. En muchos sentidos, encarna el ideal más elevado de lo que significa ser divino.

A. En la naturaleza

Como ya se ha mencionado, Olodumare se representa a menudo como el Sol, lo que tiene sentido dado que es el dios yoruba de la creación. El Sol es un poderoso símbolo de vida y crecimiento, y es fácil ver cómo Olodumare podría asociarse con tal emblema. En algunas culturas, el Sol también se considera un presagio de la muerte, por lo que la conexión de Olodumare con él podría verse como una representación de la naturaleza cíclica de la vida. Sea como fuere, está claro que Olodumare es una fuerza a tener en cuenta y que la propia naturaleza habla del poder de esta deidad yoruba.

Olodumare es representado como el Sol en la naturaleza[16]

B. En la mitología

En la mitología yoruba, Olodumare es responsable del funcionamiento ordenado del universo. A menudo se le representa como una figura paterna sabia y benévola que imparte justicia de forma justa y equitativa. Muchos mitos asocian a Olodumare con el Sol, representándolo como el encargado de rociar el mundo de luz y calor. Aunque se le suele mostrar como un ser bondadoso y justo, Olodumare también es capaz de una gran ira, y aquellos que se enfadan con él pueden sufrir graves consecuencias. En última instancia, Olodumare es un dios poderoso y misericordioso que garantiza el buen funcionamiento del mundo.

C. En las creencias religiosas

Olodumare es un dios supremo de la religión yoruba. Se le representa como el creador del universo y la fuente de toda vida.

También se le asocia con la lluvia y el trueno. En algunas creencias, se dice que vive en el cielo, mientras que en otras se le considera una figura más distante y misteriosa. Se le considera una deidad benévola, que recompensa a los que siguen sus enseñanzas y castiga a los que van en su contra. Su presencia se invoca a menudo en ceremonias religiosas y oraciones, sobre todo cuando los yoruba buscan guía o fuerza.

D. En el arte y la música

Olodumare está adornado con símbolos de fertilidad. En la música, Olodumare está representado por el tambor, el instrumento a través del cual se comunica con el mundo. En el arte, se le representa como una figura pacífica y benévola rodeada de animales y plantas. En algunas obras de arte, aparece como una figura poderosa con cuatro brazos y una larga barba. Los símbolos de fertilidad y benevolencia de Olodumare pueden verse en muchas obras de arte de la cultura yoruba. Por ejemplo, algunas esculturas lo representan como guardián de la naturaleza y la fertilidad, mientras que otras lo representan como un gobernante sabio y compasivo.

Características de Olodumare

En la religión yoruba, Olodumare es una fuente de sabiduría y conocimiento, y siempre está disponible para ayudar a los humanos cuando necesitan orientación. Olodumare también es conocido por su sentido del humor, y disfruta haciendo reír a la gente. Además de ser el dios creador, Olodumare es responsable de mantener el orden en el universo. Para ello, se asegura de que todos los seres sigan las leyes naturales que él ha establecido. Olodumare es una figura poderosa y central en la religión yoruba y es venerado por todos los que creen en él. He aquí algunas características de Olodumare que son importantes de destacar:

A. Omnipotente

En la religión yoruba, Olodumare se describe a menudo como omnipotente, lo que significa que tiene el poder de hacer cualquier cosa. Además de ser todopoderoso, Olodumare lo sabe y lo ve todo. Él es quien decide lo que ocurre en el mundo, y nadie puede escapar a su juicio. Como máxima autoridad, Olodumare es invocado en tiempos de problemas o peligros. Su poder es absoluto, y quienes le rinden culto creen que puede protegerles de todo mal. Se crea o no en Olodumare, no se puede negar que es una fuerza poderosa en la religión yoruba.

B. Omnisciente

En la mitología yoruba, Olodumare es omnisciente, lo que significa que sabe todo lo que ha sucedido, lo que está sucediendo y todo lo que sucederá. Se cree que vive en el cielo y se comunica con los humanos a través de oráculos. Para hacer una pregunta a Olodumare, primero hay que dirigirse a un oráculo, que transmitirá la pregunta a Olodumare. A cambio, Olodumare le dará al oráculo un mensaje para que se lo transmita a usted. Aunque Olodumare es amable y benévolo, también es justo y no dudará en castigar a quienes le desobedezcan. Los seguidores creen que si enfadan a Olodumare, puede enviar rayos y truenos para destruir sus cosechas o dañar su ganado. Por esta razón, siempre muestran respeto por Olodumare y siguen sus órdenes.

C. Todo amor y todo perdón

Olodumare es un dios omnipotente porque ama a todos sus hijos por igual. No ama a uno más que a otro. Ama a todos sus hijos con el mismo amor. Olodumare también lo perdona todo. Si sus hijos cometen errores, los perdona. No les guarda rencor y los ama incondicionalmente. No los ama porque sean buenos o se comporten de una determinada manera. Los ama hagan lo que hagan o se comporten como se comporten. Olodumare también es misericordioso. Si sus hijos sufren, se apiada de ellos y los ayuda.

El papel de Olodumare en la sociedad yoruba

Olodumare es el dios creador de la religión yoruba, responsable de todo lo que existe y quien controla el destino de todos los seres humanos. Olodumare es la fuente de todas las cosas buenas. Además de ser un poderoso dios creador, Olodumare también es considerado un guardián y protector. Vela por su pueblo y a veces se le invoca en momentos de peligro. Olodumare es una figura central en la sociedad yoruba y desempeña un papel importante en la vida de todos los yoruba.

A. Como fuente de guía y apoyo

Olodumare es responsable del orden del universo y es la fuente última de guía y apoyo para los humanos. En la sociedad yoruba, se suele invocar a Olodumare en tiempos de necesidad, como cuando alguien tiene dificultades para concebir un hijo o las cosechas son escasas. También se le considera protector de huérfanos y viudas. Olodumare suele ser representado como un dios bondadoso y benévolo, y sus fieles suelen rezarle para pedirle guía, protección y prosperidad.

B. El creador en la religión y cosmología yoruba

En la religión y cosmología yoruba, Olodumare suele llamarse Olorun u Olofi. Se dice que Olodumare creó el mundo y todo lo que hay en él, incluidos los seres humanos, los animales, las plantas y los elementos. También es responsable de mantener el equilibrio y la armonía en el mundo. A menudo se le representa como una deidad bondadosa y benévola, interesada en el bienestar de sus creaciones. Se le considera un juez severo y justo que castiga a quienes infringen las leyes de la naturaleza. Independientemente de cómo se le vea, Olodumare es una parte importante de la religión y cosmología yoruba y desempeña un papel vital en la vida de sus practicantes.

C. El papel de Olodumare en la historia de la creación

La historia de la creación de Olodumare es una parte importante de la cosmología yoruba. Según el mito, Olodumare creó el universo y todos los seres vivos. Utilizó su aliento para traer la vida a la existencia y dotó a cada criatura de dones y habilidades especiales. Olodumare otorgó a los humanos el poder de la inteligencia y la creatividad, y les encargó que cuidaran del mundo y de todo lo que contiene. Olodumare también dio a los humanos libre albedrío para tomar sus propias decisiones sobre cómo vivir sus vidas. Al final, Olodumare es considerado la fuente última de toda la vida y toda la creación. Es responsable de todo lo que existe en el reino físico.

Olodumare y Obatalá: el creador y su agente

Olodumare es el creador de todas las cosas, y Obatalá es su agente. Olodumare es la fuente de toda vida, y Obatalá es quien la hace nacer. Obatalá crea y moldea el mundo, mientras que Olodumare le da forma. Juntos son responsables de todo lo que existe. Olodumare es amable y cariñoso, mientras que Obatalá es firme y justo. Ambos son esenciales para el mundo y sus habitantes. Les debemos nuestro agradecimiento y nuestro respeto.

A. Obatalá como emisario de Olodumare

En la mitología yoruba, Obatalá es el dios de la creatividad y orisha de las aguas tranquilas. También se le conoce como el padre de todos los orishas, ya que fue el primero en descender de los cielos de Olodumare a la tierra. Obatalá suele representarse como un anciano sabio y pacífico, y se le asocia con la pureza, la castidad y la paz. Como emisario de Olodumare, Obatalá trae la paz y el orden al mundo. Es el responsable de crear a los seres humanos e infundirles su esencia de calma y paz. En muchos sentidos, Obatalá encarna todo lo que es bueno y santo en el mundo. Es una poderosa fuerza para el bien, y su presencia es siempre bienvenida en cualquier situación.

B. La importancia de Obatalá

Obatalá es una deidad importante en la religión yoruba. Se cree que es el patrón de los artistas y los curanderos, y sus símbolos incluyen los colores blanco y plata. Para muchos yorubas, Obatalá es una poderosa fuente de fuerza e inspiración. Según la creencia yoruba, Obatalá fue quien trajo la luz y el orden al mundo, y a menudo se le invoca en oraciones por la paz y la armonía. El papel de Obatalá como emisario de Olodumare es importante, y su presencia en el mundo sirve para recordar el amor y la compasión de Olodumare por todos los seres vivos.

C. La relación entre Olodumare y Obatalá

En la religión yoruba, Obatalá es uno de los principales subordinados de Olodumare. Aunque Obatalá está subordinado a Olodumare, ambos mantienen una estrecha relación. Olodumare suele consultar a Obatalá cuando toma decisiones sobre asuntos humanos, y se dice que Obatalá es el hijo favorito de Olodumare. A su vez, Obatalá es muy leal a Olodumare y siempre se esfuerza por complacerle. Esta estrecha relación entre Olodumare y Obatalá se refleja en las numerosas historias y leyendas sobre ellos en la tradición yoruba.

Una de ellas es el mito de cómo Obatalá creó el mundo. Según este mito, Olodumare le dio a Obatalá una nuez de palma blanca y le dijo que creara el mundo a partir de ella. Obatalá aceptó el reto y, con su gran inteligencia y creatividad, creó la tierra, el cielo, los mares y todas las criaturas que los habitan. Obatalá presentó su creación a Olodumare, que lo elogió por su trabajo.

Este mito ilustra el estrecho vínculo entre Olodumare y Obatalá y sus respectivos papeles en la creación del universo. También muestra que, aunque Obatalá está subordinado a Olodumare, sigue desempeñando un papel importante en la jerarquía divina. Obatalá es una fuente de creatividad y orden y un recordatorio del amor y la benevolencia de Olodumare.

Olodumare y el reino físico

Olodumare es una fuerza de la naturaleza, y su energía puede verse en los patrones siempre cambiantes del mundo que nos rodea. Olodumare es responsable de guiar el destino de la humanidad y es la fuente del bien y del mal. Aunque a veces se le considera un dios cruel, también se sabe que es justo y equitativo, que reparte premios y castigos según nuestras acciones. En muchos sentidos, Olodumare representa la dualidad de la vida misma: Es a la vez creador y destructor, dador y tomador de vida. A través de él, los seres humanos experimentan la alegría y el dolor, el éxito y el fracaso. Y sólo comprendiendo su voluntad pueden los humanos esperar alcanzar sus objetivos en este mundo.

La conexión entre Olodumare y Aye

Aunque Olodumare suele considerarse distante y alejado de los asuntos cotidianos de los humanos, sigue estando muy conectado e implicado en el reino físico (Aye). En la creencia yoruba, Olodumare se comunica constantemente con los humanos a través de diversos medios como sueños, visiones, adivinación y sacrificios. Estos mensajes de Olodumare permiten a los humanos comprender su pasado, presente y futuro. También se cree que Olodumare participa en la creación del destino de cada individuo y que, a través de su guía, una persona puede comprender el orden cósmico del universo.

Los orishas como emisarios de Olodumare

Además de comunicarse directamente con los humanos, Olodumare trabaja a través de sus emisarios, los orishas. Los orishas son seres divinos que actúan como intermediarios entre Olodumare y la humanidad. Cada orisha está asociado a un área específica de la vida o la energía y se encarga de cumplir la voluntad de Olodumare en el reino físico. A través de su guía, los humanos pueden comprender mejor los planes de Olodumare y tener la oportunidad de trabajar en su crecimiento espiritual. Los orishas actúan como guías divinos, ayudando a los humanos a alcanzar la armonía y el equilibrio en sus vidas.

Enseñanzas asociadas a Olodumare

Las enseñanzas asociadas a Olodumare son variadas y complejas; sin embargo, algunas creencias básicas permanecen constantes. En primer lugar, Olodumare enseña que todas las cosas están conectadas y son interdependientes, y que toda vida es sagrada. Esto incluye el reino físico (Aye) y el reino espiritual (Ire). Olodumare también enseña que todos los seres tienen un propósito en la vida, y cada persona debe esforzarse por cumplir su destino. He aquí algunas otras enseñanzas que a menudo se asocian con Olodumare:

A. La necesidad de equilibrar los opuestos en la vida

Olodumare enseña que, para tener éxito, uno debe aprender a equilibrar las fuerzas opuestas de la luz y la oscuridad. Esto incluye comprender cómo incorporar de forma constructiva energías positivas y negativas en la propia vida. También significa reconocer la importancia del orden y el caos en el universo. Con esta comprensión, uno puede esforzarse por crear un equilibrio armonioso de energías en su vida.

B. La importancia del respeto y la gratitud

Olodumare nos anima a mostrar respeto y gratitud hacia los reinos físico y espiritual. Esto incluye mostrar aprecio por los ciclos de la naturaleza y la guía divina que llega a través de los sueños, las visiones y la adivinación. Demostrando respeto y gratitud por las fuerzas divinas que actúan, los seres humanos pueden aprender a crear un equilibrio más armonioso en su interior. La importancia de este respeto y gratitud para Olodumare se extiende a nuestras relaciones con otras personas, ya que nos ayuda a construir conexiones más significativas.

C. El poder del sacrificio

Los yoruba creen que Olodumare requiere que los humanos hagan sacrificios para recibir su guía divina. A través del sacrificio, los humanos intercambian energía entre los reinos físico y espiritual. De este modo, los humanos pueden comprender la voluntad divina de Olodumare y utilizarla para mejorar sus vidas. El poder del sacrificio aporta un sentimiento de gratitud y reverencia que nos ayuda a conectar con lo divino. Los sacrificios pueden ofrecerse en forma de alimentos, objetos o incluso tiempo y energía.

D. La necesidad de compasión y misericordia

Olodumare nos enseña a ser compasivos y misericordiosos en nuestro trato con los demás. Esto incluye comprender que todo el mundo tiene sus luchas y que debemos estar dispuestos a mostrar misericordia y bondad incluso cuando alguien nos ha hecho daño. De este modo, podemos crear un fuerte sentido de armonía en nuestras vidas y en el mundo que nos rodea. Esto puede ser difícil de comprender, pero es una herramienta poderosa para entender y conectar con lo divino.

E. El papel del libre albedrío y la responsabilidad

Olodumare cree que todos los seres humanos tienen el poder del libre albedrío; sin embargo, también deben asumir la responsabilidad de sus actos. Esto significa reconocer las consecuencias de nuestras elecciones y tomar las mejores decisiones para nosotros mismos y para nuestras comunidades. Al ejercer el libre albedrío de forma responsable, podemos acercarnos a alcanzar un equilibrio espiritual en nuestras vidas y crear un mundo más armonioso.

Olodumare es el divino creador del universo en la religión yoruba. Se le conoce como Olorun, Olofi y Olofin. Se le considera omnipotente, omnisciente, omnipotente y omnividente. Es responsable de mantener el equilibrio del universo y guiar el destino de la humanidad. Además de ser el dios supremo, Olodumare se asocia a menudo con la fertilidad y la agricultura. Muchos de sus fieles le ofrecen plegarias y sacrificios para asegurar una buena cosecha.

A veces se le invoca en rituales de curación. Se le atribuye el poder de curar enfermedades y restablecer la salud. Tanto si busca guía, protección o curación, Olodumare es una deidad poderosa que puede ayudarle a alcanzar sus objetivos. Las enseñanzas de Olodumare proporcionan una base importante para comprender las creencias y prácticas espirituales yoruba. Estas enseñanzas son intemporales, ya que nos ayudan a conectar con lo divino, a crear relaciones significativas con los demás y a luchar por una vida más equilibrada.

Al reconocer el poder del sacrificio, el respeto, la gratitud, la compasión, la misericordia, el libre albedrío y la responsabilidad, los seres humanos pueden esforzarse por honrar a lo divino.

Capítulo 3: *Odu Ifá*, la escritura divina

La mayoría de las religiones organizadas giran en torno a un corpus literario sagrado que encierra la sabiduría y la experiencia de la religión, y el Isese no es diferente. El Isese es una religión centrada en la tierra que cree en la interconexión de todas las cosas. Los yoruba de Nigeria, Benín y Togo son los depositarios de esta religión, que a menudo se transmite de padres a hijos. El corpus literario Isese incluye el *Corpus Ifá*, que es una colección de historias, proverbios y canciones que enseñan lecciones morales; el *Corpus de Odu Ifá*, un conjunto de dieciséis textos sagrados que guían todo, desde el nacimiento hasta la muerte; y el *Corpus de Ogbe Ifá*, un conjunto de versos que se utilizan en prácticas adivinatorias. En conjunto, estos tres corpus constituyen los cimientos de la religión Isese y proporcionan a sus seguidores una rica fuente de sabiduría y consejos.

Este capítulo ofrecerá una visión general del *Corpus de Odu Ifá*, analizando su estructura y contenido. También exploraremos los principales temas de la literatura de *Odu Ifá*, resumiremos los textos y explicaremos su significado cultural e histórico. Finalmente, discutiremos cómo se cree que Olodumare creó el *Odu Ifá* y qué implica convertirse en un Babalawo, un sacerdote altamente entrenado especializado en adivinación. Al final de este capítulo, presentaremos los Dieciséis principios de Ifá, cada uno con una breve explicación de su relevancia y cómo incorporarlo a su vida.

Introducción y visión general de *Odu Ifá*

Odu Ifá es un sistema espiritual yoruba que se utiliza para adivinar el futuro. La palabra «odu» significa «señal» o «presagio», e «ifá» significa «Oráculo de Ifá». *Odu Ifá* se basa en un conjunto de textos sagrados llamado *Corpus de Ifá*, que contiene abundante información sobre la historia, la cosmología y la mitología del pueblo yoruba. Tradicionalmente, *Odu Ifá* se codifica en un sistema de dieciséis signos principales, cada uno de los cuales corresponde a un aspecto distinto de la vida humana. Los signos suelen representarse con conchas de cauri, que se utilizan en rituales de adivinación. *Odu Ifá* es una parte esencial de la cultura yoruba y desempeña un papel vital en la vida de muchas personas en Nigeria y otros países con una gran población yoruba.

Las conchas de cauri se utilizan para representar los signos[17]

Estructura del *Corpus de Odu Ifá*

El *Corpus de Odu Ifá* es una colección de más de 2.300 poemas del sistema de adivinación de Ifá. El Corpus está dividido en dieciséis secciones principales; cada una está subdividida en numerosas secciones más pequeñas. La primera sección, *Odu Ifá*, contiene la mayoría de los poemas y se utiliza con fines adivinatorios. Las otras quince secciones, el *Odu esotérico*, se utilizan para distintos fines, como iniciaciones, rituales de sacrificio y oraciones. El *Corpus* también se divide en dos partes: El *Odu exotérico*, que está disponible para todos los practicantes, y el *Odu esotérico*, que sólo está disponible para aquellos que se han sometido a la iniciación.

A. Versos de adivinación

El corpus literario de Ifá es una colección de más de 2.000 poemas utilizados en la adivinación. Los versos, conocidos como *Odu*, están divididos en dieciséis categorías principales, cada una de las cuales contiene varias subcategorías. Hay 256 *Odu* utilizados para interpretar los signos y símbolos que aparecen durante una ceremonia de adivinación. Aunque los *Odu* se ocupan principalmente de predecir el futuro, también ofrecen consejos sobre todo tipo de temas, desde las relaciones hasta la salud y el bienestar. Como tales, proporcionan una sabiduría y una orientación inestimables a quienes consultan el oráculo de Ifá.

B. Comentarios sobre los versos

El Corpus de *Odu Ifá* contiene comentarios sobre los versículos. Estos comentarios, conocidos como *Odu esotérico*, se componen de pasajes más largos que explican y elaboran el significado de los versos. Proporcionan más información y orientación a quienes consultan el Oráculo de Ifá y revelan mucho sobre la cosmología, la mitología y la cultura yoruba. El *Odu esotérico* está destinado principalmente a quienes han pasado por la iniciación y, por lo tanto, son considerados adeptos o expertos en la tradición de Ifá.

C. Otros textos

Además del *Odu Ifá* y el *Odu esotérico*, el *Corpus* contiene otros textos. Estos incluyen himnos y oraciones utilizados en varios rituales e historias sobre dioses, mitos y leyendas yoruba. El Corpus también incluye información sobre la historia, las costumbres y las creencias del pueblo yoruba. Se cree que Olodumare, el dios creador del pueblo yoruba, creó el *Odu Ifá* como medio para que los humanos comprendieran los misterios de la vida.

Temas principales de la literatura de *Odu Ifá*

Odu Ifá es un corpus de literatura religiosa que se ocupa del culto a los orishas, deidades que controlan diversos aspectos de la vida humana. El corpus de *Odu Ifá* incluye mitos, historias y canciones utilizadas en ceremonias y rituales. Muchos de estos textos se centran en la idea de una vida armoniosa, haciendo hincapié en la necesidad de que los seres humanos vivan en equilibrio con la naturaleza. Otros temas importantes son los antepasados, el papel de la mujer en la sociedad y la necesidad de mantener una mente y un cuerpo sanos. Aunque algunos de estos temas puedan parecer intemporales, siguen siendo relevantes hoy en día. Mientras nos esforzamos por crear un mundo más justo y sostenible, la sabiduría de *Odu Ifá* puede ayudarnos a guiar nuestros pasos.

A. Historias de la creación

En los textos de *Odu Ifá*, el Señor Ifá se revela como el creador de todas las cosas y habla de su relación con la humanidad. Los textos de *Odu Ifá* se dividen en varias categorías: Historias de la creación, mitos, cuentos populares y proverbios. Las historias de la creación son quizá las más importantes, ya que ofrecen una visión de la cosmología y la cosmovisión yoruba. En una de ellas, el mundo nace de un huevo cósmico incubado por una paloma. De este huevo surgen cuatro seres: Obatalá, orishas-nla, Oduduwa y Olorun. Estos seres crean todo lo demás en el mundo, incluida la humanidad. Aunque hay muchas versiones de esta historia, todas destacan la importancia de la cooperación y la interdependencia en el mundo. Como tales, proporcionan una base esencial para la cultura y la sociedad yoruba.

B. Deidades y seres sobrenaturales

En la literatura de *Odu Ifá*, muchas deidades y seres sobrenaturales desempeñan papeles importantes. Por ejemplo, Orunmila es el dios de la sabiduría y la adivinación, mientras que Obatalá es el dios de la paz y la pureza. Muchos otros dioses y diosas presiden distintos aspectos de la vida humana. Además de los dioses, diversos espíritus, entre ellos los orishas, se encargan de guiar a los humanos en su camino por la vida. La literatura de *Odu Ifá* proporciona abundante información sobre estos seres y su papel en la vida humana. Como tal, es un recurso esencial para cualquier persona interesada en comprender las creencias y tradiciones del pueblo yoruba.

C. Moralidad y ética

Odu Ifá contiene una gran cantidad de enseñanzas morales y éticas. Recitados tradicionalmente por los sacerdotes durante las ceremonias religiosas, estos textos ofrecen orientación sobre todo tipo de temas, desde la forma adecuada de vivir la vida hasta la manera correcta de realizar transacciones comerciales. Muchos de los principios morales y éticos contenidos en *Odu Ifá* siguen siendo relevantes hoy en día, y ofrecen una valiosa perspectiva sobre cómo vivir una vida virtuosa. A continuación se exponen algunas de las enseñanzas morales y éticas más importantes de *Odu Ifá*:

- **Respeto a los ancianos y antepasados:** *Odu Ifá* enseña que respetar a los ancianos y a los antepasados es esencial para mantener la armonía social. Este principio sigue siendo relevante hoy en día, ya que respetar a los ancianos es importante para mantener una sociedad cohesionada.

- **Honestidad e integridad:** *Odu Ifá* contiene numerosos relatos sobre la importancia de la honestidad y el mantenimiento de la integridad. Este principio es tan importante hoy como en la antigüedad, ya que la honestidad y la integridad son esenciales para mantener la confianza en cualquier relación.

- **Compasión:** Uno de los temas más frecuentes en *Odu Ifá* es la importancia de la compasión. Esta virtud es esencial para vivir una vida moral y ética, ya que nos ayuda a ver la humanidad en los demás y a tratarlos con amabilidad y respeto.

D. Rituales y ceremonias

En la literatura de *Odu Ifá* se describen muchos tipos diferentes de rituales y ceremonias. Algunos de estos rituales se realizan con fines concretos, como curar a los enfermos o pedir consejo a los espíritus. Otros están concebidos como celebraciones más generales de la vida, el amor y la fertilidad. Independientemente de su finalidad, todos los rituales y ceremonias descritos en la literatura de *Odu Ifá* comparten un objetivo común: acercar a la gente al mundo natural y a los dioses que viven en él. Al participar en estos rituales, los seguidores pueden aprender a apreciar los ritmos de la naturaleza y comprender mejor nuestro lugar dentro del cosmos.

E. Estructuras sociales

En Occidente, solemos pensar que la literatura narra el viaje de un héroe individual. Obras como la *Odisea o Beowulf* son historias de individuos que, a través de sus acciones, llegan a definirse a sí mismos y a su lugar en la sociedad. Sin embargo, en la literatura de *Odu Ifá*, la atención se centra en las estructuras sociales. Los relatos de héroes se utilizan a menudo para ilustrar la importancia de la familia, los amigos y la comunidad para alcanzar el éxito. Este énfasis en las estructuras sociales puede considerarse un reflejo de los valores colectivistas de muchas culturas africanas. También pone de relieve que, en muchas culturas, la identidad de un individuo no viene determinada únicamente por sus acciones, sino por quienes le rodean. Como tal, la literatura de *Odu Ifá* proporciona una valiosa ventana a los valores y creencias de las culturas africanas.

F. Proverbios, sabiduría y conocimiento

Los proverbios de sabiduría son una parte importante de la literatura de *Odu Ifá*. Estos proverbios ofrecen consejos y orientación sobre diversos temas, desde las relaciones hasta el trabajo y la crianza de los hijos. También se utilizan a menudo para enseñar a los jóvenes la importancia de tomar buenas decisiones. Además de los proverbios de sabiduría, la literatura de *Odu Ifá* contiene una gran cantidad de conocimientos sobre el mundo natural, incluida información sobre el comportamiento de los animales, la vida de las plantas y los ciclos de la Luna. Estos conocimientos son esenciales para comprender el mundo y ayudarnos a tomar las mejores decisiones en la vida.

Cómo creó Olodumare el *Corpus de Odu Ifá*

Se dice que Olodumare (también conocido como Olofi y Olorun) es el creador de todas las cosas y, por lo tanto, se cree que creó el corpus de *Odu Ifá*. Según esta creencia, Olodumare utilizó el poder de su sabiduría y divinidad para crear los textos de *Odu Ifá*, que contienen las respuestas a todas las preguntas y las soluciones a todos los problemas. El corpus de *Odu Ifá* fue escrito por los dieciséis orishas, o dioses de Ifá, enviados por Olodumare para impartir su sabiduría y conocimiento al pueblo. Los textos de Ifá se consideran un vínculo directo con Olodumare, y quienes los estudian pueden aprender los secretos de la vida del propio dios.

Cómo convertirse en Babalawo y aprender de los textos

El Babalawo es el sacerdote principal de Ifá y se encarga de interpretar el *Odu Ifá*, un texto sagrado que contiene la sabiduría del pueblo yoruba. El Babalawo se somete a un riguroso entrenamiento para estar cualificado para interpretar el *Odu Ifá*. Tras completar su formación, los Babalawos son considerados expertos en adivinación y cultura yoruba y desempeñan un papel crucial en la preservación de los conocimientos tradicionales.

El Babalawo recibe una formación rigurosa para interpretar el *Odu Ifá*[a]

A. Iniciación y formación

Los seguidores de la religión yoruba creen que los humanos nacen con una conexión con los orishas y que esta conexión puede fortalecerse mediante el culto y los rituales. Uno de los papeles más importantes en la religión es el del Babalawo, o sacerdote. Los Babalawos se someten a un largo proceso de iniciación y formación para convertirse en sacerdotes. El primer paso es completar un aprendizaje bajo la tutela de un Babalawo superior. Durante este tiempo, el aprendiz aprende la historia y mitología del pueblo yoruba y los métodos tradicionales de adivinación. Esto suele llevar varios años, durante los cuales el aprendiz aprende la historia y mitología de la religión yoruba y sus diversos rituales y ceremonias.

Una vez completado el aprendizaje, el Babalawo se somete a una serie de iniciaciones para unirse a las filas del sacerdocio. Estas iniciaciones están diseñadas para enseñar al Babalawo las energías del universo y cómo utilizarlas para la adivinación. Estas pruebas se conocen como «Egúngún», y ponen a prueba sus conocimientos y habilidades. Aquellos que completan el Egúngún son considerados Babalawos plenamente cualificados.

B. Aprendizaje de los versos y comentarios

Para convertirse en Babalawo, primero hay que recibir una amplia formación en Ifá, la religión del pueblo yoruba. Esta formación suele tener lugar en un ile-Ifa, o casa de Ifá, donde un Babalawo en formación pasa varios años aprendiendo los versos y comentarios de Ifá. El corpus de Ifá es vasto y complejo, y puede llevar muchos años dominarlo. Sin embargo, la recompensa de convertirse en Babalawo bien vale el esfuerzo. Como Babalawo, una persona puede servir a la comunidad como líder religioso y consejero y tener la oportunidad de viajar a los santuarios de Ifá en todo el mundo.

C. Ceremonias de iniciación de orisha

El proceso de iniciación para convertirse en Babalawo es largo y arduo; sin embargo, es esencial entender el papel y las responsabilidades de esta importante figura dentro de la religión yoruba. El proceso de iniciación consta de tres etapas principales. La primera es el Iwori Meji, que implica someterse a pruebas físicas y espirituales. La segunda etapa, Ikini Meji, requiere que el iniciado realice una serie de rituales para purificar su mente y su cuerpo. Por último, durante la etapa Oggun Meji, el iniciado se somete a una serie de iniciaciones que terminan con su incorporación formal al papel de Babalawo. Cada etapa del proceso es fundamental para ayudar al iniciado a comprender las complejidades de su nuevo papel y desarrollar las habilidades necesarias para servir a su comunidad con eficacia.

Los dieciséis principios de Ifá

En la raíz de las enseñanzas y tradiciones de Ifá se encuentra el *Odu Ifá*, un texto sagrado con más de 256 versos que detallan las leyes del universo y consejos sobre cómo vivir en armonía con Dios y la creación. Los Dieciséis principios de Ifá son principios fundamentales derivados del *Odu Ifá*, que proporcionan orientación y conocimientos sobre la cultura y la religión yoruba. Estos principios se basan en una profunda comprensión del funcionamiento del universo y pueden utilizarse como brújula moral para ayudar a las personas a lograr un mayor equilibrio en sus vidas. Los principios incluyen:

1. **Omori** - Respeto por el creador, Olodumare
2. **Iwa Pele** - La ley del karma y el equilibrio
3. **Ore Oruko** - El respeto a los mayores y antepasados
4. **Ebo Ri Aye** - Ofrendas a cambio del favor divino
5. **Ona Abiye** - Franqueza y honestidad en el trato con los demás
6. **Oruko Akuko** - Honor por el nombre y la reputación propios
7. **Emi Usted Eja** - Cuidado del medio ambiente
8. **Se Iku Baba Wa** - Compromiso con la justicia y la equidad
9. **Onisowo Ni Iwa** - Respeto por los derechos de los demás
10. **Iwa Ni Ijinle** - Respeto por la tradición y el conocimiento
11. **Iwa Ni Imule Aye** - Respeto por la vida
12. **Se Eru Igbeyawo** - Cumplimiento de las propias promesas
13. **Omo Eniyan Lo Loju** - Amabilidad con los demás
14. **Iwa Ni Iwaju** - Respeto a la ley
15. **Se Ojuri Iwori** - Obediencia a la autoridad
16. **Alafia** - Paz, armonía y bienestar para todos

Los Dieciséis principios de Ifá son enseñanzas esenciales transmitidas de generación en generación para defender las leyes sagradas de Olodumare. Estos principios proporcionan una guía y un código de conducta para vivir y pueden utilizarse como brújula ética y moral para ayudar a las personas a lograr un mayor equilibrio en sus vidas. Siguiendo estos principios, podemos crear más armonía, paz y prosperidad en nuestras vidas.

Resumen y contenido de los textos de *Odu Ifá*

La primera sección de los textos de *Odu Ifá*, el *Odu Ifá*, contiene la historia de la creación del mundo y de los primeros seres humanos.

La segunda sección, el *Ose Otura*, contiene la historia del dios Oturanoia y su batalla contra el demonio Olokun.

La tercera sección, el *Ose Irete*, contiene la historia de la diosa Irete y su matrimonio con el dios Orunmila.

La cuarta sección, el *Ose Meji*, contiene la historia de los gemelos Meji y su lucha contra la enfermedad.

La quinta sección, el *Ose Odi*, contiene la historia de Odiraa y su viaje para encontrar a su marido perdido.

La sexta sección, la *Ose Obara*, contiene la historia de Obara y su búsqueda del poder.

La séptima sección, *Ose Ogunda*, contiene la historia de Ogunda y su lucha contra la muerte.

La octava sección, *Ose Osa*, contiene la historia de Osa y su lucha contra el mal.

La novena sección, el *Ose Oturu*, contiene la historia de Oturu y su viaje para encontrarse a sí mismo.

La décima sección, el *Ose Irete Ketu*, contiene la búsqueda de Ketu de su esposa perdida.

La undécima sección, conocida como *12 oko temi eru pele l'owo ni iku ni osun meje ati ni agbara ni olorun ni iretitated- ifa*, dice que debe haber doce mercados en cada pueblo para que la gente pueda comerciar con bienes y servicios, incluidos alimentos, medicinas, ropa, refugio, trabajos en metal, madera, artefactos, joyas y herramientas.

La duodécima sección, el *Ose Oyeku*, contiene la historia de Oyeku y su sabiduría para resolver una disputa entre dos aldeas.

La decimotercera sección, el *Odu Itefa*, contiene versos sobre la adivinación de Ifá y su poder para predecir el futuro con exactitud.

La decimocuarta sección, el *Ose Ifa*, contiene versos de alabanza y reverencia a Olodumare y orientaciones para vivir en armonía con la naturaleza y el prójimo.

La decimoquinta sección, *Ose Odi Meji*, contiene versos sobre la justicia social y la fidelidad a los valores ante la adversidad.

La decimosexta sección, *Ose Irete Akuaro*, contiene versos de adoración a Olodumare y orientaciones sobre cómo llevar una vida recta.

El *Corpus de Odu Ifá* es una fuente esencial de conocimiento y orientación para todos los seguidores de la tradición. Contiene una gran riqueza de sabiduría y conocimiento para vivir en armonía con la naturaleza, con nuestros semejantes y, en última instancia, con Olodumare. El *Odu Ifá* enseña cómo tomar decisiones éticas, mantenerse fiel a los propios valores y practicar las enseñanzas de Ifá. Para convertirse en Babalawo, uno debe aprender al menos algunos versos de cada *Odu Ifá* para adquirir conocimiento y comprensión de cada principio. Los individuos pueden esforzarse por lograr un mayor equilibrio y armonía incorporando estos principios a la vida diaria.

Capítulo 4: Práctica de la adivinación de Ifá

El *Odu Ifá*, un antiguo cuerpo de conocimiento que contiene todos los secretos de la vida y encierra amplios conocimientos, es más que un simple libro de consulta. También es el elemento central del sistema de adivinación de Ifá. Este oráculo espiritual yoruba ayuda a las personas a descubrir sus destinos y a planificar sus vidas por estos caminos. Ofrece una forma práctica de ayudar a las personas que confían en las leyes naturales, como la ley de causa y efecto, a alcanzar el equilibrio y la plenitud personales. El *Odu Ifá* no es sólo una herramienta transaccional, sino un manual de transformación personal.

Sus documentos proporcionan una visión útil de lo que nos hace más fieles a nosotros mismos, permitiéndonos abrazar nuestra grandeza y fomentar relaciones con propósito con nosotros mismos, los demás y la naturaleza para prosperar. Este capítulo presenta brevemente la adivinación de Ifá y sus herramientas, símbolos y prácticas tradicionales. También ofrece consejos para interpretar estos símbolos y comprender el poder de la oración. Finalmente, incluye información sobre cómo acceder a la guía de los oráculos y Babalawo.

Introducción a la adivinación Ifá

La adivinación Ifá es un sistema tradicional africano de adivinación basado en la creencia de que un orden cósmico gobierna los asuntos humanos. Este orden se conoce como Ashe, y se cree que se manifiesta en los patrones de la naturaleza. Para acceder al Ashe, los practicantes de Ifá utilizan diversos métodos, como lanzar conchas de cauri u otros objetos, para crear patrones conocidos como Odu. Los Odu se interpretan para obtener información sobre el pasado, el presente y el futuro.

La adivinación de Ifá se utiliza a menudo para orientarse en asuntos como el matrimonio, el parto, los negocios y otras decisiones importantes de la vida. También se utiliza con fines curativos, tanto físicos como espirituales. En los últimos años, Ifá ha ganado popularidad fuera de su hogar tradicional en África Occidental, y ahora hay practicantes en todo el mundo. Tanto si busca orientación como si simplemente siente curiosidad por este antiguo sistema de adivinación, Ifá le ofrece una forma única y poderosa de conectar con las fuerzas más profundas que actúan en su vida.

A. Historia de la adivinación Ifá

La fascinante práctica de la adivinación Ifá ha sido una parte crucial de la historia africana durante siglos. Es una forma de adivinación que utiliza cantos oraculares y objetos sagrados específicos conocidos como Opele. Muchos creen que estos objetos sirven para adivinar el futuro. Los practicantes de toda África los utilizaban para intentar responder a todo tipo de preguntas en nombre de sus clientes, desde asuntos espirituales hasta personales. Esta práctica holística y compasiva ha sido adoptada por muchos en los últimos años, sobre todo en Latinoamérica y otras regiones con una elevada población de ascendencia africana. Profundizando en nuestra comprensión de la historia de la adivinación de Ifá, podemos avanzar hacia la adopción de su sabiduría atemporal.

B. ¿Cómo funciona?

La adivinación de Ifá es un antiguo sistema de guía divina originario del pueblo yoruba de África Occidental. Tradicionalmente la practican los Adhafa, sacerdotisas y sacerdotes de Ifá, que pueden comunicarse con los orisha, las deidades y espíritus que ocupan su mundo. El proceso de adivinación comienza con una consulta entre el practicante y el cliente. Durante esta sesión, se hacen preguntas sobre la vida del cliente para determinar qué deidades o energías influyen en él y cuál es la mejor manera de buscar orientación para su situación.

A continuación, el practicante utiliza diversos objetos y símbolos sagrados, como conchas de cauri, que revelan mensajes del reino espiritual y proporcionan consejos, advertencias y predicciones sobre acontecimientos o experiencias futuras. Al centrarse en la transformación interior a través de la conexión con las propias energías, la adivinación de Ifá proporciona una visión única que puede ayudar a aclarar situaciones y a realizar cambios positivos en la vida de las personas.

C. Quién puede practicarla

Practicar la adivinación de Ifá es una forma de arte que puede estudiarse y mejorarse con dedicación y la orientación adecuada. Cualquiera que esté abierto a aprender la historia y la comprensión profunda de esta práctica espiritual de base africana es capaz de dominarla, independientemente de su sexo, edad o bagaje cultural. Lo que diferencia a la adivinación Ifá de otras formas de asesoramiento ancestral es su singularidad como ejercicio mental: no se necesitan herramientas para que los practicantes encuentren respuestas y conocimientos. Con el respeto adecuado y la instrucción de maestros experimentados, todos pueden llegar a ser competentes en la práctica de la adivinación de Ifá.

Herramientas utilizadas en la adivinación Ifá

La adivinación de Ifá utiliza herramientas y objetos para descubrir conocimientos y secretos sobre acontecimientos pasados, presentes y futuros. Estas herramientas incluyen dieciséis nueces de palma y una cadena o nuez de cola con ocho conchas de cauri janus secas atadas. Un adivino utiliza estas herramientas para lanzarlas sobre una «bandeja de adivinación» mientras escucha atentamente la interpretación de los patrones que se forman en el lugar donde caen. A través de este proceso, los practicantes de Ifá obtienen información sobre la mejor manera de aportar estabilidad y equilibrio a las situaciones o vidas actuales. Se cree que si uno se alinea espiritualmente con la «fuerza cósmica», encuentra una sensación de paz en las dificultades de la vida.

A. Cadena de adivinación

El uso de la cadena de adivinación (Opele) durante la adivinación de Ifá es bastante fascinante. Esta herramienta se compone de ocho bloques de madera pintados individualmente que representan las fuerzas de la naturaleza y su influencia en nuestras vidas. Durante una lectura, se colocan sobre la palma de la mano abierta o sobre una bandeja cónica de adivinación para dar respuesta a preguntas y situaciones difíciles. Se cree que cada bloque de la cadena de adivinación lleva un mensaje del orisha, o reino espiritual, junto con su energía asociada. A través de este proceso de adivinación, podemos obtener claridad y orientación en todos los asuntos relacionados con nuestro bienestar y prosperidad. No es de extrañar que esta antigua técnica sea tan popular y potente hoy en día, ya que ha proporcionado consuelo y orientación durante generaciones.

Opele[19]

El Opele es una importante herramienta de adivinación utilizada tradicionalmente para obtener respuestas a preguntas relacionadas con la vida de una persona, que van desde averiguar por qué algo no funciona en su vida hasta consejos sobre próximas decisiones empresariales. El Opele consta de cuatro secciones, y los sacerdotes de Ifá o adivinos realizan las adivinaciones del Opele. Mientras adivinan, hacen ofrendas y rezan agitando su Opele hasta que éste les revela la respuesta de las deidades orishas que les orientan. En última instancia, se cree que al pedir consejo a Oshunmare (que significa «mensajero divino») con esta herramienta sagrada, se pueden descubrir verdades ocultas sobre cualquier situación dada para una mayor comprensión y progreso.

B. Conchas de cauri

Las conchas de cauri tienen un pasado histórico increíblemente rico en relación con las prácticas espirituales y adivinatorias, en particular la adivinación de Ifá. Originarias del Mediterráneo, el golfo Pérsico y partes de la India, las conchas de cauri han sido utilizadas como moneda por muchas culturas durante muchos siglos. Según los practicantes de Ifá, se cree que las cauri son mensajeras de los dioses, que ayudan con la guía espiritual y la revelación. En la adivinación de Ifá se utilizan entre ocho y dieciséis piezas de estas conchas exquisitamente lisas, que a menudo vienen adornadas con símbolos y marcas que pueden ofrecer información sobre la lectura que se está realizando. Son una herramienta útil para acceder al conocimiento de nuestros antepasados, y su utilización nos ofrece una conexión con lo divino que de otro modo sería inaccesible.

C. Nuez de palma

La nuez de palma es una parte integral de la práctica de adivinación de Ifá, ya que es una herramienta simbólica para comunicarse e interpretar a los orishas, las energías espirituales. Cuando se realiza, el Babalawo (sacerdote de la divinidad) arrojará dieciséis nueces de palma en una cesta tradicional llamada ireke o ikin para recibir mensajes de la divinidad. Descifrando cómo ha caído cada nuez, boca abajo o erguida, el Babalawo puede determinar qué orisha se comunica a través de sus bendiciones. Y así de sencillo, seguirán las recomendaciones y los consejos. Esta antigua tradición con un linaje ininterrumpido de miles de años es realmente una experiencia increíble.

Nuez de palma[30]

D. Ewe

El Ewe, una fibra vegetal africana, forma parte intrínseca de la adivinación de Ifá, un sistema de consulta a los oráculos para obtener orientación espiritual. El Ewe se fabrica con la corteza interna de determinadas especies de árboles, se seca al sol y se enrolla en finas tiras. Estas pequeñas tiras son una importante ayuda para la adivinación, ya que sirven como representación visual del destino y de cómo se puede influir en él a través de la intervención humana. También recuerda a la gente que debe prestar atención a sus pensamientos y palabras para no desviarse de su intención y manifestar los resultados deseados. El poder del Ewe procede de su conexión directa con lo divino, lo que nos permite obtener información y orientación sobre cualquier aspecto de la vida.

E. Ikin

El Ikin es una antigua herramienta de adivinación utilizada en Ifá, una tradición espiritual de África Occidental. Se cree que conecta a las personas con los orishas, entidades divinas que pueden proporcionar guía y protección. El Ikin está hecho de nueces de palma, que se echan sobre una estera o saco para crear patrones que los adivinos interpretan. Los patrones creados por el oráculo dan una idea de las circunstancias actuales, los obstáculos, las oportunidades para el futuro y consejos para manejarlos. Aunque el conocimiento del Ikin casi se ha perdido en los últimos años, sigue siendo una forma increíblemente poderosa de obtener información sobre nuestras vidas.

F. Iroke

El Iroke es una importante herramienta utilizada en la adivinación de Ifá. El Iroke es un tipo de caracol marino de tamaño pequeño a mediano que produce conchas de color blanco y crema, que se cosechan para uso comercial. Se cree que estas conchas contienen la energía espiritual necesaria para que los adivinos se comuniquen con los orishas o dioses yoruba. Utilizadas por los sacerdotes y sacerdotisas de Ifá junto con otros objetos durante las ceremonias de adivinación, el Iroke pueden responder a preguntas sobre salud, empleo, relaciones y mucho más. La adivinación es una práctica ancestral utilizada para traer armonía a la vida de las personas. Los practicantes de Ifá continúan esta tradición utilizando las conchas de Iroke hoy en día cuando trabajan con sus clientes para ayudarles a entender sus desafíos y encontrar soluciones dentro de sí mismos.

Símbolos de *Odu Ifá*

Los símbolos de *Odu Ifá* son parte integrante de la religión Ifá, que se basa en el culto a las deidades a través de encuentros con mensajes divinos o profecías. Estos antiguos símbolos se han utilizado durante siglos y simbolizan diversos aspectos de las creencias y tradiciones yoruba. Los dieciséis principales símbolos sagrados de *Odu Ifá* representan muchos destinos, la buena y la mala suerte, la sabiduría y el conocimiento, la protección contra el mal, la fertilidad, el bienestar, el éxito y el progreso personal. Todos ellos ayudan a conformar el carácter de las personas que practican la fe tradicional yoruba. Cada símbolo tiene un significado único y proporciona a sus seguidores orientación espiritual en su vida cotidiana. La adivinación puede encontrarse en todos los caminos que recorremos en la vida, ya que estos poderosos símbolos nos recuerdan que debemos seguir nuestro destino por impredecible que parezca.

A. Significado de los símbolos de *Odu Ifá*

Los símbolos de *Odu Ifá* son reliquias sobrecogedoras de la antigua cultura africana. Se cree que son las narraciones de hace millones de años, *Odu Ifá* es una sabiduría espiritual sagrada que proporciona una visión de nuestro presente y nuestro futuro. Se trata de un corpus de versos simbólicos extraídos del eterno Orunmila, designado por dios como custodio del conocimiento, la cultura y la adivinación. Cada símbolo u Odu encierra un significado único que puede informarle sobre su destino, sus relaciones, su orientación y sus consejos. Conocer sus secretos es poderoso; puede ayudarle a tomar decisiones significativas y a trazar un camino en la vida. Desvelar estos secretos es un viaje apasionante que ofrece una sabiduría incalculable.

Eji-Ogbe	Oyeku Meji	Iwori Meji	Odi Meji	Ogunda Meji	Osa Meji	Oturupon Meji	Ika Meji
Irosun Meji	Owonrin Meji	Obara Meji	Okanran Meji	Otura Meji	Irete Meji	Ose Meji	Ofun Meji

Símbolos de *Odu Ifá*

B. Principales círculos de adivinación

Odu Ifá es un oráculo y un sistema de adivinación que se ha utilizado durante siglos para comprender las situaciones, las relaciones y el destino de una persona. Los símbolos representan palabras de guía reveladas en dieciséis arquetipos básicos, a menudo dibujados simbólicamente con conchas de cauri, nueces de palma o piedras. Un intérprete experto del Odu estudiará una configuración de estos símbolos para identificar el oráculo que representa y proporcionar una guía detallada a partir de sus principios fundacionales particulares. Cada símbolo contiene historias relacionadas con la sabiduría del pasado, personajes simbólicos con poderosas historias, lecciones de moralidad y conducta, y leyes espirituales universales sobre cuya base se crean nuestras experiencias. Quienes dominan el *Odu Ifá* pueden ofrecer un conocimiento perspicaz a quienes lo buscan.

C. Círculos menores de adivinación

Los círculos menores de adivinación, o símbolos de *Odu Ifá*, son esenciales para la cultura africana yoruba. Durante siglos, se han utilizado para predecir el futuro y ofrecer consejos sobre decisiones importantes de la vida. Estos símbolos representan 256 combinaciones posibles o señales que definen las experiencias de la vida de cada uno.

Pueden compararse a un GPS, que nos guía por los caminos que debemos tomar para obtener los mejores resultados. Cada símbolo tiene un significado, por lo que quienes busquen comprender su presente y su futuro deberían familiarizarse con ellos.

Esta forma de adivinación originaria de África Occidental se centra en ayudar a sus patrocinadores a descubrir conocimientos más profundos para comprender mejor el camino que les espera. Durante este ritual, un sacerdote o iniciado reconocido, conocido como Ifá Babalawo, guía a los participantes a través de un proceso que utiliza signos de conchas u otros objetos para simbolizar acontecimientos y resultados. A través de esta práctica, las personas que buscan orientación pueden aprender a vivir mejor y a tomar decisiones con conocimiento de causa.

Prácticas tradicionales en la adivinación de Ifá

La interpretación de la adivinación de Ifá requiere una conexión espiritual con las fuerzas de la naturaleza y un profundo conocimiento de la cultura, la lengua y el simbolismo yoruba. El Babalawo o iniciado debe ser entrenado e iniciado en los procedimientos necesarios para proporcionar una interpretación precisa. También es importante que conozcan la historia y la cultura de cada Odu y los proverbios pertinentes que llevan aparejados.

La práctica tradicional de la adivinación de Ifá consiste en utilizar conchas de cauri, u Opele, que representan los signos de los 256 Odu. El Babalawo lanzará estas conchas para determinar qué signo u Odu se ha revelado y luego ofrecerá consejo según el proverbio apropiado. Además, pueden utilizarse otras herramientas tradicionales, como nueces de palma y piedras.

Aunque su práctica tradicional requiere cierto nivel de pericia, la adivinación de Ifá también puede practicarse a un nivel más básico. Varios libros, tutoriales y sitios web en línea pueden ayudar a guiar a alguien a través del proceso de comprensión de cada Odu y su significado.

A. La palabra escrita

La antigua práctica de la adivinación de Ifá se basa en la palabra escrita. Como con muchas prácticas espirituales, un lenguaje sagrado usado en lecturas verbales y escritas establece la base para la sabiduría adivinatoria. Las palabras escritas utilizadas en la adivinación de Ifá son complejas y profundas, y su interpretación requiere conocimientos especiales. Tradicionalmente, un sacerdote o sacerdotisa iniciado participa en la lectura, y a menudo transmite las enseñanzas a sus aprendices a lo largo del tiempo. Hoy en día, las fuentes en línea proporcionan información básica para educar a otros en los elementos fundamentales de este método tradicional de adivinación. Aunque se trata de una práctica antigua, sigue siendo relevante hoy en día como un poderoso sistema de orientación y transformación espiritual.

B. Poesía y canto

La adivinación de Ifá está en el núcleo de la religión tradicional yoruba, y la poesía y el canto son una parte crucial de su práctica. A través de versos especialmente elaborados, los chamanes o sacerdotes que participan en la adivinación de Ifá pueden recibir instrucciones esclarecedoras de sus dioses sobre la mejor manera de tomar una serie de decisiones en la vida. Estas prácticas, interesantes y únicas, demuestran la importancia de los orígenes literarios de esta antigua tradición. Dado que sus seguidores confían en los orishas o deidades para que les guíen, la adivinación mediante estructuras poéticas es especialmente significativa para aquellos cuya cultura ha perdurado durante muchas generaciones. Al contemplar su conexión espiritual a través de las potentes palabras de estos mensajes poéticos, los devotos de Ifá enfatizan un aspecto importante de la práctica ritual, ya que tiene el poder de moldear positivamente a quienes la siguen.

C. Conocimiento oral

Aunque hoy en día muchos practicantes utilizan textos escritos como ayuda, el conocimiento oral y las prácticas tradicionales siguen siendo esenciales para este arte espiritual. Por ejemplo, cada verso de Ifá se canta en voz alta para activar su poder. Es una tarea que requiere familiaridad técnica y conexión emocional. Del mismo modo, ciertos cantos sagrados que acompañan a las lecturas adivinatorias deben cantarse en la lengua tonal original para que la práctica sea completa. Esto requiere una habilidad que sólo puede adquirirse tras un estudio dedicado. A medida que buscamos nuevas formas de entendernos espiritualmente, es esencial no subestimar la importancia de las prácticas tradicionales de culturas de todo el mundo, como las que se encuentran en la adivinación de Ifá.

Consultar a los oráculos

Los practicantes de la adivinación Ifá tienen acceso a un profundo conocimiento y sabiduría a través de la antigua práctica de consultar a los oráculos. En su esencia, la adivinación de Ifá es una tradición espiritual africana que encarna la orientación y una conexión consciente con los antepasados, en la que los practicantes se conectan con las deidades espirituales yoruba conocidas como orishas para obtener orientación. Tras un minucioso encantamiento, se reza uno de los 256 versos de un oráculo llamado «Odu» para obtener una visión espiritual. Mediante este tipo de adivinación, los practicantes no sólo reciben orientación sobre la vida actual, sino también sobre todos los reinos intermedios entre esta vida y la siguiente, una maravillosa bendición a la que sólo pueden acceder los auténticos buscadores. Al consultar los oráculos divinos dentro de la adivinación de Ifá, invitamos a la verdad que habla el linaje a nuestras vidas, permitiéndonos explorar profundamente temas difíciles con verdadera comprensión y compasión.

Consejos para interpretar los símbolos

1. **Comience con lo básico:** Aprenda los significados de cada Odu y sus símbolos correspondientes.
2. **Hágase preguntas:** Contemple lo que cada símbolo podría significar sobre su situación actual.
3. **Confíe en el proceso:** Siga su intuición y preste atención a las señales que puedan proporcionarle más información.
4. **Practique con regularidad:** Dedique tiempo a explorar la adivinación de Ifá y sus símbolos para obtener una comprensión más profunda de la práctica.
5. **Busque orientación:** Si se toma en serio el aprendizaje y la práctica de la adivinación Ifá, busque la ayuda de un Babalawo o un sacerdote iniciado.
6. **Ofrenda:** Antes de cada lectura, haga una ofrenda de agradecimiento a los orishas por su ayuda y guía.
7. **Respeto:** Acérquese a cada lectura con respeto y reverencia, pidiendo permiso antes de intentar interpretar cualquier símbolo.

8. **Reflexión:** Una vez finalizada la lectura, reflexione sobre lo que podría significar para su vida.
9. **Agradecimiento:** Agradezca siempre a los orishas y a sus antepasados su guía.
10. **Compromiso:** La adivinación Ifá es una práctica antigua y debe ser abordada con dedicación.

Encontrar la claridad a través de la adivinación de Ifá puede darnos una visión profunda de nuestras vidas y la mejor manera de avanzar. Mediante la combinación de palabras escritas, canciones poéticas y prácticas orales tradicionales, el antiguo arte de la adivinación de Ifá ofrece una poderosa guía espiritual para los tiempos modernos. Educándonos y permaneciendo abiertos a las posibilidades que ofrece esta práctica, podemos desbloquear una profunda fuente de sabiduría interior. Con ello, podemos vivir nuestras vidas con mayor comprensión y alegría.

Capítulo 5: Los siete grandes orishas

Los orishas son entidades divinas que se cree que habitan la Tierra. Fueron venerados en África antes de ser traídos a América como parte del comercio de esclavos. En la santería, se cree que son intermediarios entre los seres humanos y el ser divino supremo, Olodumare. La santería es una religión de origen africano que combina elementos de las religiones yoruba y católica romana y se practica en muchos países, sobre todo en Latinoamérica. De la multitud de orishas —algunos dicen que hay «400+1»— destacan siete por su influencia, poder y popularidad general. Estos orishas son Eleguá, Obatalá, Oggun, Changó, Yemayá, Oshun y Orunmila.

En este capítulo exploraremos las características y personalidades de cada uno de estos orishas. Discutiremos sus dominios, manifestaciones, historias y festividades asociadas con ellos, así como otras correspondencias tales como colores, sus ofrendas preferidas, animales y cómo saber si un orisha le está llamando. Comencemos con una breve descripción de los siete orishas. Más adelante, profundizaremos en cada uno de ellos. Al entender sus personalidades y correspondencias, podemos comprender mejor sus roles en nuestras vidas y cómo trabajar con ellos.

Los siete orishas

La religión yoruba de Nigeria está llena de muchos dioses, diosas y otros elementos espirituales que conforman su panteón único. Entre los dioses más importantes de esta religión se encuentran los siete grandes orishas, que sirven de base para muchas de las tradiciones y creencias de Isese. Estos siete seres divinos encarnan diversos aspectos del universo, como el aire, la tormenta, el agua, el hierro, el fuego y la fertilidad, y otorgan a sus creyentes fuerza contra la desgracia. Los seguidores del Isese veneran a cada uno de estos orishas y a menudo los invocan en momentos de necesidad para que intercedan por ellos. Mediante ceremonias y ofrendas a los orishas según las costumbres y creencias tradicionales, los practicantes pueden atraer prosperidad, suerte y protección a sus vidas.

Eleguá

Eleguá, el gran orisha, es una deidad importante en la religión yoruba. Esta deidad llena de poder preside las intersecciones entre el cielo y la tierra, desempeñando un papel en el acercamiento de los humanos a lo divino. Aunque algunos pueden ver a Eleguá como una figura caótica con una vena traviesa, su verdadera función es equilibrar los dos reinos de la existencia, desde proporcionar a los individuos orientación divina hasta conceder permiso para el crecimiento personal y espiritual abriendo puertas al éxito. Sus poderes contienen conocimientos universales y secretos tácitos que pueden ayudar a

Eleguá[21]

las personas a descubrir su verdadero propósito y destino. Por ello, quienes le rinden homenaje o realizan ofrendas rituales en su nombre tienen la certeza de que sus plegarias serán escuchadas.

A. Características y personalidad

Eleguá es un espíritu poderoso e impredecible. A menudo se le representa vistiendo ropas rojas y negras, con la cabeza cubierta por un sombrero o turbante y un machete o bastón en la mano. Es conocido por su sentido del humor y por no tener miedo a decir lo que piensa. También es conocido por ser un embaucador y bastante travieso cuando se trata de conseguir lo que quiere; sin embargo, sus intenciones suelen ser buenas. Tiene un fuerte sentido de la justicia y es protector de los inocentes, por lo que se puede contar con él para luchar por los necesitados. Eleguá cree firmemente en la suerte y el destino y trabaja para garantizar que todo el mundo tenga su lugar en el camino de la vida.

B. Dominios

Eleguá es el guardián de los umbrales, portales y puertas. Es responsable de abrir el camino hacia el crecimiento espiritual y de proporcionar protección y guía en el viaje de la vida. También es protector de los niños y guardián de la suerte y el destino.

C. Manifestaciones

Eleguá se manifiesta de muchas formas, como un niño pequeño, un anciano o un embaucador. En su forma de embaucador, a menudo se le ve como un personaje travieso que disfruta gastando bromas a víctimas desprevenidas.

D. Historias

Se dice que Eleguá nació de la unión de dos poderosos orishas, Obatalá y Yemayá. También se le conoce como el «dueño de las carreteras y los caminos» porque se dice que los creó. Se le asocia con la suerte y el destino y se le conoce como un poderoso protector de los niños. Abrió las puertas entre el cielo y la tierra para que los mortales pudieran acceder a lo divino.

E. Santo asociado

El santo católico de los porteros, Antonio de Padua, se asocia a menudo con Eleguá. Esta conexión se debe probablemente a su función común de abrir caminos para el crecimiento espiritual. En algunas tradiciones, se hacen ofrendas tanto a Eleguá como a San Antonio para asegurar la protección espiritual.

F. Festividades

El aniversario del nacimiento de Eleguá, Iku Osogbo, se celebra en abril. Se celebran ceremonias elaboradas, ofrendas a Eleguá y fiestas comunitarias. La festividad de San Antonio se celebra el 13 de junio, y los seguidores de la religión yoruba suelen ofrecer oraciones a él y a Eleguá ese día.

G. Colores

Eleguá se asocia con el rojo y el negro, que representan su naturaleza caótica e impredecible. También se le asocia con el blanco, que simboliza la pureza o la inocencia, y con el azul, que representa el mar y su papel como guardián de los portales entre el cielo y la tierra.

H. Ofrendas

Eleguá disfruta con ofrendas como puros, ron, aceite de palma y coco. Le gustan los alimentos dulces, como los caramelos o las frutas. El rojo y el negro son sus colores, por lo que las ofrendas deben envolverse en estos colores siempre que sea posible. También le gusta que le alaben con canciones e historias.

I. Animales

Los animales asociados con Eleguá incluyen monos, perros y gallos. Estos animales se consideran símbolos de su naturaleza traviesa y protectores de quienes invocan su nombre. El gallo es un símbolo de su conexión con la suerte y el destino.

J. Cómo saber si Eleguá llama

Si siente que Eleguá está llamando, puede que así sea. Busque señales como imágenes de Eleguá en lugares inesperados o un deseo repentino de saber más sobre él. Puede aparecer en sus sueños, ofreciendo mensajes o consejos. Preste atención a su entorno y a cualquier coincidencia que pueda tener un significado más profundo. Si siente que Eleguá intenta comunicarse con usted, no deje de escucharle.

Eleguá siempre vela por los intereses de sus creyentes. Ofrecerá guía y protección en el camino de la vida y traerá el éxito cuando se le rece adecuadamente. Puede que sea impredecible, pero sus intenciones son siempre puras, y seguirá siendo un orisha poderoso y venerado en Isese durante siglos.

Obatalá

Obatalá es uno de los orishas más importantes y poderosos de la religión de Isese. Obatalá es conocido como el creador de los seres humanos y el guardián de la verdad y la justicia. Lleva un machete especial que le ayuda a crear seres humanos de arcilla o a cortar los obstáculos que se interponen en nuestro camino por la vida. Obatalá se asocia con la pureza, la luz, la ropa blanca, la maternidad y las ostras. Se dice que Obatalá ayudó a crear los Oyolu Meyi, amuletos que se usan como protección espiritual. Obatalá se celebra dos veces al año, el 22 de diciembre y el 1 de enero. En estos días especiales, la gente se reúne en alegres festividades para dar gracias a este gran orisha por otorgarnos su protección divina.

A. Características y personalidad

Obatalá es conocido por su naturaleza compasiva, sabia y justa. Es un orisha amable y amoroso que valora la verdad y la justicia. Como creador de la vida humana, Obatalá está profundamente preocupado por el bienestar de la humanidad y siempre estará dispuesto a ofrecer orientación y protección. También es conocido por su sentido de la justicia y siempre mantendrá un juicio justo en cualquier asunto.

B. Simbolismo

Obatalá suele estar representado por un gallo blanco, que simboliza su poder de creación, y se asocia con el color blanco, que significa pureza e inocencia. Su machete simboliza su poder para cortar obstáculos y crear caminos para sus creyentes.

C. Manifestaciones

Se dice que Obatalá se manifiesta como un gallo blanco o, en sueños, como un hombre mayor vestido de blanco. A veces se le ve como una figura de luz o una aparición de humo blanco. Algunos pueden incluso oír su voz en sus cabezas.

D. Historias

Hay varias historias sobre Obatalá y su relación con la vida humana. Una de las más conocidas es la historia de cómo creó seres humanos de arcilla. Según esta historia, Obatalá creó siete cuerpos humanos, cada uno único y especial, y les dio vida con la ayuda de su machete. Otra historia popular cuenta que Obatalá creó el mundo con la ayuda de Orunmila, otro orisha poderoso. Juntos crearon un mundo perfecto, pero las travesuras de otros orishas pronto lo arruinaron. Para salvar su creación, Obatalá se sacrificó y sufrió una gran transformación, emergiendo como un gallo blanco.

E. Santo asociado

Obatalá está asociado con San Miguel Arcángel. Ambos son protectores de la justicia y la verdad, y llevan un machete o una espada como símbolo de su poder. Obatalá y San Miguel son a menudo invocados juntos en las oraciones para asegurar la protección y la justicia.

F. Fiestas y festivales

La fiesta de Obatalá se celebra dos veces al año, el 22 de diciembre y el 1 de enero. Durante esta fiesta, la gente se reúne para dar gracias y honrar a este gran orisha. Se hacen ofrendas y se baila en su honor. Se reza por la buena salud, la protección y la prosperidad. Es un momento de alegre celebración en reverencia a Obatalá.

G. Colores

Los colores asociados a Obatalá son el blanco y el dorado. El blanco representa la pureza, la inocencia y la verdad, mientras que el oro simboliza la riqueza y la prosperidad. Estos colores se ven a menudo en la ropa y las decoraciones de Obatalá durante los festivales.

H. Ofrendas

Obatalá disfruta de ofrendas como flores blancas, ropas blancas, dulces y frutas. También le encanta recibir ostras y otros mariscos como ofrenda. Es crucial dar siempre las gracias y mostrar respeto cuando se hacen ofrendas a Obatalá.

I. Animales

Obatalá está asociado con el gallo blanco, que simboliza su poder de creación. A menudo se le ve montando un caballo blanco en su carro. También tiene una afinidad especial con los gatos y se cree que cuida de ellos.

J. Cómo saber si Obatalá está llamando

Si siente una profunda conexión con Obatalá, es probable que esté llamando. Puede experimentar un sentimiento de paz y alegría cuando le reza o visita su santuario. Un fuerte sentido de la justicia, la verdad y la compasión pueden ser signos de que Obatalá está tratando de llegar a usted. Si Obatalá ha llamado, es vital que responda a su llamada y empiece a conectar con él.

El mensaje de Obatalá al mundo es de justicia, verdad y compasión. Es un protector y un guía que nos ayuda a encontrar nuestro verdadero propósito en la vida. Sus enseñanzas nos enseñan a derribar obstáculos, crear caminos y alcanzar nuestro máximo potencial. Es esencial reconocer la presencia de Obatalá en nuestras vidas y estar agradecidos por todo lo que nos proporciona.

Oggun

Oggun es un gran poder en Isese, la espiritualidad tradicional de la etnia y la diáspora del pueblo yoruba. Considerado creador de un carácter valiente y templado, sabiduría y fuerza, Oggun es uno de los orishas más populares entre los practicantes del Isese. Se atribuye a Oggun el éxito de las empresas humanas y la protección mágica de sus devotos. Es una figura influyente en las ceremonias de todas las tradiciones del Isese, y nadie que lo conozca puede pasar por alto sus atributos únicos. Aunque nunca se haya encontrado con Oggun, hay muchas formas de aprender más sobre él y conectar con sus enseñanzas. Por ejemplo, la oración o la meditación pueden ayudar a comprender mejor las fortalezas y el potencial de este gran orisha. Entendiendo mejor la mitología de Oggun y manteniéndose fiel a sus enseñanzas, ¡puede descubrir que encontrarse con él puede ser un viaje increíblemente gratificante!

A. Características y personalidad

Oggun es un orisha poderoso y valiente que se erige como protector de la justicia. Tiene una personalidad intensa, que a menudo se percibe como impaciente e irritable. Oggun se enfada con rapidez y suele decir lo que piensa sin temor a las consecuencias. Lucha por lo que cree y es leal a sus seres queridos. A pesar de su carácter temperamental, Oggun es también un orisha increíblemente generoso que siempre echará una mano si se le pide. Es honesto y directo, pero también bondadoso e indulgente.

B. Dominio

Oggun es el orisha de la guerra, el trabajo y el hierro. Trabaja duro para garantizar que se haga justicia y que la gente reciba un trato justo. También es el patrón de los artesanos y herreros, a los que considera sus hijos. A menudo se le representa portando un machete, un hacha o un martillo. Es un maestro de todos los oficios y puede realizar cualquier tarea que se proponga.

C. Manifestaciones

Oggun es a menudo representado en cabildos, o asambleas espirituales, como un anciano con barba blanca vistiendo ropas azules. También se le ve como herrero o guerrero, blandiendo un hacha o un machete. Puede manifestarse como un toro, símbolo de su fuerza y valor. En algunas tradiciones, Oggun también se manifiesta como cazador o pescador.

D. Historias

En la mitología yoruba, se dice que Oggun nació de la unión de Obatalá y Yemayá. Su función principal era proteger a los humanos del peligro y vencer la adversidad. Oggun es un poderoso guerrero que lucha por la justicia y protege a los indefensos. En la famosa historia de Oggun y Osain, Oggun utiliza su machete para despejar el camino de un pueblo oprimido y hacer justicia.

E. Santo asociado

Oggun está asociado a San Pedro, el apóstol de Jesús. Al igual que Oggun, San Pedro es visto como un valiente guerrero, fuerte en su fe y dispuesto a luchar por lo que cree. También es el patrón de los pescadores, por lo que encaja perfectamente con Oggun.

F. Fiestas

Todos los años, el 29 de junio, los devotos de Oggun celebran su festividad con una gran fiesta. La celebración suele incluir una ofrenda a Oggun y una danza ritual llamada Opele. Este día se considera un momento para honrar a Oggun y pedir su protección. Muchas tradiciones y festivales regionales celebran a lo largo del año distintos aspectos del poder de Oggun.

G. Colores

Los colores asociados a Oggun son el azul y el blanco. El azul simboliza su fuerza, valor y perseverancia. El blanco representa la justicia y la pureza. Los colores de Oggun se utilizan a menudo en ceremonias, ofrendas y objetos devocionales para honrarle.

H. Ofrendas

En cuanto a las ofrendas, a Oggun le gusta el ron, los puros y el café negro. Le gustan las frutas, como los plátanos y las naranjas, y las ofrendas de hierro y herramientas. Otros objetos que pueden ser usados para honrar a Oggun incluyen velas blancas, cruces, rosarios y sacrificios de animales. Cualquier ofrenda hecha a Oggun debe hacerse con el mayor respeto y reverencia.

I. Animales

Los animales asociados con Oggun son toros y caballos. Los toros simbolizan su fuerza, valor y perseverancia. Los caballos representan la libertad y la rapidez. Los animales pueden sacrificarse a Oggun o utilizarse en rituales para honrarle y pedir su protección.

J. Cómo saber si Oggun llama

Cuando Oggun llama, a menudo se manifiesta en sueños o visiones. También se le puede reconocer por sus colores, azul y blanco, o por el sonido de un trueno. Se dice que cuando quiere comunicarse con sus devotos, lo hace a través de objetos metálicos como clavos, tornillos o llaves. Si Oggun llama, sea respetuoso y responda a su llamada con las ofrendas adecuadas.

Oggun es un orisha poderoso e importante que merece respeto. Trabaja duro para defender la justicia y proteger a los indefensos. Saber más sobre Oggun y honrarlo con ofrendas y rituales puede ayudar a traer equilibrio y armonía a nuestras vidas.

Changó

Changó es un orisha, o deidad, adorado en la religión tradicional Isese de Nigeria y otras partes de África Occidental. Se le alaba por ser fuerte, rápido y seguro de sí mismo, atributos muy apreciados en esta cultura. Entre sus responsabilidades está la de proteger de los daños y las enfermedades y guiar en momentos difíciles. Su culto se expresa a través de elaborados festivales en los que sus seguidores ofrecen sacrificios, música y danza para mostrar su devoción y admiración. Le gusta especialmente la música de tambores yoruba, por lo que, naturalmente, estas reuniones son eventos ruidosos, vibrantes y alegres en los que todos los participantes se sienten bendecidos tras honrar a este importante espíritu.

A. Características y personalidad

A menudo se representa a Changó como un guerrero masculino de rasgos fuertes y musculosos. Es conocido por su fuerza, confianza, valentía y habilidades para la batalla y la guerra. Es un espíritu apasionado que ama la vida y su entusiasmo es contagioso. Es generoso y compasivo, un líder natural que defiende y lucha por lo que es justo. Sin embargo, tiene mal carácter, por lo que es mejor no enfadarlo.

B. Dominio

Changó es el orisha del trueno y el relámpago, la guerra, el fuego y la justicia. Tiene dominio sobre el reino físico y el espiritual, por lo que su influencia es de gran alcance. Es patrón de la música, la danza, la poesía, la herrería y la metalurgia. Su poder se expresa a menudo a través de tormentas, que significan su presencia.

C. Manifestaciones

Changó se manifiesta como una figura masculina, alto y poderoso, vestido de rojo y coronado con un elaborado tocado de plumas. A menudo porta dos armas, un machete y un hacha. También pueden acompañarlo un perro o un caballo blanco. Cuando se manifiesta en tormentas eléctricas, se acompaña de relámpagos y fuertes truenos.

D. Historias

En la mitología yoruba, Changó es hijo de Obatalá y Yemayá, dos orishas importantes en la religión tradicional Isese. A menudo se describe como un valiente guerrero que lucha para proteger a su pueblo del mal y la injusticia. Es un gran líder y maestro, que guía a su pueblo con sabiduría y fuerza. También es un gran amante y se casó con muchas mujeres a lo largo de su vida.

E. Santa asociada

Changó está fuertemente asociado a Santa Bárbara, santa cristiana conocida por su fe y valentía ante la adversidad. Su historia recuerda el poder y la protección de Changó, y a menudo se la venera junto a él en las ceremonias tradicionales.

F. Fiestas

Las fiestas de Changó suelen celebrarse en los meses de verano, durante los días más calurosos del año. Durante estas celebraciones, los devotos se visten de rojo, el color de la pasión y la fuerza, y le ofrecen sacrificios. Los festejos se caracterizan por tambores, bailes y banquetes. Al final de las fiestas, se agradece y alaba a Changó por su protección.

G. Colores

Los colores de Changó son el rojo, el blanco y el negro. El rojo es un signo de su fuerza y coraje, mientras que el blanco significa pureza y santidad. El negro se asocia con su poder y capacidad para superar la adversidad. Estos colores se ven a menudo en la vestimenta tradicional de Changó y se utilizan en las ofrendas que se le hacen.

H. Ofrendas

Las ofrendas tradicionales para Changó incluyen vino tinto, ron, cigarros y maíz tostado. Le encanta la música, por lo que a menudo se le hacen ofrendas de tambores, flautas y otros instrumentos. También aprecia las ofrendas de comida, especialmente pollos asados. Otros objetos asociados con Changó incluyen armas, herramientas, joyas y libros.

I. Animales

Changó se asocia con varios animales, el más importante de ellos es el caballo blanco. Este simboliza el coraje y la fuerza en la batalla y se usa para honrar a Changó en ceremonias y festivales. El perro blanco también se asocia con él, ya que simboliza lealtad y protección. Otros animales que lo representan son la vaca, la cabra y el gallo.

J. Cómo saber si Changó llama

Cuando Changó llama, puede sentir una repentina oleada de energía o ver relámpagos. También puede sentirse atraído por el color rojo o sentir una fuerte conexión con el trueno y el relámpago. Si se siente inspirado, creativo, valiente o confiado, puede ser una señal de que Changó lo está llamando. También sentir un impulso repentino de actuar o de defender lo que es correcto indica que Changó está intentando llamar la atención. En cualquier caso, si siente la presencia de Changó y desea honrarlo, lo mejor es que haga una ofrenda y le agradezca por su protección.

El poder de Changó es inmenso y debe ser respetado. Es una fuente de fuerza y coraje, que inspira a sus seguidores a defender lo que es correcto y luchar contra la injusticia. Cuando se le llama, Changó es un aliado y protector formidable. Asegúrese de honrarlo con ofrendas y agradecerle su protección.

Yemayá

Yemayá es una diosa de la antigua religión africana del Isese. Se la considera la madre de todos los seres vivos y rige los actos de bondad, prosperidad y fertilidad. Asociada a la luna, Yemayá es conocida por ser un espíritu bondadoso que proporciona un equilibrio positivo en cualquier situación. Las leyendas dicen que, por muy malas que sean las circunstancias, ella siempre trae amor y misericordia. Muchas personas invocan a Yemayá para atraer la buena fortuna a sus vidas y aumentar sus probabilidades de éxito en todo lo que hacen. Quienes creen firmemente en sus poderes están seguros de que, cuando sea que venga la oscuridad, Yemayá les mantendrá a salvo y les ofrecerá guía durante la adversidad. No es de extrañar que siga siendo tan querida entre sus numerosos devotos.

A. Características y personalidad

Yemayá es una diosa del amor y la misericordia; su presencia se siente a menudo en momentos de necesidad, alegría o tristeza. Encarna la esperanza y el consuelo y protege a los niños y a los necesitados. A menudo presta su ayuda a quienes la invocan. Temas comunes en la personalidad de Yemayá son la abundancia y la fertilidad. Se la asocia con el océano y se sabe que trae riqueza y fertilidad. Yemayá tiene una fuerte conexión con la Luna y su influencia se ve a menudo en asuntos de emociones, intuición y desarrollo espiritual.

B. Dominio

Yemayá es la soberana del océano y protectora de todo lo que habita en él. Su poder se siente tanto en la tierra como en el mar. Es conocida por proteger a los marineros, pescadores y a todos los que viajan por el agua. El océano también simboliza la fertilidad y la abundancia, por lo que es la representación perfecta de Yemayá.

C. Manifestaciones

Con frecuencia, Yemayá es representada como una sirena y usando joyas hechas de conchas y perlas. Sus colores son el azul y el blanco, que también se asocian con el agua y el océano. A menudo se representa con siete orbes o piedras en sus manos, que simbolizan la riqueza, la fertilidad y la abundancia.

D. Historias

Una de las historias más famosas sobre Yemayá es que nació de Olokun, el padre de todos los dioses. Se dice que Olokun estaba un día mirando el océano y vio a una hermosa mujer nadando en sus profundidades. Esta mujer era Yemayá, que rápidamente se convirtió en su diosa favorita. Yemayá es famosa por su bondad, generosidad y protección de los necesitados, ya que siempre concede los deseos de sus devotos. No importa lo difícil que sea la situación, se puede contar con Yemayá como guía y protectora.

E. Santa asociada

Yemayá se asocia con Santa Bárbara, mártir cristiana asesinada por su fe. A menudo se la considera protectora de quienes necesitan guía y fuerza en tiempos difíciles. Santa Bárbara se representa sosteniendo una torre, símbolo de la protección que ofrece, o con una corona de perlas, que representa el dominio de Yemayá sobre el océano.

F. Fiestas

Hay muchas fiestas que se celebran para Yemayá, pero la más popular es la Fiesta de Yemayá, que tiene lugar el 8 de diciembre. Este festival es un momento para dar gracias a Yemayá por su protección y guía y para pedir su ayuda en el año siguiente. Los devotos de Yemayá celebran su cumpleaños el 15 de agosto, que se conoce como «día de Yemayá».

G. Colores

Los colores que más se asocian con Yemayá son el azul y el blanco. Estos colores representan el océano y el agua, que son su dominio. También se asocia a menudo con los colores verde y dorado, que representan la fertilidad y la abundancia. Símbolos como conchas, perlas y siete piedras también se asocian con Yemayá.

H. Ofrendas

Los devotos de Yemayá le hacen ofrendas en forma de comida, joyas u objetos especiales. Estas ofrendas son una muestra de gratitud por su protección y guía y se pueden colocar en un altar dedicado a la diosa. También se le pueden hacer ofrendas durante el Festival de Yemayá o en cualquier otra ocasión especial que se quiera agradecerle.

I. Animales

Los animales asociados a Yemayá son los delfines y los peces. Los delfines se consideran un símbolo de protección, mientras que los peces representan la abundancia y la fertilidad. También se asocia a Yemayá con las aves, especialmente los pavos reales, las gaviotas y las tortugas marinas, que representan la libertad y los nuevos comienzos.

J. Cómo saber si Yemayá llama

Si siente una fuerte conexión con el océano y su intuición es particularmente fuerte, o si está buscando orientación para una decisión importante, Yemayá puede estar llamándolo. Los signos de su presencia pueden incluir encontrar conchas o delfines o incluso experimentar un impulso inusual de dar un paseo en barco. Si presta atención a estas señales y conecta con Yemayá, podrá recibir sus dones de guía y protección.

La diosa Yemayá es un poderoso y benévolo espíritu del mar. Es una protectora y guía que ofrece fuerza y claridad a quienes lo necesitan. Comprendiendo y conectando con las energías de Yemayá, puede recibir sus dones de protección, abundancia, fertilidad y libertad.

Oshun

La diosa Oshun es una gran orisha en el Isese. Se la entiende y se corresponde con ella a través de sus muchos atributos, como la fertilidad, la alegría y la sensualidad. Es una deidad compasiva y generosa y representa la fuerza creadora del universo, que fluye como los ríos con los que se la asocia. Muchos fieles creen que ayuda a restablecer el equilibrio y la paz cuando alguien se desvía de su propósito o destino en la vida. Como figura influyente en la práctica religiosa de la diáspora africana, Oshun es celebrada en comunidades de todo el mundo por su sabiduría, amor y gracia.

A. Características y personalidad

Oshun se caracteriza por ser una figura materna poderosa, amorosa y cariñosa. A menudo se considera una encarnación de la belleza, la creatividad y la fertilidad, una fuente de inspiración y esperanza, una poderosa mediadora entre el reino espiritual y el físico, y una protectora esencial de sus seres queridos. Esta deidad es conocida por su naturaleza cálida y acogedora, y a menudo anima a la gente a aceptar su vulnerabilidad como fuente de fuerza y poder.

B. Dominio

Oshun se asocia con los elementos agua y aire. Sus dominios incluyen ríos, lagos, océanos y otras fuentes de agua. Es una fuente de energía vital y su presencia se puede sentir en el cambio de las estaciones o en el flujo de un río o arroyo. También es protectora de viajeros y exploradores, pues garantiza que lleguen sanos y salvos a su destino.

C. Manifestaciones

Oshun está representada por una gran cantidad de símbolos y manifestaciones, como conchas, abanicos, joyas de oro, plumas de pavo real, miel y nenúfares. A menudo se representa con dos o tres mechones de pelo, vestida con ropas amarillas o doradas y con una corona de joyas. Sus colores son vivos y alegres, como el amarillo y el naranja, y su número es el cinco.

D. Historias

Oshun aparece en muchas historias y tradiciones de las religiones de África Occidental. Una de ellas cuenta cómo utilizó su poder para resucitar a los muertos. Otra historia cuenta cómo Oshun salvó a un pueblo de la hambruna utilizando su poder sobre los ríos y los océanos para traer abundancia de peces. Oshun también es conocida por su temperamento y puede ser vengativa cuando sus seres queridos son agraviados.

E. Santa asociada

Santa Teresa de Ávila se asocia a menudo con Oshun por su gran devoción a la fe católica y su amor a la naturaleza. Santa Teresa es una poderosa y apasionada defensora de los pobres y vulnerables, y muchos creen que es portadora de parte de la energía de Oshun. También es patrona de los viajes, ya que emprendía largas travesías para predicar y difundir la fe.

F. Fiestas

Muchas comunidades de la diáspora africana celebran cada año la fiesta de Oshun, normalmente en torno al mes de agosto. Esta celebración honra y reconoce la poderosa presencia de esta orisha y agradece sus muchos dones. Durante la fiesta de Oshun, la gente celebra con bailes, cantos y ofrendas de comida, flores y otros objetos. Además, muchos dan un paseo en barco para conectar con el espíritu de Oshun y pedir sus bendiciones.

G. Colores

Los colores asociados a Oshun son brillantes y alegres, como el amarillo y el naranja. Estos colores simbolizan la energía de vida y la renovación, la abundancia y la alegría que ella trae. También se asocia con el oro y la plata, que representan su poder y sabiduría. Además, a menudo se representa con una corona de joyas u otros objetos de colores brillantes.

H. Ofrendas

Para honrar la presencia de Oshun, se le ofrece comida, flores y otros objetos. Miel y frutas, monedas y joyas son ofrendas populares para la orisha. Algunas personas le dejan ofrendas de música o danza para agradecerle por todo lo que hace. Además, a Oshun se le ofrecen plegarias y peticiones para que bendiga y guíe.

I. Animales

Los animales más comunes asociados a Oshun son las aves, en particular los pavos reales. Los pavos reales son símbolo de renovación y transformación, y a menudo se utilizan para representar la energía de Oshun. Otros animales asociados a ella son los peces, las ranas y las tortugas, que simbolizan la abundancia, la protección y la fertilidad.

J. Cómo saber si Oshun llama

Una de las señales más comunes de que Oshun está llamando se manifiesta en la naturaleza. Si se siente atraído por una determinada masa de agua o por la belleza de una flor o un árbol, puede ser una señal de que Oshun lo está llamando. También si siente una alegría, un amor o una abundancia abrumadora, puede ser una señal de que Oshun está cerca. Por último, si siente muy fuerte el sentido de la intuición, Oshun puede estarlo llamando.

Orunmila

Es el «Gran orisha», o espíritu de la divinidad, que todo lo sabe en el Isese. Orunmila es considerado el verdadero creador de las enseñanzas de Ifá, que constituyen la base de la moralidad dentro de la creencia espiritual yoruba. De estas enseñanzas se aprende a vivir la vida de forma equilibrada y armoniosa y se desarrollan relaciones positivas con los demás y con el entorno natural. Orunmila es invocado durante ceremonias y rituales importantes dentro de la sociedad de África Occidental. También es una gran fuente de aliento y consuelo en los momentos de adversidad, ya que proporciona una visión y una guía para crear un futuro mejor basado en la buena voluntad y la esperanza. De este modo, se ha convertido en un valioso pilar de fuerza dentro de la cultura tradicional del Isese, ¡y nunca se olvidará ni se dejará de honrar!

A. Características y personalidad

Orunmila es un espíritu inteligente, sabio y compasivo. Es conocido por su capacidad para prever el futuro, orientar en los entresijos de la vida, ser justo y equitativo, y repartir castigos y recompensas de forma justa. Además, Orunmila es visto como un protector de los débiles y vulnerables, que acuden en su ayuda en tiempos de necesidad.

B. Dominio

Orunmila está estrechamente asociado con la sabiduría, el conocimiento y la comprensión. A menudo se invoca para que ayude a tomar decisiones importantes o a resolver disputas. Además, es una gran fuente de apoyo y consuelo en tiempos de penuria y pérdida.

C. Manifestaciones

Orunmila es representado como un anciano sabio vestido con atuendos tradicionales de África Occidental. A veces se muestra con cuatro ojos que simbolizan su sabiduría y conocimiento que todo lo ve, y otras veces con un bastón en una mano, símbolo de su poder y autoridad.

D. Historias

Orunmila es conocido sobre todo como el narrador que transmite las enseñanzas de Ifá a los demás. También se le atribuye la invención del sistema de adivinación, que se utiliza para interpretar los mensajes de los dioses y los antepasados. Además, es un gran maestro y sanador que utiliza su sabiduría para aportar claridad y tranquilidad en cualquier situación. El símbolo más asociado a Orunmila es el bastón, que sostiene en la mano para significar su poder y autoridad.

E. Santo asociado

San Vicente de Paúl, influyente sacerdote y teólogo francés del siglo XVII que dedicó su vida a ayudar a los pobres y marginados, es el santo católico asociado a Orunmila. Era conocido por su compasión, humildad y sabios consejos, rasgos que también encarna Orunmila. Es un poderoso ejemplo de cómo utilizar las propias habilidades, conocimientos y comprensión para lograr un cambio positivo en el mundo.

F. Fiestas

Orunmila se honra el segundo día del festival anual de Ifá, que tiene lugar en el oeste de Nigeria. Ese día, la gente se reúne en plazas públicas para honrar al espíritu de Orunmila con cantos, bailes y ofrendas. Es un día dedicado a comprender y apreciar las enseñanzas de Ifá y el poder del conocimiento.

G. Colores

Los colores asociados con Orunmila incluyen el azul y el blanco, que representan su poder y autoridad. Además, a menudo viste una larga túnica blanca, símbolo de su sabiduría y comprensión. Los colores recuerdan que debemos esforzarnos por aprender y crecer en conocimiento, como Orunmila.

H. Ofrendas

A menudo se honra a Orunmila con ofrendas de bebidas dulces, frutas y otros artículos comestibles. Acepta ofrendas de oración e incienso. Algunas personas le dan un regalo especial o un objeto ritual como muestra de su gratitud y aprecio por su sabiduría y guía.

I. Animales

Orunmila está estrechamente asociado con las aves voladoras, que simbolizan la alegría, la libertad y el poder celestial. La paloma es también una elección popular como ofrenda animal para Orunmila por su significado simbólico. Otros le honran con otros animales, como cabras, ovejas o perros.

J. Cómo saber si Orunmila llama

Cuando Orunmila llama es una experiencia poderosa. Las señales de que lo está llamando incluyen sentir una inexplicable sensación de paz y bienestar, tener fuertes sueños o visiones, o escuchar sabiduría espiritual en su cabeza. Además, cuando Orunmila llama a una persona, esta lo siente en su corazón. Si estos signos están presentes, es el momento de buscar la guía de Orunmila.

Orunmila es una figura importante en la cultura yoruba, ya que se considera una fuente de sabiduría y guía. Sus enseñanzas a través del sistema de adivinación han ayudado a muchas personas a tomar decisiones críticas y a resolver conflictos. Además, su presencia se siente en muchos países de África Occidental, donde se honra por su poderosa influencia. Si se comprenden los símbolos asociados a Orunmila, se entienden mejor sus enseñanzas y pueden utilizarse en la vida.

Los siete grandes orishas son figuras esenciales en la cultura yoruba. Estos líderes espirituales representan diversas fuerzas de la naturaleza, y cada uno aporta sus dones a la humanidad. Elegua, Yemayá, Oggun, Oshun, Obatalá, Changó y Orunmila son figuras importantes en el sistema de creencias yoruba y comprender sus símbolos e historias ayuda a apreciar el poder de sus enseñanzas.

Aprendiendo de estos orishas, se comprende cómo vivir la vida con un mayor propósito, comprensión y respeto por el mundo. Sus enseñanzas también pueden utilizarse para guiar decisiones y encontrar el equilibrio en la vida. Comprender los símbolos y las historias asociadas a estos orishas es una forma poderosa de conectar con su sabiduría y su orientación.

Capítulo 6: Recorrer el camino de sus antepasados

La veneración de los antepasados, conocida como Isese, forma parte integral de la tradición yoruba. El término Egúngún se utiliza para describir a los antepasados yoruba, y tiene un gran significado en el Isese. Egúngún engloba el respeto por quienes han fallecido y es una forma de conectar con los orishas o deidades. Comprender las distintas categorías de antepasados y cómo identificarlos es esencial para apreciar plenamente el concepto de Egúngún. En este capítulo se analiza la importancia del Egúngún en la cultura del Isese estudiando su definición, los rasgos necesarios para su veneración y las categorías de antepasados. Además, se exploran consejos y rituales para identificar a los antepasados y se concluye con un resumen del concepto y la importancia de Egúngún.

El concepto de Egúngún

Los antepasados y la veneración ancestral son dos elementos muy importantes en la religión del Isese. Los antepasados influyen en la vida de cada uno y se consideran un puente entre los humanos y los orishas. Es costumbre anotar a estos antepasados en una lista de patronazgo. Esta lista consta de nombres de familiares fallecidos que han vivido con vigor y buena fortuna. Se cree que estos antepasados son los guardianes de las bendiciones divinas de los orishas, por lo que hay que honrarlos y respetarlos mediante oraciones y ofrendas.

En los casos en los que no se puede hacer una lista, hace las veces de antepasado Iyabó, que es una divinidad individual que vela por los vivos, pero que también permanece conectada en espíritu con quienes han muerto. En última instancia, rendir homenaje a los espíritus ancestrales ayuda a atraer el Gugbo positivo (protección) para los vivos. Una relación fuerte entre los humanos, las deidades y los ancestros debe permanecer constantemente en equilibrio para que las cosas vayan bien en la Tierra.

A. Definición

Egúngún es un concepto importante en la espiritualidad del Isese que hace referencia a los espíritus ancestrales. Estos espíritus se conectan con sus descendientes a través de muchos rituales y ceremonias. Las ceremonias de Egúngún incluyen trajes coloridos, música, danza y ofrendas. Muchos creen que la liberación energética de estas festividades ayuda a los vivos y a los muertos a unirse en una experiencia espiritual compartida. A través de los rituales del Egúngún, los difuntos siguen influyendo en la vida de sus descendientes de una forma muy significativa.

B. Respeto y veneración

Estos antepasados son venerados por el bien que han hecho, su fuerza y la sabiduría que proporcionan a los que aún viven. Son guardianes que protegen a sus parientes vivos del mal y les guían en los momentos difíciles. Es crucial respetar los deseos de estos antepasados y rendirles homenaje para recibir sus bendiciones. La forma más significativa de mostrarles respeto es ofreciéndoles alimentos y otros objetos utilizados tradicionalmente en los rituales en vida.

C. Vida larga y moral

Para que un antepasado sea digno de veneración y respeto, debe haber vivido una vida larga y moral. Esto significa llevar una vida de buen carácter y hacer muchas cosas grandes en beneficio de sus descendientes. Los antepasados que han fallecido con un legado de sabiduría, honor y fuerza son los más propensos a ser venerados. Para ser considerado un antepasado, se debe dejar una huella significativa en los corazones y las mentes de los descendientes. Con la ayuda de los dioses, estos antepasados transmiten su sabiduría y fuerza desde el más allá.

D. Rasgos necesarios

Las cualidades de un antepasado son importantes a la hora de determinar quiénes son venerados. Estos rasgos incluyen liderazgo, fuerza, humildad, generosidad, paciencia, comprensión y sabiduría. Además, debe haber fallecido pacíficamente y no por violencia o accidente. Si estos rasgos se cumplen, el antepasado es una fuente espiritual de poder y guía para sus descendientes.

E. Importancia de los antepasados

Los antepasados se consideran un puente entre los humanos y los orishas. Se cree que aportan bendiciones y protección a sus descendientes vivos en forma de Gugbo. Son considerados guías espirituales que ayudan a los miembros vivos de su familia en los momentos difíciles. Rendirles homenaje ayuda a garantizar una vida larga y próspera a sus descendientes y un futuro positivo para su línea familiar. En definitiva, honrar y respetar a estos antepasados es esencial para mantener el equilibrio y la armonía en el mundo.

Categorías de antepasados

El Isese se basa en el sistema familiar, cuyo núcleo son los antepasados. Como parte de la herencia cultural que vincula a los individuos con su pasado y su comunidad, en el Isese hay varias categorías diferentes de antepasados. Estas categorías pueden dividirse a grandes rasgos en cuatro grupos principales: Ase Afin (antepasados directos), Iyalode Alase (madres ancestrales), Ajala (jefes civiles) y orishas (espíritus protectores). Cada categoría tiene características e importancia distintas en la práctica religiosa individual y comunitaria. Al reconocer el papel de cada ancestro dentro del Isese, los individuos pueden formar relaciones positivas y asumir responsabilidades entre sus tradiciones espirituales pasadas y presentes.

A. Ase Afin

Los Ase Afin, o antepasados directos, son aquellos que han fallecido recientemente, normalmente en las últimas cuatro o cinco generaciones. Estos antepasados son guardianes de la línea familiar y son venerados por su sabiduría y fortaleza. Este es el tipo de antepasado más comúnmente reconocido, y se espera que los individuos les presenten sus respetos regularmente a través de ofrendas y rituales.

B. Iyalode Alase

Las Iyalode Alase, o madres ancestrales, son antepasadas femeninas veneradas por su fuerza y valentía. Son consideradas protectoras espirituales de sus descendientes y comunidades. Honrando a estas antepasadas, los individuos reciben guía, protección y bendiciones. La veneración de las madres ancestrales es esencial para mantener el equilibrio en el mundo.

C. Ajala

Los Ajala, o jefes civiles, son los antepasados que fueron líderes de la comunidad durante su vida. Estos antepasados son recordados por sus cualidades de liderazgo y valentía, así como por su compromiso con la justicia y la protección de su comunidad. Venerar a estos antepasados es una forma de garantizar la prosperidad y la continuidad de la comunidad.

D. Orishas

Los orishas, o espíritus protectores, son entidades sobrenaturales con vínculos directos con lo divino. Se dice que pueden actuar como intermediarios entre los vivos y lo divino y traer bendiciones a quienes les rinden homenaje. Se les considera protectores de sus descendientes y guardianes espirituales de su línea familiar.

Honrar a los antepasados es parte fundamental del Isese. Mediante la veneración y el respeto, se garantiza la protección espiritual de su línea familiar y se mantiene el equilibrio en el mundo. Esto se hace ofreciendo oraciones, haciendo sacrificios regulares, realizando rituales y mostrando respeto a los antepasados. Es una forma de mostrar reverencia y gratitud por su sabiduría y guía, incluso ante la adversidad o las dificultades. Al reconocer a estos antepasados y sus distintas funciones, se encuentra una conexión más profunda con las tradiciones espirituales de Isese y se asegura la continuidad de cada línea familiar.

Identificar a los antepasados

Identificar y honrar a los antepasados es una parte esencial del Isese, ya que permite establecer relaciones significativas con el pasado. Para ello, primero se debe reconocer qué categoría de antepasado se está venerando. Puede hacerse mediante diversos rituales y ceremonias, como el culto a los antepasados y la libación. Una vez que se ha identificado el tipo de antepasado que se venera, se pueden presentarle respetos y establecer una conexión con él.

Mediante ofrendas rituales y oraciones, puede honrar a sus antepasados y mantener una conexión con los aspectos espirituales de su herencia. En esta sección se ofrecen sugerencias y consejos sobre cómo honrar a los antepasados y conectar con ellos. También se explican los diversos rituales y ceremonias que ayudan a formar un vínculo significativo con los antepasados.

A. Consejos y trucos

A la hora de honrar y conectar con los antepasados, recuerde que la relación debe ser un intercambio mutuo de respeto. Se debe rendir homenaje a los antepasados mediante ofrendas y oraciones significativas, al tiempo que se escucha cualquier mensaje o consejo que puedan dar.

Además, cada antepasado debe ser respetado por derecho propio. Cada antepasado puede requerir ofrendas, oraciones y rituales diferentes para expresar gratitud. He aquí algunos consejos para honrar a los antepasados y conectar con ellos:

- Ofrezca oraciones a sus antepasados. Las oraciones pueden utilizarse como forma de honrar y expresar gratitud.
- Haga ofrendas a sus antepasados. Puede hacerlo mediante actividades rituales como libaciones, sacrificios o danzas rituales.
- Escuche cualquier señal o mensaje de sus antepasados. Muchos creen que los antepasados envían orientación y consejo cuando es necesario.
- Muestre respeto a sus antepasados a su manera. Cada antepasado es único y merece un homenaje especial.
- Muéstrese abierto a la guía y sabiduría de sus antepasados. Son una fuente de poder espiritual y proporcionan una gran visión de los retos y luchas de la vida.

B. Rituales y ceremonias

El Isese cuenta con diversos rituales y ceremonias para honrar a los antepasados. Los practicantes creen que las almas de sus antepasados influyen en la vida cotidiana. Ofrecen comida, ropa y otras cosas a sus antepasados difuntos, a quienes ven como mediadores entre los seres humanos y lo divino. Durante festivales como el Egunitogun, los practicantes ofrendan flautas y tambores para rendir tributo a los muertos y agradecer diez veces más lo que se les ha proporcionado. Todos los días se celebran actos en santuarios dedicados a antepasados concretos, donde los familiares ofrecen plegarias y sacrificios para que les sigan guiando. Los servicios ayudan a crear una poderosa conexión entre las generaciones pasadas y las actuales, muy valorada y respetada en la tradición Isese. Estos son algunos de los rituales y ceremonias utilizados para honrar a los antepasados:

- **Libación:** Ritual en el que se vierte aceite, agua o alcohol en el suelo o en un objeto sagrado como ofrenda a los antepasados.
- **Sacrificio:** Ritual en el que se ofrece algo con fines espirituales, como animales o alimentos.
- **Egunitogun:** Festival anual en el que los vivos rinden homenaje a los muertos ofreciendo flautas y tambores como celebración.
- **Visitas a santuarios:** Visitar un santuario dedicado a un antepasado es una forma de honrar su memoria y expresar gratitud.
- **Oración:** Se reza para dar las gracias y pedir consejo a los antepasados.
- **Danza:** La danza ritual y los tambores son formas poderosas de conectar con los antepasados.

C. Conexión con los antepasados

La conexión con los antepasados proporciona una profunda conexión con las tradiciones espirituales de la cultura. Permite establecer relaciones significativas con el pasado y conocer mejor la herencia de cada uno. A través de ofrendas rituales y oraciones, se puede honrar a los antepasados y mantener una fuerte conexión con las raíces espirituales.

Honrar a los antepasados y conectar con ellos es una práctica profundamente arraigada en la cultura Isese. He aquí algunos consejos para conectar con sus antepasados:

- Mantenga la mente y el corazón abiertos. Esté abierto a cualquier mensaje o consejo que puedan ofrecer los antepasados.
- Medite y practique la atención plena. Esto ayuda a ser más consciente de las energías sutiles que los antepasados pueden compartir.
- Cree un espacio sagrado para honrar a los antepasados. Puede hacerlo mediante oraciones, ofrendas y rituales para expresar

gratitud y respeto.

- Investigue sobre sus antepasados y la historia familiar. Saber más sobre el pasado ayuda a poner el presente en perspectiva y a profundizar en la comprensión de su identidad.
- Hable con un anciano o líder espiritual sobre las costumbres y tradiciones de la cultura Isese. Esto proporciona una visión más profunda del significado espiritual de conectar con los antepasados.

Honrar a los antepasados y conectar con ellos es una parte importante de la cultura Isese. A través de ofrendas y oraciones significativas, se puede rendir tributo a los antepasados y mantener una fuerte conexión con sus raíces espirituales. Participar regularmente en rituales y ceremonias crea un poderoso vínculo entre los vivos y las generaciones pasadas que proporcionan fuerza y orientación en tiempos de necesidad. Al honrar a nuestros antepasados, nos honramos a nosotros mismos y al legado que nos han dejado.

Siguiendo los consejos y sugerencias que se exponen en este capítulo, se puede crear un vínculo significativo con los antepasados y conocer mejor los aspectos espirituales de la cultura Isese.

Capítulo 7: Honrar a los antepasados

Durante generaciones, los practicantes del Isese se han aferrado a la creencia de que sus antepasados siguen con ellos, observándoles y guiándoles desde el más allá. Esta profunda reverencia por los antecesores se refleja en muchos aspectos de la vida cotidiana de los pueblos Isese, desde la oración durante las comidas hasta la celebración de acontecimientos como el nacimiento o el matrimonio. Dado que los antepasados guían hacia el mañana, nunca se debe olvidar la importancia de honrar a quienes recorrieron este camino antes, algo que en el Isese se sabe muy bien.

Esta reverencia es una parte esencial de la vida espiritual, social y cultural del Isese. Este capítulo ofrece una guía completa sobre cómo honrar a los antepasados a la manera Isese. Desde la ofrenda de Ebbo (sacrificios) hasta la creación de un santuario ancestral, se cubren todos los aspectos principales de la veneración ancestral Isese. Se enseña qué es el Ebbo, el simbolismo del Egúngún (la fiesta Isese para honrar a los antepasados), cómo celebrarlo y la práctica de la meditación ancestral.

Ebbo

El Ebbo ocupa un lugar vital en la cultura Isese. Se trata de una serie de rituales para honrar a los dioses y espíritus y marcan ocasiones especiales en la comunidad. Tradicionalmente, incluye desde cantos y bailes hasta ofrendas de alimentos y sacrificios. Todos estos rituales se hacen con intención y profunda reverencia por las deidades a las que se honra. Para quienes no están familiarizados con estas tradiciones, el Ebbo puede parecer extraño o incluso extravagante; sin embargo, tiene una larga historia de mantener a las comunidades conectadas y seguras de su identidad. Esta poderosa práctica sigue siendo una parte esencial de la cultura Isese.

A. Historia del Ebbo

El pueblo Isese, un grupo étnico de África Occidental, tiene una larga y fascinante historia con el Ebbo. Esta religión tradicional se remonta a siglos atrás y aún se practica en Nigeria y otras partes de África Occidental. Se centra en el culto a la naturaleza, la veneración de los antepasados, los rituales de sacrificio de animales, los valores morales y las consultas oraculares. El Ebbo ha cambiado a lo largo de los años para adaptarse a la tecnología moderna, los cambios sociales y la cultura popular. Sus símbolos se plasman en esculturas, pinturas, joyas y representaciones teatrales. Aunque no es muy conocido fuera de sus países de origen, muchos practicantes de Isese se enorgullecen de su herencia y mantienen viva la fe transmitiendo historias de generación en generación.

B. Cómo realizar una ofrenda o sacrificio ancestral

La cultura Isese es el modo de vida tradicional de ciertas culturas de habla yoruba. Se centra en la reverencia a los antepasados y en la continua influencia de estos sobre la sociedad. Un ritual para honrar y conectar con los antepasados se conoce como ofrenda o sacrificio ancestral. Los practicantes del Isese deben realizar este ritual de la forma correcta para invocar bendiciones ancestrales. La preparación consiste en reunir elementos como una calabaza, varias nueces de cola, polvo de efun (tiza blanca) y una cebolla. Una vez que todo está listo, el individuo recita oraciones y saludos a sus antepasados antes de romper las nueces de cola en trozos y esparcirlos por la zona del santuario o el lugar del sacrificio. Después de completar algunas libaciones (verter vino o agua), ¡la ofrenda o sacrificio ancestral está completo!

C. Importancia simbólica del Ebbo

El Ebbo tiene muchos significados y sirve como recordatorio de la herencia, la fe y las creencias del pueblo. A menudo se utiliza como signo de protección espiritual, aunque otros usos están más relacionados con la promoción de la fertilidad. El Ebbo puede utilizarse para honrar a los antepasados e invocar sus bendiciones, y se considera una fuente de fuerza, esperanza y alegría en la vida cotidiana, lo que lo convierte en parte integrante de las costumbres y tradiciones de Isese. El ritual del Ebbo es una parte esencial de la cultura Isese y una forma de honrar a los antepasados.

Egúngún

Celebrar el festival del Egúngún es una excelente manera de reunirse y rendir homenaje a los antepasados yoruba de Nigeria. Es una tradición increíble que se ha transmitido de generación en generación y que sigue teniendo una enorme importancia hoy en día. Uno de los aspectos únicos de esta práctica cultural es la participación en la celebración de bailarines disfrazados de Eguns, que recuerdan a la gente su rica historia. Las festividades incluyen colores vibrantes, cocina tradicional deliciosa, música rítmica y mucho baile. Es una ocasión alegre que permite reflexionar sobre el patrimonio y conectar con amigos y familiares en la comunidad local. Si tiene la oportunidad, no deje de asistir al Festival Egúngún. Es uno de esos momentos que dejan recuerdos duraderos e historias inolvidables para los años venideros.

A. Historia del Egúngún

El Egúngún es una antigua tradición de celebración a los antepasados en la cultura Isese que se remonta al siglo XV. Los festivales de Egúngún están llenos de danzas alegres y coloridas, trajes exquisitos y discursos conmemorativos que honran y cuentan las historias de aquellos que nos han precedido. Esta tradición profundamente arraigada en la sociedad Isese rinde un hermoso homenaje a los difuntos y educa a la gente sobre su cultura e historia. Cada festival es único, ya que cada Egúngún celebra la ascendencia individual, permitiendo a las familias y comunidades reunirse para celebrar la vida desde el pasado hasta el presente.

B. Costumbres y simbolismo asociados a la festividad

El Egúngún es una parte integral de la cultura de Isese, y a él se asocian muchas costumbres y símbolos coloridos. Los diferentes colores tienen significados y contribuyen al ambiente festivo de las fiestas del Egúngún. El rojo se asocia con la realeza y el poder, mientras que el blanco simboliza la pureza y la paz. Un estilo de danza popular asociado con el Egúngún es el Ogogo, en el que el bailarín lleva la máscara del Egúngún y suena música enérgica mientras da vueltas, pisando fuerte con los pies en una serie de pasos detallados conocidos como movimientos «*throwback*». El Egúngún lleva objetos como cocos, cuentas y nueces de cola para demostrar riqueza y abundancia a los espectadores. Es una experiencia emocionante para todos los asistentes.

C. Ideas para celebrar el Egúngún

La cultura Isese celebra el Egúngún a través de diversas actividades festivas. Para celebrar adecuadamente, es vital honrar a los que han fallecido y mostrar agradecimiento por su presencia. Una forma de hacerlo es llevar a cabo una ceremonia especial, llena de tambores, canciones y bailes, en la que los miembros de la comunidad siguen tradiciones de la cultura Isese, como llevar máscaras y trajes coloridos. Estos trajes suelen presentar intrincados diseños inspirados en el arte yoruba, que añaden belleza y aportan alegría al ambiente. La comida es otra parte fundamental de toda reunión, por lo que debe prepararse un festín con diferentes platos nigerianos para compartir con todos. Por último, se deben ofrecer oraciones a lo largo del día para honrar a los antepasados y agradecerles sus bendiciones. Al participar en estas significativas ceremonias, se comprende mejor la importancia del Egúngún, a la vez que se divierte y se crean recuerdos para la posteridad.

Crear un santuario ancestral

La cultura Isese tiene santuarios ancestrales como lugar de reunión y reverencia. Los miembros de cada familia se reúnen para hacer ofrendas y reflexionar sobre las lecciones de sus antepasados. El santuario es un lugar donde, incluso después de la muerte, los difuntos siguen formando parte de la comunidad, velando por sus seres queridos y ofreciéndoles guía y protección desde el más allá. Es un momento de paz y reflexión en el que las personas celebran a sus parientes fallecidos y abrazan su rica cultura. Al seguir esta tradición, honran la memoria de sus antepasados y crean una atmósfera de buena voluntad que mantiene a las generaciones unidas en el amor.

Esto se consigue colocando objetos como fotos, joyas y otros recuerdos de sus seres queridos en una mesa o altar de la casa. Algunas familias incluso crean un altar permanente en su patio o jardín.

A. Elementos necesarios para un santuario ancestral

Para crear un santuario ancestral, deben incluirse algunos elementos. El primero es una fotografía del antepasado en cuestión o una representación del mismo. Esto sirve como punto focal para los visitantes y recuerda a todos quién fue su antepasado. Otros elementos que se incluyen son artefactos tradicionales del Isese, como monedas, joyas, abalorios, objetos rituales y cualquier otra cosa que honre su memoria. Por último, se deben hacer ofrendas de comida a los difuntos para agradecerles por velar por sus descendientes y ofrecerles amor y guía. Al incluir estos objetos, se crea un espacio de respeto y amor que mantiene a las generaciones conectadas con su historia.

B. Disposición de los objetos

La colocación de los objetos también es crucial a la hora de crear un santuario ancestral. Lo mejor es disponer la imagen o representación del antepasado en posición central, rodeada de otros objetos significativos. Las ofrendas de alimentos deben colocarse a la derecha del santuario para honrar a los antecesores, y los objetos a la izquierda para recordar su legado. Una vez colocados estos objetos, mantenga el santuario limpio y ordenado como señal de reverencia. El santuario debe ser un lugar de serenidad y fortaleza, que recuerde a todos que, aunque sus antepasados ya no estén, permanecen en espíritu.

C. Rituales

Una vez establecido el santuario, es hora de realizar rituales que honren la memoria de los antepasados. Se pueden ofrecer oraciones y canciones, junto con la quema de incienso para atraer la buena energía al hogar. Algunas familias realizan bailes o ceremonias tradicionales del Isese para presentar sus respetos. Encender una vela simboliza la presencia del difunto en nuestras vidas y trae la paz al hogar. Al participar en estos rituales, los miembros de la familia crean un sentimiento de unidad y conexión que perdura durante generaciones.

Meditación ancestral

La meditación ancestral es una tradición que se remonta a miles de años y puede utilizarse para relajarse y reconectar con las antiguas energías de los antepasados. Se cree que cuando se toma el tiempo para practicar la meditación ancestral, se ayuda a tender un puente de conexión entre el yo actual y los antecesores. Los antepasados transmiten sus conocimientos, fortalezas y experiencias para dar forma a lo que somos y ayudar a que la vida valga la pena. Meditar regularmente sobre esta conexión ayuda a apreciar esta influencia y proporciona poderosos efectos curativos. También otorga gratitud por los antepasados y forma parte del tejido individual y comunitario. Hágalo, ¡se alegrará de probarlo!

A. Propósito y objetivo

La meditación ancestral se persigue para reconectar con el propio linaje familiar y desbloquear la sabiduría colectiva de los ancestros. Desarrollada por maestros espirituales, esta forma de meditación abre la puerta a una profunda conciencia espiritual, sanación y transformación. Los participantes vuelven a sus raíces ancestrales para explorar su conexión con un linaje milenario, tomando conciencia de patrones, hábitos y condicionamientos ancestrales profundamente arraigados. Dado que se liberan estas ansiedades y bloqueos, los practicantes abandonan la experiencia sintiéndose fortalecidos y en armonía con el universo. Con una amplia gama de técnicas adaptadas a las necesidades individuales, la meditación ancestral se ha hecho cada vez más popular en la exploración de las dimensiones personales y espirituales de la existencia.

B. Preparación para la meditación

Antes de emprender un viaje de meditación ancestral, prepare y comprenda los pasos para la práctica. Empiece por crear un espacio sagrado para honrar a sus antepasados y asegúrese de diseñarlo en consecuencia y con intención. Despeje su mente, conéctese a tierra, establezca sus intenciones y tenga en cuenta el momento oportuno para realizar cualquier ritual. Llevar a cabo un ritual hace que el proceso sea más intencionado: puede ayudar a romper con la ansiedad a la vez que se honran los recuerdos espirituales de forma segura. Tómese su tiempo para conocer a cada antepasado y mostrarle gratitud por su existencia, reflexionando sobre cómo influyó cada uno en su vida y cómo sigue haciéndolo a diario. La meditación ancestral es un viaje extremadamente gratificante. Con paciencia, compromiso y comprensión, ¡encontrará una gran alegría en esta práctica!

C. Pasos para la sesión de meditación ancestral

Tender puentes entre nuestro mundo actual y los antepasados con la meditación ancestral es más fácil de lo que imagina. Basta con seguir unos sencillos pasos. En primer lugar, encuentre un lugar tranquilo y entre en un estado meditativo. En segundo lugar, dedique un tiempo a centrarse en quiénes son o fueron sus antepasados y qué valores y puntos de vista pueden haber tenido. En tercer lugar, desarrolle una relación expresando gratitud por su presencia en su vida y, a continuación, pídales que le guíen o le ofrezcan su sabiduría, desde las decisiones más importantes hasta los retos cotidianos. Por último, recuerde siempre honrar a sus antepasados tanto como pueda manteniéndolos cerca en espíritu todo el tiempo.

D. Terminar la sesión

Terminar una sesión de meditación ancestral puede ser una tarea complicada; sin embargo, hay pasos sencillos que cualquiera puede dar para asegurarse de que la ceremonia concluya con buen ánimo y en una atmósfera de energía positiva. El primero es dar las gracias a los ancestros que han estado presentes durante la meditación. Este acto de reconocimiento honra su espacio sagrado y muestra gratitud por su presencia. El segundo paso es llamar e invocar a cualquier deidad o ángel invocado durante la sesión para que ofrezca bendiciones quíntuples para usted, su familia, sus amigos, sus ancestros y todos los que lo necesiten. Por último, permita que todos sus ancestros reconozcan sus relaciones únicas con usted ofreciendo palabras personales de agradecimiento al final de la sesión. Completar estos pasos antes de cerrar la sesión garantiza que termine en tranquilidad y respeto mutuo entre el mediador, el ancestro y el descendiente.

E. Beneficios de la meditación ancestral

La práctica de la meditación ancestral aporta varios beneficios espirituales y personales importantes. Entre ellos se incluyen la mejora de la autoconciencia y el equilibrio emocional, una mayor comprensión del propio linaje espiritual y una conexión más estrecha con los antepasados. Al alinearse con las energías universales de los antepasados, se accede a su sabiduría y conocimientos para obtener guía en momentos de necesidad. Esta meditación también permite apreciar mejor la historia familiar, el sentido de la identidad y la interconexión de toda la vida.

Además, la meditación ancestral ayuda a encontrar sentido y propósito a la vida, descubriendo el propio lugar en el gran esquema de las cosas. En última instancia, esta práctica es una forma poderosa de ponerse en armonía con la vida de uno mismo y las de los antecesores. A través de la meditación ancestral, se abre una comprensión más profunda de la identidad espiritual y se comprende mejor el lugar de cada uno en el panorama general. Es una práctica que afecta profundamente la vida personal y las relaciones.

F. Formas de aumentar la eficacia de la meditación ancestral

La eficacia de la meditación ancestral aumenta considerablemente si se toman ciertas medidas, tales como:

- Concentrarse en lo positivo y no en lo negativo.
- Dejar de lado cualquier expectativa al iniciar la sesión.
- Establecer una intención para la sesión, como conectar con los antepasados o aprender algo nuevo.
- Estar abierto y receptivo a cualquier información que llegue durante la sesión.
- Tomarse un tiempo al final de la sesión para reflexionar sobre lo que se ha aprendido y sentir gratitud hacia los antepasados.
- Practicar con regularidad, ya que la constancia es clave para profundizar en la conexión con los antepasados.

La meditación ancestral es una práctica ancestral que se transmite de generación en generación. Es una forma poderosa de reconectar con la herencia espiritual y acceder a la sabiduría y el conocimiento de los antepasados. Mediante esta práctica, se desarrolla un mayor sentido de autoconciencia, equilibrio emocional y comprensión del lugar de cada uno en el mundo. La meditación ancestral debe abordarse siempre con respeto y reverencia hacia quienes lo han precedido. Si toma las medidas necesarias para crear un entorno positivo y seguro para las sesiones de meditación, esta práctica será poderosa y significativa.

Capítulo 8: Lo que enseñan las banderas Asafo

Las banderas Asafo de Ghana son un espectáculo para la vista. Estas vibrantes obras de arte han guiado a las comunidades de las regiones costeras del pueblo fante desde el siglo XVI. Cada bandera está hecha a mano con esmero y refleja los acontecimientos ocurridos en cada aldea y los mensajes concretos que deben transmitirse. A menudo se ve a los jefes locales blandiéndolas durante festivales y ceremonias en señal de honor y respeto. Con sus intrincados diseños y brillantes colores, las banderas Asafo se erigen como faros de identidad cultural en el paisaje histórico de Ghana.

Bandera Asafo[22]

Las banderas Asafo contienen significados y narraciones culturales del pueblo fante, situado en las regiones costeras de Ghana, y se exhiben habitualmente en diversos actos sociales, festivales (incluido el Egúngún), ceremonias e incluso funerales. Este capítulo explora brevemente el relevante contexto cultural de estas banderas. A continuación, se analiza cómo la gente las crea para transmitir un mensaje, una parábola o una moraleja. Al final del capítulo, se encuentran algunos ejemplos de banderas con la interpretación de sus significados.

Contexto cultural de las banderas Asafo

Las banderas Asafo son vibrantes e intrincadas obras de arte creadas por el pueblo asante de Ghana. Estas banderas son algo más que arte. Representan el rico patrimonio cultural, las identidades sociales y las distintas personalidades de cada grupo. Las banderas Asafo incluyen imágenes y símbolos que cuentan historias sobre las creencias, valores, alianzas, historias, honores y ritos de cada grupo. También reflejan una parte esencial de la tradición oral en la cultura de África Occidental, ya que transmiten mensajes a través de simbolismos relacionados con proverbios, acontecimientos históricos y experiencias que han dado forma al pueblo asante. La producción masiva de estas banderas las ha convertido en un símbolo de resistencia contra la opresión y en un vehículo de reivindicación cultural en las luchas contemporáneas por la justicia y los derechos. Si alguna vez ve una, disfrute de todo lo que tiene que ofrecer: ¡un vistazo a una cultura llena de belleza y resistencia!

A. Significado tradicional

Las banderas Asafo se utilizan tradicionalmente con diversos fines, como marcar los límites de una aldea, señalar el lugar de una reunión o acontecimiento importante u honrar a los muertos. Estas banderas sirven como recordatorio de los valores tradicionales y se encuentran en muchos festivales, funerales, bodas y otras ocasiones especiales. También sirven para protegerse de enemigos, peligros o la mala suerte. Se cree que los símbolos de las banderas tienen poderes mágicos que alejan a los malos espíritus.

B. Simbolismo

Las banderas Asafo contienen símbolos e imágenes que transmiten mensajes o lecciones morales. Suelen representar animales y otros elementos naturales, como el sol, la luna y las estrellas. También son frecuentes los símbolos de unidad, como las manos entrelazadas, dos hermanos abrazados o un pájaro posado en una rama. Otros símbolos transmiten mensajes de honor, respeto, paz, unidad, valor y fuerza.

C. Creación y exhibición

Las banderas Asafo son creadas por los jefes de cada aldea o grupos de ancianos que las cosen a mano con telas de colores. Después se exhiben en diversos actos y se cuelgan en lugares destacados, como las paredes de las casas de la aldea o delante de edificios públicos. Las banderas Asafo se exhiben con orgullo en actos sociales como funerales, bodas y festivales. A menudo ocupan un lugar destacado en las procesiones o desfiles tradicionales, señalando el comienzo o el final de un acontecimiento especial.

D. Significado moderno

En la actualidad, las banderas Asafo son ampliamente reconocidas y celebradas en Ghana y otros países. Se consideran símbolos de orgullo, identidad cultural y resistencia ante la adversidad. Representan una historia, un patrimonio y una cultura compartidos que se transmiten de generación en generación. Las banderas Asafo también se utilizan en diversas formas de arte creativo, como la fotografía, la moda y el diseño.

Relevancia contemporánea

Creadas inicialmente por el pueblo asante de Ghana en el siglo XVIII para mostrar tácticas de combate en tiempos de guerra y unir a varios pueblos, estas banderas siguen siendo relevantes hoy en día. Los visitantes de Ghana disfrutan viendo en las banderas Asafo motivos, colores y símbolos que cuentan historias de ascendencias familiares, tradiciones y costumbres. También sirven como recordatorio de la multiplicidad de raíces. Estos símbolos ondeantes se han utilizado para la expresión política y cultural, inspirando a las comunidades y proporcionando una importante conexión con el pasado. La narrativa que hay detrás de estas banderas es atemporal. Diversos aspectos de ellas se encuentran en la literatura, la poesía, el cine, la música y las artes visuales de todo el país. Las banderas Asafo han superado la prueba del tiempo.

A. Popularidad y reconocimiento

Las banderas Asafo han aumentado su popularidad y reconocimiento en los últimos años. Originarias de Ghana, son una forma de arte textil africano utilizada tradicionalmente por los guerreros para reunir a las tropas y celebrar las victorias. Hoy se pueden encontrar en todo el mundo como símbolos de energía positiva, valentía y fuerza. Las banderas Asafo son un bello recuerdo de la cultura y las tradiciones africanas, muy apreciadas por sus vivos colores y creativos diseños. Son excelentes para hogares y espacios de trabajo. Pueden usarse simplemente como una forma de difundir positividad o de honrar la propia herencia, pero siempre ofrecen algo especial a la imaginación en todas partes.

B. Educación y preservación cultural

Las banderas Asafo son coloridos artefactos tradicionales del pueblo akan de Ghana. Aunque originalmente se utilizaban en las guerras, hoy en día su significado va mucho más allá de la batalla y se ha extendido a la vida contemporánea, desempeñando un papel en la educación y la conservación del patrimonio cultural. Las banderas Asafo recogen historias y símbolos que sirven de historia documentada para las generaciones posteriores y de recordatorio visual de acontecimientos pasados. Al mostrar estos artefactos a los niños, las familias fomentan la comprensión y el conocimiento de la ascendencia mediante el diálogo educativo y la narración de historias. En última instancia, esto fomenta el compromiso cultural entre los jóvenes akan y constituye una conexión duradera con sus raíces, preservada en obras de arte que no se limitan al lenguaje escrito. Sin duda, las banderas Asafo siguen siendo una parte integral de la expresión cultural y de la identidad, que es esencial para preservar vivo el patrimonio.

C. El arte de la bandera Asafo

El arte de la bandera Asafo tiene su origen en el pueblo akan de Ghana y aún hoy se utiliza para representar el espíritu guerrero, la identidad comunitaria y el nacionalismo cultural de los pueblos originarios de África Occidental. Las banderas se confeccionan con tejidos de vivos colores, dibujos intrincados y motivos simbólicos con significados importantes. Cada símbolo representa aspectos de la vida social del grupo, como la valentía, el coraje, la protección, los valores y la fe, que forman una parte inestimable de la cultura akan. El arte de las banderas Asafo puede parecer asombrosamente sencillo a primera vista; sin embargo, encierran cientos de años de sabiduría transmitida de generación en generación. Estos hermosos estandartes cuentan muchas historias, ya se trate de una orgullosa exhibición militar o de una procesión más ceremonial. Recuerdan a sus observadores el poder y la belleza de las comunidades de África Occidental y constituyen un recordatorio positivo de la necesidad de valorar la cultura en los años venideros.

Proceso de fabricación de las banderas Asafo

Durante siglos, en la aldea ghanesa de Nkusukum se han fabricado banderas Asafo vibrantes e intrincadas. Están hechas a mano con materiales locales como rafia, algodón, cuentas y conchas. Aunque cada bandera es única en la aldea de su creador, todas tienen animales que representan las creencias y experiencias de una comunidad u organización en particular. El proceso comienza con el esbozo de la obra de arte en papel cuadriculado y su posterior transferencia a la tela mediante una rueda de calcar, antes de coser a mano cada detalle en las piezas visibles del patrón. Una vez terminada, la bandera se utiliza en ceremonias especiales que han hecho famosas los ghaneses de todo el mundo.

A. Materiales

La creación de una bandera Asafo es un proceso único y especial. De principio a fin, cada componente de la bandera tiene su simbología, su importancia y su historia. Sin embargo, para llevar a cabo el proyecto se necesitan muchos materiales. Entre ellos, muestras de telas Kente de colores vivos o algodón liso preteñido. Además, deben llevar cuentas que representen ciertos símbolos o técnicas utilizadas en las banderas. Y lo que es más importante, la técnica de anudado ashanti es necesaria para unir estos componentes en algo especial. Solo con gran cuidado y atención a los detalles se puede estar seguro de que una bandera Asafo capta el significado deseado.

B. Diseño y motivos

El diseño desempeña un papel fundamental en el proceso de fabricación de las banderas Asafo. Desde atrevidas formas geométricas hasta intrincados detalles, cada bandera se elabora con un cuidado excepcional. Los colores tienen significados simbólicos e ilustraciones que representan los valores de una tribu o acontecimientos históricos. La inspiración para los diseños procede de símbolos tradicionales africanos como los sellos Adinkra y Akan, vibrantes telas y representaciones abstractas de la vida cotidiana. Los atrevidos motivos son poderosas declaraciones de orgullo para cada tribu y honran sus tradiciones. La fabricación de banderas Asafo es una increíble forma de arte que celebra la cultura, la creatividad y la historia.

C. Paletas de colores

Las banderas Asafo son importantes para la cultura ghanesa y forman parte del vibrante panorama de las artes visuales del país. Uno de los elementos clave de su intrincada belleza es el uso único de los colores. Los artistas que crean estas impresionantes obras de arte ponen a prueba su imaginación creando combinaciones sorprendentes, que pueden incorporar varios tonos diferentes para suscitar diversas emociones. Dado el significado espiritual tradicional de cada color, tiene sentido que se dedique tanto tiempo y esfuerzo a la creación de cada bandera. Por lo tanto, cuando se ve una bandera de Asafo, no solo es algo bello; es una obra de arte llena de significado, elaborada con hábil precisión y contemplación para honrar a los dioses o la historia de una comunidad.

Mensajes transmitidos a través de las banderas Asafo

Las banderas Asafo son estandartes de colores brillantes con motivos distintivos que se utilizan para comunicar mensajes en la tradición fante de Ghana. Muchos de estos símbolos representan conceptos abstractos como el valor, la fuerza, el liderazgo y la unidad, mientras que otros anuncian una boda o incluso un negocio local. Cada bandera tiene un diseño único y combinaciones de colores cuidadosamente creadas para expresar cada mensaje, independientemente de su contenido. Las banderas de Asafo aportan vitalidad y cultura a las comunidades de África Occidental, creando hermosos hitos que recuerdan la importancia del patrimonio, independientemente del lugar de origen de cada uno.

A. Arte narrativo

Las banderas Asafo existen desde hace siglos y transmiten mensajes a través del arte. Las narrativas artísticas han cautivado a personas de muchas culturas diferentes a lo largo de la historia. Las banderas Asafo, originarias de Ghana y Togo, no son una excepción. A través de sus vibrantes colores e intrincados diseños, estas banderas cuentan historias vívidas que encapsulan valores importantes para sus aldeas o regiones. Incluyen símbolos del pasado, como batallas ganadas o deidades veneradas, que recuerdan al espectador lo lejos que ha llegado su cultura. La exhibición de estas banderas es todo un espectáculo. Es realmente inspirador presenciar la belleza dinámica de las banderas Asafo desfilando.

B. Parábolas y moralejas

Frente a la costa de Ghana, las banderas Asafo, también conocidas como banderas de soldados, son un rasgo de la cultura de la región de Ga-Adangme. Son muy queridas en sus comunidades y están confeccionadas con hermosas telas. Pero son mucho más que objetos de admiración. Se dice que cada bandera lleva consigo un significado secreto. A través de los símbolos, motivos e imágenes de las banderas se transmite una moraleja. Al igual que una parábola, estas imágenes transmiten algo más grande de lo que se puede ver. Cada una de ellas sirve como ayuda inmortalizada para que los aldeanos locales consideren diversos escenarios vitales y reflexionen sobre sus pros y sus contras. De este modo, las banderas Asafo se han utilizado durante siglos para conmemorar la valentía, expresar los valores de la comunidad y ser temas de conversación durante las reuniones sociales.

Ejemplos de banderas Asafo

Las banderas Asafo se confeccionan con telas de vivos colores y están llenas de motivos simbólicos. Dependiendo del contexto, tienen diversas formas, tamaños y diseños. Algunas son rectangulares, mientras que otras presentan la tradicional forma triangular. Algunas tienen una combinación de ambas formas. Los símbolos más populares en la mayoría de las banderas incluyen animales, dioses y símbolos de coraje o fuerza. Además, algunas banderas Asafo se confeccionan con un significado específico, como celebrar victorias bélicas u honrar la muerte de un líder. He aquí algunos ejemplos de banderas Asafo:

- La bandera Adomabenu: tiene un elefante en el lado rojo, que representa la fuerza y el coraje.
- La bandera Sankofana: tiene un diseño a rayas blancas y negras con la imagen de un leopardo que representa el liderazgo.
- La bandera de Akosua Adwoa: presenta una combinación de triángulos amarillos y morados que simbolizan la unidad y la colaboración.
- La bandera Denkyem: tiene la imagen de un cocodrilo en el lado azul, que representa la sabiduría y la adaptabilidad.

- La bandera Nsoroma: tiene una combinación de rectángulos blancos y rojos, que representan la resistencia y la fe.

Las banderas Asafo son una bella forma de arte visual y narrativa, con símbolos que encierran un significado cultural importante. Proporcionan una forma única de expresar los valores de una determinada región o pueblo y su belleza es innegable. Asistir a un desfile de banderas Asafo es una experiencia increíble y una forma estupenda de aprender más sobre la cultura akan y sus valores. La próxima vez que visite África Occidental, no deje de ver estas banderas únicas.

Capítulo 9: Iwa, la construcción de un carácter fuerte

Iwa Pele es un concepto importante de la tradición de Ifá que se centra en el carácter o las cualidades mentales y morales de una persona. Originario del pueblo yoruba de Nigeria, el Iwa Pele es una forma de reforzar el carácter de una persona y de trabajar por el favor de los antepasados. Se trata de un concepto complejo transmitido de generación en generación y que sigue siendo parte integral de la tradición de Ifá en la actualidad. Este capítulo explica el origen y el significado de Iwa Pele, discute su importancia en la tradición de Ifá y esboza las características y beneficios de un buen carácter, así como la forma de alcanzarlo según el *Odu Ifá*.

Definición de Iwa Pele

Iwa Pele es un término originario del pueblo yoruba de Nigeria. Es la idea de que haciendo lo correcto, mostrando integridad y esforzándose por ser la mejor versión de sí mismo, se puede alcanzar una sensación de paz y unidad con el poder superior. Iwa Pele se aplica a todos los aspectos de la vida, incluidas las prácticas de fe, las relaciones, las carreras y mucho más. Independientemente de con qué o con quién nos relacionemos, el respeto y la adhesión a las buenas costumbres mejoran nuestro propósito como seres humanos en la vida.

Origen y significado

La frase «Iwa Pele» tiene un significado especial en la cultura yoruba de Nigeria y se traduce como «buen carácter» en lengua yoruba. La frase refleja los elementos colectivos que los yorubas valoran como rasgos importantes: honestidad, humildad, paciencia, respeto y fortaleza. Estos valores están arraigados en la vida cotidiana con el objetivo de fomentar relaciones sólidas entre las personas y crear un entorno armonioso dentro de la comunidad. Iwa Pele les recuerda que deben esforzarse por tener un buen carácter y un buen comportamiento a pesar de las situaciones difíciles a las que puedan enfrentarse. Esta noción infunde resiliencia en cada individuo y reconoce la importancia holística de ser íntegros y contribuir positivamente a la sociedad.

Importancia en la tradición de Ifá

La fe tradicional de Ifá se basa en la idea de Iwa Pele, que significa «el carácter del comportamiento perfecto». En la fe Ifá, Iwa Pele se refiere al respeto, la honestidad y la responsabilidad en todos los aspectos de la vida. Sirve como código ético que guía a los creyentes para tomar las decisiones correctas en sus vidas. Además, si se siguen las enseñanzas del Iwa Pele, se accede a la ayuda y el apoyo divinos de Orunmila (el dios de la sabiduría). En última instancia, Iwa Pele es un componente integral de la tradición Ifá y sirve como brújula moral para los adeptos que buscan la iluminación espiritual.

Características del buen carácter según el *Odu Ifá*

Según el *Odu Ifá*, un buen carácter consta de varios elementos. Entre ellos se encuentran el respeto por los antepasados y la humanidad, la voluntad de buscar el conocimiento y la sabiduría, la resistencia ante la adversidad y la integridad a través de la honestidad y la responsabilidad. Además, un buen carácter debe tener valor, paciencia y dedicación para hacer lo correcto, por difícil que sea. Por último, el *Odu Ifá* hace hincapié en tener un corazón bondadoso que nunca haga daño a nadie, un corazón que no conozca fronteras ni prejuicios para amar a los demás. Con estas cualidades, sin duda se puede ser un individuo verdaderamente respetado entre la familia, los amigos y la comunidad. He aquí algunas ideas sobre cómo desarrollar y mantener un buen carácter según el *Odu Ifá*:

A. Respetar

Adoptar una actitud de respeto por las creencias y opiniones de los demás es esencial para desarrollar un carácter fuerte. Respetar los límites es clave para fomentar relaciones sanas y generar confianza. Esta idea es aún más relevante en la interacción con personas de orígenes y culturas diferentes. Se deben reconocer las diferencias y aceptarlas en lugar de ignorarlas o devaluarlas.

B. Conocerse a sí mismo

El conocimiento de uno mismo es esencial para convertirse en un individuo completo. Dedique tiempo a reflexionar y a comprender sus motivaciones, puntos fuertes, debilidades y valores. Reconozca las áreas en las que puede crecer y desarrollarse, y utilice este conocimiento para mejorar. En el proceso, ganará un mayor respeto por usted mismo y por quienes lo rodean.

C. Vivir con integridad

Un código moral sólido se basa en la defensa de la integridad. Vivir con integridad significa actuar siempre de acuerdo con sus valores y creencias, independientemente de la situación a la que se enfrente. Esto significa vivir con honestidad y responsabilidad por sus actos. En esencia, es esforzarse por ser la mejor versión de uno mismo en todos los aspectos de la vida.

D. Perseverar

La vida está llena de obstáculos y muchas veces parece más fácil rendirse que seguir adelante. Sin embargo, la resiliencia y perseverancia son clave para desarrollar un buen carácter. Reconozca los retos que se le presentan como una oportunidad de crecimiento y desarrollo personal y esfuércese por afrontarlos con fuerza y valentía.

E. Sentir compasión

La compasión es una herramienta poderosa que no debe pasarse por alto en el esfuerzo por convertirse en una persona de buen carácter. Ser compasivo significa tener empatía y comprensión hacia quienes le rodean y estar dispuesto a perdonar a quienes le han hecho daño. Esta es una parte crucial de la tradición Ifá que debe ser recordada. Recuerde, la bondad y el amor son los cimientos de un buen carácter moral. Con estos valores en mente, puede esforzarse por ser su mejor versión y alcanzar su máximo potencial.

En última instancia, desarrollar un buen carácter es un proceso continuo que requiere esfuerzo y compromiso. Siguiendo las enseñanzas del *Odu Ifá*, podrá crear una sólida base moral que le guiará a lo largo de la vida. El respeto, el conocimiento de sí mismo, la integridad y la perseverancia son componentes integrales de un buen carácter que le conducirá al crecimiento espiritual y a la iluminación.

Beneficios de un buen carácter

Tener un buen carácter da lugar a resultados realmente sorprendentes y positivos. En términos de relaciones, tener una base moral y unos valores sólidos atrae personas alineadas de forma similar y crea conexiones más significativas que las que se construyen únicamente sobre la base de la conveniencia mutua. Esto conduce a interacciones significativas con la familia, los amigos, los compañeros de trabajo y otras personas importantes. En el ámbito profesional, tener valores personales sólidos, una ética de trabajo honesta y un rendimiento fiable abre las puertas al éxito. Los empresarios confían en las personas con buen carácter y les dan mayor autonomía o responsabilidad en sus puestos. Tener un buen carácter es esencial para crear conexiones significativas en las relaciones y desbloquear mejores oportunidades de éxito en la vida.

1. Obtener el favor de los antepasados

Tener un buen carácter es esencial para obtener el favor y las bendiciones de los antepasados. El *Odu Ifá* enseña que quienes viven con integridad y honran a sus antepasados son favorecidos con la protección espiritual y la guía de ellos. Por lo tanto, vivir una vida de buen carácter asegura el cuidado y la guía de los antepasados.

2. Dar ejemplo

Tener un buen carácter significa ser un buen ejemplo para los que le rodean. Si vive con valores sólidos, trata a los demás con respeto y tiene un código moral basado en la integridad, inspira a quienes lo rodean para hacer lo mismo. Esto crea un efecto dominó que puede extenderse por toda la sociedad y conducir a un mundo mejor para todos. La responsabilidad es predicar con el ejemplo y crear un legado de buen carácter que perdure mucho más allá de la vida de cada individuo.

3. Bienestar físico y mental

Tener un buen carácter está relacionado con una mejor salud mental y física. Los estudios han demostrado que las personas con valores morales sólidos experimentan menos ansiedad, estrés y depresión. También tienen una mayor autoestima y un mayor bienestar general que quienes no dedican tiempo a desarrollar un carácter fuerte. Además, un código de valores morales ayuda a mantenerse en el camino correcto y hace que sea más fácil tomar decisiones beneficiosas.

4. Realización espiritual

Tener un buen carácter es esencial para encontrar la realización espiritual en la vida. Al vivir una vida de honestidad, integridad y respeto por todo, se asegura de que sus acciones se alinean con el universo. Esto es esencial para alcanzar la iluminación espiritual, ya que debe asegurarse de que sus acciones reflejan la verdad divina del universo. Con estos principios espirituales en mente, puede buscar una existencia más conectada y significativa.

5. Mejor sentido de sí mismo

Lo más importante es que tener un buen carácter ayuda a comprenderse mejor a sí mismo. Al desarrollar una sólida base moral y seguir las enseñanzas del *Odu Ifá*, aprende más sobre quién es, sus verdaderos valores y creencias. Esto es muy enriquecedor, ya que le da confianza para ser fiel a usted mismo y seguir su camino en la vida. Con un fuerte sentido de sí mismo, puede tomar decisiones que concuerden con sus valores y su moral, lo que lo conducirá a un mayor éxito en la vida.

Cómo lograr un buen carácter

Lograr un buen carácter implica desarrollar una fuerte moral y disciplina. Para mantener estos sólidos cimientos de fortaleza moral, es fundamental empezar con pequeños cambios diarios. Puede ser algo tan pequeño como cumplir siempre su palabra o asumir la responsabilidad de sus errores. Sin embargo, estos hábitos adquieren un valor incalculable con el tiempo, ya que ayudan a forjar cualidades importantes como la honradez, el valor y el respeto. Además, pasar a la acción en decisiones y situaciones difíciles endurece aún más el carácter y permite ir más allá de la zona de confort. Al final, conseguir un buen carácter es cuestión de añadir poco a poco valores como la confianza y la determinación, al tiempo que se adquieren conocimientos diferentes con cada nueva experiencia.

A. Educación sobre las prácticas y los principios de Ifá

Una de las mejores maneras de forjar un carácter fuerte es educarse en las prácticas y principios de Ifá. El *Odu Ifá* orienta sobre cómo llevar una vida honorable y equilibrada, esencial para forjar un buen carácter. También ayuda a desarrollar el respeto hacia el universo y todos los seres vivos, que es una parte increíblemente importante de la formación del carácter. Existen varios recursos para comprender las enseñanzas de Ifá y aplicarlas a la vida cotidiana.

B. Autocontrol

Otra forma importante de construir un buen carácter es a través del autocontrol. Esto implica tomarse el tiempo para evaluar el comportamiento y actitud y encontrar maneras de mejorarlos. El autocontrol consiste en comprender sus puntos fuertes y débiles y hacer un esfuerzo consciente por mejorarse a sí mismo. Este proceso lleva en última instancia a mejorar su carácter, permitiéndole tomar el control de sus acciones y asegurarse de que se alinean con sus valores.

C. Oraciones a los antepasados

Una de las principales formas de lograr un buen carácter es mediante oraciones y ofrendas a los antepasados. Rezar a sus antepasados refuerza su conexión espiritual y lo abre a su sabiduría y guía. Esto ayuda a mantenerse en el camino de la virtud, esencial para el buen carácter. Además, rezar a los antepasados le permite sentir conexión y agradecimiento por su guía.

D. Rituales tradicionales

Participar en rituales tradicionales es otra forma poderosa de forjar un buen carácter. Los rituales tradicionales están impregnados de cultura y significado espiritual, lo que los convierte en herramientas muy poderosas para la autorreflexión y el crecimiento personal. Al participar en rituales tradicionales, se comprende mejor el comportamiento y las actitudes de cada uno, lo que ayuda a mantenerse en el buen camino. Estos rituales también ayudan a comprender mejor los propios valores y creencias subyacentes, que son clave para alcanzar un buen carácter.

E. Meditación y reflexión

Por último, la meditación y la reflexión son herramientas importantes para lograr un buen carácter. La meditación ayuda a despejar la mente y permite comprender mejor el comportamiento y las decisiones que se toman. Esto es muy valioso para la formación del carácter, ya que da la claridad necesaria para tomar decisiones sabias en la vida. Además, a través de la reflexión se comprenden mejor los valores y lo que es verdaderamente importante.

Aplicando estas prácticas, se construye carácter gradualmente hasta que alcanza solidez y virtuosismo. Recuerde que forjar el carácter lleva tiempo y esfuerzo; sin embargo, la recompensa vale la pena. Con un carácter fuerte, se puede afrontar cualquier situación de la vida con confianza y gracia.

La formación del carácter es una parte esencial de la vida que implica cultivar valores como la confianza, la determinación, el respeto y el autocontrol del comportamiento. Educarse en las prácticas y principios de Ifá, participar en rituales tradicionales, rezar a los antepasados, practicar el autocontrol y meditar y reflexionar son formas fundamentales de convertirse en la persona que se desea. Siguiendo estas prácticas con constancia, se trabaja para conseguir un buen carácter que sirva durante toda la vida.

Capítulo 10: Practicar el Isese todos los días

El Isese es una antigua tradición espiritual africana que se practica desde hace miles de años. Abarca la interconexión de todas las formas de vida y enseña que los reinos espiritual, físico y mental deben estar en armonía para alcanzar la alegría y la satisfacción verdaderas. Practicar el Isese implica incorporar su sabiduría y su visión a la vida cotidiana. Este capítulo habla de varios rituales diarios, semanales y anuales, así como de otras prácticas para profundizar la conexión espiritual y mejorar la vida a través del Isese.

Rituales diarios

Uno de los aspectos más importantes del Isese es que anima a los practicantes a ser conscientes de todo lo que hacen. Esto incluye tomarse un tiempo cada día para ordenar los pensamientos y centrarse en el mundo espiritual. Esto puede hacerse a través de la oración, mantras, cantos u otras prácticas para aquietar la mente y acercarse al yo espiritual. He aquí algunos ejemplos de rituales diarios:

- **Meditación y reflexión:** Tómese un tiempo cada día para sentarse en quietud y reflexionar sobre los acontecimientos del día. Piense en cómo sus acciones han afectado a quienes le rodean y pida que le guíen para servir mejor en el futuro.
- **Rezos:** Hable con su poder superior y pídale que lo guíe en todos los aspectos de la vida. También puede pedir

bendiciones para usted y para los que le rodean. Si necesita ayuda con un problema en particular, pida asistencia.

- **Cantos:** Cantar es una herramienta poderosa para crear vibraciones positivas que ayudan a llenar todo su ser de paz y alegría. Puede cantar sus oraciones o las de sus antepasados.
- **Escritura de un diario:** Escribir sus pensamientos y experiencias le ayuda a aclarar lo que tiene en la mente. También es una buena forma de expresar su gratitud por lo que recibe. Escriba sus afirmaciones positivas o cualquier otra palabra de aliento que le ayude a mantener el rumbo.
- **Ofrendas:** Las ofrendas son una forma de devolver algo al universo. Al regalar pequeños objetos, demuestra que aprecia todo lo que ha recibido. Estas ofrendas pueden incluir comida, flores, incienso o cualquier otro objeto que represente su gratitud.

Rituales semanales

La mayoría de los practicantes del Isese siguen rituales semanales. Giran en torno a un tema o intención concreta e implican actividades como cantar, bailar y entonar cánticos. He aquí algunos ejemplos de rituales semanales que se pueden practicar:

- **Cantar y bailar:** Isese anima a cantar y bailar para expresar alegría y espiritualidad. Dedique un tiempo cada semana a cantar y bailar para celebrar la vida.
- **Círculos musicales:** Reúnase con amigos y familiares para tocar instrumentos, cantar y compartir historias. Es una forma estupenda de estrechar lazos y conectar con los demás.
- **Ceremonias de fuego:** Las ceremonias de fuego son una forma poderosa de renovar y limpiar el espíritu. También pueden utilizarse para honrar a los antepasados fallecidos y hacer ofrendas.
- **Baños:** Tomar baños con hierbas y aceites es una forma de relajar el cuerpo y el alma. También puede utilizarse para la limpieza espiritual y la purificación ritual.
- **Cuidado de santuarios:** Cuidar de los santuarios o lugares sagrados es una forma de mostrar respeto por los antepasados y

las fuerzas espirituales. Es importante limpiar, ofrecer comida, encender velas, etc.

- **Celebraciones:** Reúnase con amigos y familiares para celebrar a sus antepasados, deidades y los ciclos de la vida. Esto puede incluir banquetes, narraciones e intercambio de regalos.

Rituales anuales

Los rituales anuales son una forma estupenda de honrar los ciclos de la vida y conectar con las propias raíces. Incluyen festivales, peregrinaciones y otros actos que celebran el espíritu de Isese. He aquí algunos ejemplos de rituales anuales que se pueden practicar:

- **Celebraciones de Año Nuevo:** Reunirse con amigos y familiares para celebrar el año nuevo. Incluyen banquetes, narraciones de cuentos, bailes y mucho más.
- **Odun Ifá:** Es uno de los festivales anuales más importantes en la práctica del Isese. Se celebra un nuevo ciclo de vida y renovación. Incluye cantos, bailes y ofrendas.
- **Ugbodu:** Es una ceremonia anual que celebra a los antepasados. Se hacen ofrendas y se cuentan historias sobre las hazañas de los antepasados.
- **Iwure:** Es un ritual anual de purificación y limpieza. Es una forma de agradecer a los dioses y espíritus todo lo que nos dan.
- **Peregrinaciones:** Peregrine a un lugar sagrado para recargar su espíritu y profundizar su conexión con lo divino. Puede tratarse de un lugar sagrado local o de uno que implique un largo viaje.
- **Rituales con los antepasados:** Tómese un tiempo cada año para honrar a sus antepasados y conectar con el espíritu de quienes le han precedido. Esto puede incluir ofrendas, rituales y narración de historias.
- **Celebraciones de la cosecha:** Agradezca el ciclo de la vida y todo lo que le da. Puede hacerlo en casa o en reuniones comunitarias.
- **Celebraciones del solsticio:** Celebre el cambio de las estaciones y los ciclos de la vida. Puede incluir rituales, ofrendas y tiempo al aire libre.

Independientemente del tipo de rituales que elija practicar, el objetivo es siempre crear conexiones más profundas con usted mismo y con lo divino. Al participar en estas actividades, puede encontrar una sensación de paz y plenitud en la vida. Vivir una vida al estilo Isese también implica tomar decisiones conscientes que honren su espíritu interior. Viviendo con atención e intención, puede encontrar la armonía y el equilibrio en todos los aspectos de la vida. Recuerde que los rituales están pensados para aportar alegría y curación. Siéntase libre de explorar diferentes tipos de rituales y encontrar lo que funciona para usted. Con la práctica, sus rituales Isese pueden convertirse en lugares de paz, renovación y conexión.

Otras prácticas

El Isese es una forma de vida que implica otras prácticas como comer bien, hacer ejercicio y pasar tiempo en la naturaleza. Comer bien es ingerir alimentos naturales, orgánicos y de origen local. El ejercicio ayuda a mantener el cuerpo en equilibrio y reduce el estrés. Pasar tiempo en la naturaleza es una forma de conectar con lo divino y encontrar la paz. Otras prácticas son la oración, la meditación, el canto y la adivinación. He aquí algunas formas de conectar con el espíritu y encontrar el equilibrio en la vida.

Ropa

Llevar ropa que refleje sus creencias espirituales ayuda a estar en contacto con lo divino. Esto incluye ropa hecha de tejidos naturales y colores que se conecten con el mundo natural. Se pueden llevar símbolos, como marcas ancestrales e insignias espirituales, para honrar a los antepasados y a las fuerzas espirituales. En el Isese también es crucial vestir de forma humilde y con respeto por lo divino.

Vida intencionada

Vivir con intención significa tomar decisiones conscientes que honren el espíritu interior. Esto implica evitar hábitos o actividades que vayan en contra de sus creencias espirituales y vivir de una manera que se alinee con sus valores. También puede implicar actividades que le aporten alegría y ayudar a los demás siempre que sea posible.

Prácticas espirituales

Participar en diversas prácticas espirituales le ayuda a mantenerse conectado con lo divino. Por ejemplo, rezar, meditar, cantar o practicar la adivinación. Todas estas prácticas aportan claridad y perspicacia a su vida y refuerzan su conexión con lo divino. La tradición Isese también incluye rituales que celebran los ciclos vitales, como los festivales de la cosecha y las celebraciones del solsticio.

Alimentos y pautas dietéticas

Comer alimentos naturales, orgánicos y de origen local ayuda a mantener el cuerpo en equilibrio y acerca a lo divino. Los alimentos tradicionales de la cultura Isese son la fruta, los cereales, las legumbres, los frutos secos y las verduras. Los productos lácteos, los huevos, el pescado y las aves también se consumen con moderación. El consumo de huevos y aves debe hacerse respetando a los animales y la carne debe obtenerse de forma ética. Además, evitar los alimentos procesados y poco saludables ayuda a mantener el cuerpo en equilibrio.

Símbolos y objetos de poder

Los símbolos y objetos de poder se utilizan para invocar lo divino. Entre ellos se incluyen talismanes, amuletos, cristales, vasos sagrados y otros objetos. En la cultura Isese, estos objetos se utilizan para honrar a los antepasados e invocar protección espiritual. También pueden utilizarse en rituales y ceremonias para honrar a lo divino y reconocer el poder del espíritu. Además, estos objetos aportan claridad, perspicacia y orientación a la propia vida.

Conectar con la naturaleza

Pasar tiempo en la naturaleza es una forma estupenda de conectar con lo divino y encontrar la paz. Caminar por el bosque, nadar en un lago o sentarse en el jardín ayuda a encontrar el equilibrio y a apreciar el mundo. Además, conectar con las plantas y los animales ayuda a comprender mejor los ciclos de la vida. Esto aporta claridad y comprensión a su viaje espiritual.

Altares o espacios sagrados

Crear un altar o un espacio sagrado en casa le ayuda a mantenerse conectado con lo divino. Puede ser el lugar donde rece, medite o realice rituales. Aquí puede colocar símbolos de su fe, fotos de antepasados y guías espirituales, cristales, velas y otros objetos con un significado especial. Este espacio sagrado le recuerda su viaje espiritual y le ayuda a mantenerse en contacto con lo divino.

Tocar el tambor y bailar

El tambor y la danza son prácticas espirituales importantes en la cultura Isese. Invocar lo divino, honran a los antepasados y celebran los ciclos de la vida. También invocan la energía curativa y manifiestan cambios positivos en el mundo. Estas actividades permiten conectar con lo divino y disfrutar de la vida.

Saludar al amanecer

Presenciar el amanecer es una práctica espiritual importante en la cultura Isese. Se cree que al saludar al amanecer se reconoce el poder del sol y se honra a su espíritu. Esta práctica también se utiliza para empezar cada día con intención y gratitud, así como para dar gracias por las bendiciones del nuevo día.

Diario

Escribir un diario es una forma excelente de permanecer conectado con lo divino. Escribir sobre su viaje espiritual, reflexionar sobre sus experiencias y expresar gratitud por las bendiciones de su vida le ayuda a mantenerse conectado con lo divino. Además, escribir un diario es una excelente manera de obtener información y claridad de su camino espiritual.

Prácticas comunitarias

Participar en prácticas comunitarias es una parte importante de la espiritualidad Isese. Reunirse con otros para celebrar festivales y fiestas, realizar rituales y ceremonias y honrar lo divino fortalece su conexión espiritual. Además, reunirse en comunidad aporta un sentimiento de pertenencia y unidad que es esencial para el crecimiento espiritual.

Escuchar

Por último, escuchar es una práctica espiritual importante en la cultura Isese. Aprender a escuchar su intuición, la sabiduría de sus antepasados y la guía de lo divino es una parte inestimable de su viaje espiritual. Escuchar lo que se dice sin juicios ni expectativas aporta claridad y comprensión a su vida.

Prácticas de sanación y adivinación

Las prácticas de curación y adivinación son tradiciones espirituales importantes en la cultura Isese. Prácticas como la oración, la meditación, el reiki, la quiromancia y el tarot ayudan a sanar y a comprender la vida. Mediante la participación en estas prácticas, puede ganar claridad y comprensión de su camino espiritual mientras obtiene equilibrio y armonía.

Conexión con los antepasados

La conexión con los antepasados es una parte esencial de la espiritualidad Isese. Honrar a los ancestros a través de la oración, los rituales y la narración de historias trae la sabiduría y la guía de esos espíritus a su vida. Además, conectar con los ancestros aporta una comprensión más profunda de su camino espiritual y crea una poderosa conexión con lo divino.

Otras prácticas recomendadas por la tradición Isese

La tradición Isese recomienda otras prácticas espirituales como el ayuno y la búsqueda de visión. El ayuno se utiliza para purificar el cuerpo y para honrar a los antepasados. Las búsquedas de visión sirven para comprender y aclarar el propósito de la vida, los retos y la dirección espiritual de cada uno. Mediante estas prácticas, se comprende mejor el camino espiritual y se conecta con lo divino.

La tradición Isese es rica en prácticas espirituales para profundizar en la conexión con lo divino. Mediante la participación en estas prácticas, se puede encontrar la alegría y la curación y obtener una mayor comprensión del propio camino espiritual. Además, estas prácticas traen equilibrio y armonía a la vida y manifiestan cambios positivos en el mundo. Al realizar estas prácticas espirituales, puede conectar con lo divino y embarcarse en un poderoso viaje vital.

Bonificación: Glosario Isese

Ahora que ha terminado de leer el libro, puede que se pregunte por algunas de las palabras y términos yoruba que se utilizan. No se preocupe; ¡no tiene que recordarlas todas! A continuación, hay una lista completa de las palabras y terminología yoruba que aparece a lo largo del libro, así como su ortografía fonética.

1. **Abiku (pronunciado *ah-bee-koo*)**: En la cultura yoruba, un Abiku es un niño que muere joven y regresa continuamente a su familia.
2. **Adura (se pronuncia *ah-doo-rah*)**: En la cultura yoruba, Adura es el acto de honrar a los dioses en ceremonias y rituales.
3. **Ase:** Ase es un concepto importante en la religión yoruba que se refiere al poder de los dioses, que puede ser utilizado para bien o para mal.
4. **Babalawo (se pronuncia *bah-bah-lah-woh*)**: Babalawo es un sacerdote yoruba especializado en adivinación y curación.
5. **Changó:** Changó es un orisha asociado con la familia, la fuerza y la justicia.
6. **Egúngún (se pronuncia *eh-goong-goong*)**: El Egúngún es un festival de máscaras en el que los participantes se visten con coloridos trajes para rendir homenaje a sus antepasados.
7. **Elegua (se pronuncia *eh-lay-gwah*)**: Elegua es un orisha asociado con la comunicación y las transiciones.
8. **Esu (se pronuncia *eh-soo*)**: Esu es un orisha asociado con la comunicación entre los dioses y los humanos, así como con la

suerte y la protección.

9. **Ibeji (se pronuncia *ee-bay-jee*):** En la cultura yoruba, los Ibeji son los hijos gemelos espirituales de una familia que han muerto jóvenes.

10. **Ifa (se pronuncia *ee-fah*):** Ifá es un sistema de oráculo utilizado para comunicarse con los dioses y está compuesto por un gran corpus de poesía yoruba.

11. **Itefa (pronunciado *ee-teh-fah*):** En la cultura yoruba, Itefa es el acto por el que un individuo pide la guía divina para tomar una decisión.

12. **Iwa Pele (se pronuncia *ee-wah-peh-lay*):** En la cultura yoruba, Iwa Pele es el concepto de carácter personal y moralidad.

13. **Obatalá (se pronuncia *oh-bah-the-lah*):** Obatalá es un orisha asociado con la sabiduría y la pureza.

14. **Oggun (se pronuncia *oh-goohn*):** Oggun es uno de los dioses más importantes de la religión yoruba y está asociado con la guerra, el trabajo del hierro, la caza y la agricultura.

15. **Oko (se pronuncia *oh-koh*):** En la cultura yoruba, Oko es la práctica de utilizar amuletos y encantamientos para atraer la buena suerte y la fortuna.

16. **Olodumare (se pronuncia *oh-loh-doo-mah-ray*):** Olodumare es el dios yoruba más poderoso y se le considera el creador de todos los seres vivos.

17. **Olokun:** Olokun es un orisha asociado con el mar, la riqueza y la fertilidad.

18. **Ori:** En la cultura yoruba, Ori es la parte divina del alma de una persona que la conecta con su destino.

19. **Orisha:** En la religión yoruba, los orishas son seres sobrenaturales que poseen fuerzas poderosas y misteriosas.

20. **Orunmila:** Orunmila es un orisha asociado con la sabiduría y la adivinación.

21. **Ose:** Ose es un orisha asociado con la curación y la medicina.

22. **Oshun (se pronuncia *oh-shoon*):** Oshun es un orisha asociado con el amor, la belleza y el río.

23. **Oya:** Oya es un orisha asociado con el viento, las tormentas y la fertilidad.

24. **Sango:** Sango es un orisha asociado con el trueno y el relámpago.

25. **Yemayá (pronunciado *yay-mah-yah*):** Yemayá es un orisha asociado con el océano y la maternidad.

Conclusión

El Isese es una práctica espiritual con raíces en Yoruba, Nigeria. Es un modo de vida profundamente vinculado a los antepasados de los fieles y a los orishas o deidades. Para quienes siguen el Isese, honrar esta práctica aporta equilibrio, conocimiento y comprensión de diversos aspectos de la vida. Desde honrar las tradiciones ancestrales hasta escuchar la sabiduría de los mayores, esta práctica espiritual une a todas las generaciones, presentes y pasadas, en una sola.

El camino hacia la armonía interior consigo mismo y con lo divino es difícil, pero vale la pena recorrerlo. El Isese puede guiarlo en este viaje, dando las herramientas para conectar con lo que se es y construir relaciones propias, con los orishas y con Olodumare. También se aprende a abrir el corazón para honrar a los antepasados, reconociendo el legado que nos conecta a todos. A través de las enseñanzas del Isese sobre el amor propio, la comprensión y la compasión, se puede descubrir una paz duradera en el interior y encontrar consuelo abrazando la herencia cultural.

La práctica de la adivinación de Ifá está muy extendida en el Isese. Esta tradición se ha transmitido durante generaciones a través de enseñanzas orales y escrituras conocidas como el *Odu Ifá*. Se dice que esta forma de adivinación es la más antigua, ya que es anterior a todas las demás religiones o prácticas espirituales. A través de esta práctica, se puede aprender a interpretar el destino, obtener respuestas a preguntas apremiantes y desarrollar una mejor comprensión del universo. Practicar la adivinación de Ifá ayuda a ganar claridad, conocimiento y perspicacia.

En el Isese se venera a los siete grandes orishas. Estas deidades se consideran mediadoras entre la humanidad y Olodumare, el creador supremo de todas las cosas del universo. Cada uno de estos orishas tiene características, símbolos, rituales y dones únicos. Mostrándoles respeto, se puede recibir guía y fuerza de su presencia en la propia vida.

Por último, el Isese anima a los practicantes a mantener cerca a sus antepasados honrando el camino que recorrieron antes que nosotros. Esto se hace mediante diversas ceremonias y ofrendas, como libaciones o fiestas conmemorativas que aportan una sensación de paz y conexión con los antepasados. Al comprender la importancia de su legado, se mantiene viva su memoria y nos guía su sabiduría.

Esta guía de fácil lectura es una introducción a la práctica del Isese que contiene un viaje paso a paso a través de diversos aspectos como el *Odu Ifá*, los siete grandes orishas y el reconocimiento a los antepasados. También incluye las banderas Asafo, Iwa (construcción de un carácter fuerte) y cómo practicar el Isese diariamente. Para profundizar más en el tema, hay un glosario del Isese que permite comprender mejor la terminología utilizada en esta guía.

Esperamos que, al profundizar en el Isese, usted aprecie y comprenda mejor su herencia cultural y sostenga una conexión más profunda con lo divino. Con este conocimiento puede avanzar en su viaje espiritual, encontrando el equilibrio y la paz interior. ¡Que Olodumare bendiga su camino!

Tercera Parte: Orí

La guía definitiva para la intuición espiritual, la cultura yoruba, el Odu, el egbe, los orishás y la veneración ancestral

Introducción

Al comienzo de este libro, le presentaremos los antecedentes de la religión yoruba. Aprenderá cómo su sistema de creencias incorpora elementos del arte, prácticas religiosas y adivinatorias, y los mitos y creencias transmitidos a través de las tradiciones orales. Una de las creencias fundamentales de los yoruba gira en torno al concepto de orí. El término "orí" se traduce aproximadamente como "destino". Sin embargo, como aprenderá más adelante, para los yoruba, el concepto va mucho más allá de eso. Es un medio para la elevación espiritual, una herramienta para desarrollar la intuición y usarla para cumplir el destino, o cambiarlo si es necesario. El concepto de orí contradice otro elemento crucial de las creencias yoruba, el libre albedrío. Para comprender este enigma, deberá comprender cómo funciona cada componente del orí en conjunto y cómo se relacionan con la libertad de elección.

A través de los intrincados cuentos de los yoruba, aprenderá cómo se creó el orí y cómo interviene Olodumare. Como creador supremo, Olodumare supervisa a todos los seres vivos y espíritus, incluidos los orishás. Los yoruba veneran a los orishás como sus deidades y los usan como mensajeros espirituales. A través de la comunicación espiritual, las personas pueden aprender a alinear su vida y sus valores con su orí o intuición. Se cree que los orishás también pueden contribuir a la expresión del orí y, por ende, a nuestras vidas. Según un mito yoruba, el orí también puede ser adorado como un orishá. Como hay orishás con diferentes gustos, también hay diferentes orís que pueden nutrirse de diferentes formas. Las oraciones, los rituales y las ofrendas a la intuición espiritual suelen contribuir en gran medida a una autorrealización saludable, que es sagrada para los yorubas.

La veneración ancestral es otra práctica que influye en las creencias y tradiciones yorubas. Los antepasados juegan un papel crucial en la vida de los yoruba. Sus pueden invocar sus espíritus y se les puede pedir protección, guía e iluminación espiritual. En consecuencia, los antepasados pueden ayudar a mejorar la intuición espiritual y la alineación con el orí. También aprenderá sobre otro grupo espiritual que puede ayudarlo en esta búsqueda: los *Egbe Orun*. Los egbe son espíritus celestiales que viven en sociedades intrincadas y tienen sus propios carácteres e influencias sobre las vidas humanas. Su impacto resulta de su conexión con las almas que habitan la Tierra.

Otra forma de asegurar las realizaciones espirituales es viviendo una vida justa. Según las creencias yorubas, esto solo es posible siguiendo las *16 Verdades de Ifá*, el decreto creado por Olodumare para ayudar a resolver problemas comunes que las personas encuentran a lo largo de sus vidas. Por último, pero no menos importante, el libro le recordará que la alineación del orí depende principalmente de usted. Si bien las entidades espirituales pueden ayudarlo a equilibrar su orí, al de cuentas, todo depende de usted. Al mejorar su carácter, estará mucho más cerca de cumplir su destino o cambiarlo. Este libro lo guiará a través de todas las prácticas que contribuyan a la autorrealización a través del orí. Este libro es el primer paso a una vida armoniosa combinando el libre albedrío con el destino. Si está listo para adentrarse en el mundo de la alineación espiritual a través de los guías espirituales y la autoconciencia, siga leyendo.

Capítulo 1: Conceptos espirituales básicos de la cultura yoruba

La fe yoruba es una de las religiones más grandes de África Occidental, principalmente Nigeria. Se estima que tiene 5000 años, lo que la convierte en una de las religiones más antiguas del mundo, incluso anterior al cristianismo. La filosofía yoruba tiene un gran número de seguidores, presenta alrededor de cien millones de creyentes en África y otros países. Se basa en varias creencias, canciones, proverbios, mitos y leyendas africanas. En la religión yoruba, Olodumare es la deidad suprema y el creador del universo que no tiene un género específico. No está involucrado en los asuntos de la humanidad, por lo que creó a los orishás (espíritus y semidioses) para ayudar a los seres humanos en sus asuntos. Los espíritus de los antepasados también tienen un papel importante en la fe yoruba. Los fieles creen que los espíritus de sus familiares muertos viven después de la muerte. Los orishás y los espíritus de los antepasados son muy venerados en la religión yoruba. Proporcionan asistencia, son fuente de inspiración y protegen a las personas de las fuerzas del mal.

La fe yoruba tiene más de un millón de seguidores en todo el mundo[88]

Al igual que otras religiones, se transmitía oralmente de generación en generación. En muchas culturas antiguas, el analfabetismo era común, por lo que no había registro escrito. Muchas culturas escribieron y preservaron sus mitos y leyendas cuando la alfabetización comenzó a extenderse. Sin embargo, dado que estas historias se transmitieron de manera oral, muchas se han desviado de la fuente original, y puede haber más de una versión de la misma historia. Por ejemplo, Olodumare tiene muchos nombres en diferentes leyendas, como Olofin y Olodumare-Olorun. Algunas historias pintan a Olodumare como una deidad ausente que no está involucrada en los asuntos de la humanidad. Vive lejos en los cielos, incapaz de escuchar las oraciones de la gente. Mientras que otras historias afirman que Olodumare es una deidad omnisciente que sabe todo lo que sucede en el Cielo y en la Tierra.

En la jerarquía yoruba, nadie es más significativo que Olodumare:

- Olodumare
- Los orishás y los ajogún
- Humanidad
- Espíritus de los antepasados
- Animales y plantas

Los ajogún son entidades sobrenaturales que comparten similitudes con el concepto del Diablo en el cristianismo. Al igual que los espíritus malignos, estos seres traen muchas desgracias a los seres humanos, como enfermedades, accidentes y muchos otros problemas. Al mismo tiempo, fomentan el caos y los disturbios al igual que el Diablo. Sin embargo, uno no puede decir que un ajogún es malvado o ponerlos en la misma categoría que los demonios. En la religión yoruba, ningún ser humano o sobrenatural se considera todo bueno o todo malo. El bien y el mal existen en cada criatura, incluso en los ajogún. Esto también se aplica a los orishás, que pueden cometer ciertas maldades. Es una concepción justa y realista del mundo, ya que nada puede considerarse perfecto o completamente defectuoso.

Curiosamente, los espíritus de los antepasados están por debajo de los seres humanos en la jerarquía, a pesar de que su influencia es obvia en la religión yoruba. Estos espíritus solo pueden ejercer sus poderes a través de la veneración y el reconocimiento de los humanos. Los últimos en la jerarquía son los animales y las plantas. Sin embargo, esto no los hace menos importantes que la humanidad o los espíritus de los antepasados. Todas las criaturas poseen el espíritu de lo divino, lo que las hace a todas de igual valor e influencia. Por lo tanto, todos los seres humanos también están conectados, ya que comparten el espíritu de lo divino. Ni el color de la piel, ni la cultura, ni la religión de las personas pueden diferenciarlas. Todos compartimos un vínculo entre nosotros y con los demás seres vivos.

El pueblo yoruba cree en el destino u *orí*, que cada persona debe lograr antes de la muerte. Los orishás y los espíritus de los antepasados ayudan a las personas a alcanzar su destino. Sin embargo, si uno muere antes de cumplir con su orí, puede intentarlo de nuevo en la próxima vida. La muerte se considera una ocasión feliz que la gente debería celebrar. La reencarnación apoya esta creencia, ya que es algo que la gente espera con ansias. El pueblo yoruba no cree que la muerte sea el fin. La reencarnación o atunwa es un concepto prominente en su fe. Es la creencia de que el espíritu puede continuar su ciclo incluso después de que el cuerpo muere al regresar en diferentes formas físicas. Este concepto existe en muchas religiones, como el budismo y el hinduismo. Sin embargo, en la cultura yoruba se cree que se lleva a cabo dentro de la familia. Por ejemplo, un abuelo puede volver como su nieto. El género no es relevante. Los espíritus masculinos pueden volver en formas físicas femeninas y viceversa. Cuando el espíritu renace, lleva consigo la sabiduría y el conocimiento de su antepasado.

La vida y la muerte no se consideran opuestos o un principio y un final, sino que el espíritu pasa por un ciclo continuo de una forma física a otra. La reencarnación es un regalo que se otorga a la humanidad. Sin embargo, solo los espíritus de las buenas personas que llevan una vida honorable pueden experimentar el renacimiento. Las personas crueles que dañan a las criaturas de los dioses no reciben este regalo. Vivir una vida buena y feliz es una parte esencial de la fe yoruba, a diferencia de algunas religiones donde uno debe sufrir en esta vida para ser recompensado en la próxima.

Los yorubas se establecieron en otros países y culturas del mundo durante la época de la esclavitud, cuando fueron llevados a América. Aunque fueron presionados para convertirse al catolicismo, se aferraron a sus creencias y "escondieron" a sus orishás en los santos católicos. La cultura yoruba no era solo una religión. Representaba su identidad, algo que no pensaban abandonar. Aferrarse a sus creencias era un acto de rebeldía contra una cultura que quería borrar su historia y sus creencias.

Hay muchos festivales en la religión yoruba que celebran a Olodumare, a los orishás y a los espíritus de los antepasados. Se presentan ofrendas y se recrean algunos famosos mitos y leyendas. Todos los creyentes deben participar de estos festivales, o se considerará un insulto a los orishás, espíritus y dioses.

Cada tribu y persona tiene sus propias formas de celebrar a los orishás[34]

Los sacerdotes y sacerdotisas tienen un papel importante e influyente en la fe yoruba. Los sacerdotes se llaman Babalawo, que es una palabra yoruba que se traduce como "padre de los misterios". Dirigen todas las ceremonias religiosas. Al invocar a un orishá durante un ritual, el espíritu suele montar al sacerdote o sacerdotisa. Montar es una forma de posesión que no es contundente o mala como la posesión demoníaca.

Por el contrario, es un honor para el anfitrión. Luego, los asistentes pueden pedirle orientación e iluminación al orishá. Supongamos que un orishá incorpora en alguien que no es sacerdote o sacerdotisa. En ese caso, es una señal de que esta persona debe ser iniciada en el sacerdocio. Los Babalawos también realizan adivinación para los jefes o reyes yoruba y proporcionan consulta espiritual.

Un sacerdote o sacerdotisa primero debe iniciar a las personas que quieren practicar esta religión. Después de la iniciación, deben seguir ciertas reglas y pautas, como venerar a los orishás y abstenerse de comer carne de cerdo. Durante la iniciación, un orishá elige a alguien para guiar y ayudar a cumplir su destino.

Las pautas son:

1. Uno puede cambiar su destino excepto el día en que nace y el día en que morirá.
2. Cada persona es una parte del universo (esto no es figurativo, debe interpretarse de manera literal).
3. Uno debe llevar una vida exitosa, plena y feliz.
4. Uno nunca debe dañar la naturaleza.
5. Uno debe adquirir conocimiento y sabiduría a lo largo de su vida.
6. Cada persona nace con un destino y debe vivirlo.
7. Uno nace de sus parientes consanguíneos.
8. Uno nunca debe dañar a otra persona.
9. Uno debe trabajar con su ser mundano y espiritual.
10. Uno no debe temer a nada.
11. El cielo es el verdadero hogar de uno, mientras que el mundo físico es el mercado, y el espíritu humano está constantemente viajando entre los dos.
12. No existe el Diablo.
13. Los espíritus de los antepasados deben ser venerados.
14. Los orishá son parte de cada persona.
15. Solo hay una deidad principal.

Alrededor del 20 % de los yoruba practica la religión. Incluso aquellos que se convirtieron al cristianismo o al islam todavía se aferran a algunos aspectos de la religión yoruba que practicaban sus antepasados.

Santería

La santería es una religión yoruba que se originó en América del Sur y América Latina y en partes de los Estados Unidos. "Santería" es una palabra española que se traduce como *el camino de los santos*. La religión también tiene otros nombres, como *Religión Lucumí* y *La Regla de Ocha*.

En el siglo XIX, la santería llegó a Brasil, Cuba, Puerto Rico, Haití y Trinidad a través del comercio de esclavos. La religión llegó a los Estados Unidos en el siglo XX. Desde 1959, después de la revolución cubana, y hasta el siglo XXI, cerca de un millón de cubanos emigraron a Estados Unidos y a otros países de Sudamérica, donde difundieron sus prácticas religiosas. No solo las personas de ascendencia africana estaban interesadas en la santería, sino también los estadounidenses latinos y blancos. Incluso aquellos que no adoptaron las tradiciones de la religión tenían curiosidad por el concepto de los orishás. Se cree que millones de personas buscaron su ayuda en algún momento de sus vidas.

Sin embargo, antes de que la santería fuera ampliamente aceptada, los fieles practicaban su fe en secreto para evitar el castigo. Durante, las personas no pudieron mantener registros de su fe y transmitieron toda la información de manera oral de generación en generación. Las cosas cambiaron después de la revolución cubana cuando el gobierno reconoció abiertamente que la santería y sus seguidores no precisaban esconderse. Sin embargo, continúa siendo una tradición oral.

Hubo algunas preocupaciones dentro del gobierno cubano de que la santería podría estar asociada con la brujería. Sin embargo, esto no impidió que la gente mostrara interés en la religión. En la década de 1980, muchas personas se iniciaron en la santería, y su popularidad no ha disminuido desde entonces. Alrededor del 80 % de los cubanos sigue la santería o practica algunas de sus tradiciones.

Durante la esclavitud, los africanos descubrieron que solo podían practicar su religión combinando algunos de sus orishás con los santos católicos, de ahí el nombre de "santería". Sin embargo, algunos no están de acuerdo con la idea de que ambas religiones se fusionen. Los afrocubanos no encontraron la necesidad de mezclar las religiones, sino que siguieron ambas religiones simultáneamente, ya que encontraron muchas similitudes entre ellas. Muchos seguidores de la santería se han convertido y adaptado al catolicismo. Bautizan a sus hijos y van a la iglesia y siguen practicando la tradición de la santería en sus hogares y templos. No sienten la necesidad de renunciar a una fe para practicar otra, ya que ven el paralelismo entre las dos.

No hay muchas diferencias entre la creencia yoruba y la santería. En la santería, Olodumare también creó el universo, y los orishás influyeron mucho en la humanidad y en su vida cotidiana. La santería se basa en la relación que los devotos desarrollan con los orishás. Es una relación mutuamente beneficiosa donde los adoradores veneran a los orishás y reciben sus bendiciones a cambio. Los seguidores de la santería también creen en el concepto de orí y que Olodumare otorga a cada persona un destino que debe cumplir.

Cualquiera puede seguir la santería, sin importar su origen o edad. Durante la iniciación, se les pide a las personas que se vistan de blanco. Aquellos que quieran seguir la santería deben estar de acuerdo en vivir de acuerdo con el camino de los orishás o *la regla de ocha*. Hay ciertas reglas que deben seguir durante el proceso de iniciación, que puede durar hasta un año. Por ejemplo, no se les permite salir de la casa por la noche durante todo un año. No pueden tocar ni dejar que nadie los toque a menos que sean sus parejas o miembros de la familia, y solo deben usar ropa blanca. Todos los rituales de santería, incluida la iniciación, tienen lugar en público o en casa, ya que no hay templos. Dado que es una tradición oral, los ritos y ceremonias son una gran parte de la religión, ya que permite a los devotos compartir y transmitir las historias y prácticas.

La santería se ha convertido en una religión diversa, con personas de diferentes orígenes y culturas que la practican. Sin embargo, todavía se identifica como una religión afrocubana.

Vudú

El vudú siempre se ha asociado con la magia negra, los espíritus malignos, los demonios y el mal. Esta es una representación injusta difundida por la cultura popular. Al igual que el yoruba y la santería, el vudú es una creencia religiosa que no está asociada con la brujería. Esta idea errónea se deriva de algunas interpretaciones erróneas vinculadas al vudú durante siglos. Hollywood también ha desempeñado un papel en la creación de una imagen falsa de la fe y la ha asociado con el canibalismo, la tortura y la adoración al diablo. Los malentendidos comenzaron a finales del siglo XVIII cuando los testigos malinterpretaron un ritual vudú y pensaron que la gente estaba haciendo un pacto con el diablo.

El vudú es una de las religiones más antiguas del mundo [25]

El vudú, también escrito Vodoun y Vodou, se originó en Haití y llegó a América a través del comercio de esclavos. Muchos practicantes vudú residen en Nueva Orleans, Haití y diferentes partes del Caribe. Es una de las religiones más antiguas del mundo, ya que se cree que tiene 6000 años. El vudú moderno es diferente de sus prácticas antiguas, ya que se ha mezclado con las tradiciones africanas, la magia y el catolicismo. Sin embargo, el vudú es una religión dinámica que no se rige por un conjunto de reglas. Es tan flexible que dos templos en la misma ciudad pueden practicar tradiciones completamente diferentes.

Hay patrones comunes entre las tradiciones del vudú, ya que la religión yoruba influyó mucho sobre ella. Por ejemplo, los seguidores del vudú veneran a los espíritus de sus antepasados y adoran espíritus similares a los orishás llamados "lwas". Sus rituales suelen consistir en bailar y tocar el tambor. Tienen el mismo propósito que los orishás, actúan como intermediarios entre la deidad suprema vudú Bondye y la humanidad. Los humanos presentan ofrendas a los lwas y ellos brindan asistencia. Coexisten con los espíritus de los muertos en un lugar llamado Vilokan. El vudú es una religión monoteísta. Creen en un solo dios, Bondye. El nombre se deriva de dos palabras francesas, *bon dieu*, que se traducen como "buen dios".

Los practicantes usan muñecos vudú en sus prácticas religiosas. Sin embargo, no causan ningún daño. Las muñecas se utilizan principalmente para venerar a los lwas. El vudú también comparte muchas similitudes con el catolicismo, como las oraciones y el uso de velas.

Candomblé

El candomblé, originalmente llamado "batuque", es otra religión formada desde el catolicismo y las tradiciones africanas como el yoruba. La palabra "candomblé" significa *danza en honor a los dioses*. Más de dos millones de personas de muchos países, como Brasil, practican el candomblé. Los candomblecistas creen que hay múltiples deidades, cada una con sus propias responsabilidades y poderes. El concepto de destino también es importante, y los dioses ayudan a las personas a perseguir y cumplir sus destinos.

En los últimos siglos, la religión ha ganado muchos seguidores en Brasil y otros países. Sin embargo, el candomblé fue prohibido durante mucho tiempo, y la Iglesia católica perseguía a sus practicantes. La Iglesia temía la creciente popularidad del candomblé, ya que estaba asociado con revueltas de esclavos y prácticas paganas. En la década de 1970, las cosas cambiaron y la práctica del candomblé volvió a ser legal en Brasil.

A diferencia de las religiones abrahámicas, el candomblé no tiene textos sagrados como la Biblia o el Corán. Es una religión oral similar a otras creencias basadas en África. Los seguidores del candomblé, como los yorubas, creen en la deidad suprema Olodumare y en los orishás. Sin embargo, las creencias del candomblé difieren de una región a otra. Por lo tanto, tiene muchas variantes.

Los candomblecistas creen en la reencarnación, por lo cual no se permite incinerar los cuerpos de sus muertos. Aunque creen en la vida después de la muerte, la religión no se preocupa por el concepto de la otra vida. El orí o destino tiene un papel importante en la fe candomblecista, y cada persona debe cumplir el suyo. Algunos destinos son éticos, donde las personas llevan una vida honorable, mientras que hay destinos poco éticos, donde una persona se hace daño a sí misma y a los demás. Sin embargo, las acciones poco éticas tienen consecuencias. Las personas aprenden sobre sus destinos a través de los espíritus de sus antepasados. Durante un ritual, el espíritu monta (o posee) al sacerdote o sacerdotisa, y los asistentes pueden preguntarles sobre su destino.

Las sacerdotisas desempeñan un papel más importante que los sacerdotes, ya que dirigen los templos con la ayuda de un sacerdote. Las sacerdotisas son ialorixás, que significa *madres de santo*, y los sacerdotes se llaman babaloríxá, que significa *padres de santo*. La ialorixás también sirve como curandera y adivina dentro de su comunidad. Los seguidores del candomblé pueden practicar su religión en casa o en los templos. Uno debe seguir ciertas reglas antes de entrar en un templo, como usar ropa limpia.

Umbanda

La umbanda es otra religión brasileña basada en creencias africanas. La religión se practicó por primera vez en Brasil en el siglo XIX. Se extendió a otros países de América del Sur, como Uruguay y Argentina. Se estima que medio millón de personas practican la umbanda en Brasil. Sin embargo, se cree que el número podría ser mucho mayor, ya que muchas personas no lo practican en público. Los umbandistas adoran a la deidad suprema Olodumare, pero lo llaman Zambia y también veneran a los orishás.

Los umbandistas veneran los espíritus de sus antepasados, a quienes llaman Preto Velho (negro viejo) y Preta Velha (negra vieja). Estos son los espíritus de las personas que murieron durante la esclavitud. Estos espíritus son bondadosos y compasivos. Los bahianos son otro tipo de espíritu importante. También son espíritus de antepasados, principalmente de umbandistas muertos.

Los rituales de umbanda implican comunicarse con los espíritus de los antepasados, bailar, cantar y tocar tambores. Durante los rituales, todos los practicantes deben vestir de blanco y estar descalzos en todo momento. Los zapatos no tienen cabida en los rituales de umbanda, ya que son impuros.

Cuando los esclavos fueron traídos de África al nuevo mundo, no pudieron traer muchas de sus pertenencias. Perdieron a sus familias, sus hogares y su libertad. Lo único que nadie podía quitarles era su identidad. Las religiones africanas representaban quiénes eran y en qué creían. Por esta razón, trajeron consigo sus creencias, historias y canciones. Eran las únicas cosas que les recordaban a casa. Años más tarde, estas religiones siguen influyendo no solo en la vida de los africanos, sino también en personas de diferentes culturas y orígenes.

Capítulo 2: ¿Qué es el orí?

En el idioma yoruba, la palabra "orí" significa "cabeza". Sin embargo, la traducción no es tan literal. Según la cosmología yoruba, el orí representa la conciencia humana, una parte del cuerpo y el alma. El orí conecta a las personas con la deidad suprema Olodumare. Esta conexión es similar al cordón umbilical, que conecta a una madre con su hijo. Por lo tanto, es el medio para conectarse y comunicarse con Olodumare. Dado que Olodumare es el creador de todo y existe en todos, el orí puede ser considerado un símbolo de la deidad que dio vida a todos los seres vivos.

Aunque la traducción literal de orí es "cabeza", en realidad representa la conciencia humana[26]

Es esencial tener en cuenta que el orí no representa el destino en sí, sino su estructura. Es el árbitro de nuestro destino. El concepto de destino, o Ayanmo, es uno de los componentes del orí. El orí es un mapa que planifica el camino que cada persona tomará en su vida. El concepto de orí está conectado con la idea de destino. Es la esencia de cada persona, su verdadera naturaleza, y cada individuo tiene su propio orí único.

Su asociación con lo divino es lo que lo hace sagrado. Es algo más que la cabeza física que contiene el cerebro. Es donde existe el yo espiritual interior. El orí es también nuestra esencia. Es la personalidad que nos define y la fuerza principal detrás de todas nuestras acciones. Es lo que impulsa nuestros pensamientos y emociones. Si quiere aprender sobre su verdadera naturaleza, conozca su orí. Las personas que tienen una crisis de identidad o se quejan de no saber quiénes son, necesitan profundizar en sí mismas, pelar todas las capas y encontrarse cara a cara con su ser interior. El pueblo yoruba describe al orí como un espíritu, y su poder se encuentra entre Olodumare y los seres humanos. Por lo tanto, puede ser una entidad propia, un orishá.

Los orishás son entidades sobrenaturales creadas por Olodumare. Cuando creó el universo, se dio cuenta de que el cerebro humano era demasiado simple para comprender el concepto de una deidad tan poderosa. Por lo tanto, no podría interactuar directamente con los seres humanos. Olodumare creó a los orishás para ayudar con los asuntos de la humanidad. Uno de los propósitos de los orishás es ayudar y guiar a la humanidad a alcanzar su destino. También pueden traer equilibrio y alineación entre los aspectos físicos y espirituales. Por lo tanto, lograr una alineación con el propio orí también es útil.

El pueblo yoruba cree que antes de que cada persona nazca, eligen su propio destino, dónde vivirán, de quién se enamorarán, cuántos hijos tendrán e incluso cómo morirán. Cada persona se arrodilla en el cielo frente a Orunmila, el orishá de la divinidad, y elige su destino con la aprobación de Orunmila. Olodumare luego sella los orís elegidos, y a nadie se le permite interferir o alterarlos. Esto significa que cada persona elige cómo va a vivir su vida. Sin embargo, cuando una persona nace, se olvida de su orí y se pasa la vida tratando de recordarlo y cumplirlo.

Dado que cada persona elige su propio destino, es responsable del tipo de vida que llevará. Elegir un buen orí garantiza que uno vivirá una vida feliz donde lograr todos sus objetivos. En otras palabras, un buen orí es un equivalente a ser "afortunado", y se puede tener todo lo que uno quiera. Se casan con su alma gemela, tienen una carrera satisfactoria, viven en las casas de sus sueños, tienen buena salud y buenos hijos, y se hacen ricos. Todo lo que tocan se convierte en oro, y todo lo que quieren, pueden tenerlo. El concepto del orí explica por qué algunas personas llevan vidas felices y exitosas mientras que otras luchan tanto. Todos los eventos grandes e influyentes en la vida de una persona, como tener un talento especial, hacerse rico o morir joven, se atribuyen a su orí.

Tener orís malos o imperfectos conducirá a una vida difícil e infeliz donde uno solo experimentará mala suerte. Tendrán dificultades para lograr sus objetivos y sufrirán durante la mayor parte de sus vidas. Sin embargo, el orí de uno no es fijo, y uno puede cambiar las cosas y remediar su destino. Cada vez que uno se siente mal por su mala suerte y nada parece ir como quisiera, o cuando uno se siente perdido y busca respuestas sobre sus vidas, es porque su orí pide tranquilidad. Ciertos rituales y sacrificios pueden traer una gran transformación, alterar el destino de uno para mejor y traer equilibrio y alineación a la vida espiritual. Notará un cambio cuando logre alinearse con su orí. La positividad reemplazará la negatividad en su vida, se sentirá satisfecho y alcanzará la paz interior.

La pregunta es: ¿La gente elige un orí malo? Si controla su destino, ¿cómo es que tantas personas terminan fracasando y sufriendo en la vida? Elegir un buen orí no garantiza una vida feliz. La forma en que una persona emplea su orí en ambos sentidos (cabeza y destino) es lo que determina si uno falla o tiene éxito en la vida. Por ejemplo, si elige un orí para convertirse en médico, pero no estudia medicina, no cumplirá su destino y, como resultado, puede sentirse infeliz. Ser una buena persona también puede afectar su orí. Ya sea que su orí sea perfecto o defectuoso, nunca podrá darse cuenta sin un buen carácter.

Orí gbe eni naa es un dicho muy popular entre el pueblo yoruba, y se traduce como *Tu cabeza puede darte prosperidad.* Mientras que otro proverbio dice: *Orí eni naa gba 'bode,* que significa *Tu cabeza te decepcionó.* Los dos dichos muestran la importancia de nuestro orí para determinar nuestro tipo de vida. Según el pueblo yoruba, aquellos que no aprovechan sus orís son considerados tontos.

Orunmila, el orishá de la sabiduría y el conocimiento, puede arreglar y cambiar el orí de uno. Su influencia en el cambio de destino fue mencionada en la mitología yoruba. Uno de sus poemas de oración describe a Orunmila como el salvador de los menos afortunados, ya que puede cambiar el orí o el destino de aquellos que morirán jóvenes. El poema menciona que tiene el conocimiento y la sabiduría para arreglar un mal orí y cambiar el curso de vida de las personas.

Elegir su destino demuestra que todos estos seres poderosos como Olodumare y los orishás no tienen control sobre él. El pueblo yoruba cree en el libre albedrío. Nuestro orí puede interpretarse como nuestro propio dios que gobierna la vida bajo la supervisión de lo divino, que no controla ni se inmiscuye en el destino de la humanidad, sino que simplemente observa. Olodumare, con todo su poder, no puede interferir ni cambiar el orí de uno. La participación de la deidad en la vida de la humanidad es inexistente. Aunque algunas historias describen a Olodumare como una deidad que está allí para su creación, este no afecta al orí de las personas. Tampoco Orunmila interferiría en el orí a menos que lo invocaran y se lo pidieran.

Cada persona debe nacer con un orí. Si una persona no tiene un destino, no tendría sentido su existencia. No tendrían nada por lo que vivir. Cuando Olodumare creó la humanidad, le dieron a cada persona su propio orí para vivir la vida que quisieran y lograr todos sus objetivos.

Dado que las personas olvidan sus orís después del nacimiento, descuidan el concepto por completo y pierden la conexión que una vez compartieron con su destino. ¡Su orí no es algo desconocido! Lo conoció antes de salir del vientre de su madre o dar su primera bocanada de aire. Reconéctese con él una vez más reconociéndolo y mostrándole amor y devoción. Pídale bendiciones y buena fortuna, y ore para que su orí le dé un buen día todas las mañanas. Que esa conexión sea parte de su rutina diaria para garantizar una alineación con su destino y una comprensión más profunda de sí mismo. Trate a su orí como a un amigo y hable con él cada vez que se sienta solo. Ábrase y no tenga miedo de mostrar su yo más vulnerable.

Obatalá, el padre del cielo y el orishá que creó a los seres humanos, moldeó la cabeza humana con arcilla. Por lo tanto, fue responsable de crear la conciencia humana. Obatalá no usó poderes mágicos para crear los orís. Moldeó cada uno a mano como un artista. Por lo tanto, los orís son todos diferentes. Como cualquier obra de arte, algunas serán perfectas, mientras que otras pueden ser defectuosas. En el mito de la creación en la mitología yoruba, cuando Obatalá estaba moldeando seres humanos, se emborrachó y terminó creando personas deformes. Culpable y avergonzado, Obatalá juró no volver a beber nunca más, y se convirtió en el protector de los seres deformes.

Cuando un individuo elige su orí, no solo está eligiendo un destino, sino también un patrón específico de energía para brindar asistencia y guía a la conciencia durante la reencarnación. Este patrón de energía, que también se conoce como fuerza espiritual, ayuda al orí o conciencia de la persona durante la reencarnación. Esta fuerza espiritual también puede referirse al orishá personal, ya que cada persona debe tener su propio espíritu para ayudarlos a realizar su orí. Con el tiempo, después de que el espíritu experimente múltiples reencarnaciones, el orí o conciencia de la persona se expandirá debido a la sabiduría y el conocimiento que obtiene con cada reencarnación.

Orí: ámbitos de percepción

El pueblo yoruba cree que el orí funciona con cuatro ámbitos de percepción. Todos están gobernados por la conciencia, de ahí su asociación con el orí.

- La primera se describe como "emociones de identidad", que se utilizan para reflexionar sobre su experiencia interna.
- Evalúe cómo una nueva experiencia puede afectar su relación con los demás y su nivel de empatía hacia ellos.
- Acceder, además, a la memoria para recordar experiencias pasadas similares.
- Imagine el impacto de esa experiencia en el futuro.

A lo largo del día, uno experimenta estos cuatro modos. Es la forma en que el cerebro absorbe y procesa la información. Cada vez que uno se encuentra con una nueva experiencia, evalúa su impacto en sus emociones, lo que puede traer recuerdos o emociones del pasado. Luego evalúan el impacto que esa experiencia tiene en sus relaciones actuales y las consecuencias de esta experiencia en el futuro. En la mitología yoruba, la forma en que una persona percibe la información puede tener un gran impacto en su personalidad. El pueblo yoruba tiene un dicho que dice: sale de su casa por la mañana siendo una persona y vuelve por la noche siendo una persona diferente.

Estar conectado con nuestro aspecto espiritual hace que seamos más conscientes de cómo procesar nueva información y experiencias. Al emplear el orí o conciencia, podemos expandir nuestra percepción del mundo y cómo vivir a través de experiencias personales.

El orí no es solo nuestro destino, sino también nuestra conciencia. Sin orí, no podríamos interpretar las experiencias humanas, comprender ni procesar ninguna información nueva.

Tipos de orí

En la mitología yoruba, la cabeza del humano es el centro de su poder divino y es un regalo de Olodumare. La cabeza se considera la parte más importante del cuerpo humano. Por lo tanto, es el hogar de nuestro orí. Hay tres tipos diferentes de orí: Consiste principalmente en los aspectos físicos y espirituales de una persona.

Orí ode

El orí ode se refiere a la cabeza física. No es tan importante como el orí inu. De hecho, el valor del orí ode radica en su asociación con los seres humanos y que engloba la cabeza espiritual. Dado que el orí inu es invisible, la cabeza física simboliza el aspecto espiritual y el yo interior.

Orí inu

Orí inu es la cabeza espiritual que existe dentro del orí ode, y no pueden separarse uno del otro. Representa la conexión entre los aspectos físicos y espirituales de una persona. Están entrelazados y juntos representan nuestra identidad.

El orí o conciencia es el aspecto misterioso de una personalidad, mientras que el aspecto espiritual está envuelto en misterio. El orí inu es un misterio dentro de otro misterio. El pueblo yoruba describe al orí inu de una manera interesante, como el ser interior que baila y se mueve *frente a la alfombra*. La alfombra aquí representa la unidad de toda la creación divina.

El orí inu es complejo y rico. Incluso cuando una persona llega a desbloquear su orí ode, encontrará otra capa mucho más intrincada, misteriosa e imprecisa. Curiosamente, esta es la fuente de su conocimiento, sin embargo, todavía es desconocido para el orí. En muchos rituales y ceremonias yorubas, los practicantes buscan la ayuda de los orishás para descubrir los secretos del orí inu y revelarlos al orí.

En la fe yoruba, los recién iniciados tienen prohibido mirarse en los espejos porque pueden perder una parte de sí mismos en el espejo y no la recuperarán hasta que puedan acceder al orí inu.

Orí apere

La palabra orí apere significa "patrones". En este caso, representa los patrones de conciencia. En la mitología yoruba, los patrones de energía en cada ser vivo se conocen como "Odu". Estos patrones se repiten a lo largo de la creación. Por ejemplo, hay diferentes tipos de fuego, el fuego que proviene de un horno, el fuego del sol y el fuego de un fósforo. Todos comparten los mismos patrones de energía, pero provienen de diferentes fuentes. Es bastante similar a la idea de la reencarnación, donde el espíritu renace en diferentes formas físicas.

Preguntas frecuentes

¿Todos tienen un orí?

Sí, todo el mundo tiene un orí. El concepto de destino siempre ha estado asociado con la humanidad. La humanidad perecería si uno no tuviera un propósito. Según la mitología yoruba, cada persona debe elegir su propio destino.

¿Puede el orí ser malo?

Sí y no. Esta pregunta está abierta a muchas interpretaciones. Nadie elige un mal destino a propósito. Sin embargo, algunos aspectos pueden interferir con su orí y hacerlo malo. Por ejemplo, si los orishás están enojados, experimentará muchos eventos desafortunados hasta que los tranquilice. Si no aprovecha la sabiduría y el conocimiento del orí, se volverá malo. Un mal carácter también puede afectar al orí.

¿Puedo cambiar mi orí?

La mitología ofrece respuestas variadas. Olodumare ha sellado los orís de cada persona y no permite que nadie interfiera con ellos. Por otro lado, hay creencias de que puede mejorar su orí y cambiar su suerte conectándose con él y agradando a su orishá. Los poemas antiguos también cuentan cómo Orunmila ha cambiado el orí de las personas. Es reconfortante creer que el destino de uno no está fijo y que puede cambiarse,

¿Todas las personas cumplen con su orí?

Según la creencia yoruba, cada persona debe cumplir con su orís. Sin embargo, si fallan, pueden volver a intentarlo en otra vida cuando reencarnen.

¿Pueden Olodumare o los orishás alterar mi orí?

Ninguno de estos seres puede afectar su orí. El destino de una persona es su elección, y ninguna deidad puede cambiar su destino. Solo orishá Orunmila tiene este poder, pero nunca interferirá a menos que lo invoque.

¿Mi orí está unido a mí o está separado?

Su orí está unido a usted. Es similar al concepto de aura, algo que siempre está ahí, pero no puede ver ni separarse de él.

¿Descubriré mi orí en algún momento?

Si, pero no tan fácil. No descubrirá su destino como un todo. El orí se revela poco a poco.

¿Recordamos nuestro orís?

Olvidamos nuestro orís cuando llegamos a la Tierra. La vida sería aburrida si todos tomaran conciencia de su destino.

¿El orí sugiere que todo sucede por una razón?

En la cultura yoruba, no hay coincidencias, y nada es aleatorio. Todo está planeado desde el momento en que uno elige su orí.

¿Cómo puedo alcanzar mi orí?

Puede lograrlo alcanzando cierto nivel de sabiduría, integrando su corazón y mente, sus emociones y pensamientos.

En la vida, hay muchos misterios y preguntas sin respuesta. Aunque misterioso, el concepto de los orís puede responder algunas de nuestras preguntas más importantes, como ¿por qué estamos aquí? La respuesta corta: para cumplir con nuestro orí. Esto explica muchos misterios de la vida. Las personas siempre hacen preguntas de "por qué" cada vez que se encuentran con eventos desafortunados, "¿Por qué yo?" ¿Por qué ahora? Algunas religiones enseñan a sus seguidores a no hacer estas preguntas, ya que todo sucede por una razón o una parte del plan de Dios. Esta respuesta no siempre es satisfactoria y es posible que se necesite más información.

El concepto de orí explica que todo es parte de un plan, pero es *su plan*. Todo lo que le sucede lo ayuda a cumplir el destino que ha elegido. No necesita preguntarse por qué. Porque todas las respuestas están en el destino que ha elegido. Cuanto más se acerque a cumplirlo, más claras serán las cosas y tendrá menos dudas.

Nada tiene mayor influencia o impacto en su vida que su orí. El propósito principal de una persona en la vida es cumplir su destino. Cada acción que toma lo acerca más a su orí. Le da un propósito incluso cuando no es consciente de ello. Los seres humanos están en esta Tierra con un solo propósito, descubrir y cumplir su orí.

El orí es un concepto universal que existe en todas las religiones, no solo en las prácticas de África. Simplemente va cambiando su nombre, pero no importa en qué crea, nadie puede negar o escapar de su destino.

El concepto del orí es tan complejo como fascinante. La idea de destino existe en todas las religiones y credos. Sin embargo, las religiones yoruba lo retratan de manera diferente y le dan todo el poder a los seres humanos en lugar de a la deidad. Esto plantea la siguiente pregunta: ¿uno opera sobre el libre albedrío o el destino? El próximo capítulo responderá a esta pregunta universal que la gente ha estado reflexionando durante siglos.

Capítulo 3: Destino vs. libre albedrío en la cultura yoruba

Existe un debate de larga data entre los yoruba sobre el destino y el libre albedrío. Este debate ha hecho eco durante siglos a través de su literatura oral, prácticas religiosas y tradiciones filosóficas. En un lado de este argumento se encuentra la creencia de que el destino o porvenir dicta el curso de la vida de una persona, y todos los resultados están predeterminados por un poder superior. Por otro lado, está la creencia de que tenemos libre albedrío y que nuestras acciones influyen directamente en nuestro futuro. Se cree que dentro de cada uno de nosotros existe una chispa de divinidad, que nos da la capacidad de elegir libremente. Al examinar las diversas perspectivas de este debate, queda claro que el pensamiento yoruba es mucho más matizado y complejo, y que no se puede simplificar en una elección binaria. Ejemplifica las complejidades de la vida humana a medida que buscamos continuamente dar sentido a nuestras acciones y nuestro lugar en el universo. Comprender ambos lados de este argumento conduce a una apreciación de todas las posibilidades.

El libre albedrío yoruba

En la cultura yoruba, el concepto de libre albedrío es parte integral de la vida cotidiana. Una creencia fundamental es que cada individuo tiene autonomía y control sobre su propio destino y que tiene el poder de dar forma a sus circunstancias. Esta idea se refleja a través de varias costumbres tradicionales, como ofrecer sacrificios a los dioses o usar ciertos encantos para influir en los resultados. También se ve a menudo en la importancia que se le da al diálogo y al debate: hablar de las cosas en lugar de someterse a un resultado predeterminado está en el centro de las culturas yorubas. Estas creencias a menudo también se extienden más allá de los individuos, ya que la acción colectiva y el trabajo conjunto para el cambio se consideran formas poderosas de afirmar la propia voluntad o lograr un resultado deseado. Tal como lo concibe la cultura yoruba, el libre albedrío es mucho más que poder elegir: se trata de reconocer cómo cada esfuerzo que hacemos afecta nuestro destino, ya sea individual o colectivamente. Por lo tanto, alienta a las personas a esforzarse para lograr el resultado deseado utilizando todas las herramientas disponibles. En última instancia, el libre albedrío en la cultura yoruba sirve como un recordatorio de que tiene la capacidad de vivir la vida en sus propios términos. Enfatiza el entendimiento de que no importa qué fuerzas externas estén en juego, las personas siempre tendrán el poder de elegir. Esta actitud positiva puede ser adoptada por todos.

¿Cuál es la idea del destino u orí?

En la cultura yoruba, el concepto de orí está estrechamente relacionado con el destino. En el momento del nacimiento de una persona, se cree que su orí (o cabeza) está unida a Olodumare, el ser supremo del universo. Esta conexión permite a las personas acceder al poder espiritual, alineándolas con su destino final. Según la tradición yoruba, este camino debe seguirse durante su vida para desarrollar su potencial y alcanzar el éxito. La película de Nollywood "Orí" (Cabeza/Destino), lanzada en 1991-1992, aborda esta idea de manera única y memorable. Narra la historia de tres personas luchando en su camino, tratando de dar sentido a su destino y alcanzar la realización y el éxito. Al atravesar varios desafíos, cada uno se encuentra cara a cara con el destino según lo ordenado por Olodumare, y finalmente llegan a una resolución. Al igual que en la vida real, abrazando nuestro orí podemos hacernos cargo de nuestro destino y encontrar nuestro lugar en el mundo. Como dijo una vez el filósofo yoruba Oduduwa: "Si quieres lo que nunca has tenido, tendrás que hacer algo que nunca has hecho". Depende de nosotros escuchar nuestro orí y superar el miedo o la complacencia, ya que solo así podremos alcanzar nuestro máximo potencial y lograr el verdadero éxito.

En el sistema de creencias del pueblo yoruba, el orí es el alma individual y el ser interior de una persona. Se ve como la parte de uno mismo que determina el destino o el camino de vida predeterminado que uno debe tomar. Esta idea surge de la idea de que cada persona tiene un guardián espiritual y físico que ayuda a guiarla, llamado orishá, que se da al nacer y permanece con cada individuo durante toda su vida. Se cree que el orí está conectado a este orishá e influye en todos los aspectos de su vida de una forma u otra. El total de las experiencias del orí determina el éxito futuro de un individuo, desde la salud hasta la riqueza e incluso el amor verdadero, lo que lo convierte en una fuerza poderosa para la vida de cualquier persona. Los creyentes se esfuerzan por comprender y alinearse con sus orís y así alcanzar la prosperidad en sus vidas. Al meditar sobre la conexión mística entre el yo y el destino, las personas pueden alcanzar su máximo potencial y conseguir claridad sobre su lugar en el mundo. Según las creencias tradicionales yoruba, comprender su propio destino es clave para lograr la realización en la vida.

Las creencias que rodean al orí son vastas y están entrelazadas en muchos aspectos de la cultura y la espiritualidad yoruba, dando lugar a un importante conjunto de prácticas, como la adivinación Ifá y el mantenimiento del orden espiritual a través de ofrendas ceremoniales para que su orí permanezca equilibrado en su interior. Como resultado, el orí se arraiga firmemente como parte integral de la historia, la tradición, la reverencia ancestral, la rectitud moral y la identidad personal dentro de la cultura yoruba, un testimonio tal vez de su importante influencia en la revelación del camino de cada individuo hacia los buenos resultados del destino. Ya sea que provenga de un lugar con estas tradiciones o simplemente haya buscado una mayor comprensión de la influencia del Destino en nuestro viaje de vida, trabajar con su orí ofrece una visión profunda que puede revelar su verdad interior y su conexión con la divinidad de manera más completa. Independientemente de los antecedentes o la historia de origen, descubrir su orí le ayuda a orientarse hacia el empoderamiento y revelar dones ocultos que ayudan a manifestar crecimiento personal a lo largo del viaje.

¿Cómo trabajan los diferentes componentes del orí?

El pensamiento yoruba es una herramienta poderosa para entender el mundo y nuestro lugar en él. Básicamente, gira en torno a la idea del destino, u orí. Según la tradición yoruba, este destino está formado por cuatro componentes clave: Iwa (carácter inherente), Arugba (guía divina), Ebo (intercambio) y Orí Inu (situación de la cabeza). Cuando se consideran en conjunto, estos elementos proporcionan una explicación completa de cómo se forman nuestros destinos.

Iwa es el carácter inherente de una persona, que da forma a quiénes son en su esencia. Podría decirse que es la pieza más importante de su destino. El Iwa incluye rasgos físicos como el color de ojos y cualidades más profundas como su capacidad para crear relaciones significativas. Este elemento también ayuda a explicar por qué las personas pueden inclinarse a repetir ciertos comportamientos a pesar de probar diferentes estrategias.

Arugba es similar a la gracia divina y se relaciona más estrechamente con las influencias externas que llegan al ser parte de un grupo. Tiene que ver con los beneficios que las personas reciben de su comunidad, familia y antepasados y sirve como una apreciación de los vínculos con el pasado y el futuro, enfatizando la interconexión con los demás.

El Ebo se centra en los intercambios entre las personas y el universo, en particular las acciones que aumentan o alteran la suerte o la fortuna de un individuo para ayudar a desarrollar aún más su destino. El Ebo incluye ofrendas, oraciones y sacrificios hechos para que algo positivo suceda. También está estrechamente relacionado con la reciprocidad entre las personas que intercambian artículos o favores que, en última instancia, facilitan el crecimiento de todos.

Finalmente, el Orí Inu representa el poder de la cabeza, literalmente, la cabeza física de una persona, pero también su mente o pensamiento, y tiene como objetivo recordar a las personas que tienen control sobre sí mismas. Este control puede variar desde simples decisiones sobre cómo llevamos nuestras vidas hasta controlar nuestra conexión con fuerzas invisibles. En todos los casos, ayuda a definir y refinar la definición personal de uno mismo más allá de los límites biológicos para que se pueda lograr el verdadero destino. Cuando se combinan, estos elementos ofrecen un potencial ilimitado de crecimiento que alimenta la búsqueda de una vida verdaderamente significativa basada en el destino, tal como lo define el orí en la cultura yoruba. Al comprender estos componentes, podemos aprender cómo encajan los diferentes aspectos, lo que nos permite abrazar nuestro destino de manera efectiva. Esta comprensión nos ofrece una visión profunda de nosotros mismos, nos ayuda en nuestra vida y nos muestra el significado de las cosas que nos rodean. Juntos, estos elementos ofrecen un potencial ilimitado de crecimiento que alimenta la búsqueda de significado de un individuo basada en el destino tal como lo define la cultura del orí. Al adoptar este sistema único de creencias, podemos aprender cómo todas las partes se encajan y permiten el acceso para comprendernos más plenamente y encontrar caminos hacia la satisfacción de la existencia significativa de la vida.

¿Cómo se puede realinear o recrear su orí?

El concepto de orí o cabeza en la cultura yoruba está profundamente arraigado en la tradición y en constante evolución para cada individuo. Es un sistema de creencias que establece que todos llevan su destino dentro de sí: funciona como una fuerza guía, equilibrando los pensamientos, las emociones y las decisiones. No se puede crear o cambiar por completo, pero se puede alinear a través de rituales como ceremonias de nombramiento, la adivinación Ifá y las máscaras egungún. En términos generales, cambiar el propio orí requiere una consulta con un babalawo (adivino) experimentado. Esto puede ayudar a realinear su orí si ha sido interrumpido por eventos de la vida como una enfermedad o una muerte en la familia, y así devolver el equilibrio a su vida. Ciertos aspectos del orí no se pueden cambiar, pase lo que pase. Se cree que estas secciones representan partes de nuestra identidad colectiva, derivadas de nuestra ascendencia y transmitidas a través de generaciones. Sin embargo, muchos expertos están de acuerdo en que usted tiene control sobre aquellos aspectos de su orí que se relacionan con la autodeterminación. Esto incluye asumir la responsabilidad de las decisiones que afectan el curso de su vida, incluyendo dónde o cómo vive, cómo interactúa con las personas, qué trayectorias profesionales elige y cómo practica la espiritualidad, etc. En esencia, el orí de una persona debe reconocerse como una parte integral de su identidad, pero también debe entenderse como algo que puede verse afectado por las elecciones y decisiones personales. En consecuencia, se hace posible adaptar y modificar el propio viaje en el tiempo sin desatender por completo los fundamentos impuestos por la tradición o las costumbres. En esencia, la noción de una cabeza ancestral sirve como un recordatorio constante para reflexionar sobre la fuerza que se encuentra tanto en el cambio dinámico como en la aceptación arraigada dentro de la cultura yoruba.

Entender realmente nuestro orí es reconocer la importancia que se le da a honrar la herencia africana al tiempo que reconocemos nuestra capacidad de crecimiento. Solo así las personas pueden aprovechar realmente su capacidad para entender su destino. Según las creencias yorubas, cuando vivimos fieles a nuestro ser auténtico, nos conectamos espiritualmente con nosotros mismos, la familia/comunidad/linajes ancestrales, etc., así como con la naturaleza que nos rodea, y entendemos mejor a nuestro Creador para entender que el propósito final del hombre en la Tierra es lograr la paz y la unidad a través del amor.

Orí Apere y la modificación del orí

En la cultura yoruba, el Orí Apere se utiliza para ayudar a una persona a lograr el equilibrio y la armonía dentro de sí misma. Se refiere a la "fuerza personal" o poder espiritual que tiene un individuo, que influye en su comportamiento y su trayectoria de vida. El Orí Apere actúa como una brújula, ayudando a guiar al individuo a través de desafíos físicos y emocionales. En las creencias tradicionales yoruba, cuando el Orí Apere de alguien se desequilibra debido a la adversidad o grandes cambios en la vida, debe restaurarse para alcanzar su máximo potencial. Esto se puede lograr a través de la oración, la meditación y otras formas de práctica espiritual. El objetivo es volver a despertar el poder del yo original y reconectarse con su propósito superior. En última instancia, si las personas pueden realinear su Orí Apere, tendrán acceso a nueva energía, lo que les ayudará a avanzar en su viaje mientras se mantienen fieles a lo que son. Al tomarse el tiempo y el esfuerzo para restaurar su fuerza, estarán mejor equipados para los desafíos de la vida. En última instancia, esto ayuda a una persona a aprovechar su fuerza interior y actúa como un indicador que le permite avanzar sin dejar de ser fiel a sí misma. Eso les da fuerza independientemente del tipo de adversidades que encuentren en su camino. Después de todo, la alineación personal es clave para las personas que desean desarrollar todo su potencial. Los desequilibrios entre los estados físicos, emocionales y mentales disminuirán en gran medida, lo que podría impedirle alcanzar sus objetivos.

Componentes del Orí Apere

1. Ayanmo

El ayanmo es un componente integral del Orí Apere. Es una de las partes más importantes de la cultura yoruba y está estrechamente asociada con el crecimiento espiritual y la armonía personal. Traducido literalmente, Ayanmo significa "*recuperar la esencia*" y se refiere al proceso de volver a estar en contacto con la fuente divina y restaurar el equilibrio tanto en el cuerpo como en la mente. Este concepto se basa en la creencia de que cada persona tiene tres almas. Estos son el físico (que reside en el cuerpo), el astral (que existe dentro y más allá del espacio) y el espiritual (que está conectado a un poder superior).

A través de la meditación y la introspección, un individuo puede desarrollar su conexión con estas tres almas, alineándose con su propósito superior. Participar en estas actividades ayuda a las personas a comprender qué los motiva y los guía hacia una mayor autoconciencia. Al equilibrar la vida espiritual de un individuo, el Ayanmo ayuda a las personas a vivir más armoniosamente consigo mismas y con sus seres queridos, al tiempo que fomenta una fe inquebrantable en el orden divino. Además, reafirma que cada persona debe tener en cuenta las expresiones de los tres planos: físico, astral y espiritual, para la realización total y la iluminación. El ayanmo es realmente un elemento fundamental para cualquiera que busque un significado más profundo en la vida o desee desbloquear un mayor potencial interno de acuerdo con la cultura yoruba tradicional.

2. Akunleya

Se encuentra principalmente en Nigeria y es un componente importante de la cultura yoruba. Es el concepto de usar un discurso respetuoso en todo momento, independientemente de con quién estemos hablando y de la situación; esencialmente, se refiere al trato en la conversación. Akunleya significa "cortesía" y tiene que ver con abstenerse de hablar de temas incómodos o controvertidos. Este concepto se basa en el respeto por los demás y por nosotros mismos. Desempeña un papel esencial en muchos aspectos de la vida, desde las relaciones familiares y comunitarias hasta las relaciones comerciales. El uso adecuado del akunleya fomenta un entorno social pacífico. Permite a las personas resolver problemas en lugar de chocar entre sí.

Además, fomenta la confianza entre las personas, ayudándolas a construir relaciones beneficiosas basadas en el entendimiento y el respeto mutuos. Akunleya es parte del Orí Apere, que es algo así como *carácter personal* y se refiere a las prácticas que una persona debe mantener si desea ser respetada por sus pares. El principio de Akunleya se encuentra arraigado en la cultura yoruba, y alienta a las personas a tener conversaciones empáticas en lugar de fuertes discusiones. Sirve como un recordatorio de que siempre se debe priorizar el discurso educado al interactuar entre sí.

3. Akunlegba

El akunlegba es más que solo semántica; conlleva un profundo significado para los yoruba. En esencia, este concepto habla de la transformación física, espiritual e intelectual que debe existir para que una persona sea completa. Físicamente, el akunlegba sostiene que debemos trabajar activamente para desarrollar y mantener un estilo de vida saludable que pueda mantener la vida a lo largo del tiempo. Aquellos que se adhieren a estos ideales buscan la fuerza física y la agilidad mental. Espiritualmente, el akunlegba habla sobre vivir una vida con mentalidad de comprensión y respeto por la fe, asumir la responsabilidad del desarrollo personal y practicar externamente un comportamiento virtuoso a través del servicio a los demás. Intelectualmente, el akunlegba alienta a las personas a perfeccionar su comprensión al participar en el análisis, pensamiento crítico y comunicación informada entre culturas, básicamente el transnacionalismo mental o la educación más allá del sistema de fe o la cultura individual. En resumen, el akunlegba es un requisito filosófico esencial para desarrollar una comprensión auténtica de nosotros mismos y de nuestro entorno en el contexto yoruba, tanto los aspectos tangibles como los intangibles, que sirve como guía para una socialización adecuada a lo largo del viaje de vida de cada persona. Las personas se convertirían holísticamente en administradores sabios con la capacidad de proteger los activos naturales a través de prácticas sostenibles al mismo tiempo que inspiran a otros a comportarse igual.

El akunlegba es visto como una puerta de entrada entre el cielo y la tierra, actúa como mediador entre ambos reinos. Incluye rituales para abrir una conexión entre dioses o espíritus y humanos. Según la leyenda, se dice que el hombre desciende de Dios a través de tales puertas. Esto se codifica en varios objetos manipulados por los practicantes durante las ceremonias de limpieza espiritual o invocación en los altares. Quienes participan en esas festividades a menudo reciben orientación de fuerzas energéticas divinas o divinidades que se escabullen en estos puntos de contacto entre el Cielo y la Tierra. Se cree que utilizar las energías del akunlegba y alinearse con los poderes divinos a través de la adoración ancestral puede revelar soluciones para lidiar con estados y circunstancias desfavorables, evitando que aquellos que dependen de los métodos tradicionales de adivinación logren el éxito y obtengan un propósito en el viaje de vida hacia su destino. Por lo tanto, cualquier persona que busque el autodesarrollo o la curación puede explorar esta práctica milenaria como una solución efectiva. En conclusión, al utilizar este poderoso componente que se encuentra dentro del Orí Apere, los practicantes pueden utilizar su sabiduría, aprovechada hace siglos, para alterar los destinos de las personas y traer bendiciones y armonía.

En conclusión, el debate entre el destino y el libre albedrío en el pensamiento yoruba es complejo y se ha debatido durante siglos. Refleja las complejidades de la vida humana y nos pide considerar cuidadosamente nuestras acciones y decidir lo que nos convenga. Depende de cada persona decidir en qué información cree y cómo moldear el curso de su destino. Al comprender ambos lados del debate, podemos obtener una apreciación de todo lo que la vida tiene para ofrecer.

Capítulo 4: Olodumare y los orishás

Además de ser descrito como una forma de explicar el destino y el propósito de alguien, el orí también se describe a menudo como la chispa de Olodumare dentro de cada persona. Es un regalo para los humanos y, por lo tanto, se puede entender mejor entendiendo a Olodumare y los orishás.

Este capítulo lo ayudará a comprender la importancia de Olodumare en la religión yoruba, a explorar la historia de la creación en profundidad y a repasar el concepto de los orishás. Al final de este capítulo, comprenderá mejor la cosmología yoruba y podrá comprender mejor el papel del orí en ella.

Comprender a Olodumare

Olodumare es uno de los muchos nombres para la deidad suprema yoruba. Otros nombres incluyen Olorun y Olafin-Orun. Olodumare es el nombre tradicional que se le da a esta deidad suprema en la lengua yoruba. El nombre "Olorun" ha ganado popularidad debido a la influencia de otras religiones en Isese, incluido el cristianismo y el islam.

Olodumare se representa de muchas maneras en diferentes culturas[27]

Olodumare no es solo el creador y dios del cielo. Se considera el "dueño de toda vida". Olodumare es único, y ninguna otra deidad puede acercarse a él. Esta singularidad se refleja en el hecho de que, en la lengua yoruba, Olodumare no tiene género. Olodumare es puramente una entidad espiritual, a diferencia de los orishás.

Como dueño de la vida, Olodumare es inmortal, omnipotente y omnisciente. Sin embargo, Olodumare también está a un margen de su creación y se comunica con el mundo a través de sus ayudantes, los orishás. Por esta razón, no hay ninguna imagen o santuario de Olodumare, ni se hacen sacrificios directamente a la deidad creadora. Muy pocos yorubas adoran directamente a Olodumare. En cambio, los adoran a través de la representación y las acciones de los orishás.

Olodumare es llamado principalmente cuando las oraciones a los otros orishás parecen no ser respondidas. Esta deidad no solo es inmortal, omnisciente y omnipotente, sino que también es conocedora, buena y mala. Olodumare es, esencialmente, una representación de todos los aspectos del universo.

Los muchos nombres dados a Olodumare reflejan los múltiples roles de esta deidad como cabeza del panteón yoruba. Estos nombres incluyen:

- **Olofi:** gobernante de la Tierra y conducto entre Orun (cielo) y Ay (Tierra)
- **Olodumare:** la deidad creadora
- **Olorun:** gobernante de los cielos
- **Alaaye:** el que vive/el eterno
- **Elemi:** el guardián/dueño de la vida. Como guardián de la vida, Olodumare otorga "aliento de vida" a los humanos. Cuando Olodumare retira este aliento de vida, la persona muere
- **Olojo Oni:** propietario/controlador de los acontecimientos diarios. Este nombre implica que el destino de una persona (orí) está en manos de Olodumare y su plan para la humanidad

Debido a que Olodumare está distante de la humanidad, gran parte de la conexión entre ellos y la humanidad es llevada a cabo por sus ayudantes, los orishás. El mito de la creación yoruba es una de las historias más importantes para reflejar esta relación.

El mito de la creación yoruba

Según el mito de la creación yoruba, en el principio de los tiempos, el mundo consistía en nada más que el cielo, el agua y los pantanales. Olodumare y los orishás vivían en el cielo, sobre un pequeño baobab, y descendían y ascendían usando una cadena (o, en algunas versiones de la historia, una tela de araña). Durante este tiempo, no había humanos porque no había tierra donde pudieran vivir.

Sin embargo, el orishá Obatalá estaba insatisfecho y, a diferencia de los otros orishás, no se contentaba con permanecer allí. Tenía curiosidad y a menudo miraba las aguas y los pantanos debajo. Un día, cuando estaba mirando las aguas, decidió que el mundo necesitaba algo más.

Entonces, fue a buscar a Olodumare y le pidió permiso a la deidad creadora para crear tierra sólida en las aguas debajo. Allí, los orishás y Olodumare podrían crear seres a los cuales ayudar usando sus poderes. Debido a esto, en una versión de la historia, a Obatalá se le conoce como la Cabeza de la Tela Blanca (es decir, la cabeza del tejido de la creación).

Olodumare accedió al pedido de Obatalá. Obatalá fue a buscar a Orunmila, el orishá de la sabiduría y la adivinación, y le preguntó cómo debía prepararse para su viaje al mundo de abajo.

Al leer los patrones de los granos de palma y el polvo de las raíces de baobab, Orunmila le dijo a Obatalá que creara una cadena de oro para viajar al mundo de abajo. También tendría que recoger arena, nueces de palma, maíz, plantar semillas, una gallina blanca y llevar un gato negro. Finalmente, tendría que llevar el huevo sagrado, que contenía las personalidades de los orishás.

Después de todo esto, Obatalá fue de orishá a orishá, pidiéndoles que donaran su oro. Cuando reunió el oro de cada orishá, le pidió al orfebre que lo utilizara para crear una cadena. También recogió toda la arena del cielo y la colocó en una concha de caracol, para llevarla a las aguas de abajo. En la concha de caracol, roció un poco de polvo de baobab. Reunió todo lo que necesitaba y cargó el huevo sagrado cerca de su pecho.

Una vez que tuvo todo lo que necesitaba, enganchó la cadena dorada al cielo y comenzó a bajar a las aguas de abajo. Viajó durante siete días, hasta que finalmente llegó a las aguas.

Cuando llegó a las aguas, se sostuvo en el último tramo de cadena y miró confundido, sin saber qué hacer para crear tierra. Al ver su confusión, Orunmila lo llamó, diciéndole que usara la arena que había recogido. Vertió la arena en las aguas y dejó caer la gallina. La gallina picoteaba la arena, extendiéndola por todo el espacio, donde se solidificó y se convirtió en tierra.

Mientras Obatalá se mantenía en el extremo de la cadena, su corazón latía tanto que rompió el huevo que llevaba cerca de su pecho. De ella surgió Sankofa, el pájaro sagrado que llevaba los espíritus de los orishás. Cuando Sankofa comenzó a volar, agitó la arena y creó una tormenta, moviendo la arena de aquí para allá. Creó colinas, tierras bajas, dunas y montañas, dando a la tierra un carácter único, al igual que cada orishá.

Finalmente, Obatalá soltó la cadena, la cual cayó sobre la nueva tierra. Llamó a esta tierra "Ife", la tierra que divide las aguas. Curioso por esta nueva tierra, comenzó a caminar y explorar. Mientras caminaba, plantó las nueces de palma que había llevado consigo, las cuales brotaron hasta convertirse en palmeras. También esparció las otras semillas que tenía en su mochila, convirtiendo la tierra estéril en una tierra verde llena de árboles y plantas.

El gato negro que había llevado desde los cielos le hacía compañía. Sin embargo, pronto comenzó a sentirse solo y sediento. Se detuvo al borde de un estanque. Pero antes de que pudiera saciar su sed, su atención se detuvo en el reflejo de su propio rostro en el estanque. Al verlo, Obatalá se alegró y decidió crear seres como él para no estar solo.

Usando la arcilla de tierra oscura al borde del estanque, Obatalá comenzó su tarea de formar a estos seres. Sin embargo, pronto se cansó y empezó a sentir más sed. Usó el zumo de sus palmeras, lo fermentó y lo convirtió en vino de palma para satisfacer su sed. Sin embargo, pronto se emborrachó, y en su intoxicación, continuó creando las figuras de arcilla.

A diferencia de sus figuras iniciales, estas no eran perfectas. Eran deformes, sin ojos, o con extremidades deformes, y muchas otras imperfecciones. Sin embargo, Obatalá pensó que estas figuras eran hermosas, por lo que continuó creándolas.

Mientras creaba estas figuras, Olodumare envió al Camaleón para verificar el progreso de Obatalá. El Camaleón informó que Obatalá había creado figuras de forma adecuada, pero que estaba decepcionado por su falta de vida.

En respuesta, Olodumare reunió los gases del universo más allá del cielo y los convirtió en una bola de fuego. Envió esta bola de fuego a Ife, donde secó las figuras húmedas y las horneó. La bola de fuego también hizo que la tierra comenzara a girar. Luego, Olodumare sopló hacia Ife, otorgando a las figuras el don de la vida y dando a luz a las primeras personas de Ife, y a los primeros humanos.

Al día siguiente, Obatalá entró en razón y se dio cuenta de que, en su embriaguez, había traído la deformidad al mundo. Arrepentido de sus acciones, juró no volver a beber nunca más y asumió el papel de protector de los que nacían deformes.

La nueva gente de Obatalá comenzó a construir chozas y pronto formó la primera aldea yoruba. Obatalá regresó a los cielos, pero dividió su tiempo entre Ife y el Cielo.

Todos los orishás estaban satisfechos con el trabajo de Obatalá, excepto Olokun. Olokun era la orishá del fondo del océano y, como tal, las aguas debajo del mundo eran parte de su dominio. Ife fue creada sin su permiso, y Obatalá usurpó gran parte de su reino a través de su creación.

En su ira, Olokun envió ola tras ola desde sus océanos para destruir la creación de Obatalá y logró destruir gran parte del reino. Obatalá, que estaba visitando el Cielo en ese momento, no se dio cuenta de esto hasta que los sobrevivientes en Ife enviaron un mensaje con Eshú, el orishá mensajero, a Olodumare y Obatalá, pidiendo ayuda.

Al escuchar la noticia, Obatalá bajó a la Tierra e hizo retroceder las aguas, poniendo fin a la gran inundación. Preocupado de que Olokun causara otra inundación cuando regresara a los Cielos, la desafió a un concurso de tejido y envió a Camaleón hasta Olokun para juzgar su habilidad. Mientras Olokun tejía, Camaleón cambió de color para imitar la tela. Al darse cuenta de que no podía vencer a Camaleón, Olokun aceptó su derrota y aceptó detener su ira. La gente de Ife era libre de vivir y reproducirse.

Cabe señalar que esta es solo la versión más conocida del mito de la creación yoruba. En una variación del mito, Obatalá no fue el orishá que pensó en crear la Tierra y la humanidad. Había sido idea de Olodumare, y fue Olodumare quien le dijo a Obatalá que cumpliera esta misión. En esta versión de la historia, cada acción que Obatalá tomaba era dictada por Olodumare y no por Orunmila.

Dicho esto, independientemente de la versión, lo que está claro es que Olodumare se mantuvo a un lado de la humanidad. No fue el dios creador quien realmente creó a la humanidad. Fue Obatalá quien formó los primeros humanos con arcilla. Olodumare fue la deidad que dio vida a la humanidad. Debido a esto, Olodumare ahora es adorado como la deidad creadora distante, mientras que Obatalá es venerado como el creador de la humanidad y el fundador y primer rey de Ife.

Los orishás

Dado que Olodumare se mantiene ajeno a la humanidad, su guía debe ser llevada a cabo por sus emisarios, los orishás.

Los orishás son esencialmente los dioses o deidades de la creencia yoruba. Son emanaciones/avatares de Olodumare, creados para llevar la guía de Olodumare al universo. Hay cientos, incluso miles de orishás, y la mayoría de las veces se dice que en el panteón yoruba hay "400 + 1" orishás: una manera de decir que los orishás son incontables.

Dicho esto, si bien hay "400 + 1" orishás, algunos son más relevantes que otros. Son principalmente 20 o 30 orishás los que aparecen en las historias del panteón yoruba. De ellos, 7 son más prominentes que los otros: Eshú, Ogún, Obatalá, Yemayá, Oshún, Shangó y Oyá.

Los orishás están destinados a ayudar a los humanos a alcanzar su orí y autorrealizarse. Sin embargo, no están destinados a ser deidades perfectas y tienen su propia personalidad y defectos. Debido a esto, ocasionalmente pueden interponerse en el camino de las personas que logran su orí, ya sea a propósito o sin saberlo. Un orishá puede tomar medidas a propósito para evitar que una persona se autorrealice porque la persona ha ofendido al orishá y, por lo tanto, se ha castigado a sí misma.

Viendo que los orishás tienen debilidades, orgullo, deseos, rencor y arrogancia, su relación con Olodumare es compleja y, a menudo, difícil de entender. En una historia bien conocida, los orishás se cansan del distanciamiento de Olodumare con la humanidad y conspiran para derrocar a Olodumare como deidad suprema.

Sin embargo, los orishás olvidaron incluir a Eshú en su plan. Conspiraron para asustar a Olodumare hasta la muerte invitándolos a una cabaña y liberando ratones en su interior, lo que aterrorizaba a la deidad creadora. Eshú, que estaba detrás de la puerta cuando se tramaba el complot, lo escuchó todo.

El día acordado, Olodumare llegó a la cabaña donde estaban escondidos los ratones y cruzó el umbral. Luego, la puerta se cerró y los ratones fueron liberados. Olodumare estaba aterrorizado e intentó correr, pero no pudo. La puerta estaba cerrada. Sin embargo, Eshú apareció y se comió a los ratones. Luego le mostró los culpables a Olodumare, quien castigó a los demás orishás y recompensó a Eshú.

En otra historia, los orishás una vez más intentaron derrocar a Olodumare. Después de conocer su plan, Eshú llegó al reino de Olodumare y se lo hizo saber. A cambio, Olodumare impidió que las lluvias cayeran sobre la Tierra. Como resultado, las aguas de la Tierra se secaron, los cultivos comenzaron a fallar y los orishás se arrepintieron de sus acciones. Sin embargo, los orishás no pudieron llegar al palacio de Olodumare para defenderse.

Finalmente, Oshún se convirtió en un pavo real y voló al palacio de Olodumare. Perdió la mayoría de sus plumas durante el viaje y llegó exhausta y enferma, habiéndose convertido en un buitre. Compadeciéndose de su estado, Olodumare finalmente escuchó las súplicas de los orishás y permitió que las lluvias volvieran a caer sobre la Tierra. Como recompensa por sus acciones, Olodumare nombró a Oshún como mensajera del cielo, la única a la que se le concedió permiso para llevar mensajes al palacio de Olodumare.

Por lo tanto, aunque los orishás son emanaciones y emisarios de Olodumare, no siempre se alinean. Sin embargo, en la mayoría de los casos, los orishás asisten a sus deberes, actuando como intermediarios entre la humanidad y Olodumare. Si bien cada orishá tiene un papel que desempeñar, los siete orishás más prominentes son los más conocidos y adorados. Estos siete orishás se conocen más comúnmente como dioses y diosas.

Eshú

Las deidades embaucadoras son comunes en muchos sistemas de creencias africanos. En las religiones yoruba, Eshú aparece como la deidad tramposa. Sin embargo, no solo era travieso, sino que también trajo equilibrio al mundo.

Eshú es el orishá de la dualidad, el equilibrio, la encrucijada, los comienzos y el orden. También era el *mensajero*, el que gobernaba sobre los viajeros, el caos, la muerte y la desgracia. Era un orishá complejo y de doble naturaleza que ahora enseña a los creyentes que hay dos o más lados en cada tema y también se le conoce como "A-bá-ni-wá-théràn-bá-ò-rí-dá" (Aquel que crea problemas para el inocente).

A pesar de que es un orishá impredecible, también es necesario para el orden en la vida. Debido a su importancia, es el único que se adora todos los días de la semana yoruba tradicional de cuatro días.

Ogún

Ogún es el orishá de los herreros, los artesanos, los metalúrgicos, el hierro, los soldados y la guerra. Él es el dueño de toda la tecnología, y como deidad guerrera, toda la tecnología es de su naturaleza, y se usa ante todo para la lucha.

Se dice que usando su hacha de metal, Ogún despeja el camino para que los otros orishás entren en la Tierra. En el mito de la creación yoruba, la cadena de oro que Obatalá usó para llegar a las aguas es un símbolo de Ogún y era su papel despejar el camino para los otros orishás.

Se dice que Ogún fue el primer rey de Ife como humano. Después de su muerte, desapareció en la tierra en la ciudad de Ire-Ekiti, prometiendo ayudar a quienes lo llamaran. Los símbolos de Ogún son el perro, la hoja de la palma y el hierro. A menudo se le representa con una cobra escupidora y se le reconoce con el número siete y los colores negro y verde.

Obatalá

Obatalá es el padre del Cielo, el mayor de los orishás de Olodumare. s el orishás de la creación, el cielo, la luz y la moralidad.

En algunas historias, Obatalá también fue el fundador y el primer rey de Ife. Después de su muerte, fue deificado y se fusionó con el orishá Obatalá.

Tuvo 201 esposas, siendo su esposa principal Yemayá. Sin embargo, en algunas historias, su esposa favorita era Yemowo. Está asociado con el color blanco. El blanco contiene todos los colores del arco iris y, por lo tanto, muestra que Obatalá abre diferentes caminos. Además, Obatalá es la cabeza del paño blanco. Por lo tanto, el blanco está asociado con él.

Yemayá

También conocida como Yemojá, Yemayá era la "madre de todas las aguas". Madre de todos los orishás y orishá de la creación, el agua, la maternidad, las mujeres embarazadas y todas las aguas de la Tierra. También fue nombrada la orishá patrona del río Ogún.

A menudo se la retrata como una sirena o vestida con siete faldas azules y blancas. Uno de los nombres de Yemayá significa "madre cuyos hijos son peces", y ella es madre de innumerables niños, ya que hay muchos peces en el océano. Yemayá es una orishá amable y cariñosa que es lenta para enojarse, pero su ira es destructiva y violenta cuando se enoja.

Oshún

Oshún es la orishá de las aguas dulce del mundo y también del amor, la belleza, la intimidad, la diplomacia y la riqueza. Ella es la deidad patrona del río Oshún y es honrada durante el festival anual de dos semanas de Osun-Osogbo que tiene lugar en la ciudad de Osogbo.

En una versión del mito de la creación yoruba, se dice que Oshún, junto con otros 16 orishás, fue enviada a crear el mundo. Oshún era la más joven y la única mujer, motivo por el cual la ignoraron. Cuando los otros orishás masculinos no pudieron crear el mundo, recurrieron a Olodumare en busca de ayuda. Olodumare les dijo que no podrían crear sin la ayuda de Oshún, por lo que regresaron y se disculparon con ella. Aceptó sus disculpas y terminó de crear el mundo, aportándole belleza, fertilidad, amor y dulzura.

Si bien esta es una versión menos popular del mito de la creación yoruba, demuestra la importancia de Oshún en el panteón yoruba.

Se dice que una vez fue mortal y, durante su vida mortal, asistió a un festival de tambores y se enamoró de Shangó, quien la convirtió en su segunda esposa. A pesar de no ser su esposa principal, ella es su favorita. Está asociada con los colores dorado y amarillo y el número cinco. En el mito tradicional de la creación yoruba, ella está representada por la gallina blanca, que se decía que tenía cinco dedos.

Shangó

Tal vez el orishá más "popular" entre los devotos, Shangó es también el orishá más fuerte del panteón yoruba. Es el orishá del rayo y el trueno, el fuego, la justicia, la danza y la virilidad, y es similar a los dioses de la tormenta en otros panteones.

Orishá de sangre caliente y voluntad fuerte, fue el tercer Alaafin de Oyo durante un corto periodo de tiempo. En su tiempo como gobernante mortal, era violento y sanguinario, pero también uno de los gobernantes yorubas más poderosos.

Shangó tenía tres esposas: Obá, Oshún y Oyá. De todas ellas, Oshún era su favorita. Se le adora el quinto día de la semana, y los alimentos que se consumen como parte de su adoración incluyen sopa amarga de kola, guguru, amala y gbegiri. Está asociado con el color rojo y los números cuatro y seis y está representado por su potente hacha de doble filo.

Oyá

Oya es la tercera y más joven esposa de Shangó. Ella es la orishá de las tormentas, los truenos, los relámpagos y el viento. También es la guardiana de los muertos y la deidad de la transformación. También se la conoce como 'ya-Íyáńsàn-án' (la madre de nueve hijos). Esto se refiere a los nueve hijos que dio a luz, los cuales nacieron muertos.

Es la deidad patrona del río Níger y es una orishá guerrera. Se dice que cabalga hacia la guerra al lado de Shangó y que es imbatible en batalla. Como deidad del cambio, domina la esencia del mundo en constante cambio y es la gobernante de dones como la intuición y la clarividencia.

Capítulo 5: Orí como orishá

Al leer este capítulo, descubrirá los diferentes métodos que puede usar para adorar a su orí. Comprenderá cómo dirigirse a él como entidad poderosa y como orishá. Luego, encontrará los conceptos básicos para adorar a un orishá.

Adorar al orí

Según los yorubas, todos poseemos poderes de autocuración físicos y espirituales que podemos desbloquear conectándonos y adorando a los orishás. Con el tiempo, este tipo de trabajo puede ayudarnos a ser más equilibrados, lo que nos permite alinearnos con nuestro ser superior (orí). Algunos practicantes sugieren que nuestro orí puede ser adorado como un orishá. Después de todo, puede acercarlo a su ser divino para que lo guíe cada vez que encuentre un problema. También debe saber calmar su orí cuando las cosas salgan mal. La cultura yoruba sugiere que todo lo que sucede en su vida está supervisado por su orí. El orí puede considerarse como un espíritu con una inmensa cantidad de poder que se encuentra entre los humanos y Dios.

Cada quien se conecta con su orí de manera especial. A algunas personas les gusta adoptar enfoques simples, mientras que otras creen que el orí debe ser adorado como un orishá. Simplemente puede alabar a su orí por la mañana, expresar su amor y aprecio, y pedirle orientación o abundancia. Puede lograr un sentido de sí mismo alineado y seguro comunicándose regularmente con su orí. Eventualmente se verá guiado naturalmente como si este sentido de dirección viniera de adentro. A otros les resulta beneficioso tener conversaciones profundas con su orí.

Aquellos que prefieren un enfoque más completo suelen preferir los rituales. Si bien algunos rituales deben ser realizados por sacerdotes, hay otros que puede probar si se siente calificado. Si decide hacerlo usted mismo, debe pedirle a un profesional experimentado que supervise el proceso hasta que lo domine.

Conectando con su orí

Debería explorar su orí y comprender qué es para asegurarse de que está conectando con él de manera correcta. Si no tiene experiencia en astrología, tendrá que buscar orientación de un astrólogo profesional. Necesitará saber más sobre lo que implica su fecha de nacimiento, las áreas de su vida en las que está alineado y aquellas que no.

Para comenzar a conectar con su orí, debe vivir la vida de una manera fiel a lo que es. Nunca podrá alinearse con su orí si no adopta su verdadera y auténtica naturaleza. La clave es ser completamente honesto, no solo consigo mismo, sino también con los demás.

Si desea alinearse con su orí, debe pasar tiempo con las personas con las que se siente bien. No se obligue a encajar en un círculo social que tiene diferentes valores y creencias con las que no está de acuerdo, especialmente si tiene que ocultar sus propias convicciones y pretender ser alguien que no es. Rodearse de personas con ideas afines lo anima a expresarse y a sentirse a gusto. También hace que sea mucho más fácil mantenerse enfocado en las cosas que importan y no perder de vista sus objetivos.

Rodearse de naturaleza puede ayudarlo a alinearse con su ser divino porque lo mantiene conectado a la tierra, lo que puede permitirle conectarse verdaderamente con su ser interior. Pasar tiempo en la naturaleza es una excelente manera de despejar su mente y calmar su ansiedad. Cerrar sus pensamientos intrusivos e innecesarios le permite prestar más atención a sus sentimientos, emociones y pensamientos verdaderos. Algunos practicantes creen que Dios se manifiesta como la deidad suprema a través de la naturaleza, lo que significa que pasar tiempo regularmente en la naturaleza puede enriquecer sus esfuerzos espirituales.

Rodéese de naturaleza para mantenerse firme y conectarse con lo divino[28]

La meditación es otra gran manera de fortalecer su conexión con su orí. Un mantra que puede cantar repetidamente es el "Haaaaa". Respire hondo y exhale mientras dice el mantra. También puede cantar "O Ree Mo Pay Oh" tres veces, seguido de "Or ree Sahn me" y "Or ree Sahn Ee get ee". Recitar este canto le permite llamar a su ser divino en busca de guía y apoyo. Tenga en cuenta que es posible experimentar con diferentes técnicas y cantos hasta que encuentre uno que funcione para su orí.

Hacer ejercicio o yoga puede ayudarlo a conectar con su orí porque las actividades físicas alientan a su cuerpo a liberar la tensión que ha estado almacenando. Cuando haga ejercicio, preste atención a su patrón de respiración. El yoga es excelente para conectar con su orí porque le enseña a controlar y conectar con su respiración. Esta práctica de atención plena puede ayudarlo a regular sus pensamientos y sentimientos, y llevarlo a un estado de tranquilidad general.

Iborí: alimente su orí

Si desea adoptar el otro enfoque, puede realizar un ritual muy poderoso pero relativamente fácil. Las prácticas de limpieza y alimentación del orí se conocen como Iborí. Recuerde que la siguiente versión del ritual es la más básica. Hay otras prácticas mucho más complejas. Esas deben realizarse por un sacerdote o babalawo experimentado. Por lo tanto, la práctica que se explica a continuación lo ayudará si es principiante.

Para llevar a cabo este ritual, debe tener algunos antecedentes en prácticas adivinatorias, ya que determinará cuándo y si necesita realizar un Iborí y qué ofrendas debe dar a su ser divino. También debe saber si su ser superior ha aceptado su ofrenda y si le agradó. Usar Opèle o Ikin y las posiciones de Odu Ifá pueden ayudarle, ya que ofrecen respuestas claras. Asegúrese de consultar a un sacerdote para que lo ayude a consagrar sus herramientas de adivinación Ifá con anticipación.

Elegir sus ofrendas

Las ofrendas pueden ser variadas[29]

Use el método Ifá para determinar si su orí actualmente necesita recibir una ofrenda y cuál prefiere. Si no puede determinar qué darle a su orí a través de prácticas adivinatorias, puede probar algunas de las siguientes ofrendas:

- La carne se utiliza para generar fuerza.
- La fruta atrae la abundancia y revitaliza su destino.
- El omiero se utiliza en varios rituales.
- La ginebra seca puede atraer placer y resistencia.
- La tiza nativa es una ofrenda popular.

- La miel puede traer alegría.
- La manteca de karité se utiliza para la protección y la calma.
- El agua fría es refrescante y calmante.
- La leche de coco es conocida por ser un agente refrescante y calmante.
- El aceite de palma roja es ideal para atraer la abundancia, el alivio y el sustento.
- La nuez de kola es vigorizante. Puede ayudarlo a mantenerse alejado de los desafíos y las muertes en el camino y es bueno para fomentar la sabiduría.
- La caña de azúcar puede aportar un elemento de amabilidad y placer a su vida.
- La kola amarga se utiliza para atraer la longevidad y la protección.

Preparando el omiero

Si bien es mejor si le pide a un babalawo profesional que prepare el omiero por usted, también hacerlo usted mismo. A menudo, el líquido está hecho de agua y una mezcla de hierbas específicas. Algunos yorubas incorporan sangre de caracol o sangre de otros animales en la solución. Se cree que el omiero es la ofrenda preferida de Obatalá.

El omiero se utiliza para lavarse la cabeza, el orí, porque puede atraer la buena fortuna, la tranquilidad y la paz. También le permite nutrir su cabeza con algunos elementos de Orunmila y Obatalá durante la práctica.

Los mejores ingredientes del omiero para Iborí son ewé ero, tiza blanca nativa, agua de coco, manteca de karité, agua de manantial, carne blanda y sangre de caracol. Puede añadir cualquier cantidad de ingredientes a la mezcla, pero intente seguir su intuición al hacerlo. Debe ser particular y claro sobre sus intenciones a medida que añada cada ingrediente. Nombre el motivo por el que va a añadir cada ingrediente al omiero. Cuando haya terminado, puede bañarse con él.

Tenga en cuenta que debe tener mucho cuidado con lo que pone en su orí porque este es muy sensible. Si bien esta mezcla se usa popularmente durante los rituales Iborí, el orí de cada persona requiere ofrendas únicas y responde de manera diferente. Es por eso que debe determinar qué ingredientes usar a través de prácticas adivinatorias o consultando a un babalawo.

Preparación

Intente realizar el Iborí por la mañana antes de interactuar con otros. Ese es el momento ideal, sin embargo, a muchas personas no les gusta hacer eso porque realizar el Iborí requiere que se quede en casa el resto del día. Si esto no es práctico para usted, puede realizar el ritual por la noche cuando esté seguro de que no debe salir por el resto del día. Su hogar, o al menos su habitación, debe estar libre de molestias durante todo el ritual. Manténgase alejado de cualquier cosa que pueda obstaculizar su tranquilidad.

Tome un baño y use jabón negro consagrado para lavarse la cabeza antes de presentar su ofrenda. Esto le permite eliminar cualquier energía negativa que pueda haber acumulado. Cuando esté en la ducha, imagine que está lavando toda su suciedad espiritual, mental y emocional. Puede pasar todo el tiempo que quiera mientras salga de la ducha relajado y limpio (física, emocional, mental y espiritualmente). Vístase con ropa blanca (o el siguiente color más claro que tenga). Evite la ropa oscura y brillante.

Si tiene un Igbá Orí, debe usarlo para realizar su ritual. También puede realizar su ceremonia en un santuario ancestral, si tiene uno preparado. Si no es así, elija un espacio tranquilo y cómodo para empezar. La habitación debe estar limpia, organizada y consagrada con agua bendita. Usar su forma preferida de adivinación también puede ayudarlo a deshacerse de la energía negativa antes de comenzar el ritual.

Realización del Iborí

1. Tire el agua fría y la tierra alrededor y llame a cada uno con sus nombres. Invoque a sus antepasados y a Orunmila.
2. Use aceite de palma, kola o energía para ungir su lengua.
3. La lengua lleva "ofo asé", que significa "poder de las palabras". Es por eso que el asé de las deidades, u orishás, está en su boca.
4. Rinda homenaje cantando ibas y orikis.
5. Ofrezca los sacrificios que eligió para alimentar su orí.

Comience en la posición de su tercer ojo y muévase a la parte superior de su cabeza y hacia abajo a la base de su cráneo. Hágalo con cada ofrenda y mencione la razón por la que está alimentando su orí con este artículo en particular. Por ejemplo, puede decir algo como: *Orí, por favor, dame fuerza mientras te doy carne para la resiliencia.*

Las ofrendas cremosas y líquidas deben frotarse con el dedo medio y frotarse entre los ojos, alrededor de las cejas y moviéndose hacia arriba y hacia abajo por la base del cráneo. Los elementos sólidos deben presentarse en la frente. Use el mismo dedo para presentar sus ofrendas sobre el ombligo y el dedo índice para presentarlas al dedo derecho del pie.

Asegure todas las ofrendas que haya colocado en su cabeza con un paño blanco especial. Debe seguir usando el pañuelo blanco con las ofrendas debajo durante el resto del día, incluso después de haber terminado su ceremonia. Esto ayuda a desviar las energías no deseadas.

6. Consulte al Ifá para determinar si su orí ha aceptado las ofrendas.
7. Ríndale homenaje cantando ibá.

Cierre del ritual Iborí

Use Opèle o Ikin para determinar si su orí quiere otra ofrenda. En algunos casos, nuestro orí puede solicitar un elemento adicional en particular o pedirle que repita un determinado canto u oración. No debe cerrar su ceremonia si no está seguro de que su orí está satisfecho o haya aceptado todas sus ofrendas.

Trate de mantener la tranquilidad, evite hacer mucho trabajo físico o mental y absténgase de actividades sexuales durante el resto del día. Retire sus ofrendas a la mañana siguiente antes de ducharse. Asegúrese de preguntarle a su orí dónde le gustaría que descartara los artículos.

Adoración a los orishás

No es necesario realizar rituales diarios para adorar a los orishás. Sin embargo, debe recitar regularmente sus oraciones personales y ofrecer los sacrificios apropiados. Las oraciones y sacrificios que elija dependen principalmente de sus revelaciones adivinatorias, su intuición y las preferencias del orishá que está adorando. Muchas personas optan por las ofrendas de frutas, ya que generalmente son elegidas entre las deidades y están asociadas con la abundancia.

Los yorubas participan en celebraciones comunitarias durante las cuales realizan ceremonias de tambores y bailes como una forma de oración. Estas celebraciones también pueden ayudar a inducir un trance o estado alterado de conciencia, lo que puede ayudar a los practicantes a conectarse con el mundo espiritual de manera más efectiva.

Cada orishá requiere que se coloquen diferentes objetos en sus altares. Si bien algunas deidades pueden preferir ciertas ofrendas, otras pueden no aceptarlas. Es por eso que debe ser muy consciente de lo que coloca en su santuario. Estos son algunos ejemplos de lo que puede colocar en los altares de algunos orishás:

Obatalá

- Una corona de metal
- Campana con mango en forma de paloma
- Paño blanco (optar por un material de algodón)
- Vela blanca
- Estatua o imagen de Obatalá
- Arroz, manteca de cacao, merengue, huevos u otras ofrendas blancas. Sus ofrendas deben ser insípidas y no muy condimentadas. Evite los alimentos picantes, la sal y el alcohol

Shangó

- Hacha
- Espada
- Corona
- Cuenco de madera con tapa
- Pedestal
- Herramientas de madera
- Tambor
- Estatua o imagen de Shangó
- Vela roja o blanca
- Opte por ofrendas picantes, rojas y calientes

Yemayá

- Conchas (preferiblemente estilo cauri)
- Artículos de plata
- Estatuas o imágenes de delfines, sirenas, peces u otras criaturas marinas

- Perlas
- Abanicos
- Vela azul o blanca
- Tela azul
- Incienso
- Flores azules o blancas
- Sus ofrendas deben incluir mariscos, frutas, lechuga, vino blanco y café

Ahora que ha leído este capítulo, entiende cómo adorar su orí como orishá. También entiende los conceptos básicos de adorar a los orishás yoruba y sabe elegir sus ofrendas tanto para su orí como para la deidad a la que está adorando. Si desea cultivar una fuerte conexión con los orishás, siempre debe comenzar por alinearse con su orí.

Capítulo 6: Antepasados

Los antepasados son entidades espirituales que pueden influir significativamente en su vida en alineación con su orí. Después de leer este capítulo, aprenderá todo lo que necesita saber sobre el concepto y la importancia del "Egungún". También comprenderá los tipos y niveles de antepasados yoruba y aprenderá los conceptos básicos para trabajar con ellos. Finalmente, descubrirá cómo conectarse con sus antepasados.

La idea de vida y muerte

Trabajar con sus antepasados es una de las mejores maneras de superar cualquier desafío que enfrente en la vida. Pueden proporcionarle apoyo y orientación. Según los yorubas, la conexión con los antepasados debe tenerse en la más alta consideración. Se considera un lazo muy íntimo. Los practicantes entierran a sus seres queridos en casa en lugar del cementerio para que desearles buenos días y buenas noches y compartir con ellos su alegría y dolor. Las creencias yorubas no consideran a la muerte como el final de la existencia, ni ven la muerte como una separación entre los que están vivos y los que han fallecido. Los yorubas simplemente piensan en la muerte como un modo de transporte de un reino o estado de existencia al otro.

Los yorubas usan la palabra "Ódàbọ" cuando se comunican con sus antepasados queridos. Esto significa que la persona está deseando reunirse con su antepasado, ya sea literalmente, espiritualmente, a través de prácticas de visualización o en sus sueños. Los practicantes creen que pueden reunirse con sus antepasados adorándolos o permitiéndose sentir todas las emociones y experimentar las realizaciones necesarias asociadas con la pérdida de un ser querido.

Los yorubas piensan en la muerte como un comienzo y no como un final. No sugiere que algo haya terminado. En cambio, indica que nuevas posibilidades están cobrando vida. Para los yorubas, un antepasado masculino se conoce como **Egún** (Egungún es la forma plural), y un antepasado femenino se conoce como **Gelede**. Al practicar la cultura yoruba, debe amigarse con la idea de la muerte. De lo contrario, nunca se sentirás libre y pensará en la muerte como algo a lo que temer. Entonces se ve como un peligro que debe evitarse en lugar de un pasaje a un nuevo mundo. Si bien los yorubas lloran cuando pierden a un ser querido, ven la muerte principalmente como una celebración. Esta visión de la vida y la muerte les permite aceptar la realidad y el ciclo del ser.

Tipos y niveles de antepasados yoruba

Los yorubas creen que hay dos tipos de muerte. Una es socialmente aceptada y la otra no. La primera se refiere a las muertes que ocurren en una etapa tardía de la vida, mientras que la segunda se refiere a las muertes que ocurren temprano e inesperadamente. Las personas que mueren jóvenes se llaman "Abiku", término asociado a la muerte prematura. Se cree que un Abiku nace para morir joven. Los yorubas creen que adorar y trabajar en estrecha colaboración con sus antepasados puede ayudarlos a evitar la muerte prematura y garantizar que experimenten su destino por completo.

Además de los tipos de antepasados y muertes, hay diferentes niveles de antepasados. Algunas personas mueren honorablemente, mientras que otras no son aptas para ser consideradas como antepasados honorables. Los antepasados no honorables no son elegibles para la adoración después de la muerte. Aquellos que son adorados deben haber vivido según ciertos estándares y niveles de existencia en su vida. Los antepasados honorables que superan un cierto nivel de vida se desconectan de sus seres queridos una vez que mueren y son adorados. Estos individuos simbolizan el paso entre los reinos de los vivos y los muertos. Los comportamientos, valores, modales y moral que una persona exhibe durante su vida son los que determinan su elegibilidad para la veneración cuando pasa a otro plano. Si demuestran ser respetables, se realiza una invocación después de su muerte, por lo que su energía se materializa. Cuando esto sucede, la persona se convierte en un mensajero que todas las personas, no solo sus amigos y familiares, pueden adorar.

Es por eso que los yorubas se esfuerzan por ser y hacer cosas buenas y no aceptan personas que exhiben un comportamiento no deseado. Entienden que cada momento de sus vidas cuenta cuando se trata de asegurar la veneración después de la muerte. Los antepasados son representaciones espirituales de conceptos importantes, como la evolución, el crecimiento, la creación y la comunidad. También veneran la armonía, el equilibrio, la amistad y la paz. Nos dirigimos a nuestros antepasados cada vez que necesitamos orientación y buscamos un sentido de dirección en la vida. Si está lo suficientemente cerca de su antepasado, este puede alentarlo a luchar por usted y dirigirlo hacia lugares y oportunidades que sean lo mejor para usted. Los yorubas creen que los antepasados son lo suficientemente poderosos como para dar forma a nuestro futuro porque son los responsables de trazar nuestro destino. No hay mejor fuerza para pedir orientación y lograr un mejor sentido de dirección que nuestros antepasados. Construir una fuerte conexión con ellos es una forma segura de superar fácilmente los obstáculos que enfrentamos.

Diferentes tipos de Egún

1. **Egún Iya o Egún Baba:** estos antepasados son miembros de la familia inmediata.
2. **Egún Idile:** son las almas de los miembros no inmediatos de la familia. Son antepasados con los que estamos relacionados o con los que tenemos una conexión sanguínea.
3. **Eleye o Aje:** se cree que son las almas de las brujas.
4. **Abiku:** son las almas de los niños que mueren jóvenes o durante el parto.
5. **Egún Ilu:** son los antepasados que fundaron comunidades, ciudades, pueblos, tribus, clanes, etc.
6. **Ebora:** son los espíritus de lava y fuego.
7. **Oso:** estos antepasados fueron curanderos nativos y señores de la guerra durante su vida.
8. **Egún Enia Sasa:** son los antepasados que alguna vez fueron populares, renombrados o famosos o sirvieron como sacerdotes o sacerdotisas.

9. **Egún Igi:** son las almas que viven en los árboles.
10. **Egún Gun Olufe:** son los ancestros que solían ser babalawos.
11. **Egún Eleko:** son los espíritus de los amigos y conocidos de vidas pasadas.

Fundamentos del trabajo con antepasados

Para acercarse a sus antepasados, primero debe pronunciar un juramento por su bienestar. Puede enunciar su promesa en su propio idioma y estilo. Si desea hacer grandes transformaciones en su vida, necesita buscar la ayuda de un babalawo profesional, pues ellos ya están alineados con esta energía. Para manifestar el espíritu de los antepasados, debe representarlos a través de ciertos rituales y disfraces. Los sacerdotes y sacerdotisas son típicamente los medios utilizados para invocar a los antepasados.

No hay un momento correcto ni incorrecto para adorar a sus antepasados. No es necesario esperar a que ocurran calamidades para comenzar a trabajar en la construcción de una conexión con sus antepasados. Sin embargo, hay algunas señales que sugieren este contacto. Por ejemplo, si nota que hay hábitos poco saludables, como fumar, beber o apostar, o ciertas enfermedades crónicas, como afecciones cardíacas, cáncer o incluso afecciones mentales en la familia, es hora de encarar este camino. Los eventos y situaciones negativas que se repiten también son señales de que necesita trabajar con sus antepasados. Adorarlos le permite deshacerse de los problemas y traumas generacionales y puede ayudarlo a evitar que se transmitan a las generaciones futuras.

Algunos practicantes piensan que la experiencia que resulta de adorar a sus antepasados es altamente espiritual y que trasciende el aspecto mundano de la religión. Hay dos formas principales en que uno puede adorar a los antepasados y agradarles: hacer ofrendas de artículos que disfrutaron en su vida o limpiar sus tumbas. A algunas personas les gusta invitar a la gente a cenar y dedicar toda la reunión a un ser querido fallecido. Visitar regularmente las tumbas de sus antepasados y encender velas para ellos también es un acto de adoración muy apreciado.

Cómo funciona

Las creencias yoruba distinguen entre los genes biológicos de una persona y el cuerpo físico y los genes espirituales y el cuerpo astral.

Cuando nacemos en este mundo, se nos otorga un cuerpo físico, y nuestros padres nos dan nuestros genes. Sin embargo, no son responsables de los aspectos astrales de nuestro ser. Nuestros seres espirituales están influenciados por nuestros antepasados y se quedan atrás en el reino espiritual incluso después de que comienza nuestro viaje al mundo físico. Nuestro aspecto astral se queda atrás porque mantiene nuestros cuerpos físicos conectados con el mundo espiritual y asegura que no nos involucremos demasiado en asuntos terrenales. Se supone que nuestras almas nos recuerdan la importancia de participar en actividades espirituales, guiándonos cada vez que queremos visitar el mundo de los espíritus.

Dado que nuestras almas, que están esencialmente vinculadas a nuestros antepasados, supervisan nuestras vidas en el mundo físico, podemos deshacernos de los obstáculos y lograr una vida más armoniosa adorando a nuestros antepasados. Otra razón por la que los yorubas están en sintonía con sus antepasados es que son conscientes de que el momento presente no es más que una mera continuación de eventos pasados y que también es un antecedente y un determinante del futuro.

No es un problema si sus antepasados no están enterrados en ningún lugar cerca de su casa o incluso si no sabe dónde están enterrados. Más importante que la ubicación geográfica de una tumba es reconocer que su cuerpo es un recipiente de aquella genética biológica y espiritual y parte de sus cuerpos físico y astral. Nuestros antepasados siempre están con nosotros, sin importar lo que estemos haciendo y dondequiera que vayamos, por lo que debe dejar que su intuición lo guíe cuando ore a sus antepasados y trabaje con ellos. Cuando ora a sus antepasados, no solo los está honrando, sino que también les está pidiendo cosas en las que desearía que pudieran ayudar. Puede pedirles orientación, abundancia, salud, buena fortuna y más. Abra sus oraciones con algo como,

"Antepasados, me prometieron una vida de (abundancia, buena fortuna, felicidad, etc.), así que traigan (abundancia, buena fortuna, felicidad, etc.) a mi vida".

Algunos practicantes prefieren orar a sus antepasados que a un dios o entidad. No se avergüence de acercarse a su antepasado para pedirle algo. Reconocer su poder y confiar en que pueden influir en su vida para mejor es una de las mejores formas de veneración. Lo peor que puede hacer es no recordarlos, no reconocer su poder ni pedirles nada.

Cómo conectar con sus antepasados

No hay pautas exactas para comunicarse con sus antepasados. Este es un esfuerzo muy personal e íntimo que debe guiarse por su relación con sus seres queridos antes de que pasen. Conozca sus preferencias, sepa cuáles son sus deseos y use su intuición. Dicho esto, es normal si no sabe por dónde empezar. Podemos sugerirle algunas cosas para comenzar a establecer una conexión con sus antepasados.

No dude en hablar con ellos

Si desea comenzar a trabajar con sus antepasados, debe dejar de lado cualquier construcción social y preocupación. Esto se trata de usted y su relación con su antepasado, por lo que debe comenzar a despejar su mente y cambiar su atención hacia la conexión con su ser querido fallecido. Es normal sentirse incómodo hablando con los muertos y trabajando con ellos. Si decide compartir sus creencias con alguien, es probable que se encuentre con personas que piensen que está loco, sugieran que está incursionando en actividades demoníacas o lo llamen "brujo/a". Libere sus miedos y entienda que esto es algo que tiene que hacer. No necesita compartir sus convicciones con nadie a menos que esté listo para hacerlo.

Todos tenemos energías masculinas y femeninas, y las partes de nosotros mismos que pueden comunicarse con los muertos resultan ser femeninas. Esto se debe a que estas energías son generalmente más tranquilas, más receptivas y populares por su poder de intuición. No dude en apoyarse en su energía femenina y escuchar emociones como la compasión y la empatía. Aprenda a dejar de lado las nociones poco saludables que pueda tener, como la masculinidad tóxica.

Si usted siente miedo de conectar con los muertos, sepa que ellos no le harán daño. No tienes nada de qué preocuparse, siempre y cuando establezca límites fuertes y claros con su ser divino y el reino espiritual y solo se acerque a aquellos que sabe que quieren lo mejor en su corazón. Consulte a un babalawo o llame a un guía protector antes de comenzar. Pueden guiar sus oraciones y rituales y asegurarse de que no atraiga a ningún espíritu de baja vibración o espíritu no deseado en su vida. Su guía protector puede ser cualquier espíritu animal o arcángel con el que esté acostumbrado a trabajar.

Tiene que aceptar que existen espíritus oscuros y que no todos sus antepasados tienen buenas intenciones. Sin embargo, no debe dejar que esto lo asuste o le impida conectarse con aquellas almas que pueden guiarlo. Puede transformar su vida trabajando con sus antepasados si toma las precauciones adecuadas y establece límites claros.

Explore las tradiciones familiares

Su viaje será naturalmente diferente porque cada persona tiene tradiciones familiares únicas. Trabajar con sus antepasados debe ser un proceso personalizado y único, por lo que no debe copiar ciegamente lo que hacen los demás, incluso si se siente más seguro haciendo eso. Debe explorar sus tradiciones culturales y familiares para trabajar con sus antepasados. Su intuición también es clave. Necesitará de ayuda, trate de hablar con todos los miembros de la familia como sea posible. Hable con ellos sobre sus antepasados, y si son personas espirituales, puede preguntarles si tienen algún ritual u oración que puedan transmitirle.

Aprenda sobre las preferencias de sus antepasados, las actividades que solían disfrutar en su tiempo libre, la comida que les gustaba comer, cuáles eran sus creencias espirituales, cómo eran sus prácticas de veneración, etc. Cualquier información que obtenga puede ayudarlo a fortalecer su vínculo con sus antepasados, comprender cómo llegar a ellos y averiguar cuáles deberían ser sus ofrendas. Sin embargo, si cree que no resuenan con usted y su intuición, no debe forzarlos a su práctica. No tendrá éxito si no está completamente convencido o no se siente cómodo con lo que está haciendo. Recuerde que este es un vínculo compartido entre usted y sus antepasados.

Explorar sus tradiciones y ascender en el árbol genealógico es un acto de adoración en sí mismo. Le resultará difícil volver sobre sus raíces, especialmente si se encuentra con desafíos generacionales y traumas en el proceso. No deje que esto lo desanime y recuerde que el proceso cuenta como una intención honorable. Cuanto más se familiarice con sus antepasados, más fácil le será llamar a sus espíritus y expresar su agradecimiento.

Si no vive en la tierra de sus antepasados, le será muy útil volver a su tierra natal y aprender sobre sus tradiciones culturales. Conozca a los ancianos que actualmente vivan allí, ya que serán futuros antepasados. Infórmese sobre sus rituales y prácticas de veneración (si las hay) y pregúnteles si pueden transmitirle sus tradiciones.

Preste igual atención a los ancianos vivos

No necesita esperar hasta que los miembros de su familia pasen al reino espiritual para poder trabajar con ellos. Puede venerar a los ancianos vivos de su familia y honrarlos en este momento. Técnicamente, también son sus antepasados, y esto también es un trabajo espiritual. Trabajar con sus antepasados durante sus vidas hace que sea más fácil vincularse con ellos en el más allá, ya que ya ha establecido la base de esa conexión.

Honrar a sus ancianos vivos es una forma de honrar a los antepasados y continuar uniéndose a ellos después de que pasen al otro plano[80]

No dude en contactar con aquellos que estuvieron cerca durante su vida. Debe intentarlo, incluso si nunca los ha visto antes. En el peor de los casos, no responderán a sus esfuerzos. Esto generalmente sucede cuando la persona no llegó al otro reino, no era espiritual o simplemente no creía en estas cosas. Sin embargo, en la mayoría de los casos, lo harán. A pesar de que no necesita tener una relación directa con sus ancianos para poder conectarse con ellos después de que mueren, es útil tener un vínculo preexistente con ellos. Esto le permite llamarlos y alinearse con su energía más rápido.

Además, puede estimular la curación generacional y difundir años de traumas trabajando con sus ancianos vivos. Pídales que le cuenten sus historias y experiencias: las buenas, las malas, las alegres y las dolorosas. Al hacerlo, puede ayudarlos a aliviar algunas de las cargas que llevan antes de pasar al reino espiritual.

Llame a sus espíritus

Si desea aumentar la eficacia de su trabajo espiritual, debe considerar la construcción de un altar ancestral y consultar a un babalawo para el trabajo especializado y las oraciones. Una vez que esté listo, llame a sus antepasados y deje sus ofrendas preferidas en el santuario. Estos pueden incluir algunas de sus posesiones, comida favorita, bebidas e incluso promesas. Su altar debe adaptarse a las necesidades y deseos del antepasado con el que está trabajando, ya que esto puede ayudarle a fortalecer su conexión. Seleccionar cuidadosamente sus ofrendas también les muestra que los aprecias y que está decidido a establecer una conexión con ellos.

Además de orar a sus antepasados, también debe llamarlos mientras medita. La meditación le permite entrar en trance o estado alterado de conciencia, lo que facilita alinearse con sus energías y sentir rápidamente su existencia. Puede pasar todo el tiempo que quiera (normalmente entre 10 y 30 minutos) llamando a cualquier antepasado con el que desee trabajar. Trabaje con los antepasados con los que se sienta más conectado. Encender velas hace que sea mucho más fácil interactuar con los espíritus, así que elija velas de sus colores favoritos. No olvide celebrar sus cumpleaños y otros eventos importantes.

Ahora que ha leído este capítulo, comprenderá cómo trabajar con sus antepasados y cómo funciona este esfuerzo. Lea el siguiente capítulo para averiguar cómo puede mejorar su orí con la ayuda de sus seres queridos fallecidos.

Capítulo 7: Vivir con la bendición de los antepasados

Mejorar su orí y trabajar con sus antepasados es una relación bidireccional. Necesita fortalecer su orí antes de intentar comunicarse con ellos. Adorar a su orí puede ayudarlo a fortalecer su intuición y mejorar su conexión con el reino espiritual, facilitando entrar en un estado de trance de conciencia y comunicarse con sus antepasados. Puede pedirles que lo ayuden a mejorar su conexión con su yo más elevado u orí. Con su guía y sabiduría, podrá captar una comprensión más profunda de su yo auténtico y el propósito de su existencia.

Al leer este capítulo, aprenderá a construir y trabajar con un santuario de antepasados. También aprenderá a llevar a cabo la visualización ancestral. Finalmente, descubrirá cómo la meditación ancestral puede ayudarlo a comprender su rol en el mundo.

Construir un santuario para los antepasados

Los yorubas creen que una persona obtiene el poder que le permite invocar y trabajar con los espíritus durante el ritual de iniciación y el período de entrenamiento. La única excepción es la conexión con un espíritu ancestral. De acuerdo con este sistema de creencias, todos tenemos la capacidad innata de vincularnos con nuestros parientes consanguíneos, incluso si han pasado al reino espiritual. No importa si hemos sido iniciados en la práctica o no, lo que demuestra cuán íntima y poderosa es esta conexión. Es su derecho de nacimiento conocer a sus antepasados y pedir su guía y apoyo.

Crear un santuario para sus antepasados y colocar ofrendas es importante[81]

Nos vinculamos con nuestros antepasados todos los días sin siquiera darnos cuenta. Cocinar una receta como la hacía su bisabuela o preguntarse qué habría hecho su abuelo en cierto asunto de su vida son ejemplos de sutiles comunicaciones ancestrales. Las interacciones directas también se realizan comúnmente durante los sueños y cuando uno participa en celebraciones y festivales de antepasados.

Dado que los festivales anuales de los antepasados no son frecuentes en los países occidentales, muchos practicantes construyen altares y los utilizan como centro de sus actividades espirituales. Construir un altar de egún puede ser muy simple o muy complejo. Sin embargo, los santuarios complejos requieren una amplia capacitación para su construcción y mantenimiento. El santuario de antepasados yoruba tradicional más común requiere que entierre a su antepasado debajo de su casa, para que la tumba sirve como base. Como lo más probable es que no pueda hacer eso, puede usar elementos tradicionales básicos para construir su santuario.

Utilice la información que recopiló sobre sus antepasados, junto con su intuición, para determinar cómo llevar a cabo el proceso. También puede incorporar elementos espirituales como un Opa Egún y una olla egún para fortalecer sus esfuerzos y mejorar su conexión y capacidad de comunicación. Para eso, debería consultar a un sacerdote y averiguar qué artículos tradicionales pueden ser beneficiosos para su práctica. También necesita su orientación para prepararlos correctamente. Una vez que haya reunido todos los elementos básicos, puede ponerse en contacto con su antepasado para determinar si le gustaría que añadiera algo más al santuario.

Conceptos básicos de la creación de un santuario de antepasados o egún

Prepare su espacio

Encuentre un espacio tranquilo y cómodo para construir su altar. Límpielo a fondo y organice el área a su alrededor. Debe mantener su altar lo más limpio y ordenado posible después de construirlo porque la suciedad y el desorden pueden atraer espíritus de baja vibración. El entorno que lo rodea refleja su estado mental interior. Su hogar puede potenciar sus esfuerzos hacia el cambio u obstaculizar su viaje hacia el crecimiento. Las creencias Ifá sugieren que debe ordenar su casa si se siente confundido o abrumado. Si bien esto no hará que todos sus problemas desaparezcan, le dará cierta claridad sobre la situación.

Sahúme su habitación después de haberla limpiado y organizado. Por lo general, para este proceso se utiliza una concha marina grande. Si no tiene una, puede encender algunas hojas en una olla de barro o en cualquier otro recipiente ignífugo. Asegúrese de que el recipiente solo se use para sahumos. Use una pluma o su mano para ventilar el humo a medida que se mueve y haga circular el recipiente por la habitación. Las hojas de salvia y cedro son las más tradicionales, ya que son muy aromáticas y limpiadoras. Puede usar otros tipos de hojas también. Agregar incienso al recipiente también puede aumentar la efectividad del sahumado.

Coloque sus ingredientes en una pila en el centro del recipiente ignífugo y diga una oración directamente cuando comience a sahumar el área). Sea claro sobre sus intenciones de limpiar la habitación y dispersar cualquier espíritu no deseado. Puede recitar la oración en cualquier idioma que desee. Comience presentando sus respetos al espíritu de los antepasados, diga su nombre e indique su linaje, bendiga el espíritu de las hojas y luego pídale que haga algo por usted. Puede pedirle que atraiga la buena fortuna, la paz, la estabilidad y la sabiduría. Cuando esté listo, concluya sus oraciones agradeciendo al espíritu de las hojas.

Use un fósforo para encender las hierbas y espere a que la llama se apague y deje una nube de humo. Muévase por la habitación, asegurándose de que el humo se propague. Al hacerlo, concéntrese en sus intenciones y sahume el resto de su hogar. Tenga en cuenta que si permite que su mente divague, esto frustrará todo el proceso. Después de que haya limpiado su espacio, límpiese con el humo también. Comience con los pies y suba por la parte delantera de su cuerpo. Límpiese la cabeza y baje por la espalda.

Para mantener los efectos de la práctica, debe sellar el espacio. Hay varios maneras de hacer esto. Sin embargo, la más fácil, especialmente si no es iniciado, involucra agua, fragancias y fluidos corporales. Llene un recipiente con agua y añada unas gotas de una fragancia que use con frecuencia. También debe añadir una pequeña cantidad de orina o saliva a la mezcla. Esto afirma a los espíritus ancestrales que usted está a cargo de cualquier comunicación que tenga lugar.

Diga los nombres de los antepasados con los que no desea comunicarse, junto con las razones por las que no desea que participen, antes de sellar su espacio. Si no conoce a sus antepasados por su nombre, puede expresar alternativamente los problemas y comportamientos que no son bienvenidos en su espacio. Debe excluir a los antepasados que se suicidaron, sufrieron muertes brutales o traumáticas, fueron físicamente abusivos, participaron en abuso sexual o sufrieron adicción o abuso de sustancias. Asegúrese de protegerse de cualquier influencia dañina y descarte cualquier posibilidad antes de sellar el espacio.

Haga una oración (similar a la que hizo mientras sahumaba) directamente en el agua. Luego, rocíe el agua (con la mano izquierda) por todo el espacio. Concéntrese en su intención durante todo el proceso.

Construcción y uso del santuario

Solo podrá construir el santuario una vez que lo haya limpiado y sellado. Su altar debe ser un espacio de recuerdo para sus antepasados. Dedíquelo a los ancianos que hayan aportado cosas a su vida y la hayan mejorado a través de su sabiduría y guía. También puede usarlo para comunicarse con otros familiares fallecidos o con cualquier figura popular o mentor que lo haya inspirado, incluso si no están relacionados con usted.

Coloque una mesa y coloque una cubierta blanca o un paño sobre ella en el área designada. Decórelo con velas blancas, algunas de sus posesiones, artículos que disfrutaron en vida, dibujos o imágenes de ellos y un vaso de agua. Lo mejor de las prácticas de Ifá y Yoruba es que dan la bienvenida a varias diferencias espirituales e individuales. Los practicantes indígenas dedican sus altares a profetas y figuras históricas de diferentes religiones y orígenes. Por ejemplo, si su antepasado era un católico devoto, puede colocar un rosario o una Biblia en el altar.

Cuando todo esté listo, encienda una de las velas y párese frente a su santuario. Haga una promesa a sus antepasados de que usará el santuario regularmente para oraciones, recuerdos y meditación. También debe dejarles ofrenda con frecuencia. No es necesario que prometa usarlo todos los días o tres veces a la semana si no está seguro de poder cumplir con ese tipo de compromiso. Sin embargo, si acepta usarlo tres veces al mes, no rompa su promesa. Es mejor comenzar lentamente y de manera constante. De lo contrario, si promete demasiado y rompe la promesa, estará demostrando a sus antepasados que no se toma en serio trabajar con ellos y establecer esa conexión. Si bien sus antepasados estarán encantados de ayudarlo con los desafíos de su camino, debe evitar recurrir a ellos solo por necesidad. Esto debilita el vínculo que tiene con ellos. Es como orar solo cuando quiere algo.

Recuerde a sus antepasados e identifique las formas en que lo afectaron e influyeron en sus percepciones. Piense en las influencias que desea mantener y fortalecer, y las que desea eliminar. Medite sobre todas las características positivas que poseían sus seres queridos fallecidos. ¿Fueron útiles, sabios, valientes, creativos, fuertes u honestos? ¿Cuáles de sus cualidades quiere que le transmitan? Cuanto más fuerte sea su conexión con su antepasado, más fácil será que pueda invocarlo a su vida cotidiana para que lo bendiga con una cualidad específica. Por ejemplo, cuando no sabe qué decisión tomar, puede recurrir a un determinado antepasado por ser conocido por su sabiduría. Si una situación requiere que piense fuera de la caja, puede recurrir al espíritu más creativo. Cada vez que recuerde a un antepasado y piense en cómo habría actuado en una determinada situación, se está comunicando con él y participando en una forma de adoración. Cuando haya hecho su promesa y meditado, termine su sesión agradeciendo a sus antepasados por su sabiduría y cualidades positivas.

Visualización ancestral

Encienda algunas luces suaves, encienda algunas velas y siéntese junto a su altar. Asegúrese de tener fotos de sus antepasados, junto con algunos elementos personales y objetos culturales si aún no los tiene. Queme incienso, tómese un momento para expresar su gratitud y concentre toda su atención en este proceso. Agradezca a sus antepasados por otorgarle la oportunidad de estar en este mundo y honrar su existencia.

Respire hondo y visualice todos sus pensamientos evaporándose de su mente. Una vez que su mente esté despejada, comience su práctica de visualización ancestral. Visualícese en un campo grande y bonito o en cualquier otro lugar de la naturaleza. Permítase sentirse seguro en este espacio. Debe ser acogedor y familiar. Imagine todos los detalles del lugar. Imagine cómo se siente la hierba o la tierra bajo sus pies, la brisa fría que acaricia su piel y el olor del aire fresco mezclado con el aroma de las flores. Intente que la imagen se sienta lo más real posible. Una vez que se sienta realmente parte de esa visualización, concéntrese en su intención de conocer a un antepasado. Exprese el deseo de querer conectarse con ellos. Puede elegir un antepasado específico o abrirse y ver quién viene a usted.

Si está luchando por sentir que su visualización es real, puede reconocerla como una parte de su imaginación y llevar su conciencia al proceso. Dicho esto, la mayoría de las personas encuentran que la práctica es más efectiva cuando se siente real. Cuanto más practique la visualización, más fácil será involucrar sus sentidos y emociones.

Cuando aparezca su antepasado, comience a hacerle preguntas. Permita que su curiosidad tome la iniciativa y no se preocupe demasiado por sentir que los cuestiona o critica. Su antepasado está aquí para ayudarlo y guiarlo. No necesariamente le dirán qué hacer. Sin embargo, es probable que le den algunos consejos o compartan una historia que lo empuje hacia el camino correcto. La flexibilidad y la apertura son clave. Escuche e interprete cuidadosamente sus palabras mientras hablan. Una vez que hayan terminado de hablar, agradezca y tómese su tiempo para salir de la meditación y volver a la realidad. Debe expresar regularmente su gratitud y orar a los antepasados que aparecen en sus meditaciones porque esto le ayuda a mantener un fuerte vínculo con ellos y les muestra que honra y aprecia su ayuda.

Meditación ancestral

Siéntese cómodamente cerca de su altar y respire profundamente varias veces para despejar la mente. Esta meditación es más efectiva cuando es guiada porque guía su mente subconsciente al entrar en estado de trance. Puede pedirle a alguien de confianza que se lo lea. Alternativamente, puede grabar su voz y reproducirla. De cualquier manera, las palabras deben pronunciarse con suavidad, claridad y lentitud.

Relaje su cuerpo y escuche la voz que guía la meditación mientras cuenta hacia atrás a partir de 13. No se imagine los números, solo siga la voz del guía. Comience a visualizar un árbol gigante. Este árbol es más grande que cualquier cosa que haya visto. Dígase a sí mismo que este es el Árbol del Mundo, el puente entre los reinos de lo físico y lo espiritual. Piense en las imágenes en su mente como un portal por el que puede viajar. Entre en escena e imagínese pasando por la puerta de su mente. Párese frente al árbol.

Escuche el sonido de las hojas y las ramas cuando el viento las roza. Inhale el olor de la tierra justo después de la lluvia. Extienda los brazos y toque la monumental corteza del árbol. Con las manos allí, concéntrese fuertemente en la intención de invocar a un espíritu ancestral. Exprese su deseo de que lo ayuden a traer equilibrio y armonía al mundo.

Muévase a lo largo del árbol y siga observando sus raíces hasta encontrar una abertura. Libere todos sus miedos y entre a la brecha en el árbol. Encontrará un túnel que conduce hacia abajo. Siga la espiral hasta ver una luz parpadeante, como un fuego, al final del túnel. Acérquese.

El túnel conduce a un claro de bosque con un enorme incendio en el centro. Los espíritus de los antepasados se reúnen a su alrededor. Algunos de ellos están bailando, mientras que otros solo observan. No camine hacia ellos. Párese junto a los árboles en el borde y espere pacientemente a que un antepasado se acerque. Puede ser alguien que conoce bien, un pariente de sangre que escuchó o conoce, o un antepasado que no conoce en absoluto. Si no conoce al espíritu que se acercó, simplemente preséntese.

Pregúnteles sobre su propósito en el mundo y también pídales orientación sobre cómo hacer del mundo un lugar mejor. Trate de aprender más sobre lo que debe hacer para que el mundo sea más armonioso y pacífico. Pídales consejos y sabiduría para su vida y pregunte todo lo que necesita saber.

Su antepasado podría ofrecerle un regalo que lo pondrá en el camino correcto. El propósito del regalo también puede ser ayudarlo a recordar aspectos clave de su conversación. Tómese un momento de introspección para pensar en lo que puede ofrecerles a cambio. No se estrese, pero siga su intuición. Cuando la conversación llegue a su fin, agradezca a sus antepasados por su guía y aléjese.

Buscar el túnel por el que entró y regrese. Siga la espiral a medida para volver a la base del árbol. Cuando salga, apoye su mano en la corteza del Árbol del Mundo y agradézcale por hacer posible este viaje. Atraviese la puerta de su mente y traiga lentamente su conciencia a la realidad. La persona que guía esta meditación debe indicar que es hora de volver al tiempo y al lugar de la realidad. Abra los ojos cuando esté listo.

Ahora que ha leído este capítulo, está listo para comenzar a vivir con las bendiciones de sus antepasados. Lea el siguiente capítulo para aprender todo sobre los compañeros celestiales y cómo pueden ayudar a su orí.

Capítulo 8: Egbe, su familia espiritual

Este capítulo está dedicado a un grupo único de espíritus llamado Egbe Orun. Al leerlo, aprenderá quiénes son estos espíritus, sus características y cómo agradarles a través de sus ofrendas preferidas. Comprenderá cómo influyen en su vida y cómo pueden ayudarlo con varios aspectos de la comunicación espiritual, incluida su alineación con el orí.

¿Quiénes son los Egbe Orun?

El Egbe Orun, también conocido como Alaragbo, Egberun y simplemente Egbe, es un grupo de espíritus que han servido como compañeros para los humanos desde el principio de los tiempos. Su nombre se deriva de la palabra yoruba Egbe, que significa *"espíritu celestial"* o *"compañeros astrales"*. Según el pueblo yoruba, cada persona en la Tierra tiene un compañero del reino celestial. Esta creencia se basa en la idea de que cada alma viene del cielo y eventualmente regresa allí. Las personas que viven en la tierra son la personificación de su propio espíritu en un cuerpo físico. Olodumare creó las almas, y Obatalá moldeó un cuerpo físico para ellas. Como Olodumare hizo que los cuerpos físicos cobraran vida, les dio dos almas. Una viajó de regreso al reino espiritual, mientras que la otra permaneció en el cuerpo.

Las personas a menudo ven a su contraparte espiritual en sus sueños, ya sea que se parezca a ellos o a otra persona. Dado que ambas almas comparten una historia, saben más sobre la otra que las almas no relacionadas. Las dos almas son idénticas y son capaces de encontrarse entre sí. Sin embargo, se cree que los Egbe son espíritus más poderosos que sus contrapartes terrenales porque no están contaminados con las demandas del cuerpo físico.

Según las creencias yorubas, una de las almas se queda atrás en el mundo espiritual para mantener a su gemelo atado a él. Esto permite a las personas visitar este reino cada vez que deseen viajar allí o buscar la orientación de uno de sus habitantes. Egbe también vela por su contraparte terrenal, protegiéndolos. Cada vez que un alma terrenal se desvía de su camino, su gemelo les recordará su naturaleza espiritual. Aprovechar este vínculo único con nuestra pareja celestial también es un gran recordatorio de que nuestro tiempo en este reino es solo temporal.

Debido a que las personas tienen características diferentes, su conexión con sus almas gemelas también difiere. Esto también afecta su nivel superior de conciencia, que se alcanza a través de la intuición espiritual. Aquellos que tienen un fuerte vínculo con su Egbe son más frecuentemente influenciados por estos espíritus. Ni siquiera necesitan esforzarse mucho para alcanzar el reino espiritual, sin embargo, sus mensajes se escucharán alto y claro. Se dejan llevar por su intuición espiritual y se comunican con Egbe, con la esperanza de alcanzar un despertar espiritual. El Egbe, a su vez, envía sus mensajes a través de sueños o prácticas de visualización y adivinación. También pueden hacer que los objetos desaparezcan del entorno físico y que aparezcan otros. Estas son acciones que el Egbe utiliza para enviar mensajes específicos que solo pueden ser entendidos por el alma gemela. Sin embargo, el Egbe solo proporcionará su bendición, protección y guía si se lo cuida de manera apropiada. Agradando a Egbe y formando un vínculo con él, podrá alcanzar el destino de su alma.

Tipos de Egbe Orun

El antiguo pueblo yoruba aprendió sobre la existencia de compañeros celestiales a través de prácticas que involucraban comunicación espiritual. A medida que comenzaron a asociarse con el mundo espiritual, aprendieron que el Egbe se comporta de manera muy similar a los humanos. Viven en comunidades organizadas en función de creencias, preferencias y carácter. Algunos de los comportamientos mostrados por estas almas astrales recordaron a los yorubas su propio comportamiento desde que eran niños. Se cree que los niños todavía recuerdan sus almas gemelas, pero las olvidan a medida que se convierten en adultos. Hasta el día de hoy, los practicantes yoruba se comunican activamente con las comunidades celestiales a través de diferentes prácticas y herramientas oraculares. Han identificado diferentes tipos de rasgos y sociedades Egbe, pero hay muchos más que permanecen sin conocerse. A continuación se presentan algunos de los principales grupos de Egbe Orun.

Eleeko

El Eleeko es un grupo colorido con muchos tipos de personalidades. Sus estados de ánimo son cambiantes y a menudo se dejan llevar por sus deseos. Por lo general, son pacientes, pero cuando se enojan, no muestran piedad y son difíciles de apaciguar. Este comportamiento contrastante es muy similar al de Eshú, un espíritu que cambia de forma y deidad tramposa conocida por sus travesuras. Eleeko también es inteligente y puede ser muy creativo, especialmente cuando se trata de enviar mensajes y jugar trucos. Pueden ser astutos y su lealtad puede cambiar muy rápidamente.

Los Eleeko son conocidos por robar objetos de valor. Esta es una señal clara de que pasan tiempo con una persona. Sin embargo, solo roban a aquellos que tienen más que suficiente o les han faltado el respeto al Egbe u otros habitantes del mundo espiritual. Los Eleeko compartirán su recompensa con los menos afortunados como castigo o lección. Se cree que los niños de la comunidad yoruba que exhiben este comportamiento son miembros de Eleeko. Cualquier niño que sea terco, robe o sea demasiado hablador tiene que someterse a un ritual específico. De lo contrario, crecerán siendo Eleeko.

Iyalode

El Iyalode es otro gran grupo Egbe. Son líderes naturales y a menudo se los compara con los líderes del ámbito físico. Si bien son poderosos, solo se los considera líderes a los ojos de las almas que viven en la tierra. Su sociedad lleva el nombre de Iyalode, una líder femenina que inicialmente llevó a los yorubas a creer que el grupo solo tiene miembros femeninos. Después de una exploración más profunda, los practicantes yorubas aprendieron que tanto hombres como mujeres podían ser Iyalode.

Los miembros del Iyalode vienen en todas las formas, tamaños y edades. Se comportan como líderes. Están organizados y motivados y pueden inspirar a otros. Cuidan de sí mismos y se visten bien, lo que los hace fácilmente reconocibles. Les gusta presumir incluso cuando envían mensajes, pero también son caritativos. Dicho esto, no los haga enojar. Pueden ser tan maliciosos con su castigo como generosos con sus bendiciones, se sabe que los Iyalode prestan especial atención a los niños y hacen todo lo posible para proteger a ellos y a sus padres o tutores. Aquellos que dañan a los niños deberían temer a los Iyalode, ya que su castigo es excepcionalmente severo.

Baale

Baale es otro grupo talentoso conocido por exhibir tanto las habilidades de liderazgo de Iyalode como los coloridos rasgos de Eleeko. Su nombre en yoruba significa *"gobernante de la tribu"*. Este nombre se les dio después de que los yorubas descubrieran sus cualidades y virtudes.

Su naturaleza los distingue de otros grupos Egbe, y a menudo se consideran demasiado dominantes. A pesar de esto, los yoruba creen que el Baale es uno de los grupos Egbe más simples. A menudo recurren a ellos para la adivinación o el juicio. Dicho esto, hay que tener mucho cuidado al comunicarse con los Baale, ya que emiten castigos severos, especialmente cuando se trata de comportamientos desviados.

Asípa

Los Asípa son otro grupo que es muy vocal al expresar sus intenciones y necesidades. Por sencillos que parezcan, tampoco siempre son veraces. A veces, ocultan sus verdaderas intenciones detrás de una gran muestra de falsa devoción y lealtad, lo que habla de su naturaleza desleal. No solo eso, sino que convenientemente para ellos, a menudo son olvidadizos, especialmente cuando se trata de una mentira que han dicho. También pueden causar pérdida de memoria temporal o permanente para las almas terrenales.

Su influencia en las personas les hace olvidar su encuentro o hablar tanto que marean a una persona. Si uno tiene la sensación de que ha conocido a la persona con la que está hablando, a pesar de ser la primera vez que la ve, es probable que sea miembro de la sociedad Asípa. Puede desconfiar de ellos instintivamente sin saber por qué. Los Asípa a menudo actuarán contra las personas que rechazan su destino o cuyas almas están destinadas a convertirse en Egbe, pero se niegan. Los yoruba creen que además de obstaculizar el destino de las personas, los Asípa también pueden intercambiar sus destinos. De acuerdo con esta idea, al agradar a este grupo Egbe, uno puede encontrar un camino diferente y mejor para sí mismo.

Jagun

También conocida como Jagunjagun, es una sociedad Egbe que lleva el nombre de un guerrero del mismo nombre. Al igual que su homónimo, se sabe que Jagun es persistente e implacable en sus actividades. Son muy adaptables y complacientes y saben lo que se necesita para alcanzar su objetivo. No les gusta perder el tiempo en actividades sin sentido o cortesías, ni siquiera para agradar a otra persona.

Los Jagun suelen identificarse como niños que muestran un comportamiento muy inusual. En lugar de actuar como niños, estos niños son tensos y meticulosos desde una edad temprana. Este comportamiento se nota incluso en bebés que no lloran mucho y esperan pacientemente hasta que los adultos puedan atender sus necesidades. Jagun adulto puede ser promiscuo, pero generalmente es bueno para encubrirlo con un comportamiento aparentemente modelo.

Olugbogero

El Olugbogero es un grupo de carácter fluido, con personalidades polifacéticas en sus integrantes. Son libres como los ríos y aguas que fluyen, y no son fáciles de influenciar. Un comportamiento del que no se les puede disuadir es llevar un trozo de tela sobre su cuerpo. Además del agua, los Olugbogero también se asocian con niños nacidos muertos. Se cree que estas son almas cuyo destino fue influenciado por fuerzas maliciosas, como las maldiciones. En consecuencia, se quedan sin el cuerpo físico en el que estaban destinados a nacer.

Moohun

Moohun es un grupo muy desafiante a los que no les importa seguir reglas, ayudar a los demás o incluso tomar decisiones. También exhiben otro comportamiento infantil como terquedad y olvido. Debido a esto, se creía que eran un grupo de niños a los que no se les podía confiar ninguna tarea crítica. Es poco probable que se confíe en ellos o que se les ayude con cualquier problema cuando se les solicite. Lo único en lo que felizmente pasarán el tiempo es en verse bien.

Adetayanya

Adetayanya es un extraño grupo formado por niños. Comparten similitudes con Oro, hermano de los Egungúns. Algunos incluso creen que están relacionados con él. Una de sus características más destacadas es su reverencia por los vertederos de basura. Buscan los vertederos más aislados o saludan a los vertederos por la calle. Un Adetayanya pasa gran parte de su tiempo en los vertederos.

Honrar a cada Egbe Orun

Se los venera tradicionalmente a través de ofrendas, ritos y oraciones. Sin embargo, si se enojan, algunos Egbe requerirán sacrificios espirituales. Para los yorubas, la forma más elevada de sacrificio espiritual es la autodisciplina. Utilizan varios métodos de autodisciplina para establecer conexiones con su yo espiritual y sus guías, incluido el Egbe. El Egbe, a su vez, aprecia los esfuerzos de las personas por mantener su relación con sus compañeros celestiales y atesorar su vínculo. Si desea conectarse con un Egbe, debe demostrarles que está listo para formar un vínculo fuerte con ellos y continuar reforzándolo.

Construir un santuario para un Egbe es una excelente manera de honrarlos. Adornarlo con un paño blanco y decoraciones rojas y blancas. Podrá llamarlos a este espacio sagrado, así que asegúrese de construirlo de manera de poder trabajar con ellos sin interrupciones. El Egbe se comunica a través de diferentes medios, incluidos los sueños y las visiones. También puede hacer hogueras cerca de su lugar sagrado o buscar un río o árbol cerca donde pueda dejar sus ofrendas. Puede dejarles alimentos orgánicos como plátano, caña de azúcar, miel, manteca de karité, coco, aceite de palma, nueces de kola, o también agua dulce y alcohol. También aceptan queso, cacahuetes tostados o cocidos, pasta de ñame, maíz o frijoles blancos al vapor, maíz dulce, frijoles y ñame.

Influencias de Egbe Orun

Al igual que las sociedades humanas, los diversos grupos Egbe tienen diferentes influencias sobre el reino espiritual y las almas terrenales. Aquellos que transmiten malas noticias se consideran tabúes, que tradicionalmente se transmiten de generación en generación dentro de la misma familia, comunidad o sociedad. Se cree que causan un desequilibrio en la vida, como pesadillas y otros trastornos cognitivos. Aquellos que quieran determinar si un Egbe está tratando de comunicarse con ellos a través de pesadillas deberán visitar un oráculo.

Otros Egbe tienen influencias muy positivas sobre sus contrapartes terrenales. Forjan un fuerte vínculo con ellos, lo que permite a la persona confiar en ellos durante su vida. Algunos sienten la necesidad de consultar siempre a su Egbe antes de tomar una decisión importante. Otros incluso formarán relaciones románticas con sus contrapartes espirituales, lo que a menudo los hace permanecer solos en el mundo físico. Egbe puede ser muy posesivo e intentará mantener alejadas a otras parejas potenciales, a veces incluso causando su muerte. Según las tradiciones yoruba, los novios humanos siempre deben confirmar que no tienen ningún acuerdo con sus compañeros celestiales antes de casarse. Visitarán un oráculo que puede confirmar esto. Los sacerdotes llevarán a cabo un rito que conduce a la disolución del arreglo espiritual que se ha hecho previamente.

Si es contactado por su contraparte Egbe, uno debe asegurarse de que su gemelo no tenga ninguna tendencia dañina. De lo contrario, nunca podrán trabajar al unísono, y el Egbe trabajará en contra de la persona. Si, después de consultar a un oráculo, una persona descubre que su gemelo celestial es malvado, se le aconseja que corte esta conexión lo antes posible. A veces, estas influencias no se detectan ni se tratan a tiempo porque se les enseña a la fase infantil en la que muchos niños crecen. Sin embargo, cuando son influenciados por un Egbe malvado, los niños insolentes a menudo se convierten en adultos rebeldes. Se meterán en conflictos con sus compañeros y nunca confiarán en los demás. El Egbe continuará influenciándolos al hacer que los artículos valiosos desaparezcan de su comunidad, causando más problemas entre ellos y el resto de su comunidad.

Nunca ignore al Egbe, ni siquiera a los grupos bondadosos, ya que pueden enojarse. Si lo son, bloquearán cualquier bendición que pueda llegar a recibir. Si el Egbe está realmente molesto, pondrá obstáculos en su camino. A veces, una persona ignora a un Egbe porque no está al tanto de sus mensajes. Si eso sucede, puede recibir un castigo. Se aconseja a aquellos que sufren una desgracia inexplicable que visiten un oráculo y vean si sus problemas son causados por un Egbe enfadado.

Desarrollar su intuición espiritual es una excelente manera de no perder contacto de su presencia o mensaje. Cuanto más se comunique, más fuertes serán sus relaciones y más elevada será su intuición. Aprender a pedirle orientación, protección y sanación espiritual a su pareja celestial puede enseñarle a usar su orí.

Capítulo 9: Odu Ifá, una guía para una vida justa

Odu Ifá, la sagrada escritura de los yoruba, contiene instrucciones para una vida justa, que es uno de los pasos fundamentales hacia la alineación espiritual. A partir de este capítulo, aprenderá cómo se creó y cómo está estructurado, incluido su resumen llamado "Las 16 Verdades de Ifá". También aprenderá los mensajes subyacentes detrás de cada verdad y cómo seguirlas para establecer una vida honorable.

Odu Ifá

A medida que crecía el número de personas a las que Olodumare y Obatalá dieron vida, el creador supremo se dio cuenta de que las comunidades humanas tenían algunos problemas. Los orishás le habían dado a Olodumare informes sobre enfermedades, pérdidas de propiedades y otros problemas de dinero, temores de muerte inminente y muchos otros obstáculos que los humanos enfrentaban a lo largo de sus vidas. Para ayudar a contrarrestar las influencias negativas que conducen a estos problemas, Olodumare creó un decreto que contenía todos los problemas y sus soluciones. Entre las resoluciones estaba apreciar lo que las personas tienen, incluida la familia, la salud y la superación de enfermedades, la vida (especialmente aquellos que viven largas vidas), los niños, la seguridad financiera y la creatividad para prevenir pérdidas. Los problemas para los que encontró una solución se presentaron en una profecía que contenía miles de versículos y se organizaron en 256 secciones. Se transcribieron en un texto sagrado que, para los yoruba, encarna las esencias sagradas de Ifá, incluido el destino, la verdad, la vida y el destino final del alma. El conocimiento de la profecía se le dio por primera vez a Orunmila, el orishá con habilidades adivinatorias, que también actuó como el primer babalawo (sacerdote) en Ife. Al principio, la gente consultaba a Orunmila por sus problemas, ya que él era el único que podía ver su destino. Sin embargo, Olodumare y Orunmila creían que este poder no debía dejarse en manos de las personas, ni tampoco de los orishás.

Según la tradición, Orunmila aprendió a descifrar los mensajes de las 16 Verdades de Ifá después de casarse con su segunda esposa, Odu. Su primera esposa, Egan, no podía darle hijos. Le preguntó a Olodumare qué hacer y se le aconsejó que se casara con Odu, para que Egan le diera hijos. Cuando Orunmila se casó con Odu, Egan pudo tener 16 hijos, que también se consideran hijos de Odu. Estos niños crecieron y se convirtieron en la próxima generación de sacerdotes y sacerdotisas, a quienes Orunmila transmitió la profecía de las 256 firmas. Los 16 hijos de Orunmila utilizaron este conocimiento para ayudar a las personas a resolver problemas comunes, llevar una vida equilibrada y obtener la iluminación espiritual. A menudo eran llamados por el rey de Ife para resolver conflictos y otros problemas.

Existe una historia que ilustra al hijo menor de Orunmila, Eji-Ogbe. En una ocasión, cuando el rey de Ife pidió su ayuda, sus otros hermanos (liderados por Ofun-Meji) dejaron atrás a Eji-Ogbe. Al consultar la profecía, aprendió que debía ir tras su hermano. También se le advirtió que no pasara por alto a nadie que pidiera ayuda en el camino. Los otros hermanos no estaban al tanto de esta profecía. Cuando el rey del bosque les pidió ayuda, se negaron, diciendo que primero tenían que ayudar al rey de Ife. Sin embargo, cuando pidieron indicaciones para llegar al castillo del rey de Ife, se equivocaron y se perdieron. Eji-Ogbe, por otro lado, ayudó al rey del bosque primero, y como recompensa, se le dieron las instrucciones adecuadas. Llegó al rey de Ife antes que sus hermanos, lo ayudó y se le otorgó un estatus distinguido. Cuando llegaron y se dieron cuenta de su error, sus hermanos se avergonzaron de pasar por alto tanto a Eji-Ogbe como al rey del bosque.

Los hijos de Orunmila también transmitieron la profecía a la siguiente generación de sacerdotes y sacerdotisas de Ifá. Hasta el día de hoy, los sacerdotes y sacerdotisas yoruba totalmente iniciados aprenden todas las firmas. Las firmas sirven como un sistema de adivinación utilizado cada vez que un yoruba se dirige a sus sacerdotes o sacerdotisas con un problema físico o espiritual. El adivino examina la profecía y determina lo que el consultante debe hacer para resolver su problema. Aquellos iniciados como devotos no necesitan aprender las 256 firmas, pero se les aconseja seguir las 16 Verdades de Ifá. Tras la iniciación, los devotos se convierten en hijos de Orunmila. Pueden pedirle orientación espiritual, alineación y ayuda para alcanzar o cambiar su destino. Si siguen las 16 Verdades de Ifá, Orunmila otorgará muchas bendiciones.

Las 15 verdades de Ifá

Una vez que se transcriben los versículos, el conocimiento de Odu Ifá se puede resumir en 16 puntos principales, llamados "las 16 verdades de Ifá". Según otro cuento yoruba, las verdades fueron transmitidas a 16 sacerdotes que querían vivir para siempre. Orunmila decidió ponerlos a prueba diciéndoles que si seguían las 16 verdades de Ifá, vivirían para siempre y se convertirían en poderosos líderes espirituales. Sin embargo, los sacerdotes no siguieron las 16 verdades y murieron poco después. Los yoruba creen que muchos de los problemas con los que se encontraron los pueblos antiguos y los orishás se derivan de no seguir las verdades. Aparte del ejemplo anterior, hay muchas otras historias sobre personas que enfrentan problemas debido a que ignoran las restricciones dietéticas, faltan al respeto o pasan por alto a los demás y rompen tabúes.

Durante miles de años, los yoruba han vivido sus vidas siguiendo las 16 verdades de Ifá, que les ayudaron a reunir una inmensa cantidad de sabiduría espiritual colectiva. Al consultar a sus antepasados, cualquiera puede aprovechar este conocimiento y obtener conciencia espiritual. Al seguir estas verdades usted mismo, también puede aprender a mantenerse fiel a los valores espirituales positivos. Estos valores son esenciales para encontrar su destino, cambiarlo y alinearse con cada parte de su orí.

Las verdades transmitidas de generación en generación son las siguientes:

1. **Solo hay una fuerza suprema:** Olodumare es el único ser que creó todas las cosas, incluido el universo. Fue quien proporcionó la esencia a todos los seres vivos. Sellar una intención solicitando la ayuda de Olodumare es la mejor manera de garantizar que surta efecto.

2. **Nuestro universo es bueno:** fue creado por Olodumare, cuya esencia está completamente incorrupta. Por lo tanto, el Universo no puede ser malicioso. Saber esto permite a las personas acceder a recuerdos e información del pasado, presente y futuro sin temor a ser engañadas.

3. **Debe enfrentarse a los obstáculos de la vida de frente:** los yoruba creen que los orishás que enfrentaron obstáculos sin miedo fueron recompensados con la iluminación espiritual, mientras que los que vivieron con miedo sufrieron. Consultar con ayudantes espirituales le permitirá superar los desafíos más difíciles.

4. **El mal no proviene de una sola fuente:** para los yorubas, el diablo (como se le llama en otras religiones) no existe, y tampoco su dominio (infierno). Las influencias negativas provienen de un número infinito de fuentes, y debe estar preparado para evitarlas en todo momento.

5. **Tiene derecho a ser apreciado y alcanzar la plenitud:** no le crea a quien le diga que no merece amor o que no merece realizar sus sueños. Independientemente de la experiencia que haya tenido en el pasado, aceptar sus derechos lo acerca un paso más a la alineación espiritual.

6. **Las personas están en constante transición entre dos reinos de existencia:** el primero es el cielo (el hogar de nuestra alma, según Ifá), y el otro se llama "el mercado" (un espacio de transición para las almas). La muerte se considera buena porque termina con el sufrimiento del alma en un cuerpo enfermo, y después de la reencarnación, permite que el alma comience de nuevo en un cuerpo sano.

7. **Cada fibra de su ser es parte del universo:** en espíritu, es uno con el universo, incluidas todas las demás creaciones de Olodumare. Prestar atención a las creaciones que lo rodean y honrarlas a través de prácticas espirituales conduce a una mayor autoconciencia.

8. **El carácter y los rasgos de personalidad de una persona determinan su destino:** la forma en que su carácter lo hace pensar, sentir y actuar determinará el curso final de su destino. El buen carácter lo ayudará a cumplir su destino (o cambiarlo), mientras que un mal carácter le traerá conflictos en esta búsqueda.

9. **Evite demostrar superioridad:** solo Ifá y Olodumare pueden ser superiores a cualquier otro ser en cualquier reino. Entre las

personas, babalawos y orishás, nadie es superior y nadie está por encima de nadie. Todos cometen errores. Culpar de sus errores a los demás y quejarse de ellos porque se sientes superior es un signo de malas influencias.

10. **No lastime a los demás de ninguna manera, incluso si actúan maliciosamente:** deje que su naturaleza maliciosa los consuma. Causar daño solo le hará perder todas las bendiciones por su buen comportamiento.

11. **Alimente su conexión con el universo:** cada parte del universo es sagrada y debe ser tratada con respeto. Debe respetar a los espíritus para mantenerlos de su lado en caso de que los necesite.

12. **No discrimine a los demás:** cada persona es valiosa a su manera, independientemente de su personalidad y apariencia. Ser ignorante de los valores de otras personas le impedirá obtener abundancia espiritual.

13. **La diversidad es un testimonio del poder infinito del creador:** debe celebrarse porque reúne todas sus creaciones. En las personas, la diversidad se manifiesta en el espectro de potenciales que todos poseemos. Esto nos permite elegir cuál queremos que se haga realidad.

14. **Usted es libre de determinar el curso de su destino y elegir a sus guardianes:** cualquier destino que elija depende de usted. Lo mismo se aplica al guardián divino que elija como guía. Ofrecer sacrificios a los orishás, antepasados y otros guías espirituales es una excelente manera de recibir la asistencia que necesita.

15. **Las prácticas adivinatorias son una excelente manera de encontrar su camino:** siempre que necesite consejos para cumplir o cambiar su destino o tener una vida larga y próspera, consulte el Ifá y obtendrá respuestas.

16. **Tenga la meta de reunir sabiduría y crecimiento espiritual:** estos son necesarios para la alineación espiritual y para un orí equilibrado. Las oraciones y otras formas de disciplina espiritual son fundamentales para el crecimiento espiritual y el perfeccionamiento de la intuición espiritual.

Seguir las 16 verdades de Ifá

Las verdades son simples decretos que cualquiera puede seguir en su vida diaria. Aquí hay algunos consejos sobre cómo seguir las 16 verdades de Ifá:

No engañe a las personas con conocimiento falso

No hable de algo sin ofrecer información verificable. Pensar que algo es verdad no lo convierte en la verdad absoluta a menos que usted y otros puedan verificarlo. Solo hable de lo que sabe y no engañe a la gente con sus acciones y palabras. De lo contrario, difundirá información falsa sobre sus conocimientos, pensamientos y comportamiento. Sea transparente con sus sentimientos y siempre dígale a la gente lo que espera de ellos y lo que pueden esperar a cambio. Abra su mente cuando se comunique con los demás y escúchelos, especialmente cuando hablen de cosas con las que no está familiarizado. Lo mismo se aplica a los rituales y ceremonias con los que no está familiarizado. Realice solo aquellos que practicó antes.

No pretenda ser superior

No importa cuánto conocimiento haya acumulado a lo largo de su vida, siempre puede aprender más. Siempre habrá cosas que aún no ha aprendido, así que no finja que es la fuente de toda la sabiduría o que es superior debido al conocimiento que posee hoy. Las personas sabias no hacen eso. Los sabios continúan aprendiendo porque son conscientes de la inmensa cantidad de conocimiento que aún pueden reunir. Nunca dejan que sus egos se interpongan en su camino, sin importar lo difícil que esto sea a veces. Si incluso siente que necesita saciar su ego, vea esto como otra oportunidad para aprender y crecer espiritualmente. Al permanecer humilde, tiene muchas más posibilidades de autorrealizarse.

Siempre tenga buenas intenciones y respeto

Las malas intenciones tienen una influencia negativa en su bienestar espiritual. También pueden impedirle la comunicación espiritual y complicar su alineación con su orí. Esto también puede ser un desafío, especialmente si los demás no tienen buenas intenciones hacia usted o no respetan sus opiniones. Sin embargo, al adoptar un enfoque positivo, podrá prosperar a pesar de su disposición irrespetuosa y negativa. Respete las opiniones y acciones de otras personas, incluso si son diferentes a las suyas. Preste especial atención a no faltar el respeto a sus mayores o a aquellos más débiles que usted (física o mentalmente). Sus mayores son mucho más sabios que usted, y nunca sabe cuándo podría necesitar su ayuda. Las personas más débiles también deben ser respetadas porque su debilidad no es su culpa. Pueden contribuir tanto a la salud espiritual de su comunidad como cualquier otro miembro. Respete los tabúes y prohibiciones siempre. De lo contrario, tendrán el mismo efecto que las intenciones maliciosas.

Respete sus amistades

Si usted está para sus amigos, ellos estarán para usted. No les falte el respeto chismorreando sobre ellos a sus espaldas o compartiendo un secreto que se le ha confiado. Honre sus elecciones con respecto a su vida, incluso si no está de acuerdo con ellas. Respete a sus seres queridos, tal como le gustaría que respetaran a los suyos. Trate de no aconsejarles tanto y deje que tomen sus propias decisiones.

Respete siempre sus amistades[33]

Honre su espacio sagrado y sus herramientas espirituales

Los yoruba siempre hablaban sobre mantener limpios sus lugares sagrados (donde realizan ritos y ceremonias). También debe asegurarse de mantener sus herramientas espirituales limpias de influencias negativas. Esto se aplica al santuario, símbolos y otros elementos que utiliza para la comunicación espiritual y otras prácticas espirituales. Su cuerpo, mente y espíritu también se encuentran entre estas herramientas, así que no olvide limpiarlas con regularidad. Tomar baños de limpieza y pedir a sus ayudantes espirituales que lo purifiquen física y mentalmente puede contribuir en gran medida a expulsar toda la energía negativa que contamina su esencia espiritual y le impide trabajar en tu orí.

Cumplimiento de todas las leyes

La adhesión a las leyes morales y legales es otro aspecto crucial de la vida de los yorubas. Ambos hacen que nuestras comunidades sean más seguras, permitiendo que todos convivan en paz. La buena conducta moral le permite mantenerse fiel a sus valores y alinearlos con su orí. Recuerde que esto solo es posible si cultiva valores que se adhieran a los códigos morales comúnmente aplicados.

Capítulo 10: Alineación con su orí

Aunque sus antepasados, el Egbe, los orishás y otros ayudantes espirituales pueden ayudar en el camino hacia un orí equilibrado, la única forma verdadera de lograrlo es a través de Iwa-pele, el buen carácter. Este capítulo analiza qué significa tener un buen carácter y por qué debería trabajar para mejorar el suyo. También aprenderá a identificar un mal carácter, técnicas para mejorarlo y vivir su vida de manera que el suyo siga siendo bueno en todo momento.

El concepto de Iwa Pele

Las enseñanzas de Ifá giran en torno a vivir una vida honorable y estar en buena posición con otras personas en la propia comunidad. Iwa Pele es un concepto que abarca creencias lógicas que ayudan a las personas a llevar vidas equilibradas. Esencialmente, según Ifá, Iwa Pele es solo una descripción precisa de cómo funciona el mundo. A diferencia de otros sistemas de creencias, la religión del pueblo yoruba no tiene mitos ni cuentos sobre milagros que resuelvan los problemas de las personas. En cambio, tienen un concepto que les dice cómo funciona el Universo y cómo deben actuar. También enseña que cuando uno se comporta en alineación con el Universo, su vida será infinitamente mejor. Olodumare creó un Universo que tiene reglas lógicas que lo mantienen equilibrado y puro. Si bien los ebbós, los sacrificios, las oraciones y los ritos pueden ayudar a manifestar su intención, nada será suficiente si lo que pide va en contra del Iwa Pele.

Cada persona lleva una esencia que interactúa con las energías de otras personas. Esta interacción está presente en cada parte de su vida y se expresa a través de su comportamiento, habla y pensamientos. Por ejemplo, si usted roba un artículo valioso de otra persona, podrían hacerle lo mismo a usted. Otras personas que ven esto también pueden robarle, y pronto ninguna de sus posesiones estará a salvo. Es una cadena lógica de eventos causada por una fuerza que causó al robar. También interactúa con otras energías en su entorno. La contaminación ambiental es un signo de que muchas personas están desalineadas con el Iwa Pele, y una que a menudo tiene consecuencias nefastas. Si no respeta las fuerzas naturales, causarán muchos problemas en su vida, incluidas pérdidas materiales y dificultades financieras. En ambos ejemplos, su carácter sienta las bases para el desastre inminente, y depende de usted evitar que esto suceda.

El antiguo pueblo yoruba aprendió esto gracias a los orishás y a sus propios conocimientos sobre cómo funciona el mundo. Aplicando el sentido común, examinaron las ocurrencias negativas. Llegaron a la conclusión de que el Iwa Pele es una herramienta crucial para mantener el equilibrio del Universo. Según los yorubas, el Iwa Pele no requiere obediencia ciega a las normas morales o legales. Solo requiere inteligencia espiritual, que se debe nutrir y apreciar a lo largo de la vida. En lugar de obedecer las reglas divinas, organizan sus vidas y actúan de una manera que los beneficia a ellos, a su entorno y al Universo. Permite a las personas mejorar sus vidas y cumplir con sus destinos sin obstaculizar los de los demás.

Muchas de las prácticas espirituales de los yoruba se basan en esto. Están diseñados para crear unidad, lo que refuerza aún más la voluntad de las personas de comportarse de acuerdo con las reglas lógicas del Universo. La mayoría de las ceremonias requieren limpieza espiritual. Cuantas más personas pasen por esto en la comunidad, más miembros comenzarán a sentirse más cerca del Universo y entre sí. Se comprometen a demostrar buen carácter porque saben que mejorará sus vidas y, lo que es más importante, lo hacen sin dañar a nadie. Saben que al tomar decisiones que beneficien a los demás, estarán un paso más cerca de la realización espiritual y la autorrealización. Es la bendición más alta que uno puede recibir porque es algo que se han ganado, y no les fue otorgada por una deidad o entidad espiritual.

Hasta el día de hoy, se anima a los sumos sacerdotes y sacerdotisas yoruba a ayudar a cualquiera que pida ayuda. También se les enseña a aconsejar a los devotos que cuiden a las personas de su comunidad y ofrezcan ayuda siempre que puedan. Durante las reuniones y festividades comunitarias, los sacerdotes y sacerdotisas refuerzan la necesidad de pasar tiempo con familiares y amigos y brindarles cualquier tipo de apoyo que necesiten. Aconsejan que recibirá muchas bendiciones y crecerá personalmente cuando demuestre buen carácter. Olodumare y Orunmila concederán cualquier deseo si están respaldados por un buen carácter. Si una persona con buen carácter se encuentra en problemas, será más probable que reciba ayuda de los demás. Esto se debe probablemente a que las personas con buen carácter tienden a compartir su buena fortuna con los demás.

Siguiendo el ejemplo yoruba, también puede dedicar tiempo a sus seres queridos. Puede pasar tiempo de calidad con ellos haciendo algo que todos disfruten. A veces, solo escucharse el uno al otro es suficiente, especialmente si uno o más de ustedes están pasando por momentos difíciles. Si se le ocurre un consejo, puede ofrecerlo, pero no es obligatorio. Mientras muestre interés desinteresado en el problema de otra persona, su vínculo se profundizará y estará más cerca del equilibrio espiritual.

Buen carácter y mal carácter

El nombre del concepto Iwa Pele tiene sus raíces en la palabra yoruba "Iwa", que significa *carácter*. El carácter de una persona define quiénes son, sus cualidades esenciales y lo que los hace únicos. El carácter de una persona puede ser tanto bueno como malo. Iwa Pele se refiere al buen carácter. Se atribuye a una persona gentil y compasiva, individuos de mente abierta. Una persona que respeta a todos y a todo en su entorno. Nunca faltan al respeto ni pasan por alto a las personas más débiles o a sus mayores. Trabajan con otros para mejorar su comunidad, lo que les hace ganar un gran respeto.

El mal carácter, o Iwa Buruki, por otro lado, representa lo contrario de Iwa Pele. Las personas con Iwa Buruki son irrespetuosas, rechazan las ideas de otras personas, tienen un sentido de superioridad y no trabajan bien con los demás. A menudo se meten en conflictos dentro de su comunidad y no solo luchan por mejorar sus vidas, sino que sufren pérdidas y desafíos en todas las áreas de la vida.

Los yoruba tienen una historia fascinante de cómo los Iwa buenos y malos pueden manifestar el destino de uno. En esta historia, Iwa se personifica como un personaje femenino que se convirtió en la esposa de Orunmila. Antes de su matrimonio, Orunmila fue advertido de que tendría que ofrecer un ebbó. También le dijeron que tendría que asegurarse de que Iwa siguiera siendo feliz después del matrimonio. Después de hacer el ebbó y casarse con Iwa, hizo lo que le dijeron, y tenía todas las razones para estar contento con su vida. Tuvo éxito en todo lo que hizo, e Iwa estaba feliz. Desafortunadamente, Orunmila se sintió tan cómodo en su nueva felicidad que comenzó a descuidar a Iwa. Comenzó a quejarse de todo lo que ella hacía, y de repente ninguna comida que ella preparara o tarea que hiciera era lo suficientemente buena para él. Un día, Iwa se cansó y lo dejó. Después de esto, Orunmila comenzó a sufrir una pérdida tras otra. Para averiguar por qué, fue a consultar con Ifá. Le dijeron que su mala suerte persistía porque lastimaba a alguien en su vida, y la única forma de cambiar las cosas era pedirle a esa persona que lo perdonara. Orunmila hizo un ebbó y se fue de viaje para encontrar a su esposa. En este viaje, se encontró con varias personas que le habían dado pistas sobre el paradero de Iwa hasta que finalmente la encontró. Con la ayuda de algunas almas buenas que respondían por él, la convenció de que volviera con él. Después de esto, Orunmila aprendió a no volver a descuidar a Iwa. También recordó a todas las buenas personas que lo ayudaron en el camino y comenzó a ser gentil y comprensivo con ellos, otorgándoles muchas bendiciones.

La moraleja de esta historia es que incluso si tiene un buen carácter, al convertirlo en uno malo, puede perder todas las bendiciones que ya ha recibido. No descuide su carácter y asegúrese de que sea bueno siempre. Si Orunmila no hubiera descuidado a Iwa (el personaje personificado), no habría perdido todo cuando ella se fue. Los yorubas creen que aquellos que reciben muchas bendiciones deben tener un buen carácter.

La relación entre Iwa y orí

Según los yorubas, Iwa representa la mitad de la personalidad. La otra mitad está definida por el orí, que es la esencia interior. Mientras que el Iwa es la manifestación externa de la personalidad. El Iwa es lo que la gente ve y con lo que interactúa, mientras que el orí es la fuerza impulsora espiritual detrás del comportamiento manifestado. Al alinearse con sus valores, el orí lo motiva a mostrar el carácter que lo protege y lo lleva hacia su destino. A su vez, un buen carácter contribuye en gran medida a reforzar un orí con disposición positiva. Ise (habilidad) y Ogbon (sabiduría) son dos factores que afectan al orí. Al trabajar en esto, puede mejorar su Iwa. Aparte del orí, la mejora del carácter también puede inspirarse en Aiye (su entorno) y los orishás (a través de la práctica regular).

El papel de Iwa Pele en la alineación espiritual

Según la enseñanza de Ifá, todo el mundo es capaz de trabajar junto con las energías del Universo. Es solo una cuestión de esfuerzo. Además, cada persona tiene la responsabilidad moral de mejorar su carácter. Es un requisito para tener una vida equilibrada, pero va mucho más allá de eso. Solo piense en sus seres queridos. ¿No le gustaría que vivieran en un mundo seguro y encontraran su propia felicidad?

El buen carácter es la clave para alcanzar con éxito la iluminación divina y la unificación con la esencia de Olodumare, el destino final de cada alma. Mientras tanto, el buen carácter actúa como escudo y guía, similar al orí. El orí y el iwa trabajan juntos para guiar al alma en su camino para cumplir su destino en cada vida. Al trabajar en ambos, sus esfuerzos y prácticas dedicadas a la autorrealización y el crecimiento espiritual serán más fructíferos. Pronto podrá disfrutar del éxito que se merece.

Señales de un mal carácter y cómo mejorarlo

El objetivo final de los yoruba es alcanzar un Iwa Pele para alinearlo con su orí y mejorarlo. Cualquiera puede lograr ambas cosas. Solo se necesita prestar atención a ciertas acciones y pensamientos. Esto le permitirá empezar a modificarlos. Quizás se pregunte cómo saber si su carácter necesita mejorar. Para responder a esta pregunta, deberá analizar su comportamiento reciente. Por ejemplo, si se enoja o se siente provocado fácilmente, si pierde los estribos o sacas conclusiones sin pensar bien las cosas, esto indica un mal carácter.

A veces, el mal carácter se manifiesta de una manera que lo hace distanciarte de sus seres queridos y de la comunidad. También puede sentir falta de inspiración para participar en reuniones espirituales y escuchar a sus ancianos y líderes espirituales. No dedica tiempo a las oraciones y otras prácticas diarias que promueven una vida espiritual saludable. Si le preguntan sobre esto, siente que lo están juzgando por no dedicar tiempo a cultivar su crecimiento espiritual. Cree que con todas las responsabilidades que tiene, no es justo que lo juzguen por perderse algunas oraciones o ritos. Incluso puede comenzar a guardar rencor contra aquellos que intentan ayudarlo a ver sus errores. Estos serán desencadenantes de emociones negativas intensas. También hay personas de mal carácter que se sienten atrapados por expectativas poco realistas o por la necesidad de dominación. Sus opciones podrían ser prácticamente ilimitadas si mejoraran su personalidad.

También puede ver los rasgos de carácter dentro de su linaje ancestral. A veces, un mal carácter puede transmitirse dentro de la familia. Esto suele suceder cuando una o más personas no mejoran su personalidad y la próxima generación aprende su comportamiento. El mal carácter se repite en la segunda o siguiente generación, se pasa a la tercera, luego a la cuarta, y así sucesivamente.

Tener pensamientos negativos sobre usted mismo puede ser otro signo de mal carácter. Si bien los pensamientos autolimitantes y de autoprivación pueden provenir de experiencias traumáticas, cultivarlos conduce a aún más miseria en el futuro. Los pensamientos negativos sobre los demás, incluido el sentimiento de superioridad, también significan una personalidad poco saludable. A veces, las personas sienten que han alcanzado un nivel de sabiduría espiritual en el que pueden dejar de cultivar un carácter positivo.

También puede experimentar pérdidas materiales, emocionales y de salud. La buena suerte rara vez estará de su lado si está demostrando un mal comportamiento, y la desgracia definitivamente lo perseguirá.

Si considera que es necesario mejorar su carácter, comience aprendiendo los tabúes y las leyes morales de su comunidad. Para promover este desarrollo, observe las expectativas morales en la sociedad en general y aprenda a respetarlas. Implementar ciertos actos de autodisciplina es otra buena medida. Por ejemplo, puede aprender algunas técnicas relajantes si tiene problemas de ira. Esto le enseñará a pensar antes de actuar o hablar enojado, y pronto se darás cuenta de los beneficios de no ceder a estas emociones disruptivas.

Si sus problemas de carácter son causados por expectativas poco realistas (como la presión de los compañeros y las expectativas de amigos y familiares), la mejor manera de abordar el problema es contrarrestarlos con afirmaciones positivas. ¿Qué pasa si alguien espera que usted se convierta en alguien que no puede ser? Ha logrado muchas otras cosas en la vida, así que concéntrese en eso. Si otros no pueden ver su éxito, esto no debería ser un problema para usted. Sea gentil y amable con ellos. Si su carácter es bueno, eventualmente entenderán. Las personas con carácter repugnante probablemente no lo harán. Sin embargo, dado que tienen una influencia negativa en su energía espiritual, debe limitar su interacción con ellos.

Ofrecer ebbós a los orishás y otros líderes espirituales también puede mejorar su carácter. Puede pedir consejo a sus ayudantes espirituales para eliminar las influencias negativas de su vida. A veces, agradar a un ser espiritual motivará su carácter y su orí. Mejorar su carácter requiere mucho trabajo. Tendrá que armarse de paciencia y trabajar en ello. Tendrá que ser más tolerante con los demás y con usted mismo también. Puede pedir consejo a sus ayudantes espirituales sobre cómo practicar un buen comportamiento. Esto le permitirá convertirse en un miembro valioso de su comunidad.

Bonificación: Glosario de términos

Muchos de los términos relacionados con el orí y otras prácticas yoruba pueden ser abrumadores y bastante difíciles de entender para alguien que recién está comenzando. Este capítulo de bonificación repasará los términos yoruba utilizados a lo largo de este libro y está destinado a facilitarle las cosas. Puede consultarlo cada vez que sienta que está perdido.

Orí: es un concepto metafísico yoruba. Significa literalmente "cabeza" cuando se usa en lenguaje común. Sin embargo, metafísicamente, se refiere al yo divino, al destino y a la intuición espiritual de una persona. Es la chispa de la conciencia humana que se encuentra en una persona. El orí a menudo es adorado como un orishá por derecho propio. Cuando una persona tiene un carácter equilibrado, puede alinearse con su orí. Si una persona muere antes de que pueda hacer eso, renace para intentarlo de nuevo. Mencionado en los capítulos 1-10.

Orishás: son espíritus o deidades que se consideran emanaciones y emisarios de Olodumare. Están destinados a ayudar a la humanidad a llevar una vida exitosa en la tierra. Son esencialmente los "dioses" del panteón yoruba. Mencionado en los capítulos 1 y 4.

Obatalá: es el padre del cielo y el orishá que creó los cuerpos humanos. También es el orishá de la pureza y se le considera el padre de todos los orishás. Es el orishá más viejo y fue el primero en ser creado por Olodumare. También se le conoce como Orishá Nla y

Oxalá. Mencionado en el capítulo 4.

Esú: también conocido como Eshú, Esu o Exu. Es el orishá de la dualidad, el equilibrio, el engaño, el azar y la esencia del destino. Es el mensajero divino de los orishás y sirve como intermediario. Mencionado en el capítulo 4.

Ogún: también conocido como Ogum u Ogoun. Es el orishá de los herreros, artesanos, metalúrgicos, metalúrgicos, hierro, soldados y la guerra. A menudo se le asocia con la justicia. Mencionado en el capítulo 4.

Yemayá: es la orishá del parto y el agua. Se la conoce como la Madre de Todas las Aguas y se la considera la madre de todos los orishás. Es la patrona del río Ogun y es una de las esposas de Obatalá.

Oshún: es la orishá de las aguas dulces, el amor y la belleza, así como de la diplomacia y la riqueza. En una versión del mito de la creación yoruba, es Oshún quien completó la creación del mundo. Es la esposa de Shangó. Mencionado en el capítulo 4.

Shangó: es el orishá del trueno y el relámpago, el fuego y la justicia. Deidad de la tormenta y orishá más fuerte del panteón yoruba. Sus esposas son Oshún, Oyá y Obá. Mencionado en el capítulo 4.

Oyá: es la orishá de la transformación, las tormentas, los truenos y relámpagos, y el viento. También es la guardiana de los muertos y es una guerrera orishá imbatible. Es una de las esposas de Shangó. Mencionado en el capítulo 4.

Orunmila: orishá de la sabiduría, el conocimiento, la adivinación y la profecía. Se cree que Olodumare depositó al orí en él, y él es el orishá que más puede afectar la realidad de una persona. Se cree que una vez caminó por la Tierra como un profeta mortal. Mencionado en el capítulo 2.

Ajogún: criaturas que representan las fuerzas negativas de la naturaleza y que a menudo se asocian con el diablo cristiano. Traen desgracias a la gente. Sin embargo, no todos son malos y tienen algo bueno en ellos. Mencionado en el capítulo 1.

Santería: También conocida como la regla de ocha (el camino/orden de los orishás), Regla Lucumí o Lucumí. Es una religión que se originó en Isese y se desarrolló en Cuba como resultado del comercio de esclavos. Se considera una religión de la diáspora africana. Mencionado en el capítulo 1.

Vudú: también conocido como voodoo y vudu, es una religión que se desarrolló en Haití y viajó a los Estados Unidos como resultado del comercio de esclavos. Es una combinación de varias religiones de África occidental y central, así como el cristianismo. Mencionado en el capítulo 1.

Iwa: también conocidos como loa o loi, son espíritus adorados dentro del vudú. Son similares a los orishás en Isese. Mencionado en el capítulo 1.

Vilokan: es el hogar de los lwas, así como de los espíritus de los muertos. Mencionado en el capítulo 1.

Bondye: deidad suprema del vudú. Mencionado en el capítulo 1.

Candomblé: también conocido como batuque, es una religión que se desarrolló en Brasil, pero que se basa en gran medida en las creencias yorubas. Se puede traducir literalmente como "danza en honor de los dioses". Mencionado en el capítulo 1.

Ialoríxá y babaloríxá: sacerdotisas y sacerdotes del Candomblé. Mencionado en el capítulo 1.

Umbanda: religión que se desarrolló en Brasil y se basa en una combinación de varias religiones africanas, el catolicismo romano y varias otras creencias. Los umbandistas adoran a la deidad suprema Olodumare o Zambia y también veneran a los orishás. Mencionado en el capítulo 1.

Preto Velho y Preta Velha (Viejo negro y Vieja negra): espíritus masculinos y femeninos de los antepasados en Umbanda. Mencionado en el capítulo 1.

Iwa Pele: carácter bueno o gentil. Mencionado en el capítulo 10.

Ifá: es tanto una religión yoruba como un sistema de adivinación. Orunmila era considerado el Gran Sacerdote de Ifá. Mencionado en el capítulo 9.

Odu Ifá: texto religioso compuesto por 256 secciones u odus. El conocimiento de estas secciones se puede transcribir en las 16 Verdades de Ifá. Mencionado en el capítulo 9.

Egbe Orun: también conocido como "compañeros celestiales". Son espíritus que viven en el reino celestial. Cada persona tiene un compañero celestial, y estos espíritus guían y protegen a su gemelo en el reino humano. Mencionado en el capítulo 8.

Eleeko: grupo Egbe guiado por sus deseos y cuyo estado de ánimo cambia fácilmente. Mencionado en el capítulo 8.

Iyalode: grupo Egbe que son líderes naturales. Mencionado en el capítulo 8.

Baale: grupo Egbe que es una mezcla entre Eleeko e Iyalode y tienen varias personalidades. Mencionado en el capítulo 8.

Asípa: grupo Egbe que es franco y vocal. A menudo son olvidadizos y desleales. Mencionado en el capítulo 8.

Jagun: grupo Egbe que es altamente adaptable y se identifica con niños que exhiben un comportamiento inusual. Mencionado en el capítulo 8.

Olugbogero: grupo Egbe de carácter fluido y personalidades polifacéticas. Mencionado en el capítulo 8.

Moohun: grupo Egbe que a menudo son infantiles en su comportamiento y no se les puede confiar tareas importantes. Mencionado en el capítulo 8.

Adetayanya: grupo Egbe que adora los vertederos. Mencionado en el capítulo 8.

Iborí: ritual que se practica limpiando y alimentando su orí. Mencionado en el capítulo 5.

Odun Egungún: los Egungúns son figuras disfrazadas y enmascaradas que representan a los antepasados. Odun Egungúns son festivales que celebran a los antepasados.

Gelede: una mascarada femenina celebrada como parte de Odun Egungún.

Oso Ijoba: mascarada masculina celebrada como parte de Odun Egungún.

Omiero: también conocido como purificación de santo. Un líquido sagrado que se utiliza durante la realización de rituales. Mencionado en el capítulo 5.

Igbá Orí: olla que representa al orí. Mencionado en el capítulo 5.

Opele: cadena de adivinación utilizada en Ifá e Isese. Mencionado en el capítulo 5.

Ikin: nueces de palma sagradas que se utilizan como herramientas de adivinación. Mencionado en el capítulo 5.

Orí Apere: destino personal de una persona. También se refiere a la fuerza personal o poder espiritual único de una persona y que ayuda a guiar a una persona a través de desafíos físicos y emocionales. Mencionado en el capítulo 3.

Ayanmo: es un proceso mediante el cual las personas pueden volver a ponerse en contacto con la fuente divina y restaurar el equilibrio de su cuerpo y mente. Mencionado en el capítulo 2.

Akunleya: es el concepto de ser respetuoso al hablar, sin importar con quién esté hablando o en qué situación se encuentra. Es como un concepto de etiqueta. Mencionado en el capítulo 3.

Akunlegba: es el concepto de transformación física, espiritual e intelectual para ser completo y desarrollar una mejor comprensión de uno mismo. Mencionado en el capítulo 3.

Babalawo: literalmente significa "padre de los misterios". Los babalawos son sumos sacerdotes del oráculo de Ifá que realizan varios rituales y se cree que pueden predecir el futuro de las personas que consultan con ellos. Mencionado en el capítulo 5.

Ebbó: también conocido como ebó, estos son sacrificios y ofrendas que se hacen a los orishás, a los antepasados y a otros espíritus. Mencionado en el capítulo 10.

Orí Inu: poder de la mente, tanto física como figurativamente, en términos de poder de pensamiento y uso de la mente. Mencionado en el capítulo 3.

Arugba: se traduce literalmente como "guía divina". Son las influencias externas las que benefician a un individuo, es decir, los beneficios que recibe al ser parte de una comunidad. Mencionado en el capítulo 3.

Ebó: se traduce literalmente como "intercambio". Es el intercambio entre una persona y el universo y se refiere a las acciones que afectan la suerte o la fortuna de una persona. Mencionado en el capítulo 3.

Iwa: se traduce literalmente como "carácter" en el idioma yoruba. Mencionado en los capítulos 3 y 10.

Olodumare: deidad suprema yoruba. Olodumare es una deidad sin género que es la creadora del mundo y la que da vida. También se le conoce como Olorun y Olofi. Mencionado en los capítulos 2 y 4.

Iwa Buruki: mal carácter. Lo contrario de Iwa Pele. Mencionado en el capítulo 10.

Ise: literalmente significa "habilidad" en el idioma yoruba. Mencionado en el capítulo 10.

Ogbon: literalmente significa "sabiduría" en el idioma yoruba. Mencionado en el capítulo 10.

Aiye: es el entorno de una persona o el mundo que la rodea. La palabra también se usa para referirse a la tierra o al reino físico (a diferencia del reino celestial/espiritual). También conocido como Ayé. Mencionado en el capítulo 10.

Egan: primera esposa de Orunmila. Mencionado en el capítulo 9.

Odu: segunda esposa de Orunmila. Mencionado en el capítulo 9.

Eji Ogbe: hija menor de Orunmila. Mencionado en el capítulo 9.

Ife: lugar donde nació la humanidad. También es una antigua ciudad yoruba situada al norte de Lagos, en la moderna Nigeria. También conocido como Ife-Ife. Mencionado en el capítulo 9.

Ofun Meji: uno de los hijos de Orunmila. Mencionado en el capítulo 9.

Conclusión

El concepto de orí juega un papel central en las creencias yorubas y en las prácticas de varias otras religiones de la diáspora africana. Yoruba es una religión basada en la espiritualidad, donde la reverencia por el alma se muestra tanto a los vivos como a los muertos. Según ellos, el alma fue dada a los seres vivos por Olodumare, lo que asegura su pureza. Debido a estar preocupados por asuntos mundanos, los espíritus que viven en la Tierra han perdido su conexión con la esencia divina de la que provienen.

El orí es un concepto que abarca el camino para encontrar el propio destino y cambiarlo si es necesario. Sin embargo, esto solo es posible si sus valores se alinean con su orí y si tiene una aguda intuición espiritual. El concepto del orí es un poco controvertido, ya que contradice directamente otro concepto fundamental yoruba, el libre albedrío. Sin embargo, el orí tiene varios componentes y muchas formas, algunas de las cuales permiten caminar por el camino del destino, todo mientras se mantiene y ejerce el libre albedrío.

El primer paso para alinearse con su orí es perfeccionar su intuición espiritual, ya que esta es la parte que le permite conectarse con la espiritualidad divina. Una de las formas de hacerlo es llamando a los orishás, los mensajeros divinos. Los yoruba creen que todos tienen un "padre orishá", pero también pueden guiarlos otros orishás. En la antigüedad, la gente recurría a Orunmila, un poderoso orishá con poderes adivinatorios. Hoy en día, los sumos sacerdotes y sacerdotisas también realizan profecías para encontrar una solución espiritual a los problemas de las personas. El orí también puede ser visto y honrado como un orishá.

Además de honrar a los orishás y Olodumare, también puede trabajar en sus habilidades de comunicación espiritual y conciencia recordando a sus antepasados. Estos espíritus sabios tienen un profundo vínculo con usted, que será útil si lucha por despertar su intuición espiritual. Si ven que usted tiene valores positivos que ayudan a continuar su linaje, le otorgarán muchas bendiciones a usted y a sus seres queridos. Egbe Orun es otro grupo de espíritus al que puede recurrir si desea alinearse con su orí. El Egbe tiene una tremenda influencia sobre las almas de las personas, pero debemos tener cuidado al trabajar con ellos. Algunos grupos de Egbe se enojan fácilmente y son difíciles de calmar. Cuando se crucen, tomarán represalias poniendo muchos obstáculos en su camino.

Odu Ifá, la antigua profecía yoruba, también tiene un rol crucial en la realización espiritual. Fue creado por Olodumare y entregado a los sacerdotes de Ife por Orunmila, a quien se le encomendó la resolución de conflictos y otros problemas entre las personas. Desde entonces, se ha transmitido a las generaciones de sumos sacerdotes y sacerdotisas yoruba, que aprenden a usar sus 256 firmas para guiar, sanar y apoyar a las personas en sus comunidades. Odu Ifá se puede resumir en el dogma llamado "Las 16 verdades de Ifá". Estas verdades sirven como una guía para una vida justa, que ayuda a los yorubas a recolectar sabiduría y alcanzar la iluminación espiritual. Por último, pero no menos importante, ha aprendido que lo más importante para mejorar y alinear su orí depende de su personalidad. Al mejorar su carácter, sus valores estarán mucho más cerca de convertirlo en un orí que represente lo que necesita para vivir una vida plena.

Cuarta Parte: Egún

La guía definitiva para la veneración ancestral, los guías espirituales, el Odun Egungún, la reencarnación y la espiritualidad yoruba

Introducción

Los egún, espíritus de los antepasados, juegan un papel muy importante en la religión yoruba y son muy respetados por su gente. Aprender sobre estos antepasados y sus funciones lo ayudará a comprender mejor sus raíces africanas. Este libro comienza con una introducción a la historia, cultura, estructura y filosofía espiritual de la religión yoruba. También nos adentramos a la creación del mundo, una parte importante de cualquier religión. Explicamos el mito de la creación yoruba y presentamos a la deidad principal, Olodumare. También aprenderá sobre algunos de los conceptos básicos de la religión, como la reencarnación y la vida después de la muerte.

A continuación, explicaremos a los orishás, que desempeñan un papel importante en el culto a los antepasados. El segundo capítulo hablará sobre las diferentes entidades y aclarará algunos conceptos erróneos. También brindaremos historias interesantes sobre los orishás más conocidos para ayudarlo a comprender sus personalidades y poderes. Después de conocer a los orishás y sus propósitos, el libro expondrá información detallada sobre cómo honrarlos y cómo saber si un Orishá está tratando de comunicarse con usted.

Otro tipo de espíritu es el egbe, que puede proporcionar orientación y apoyo. El libro explicará el concepto del Egbe, sus diversos tipos y en qué se diferencia de los espíritus de los antepasados. También descubrirá cómo estos espíritus pueden ayudarlo a conectarse con sus antepasados.

El libro también responderá a preguntas más comunes sobre estos temas. ¿Por qué los antepasados son tan importantes en la religión yoruba? Aprenderá sobre el Egungún y su importancia. También incluiremos consejos y trucos para ayudarlo a identificar a sus antepasados. La gente yoruba muestra su amor y respeto por sus antepasados celebrándolos en un festival dedicado a ellos. Le daremos toda la información necesaria sobre este festival, incluyendo su origen y cómo celebrarlo.

Luego, aprenderá los mejores métodos para venerar a los egúns, como la construcción de un altar. Encontrará instrucciones paso a paso sobre cómo construir un altar y otros detalles relevantes, como su ubicación y sus cuidados. El libro también introducirá otros métodos, como la meditación y el canto.

La reencarnación es un concepto popular en muchas culturas. Sin embargo, el pueblo yoruba tiene una comprensión diferente de este concepto que la de las culturas occidentales. Explicaremos su lugar en la religión yoruba y cómo se relaciona con los espíritus de los antepasados. El último capítulo del libro cubrirá las maldiciones ancestrales, sus razones y las mejores maneras de quebrarlas.

El tema de la veneración de los antepasados puede ser complicado para los principiantes. Nos aseguramos de usar un lenguaje simple para evitar confundir al lector y facilitar su comprensión. El libro también incluye métodos e instrucciones paso a paso, para que no tenga que buscar en otro lado al comenzar este viaje de conocimiento.

Adéntrese en el mundo de los antiguos antepasados africanos y conozca sus raíces.

Capítulo 1: Conceptos básicos de la espiritualidad yoruba

El Egún (culto ancestral) es un concepto fundamental en yoruba. Antes de profundizar en la práctica en sí, primero debe familiarizarse con esta religión. Este capítulo le presentará los antecedentes culturales e históricos, la filosofía espiritual y las creencias de los yorubas. Además de la importancia del egún, también conoceremos otras prácticas yorubas, como su proceso de iniciación y cultos a sus deidades.

Bailarines yoruba[88]

Antecedentes de la religión yoruba

Hace miles de años, se desarrolló un sistema de creencias único en África Occidental. Las creencias yorubas surgen de un pequeño grupo étnico en Nigeria y se convierten en un conjunto de conceptos altamente espirituales. Sus seguidores creen que las almas humanas pasan por un ciclo llamado Ayanmo, que determina su destino en la próxima vida en un nuevo cuerpo físico. Además, según los yorubas, una persona puede elegir su propio destino. Pueden controlar cómo fluirá su vida actual y cómo evolucionarán espiritualmente sus vidas posteriores. En cada vida, la persona puede crear todos los aspectos futuros de su alma mucho antes de que el alma renazca en la nueva vida. Elige desde el lugar donde vivirá, su propósito en la vida, y hasta su propia muerte. Todo puede estar predeterminado por las decisiones que tome una persona en su vida actual.

Las antiguas tradiciones yorubas se transmitieron de manera oral, y fueron modificándose con el tiempo. También fueron influenciadas por otras religiones y por las migraciones antes de las dinastías egipcias y durante el comercio transatlántico de esclavos. En consecuencia, las antiguas creencias yoruba se han convertido en un sistema religioso generalizado. Hoy en día, las personas que viven en Tobago, Trinidad, República Dominicana, Brasil, Cuba, Puerto Rico, Venezuela, e incluso América del Norte, practican activamente la religión o se esfuerzan por volver a sus raíces africanas y explorar la espiritualidad yoruba.

Existe una amplia gama de prácticas espirituales yoruba bajo diferentes nombres. En África, algunos de estos todavía se practican en su forma más pura. Mientras tanto, la diversidad de prácticas culturales en el Nuevo Mundo muestra ligeras diferencias con su religión de origen. Algunas variantes se han convertido en nuevas religiones, como la Santería y el Candomblé. En esta religión, las divinidades del panteón yoruba se identifican con los santos católicos romanos. Sin embargo, al igual que con los yoruba, la unión solo es posible después de un período de iniciación particular.

El mito de la creación yoruba

Los yoruba tienen una historia única y elaborada sobre la creación de la vida en la Tierra. Según las creencias antiguas, todo comenzó cuando Obatalá (un notable Orishá) le preguntó a Olodumare, el Dios supremo, si podía crear vida en la Tierra. En ese momento, la Tierra era una tierra estéril cubierta de agua. Obatalá quería crear partes de tierra en medio del agua. Curioso por la inusual petición, el Supremo le permitió a Obatalá asumir esta tarea. Antes de su viaje, Obatalá consultó con otros orishás y se enteró de que necesitaría reunir algunas cosas: una cadena de oro lo suficientemente larga como para llegar al agua, arena, un gato negro, una gallina, nueces, semillas y unas conchas de caracol. Luego, fijó la cadena y comenzó su descenso. En el camino, se dio cuenta de que la cadena no era lo suficientemente larga como para llegar a la Tierra. Pensando rápidamente durante su descenso, soltó la arena de la bolsa, las semillas y la gallina. A medida que la gallina esparcía las semillas, creaba las montañas y los valles de la tierra seca recién formada. Al llegar a la parcela de tierra, Obatalá la llamó Ife y comenzó a convertirla en su hogar. Plantó la nuez de palma, que se convirtió en un gran árbol con semillas.

Obatalá utilizó las nuevas plántulas para hacer más palmeras para refugiarse y bebidas como el vino de palma. Tenía un gato de compañía, pero con el tiempo, comenzó a sentirse solo. Un día, mientras bebía vino, tuvo la idea de hacer figuras de arcilla. Al principio, no sabía cómo darles forma, pero después de ver su propia cara en un lago, decidió hacerlos a su imagen y semejanza. Cuando terminó, le pidió al Supremo que otorgara vida a aquellas formas. Así se crearon las personas. El hecho de que las figuras se crearan a mano explica la diversidad de la población humana. Más tarde, la gente también fue bendecida con ashé, la fuerza que comparten todos los seres vivos. Las otras deidades visitaban a Obatalá con frecuencia, y aunque la mayoría estaba fascinada con su trabajo, no todos estaban contentos con sus creaciones. Olokun, la gobernante del mundo del agua, estaba particularmente disgustada por los nuevos seres que se apoderaban de su reino. Un día, esperó que Obatalá dejara la Tierra para visitar a los otros Orishás y decidió poner fin a la nueva civilización. Envió una ola tan alta que arrastró todo lo construido por la gente hasta entonces Los humanos que sobrevivieron pedían ayuda al Supremo. Olodumare se apiadó de ellos y acabó con el diluvio haciendo aparecer una nueva parcela de tierra.

Principales creencias yoruba

De acuerdo con las enseñanzas yoruba nacidas en Ife, la vida y la muerte son pequeños elementos de un ciclo continuo. A través de este ciclo, las almas humanas ocupan diferentes cuerpos físicos en cada vida.

Mientras tanto, viviendo en cada cuerpo y siguiendo el camino correcto, el espíritu evoluciona lentamente hacia la trascendencia eterna.

La espiritualidad yoruba reconoce que las personas aprenden sobre su destino a través del autoconocimiento y el crecimiento. También explica que cuando un alma renace en un nuevo cuerpo físico, no recuerda conscientemente ningún plan de elevación espiritual de la vida anterior. Sin embargo, según las creencias yorubas, esta sabiduría puede recuperarse del subconsciente (donde está oculta) y añadirse al nuevo conocimiento que el espíritu gana en su vida actual. Se necesita esfuerzo, lucha y aprendizaje para tener éxito en mantenerse fiel a uno mismo. Todo esto se hace para que el alma recuerde su destino. Si una persona recupera la sabiduría y aprende nuevas verdades, puede reclamar el futuro que desea tener.

Otras creencias de las personas en Ife incluyen la adivinación, la posesión espiritual, los sacrificios de animales y la iniciación. Estas prácticas prevalecen en la vida de los seguidores de la religión yoruba y sus descendientes.

Olodumare

Los practicantes yoruba pueden adoptar diferentes enfoques, incluido comunicarse con Olodumare, el Dios supremo que gobierna los cielos y las tierras. Olodumare es el creador del mundo y vive en su reino lejano. Este es el ser que acepta a todos los espíritus merecedores. Olodumare trasciende géneros y es la fuente última de energía divina, representando el poder que puede influir en el destino de cada espíritu. Para lograr sus planes, una persona debe pensar, sentir y comportarse de una manera que se parezca a Olodumare. Se necesita un acto consciente para ser la mejor versión de uno mismo y ser digno de la aceptación del Creador. Esto tiene que continuar a través de cada ciclo de vida, para alcanzar el crecimiento espiritual. Para demostrar que su alma merece ser elevada al siguiente nivel y continuar aprendiendo en su próxima vida, precisa crecer y desarrollarse espiritualmente. Después de muchos ciclos de vida, muerte y renacimiento, se espera que los espíritus humanos se vuelvan uno con el espíritu del Supremo. Esto les permite alcanzar la trascendencia y volverse inmortales.

A través de las diferentes tradiciones yorubas, Olodumare también se llama Olorun, Oluwa y Eleda. Cualquiera que sea el nombre con el que se conozca a esta entidad, todos son venerados por el mismo poder incuestionable y el estatus inmortal. Ninguna de estas entidades tiene un lugar centralizado para el culto, sino que se honra en las acciones cotidianas y las celebraciones únicas que realizan las familias y las comunidades yorubas. Lo que todas estas formas de veneración tienen en común es que todas reconocen a Olodumare como la máxima autoridad. Según los yorubas, nada sucede sin la bendición del Creador. Si las personas quieren algo específico, primero deben obtener la aprobación del Creador. Esta es la razón principal por la que el pueblo yoruba celebra diferentes ceremonias.

Los orishás

Con el tiempo, más y más personas en Ife comenzaron a seguir esta filosofía. Algunos incluso llevaban estas creencias cuando se mudaban. A medida que crecía el número de seguidores, se invocaba cada vez más al Supremo. Así, para facilitar la comunicación entre Olodumare y sus fieles seguidores, se crearon nuevos mediadores. Estas entidades son conocidas como los orishás, y pueden ayudar enormemente a aquellos que desean alcanzar la conciencia divina. Tienen la misma cualidad inmortal que su creador, aunque ejercen un poco menos de poder. Algunos orishás han estado presentes desde el principio de los tiempos y provienen directamente de la línea de Obatalá. Mientras que otros fueron almas humanas que han alcanzado con éxito la trascendencia. A diferencia de su creador, los orishás no son perfectos, y todos responden a Olodumare con sus acciones.

Veneración ancestral

Otra forma de obtener sabiduría espiritual es interactuando con almas ancestrales y otros espíritus de la naturaleza. Junto con las esencias benevolentes, también se cree que los espíritus de los antepasados permanecen en este mundo. Cuidan a los miembros de su familia y los guían a través de los obstáculos de la vida hasta que estén listos para rejuvenecerse nuevamente. Los yoruba creen que el espíritu de un antepasado renace en un niño de la misma familia, de ahí las costumbres de nombres tradicionales. Estos antepasados siempre son recordados y mencionados en las conversaciones cotidianas de la misma manera que cuando estaban vivos.

Además, se puede mantener comunicación con ellos, pidiéndoles ocasionalmente que eviten situaciones peligrosas y comportamientos corruptos. Como un acto de gratitud por su protección, los espíritus ancestrales son honrados a través de celebraciones comunales. Consultando su ascendencia, una persona puede aprender mucho sobre su propio destino. Los antepasados a menudo pueden proporcionar pistas sobre los planes de un alma en sus vidas anteriores, lo que ayuda a recordarlos.

Ajogún

Los ajogún son seres que representan las fuerzas negativas de la naturaleza y pueden causar todo tipo de percances en la vida. Estas criaturas demoníacas pueden ser responsables de muchos obstáculos, desde accidentes hasta enfermedades e incluso problemas con las conexiones sociales. Esta es esencialmente la forma en que la religión tradicional yoruba describe casi todos los peligros, enfermedades o desgracias: personas hechizadas o poseídas por un espíritu maligno. Para curarse, estas personas visitan a un sacerdote para realizar rituales de adivinación para aprender por qué el ajogún los ha atacado. Si es posible, el sacerdote o sacerdotisa les aconsejará sobre cómo evitar cualquier molestia.

Ashé

Ashé es una fuerza interna de humanos, elementos naturales, orishás y deidades. Esta fuerza es similar a la forma natural de energía llamada Qi (también conocida como Chi) en la medicina tradicional china y otras tradiciones espirituales orientales. Si podemos alcanzarlo, este poder puede determinar nuestro destino empujándonos en dirección al bien o al mal. Cuando está contenido en elementos naturales como el rayo, la lluvia, el viento o incluso la sangre, su carácter estará completamente determinado por el Supremo. En los humanos, puede verse influido, lo que a menudo comienza al momento de nacer, al darle a un niño un nombre particular. Los yoruba creen que el Ashé puede promover el cambio, positivo y negativo, por lo que es importante comenzar a dirigirlo hacia resultados positivos lo antes posible.

Otras creencias yoruba

Aparte de la veneración de las deidades, los antepasados y el espíritu divino, los yoruba tienen muchas otras creencias. Por ejemplo:

Reencarnación

Además de tener una existencia productiva y generosa para lograr metas personales en la vida, la espiritualidad yoruba también enfatiza el papel de un espíritu superior en la reencarnación. Esto separa a los yorubas de muchas otras religiones, donde el énfasis se pone en la salvación en el más allá. Según las enseñanzas yorubas, ser una buena persona es necesario si uno quiere que su alma renazca. Como la mayoría de los seguidores esperan ganarse el privilegio de la reencarnación, tratarán de ser compasivos y amables en su vida actual. Saben que a las almas de los engañadores se les negará la transmutación y no tendrán la oportunidad de regresar en la próxima vida. Esto se aplica a las personas que no son amables consigo y se hieren a sí mismas. Los espíritus que regresan renacen en los cuerpos de los niños nacidos sus familias. Este concepto de reencarnación familiar se conoce como atunwa y es la razón principal por la que los niños yorubas reciben varios nombres que pertenecen a sus antepasados.

Poderes misteriosos

Las creencias yorubas también apuntan a fuerzas misteriosas asociadas con la brujería, la medicina, la magia, la hechicería y la magia sucia. Los poderes asociados con la brujería se llaman osonga, eye y aje. A menudo se ven como fuerzas negativas. Ellos, junto con oso, oogun buburu y oogun ika (los poderes vinculados a la hechicería), se utilizan para dañar a alguien o evitar que alcance sus objetivos. Mientras que isegún, oogun y egbogi (las fuerzas asociadas con la medicina y la magia) se consideran buenas influencias. Para los yorubas, la medicina y la magia son intercambiables debido a las numerosas creencias populares sobre el poder curativo de la naturaleza.

Prácticas espirituales yoruba

Debido a la increíble expansión de la espiritualidad yoruba y su frecuente connivencia con otras religiones, las alteraciones en sus prácticas eran inevitables. Un pequeño número de devotos en Nigeria todavía siguen la religión tradicional de sus antepasados, que incluye honrar a las deidades y los orishás en la vida cotidiana y participar de rituales y festividades. En el panteón yoruba se ofrecen sacrificios a las deidades, a quienes se les pide que influyan en la naturaleza para favorecer la siembra, la caza y la cosecha. Los festivales religiosos yoruba a menudo contienen recreaciones de las antiguas leyendas sobre la creación de la vida, los destinos de los antepasados y los viajes espirituales.

Las razones para los festivales y rituales religiosos yoruba incluyen el nacimiento, los matrimonios y honrar a los muertos. La iniciación en la religión, la limpieza y otros ritos también son comunes en la vida de los yoruba. Ofrecen homenaje a sus antepasados en cuerpo y espíritu. Durante los cultos ancestrales, se pueden celebrar líneas familiares enteras expresando las ideas espirituales y los rasgos de personalidad de los vivos y sus antepasados. Para la mayoría de las ceremonias comunitarias, los yoruba usan vestidos tradicionales y bailan al ritmo de tambores y cantos. Dependiendo del tipo de ritual o ceremonia que estén realizando, el sumo sacerdote o sacerdotisa usa ropa diferente para distinguirse del resto de la comunidad. A menudo invocan a los Orishás a través de un estado de trance. Para esto, también usan protección hecha con materiales naturales (protectores mágicos) como hojas de palma y plumas. Las tradiciones religiosas yoruba se crearon parcialmente para promover conexiones espirituales dentro de toda la comunidad. Alienta a las familias a ayudarse con alimentos, ropa y muchas otras cosas.

Uno de los rituales yoruba más conocidos para honrar a las deidades es la celebración de la cosecha del ñame. Como homenaje a Ifá, el Dios de la sabiduría y el trabajo duro, se hace un sacrificio cortando el nuevo ñame. A esto le sigue una gran fiesta llena de alegría. Al final de cada año, los yorubas rezan a Olodumare y a los Orishás para que los protejan en el año siguiente. En el festival anual de Ogún, los sacerdotes yorubas prometen permanecer célibes, abstenerse de ciertos alimentos y dejar de luchar para demostrar su valía a Ogún. En este festival, los yoruba también ofrecen aceite de palma, nueces de kola y caracoles para agradar y atraer a Ogún.

Adivinación

Los sacerdotes y sacerdotisas yorubas pasan muchos años aprendiendo a comunicarse con el reino espiritual y aprovechar su sabiduría durante las prácticas adivinatorias. Aprenden a conseguir información sobre influencias y resultados pasados, presentes y futuros. A quienes pueden lograr esto se los llama "Iyalawo" (traducido como "madre de los secretos") y "Babalawo" (que significa "padre de los secretos"). Pueden interceder entre el resto de la comunidad y los espíritus y deidades. Se enteran de secretos que nadie más en la comunidad puede revelar. Pueden responder preguntas sobre cualquier aspecto de la vida por sí mismos, sus familias o cualquier otra persona en la comunidad. Más allá de su sabiduría y entrenamiento, los adivinos yoruba no poseen ningún poder extraordinario. Son personas comunes que pueden acceder a las profecías y aconsejar a otros sobre su Ashé. Revelan la información en varias oraciones, hechizos o poemas tradicionales, que aprenden en su entrenamiento.

Iniciación, devoción y capacitación

Para convertirse en un seguidor de la religión yoruba, uno debe iniciarse. En comunidades grandes, esto lo hace un miembro de la familia. Hay diferentes rangos dentro de cada familia, dependiendo de los niveles de experiencia. Los miembros de menor rango son los que aún no se han iniciado, generalmente niños entre cinco a siete años. Luego están los iniciados, los devotos y sus padrinos (una pareja propone la iniciación de una persona y los ayuda en el proceso). Luego, están los sacerdotes y sacerdotisas, y finalmente, los sumos sacerdotes y sacerdotisas. Estos últimos pueden iniciar personas que no sean descendientes directos de la familia, pero que tienen conexión con las tradiciones yoruba. Las personas que sienten el llamado a seguir las creencias ancestrales por el espíritu de Ifá también pueden iniciarse en la religión.

Las prácticas yoruba de todo el mundo tienen diferentes reglas para esta iniciación. En Nigeria, la iniciación dura siete días y es seguida por un periodo de formación de un año. Al comienzo, el sacerdote y la sacerdotisa le dan al iniciado un collar hecho de hierbas secas. Esto le otorga a la persona la protección de Ifá. También ayuda a invocar el espíritu de Ifá para ayudar en el resto del proceso. Luego, los involucrados en la ceremonia pondrán al iniciado en un estado de trance a través de tambores, cantos y bailes, que duran varias horas. Esto se repite varias veces durante la semana de iniciación, junto con oraciones y otras funciones comunitarias. La persona que pasó por la iniciación se llama "aleyo". En este momento ascienden a un nivel más alto de conciencia y comienzan su camino hacia Olodumare.

Además de reunir a la comunidad, los ritos de iniciación y otras ceremonias yoruba también tienen otras funciones sociales. Promueven valores tradicionales entre los miembros más jóvenes y ayudan a preservar la cultura para las generaciones futuras. Es por eso que aquellos que se alejan y se encuentran con otras religiones se mantienen fieles a sus raíces yoruba y coexisten pacíficamente con los seguidores de otros sistemas de creencias.

Capítulo 2: Orishás, sus guías espirituales divinos

Es imposible hablar sobre Egún o la religión yoruba sin mencionar a los Orishás. Los orishás u orishás tienen un papel muy importante en la fe yoruba, ya que actúan como intermediarios entre Olodumare, la deidad suprema, y la humanidad. La palabra "orishá" proviene del idioma yoruba, "ori" significa "cabeza humana". Según el pueblo yoruba, el "ori" actúa como un recipiente para otro "ori", que es una cabeza interna invisible o el espíritu humano como centro de la personalidad. La gente yoruba cree que el espíritu humano proviene de Dios, que influye en la personalidad y el destino de uno.

Los orishás son seres sobrenaturales con características humanas[84]

Los orishás son seres divinos o sobrenaturales. Existe la idea errónea de que los orishás son dioses, especialmente porque el pueblo yoruba a menudo se refiere a ellos como deidades. Llamarlos dioses no es exacto, ya que estos seres son mucho más complejos. Son manifestaciones de Olodumare, pero el concepto de un orishá es más que el de una deidad. Los orishás gobiernan en toda la naturaleza, y solo puede entenderlos observando sus fuerzas en acción.

El pueblo yoruba cree que Olodumare creó a los orishás porque no podía interactuar directamente con la humanidad. La mente humana es tan simple que no puede comprender a Olodumare o lo que representa. Entonces, creó a los orishás como partes de sí mismo para actuar como sus emisarios. Le dio a cada orishá un poder o influencia. Distribuyó aleatoriamente sus poderes y los arrojó aire. Cualquier poder que un orishá atrapara sería suyo. Sin embargo, los orishás no querían usar sus poderes para ayudar a Olodumare a crear el universo. En cambio, los usaban para su propio beneficio personal. Solo el orishá Oduduwa ayudó a Olodumare con la creación, y fue él quien creó a la gente yoruba. Esto convierte a Oduduwa en uno de los orishás más importantes. Sin embargo, otra versión del mito de la creación cuenta sobre la ayuda de otros orishás. Dieciséis orishás masculinos y una orishá femenina bajaron para terminar lo que Olodumare había comenzado.

Los orishás son muy importantes en la religión yoruba, y ocupan el segundo lugar en la jerarquía divina, justo después de Olodumare. Hay alrededor de 401 orishás masculinos y femeninos en total. Cada uno es diferente, con sus propios intereses, debilidades, fortalezas y personalidad única. Tienen características humanas: se enojan, se molestan, son felices, anhelan poder, etc.

Por esta razón, la humanidad siempre se ha sentido cercana a estas entidades, ya que pueden relacionarse con ellas más que con los dioses. Los orishás también participan en la vida cotidiana de las personas y brindan asistencia cuando es necesario. Son venerados hasta el día de hoy, y la gente los invoca en sus rituales para pedir orientación e iluminación.

Aunque los orishás están destinados a ayudar a las personas, pueden causar problemas involuntariamente. Son seres imperfectos y defectuosos, al igual que la humanidad. Los orishás enfrentan las mismas luchas que los seres humanos. Una parte de ellos quiere hacer el bien y ayudar a los demás, mientras que otra parte cede a las tentaciones. Al igual que nosotros, los orishás tienen ego y debilidades que se interponen entre su sentido del deber y sus deseos personales.

Tipos de orishás

Los eruditos nigerianos han categorizado a los orishás en tres tipos: ancestros, fuerzas de la naturaleza y divinidades primordiales.

Ancestros

Se refiere a los espíritus que impactaron enormemente a la humanidad cuando estaban vivos. Estos antepasados desempeñaron un papel importante en su sociedad. Eran valientes soldados, bellos reyes, héroes y heroínas cuyos nombres vivirían para siempre en la mitología yoruba. Establecieron el control sobre las fuerzas de la naturaleza haciendo sacrificios y ofrendas y usaron su poder destructivo contra sus enemigos y sus poderes benéficos para ayudar a las personas. Según las creencias yorubas, los antepasados ascendieron a los cielos o se hundieron en el suelo y se convirtieron en orishás.

Fuerzas naturales

El pueblo yoruba cree que cualquier elemento de la naturaleza tiene su propio espíritu. Los más poderosos y distinguidos de estos espíritus son los orishás. Los espíritus de los lagos, montañas, ríos, vientos o árboles son todos orishás. Sin embargo, los orishás no representan la totalidad de la fuerza natural. Los orishás son los espíritus del aspecto controlable y disciplinado que los practicantes y las personas pueden usar en sus rituales.

Divinidades primordiales

Los orishás de las divinidades primordiales son el tipo más antiguo, ya que preexistieron a la creación misma. Salieron de lo divino y vinieron directamente del cielo. Algunos habitaron la tierra antes que la humanidad y ahora se han convertido en seres sagrados.

Hay un gran número de orishás, y este capítulo se centrará en los más importantes dentro de la religión yoruba.

Eleguá

Eleguá o Eshú es el orishá de la travesura y el engaño, similar a Loki de la mitología nórdica y las películas de Marvel. Tiene una naturaleza infantil y le gusta bailar y hacer bromas a la gente. A diferencia de Loki, Eleguá es un orishá amable que proporciona protección en lugar de causar daño. Protege los hogares de las personas que le presentan ofrendas evitando las fuerzas del mal. Eleguá no es un orishá malvado, pero anhela atención. Castiga a aquellos que no se dan cuenta de su presencia. También comparte similitudes con el dios griego Hermes, ya que ambos actúan como mensajeros entre la humanidad y el otro mundo (el mundo de los espíritus, y en este caso, de los orishás). Aunque es un burlador, Eleguá es uno de los orishás más poderosos. Durante cualquier ritual o ceremonia, su nombre siempre se invoca primero. Es el guardián de los orishás y se requiere su permiso antes de comunicarte con ellos o con los antepasados.

Eleguá es el orishá de la travesura y el engaño[85]

Se manifiesta como un anciano o un niño pequeño. Esta contradicción representa su asociación con el comienzo y el final de la vida. Es un protector y guerrero vestido de negro y rojo, que es la imagen que a menudo adopta para aparecerse. Sus ofrendas favoritas son los dulces, sombreros de paja, cigarros, juguetes, monedas de plata, maíz tostado, pescado ahumado y coco. Está asociado con el número tres y los colores negro y rojo. El mejor momento para presentarle ofrendas es los lunes. Eleguá está asociado con el sacerdote católico San Antonio de Padua.

Eleguá era uno de los orishás favoritos de Olodumare porque le salvó la vida. Los orishás tenían cualidades humanas y sucumbían a la tentación. En una historia, los orishás, hambrientos de más poder, decidieron que deberían gobernar a la humanidad en lugar de Olodumare, que se estaba poniendo viejo. Creían que eran más aptos para gobernar, ya que ya estaban involucrados con la humanidad. Olodumare tenían terror a los ratones, y los orishás decidieron matarlo de miedo. Los orishás planearon todo, pero olvidaron decírselo a Eleguá. El tramposo orishá estaba al tanto de las intenciones de los otros porque él era el guardián y estaba parado en la puerta escuchando. Sin embargo, no informó a Olodumare de la traición de los orishás. Olodumare llegó a la cabaña de los orishás y encontró cientos de ratones. Estaba aterrorizado, pero los orishás habían cerrado la puerta y no había salida.

Eleguá acudió en ayuda de Olodumare. Calmó a la deidad y devoró a todos los ratones. Olodumare estaba enojado y decepcionado y exigió saber quién estaba detrás de esta traición. Eleguá le dio los nombres de todos los orishás involucrados, y todos fueron castigados en el acto. Olodumare estaba agradecido por el heroísmo de Eleguá y mostró su aprecio al darle la libertad de hacer lo que quisiera con quien quisiera sin sufrir ninguna consecuencia. Esto le permitió realizar todas las travesuras y trucos que deseaba, sin responder a nadie.

Obatalá

Obatalá fue el orishá que ayudó a Olodumare a crear el universo al crear la tierra y la raza humana y es el padre de los orishás y el cielo. Fue el primer orishá creado por Olodumare, lo que lo convierte en el más antiguo. Él es el orishá de la moralidad, la luz y la pureza espiritual. Obatalá aparece en forma humana vestido de blanco, ya que está asociado con la pureza y a menudo se le conoce como el rey de la paz. Es responsable de todo lo que sucede en la mente humana, incluidos los sueños y los pensamientos. Se le asocia con símbolos de paz, como la rama de olivo, la paloma blanca y el color blanco. Su número favorito es el ocho y se celebra el 24 de septiembre. Está vinculado a la virgen católica de la Misericordia. Sus productos favoritos incluyen manteca de cacao, huevos de mármol, algodón, guisantes ojo negro, arroz blanco, arroz con leche, natilla blanca, batatas, peras y granadas. Nunca coloque sal en ninguna de sus ofrendas. Obatalá se manifiesta en muchas formas, tanto masculinas como femeninas.

Obatalá colaboró en la creación del universo[86]

Olodumare envió a Obatalá a la tierra para que fuera su rey. Obatalá fue la elección correcta para ese rol debido a su naturaleza sabia, tranquila y comprensiva. Era un orishá que despreciaba la obscenidad y exigía respeto. Los seguidores de Obatalá nunca deben aparecer desnudos, maldecir en su presencia o beber alcohol. Las personas invocan a Obatalá para protegerse de la demencia, la parálisis y la ceguera. Es un orishá muy cariñoso y paciente si respeta y obedece sus reglas.

Una de las famosas historias de Obatalá cuenta sobre una pelea entre él y Eleguá. Un día, ambos orishás tuvieron una intensa discusión sobre cuál era el orishá más antiguo de todos los tiempos. La discusión se convirtió en una pelea física. Obatalá era más fuerte que Eleguá y lo derribó varias veces, pero Eleguá estaba decidido y seguía levantándose. Ninguno de los orishás usó su magia. Sin embargo, las personas que observaban la pelea estaban desconcertadas de que el orishá del engaño no usara su magia, y le sugirieron que lo hiciera pronto, ya que estaba claramente en desventaja contra el poderoso Obatalá. Eleguá siguió su consejo y usó su magia. Realizó un truco que hizo desaparecer el color de la piel de Obatalá. Obatalá se convirtió en albino. Sin embargo, el truco de magia de Eleguá no lo ayudó, ya que ambos orishás siguieron luchando y Obatalá finalmente ganó. Esta historia también muestra cómo Obatalá se convirtió en el protector del pueblo albino.

Ogún

Ogún es el orishá del hierro y la guerra. Es un guerrero valiente, generalmente invocado por guerreros, herreros y cazadores. Está asociado con las montañas y las armas. Ogún es representado como un herrero que lleva una vida solitaria en los bosques. Según los mitos yorubas, Ogún era hijo de Obatalá y descendió a la tierra con el resto de los orishás. A cada orishá se le asignó una tarea, y la tarea de Ogún era limpiar los bosques con su machete. Es el patrón de soldados, cirujanos, mecánicos y todas las personas que trabajan con metales. Puede realizar actos violentos, pero también tiene un lado amable y tierno. Al igual que Eleguá, la gente lo invoca para proteger sus hogares de cualquier daño. Se asocia con los números tres y siete y se celebra el 29 de junio. Sus productos favoritos incluyen cigarros, aceite de palma, batatas tostadas, frijoles blancos, maíz tostado y pescado ahumado. Está asociado con los perros y los colores negro, rojo y verde. Está vinculado al católico San Pedro. Como resultado de su naturaleza destructiva, el pueblo yoruba tiene miedo de Ogún. Sin embargo, Ogún solo castiga a los que rompen las reglas de la naturaleza, y es muy protector con sus seguidores.

La razón detrás de la solitaria existencia de Ogún era que estaba enamorado de su madre, Yemu. Eleguá siempre interfería para evitar que Ogún cediera a su afecto. Cuando Obatalá se enteró, quiso castigar a su hijo, pero Ogún se hizo cargo y se maldijo a sí mismo. Viviría eternamente solo en los bosques trabajando todo el día. Ogún tuvo una existencia miserable, ya que estaba solo, y nadie lo visitaba excepto su hermano Oshosi. Ogún estaba consumido por su miseria y desconsolado por pasar la eternidad lejos de la mujer que amaba, y decidió que todo el mundo también debería vivir en la miseria. Esparció un polvo mágico por toda la tierra para crear dolor y conflicto. Cuando

Oshún, la orishá del amor, se dio cuenta de lo que Ogún estaba haciendo, decidió interferir. Oshún era una orishá muy bella, y usó su belleza para seducir a Ogún. Su plan funcionó, y Ogún ya no se sentía miserable. También estuvo casado con Oyá, la orishá de los muertos, durante algún tiempo, pero ella lo engañó con Shangó, orishá del trueno.

Shangó

Changó o Shangó es el orishá del trueno y la iluminación, similar al dios nórdico Thor. Shangó, en su forma humana, era un rey. Se le permitió casarse con más de un orishá, ya que los reyes tenían este tipo de libertad. Estaba casado con tres orishás: Obá, Oyá y Oshún. Shangó es el patrón del baile, la percusión y la música. No es de extrañar que Shangó lograra que tres orishás se enamoraran de él, ya que es un símbolo de pasión y belleza masculina. También es encantador y mujeriego. Shangó es líder innato y no le gusta recibir órdenes. También es inteligente, valiente, orgulloso, justo, trabajador y un guerrero feroz. Al igual que otros orishás, Shangó tenía defectos. Puede ser arrogante, mentiroso, dominante, violento, impulsivo y manipulador.

Shangó es el orishá del trueno y del relámpago[87]

Shangó se asocia con los colores blanco y rojo, y el número seis. Está vinculado a la santa católica Santa Bárbara. Tanto él como Santa Bárbara se celebran el 4 de diciembre. Las ofrendas favoritas de Shangó incluyen quimbombó, aceite de palma rojo y bananas. Se le representa con una camisa roja y pantalones rojos de satén.

Según las leyendas yorubas, un día, Shangó estaba tan enojado que accidentalmente usó su poder del trueno y quemó a algunas de sus esposas e hijos. Con el corazón roto y arrepentido, Shangó no pudo soportar más el dolor y se ahorcó. Sus enemigos se aprovecharon de su muerte y causaron estragos en su reino. Sin embargo, sus enemigos fueron alcanzados por un rayo, por lo que Shangó se convirtió en el dios del rayo.

Yemayá

Yemayá es el orishá de los mares y lagos. Es una orishá femenina y es considerada la madre de muchos orishás. Como cualquier madre, Yemayá es cariñosa y maternal, pero también puede ser cruel. Puede infligir castigos severos cuando está enojada, pero perdona rápido. Es una guerrera feroz, valiente e inteligente. Yemayá es la protectora de pescadores, mujeres y niños.

Está asociada con los colores azul y blanco y el número siete, y también está asociada con pavos reales, patos, estrellas y la luna llena. Se la celebra el 7 de septiembre. Se la representa como una sirena con un vestido azul que simboliza las olas del océano. Está asociada a la Virgen María. Sus ofrendas favoritas incluyen cualquier cosa del océano, como peces, caballitos de mar o conchas marinas.

Un día, Olokun, el orishá del fondo del océano, estaba enojado con la humanidad porque sentía que no estaba recibiendo el respeto y el aprecio que merecía. Decidió acabar con la raza humana enviando olas altas y mortales a la tierra. Yemayá estaba preocupada por la humanidad e interfirió para calmar a Olokun. Si no hubiera sido por Yemayá, la humanidad habría desaparecido.

Oshún

Oshún es la orishá de la fertilidad, el amor y el matrimonio. Se la asocia con el agua dulce y la belleza femenina. Olodumare la creó después de crear el universo. Mientras observaba el mundo, se dio cuenta de que estaba incompleto. La humanidad necesitaría algo que los motive y los una. El mundo necesitaba amor. Así, decidió crear a Oshún y la convirtió en la orishá del amor. La envió a la Tierra para difundir el amor y todas las demás cualidades positivas asociadas a él. Es la más bella, sensual y seductora de todos los orishás.

Oshún es vibrante y llena de vida. Ella y Eleguá tienen una amistad muy estrecha. También es la esposa que Shangó más ama. Joven, bella y poderosa, Oshún parece tenerlo todo. Sin embargo, por dentro, se sentía miserable. Enfurecer a Oshún es una idea terrible porque es una orishá muy vengativa. Se la representa con un vestido amarillo.

Las mejores ofrendas para Oshún son joyas, perfumes, espejos, seda, abanicos, miel, camarones, arroz amarillo, espinacas, naranjas y girasoles. Se asocia con el número cinco, los colores amarillo y dorado, y se celebra el 8 de septiembre. Está vinculada a Nuestra Señora de la Misericordia. Las personas la invocan cuando requieren protección contra ciertas enfermedades o sufren problemas de fertilidad.

Durante una de las rebeliones contra Olodumare, los orishás decidieron dejar de seguir sus órdenes. Creían que sabían lo suficiente sobre el mundo y la humanidad y no necesitaban a Olodumare. Cuando Eleguá se enteró de la rebelión, le dijo a Olodumare, y este los castigó dejando de enviar lluvia y causando así una gran sequía. El mundo estaba muriendo, y los orishás se lamentaron y rogaron perdón a Olodumare. Sin embargo, sus voces y gritos no lo alcanzaron. Oshún se transformó en pavo real y voló hasta Olodumare para informarle del arrepentimiento de los orishás. Sin embargo, voló demasiado cerca del sol y se lastimó sus alas. Aun así, logró llegar a su destino y entregar el mensaje. Olodumare admiraba el coraje de Oshún y decidió curarla y mandar la lluvia.

Orunmila

Orunmila u Orula es el orishá del conocimiento, el destino y la sabiduría. Fue testigo de la creación de las almas. Por lo tanto, conoce el destino de cada una de las almas. Esto convierte a Orunmila en uno de los orishás más poderosos, ya que conoce el destino y muerte de cada ser. Su trabajo es asegurarse de que cada persona siga su destino. Sabe lo que hace que cada persona se sienta feliz, triste y exitosa. Orunmila es conocido por sus habilidades de curación y protección contra problemas mentales.

Está asociado con los colores amarillo y verde. Está vinculado al santo católico San Francisco de Asís y se celebra el 4 de octubre. Es el único orishá que no se manifiesta a través de incorporación sino a través de la adivinación. Sus ofrendas favoritas incluyen aceite de palma rojo, velas, miel y cocos.

Es hermano de Eleguá, Ogún y Shangó e hijo de Obatalá. Cuando Obatalá descubrió que Ogún tenía sentimientos por su madre, despidió a todos sus hijos mayores y mató a los jóvenes. Cuando nació Orunmila, Obatalá lo mataría al enterarse si era un niño. Sin embargo, Eleguá se apresuró a salvar a su hermanito y se lo llevó. Lo escondió debajo de un árbol y le llevaba comida todos los días. Un día, Obatalá comenzó a sufrir de una enfermedad muy grave e incurable. Eleguá le pidió a Shangó que viniera a ayudar a sanar a su padre. Él accedió y Obatalá se recuperó. Eleguá pidió un favor a cambio que era dejar vivir a Orunmila. Obatalá accedió a la petición de Eleguá. Shangó estaba feliz de que su hermano fuera perdonado y celebró la ocasión cortando el árbol bajo el cual se escondía, y creando con su madera una tabla de adivinación para su hermano y compartiendo con él los secretos del arte de la adivinación. Esta historia refleja el estrecho vínculo entre los tres hermanos.

Los orishás se manifiestan a los seres humanos a través de la incorporación. Incorporan ("toman prestado") el cuerpo un sacerdote/sacerdotisa dispuesto al acto e interactúan con los seres humanos durante los rituales. Todos los orishás mencionados aquí desempeñan un papel en la veneración/reverencia de los antepasados. Aprenderá más sobre este tema en los próximos capítulos.

Capítulo 3: Cómo venerar a los orishás

Ahora que entiende a los orishás, sus personalidades y su significado en la religión yoruba, está listo para descubrir cómo honrarlos y acercarse a ellos. La relación entre estas entidades y los seres humanos es una parte importante de la religión yoruba. El pueblo yoruba cree que los orishás pueden proporcionar iluminación, protección y apoyo. Sin embargo, se requieren ciertos rituales para agradar y acercarse a los orishás. Uno debe honrar a los orishás y reconocer su existencia para mantener una relación beneficiosa con ellos.

Este capítulo cubre los diversos métodos para venerar a los orishás y saber si alguno lo está llamando.

Altares

Los altares pueden ayudarlo a honrar a los orishás y fortalecer su relación con ellos. El concepto básico y el diseño de un altar son similares para todos los orishás. Necesitará un espacio vacío con una superficie despejada lejos de cualquier distracción. Un altar es un lugar sagrado diseñado para la adoración, así que colóquelo en un lugar tranquilo para que concentrarse y sentir la conexión con los espíritus. Sin embargo, dado que cada orishá tiene una personalidad, dominio, colores, animales y representaciones diferentes, se requieren elementos diferentes para cada altar de orishá. Un objeto puede ser ofensivo para un orishá mientras que puede sagrado para otro. Crear un altar adecuado es necesario para conectarse con su orishá.

Los altares se crean para honrar a los orishás[88]

Cómo construir un altar para un orishá

- Establezca una intención antes de construir su altar. Los altares tienen varios propósitos como la magia, la adoración, la meditación, etc. Sus intenciones de construir este altar para honrar a un orishá específico deben ser claras. Establezca intenciones escribiéndolas, diciéndolas en voz alta o susurrándolas en voz baja. Por ejemplo, puede decir: "Estoy construyendo este altar para venerar a Shangó".

- Elija un lugar adecuado para su altar. Los orishás no requieren nada lujoso o exagerado, así que opte por un espacio tranquilo, sencillo y cómodo. Puede ser un espacio pequeño en su habitación o un estante. Asegúrese de que esté en un lugar privado, para que nadie moleste o interfiera con su espacio de adoración.
- Limpie el espacio antes de añadir cualquier artículo.
- Elija los artículos apropiados para el orishá que está honrando, como símbolos o imágenes. Puede agregar tantos artículos como quiera. Sin embargo, si este es su primer altar, haga algo pequeño y simple para que sea fácil de mantener. Una vez que se acostumbre, puede expandirlo y añadir más elementos. Asegúrese de limpiar primero los artículos que añada.
- Ahora que sabe qué elementos usar, tome cada objeto y colóquelo de forma organizada. Algunas personas prefieren poner sus artículos en un trozo de tela para proteger el altar. Puede colocar el objeto más grande en el centro y colocar los más pequeños a su alrededor.
- Construir su altar no es suficiente. Debe honrar a su orishá regularmente y nunca abandonar su altar.
- Mantenga su altar en buen estado. Ignorarlo o dejarlo cubierto de polvo es una falta de respeto.

Estos son algunos de los principales elementos para los orishás más destacados de la religión yoruba.

Eleguá
- Coloque un trozo de tela negra o roja en su altar, ya que son los colores de Eleguá
- Las canicas, las campanas y los juguetes son perfectos para el orishá del engaño
- Un polvo de incienso para protección
- Bocetos o retratos de encrucijadas
- Velas (rojas o negras)
- Una ilustración de Eleguá en cualquiera de sus formas, ya sea como anciano o como niño
- Una o más estatuillas de Eleguá

Shangó
- Velas
- Hachas (simple o doble filo)
- Una ilustración o estatuilla de Shangó
- Una o más espadas
- Un tambor batá
- Un cuenco de madera con tapa
- Un pedestal para colocar el cuenco de madera
- Un juego de herramientas de madera
- Piedras de trueno

Obatalá
- Una ilustración, estatuilla o muñeco de Obatalá
- Un trozo de tela blanca para colocar debajo de los artículos
- Un tazón de sopa
- Una vela
- Una corona de metal
- Una campana con agarre de paloma

Ogún
- Un retrato o estatuilla de Ogún
- Un gallo de hierro
- Clavos de hierro
- Un caldero
- Una vela
- Un objeto de hierro como un yunque

Yemayá
- Un incienso en polvo intencionado para ayudar con problemas familiares
- Caracolas, preferiblemente cauris
- Una vela para ayudar con la fertilidad o la protección
- Abanicos

- Un tazón de sopa
- Objetos de plata
- Una ilustración o estatuilla de Yemayá
- Perlas
- Corona plateada o azul
- Un trozo de tela azul
- Ilustraciones del océano o criaturas marinas como peces, delfines o sirenas

Oyá
- Una ilustración o una estatuilla de Oyá
- Berenjenas, preferiblemente frescas
- Una vela de color arco iris
- Cualquier joya hecha de cobre
- Un tazón de sopa
- Manteca de karité
- Calabaza roja
- Una imagen de un rayo

Oshosi (orisha de la caza y los animales)
- Una ilustración o estatuilla de Oshosi
- Una vela para proporcionar fuerza y orientación
- Arco y flechas
- Imágenes de animales

Orunmila
- Una ilustración o estatuilla de Orunmila
- Una vela para ayudar con el crecimiento espiritual
- Un trozo de tela verde o amarilla para extender sobre su altar
- Un cuenco con tapa de madera de cedro
- Flores, preferiblemente amarillas

Oshún
- Perfume
- Una ilustración o estatuilla de Oshún
- Girasoles
- Un tazón
- Vela blanca

Ofrendas (ebbó)

Otro método para venerar a los orishás es hacer ofrendas. Cada orishá requiere ofrendas específicas. Pueden ser alimentos, bebidas u objetos relacionados con el orishá y lo que representa. En la religión yoruba, hay un tipo de ofrenda llamada "ebbó". Cuando los adoradores presentan ofrendas, dicen: "Estoy haciendo ebbó". Los adoradores "hacen ebbó" para agradecer a los orishás por su ayuda y orientación o para pedir un favor. Sin embargo, el ebbó no es una ofrenda habitual. Es un tipo de sacrificio que uno hace para agradar a los orishás. Es uno de los conceptos más antiguos de la religión yoruba. El ebbó es una necesidad para todos los adoradores de los orishás.

La palabra "sacrificio" puede tener una connotación negativa, ya que la gente a menudo la asocia con renunciar a algo que ama. Nos recuerda al momento en que se le pidió a Abraham que sacrificara a su hijo en las religiones abrahámicas o el sacrificio de Jesús en el cristianismo. El sacrificio siempre se ha asociado con el dolor y el sufrimiento. En la religión yoruba, este concepto no siempre es negativo. El pueblo yoruba piensa de esta manera para preservar la vida y sus seres. Uno debe hacer favores a las entidades que tienen el poder de destruir o proteger la vida. Por lo tanto, el ebbó garantiza la continuación de la vida y las bendiciones en el mundo físico al agradar a los orishás y mantener una relación con ellos. Otro lado positivo del ebbó es que puede mostrar su gratitud por todas las bendiciones que recibe de los orishás.

Las personas a menudo se piden favores y muestran su gratitud con regalos. Elige regalos que sabe que la otra persona apreciará. Lo mismo se aplica a orishás. Hacer una ofrenda que agrade a su orishá es una muestra de respeto. Sin embargo, hacer el ebbó solo cuando necesita un favor muestra una falta de gratitud. Por lo tanto, uno debe seguir dando ofrendas regularmente para agradar a los orishás. Nunca debe dejar que los orishás se sientan ignorados o abandonados, y el ebbó muestra su reconocimiento y aprecio por estas entidades.

Ebbó es originalmente el hijo de Orunmila, el orishá del conocimiento y la sabiduría. Él creó el ebbó por el bien de la humanidad. La gente no solo usa el ebbó para pedir favores, sino para ayudar a prevenir el dolor y el sufrimiento. Cuando uno hace una ofrenda, el ebbó convoca al mensajero de los dioses, Eshú, a descender y recogerlo como pago inicial a los orishás. Eshú lleva las ofrendas a los orishás, para que las acepten y alivien el dolor y el sufrimiento o les concedan un favor. La gente también hace ebbó para obtener bendiciones, amor y dinero o hacer daño a sus enemigos. Tanto los seres humanos como los orishás necesitan ebbós. Los ebbós facilitan la vida de las personas, ya que les proporciona bendiciones y protecciones, mientras que los orishás los necesitan para sobrevivir. Las ofrendas fortalecen su relación con los orishás.

El ebbó existe en otras culturas, como en Brasil, donde es más que una práctica sino una tradición integrada a sus creencias.

Tipos de ofrendas

Muchas personas asumen que las ofrendas deben implicar el sacrificio de animales. Sin embargo, existen otros tipos de ofrendas más apropiados para la era moderna. Por ejemplo, si le conceden su favor, puede prometerle a los orishás que hará algo determinado o se abstendrá de algún tipo de comida o actividades como beber o tener relaciones sexuales. Las plantas y los frutos también son grandes ofrendas para agradar a los orishás. Cualquier artículo relacionado con el fuego, como velas, lo ayudará a acercarse a estos espíritus. También disfrutan de actividades como tocar tambor, bailar y cantar. También puede colocar un artículo en su santuario o altar como regalo. Asegúrese de elegir ofrendas relacionadas con los orishás elegidos.

Hablar y orar

Puede invocar a los orishás hablando con ellos u orando. Hablar con un orishá suena más fácil que abstenerse de su comida favorita o construir un altar y hacer una ofrenda. Sin embargo, hablar y orar puede ser un poco complicado, ya que requiere que se conecte con su lado espiritual, lo cual no siempre es fácil. Orar a cualquier orishá requiere paciencia. No espere que respondan de inmediato; sea persistente y paciente. También debe ser respetuoso, limpio y usar ropa adecuada. Antes de pedirles un favor, muestre primero su aprecio y gratitud.

Cómo hablar con un orishá

- Siéntese en un lugar tranquilo sin distracciones
- Asegúrese de elegir un lugar limpio en su hogar o al aire libre
- Si quiere estar al aire libre, elija un lugar en la naturaleza relacionado con el orishá. Por ejemplo, hable con Obatalá cerca de las montañas y con Oshún cerca de un río
- Calme su mente y sus pensamientos
- Encienda una vela y rece. Puede orar en voz alta, susurrar sus oraciones u orar en su mente.
- Cuéntele al orishá su problema o pídale un favor
- Exprese gratitud al orishá

Hable con su orishá como parte de su rutina. Incluso si no tiene un problema o un favor que pedir, hable de su día y ábrase a ellos de la misma manera que lo haría con un amigo.

La meditación es un método eficaz para comunicarse espiritualmente, y puede usarlo para llegar a los orishás. Siéntese en un lugar tranquilo y en una posición relajante, cierre los ojos, respire lenta y profundamente, libere y relaje su mente, y concéntrese en el orishá con el que quiere comunicarse.

Ceremonias

Organice una ceremonia para el orishá que quiera venerar e invítelo a asistir. Los orishás suelen incorporar (poseer) al sacerdote o sacerdotisa que dirige la ceremonia para comunicarse con los asistentes. La posesión/incorporación aquí no es perjudicial ni contundente para el anfitrión, ya que está dispuesto y preparado para hacerlo, y todos los asistentes tienen preguntas o favores que hacerle al orishá.

Más información sobre los orishás

Aprender sobre los orishás es la mejor manera de venerarlos. Cuanto más aprenda sobre ellos, más cerca los sentirá.

Descubra su orishá

Ahora que sabe cómo honrar y reverenciar a los orishás, probablemente se pregunte cuál es el orishá adecuado para adorar. Según la religión yoruba, cada persona tiene una madre y un padre orishá. Sus padres orishás lo protegen y lo guían durante toda su vida. Son responsables de ayudarlo a alcanzar su destino. Descubrir quienes son sus padres orishás es clave para poder honrarlos. Es un error pensar que uno comparte los mismos orishás con sus padres humanos. Puede tener una madre y un padre orishá diferentes a los de sus padres, y pueden provenir de diferentes tribus. Pida a sus mayores, como sus abuelos, que lo ayuden a descubrir a sus padres orishás. No hay mejores maestros que los mayores, que tienen el conocimiento y la experiencia para guiarlo.

Sus padres orishás también pueden aparecer en sus sueños. Preste atención a los sueños, especialmente si ha estado tratando de obtener respuestas sobre los orishás, ya que esta puede ser la única forma en que pueden revelarse ante usted. Hable u ore a los espíritus y pídales que lo ayuden a encontrar a sus padres orishás.

Un sacerdote o sacerdotisa yoruba también puede darle las respuestas que busca. Conocen los rituales adecuados para ayudarlo a encontrar a su orishá. El sacerdote le hará algunas preguntas, incluida su fecha de nacimiento, y después de recopilar la información necesaria, le dará una respuesta. Después de descubrir a sus padres orishás, aprenda todo sobre ellos, como sus poderes, colores, animales, historias, etc. Aprender sobre los orishás lo ayudará a establecer un vínculo con ellos. Sus padres orishás tendrán un papel muy importante en su vida y le proporcionarán orientación y protección, ayudándolo a alcanzar su destino.

Llamado de un orishá

Así como las personas buscan comunicarse con los orishás, los orishás también buscan comunicarse con las personas. A veces, no tienes que buscar respuestas en otro lugar. Puede averiguar si su orishá lo está buscando dentro suyo. Por ejemplo, si cree que un orishá específico lo está llamando, es muy probable que lo esté haciendo. También puede encontrar colores, símbolos, ilustraciones o animales asociados a un orishá en varios lugares inesperados. Un orishá también puede llegar a usted en sueños. Un amigo puede mencionarle a un orishá específico, o puede encontrar información al azar en línea. Responda al llamado de un orishá construyendo un altar, orando o haciendo ofrendas.

Cuando los orishás responden su llamado, también pueden aparecerse en sueños, o puede sentir sus bendiciones en diferentes aspectos de su vida. Si invoca a un orishá para que lo ayude en una situación difícil, comenzarán a aparecer soluciones para su problema.

Sabrá cuando un orishá responde, así que asegúrese de mostrar su gratitud.

Aunque los orishás son espíritus invisibles, trátelos como si fueran seres físicos. Esto es más fácil cuando aprende sobre ellos y sus personalidades. Hable con ellos como si fueran un amigo cercano o un miembro de la familia. Necesita aprender sobre sus padres orishás, ya que lo guiará hacia el orishá que estará a su lado por el resto de su vida. Nunca de por sentado a los orishás ni les falte el respeto. Recuerde que son entidades poderosas y no debe hacer que se enojen. Concéntrese en agradarles con ofrendas, ebbós, oraciones, ceremonias y aprendiendo sobre ellos. Deje que su corazón lo guíe sobre los llamados de los orishás. Mantenga la concentración y no confunda una señal con una coincidencia. Cuando se trata de los orishás, nada es aleatorio, así que mantenga los ojos y el corazón abiertos y prepárese para recibir.

Capítulo 4: Egbe, sus compañeros espirituales

En este capítulo, aprenderá todo lo que necesita saber sobre Egbe Orun. Comprenderá quién es este grupo y cómo pueden ayudarlo en su paso por la Tierra. Aprenderá las características que definen a cada tipo de Egbe Orun y cómo complacerlos. También comprenderá la influencia y el poder que Egbe Orun puede tener en su vida.

Su compañero espiritual, también conocido como su "Egbe"[89]

¿Qué son los Egbe Orun?

Egbe se puede traducir aproximadamente como "compañeros celestiales, espirituales o astrales" o "camaradas del cielo". Este grupo espiritual de compañeros humanos celestiales se llama Egbe Orun, Egberun y Alaragbo.

Según la creencia yoruba, cada persona tiene un compañero especial en el ámbito espiritual. Este sistema de creencias sugiere que todos venimos del cielo o de Orun y que nuestros cuerpos físicos son meras personificaciones de nuestras almas. El orishá Obatalá fue quien usó arcilla para moldear nuestras cabezas, mientras que Olodumare nos dio vida y creó nuestras almas. El alma fluye libremente en el reino espiritual antes de que se cree su cuerpo físico. Su alma busca a sus padres, que eventualmente lo convierten en humano.

Después de que Olodumare insufla vida en la cabeza, dos almas emergen. Una es transportada al reino físico dentro de su cuerpo y la otra permanece. El alma restante se considera el compañero celestial del humano y se piensa que es idéntico a su contraparte humana. Sin embargo, se cree que el espíritu es mucho más poderoso que su forma física.

En el ámbito espiritual, el alma permanece conectada con nuestro ser físico. Es la versión de nosotros mismos que aparece en nuestros sueños, ya sea que soñemos con nosotros mismos o con alguien más. Ambas versiones están activas en el mundo de los espíritus y pasan tiempo juntas hasta que el humano correspondiente nace en el reino humano.

La razón por la que una versión del alma se queda separada es para mantenernos conectados con el reino espiritual y sirve como un cordón para guiarnos de regreso si alguna vez deseamos visitarla. Esas partes también nos vigilan, asegurándose de que todo vaya bien en el ámbito físico. El Egbe Orun está destinado a recordarnos nuestra naturaleza espiritual, particularmente cuando estamos demasiado atrapados en asuntos terrenales. Nos ayudan a recordar que nuestra existencia en el plano humano es solo temporal. El vínculo único que cada persona tiene con su contraparte espiritual es su única conexión con niveles superiores de conciencia. Todos tenemos diferentes lazos con nuestros cuerpos astrales. Algunas personas tienen fuertes conexiones que permiten que Egbe influya en las experiencias de la persona. Por ejemplo, alguien con un vínculo muy fuerte con su compañero celestial puede tener elementos que desaparecen de su entorno, ser fácilmente capaz de interactuar con el reino espiritual o ser particularmente sensible a ciertos fenómenos astrales.

Los practicantes tienen como objetivo agradar al Egbe Orun y agradecerles por su apoyo, guía y protección, para estimular el despertar espiritual y el desarrollo personal. Si sabe cómo trabajar con el Egbe Orun, puede tener experiencias de vida más satisfactorias.

Los Egbe Orun dan a conocer su presencia apareciendo en los sueños y prácticas de adivinación de una persona, haciendo desaparecer objetos o entregando mensajes específicos. En algunos casos, Egbe Orun puede encarnar en los festivales de máscaras, ceremonias realizadas para la protección ancestral.

Tipos de Egbe Orun

Los Egbe viven en sociedades como la nuestra, y se organizan en función de sus intereses, convicciones y puntos en común. Tradicionalmente, los practicantes comenzaron a asociar el Egbe con ciertas comunidades astrales observando y tomando nota de los patrones de comportamiento que sus contrapartes físicas mostraban cuando eran niños. Algunos yorubas todavía practican estos ritos y confirman sus revelaciones a través de prácticas y herramientas oraculares en manos de practicantes con experiencia. Esto significa que los tipos de Egbe que conocemos se corresponden con rasgos y características que tradicionalmente eran identificables. Cabe señalar que hay innumerables fraternidades, o sociedades, en las que los Egbe Orun se organizan. Algunas clasificaciones son:

Iyalode

Iyalode se caracteriza por la calidad de liderazgo y, como tal, se cree que es la sociedad de líderes de Egbe en el ámbito físico. Dado que este grupo lleva el nombre de "Iyalode", la reconocida jefa, muchas personas creen erróneamente que solo las mujeres pueden pertenecer a este grupo. Sin embargo, esta sociedad acepta hombres y mujeres, denominados "Iyalode".

Según Ifá, el poder de liderazgo de esta sociedad se limita solo al ámbito terrestre. Se dice que Janjasa es la cabeza de Egbe que reside en el cielo, mientras que la cabeza de Egbe que reside en la Tierra es Iyalode.

Es posible que haya cruzado muchos miembros del Egbe Iyalode a lo largo de su vida. Se cree que andan bien vestidos, ordenados, organizados, son inspiradores y motivadores. A menudo son el centro de atención en reuniones sociales. Disfrutan de las fiestas y les encanta presumir. Pero tienen otro aspecto: los Iyalode son caritativos y mentalmente desapegados. Están muy atentos a sus hijos y hacen todo lo que está a su alcance para garantizar que estén protegidos, cuidados, seguros y para que alcancen el éxito. Si bien son bastante generosos, nadie debe ofender a un Iyalode. Son capaces de enviar todo tipo de castigo al ofensor.

Eleeko

Este grupo es bastante difícil de entender, ya que sus miembros se caracterizan por su personalidad. Entonces, dependiendo de las circunstancias, Egbo Eleeko puede ser paciente o impaciente, despiadado o misericordioso. Sus estados de ánimo oscilan fácilmente dependiendo de sus deseos trascendentales.

Los patrones de comportamiento de los Eleeko suelen ser comparables a los de los Eshú, que adoptan diferentes formas. Muchos comparan a los Eleeko con Eshú. Al igual que Eshú, conocido como la deidad tramposa, se cree que Eleeko es muy travieso. También son inteligentes, creativos y astutos.

Los miembros del grupo Eleeko también pueden ser desleales y muy astutos. Roban a los más afortunados para dar a los pobres. Si nota que desaparecen pertenencias valiosas y dinero, a menudo es una señal de que el Eleeko le está robando. Cuando una persona hace mal o le falta el respeto a Egbe, Eleeko también puede robarle como forma de castigo. A menudo, este grupo persigue o controla a personas irrespetuosas.

Tradicionalmente, los niños que roban, hablan mucho, son astutos o tercos, o son muy ambiciosos, se consideran miembros del grupo Eleeko. Un niño continuará sin tener en cuenta a los demás y crecerá para hacer solo lo que quiera si no se realizan los ritos y rituales apropiados.

Asípa

Los miembros de Egbe Asípa se caracterizan por su incapacidad para expresarse con claridad. Son vocales y misteriosos. Son difíciles de entender, tienen un sentido de grandiosidad y no son leales.

El olvido también es una influencia común del grupo Asípa. También inducen una sensación de desorientación en las personas, por lo que muchos asocian a los Asípa con la deidad Idaako Oyo. Si a menudo le presentan gente que siente que ya conoce, usted podría ser miembro de esta sociedad Egbe.

Los miembros de este Egbe pueden experimentar pérdida de memoria temporal e incluso prolongada. A veces también pueden tener este efecto en los demás. Esto sucede particularmente a las personas que rechazan su fe o necesitan ser llevados a la espiritualidad. El olvido también puede afectar a las personas que están destinadas a unirse a Egbe, pero que son muy tercas. Muchos practicantes dicen que Asípa puede cambiar el destino de una persona por otro.

Jagun - Jagunjagun

Debido a su implacabilidad y persistencia, esta fraternidad se gana el nombre de *guerrero* o "Jagun". Los miembros de este grupo son conocidos por su benevolencia y adaptabilidad. Si bien son muy complacientes, saben disfrutar del momento. No pierden su tiempo libre.

Un niño puede ser identificado como Jagun inmediatamente después del nacimiento. Sin embargo, es posible que no muestren todas las cualidades y el poder del Jagun hasta que hayan crecido un poco. Los niños que pertenecen a esta sociedad son diferentes a los demás. No sienten la necesidad de robar cosas o decir mentiras. Son meticulosos, tensos y estrictos, lo cual no es un comportamiento juvenil típico. Los miembros mayores de Jagun pueden ser bastante promiscuos.

Baale

Baale es a menudo considerado como una mezcla entre Iyalode y Eleeko, ya que se caracterizan por sus habilidades de liderazgo y su tendencia a exhibir varias personalidades. Puede reconocer a un Baale por sus innumerables talentos. A pesar de que pueden ser bastante dominantes, los miembros de este Egbe son muy honestos y tienen un juicio justo.

El término "Baale" podría traducirse como "gobernante de la aldea". Si bien este no es necesariamente el papel de los miembros de este grupo, hay muchas cualidades y virtudes en común entre este grupo Egbe y el típico gobernante del pueblo. Como todos los demás grupos, Baale tiene sus debilidades. El castigo de los niños desviados suele ser muy duro.

Olugbogero

Muchas personas asocian el Olugbogero con aguas o ríos que fluyen libremente. Tradicionalmente, se cree que los Aabiku o niños nacidos muertos están relacionados con los Olugbogero. Este es otro grupo Egbe que tiene una amplia variedad de personalidades. Por alguna razón, independientemente de lo bien vestidos que estén, es verdad que estos individuos tienen un trozo de tela envuelto alrededor de alguna parte de sus cuerpos. Incluso pueden mantener el trozo de tela dentro de sus bolsos.

Adetayanya

Los niños Adetayanya se sienten misteriosamente atraídos por los basureros. No les importa lo oscuro, aislado o lejos que esté un basurero; se las arreglarán para encontrarlo y permanecer allí. Estos niños rara vez pasan por los basureros sin saludarlos. Comparte similitudes con el hermano de Egungún, Oró.

Moohun

Los niños que pertenecen a esta sociedad Egbe a menudo dudan mucho en hacer las tareas domésticas o cumplir recados. Son perezosos y pueden ser muy reacios a la hora de tomar decisiones. Los miembros de este grupo son bastante tercos y olvidadizos, y rara vez realizan alguna de sus tareas. Dicho esto, los miembros de Moohun son polutos y conviven bien juntos. No les importa gastar tiempo y esfuerzo extra para verse bien.

Agradar a Egbe Orun

Egbe Orun puede ser honrado y complacido a través de varias ofrendas, oraciones y ritos. También aceptan sacrificios y formas específicas de disciplina personal. Aprecian a aquellos que dedican tiempo y esfuerzo a establecer conexiones con ellos y mantener, atesorar y cuidar estas relaciones. Supongamos que desea trabajar con Egbe Orun. En ese caso, debe demostrar que valora la relación y reforzar continuamente el vínculo que ha logrado construir con ellos. Las comunicaciones Egbe toman diferentes formas. Sin embargo, las más populares son a través de predicciones oraculares. También puede pedirles que le envíen mensajes en sus sueños.

Puede mantener un santuario Egbe dentro o fuera de su casa. Debe tener en cuenta dónde construirlo, ya que se cree que residen o aparecen en áreas específicas cuando se les convoca. Estos lugares incluyen áreas donde se celebran hogueras, orillas de ríos y ciertos árboles. Egbe Orun prefiere ofrendas como queso, cacahuetes asados o cocidos, pasta de ñame, maíz o frijoles blancos al vapor, frutas o ñame (ya sea machacado o en forma de gachas). También puede expresar su agradecimiento machacando maíz dulce y mezclándolo con azúcar y aceite de palma o machacando frijoles y friéndolos en aceite de palma. También aceptan ofrendas de plátano, caña de azúcar, miel, manteca de karité, coco, aceite de palma y nueces de kola. Asegúrese de servir la comida junto con agua fresca o alcohol. En algunas ocasiones, también puede ofrecer sacrificios de animales. Puede incluir decoraciones rojas y blancas en su santuario, ya que estos colores están asociados con Egbe Orun.

Influencia de Egbe Orun

Cada clase o tipo de Egbe viene con sus propias prohibiciones y tabúes. Estas difieren de una familia, región, sociedad y comunidad a otra. Desafortunadamente, Egbe no siempre es portador de buenas noticias o protección y, a veces, puede manifestarse como desequilibrios en la vida. Por ejemplo, durante los ritos de embarazo o nacimiento, un oráculo puede revelar que el niño es miembro del Olugbogero, lo que significa que es un Abiku o niño nacido muerto. En otras palabras, "nacieron para morir". Estos mensajes sugieren que la contraparte espiritual del ser humano tiene una fuerte influencia sobre ellos, lo que resultará en una muerte prematura, ya sea a través de un aborto espontáneo o durante la infancia. El concepto de Abiku en yoruba se refiere a la interrupción del ciclo natural de la vida cuando una persona, independientemente de su edad, muere antes que sus padres.

El Egbe también puede inducir pesadillas en el sueño de la persona para llamar su atención. Si alguien piensa que un Egbe influye en sus pesadillas, puede confirmar su sospecha consultando los oráculos. En general, se cree que los sueños que incluyen relaciones sexuales también están relacionados con la influencia de Egbe.

Algunas personas hacen acuerdos con sus compañeros astrales antes de llegar al reino físico. Algunos incluso encontrarán esposas espirituales en el reino astral. Esas personas están obligadas a experimentar numerosos desafíos con respecto al amor y el matrimonio en la Tierra. La influencia de Egbe puede llegar a causar la muerte de la pareja de la persona. Esta es la razón por la cual los practicantes realizan consultas oraculares para confirmar si la novia y el novio han hecho algún acuerdo en el plano espiritual antes de que se lleve a cabo un matrimonio tradicional. En el caso de un convenio, se deben llevar a cabo ritos espirituales para garantizar un matrimonio saludable y exitoso.

El Egbe a veces puede destacarse, y las personas deben asegurarse de que su pareja espiritual no tenga tendencias malvadas, dañinas o tóxicas. Un Egbe malvado no actuará en interés de su contraparte física, y si ese es el caso, este vínculo debe cortarse para que la persona pueda experimentar un crecimiento y desarrollo saludables en su vida.

La influencia de Egbe a veces se puede detectar observando los patrones de comportamiento de los niños. Estos comportamientos suelen incluir terquedad e insolencia. La influencia de Egbe también puede hacer que el niño huya o sienta el impulso abrumador de robar artículos que no necesita.

Egbe Orun puede dar lugar a problemas y conflictos entre individuos, provocando que sospechen el uno del otro. A menudo roban objetos y hacen que desaparezcan, causando conflicto entre los humanos.

La contraparte astral de una persona puede molestarla intencionalmente gritando su nombre por la noche. Si ignora a Egbe, es probable que bloqueen toda abundancia y bendiciones para que no entren en su vida. Se encontrará con varios obstáculos, problemas, desafíos, contratiempos e incluso desastres en su vida. Alguien que sigue haciendo la vista gorda a Egbe siempre estará atormentado por la desgracia. Cuando las personas sospechan que Egbe influye en su falta de fortuna, deben buscar una confirmación oracular. Si sus sospechas resultan fundadas, deben calmar a su pareja astral para restablecer el equilibrio en su vida. Hay rituales específicos, conocidos como Igba Didi, que pueden ayudar a remediar una conexión rota o bloqueada con Egbe Orun. En casos severos, sin embargo, los ritos y sacrificios no serán suficientes. Una persona debe llevar a cabo Irari Egbe, un rito iniciático, para crear un pacto con su contraparte astral. Nunca debe intentar realizar estos rituales y ritos por su cuenta sin la guía de una persona con experiencia.

Ahora que leyó este capítulo, sabe todo lo que hay que saber sobre Egbe Orun. Está listo para comenzar a trabajar en la construcción de una mejor conexión con su compañero celestial y así obtener su guía, protección y apoyo. Siga leyendo para aprender sobre la veneración ancestral y por qué es un concepto importante en las creencias yoruba.

Capítulo 5: La importancia de los antepasados

La religión yoruba y sus mitologías asociadas son uno de los pilares espirituales de África Occidental, particularmente Nigeria, y es difícil entender esa parte del mundo sin apreciar completamente las complejidades de la religión. El hecho de que el yoruba sea el origen de la mayoría de las religiones del Nuevo Mundo también significa que informa muchas prácticas que reconocemos en Occidente hoy en día, y familiarizarse con el yoruba es una forma en que podemos evitar enfoques simplistas y mal informados de las nuevas formas de espiritualidad. Como se cubrió anteriormente en el libro, los yorubas poseen varias deidades que creen que sirven como intermediarios entre el mundo, ellos mismos y el dios supremo. Y el legado de estas deidades está profundamente ligado a los antepasados.

Honrar a los antepasados es extremadamente importante en la filosofía yoruba[40]

La veneración ancestral es extremadamente importante, hablaremos de sus razones en términos simples dentro de este capítulo. En esencia, los antepasados simbolizan la comunidad, el desarrollo, la paz y la armonía. Se invocan como una forma de entender nuestro camino de vida, que es esencial para lograr un alto nivel de espiritualidad. Dados los caminos divergentes de la diáspora africana, sentirse conectado con un sentido compartido de la historia es más importante que nunca.

El concepto de Egungún

El término yoruba utilizado para los antepasados es "egungún", un concepto central en la religión. Durante mucho tiempo ha habido una suposición incorrecta sobre los Egungún, generalmente relacionados con una sensación de miedo. Para algunos, ver un Egungún es como ver un fantasma, cuyo descontento con el presente debería hacerte correr por las colinas. Incluso hay un proverbio común que dice que cuando ves un egungún, debes correr tan rápido como puedas o permanecer en su lugar hasta que el espíritu se vaya. ¿Qué dio origen a este concepto erróneo? Por un lado, es una extensión de cómo evolucionó el concepto de egungún en la cultura yoruba a través del tiempo. Forman parte de la veneración ancestral, contribuyendo a la sensación de que algo ha salido mal. Pero, ¿qué pasa si hay un mensaje críptico que nos falta y no podemos recibir?

El papel del Egungún en la cultura yoruba también va más allá del ámbito de lo espiritual. Su papel combina la protección ancestral y las representaciones teatrales, que suelen tener lugar en las calles. Históricamente, fueron convocados para orientación militar en la época precolonial. Su presencia se utilizaba para recordar a la gente los importantes lazos familiares y sociales para preservar el patrimonio cultural, todo a través de una colorida mezcla de disfraces y rituales.

¿Qué hace que un antepasado sea alguien a quien admiramos, reverenciamos y respetamos, o a veces incluso tememos? Ellos han vivido una vida larga y moral, demostrando ser ejemplos positivos para sus comunidades. Los egungún son los espíritus de estos antepasados difuntos, que podrían estar relacionados con nosotros ya sea por sangre o linaje religioso. Es posible honrarlos a través de rituales o términos metafísicos, ya sea a través de la oración o el uso de ropas coloridas.

Dicho de otra manera, la base del yoruba es la idea de rendir homenaje a aquellos que han hecho la transición al reino de los antepasados y han entrado oficialmente en él. En las creencias yoruba, se cree que cuando nace un individuo, su alma toma una forma dentro de un cuerpo físico. Además, se cree que esa misma alma está conectada a la línea familiar, tomando forma en el cuerpo de alguien con quien estaban conectados en una existencia anterior. Este es uno de los aspectos más difíciles de entender, ya que es una idea amplia. Sin embargo, todas las líneas familiares regresan a las mismas personas, dado que las energías familiares tienden a permanecer juntas. Entonces, mientras el alma pasa tiempo en este reino terrenal, reúne la sabiduría necesaria a lo largo de su vida para que cuando el individuo muera, el espíritu se reencarne nuevamente y se una a una constelación de energías, esperando nuevamente la reencarnación.

Curación y ascendencia

Los antepasados son importantes porque nos anclan en esta tierra y nos mantienen arraigados mientras tratamos de forjar nuestros propios caminos en la vida. Rendir homenaje a los antepasados ayuda a darle la fuerza necesaria para enfrentar los problemas de la vida. Como están forjando nuevas conexiones en el presente sin negar el dolor de lo que ocurrió en el pasado, también ayudan a sanar a los espíritus de los antepasados.

En la religión yoruba, se considera que los antepasados están en desventaja, ya que tienen la sabiduría para mejorar las cosas, pero ya no poseen su cuerpo para hacer un cambio positivo. La otra cara es que tenemos un cuerpo, pero aún no tenemos la sabiduría ganada con tanto esfuerzo por los antepasados. Por lo tanto, en términos de práctica espiritual, el yoruba subraya la importancia de que el espíritu trabaje a través de nosotros, ya que el cuerpo es el vehículo perfecto para manifestar cosas positivas. Cuando se siente desconectado o perdido, estos sentimientos pueden repararse reviviendo sus conexiones con los antepasados.

Los antepasados, sin embargo, no son una entidad nebulosa e indistinta. Tienen diferentes categorías, cada una con distintas cualidades y propósitos. La siguiente sección de este capítulo presentará estas categorías. Comprenderlos mejor mostrará cómo podemos rendirles homenaje e incorporar esta nueva comprensión en nuestra vida diaria.

Fuerzas espirituales

Existen tres grupos ancestrales: Sango, Orishá Oko y Aykela. El primero, Sango, tiene raíces en la historia, ya que se le considera el antepasado real de los yoruba. Puede manifestarse de diferentes maneras, desde aira, agodo, lubé, etc., que son una constelación de diferentes entidades espirituales que caen bajo un ancestro.

El símbolo principal de Sango es el doble hacha, y es venerado como el gobernante más poderoso de las tierras de los yoruba.

Las entidades espirituales que caen bajo Sango:

- Aira representa los espíritus de los niños pequeños que viven vidas cortas entre reencarnaciones. También se les conoce como los Espíritus del Norte.
- Agodo representa los espíritus destructivos que provocan la muerte y la pobreza, y están asociados con otros espíritus, como Eshú, que es el espíritu del mensajero divino, y son un aspecto crucial para equilibrar el dinamismo en la naturaleza.
- Egún es el espíritu de los difuntos, que habla en su propio funeral a través de un médium.
- Agbasa representa a los espíritus de las piedras sagradas.
- Lubé es el espíritu de los muertos.

Las características definitorias de Shangó incluyen los colores rojo y blanco, y está representado por el trueno, el relámpago y el fuego. Además, los instrumentos comunes no son solo el doble hacha, sino también los brazaletes, las coronas de bronce, las piedras de trueno y cualquier objeto golpeado por un rayo. Cuando se trata de rituales populares que rinden homenaje a Shangó, podemos hablar de su comida especial, disfraces, joyas y danzas particulares que se utilizan para respetar su espíritu. Los animales sacrificados y cocinados para honrar a Shangó pueden incluir cabra macho, pato o tortuga de agua dulce. Un alimento que generalmente se sirve en estas ceremonias es el amalá, un fragante guiso de quimbombó con camarones, a menudo cocinado en aceite de palma.

En cuanto a la ropa, a menudo se pone un paño rojo con cuadrados blancos estampados para representar el espíritu de Shangó, y también se usan collares hechos con cuentas rojas y blancas. Los arquetipos de poder y dominio representan más a Shangó, y las danzas tribales como el aluja, la roda de Shangó se realizan para discutir sus logros en la batalla y el gobierno.

El siguiente es orishá Oko, el antepasado que representa la agricultura, la fertilidad y el ciclo de la vida y la muerte en la naturaleza. Se cree que rendir homenaje a este antepasado imparte una sensación de salud, estabilidad y vitalidad. Todo el mito de orishá Oko se centra en los ciclos de la naturaleza, y según la mitología, está casado con la orishá del mar, Yemayá. Su unión simboliza el equilibrio y un sentido de unidad entre los elementos. En la religión yoruba, es visto como un luchador contra la brujería y está asociado con la cosecha anual del ñame blanco africano. Dado que está tan ligado a las actividades agrícolas, las abejas suelen considerarse mensajeras de Oko.

En cuanto a las manifestaciones físicas de su carácter, también se identifica con los colores rojo y blanco, aunque también pueden aparecer el rosa y el azul claro. En comparación con Shangó, a menudo no se lo venera de la misma manera en las ceremonias públicas, pero si se requiere su espíritu, un bastón de madera y una flauta hecha de huesos denotarán la manifestación física. Los seguidores de la religión que desean conectarse con él o pedir ayuda le harán ofrendas de tubérculos y platos abundantes hechos de animales pequeños como codornices o conejos.

Aykela, también conocido como Babalú Ayé o Sopona, es uno de los espíritus que se manifiesta como la Tierra y está fuertemente asociado con enfermedades infecciosas y curación. Se cree que Aykela ayuda a curar diversas enfermedades y está cerca de Iku, una fuerza espiritual que se cree que es responsable de quitar la vida. Los practicantes yoruba le rendirán homenaje en un intento de atraer curación para aquellos que sufren de dolencias físicas o que pueden estar cerca de la muerte.

Se cree que este antepasado espiritual posee dominio sobre la Tierra y la enfermedad de la viruela. Debido a que Aykela se identifica con la muerte, los seguidores saben que exige respeto, e incluso gratitud, cuando él reclama otra vida, y le rinden homenaje en consecuencia.

En cuanto a las manifestaciones espirituales, Aykela está ligado a la tierra y, dadas sus raíces históricas, es considerado el dios de la viruela. Se cree que Aykela castiga a las personas con enfermedades y las recompensa con salud, por lo que los seguidores que buscan recuperarse y sentirse mejor le hacen rituales, implorando por su seguridad y la de sus seres queridos. También está conectado con los conceptos de secreto y revelación, silencio y habla, oscuridad y luz, exilio y movimiento, muerte y resurrección. Esto no es del todo sorprendente dado que las funciones corporales saludables, las manifestaciones negativas, las enfermedades, etc., están vinculadas a la comprensión de Aykela y cómo el antepasado espiritual se movía por el mundo.

Fuera de las celebraciones públicas de los antepasados, los devotos y seguidores yoruba pueden rendir homenaje a las deidades de diferentes maneras. A menudo se utiliza un simple santuario de dos componentes principales. En primer lugar, un paquete de nueve palos atados por un paño rojo. Las ramas deben tomarse de un árbol apropiado identificado por los sacerdotes que dominan los ritos de Egungún. El siguiente componente a menudo se denomina "opa egún", un bastón o una rama regular que es gruesa y larga y se usa durante una invocación. Una persona toca el suelo con el bastón mientras otra trabaja para invocar a los antepasados. El toque lento se utiliza para llamar la atención del antepasado para que pueda escuchar las oraciones de los descendientes con claridad. El golpeteo del suelo es crucial para el rito porque está señalando al suelo donde están enterrados los antepasados. Después de esto, se hace una ofrenda básica a los antepasados, como agua, vino, un poco de aceite de palma, pescado ahumado u otras ofrendas de alimentos más pequeñas.

Si está interesado en acercarse a sus antepasados yoruba, esta es solo una forma de hacerlo. Se pueden emplear otros rituales clave para ayudarlo a conectar con sus ancestros.

Identificación de sus antepasados

La mayoría de las personas provienen de ascendencia mixta, y nuestro linaje representa una compleja gama de influencias religiosas y espirituales. Es posible que desee representar algunas de estas influencias de varias maneras. Por ejemplo, es bastante estándar traer copias de la Biblia, el Corán o el I Ching cuando construyes un santuario en casa para indicar su intento de conocer a los antepasados. Una gran parte de seguir las creencias yorubas es reconocer la naturaleza universal de los principios espirituales expresados a través de los antepasados, ya que pueden manifestarse en diversas formas a lo largo de la historia, utilizando diversas actividades culturales.

Para construir el santuario, recuerde mantener las cosas simples. Coloque una mesa en el espacio en el que tenga la intención de realizar rituales regularmente. Luego, cúbrala con un paño blanco, colocando un vaso de agua y una vela encima. Estos representan los elementos básicos necesarios para crear seres humanos: tierra, aire, fuego y agua. En la pared sobre el santuario, cuelgue fotos de sus familiares, ya que son una forma vital de conectarse con sus antepasados espirituales.

A continuación, párese frente al santuario, enciende la vela y declare en voz alta su compromiso con el uso regular del santuario para la meditación y la oración. De esta manera, fortalece sus intenciones y deseos de conexión. Lo más importante es abrirse a la expansión espiritual. Mientras los antepasados sepan que está intentando establecer una conexión con ellos, la comunicación se abrirá de alguna manera. De hecho, se cree que la combinación de tela blanca y los elementos que colocó sobre ella atraen a los espíritus al santuario. Simplemente no cometa el error de acudir a su santuario solo en momentos de crisis, ya que eso reducirá bastante los poderes. Si mantiene las líneas de comunicación abiertas con regularidad, la conexión espiritual entre usted y sus antepasados seguirá siendo dinámica y accesible.

El siguiente paso que puede dar para invocar a sus antepasados es hacer una ofrenda de comida en su santuario. Se cree que esto es una muestra de reciprocidad, ya que está involucrado activamente con los espíritus y ellos están respondiendo a su solicitud de conexión. El acto de ofrecer comida no pretende en absoluto alimentar literalmente al espíritu. Es un gesto genuino que honra la memoria de aquellos que una vez se sentaron en su compañía y comieron con usted.

En algunas tradiciones, la comida se ofrece en el suelo junto al santuario, pero también es común colocar un plato sobre la mesa. Para los practicantes yoruba en la diáspora, la ofrenda generalmente se coloca en un plato agrietado, que simboliza cómo se descarta el cuerpo cuando el alma se eleva y se dirige al siguiente reino. En términos de la comida en sí, los pequeños animales cocidos o el pescado ahumado pueden ser suficientes, como se explicó anteriormente en este capítulo. La comida también suele ir acompañada de algo para beber. Las ofrendas pueden variar desde tazas de café, té o alcohol colocadas al lado de su plato. Si se trata de una bebida alcohólica, es costumbre sostener la botella con la mano izquierda y cubrir el pico con el pulgar, dejando caer unas gotas en el suelo.

Las flores son otra forma común de rendir homenaje a los antepasados en su santuario. Algunas personas incluso pueden usar cigarros, ya que el humo se usa como método de limpieza, similar a los sahumerios. Los antepasados harán solicitudes específicas para todo tipo de ofrendas, y se espera que usted haga todo lo posible para cumplir con dichas solicitudes para refinar la calidad de la comunicación.

Mantener vivas las tradiciones

La filosofía yoruba ha ganado más reconocimiento en Occidente durante las últimas décadas porque proporciona una forma vital para que los miembros de la diáspora africana se sientan conectados con sus antepasados y entre sí. También se ve cada vez más claro cómo las nuevas religiones tienen sus raíces en las filosofías yoruba y las religiones de África Occidental. Es una forma vital de entender nuestro pasado compartido y honrar a nuestros antepasados. Rendirles homenaje es una forma especial de dar gracias y sentirse arraigado en el presente. Especialmente para aquellos que forman parte de la diáspora, los sentimientos de desconexión y alienación son bastante frecuentes. Relatar las historias de espíritus antiguos y construir santuarios para comunicarse con ellos es una forma emocional de recordar las raíces y nuestras historias compartidas.

Capítulo 6: El Odun Egungún

En la mayoría de las culturas, la muerte se ve como un momento de transición y renacimiento en lugar de un final. En Nigeria, el pueblo yoruba tiene un festival llamado Odun Egungún, que celebra a los antepasados y honra su presencia continua en la vida de sus descendientes. El Egungún yoruba, que significa "honrar o respetar al que está muerto", también se usa para describir el festival anual de máscaras. Los seguidores se visten con disfraces y se pintan la cara para parecerse a los muertos, y los antepasados son honrados a través de canciones, bailes y comida. El festival también es un momento para que las familias se reconecten con sus antepasados y pidan orientación. El festival de máscaras de Egungún es una tradición colorida y vibrante que se ha transmitido de generación en generación. Es un momento en que los espíritus de los muertos regresan a la Tierra para celebrar la vida, la muerte y el mundo de los espíritus.

Odun Egungún es un festival que honra a los muertos"

Orígenes

Durante el festival de máscaras de Egungún, los participantes se visten con trajes coloridos y elaborados para honrar a sus antepasados. Los disfraces a menudo incluyen tocados grandes, collares de cuentas y faldas ondulantes. El festival es un encuentro animado donde los bailarines bailan al ritmo de los tambores tradicionales. Se cree que el festival de máscaras de Egungún se remonta al siglo XVI, cuando los exploradores europeos lo vieron por primera vez. Desde entonces, se ha convertido en una parte importante de la cultura yoruba y ahora la disfrutan personas de todas las edades. El festival se celebra durante la estación seca, de enero a marzo. También se cree que los Egungún traen buena suerte y prosperidad, por lo que a menudo son vistos como símbolos positivos de cambio.

Los egungún suelen ser espíritus de los muertos que vuelven a visitar a los vivos. Hay diferentes tipos de egungún, cada uno con su propio traje y baile únicos. Los festivales son una parte importante de la cultura yoruba y son parte también de las ceremonias religiosas. El tipo más común de egungún es el Ogún, el espíritu de un guerrero que regresa para traer paz y protección. El Ogún suele estar representado por un hombre vestido de rojo con una máscara que tiene cuernos.

El Egungún es un personaje enmascarado muy popular en la cultura nigeriana. La palabra "egungún" se traduce como "espíritu reencarnado".

El festival de máscaras de los egungúns es una forma para que las personas se comuniquen con estos espíritus. El disfraz consta de tela, plumas y cuentas de colores brillantes. El Egungún a menudo lleva un velo sobre su rostro, que cubre sus rasgos. Los miembros de la familia de los egungúns a menudo usan disfraces similares para identificarse como miembros del mismo grupo. El festival se realiza típicamente durante festivales y ceremonias. Se cree que el egungún trae buena suerte y prosperidad a quienes presencian el festival.

Clasificación del egungún

Cada grupo étnico en Nigeria tiene su propio festival tradicional de disfraces. Mientras que algunos de estos son asuntos más tenues, otros son espectáculos exuberantes con trajes coloridos, música y danza. Esta es una de las tradiciones de máscaras más populares en Nigeria, y también es una de las más diversificadas. Dependiendo de la región, el festival Egungún puede adoptar muchas formas diferentes.

Uno de los tipos más comunes de festival Egungún es el Oso Ijoba, que se encuentra en las regiones de habla yoruba del suroeste de Nigeria. El Oso Ijoba es tradicionalmente un festival de máscaras masculino y a menudo se asocia con la muerte y la fertilidad. Durante los festivales, grupos de enmascarados de Oso Ijoba desfilarán por las calles, deteniéndose para actuar ante los espectadores. Otro tipo popular de festival Egungún es el Gelede, que se encuentra en partes del suroeste de Nigeria. El Gelede es un festival femenino, y se asocia con el poder y la protección materna. A diferencia del Oso Ijoba, el Gelede no suele involucrar grupos. En cambio, los enmascarados de Gelede visitarán los hogares de su comunidad y entretendrán a los residentes con canciones y bailes.

La tradición Egungún es solo uno de los muchos aspectos fascinantes de la cultura nigeriana. Si alguna vez tiene la oportunidad de ver un festival de máscaras Egungún, quedará impresionado por la variedad y el ingenio de los disfraces que se exhiben.

El papel de la familia

El papel de la familia es fundamental para el festival Odun Egungún. Este evento anual también celebra a los antepasados y honra a sus espíritus. Durante el festival, los miembros de la familia se vestirán con trajes coloridos y se pintarán la cara para parecerse a los espíritus de sus antepasados. También ofrecerán oraciones y sacrificios para honrar a los muertos. El festival está presidido por un anciano conocido como "Alagba". El Alagba es responsable de invocar a los antepasados y de liderar a la comunidad en los ritos ancestrales. También pueden garantizar que el difunto sea enterrado de manera apropiada y que su espíritu esté en paz. Durante el festival Egungún, las familias ofrecen comida y bebida a los antepasados como una forma de honrarlos. Las familias se reúnen para prepararse para las festividades, que incluyen música tradicional, baile y comida, y recuerdan a sus seres queridos que han fallecido. También es una oportunidad para celebrar la vida y crear nuevos recuerdos.

- **Mujeres**

El papel de la familia es esencial en el festival Odun Egungún. Hubo una época en que las mujeres tuvieron el control de Egungún, pero sus hombres las engañaron y les quitaron el poder. El ritual se origina en la experiencia religiosa de las mujeres yoruba. El capítulo de Odu Irantegbe del corpus de Ifá afirma que las mujeres tenían el control del culto a Egungún. Sin embargo, fueron engañadas por los hombres y perdieron ese poder. A pesar de esto, las mujeres siguen desempeñando un papel vital en el festival. Ayudan a preparar la comida y las decoraciones para el evento. También bailan y cantan canciones durante el festival. Ofrecen oraciones y sacrificios para asegurarse de que sus antepasados continúen velando por ellos desde el otro mundo. Sin las mujeres, el festival Odun Egungún no sería posible.

- **Hombres**

Otra parte importante de este festival es el papel del hombre Egungún. El hombre Egungún es un bailarín enmascarado que encarna los espíritus de los difuntos. Es responsable de guiar a los espíritus en su procesión por las calles y de comunicar sus mensajes a los vivos. Además, a menudo proporciona orientación y asesoramiento a quienes están de duelo. Para convertirse en Egungún, un hombre debe someterse a un entrenamiento extenso, durante el cual aprenderá sobre la historia y las tradiciones de su pueblo, así como la forma adecuada de honrar y respetar al Egungún. También se someterá a entrenamiento físico para soportar las largas horas de baile y tambores requeridas durante el festival. El papel del hombre en Odun Egungún es proporcionar un vínculo entre el mundo de los vivos y el mundo de los muertos. Al honrar a sus antepasados de esta manera, se aseguran de que sus vidas sean bendecidas con buena fortuna.

Conjuntos de Egungún

El festival Egungún es un importante evento anual en Nigeria, durante el cual los diferentes conjuntos actúan para honrar a los antepasados. El festival dura varios días e incluye comida, bebida y baile. El último día del festival, se convoca a una gran procesión en la que participan todos los conjuntos de Egungún. La procesión está encabezada por el miembro más antiguo del grupo, que lleva un bastón adornado con plumas. El festival Egungún es un momento de alegría y celebración para honrar a aquellos que han fallecido y recordar sus vidas.

El egungún es un disfraz que usan los hombres en muchas partes de la tierra yoruba. A menudo tiene colores brillantes y alegres y se compone de una variedad de telas diferentes. El Egungún cubre todo el cuerpo con un gran tocado y mangas largas y fluidas. El disfraz generalmente se completa con un bastón o espada, que el egungún usará en sus bailes y movimientos.

El conjunto está formado por cinco o más personas, y cada una lleva una pieza diferente del disfraz. Los tocados y los bastones a menudo están decorados con plumas, cuentas y otros materiales de colores. El egungún también suele usar pintura facial o máscaras, que ayudan a crear una apariencia más temible. Cuando el conjunto está completo, el egungún parece un pájaro gigante y colorido. El conjunto generalmente consiste en un cantante principal acompañado por un percusionista y un bailarín. El cantante principal usa una máscara y un traje que representa al difunto, mientras que el percusionista y el bailarín usan ropa de colores brillantes. La música egungún suele ser optimista y animada, destinada a alentar a los participantes a bailar y celebrar la vida del difunto.

El conjunto Egungún realiza una variedad de funciones dentro de la sociedad yoruba. Durante las ceremonias religiosas, se dice que el egungún representa los espíritus de los muertos y viene a la tierra para participar en las festividades. El disfraz también se usa durante los funerales y otros eventos importantes. Además, el egungún se utiliza a veces en procesiones políticas o como símbolo de autoridad real. Independientemente de su función específica, el egungún siempre aporta una sensación de esplendor y alegría a cualquier evento en el que aparezca.

Tipos de máscaras usadas en Odun Egungún

1. Máscara Akinlari

Akinlari es uno de los tipos de máscaras más populares que usan los bailarines de Odun Egungún. El nombre "Akinlari" significa "que no se puede ver" en yoruba, y las máscaras se usan en ceremonias y rituales diseñados para proteger al usuario de los espíritus malignos. Por lo general, están hechos de madera o tela y cubren toda la cara. En algunos casos, la máscara también cubre el cuerpo y se puede decorar con plumas, cuentas u otros materiales. La apariencia exacta de la máscara depende de su propósito y de la región en la que se fabrica. Por ejemplo, una máscara utilizada para rituales de curación podría tener un diseño diferente al de una máscara utilizada para ceremonias de luto. Sin embargo, independientemente de su propósito específico, todas las máscaras Akinlari comparten un objetivo común: ayudar a sus dueños a evitar espíritus dañinos y llevar una vida feliz y saludable. Estas máscaras representan cabezas de aves y suelen tener colores brillantes. La importancia de las máscaras Akinlari es que representan los espíritus de los antepasados que han venido a visitar a los vivos. Al usar estas máscaras, los bailarines pueden comunicarse con sus antepasados y recibir su guía y sabiduría. También se cree que las máscaras Akinlari traen buena suerte y buenas noticias a quienes las usan. Como tal, son muy venerados por el pueblo yoruba. Al seleccionar una máscara Akinlari, es importante elegir una que resuene con usted a nivel espiritual. Esto asegurará que pueda conectarse con sus antepasados y recibir su bendición.

2. Máscara Igún

El pueblo Igún de Nigeria usa máscaras Igún. Estas máscaras tienen forma de cabezas de cocodrilo y están hechas de madera o fibra. Las máscaras se usan en las ceremonias y se cree que poseen poderes mágicos. El pueblo Igún cree que el cocodrilo es una criatura poderosa que puede protegerlos de cualquier daño. Las máscaras también se utilizan para comunicarse con los espíritus de sus antepasados. Cuando un hombre Igún usa esta máscara, se transforma en un espíritu de cocodrilo y puede comunicarse con los espíritus de sus antepasados. La máscara Igún es una parte prominente de la cultura del pueblo Igún y es venerada por su poder y belleza. La importancia de esta máscara radica en su capacidad para proteger al usuario de cualquier daño. Los cocodrilos son criaturas temidas, y al usar esta máscara, el usuario puede canalizar el poder de la criatura. La máscara es una herramienta poderosa para quienes la usan y se usa a menudo en ceremonias y rituales. La máscara Igún es solo un ejemplo del importante papel de las máscaras en la cultura africana.

3. Máscara Ata

La máscara Ata es una máscara tradicional usada por el pueblo yoruba de África Occidental. Las máscaras representan cabezas de humanos y a menudo son muy detalladas y realistas. Se utilizan en ceremonias religiosas para honrar a los muertos y también tienen un papel importante en eventos sociales y políticos. Las máscaras suelen ser de colores brillantes y están decoradas con una variedad de materiales, como plumas, lentejuelas y cuentas. La máscara Ata es un objeto muy venerado dentro de la cultura yoruba que se transmite de generación en generación.

La máscara Ata es un tipo de madera tallada nativa de la tribu yoruba. Son ovaladas y cuentan con diseños elaborados. El pueblo Ata cree que tiene poderes sobrenaturales. También se cree que las máscaras representan a los espíritus de los antepasados fallecidos. Las máscaras Ata están hechas de madera blanda, como el cedro. La madera primero se talla en la forma deseada y luego se decora con materiales como plumas, pintura y cuentas. El producto terminado se pule para obtener un gran brillo. Las máscaras Ata generalmente las usan los jefes tribales u otros miembros importantes de la comunidad. La máscara Ata es una obra de arte preciosa y única que está impregnada de tradición y significado. Si alguna vez tiene la oportunidad de ver una de estas máscaras, le sorprenderá su belleza.

4. Máscara Aso Oke

Aso Oke es una tela tradicional nigeriana que se usa a menudo para ocasiones especiales, como bodas. El tejido está hecho de algodón o lana y tejido en una variedad de colores y patrones. El Aso Oke también se usa comúnmente para hacer máscaras para festivales y ceremonias yorubas. Las máscaras están hechas de tela y generalmente tienen dos orificios para los ojos y una hendidura para la boca. Las máscaras representan diferentes animales o antepasados. Los animales más comunes son leones, elefantes y monos. Las máscaras también se pueden decorar con cuentas, plumas y conchas. Las máscaras Aso Oke tienen un importante significado cultural para honrar a los antepasados. Se usan para comunicarse con los espíritus y enseñar sobre moralidad.

Además, se cree que usar una máscara Aso Oke trae buena suerte. Estas máscaras suelen tener colores brillantes y pueden estar adornadas con intrincados diseños. Se cree que poseen poderes mágicos. A menudo se utilizan para proteger al usuario de los malos espíritus. En algunas culturas, también se cree que las máscaras traen buena suerte. Las máscaras Aso Oke siempre están hechas a mano y se pueden pasar de generación en generación. Si está buscando un regalo único o una obra de arte especial, una máscara Aso Oke seguramente aportará belleza y emoción a cualquier colección.

5. Máscara Iya Oke

La máscara Iya Oke es otro tipo de máscara que usan los hombres y se asocia con la fertilidad y la virilidad. La máscara está hecha tradicionalmente de madera y suele estar decorada con pieles y pelos de animales. El nombre "Iya Oke" significa "madre del bosque". Esta máscara suele asociarse con la fertilidad y el parto. La máscara Iya Oke representa la cabeza de una criatura mítica conocida como Iya, cruce entre un humano y un antílope. El Iya se considera un símbolo de fuerza y poder, y se cree que el espíritu del Iya puede ayudar a proteger los cultivos de plagas y enfermedades. Las máscaras Iya Oke están hechas de madera y tela y, a menudo, están decoradas con cuentas y caracolas cauri. Las máscaras suelen tener ojos y bocas grandes, y las usan los hombres mientras bailan y cantan. Se cree que Iya Oke representa a la diosa de la tierra, Obatalá. Se la considera la protectora de las madres y los niños y también se cree que trae buena suerte durante el parto. Podemos ver las máscaras Iya Oke durante celebraciones como bodas, funerales y ceremonias de curación tradicionales. La máscara Iya Oke se usa durante ceremonias y festivales especiales y a menudo son mencionadas en cuentos populares e historias como representación de virilidad y poder.

Capítulo 7: Creación de un altar o santuario de egún

Ya hablamos brevemente sobre cómo crear un santuario para rendir homenaje a los antepasados. Sin embargo, crear un altar o santuario de egún puede ser un poco más complicado, se pueden agregar diferentes detalles según cada persona. También hay formas muy específicas en las que se debe cuidar el altar, asegurándose de que continúe nutriendo la relación con sus antepasados. Profundizar en los detalles del santuario o altar es un elemento crucial para quienes están comenzando a aprender sobre esta importante práctica espiritual.

Los altares de egún tienen varios componentes y detalles[48]

Ubicación

La ubicación es el primer elemento a tener en cuenta. Si quiere un espacio donde no se le olvide su altar, necesita un lugar que llame la atención. Orar o rendir homenaje a los antepasados solo una vez al mes no ayuda a fomentar una conexión espiritual efectiva con ellos. Es algo que hay que cultivar continuamente.

Una vez que haya encontrado un espacio adecuado, limpie la zona y asegúrese de que esté ordenada y organizada. El desorden es una falta de respeto y puede capturar energías negativas del ambiente. El uso de sahumerios de salvia o romero también es útil para eliminar espíritus no deseados o patrones de pensamiento negativos. Las sahumerios se pueden usar de dos maneras diferentes. Una forma es simplemente encender el montón de hojas secas y agitarlo por la habitación durante unos minutos, dejando que el humo se infiltre y cree un manto blanco de energía positiva.

Otra forma de usar un sahumerio es colocar el ramo de hierbas u hojas en un tazón, encenderlo y dejarlo allí unos minutos, agitando el humo con una pluma. Haga esto hasta que todas las hojas se hayan quemado y el humo haga su magia dentro del espacio. Supongamos que no está seguro del tipo de hojas que debe usar. En ese caso, puede seguir esta regla: el cedro y la salvia son extrafuertes y su aroma permitirá una limpieza más profunda. Si hay mucho desorden en su espacio y requiere una limpieza profunda, también puede terminar el trabajo con un sahumerio de aroma fuerte. El romero es más suave y funciona igual de bien si siente que su espacio no requiere tanto trabajo. Es también es una buena opción si ha perdido recientemente a un ser querido y desea conmemorar su recuerdo. Los sahumerios de romero se usan a menudo para reconocer nuestro dolor, y son buenos para pedir orientación a los antepasados durante un momento difícil.

Algunas personas rezan una oración al Egún mientras usan el sahumerio, con la esperanza de que los espíritus puedan escuchar su llamado de ayuda y conexión. Se pueden usar diferentes oraciones para establecer comunicación. Es útil comenzar agradeciendo a los antepasados y luego dejar en claro su intención de rendirles homenaje. Haga esto hasta que el humo se disipe y se quede con una profunda sensación de claridad.

Estas prácticas ayudarán a construir una relación saludable con sus antepasados. Limpiar el entorno físico es el primer paso para sentirse mejor y preparar el santuario o altar.

Ya está listo para llevar a cabo los siguientes pasos.

Construcción del santuario

Una vez que haya limpiado el espacio y haya recitado sus oraciones iniciales, comience a armar el santuario. Que sea simple o complicado depende de usted, solo necesitará algunos elementos básicos.

- **Libro de la Sabiduría**

No nos referimos a un texto yoruba específico para comprar y dejar en casa. El libro lo ayuda a reflexionar y añadir significado a las realidades de cada día. Puede usar un libro de proverbios y meditaciones basados en tradiciones yorubas. Si no puede obtener un libro así, cualquier libro de sabiduría lo ayudará mental y espiritualmente a trascender el presente y obtener una perspectiva aplicable a su vida cotidiana.

- **Estatuilla pequeña o imagen de una deidad**

Si bien el uso de figuras no es tan necesario en las tradiciones yoruba, sigue siendo útil tener algo visible mientras reza en el santuario. Podría ser una pintura o una pequeña figura de un símbolo espiritual o deidad que signifique mucho para usted. Siéntase libre de elegir cualquier figura que le dé una sensación de paz, calma y estabilidad.

- **Velas**

Al igual que el humo y las hierbas, la presencia de fuego en el altar animará el área y proporcionará una chispa de energía positiva. Las velas blancas sin perfume funcionan bien, aunque puede colocar velas de colores que coincidan con la deidad o el símbolo de preferencia. Por ejemplo, Oshún a menudo se asocia con el amarillo, mientras que los colores rojo y dorado se asocian con Lakshmi.

- **Elementos naturales**

Ningún altar está completo sin algunos elementos de la naturaleza. Coloque un tazón pequeño, preferiblemente uno de cristal, y llénelo con agua. También puede colocar piedras preciosas, cristales crudos como amatista, cuarzo rosa, ámbar, etc. Cada piedra emite tipos específicos de energías, y pueden ser útiles para llevar a cabo el tipo de trabajo espiritual que le gustaría realizar a diario. Intente investigar los usos de los diferentes tipos de cristales antes de colocarlos en el altar. Las flores secas y otros elementos naturales proporcionan el toque perfecto y le permitirán sentirse rejuvenecido y en paz en su espacio sagrado.

- **Quemadores de aceite o incienso**

El incienso o los aceites nos dan una sensación de calma y pueden abrir la puerta a prácticas meditativas. Es por eso que se han utilizado en diferentes religiones en todo el mundo durante miles de años. Mientras se sienta frente a su altar o santuario por un corto tiempo, es bueno quemar una poco de incienso y permitir que esa sensación de paz lo envuelva. Trate de calmar su ansiedad y sus nervios antes de rezar al Egún. El incienso es justamente una gran manera de alcanzar esa paz.

- **Mesa y paño**

Por último, están los dos elementos principales sobre los que se extenderá todo esto: una mesa y un paño. Una mesa pequeña que no sea demasiado alta es clave, ya que necesita que sea lo suficientemente baja como para arrodillarse frente a ella. Se recomienda vidrio o madera; plástico, *no tanto*, pero servirá en caso de apuro. Luego, se debe colocar un trozo de tela limpio en la parte superior. No hay un color preferido, aunque muchos usarán tela blanca de algodón o alguna otra tela tejida.

- **Opcional: música**

Esto no es esencial, pero algunas personas sienten que agregar música tranquila y ambiental puede ayudar a preparar el espacio. Al igual que el uso de incienso o aceites, la música puede ayudar a establecer el estado de ánimo ideal, despejar su mente y permitirle deshacerse de cualquier sensación de ansiedad. Las canciones acompañadas de instrumentos tradicionales son útiles, aunque puede optar por paisajes sonoros, sonidos meditativos como la lluvia o mantras con música relajante. Haga lo que sienta útil, aunque muchas personas sienten que el silencio permite una experiencia más profunda y meditativa.

Ofrendas

Una parte importante de mantener un altar o santuario de Egún son las ofrendas. Los Egún a veces son vistos con miedo o asombro, ya que representan a los muertos, y a veces no estamos seguros de lo que necesitan de nosotros. Las ofrendas ayudan a moderar el ajetreo y el bullicio de la vida diaria y, dado que indican amor y respeto son muy útiles. Las ofrendas pueden tomar diferentes formas, aunque la forma más recomendable de hacerlo es preparar alimentos especiales que puedan agradar a los antepasados y colocarlos en platos alrededor del santuario. También puede ofrecerles diferentes bebidas, como café, té, vino, ron y otros. Algunas personas incluso llegan a ofrecer cosas más contemporáneas, como refrescos. Esto se deriva de la creencia de que alguien cercano y que ha fallecido recientemente es la versión reencarnada de uno de los antepasados.

Es costumbre ofrecer la comida en un plato astillado o agrietado, ya que esto indica la práctica de romper platos en el suelo cuando muere un sacerdote. Remontarse a las costumbres de los antepasados es un buen toque y demuestra que usted es muy consciente de sus vidas.

Al dejar sus ofrendas en el santuario, asegúrese de encender una vela blanca simbolizando una ofrenda de luz blanca para el Egún. Y no siempre tiene que dar comida y bebida. Algunas personas incluso pueden encender un cigarro para ofrecer humo de tabaco a sus antepasados, una costumbre muy apreciada. Un ramo de flores frescas en un jarrón cerca del santuario es otra ofrenda encantadora para los espíritus y señala su cuidado hacia ellos, ya que las flores se han utilizado tradicionalmente para honrar a los muertos. Sin embargo, esto depende de los tipos de espíritus que honre. Las flores se consideran impropias si se desea rezar a los Orishás, ya que, según los yoruba, no están muertos.

Si bien la mayoría de las ofrendas se hacen durante una ceremonia, como el Oriaté, no es siempre el caso. Nuevamente, se espera que usted use el santuario para cultivar su relación con el Egún, algo que debería hacerse cotidianamente y no en una celebración en particular. Puede hacer ofrendas cuando usted desee, aunque se recomienda que mantenga el ritual y lo haga al menos una vez a la semana. Algunos pueden realizar esta tradición todas las noches, mientras que otros entregan sus ofrendas de comida hasta tres veces al día. Cada vez que están a punto de comer con su familia, también colocan un pequeño plato para los espíritus. Encuentre el ritmo que tenga más sentido para usted, pero en general, cuando coloque ofrendas en el santuario, déjelas hasta que se echen a perder y deba desecharlas. En algunas prácticas, se espera que la comida y la bebida permanezcan en el lugar hasta que comiencen a crear moho. Si bien pueda parecer extraño, destaca la naturaleza de la muerte y, por lo tanto, cumple otra función espiritual que los sacerdote quieren señalar de vez en cuando durante sus sermones.

Sin embargo, si su santuario o altar está en casa, tiene más sentido atenderlo al menos una vez a la semana y no dejar las cosas allí por tanto tiempo. Los antepasados serán conscientes de sus intentos de llegar a ellos y fomentar una relación espiritual saludable a través de la práctica meditativa diaria, y ese es un paso importante a seguir a medida que continúe profundizando en la religión.

Entonces, probablemente se esté preguntando qué no incluir. Esto varía según el tipo de antepasado con el que intente conectarse, pero la regla general es evitar el uso de animales vivos o muertos. Por ejemplo, las partes de animales, insectos y aves disecados también están mal vistas. Las flores que se han echado a perder o se han descompuesto tampoco son deseadas, al igual que la sangre, y la mayoría de los amuletos tampoco son necesarios. No incluya rosarios, collares o palos de ningún tipo, independientemente de su uso, que sean más grandes que un lápiz estándar, ya que no se consideran parte de las ofrendas tradicionales en un altar. Además, aunque mencionamos que algunos dejan ofrendas de comida hasta descomponerse, tenga en cuenta que es un tema bastante polémico, y es mejor evitarlo, en la medida de lo posible.

Preguntas frecuentes

Hasta aquí usted ha aprendido los conceptos básicos de la creación de un altar o santuario, pero es probable que todavía tenga algunas preguntas pendientes. Las siguientes son algunas de las preguntas más frecuentes sobre la creación de un altar. Con suerte, las respuestas le resultarán útiles.

1. ¿Puedo dedicar un altar a más de un antepasado?

La respuesta corta es que sí. Lo principal a tener en cuenta es que no todos los espíritus disfrutan de las mismas ofrendas que los demás, así que asegúrese de estudiar cada una de sus características definitorias y construya su santuario en consecuencia.

2. ¿En qué se diferencia el altar de Egún de otros altares ancestrales, como los basados en las tradiciones occidentales?

Un altar de Egún rinde homenaje principalmente a los antepasados basados en las tradiciones yorubas. Sin embargo, también puede incluir imágenes de sus antepasados inmediatos, aquellos a quienes haya perdido recientemente, y rendir homenaje a sus espíritus también. En la mayoría de los casos, no hay separación entre lo que consideramos nuestros antepasados inmediatos y los Egún, y la forma en que nos gustaría rendirles homenaje puede ser similar.

En las tradiciones occidentales, un santuario suele estar dedicado exclusivamente a la figura religiosa al frente de la vida espiritual cotidiana, y es raro que represente nuestra historia reciente de fusión con figuras consideradas antiguas. Por ejemplo, en el cristianismo, el santuario estará dedicado principalmente a Jesucristo y, a veces, a la Virgen María. Realmente no encontrará la imagen de un ser querido fallecido en el mismo santuario.

3. **¿Puedo -o debería- mantener más de un altar en una casa?**

Esto es más complicado. Si bien, en teoría, puede mantener más de un altar en el hogar, en la práctica, esto puede ser difícil de sostener. No sería bueno enojar al Egún descuidando algunos aspectos o teniendo en cuenta demasiadas cosas al mismo tiempo, invocando más espíritus de los necesarios. Tener un balance es clave para establecer un equilibrio con los antepasados y familiarizarse con las complejidades de los yorubas, y puede ser difícil mantener más de un santuario en el hogar.

Una ola de recuerdos

Mientras prepara su santuario y se prepara para la oración, encienda la vela y arrodíllese ante ella. Cierre los ojos, recuerde a sus seres queridos, imagine conectarse con los ancestros y sea receptivo a los mensajes que le envíen. Comience a identificar las cualidades que significan mucho para usted y las cosas que espera repetir, como el coraje, la generosidad, la amabilidad y la creatividad. Imagine manifestar esas características dentro de usted y orar a los antepasados para que lo guíen. Mientras trabaja para desarrollar esta conexión con ellos, asegúrese de seguir llamándolos durante todo el día para encontrar claridad y sentir un sentido de pertenencia.

El santuario o altar es una forma de conectarse con los Egúns, pero es solo un punto de partida. Debe trabajar durante todo el día para encontrar pequeños momentos de oración y recuerdo para que su práctica espiritual se profundice con el tiempo. Hay muchos libros de oraciones basados en la religión yoruba que puede consultar para obtener más orientación y que puede usar para aprender a orar en el altar. Al final, recuerde que un altar es su propio espacio personal, y debe crecer con usted a medida que su espiritualidad crece.

Capítulo 8: Más formas de venerar a sus antepasados

Ahora que sabe cómo construir un altar ancestral, es hora de aprender otras formas de venerar a sus antepasados. Desde la meditación hasta el canto y el oriki, como también llevar una vida honorable siguiendo a Odu Ifá, este capítulo le ofrece varias formas sencillas de honrar su linaje. Dependiendo de lo que le parezca mejor o de cómo esté construido su altar, puede venerar a sus antepasados de su altar o santuario.

Meditación ancestral

Una de las mejores maneras de honrar y conectarse con cualquier espíritu es a través de la meditación. Funciona también para la comunicación con almas ancestrales. Medite con sus antepasados en su altar para facilitar la comunicación y concéntrese en visualizarlos. Si no tienes un santuario o altar, puede meditar frente a una ventana abierta. Antes de comenzar, coloque una vela en su altar (o en el alféizar de la ventana) junto a la imagen de sus antepasados. También puede meditar frente a un símbolo de su hogar ancestral. Mientras enciende la vela, exprese su gratitud a los antepasados por ponerse en contacto con usted y compartir la sabiduría que adquirieron a lo largo de sus vidas. Agradecer a sus antepasados por su ayuda, además de ser algo educado, es algo que ellos apreciarán. Apreciarán que se tome unos minutos al día para pensar en ellos y estarán dispuestos a ayudarlo cuando los necesite.

La meditación le permite conectar con su espíritu[48]

Piense lo que desea preguntarles. ¿Necesita pedirles orientación, salud, información o ayuda para resolver algún problema? Si no tiene una intención específica en mente (ya sea porque no necesita ayuda con nada o porque su único propósito es profundizar su vínculo con ellos), pregúnteles si tienen algún mensaje para usted. A veces, tienen mensajes poderosos para compartir, y están esperando que les pregunte.

Siéntese frente a su altar o ventana. Despeje su mente de todo menos de su intención. Tome unas cuantas respiraciones profundas para calmar su mente y cuerpo, y luego concéntrese. Después de hacer esto durante un par de minutos, cierre los ojos y visualice una escena natural que le resulte familiar. Imagínese parado allí, disfrutando de cada detalle. Esto hará que la experiencia sea más auténtica y facilitará el resto del proceso. Intente anclarse en este espacio sereno y luego invoque a los antepasados que quiera conocer. Puede llamar a un alma o a todo su linaje. Se recomienda este enfoque para principiantes que aún están aprendiendo los conceptos básicos de la comunicación espiritual. Si está llamando a más de un alma, esté abierto a recibir a quien aparezca. A veces lo sorprenderán y recibirá mensajes de alguien que no espera que lo ayude.

Una vez que las almas ancestrales se hayan materializado frente a sus ojos, siéntase libre de hacerles cualquier pregunta. Sea educado, pero abierto sobre sus necesidades. Sus antepasados tienen acceso a mucha sabiduría, y están listos para compartirla con usted y no lo juzgarán por pedir ayuda. En la mayoría de los casos, escucharán y ofrecerán consejos sobre cómo proceder. Dicho esto, cuando hable con ellos a través de la meditación, le compartirán algo de información, pero no le dirán exactamente qué hacer. Escuche atentamente cualquier historia que le cuenten y las imágenes que le muestren. Mantenga su mente abierta a cualquier otro mensaje.

Cuando haya terminado de recibir mensajes ancestrales, deje que la imagen de los antepasados y la escena natural se desvanezcan mientras susurra un suave agradecimiento. Abra los ojos, apague la vela y deje que su mente vuelva a sus preocupaciones diarias.

Llevar una vida justa

Vivir una vida justa es una parte fundamental de las tradiciones yorubas. Sus antepasados reunieron toda su sabiduría porque se mantuvieron fieles a los valores espirituales positivos. Estos siempre se transmitían a la siguiente generación, para que también pudieran vivir una vida honorable y espiritualmente plena. Algunos de estos provienen del oráculo Ifá, un sistema de adivinación yoruba. Los mensajes divinos recibidos a través de este sistema son decodificados por Babalawos e Iyanifas. Entre la información traducida hace miles de años había 16 principios básicos, que forman la base de Odu Ifá, una colección de verdades que las personas justas deberían seguir. Según la tradición, 16 Babalawos visitaron Ile Ife, con la esperanza de obtener la vida eterna. Se les concedió su deseo, con la condición de que tuvieran que seguir las 16 verdades de Ifá.

Las verdades son las siguientes:

1. Solo hay un creador. Olodumare es el único ser que hizo que todas las cosas cobraran vida, incluido el universo. Sellar una intención en nombre del creador supremo es una forma segura de garantizar que se manifieste.
2. Nuestro universo es benevolente. El universo fue creado por Olodumare, cuyo poder es puro; por lo tanto, su creación no puede ser contaminada. Esto permite a las personas acceder a recuerdos e información del pasado, presente y futuro.
3. No tenga miedo de enfrentarse a los retos. Los orishás que enfrentaban los obstáculos de la vida eran recompensados por su esfuerzo, mientras que los que vivían con miedo sufrían. Consultar

con líneas ancestrales puede ayudarlo a reunir el coraje para enfrentar los desafíos más difíciles.

4. No hay una sola fuerza maligna poderosa. El diablo, como se le llama en otras culturas, no existe, y tampoco el infierno. Sin embargo, las posibilidades de influencias negativas son ilimitadas.

5. Tiene derecho a ser amado y exitoso. Nunca crea que no merece amor o que no merece alcanzar sus metas y sueños. Aceptar su derecho de nacimiento lo acerca un paso más al crecimiento espiritual.

6. Estamos en constante transición entre dos lugares, uno es el cielo (el verdadero hogar de nuestra alma) y el otro se llama "el mercado" (un espacio de transición para las almas). La muerte termina con muchas cosas malas y permite que el alma comience de nuevo.

7. Cada parte suya es parte del universo. En espíritu, usted es uno con el universo, como todas las demás creaciones de Olodumare. Prestar atención a lo que lo rodea puede ayudarlo a aprender sobre usted mismo.

8. Su carácter y rasgos de personalidad determinan su destino. Sea cual sea la forma en que su carácter lo haga pensar, sentir y actuar, determinará su destino. El buen carácter lo ayudará a cumplir su destino.

9. Mostrar superioridad es un signo de mala influencia. Solo Ifá puede ser superior a cualquier otro ser. Ni siquiera los Babalawos y los orishás pueden mostrar superioridad entre sí. Nadie es superior y nadie está exento de cometer errores. Quejarse de los errores de otras personas y hacer caso omiso de los suyos es un signo de falsa superioridad.

10. Nunca inflija daño a los demás, incluso si son malvados. Deje que su maldad los consuma. Ser bueno atraerá muchas bendiciones de los antepasados, las deidades y Olodumare, mientras que causar daño hará que las pierda.

11. No dañe el universo. Cada parte es sagrada y debe tratarse con respeto. Debe respetar a los espíritus para mantenerlos de su lado en caso de que los necesite.

12. No discrimine a los demás. Cada persona tiene su propio valor, independientemente de su apariencia o personalidad. El mayor

obstáculo es la ignorancia. Este rasgo negativo también puede privarlo de la abundancia, y acabará siendo tan débil como aquellos a quienes discrimina.

13. Olodumare creó la diversidad por una razón, y debe celebrarse porque puede unir a las personas y a otros seres. Las personas nacen con todo un espectro de potenciales, lo que le permite elegir cuál manifestar.
14. Puede elegir su destino y sus guardianes. Cualquiera que sea el camino que establezca para usted y para el orishá que elija para guiarlo en este camino, depende solo de usted. Ofrecer sacrificios a los orishás es una excelente manera de asegurarse de recibir la asistencia que necesita.
15. Practicar la adivinación es una excelente manera de encontrar su camino. Siempre que necesite consejos sobre cómo cumplir su destino, consulte a Ifá. Le garantizará una vida larga y próspera.
16. Sus objetivos deben ser reunir sabiduría y crecer a nivel personal. Estos son necesarios para el crecimiento espiritual y una vida equilibrada. Las oraciones y otras formas de disciplina espiritual son clave para el crecimiento espiritual.

Según los yorubas, los Babalawo no siguieron las 16 verdades y, en consecuencia, murieron. Sin embargo, todos los antepasados lo hicieron, lo que permitió que sus almas siguieran adelante y pasaran por varios ciclos de vida para reunir toda la sabiduría posible. Las verdades son simples decretos que cualquiera puede seguir a diario, y hacerlo es una de las mejores maneras de rendir homenaje a sus antepasados.

Seguir las 16 verdades de Ifá

Aquí hay algunos consejos sobre cómo seguir las 16 verdades de Ifá:

Hablar solamente de lo que sabe

No hable sobre algo de lo que no tiene conocimiento. El hecho de que piense que algo es verdad no significa que lo sea a menos que lo verifique. Solo hable sobre temas de los que tenga conocimiento. Esté preparado para escuchar a otras personas que hablan sobre cosas que no le son familiares. Lo mismo se aplica a los rituales y ceremonias. Realice solo aquellas que haya practicado antes y en las que haya tenido éxito.

No engañe a la gente

No engañe a los demás con sus acciones o palabras. Esto podría hacer que la gente piense erróneamente sobre algo que piensa o siente. Intente guiarlos por el camino correcto en lugar de ser siempre transparente. Sea abierto sobre lo que ofrece y lo que espera de ellos. De la misma manera, tenga una mente abierta al comunicarse con sus antepasados. También debe ser abierto al comunicarse con otras personas.

No pretenda ser sabio

Recuerde, no importa cuánta sabiduría haya reunido a lo largo de su vida o cuánta información haya recibido por parte de los antepasados y los orishás. Siempre puede obtener más información. Siempre habrá cosas que no sabe, así que no finja que es la fuente de toda sabiduría. Las personas sabias nunca hacen eso. En cambio, continúan aprendiendo porque son conscientes de la inmensa cantidad de conocimiento que aún pueden reunir.

Sea humilde

Las personas sabias son humildes y nunca dejan que sus egos se interpongan en su camino. A veces, dejar de lado el ego es un desafío y se siente injusto negarse a sí mismo. Sin embargo, esta puede ser otra oportunidad de aprendizaje y una excelente manera de fortalecer su carácter, lo que lo llevará a cumplir su destino.

Siempre tenga buenas intenciones

Las malas intenciones tienen una influencia negativa en su bienestar espiritual. También pueden impedirle la comunicación espiritual, honrar a sus antepasados y cumplir su destino. Esto también puede ser un desafío, especialmente si otros no tienen buenas intenciones hacia usted. Sin embargo, si adopta un enfoque positivo, podrá prosperar a pesar de las intenciones maliciosas de otros. Lo mismo se aplica a los tabúes y prohibiciones. Estos nunca deben romperse ni debemos faltarles el respeto. De lo contrario, tendrán el mismo efecto que las malas intenciones.

Honre sus herramientas y espacios sagrados

Una excelente manera de venerar a sus antepasados es mantener las herramientas que utilice para comunicarse con ellos limpias de energías negativas. Esto se aplica a los símbolos, imágenes y otros artículos que usa para sus prácticas de veneración ancestral, incluido su altar. Su cuerpo y su mente también son herramientas esenciales, y también deberá limpiarlas con regularidad. Tomar baños de limpieza y pedir a los orishás que lo ayuden a purificar su cuerpo y mente a través del baño es una excelente manera de expulsar toda la energía negativa que potencialmente haya sobre usted.

Respetar a los demás

Siempre debe respetar las opiniones y acciones de otras personas, ya sea que esté de acuerdo con ellas o no. Preste especial atención a no faltar al respeto a sus mayores o a los más débiles. Los ancianos son más sabios que usted, y nunca sabe cuándo podría necesitar su ayuda. Las personas más débiles (incluidas las personas con discapacidad) también deben ser respetadas porque su debilidad no es culpa suya. Además, pueden contribuir espiritualmente a la comunidad tanto como cualquier otra persona sin debilidad o discapacidad.

Respete las leyes

Esto se aplica tanto a las leyes morales como a las legales. Ambas existen por una razón: hacer de las comunidades humanas un lugar donde todos puedan convivir en paz. Seguir las leyes legales puede hacerle la vida mucho más fácil porque evitará sanciones. Seguir los códigos morales de conducta le da mucho más. Siempre que sus valores se alineen con las leyes morales, mantenerse fiel a sus valores puede darle tranquilidad. Asegúrese de enfocarse en valores que se adhieran a los códigos morales tácitos más comunes, y no tendrá ningún problema en respetar estos últimos.

Cultive sus amistades

Póngase a disposición de sus amigos cuando lo necesiten y ellos harán lo mismo por usted. Nunca los traicione revelando sus secretos o hablando de ellos a sus espaldas. Respete a sus seres queridos, tal como le gustaría que respetaran a los suyos. Honre las decisiones que toman, incluso si no está de acuerdo con ellas. Si desea expresar un descontento, hágalo con cuidado. Nunca les diga por qué cree que no deberían hacer algo.

Cantar y orar

Cantar y orar son dos métodos que lo ayudarán a liberarse del mundo material y son excelentes herramientas para conectarse con sus antepasados. Cantar significa ofrecer oraciones, afirmaciones y otras palabras habladas, como poemas o canciones. Puede orar a sus antepasados de una manera tradicional o cantar las oraciones mientras se comunica con ellos. Hay varias formas de oraciones, todas son maravillosos recordatorios de su poder, así como del poder de sus antepasados.

Alabanzas

Honrar a los antepasados es una excelente manera de mantener la comunicación entre usted y su línea ancestral. Aquí hay un verso de alabanza que puede ofrecer a sus antepasados mientras está sentado en su altar:

"Yo honro al universo y a su creador Olodumare.

Honro a la naturaleza y a todos sus habitantes.

Honro a mis guías espirituales, pero sobre todo,

Honro a mis antepasados.

A los que vinieron antes que yo

Honro a los que lucharon, al igual que yo".

Gratitud

Los cantos y las alabanzas también pueden expresar gratitud. Aquí hay una oración para expresar su aprecio por los antepasados:

"Gracias por ayudarme a despertar esta mañana con una actitud positiva.

Gracias por ayudarme en mi viaje

y por aquellos que enviaron a acompañarme en el camino.

Les agradezco por ser parte de mi familia y mi comunidad

y por brindarme el apoyo que necesito".

Perdón

A veces, tendrá que ser humilde y simplemente pedir perdón. Aquí hay un ejemplo de cómo pedir a su ascendencia:

"Pido perdón por no seguir su consejo.

Perdóneme por ofenderlos con mi ignorancia.

Perdónenme por el daño que esto causó a mi familia y a mí.

Perdónennos a todos nosotros, sus descendientes vivos, por lastimarnos unos a otros".

Pedir bendición y protección

Las oraciones y los cantos también pueden servir como una herramienta de comunicación cuando quiere pedir protección o bendición a sus antepasados:

"Antepasados, les pido que me protejan
De pérdidas, enfermedades y muerte.
También les pido que me proteja de los conflictos y de las manos de mis enemigos.
Por favor, ayúdenme a tener una larga vida y buena salud.
Ayúdenme a mantener la calma, la fortaleza y la resiliencia cuando enfrente desafíos.
Ayúdenme a ver las cosas con claridad y a ser valiente y cariñoso".

Crear un oriki familiar

Los yoruba son conocidos por tener una forma única de poema de alabanza o canto llamado oriki. Tienen orikis para los orishás, guías espirituales, los antepasados y los vivos. Este último recibe su oriki en la infancia, pero también puede escribir poemas de alabanza para adultos. En los niños, los orikis elogian el carácter positivo que los adultos quieren que desarrollen. Mientras que los orikis hechos para adultos no siempre son halagadores. Las familias también tienen sus orikis, que se transmiten por la línea masculina. Si bien los niños pueden aprender el oriki de la familia de su madre, este no se transmite luego. Las futuras novias deben memorizar el oriki familiar de sus futuros esposos antes de su boda.

Crear un oriki para su familia es una forma de reconocer su linaje ancestral y su identidad. También le permitirá descubrir lo que cada miembro tiene en común, algo útil cuando necesita ayuda con un problema específico. Tendrá más almas a las que recurrir y mejores posibilidades de encontrar una resolución.

Para escribir su oriki familiar, deberá investigar los logros, las creencias, el comercio, el comportamiento típico, las fortalezas y las debilidades de los miembros individuales. También puede investigar sus desafíos y sus aspiraciones. Una vez que haya recopilado toda esta información, puede comenzar a añadirla junto a los nombres de los miembros de la familia. Para los miembros masculinos, escriba frases cortas que describan sus fortalezas y cómo superan los desafíos. Para los miembros femeninos, las frases deben ilustrar cómo apoyaban a sus familias y lo que les gustaba hacer.

Capítulo 9: La reencarnación en la filosofía yoruba

En la cultura yoruba, el concepto de reencarnación es fundamental para las creencias sobre el más allá. Según la tradición, el espíritu de una persona muerta renacerá en otro cuerpo, y este ciclo continuará hasta que el espíritu alcance un estado de perfección espiritual. Esta creencia ayuda a explicar por qué muchos yorubas le dan tanta importancia al culto a los antepasados. Creen que los espíritus de sus antepasados todavía están presentes en el mundo y pueden influir en sus vidas. También ayuda a explicar por qué ciertas familias tienen tantos hijos. Creen que cada niño representa otra oportunidad para que los antepasados de la familia alcancen la perfección espiritual. En última instancia, la creencia en la reencarnación es solo una de las muchas formas en que el pueblo yoruba intenta dar sentido al ciclo de la vida y la muerte.

Hay varias razones por las que alguien puede reencarnarse, incluidos los asuntos pendientes o los problemas no resueltos de su vida anterior. Se cree que los Yetunde deben completar cualquier tarea que no hayan podido en su vida anterior para pasar al siguiente nivel de existencia. Este ciclo de nacimiento y muerte se conoce como "samsara".

La muerte en la cultura yoruba

En la cultura yoruba, la muerte no se ve como el final de la vida, sino más bien como una transición a otro reino. Se cree que el alma abandona el cuerpo en el momento de la muerte y entra en el mundo de los espíritus, donde pasará la eternidad. Si el alma no puede encontrar su camino hacia el mundo de los espíritus, puede permanecer atada a la tierra y convertirse en un fantasma. La creencia en los fantasmas es muy fuerte en la cultura yoruba, y se dice que pueden causar un gran daño a los vivos si no se respetan adecuadamente. Se cree que el espíritu del difunto continúa viviendo en el mundo de los antepasados y que puede influir en la vida de sus familiares. Como tal, es importante mantener una buena relación con los antepasados, ya que pueden proporcionar orientación y protección. Cuando alguien muere, se dice que su espíritu va a la "tierra de los muertos vivientes", donde Olodumare, el dios creador, los juzgará. Si han vivido una buena vida, se les permitirá entrar al cielo. Si no, serán enviados de regreso a la tierra para vivir sus vidas sufriendo. En cualquier caso, se cree que los antepasados todavía pueden interactuar con los vivos, y, por ende, es importante honrarlos a través de la oración y las ofrendas.

La muerte es, por lo tanto, un asunto muy serio. Se tiene mucho cuidado para garantizar que los muertos sean conmemorados adecuadamente y que sus espíritus puedan seguir adelante. En la cultura yoruba, la muerte no se ve como el final de la vida, sino más bien como una transición a otro reino.

La inmortalidad en la cultura yoruba

En la cultura yoruba, la inmortalidad es un concepto clave. El objetivo final es alcanzar la inmortalidad, y esto puede lograrse de varias maneras. Una es lograr la inmortalidad física, lo que significa que el cuerpo no envejece ni se descompone. Esto se puede hacer a través de rituales mágicos y hechizos. Otra forma es lograr la inmortalidad espiritual, lo que significa que el alma no perece después de la muerte. Esto se puede hacer alcanzando un alto nivel de desarrollo espiritual e iluminación. Finalmente, uno puede lograr un recuerdo inmortal. Es decir, que el nombre y los logros de uno serán recordados mucho tiempo después de la muerte. Esto se puede hacer logrando grandes cosas en la vida y dejando un legado duradero. En la cultura yoruba, hay muchas maneras de alcanzar la inmortalidad, y cada individuo debe elegir su propio camino.

Reencarnación o atunwa en la cultura yoruba

En la cultura yoruba, existe la creencia de que el alma nunca muere. En cambio, renace en otro miembro de la familia. Esto se denomina "atunwa". Al morir, el alma abandona el cuerpo y entra en un estado de limbo. Permanece allí hasta que se reencarna en otro miembro de la familia. El ciclo de la vida y la muerte es continuo, y el alma renace constantemente en nuevos cuerpos. Esta creencia ayuda a explicar por qué muchos yorubas están tan apegados a sus familias. Ven a sus seres queridos como individuos y reencarnaciones de antepasados anteriores. De esta manera, atunwa proporciona una sensación de continuidad y conexión entre los vivos y los muertos. También ayuda a explicar por qué muchos yorubas tienen mucho cuidado en los rituales funerarios. Creen que el alma debe estar adecuadamente preparada para su viaje al más allá, y esos ritos funerarios garantizarán que el alma renazca en un buen hogar.

En la cultura yoruba, el concepto de renacimiento familiar o lineal se ilustra vívidamente a través de cuatro figuras importantes: Babatunde, Yetunde, Babatunji y Sotunde. Cada figura ofrece una perspectiva única sobre el renacimiento familiar en la cultura yoruba. Combinados, proporcionan una imagen completa de este importante concepto.

- **Babatunde**

Babatunde es un concepto en la cultura yoruba que explica cómo un padre puede regresar a su familia a través de la reencarnación. Según las creencias del pueblo yoruba, el alma de un padre fallecido puede renacer en un nuevo cuerpo, y este nuevo hijo heredará el nombre y la posición del padre dentro de la familia. En la cultura yoruba, un padre que regresa a casa es motivo de gran celebración. Babatunde, o "regreso del padre", es una ocasión especial que celebra que el jefe de familia regresa con su familia después de estar ausente por un período prolongado. El evento se celebra con música, baile y banquete, y todos los miembros de la comunidad son bienvenidos a unirse a las festividades. El regreso del padre es visto como un símbolo de esperanza y renovación, y se cree que su presencia traerá paz y prosperidad a la casa. En este día, las familias se reconectan y reafirman sus lazos de amor y respeto. El regreso del padre es un momento de alegre reunión y celebración en la cultura yoruba.

Si bien algunas culturas pueden ver esto como una forma de reencarnación, los yoruba creen que es más que una simple transferencia del alma. En cambio, lo ven como una forma de que el padre fallecido mantenga su conexión con su familia y continúe desempeñando un papel importante en sus vidas.

"Babatunde" es un nombre de origen yoruba que se da a los hombres. Está estrechamente asociado con la creencia en la reencarnación dentro de la cultura. El nombre se le da a un niño que se cree que es el espíritu reencarnado de un pariente o antepasado. El nombre también se puede dar a un niño nacido en una familia con una fuerte tradición de espiritualidad y misticismo. "Babatunde" es también un nombre popular en Nigeria y en la diáspora yoruba. El nombre fue llevado por varias personas notables, incluido un rey nigeriano del siglo XVI, una reina guerrera de África Occidental del siglo XVIII y un escritor y político nigeriano del siglo XX. El nombre ha ido ganando popularidad recientemente en los Estados Unidos.

Si bien el concepto de Babatunde puede parecer extraño para algunos, es una parte importante de la cultura yoruba y ayuda a explicar sus creencias sobre el más allá. Para muchas personas, la idea de que su padre regrese a ellos después de la muerte es un consuelo, dándoles una sensación de continuidad entre esta vida y la siguiente. Ya sea que crea o no en la reencarnación, el concepto de Babatunde es una visión interesante del sistema de creencias de otra cultura.

- **Yetunde**

En la cultura yoruba, la creencia en la reencarnación se extiende a la idea de Yetunde, que es una madre que regresa con sus hijos en una nueva vida. Según esta creencia, el amor de una madre es lo suficientemente fuerte como para durar varias vidas. Además, se dice que el alma de un niño que muere joven se reencarnará en el cuerpo de otro niño que nazca poco después. Este ciclo de reencarnación asegura que el vínculo entre madre e hijo nunca se rompa. Yetunde es una parte importante de la cultura y el sistema de creencias yoruba. Es un reflejo del profundo respeto y amor que los yorubas tienen por sus madres. También destaca la importancia de los lazos familiares y cómo pueden extenderse más allá de una sola vida. En algunos casos, las Yetunde pueden no recordar su vida anterior o solo tener recuerdos vagos. Sin embargo, creen que todavía se sentirán atraídas por ciertas personas y lugares con los que estuvieron conectadas en sus vidas pasadas.

- **Sotunde**

Sotunde era un joven que murió repentinamente. Cuando llegó al más allá, se sorprendió al descubrir que todavía podía ver y escuchar lo que estaba sucediendo en la Tierra. Preguntó a los espíritus por qué, y le dijeron que era porque aún no se había reencarnado. Dijeron que, si quería, podía elegir regresar a la Tierra y vivir de nuevo, pero le advirtieron que olvidaría todo sobre su vida anterior. Sotunde lo pensó y decidió que quería regresar a la Tierra.

Cuando Sotunde despertó, se encontró en el cuerpo de un bebé. No recordaba nada de su vida anterior, pero todavía podía escuchar las voces de los espíritus. Le decían cosas sobre su vida pasada y lo que tenía que hacer en su nueva vida. Sotunde siguió su consejo y vivió una buena vida. Cuando murió de nuevo, renació como un elefante. Y así continúa a lo largo de la eternidad: el espíritu de Sotunde renace repetidamente, cada vez aprendiendo más y volviéndose más sabio hasta que finalmente logran la iluminación. Esta historia ilustra la creencia yoruba de que todos somos almas inmortales que renacemos constantemente en cuerpos diferentes. Sotunde representa al sabio que regresa. Encarna la importancia del conocimiento y la comprensión en la familia. También muestra que nuestras acciones en una vida pueden afectar nuestras experiencias en vidas futuras.

En la cultura yoruba, la reencarnación es la creencia de que, luego de morir, el alma renace en otra persona o animal. Esta creencia se basa en la idea de que una parte inmortal del alma humana vive después de la muerte. El concepto de reencarnación también se encuentra en otras culturas de todo el mundo, incluyendo el hinduismo y el budismo. En la cultura yoruba, se cree que las acciones de una persona en su vida anterior determinan cómo renacerá en su próxima vida. Por ejemplo, si una persona fue malvada en su vida anterior, podría renacer como una serpiente o una rata en su próxima vida. Por el contrario, si una persona era buena en su vida anterior, podría renacer como un humano o un elefante en su próxima vida. La historia de Sotunde es un popular cuento popular yoruba que ilustra esta creencia.

- **Babatunji**

En la cultura yoruba, Babatunji es el nombre del padre que se despierta una vez más. El concepto de Babatunji se basa en la creencia de que los muertos pueden renacer y despertar a una nueva vida. Este renacimiento puede tener lugar ya sea en forma de un nuevo bebé o a través de la reencarnación de una persona mayor. Los yoruba creen que cuando uno muere, su espíritu volverá a otra vida, por lo que continúan honrando los valores y las enseñanzas transmitidas por sus padres incluso después de que se hayan ido.

La importancia de este concepto se destaca a través de diversas prácticas culturales, incluidas las ceremonias de nombramiento, los ritos de iniciación y los rituales que rodean la muerte. En las ceremonias de nombramiento, los padres pueden mirar hacia atrás a sus propias familias para encontrar inspiración para nombres significativos o traer energía positiva a la vida de sus hijos. También se sabe que los ritos de iniciación se llevan a cabo en honor al padre. Durante estos ritos de iniciación, las enseñanzas y los ejemplos de la vida del padre se comparten entre los presentes.

Cuando ocurre una muerte, el pueblo yoruba a menudo celebra Babatunji, ya que simboliza que el padre de uno ha dejado este mundo, pero que su espíritu permanecerá vivo a través de ellos y sus hijos. Pueden expresar su dolor por la pérdida de su ser querido, pero también se consuelan al saber que él vivirá a través de ellos. Esta creencia ayuda a traer paz y curación cuando se trata de circunstancias difíciles como la enfermedad o la muerte. Babatunji es un concepto importante para muchas comunidades yorubas y se utiliza para recordar a las personas los valores que deben defender en sus vidas. Babatunji es una forma de honrar y recordar a los padres que han fallecido y aún viven a través de sus hijos. A través de este concepto, el pueblo yoruba mantiene viva la memoria y las enseñanzas de su padre para las generaciones venideras.

Tipos de reencarnación en la cosmología yoruba

En la cosmología yoruba, hay tres tipos principales de reencarnación: atunle, orisa y egbe. De estos, el atule es el más común y se refiere al renacimiento del alma humana en un nuevo cuerpo humano. Esto puede suceder inmediatamente después de la muerte del cuerpo anterior o muchos años después. El atunle suele verse como un acontecimiento positivo, que representa la continuación del viaje del alma por la vida. Se cree que cada vida es como un peldaño en una escalera, que conduce cada vez más cerca de Orunmila, el dios creador.

En algunos casos, el atunle puede verse como algo negativo. Supongamos que alguien muere de una manera particularmente violenta o trágica, por ejemplo. En ese caso, su alma puede renacer en una vida difícil para trabajar a través de su karma. Sin embargo, incluso en tales casos, se cree que eventualmente, el alma será liberada del ciclo de renacimiento y alcanzará la salvación.

Esto último se suele considerar más deseable, ya que permite que el alma descanse y se rejuvenezca antes de asumir una nueva forma física. La reencarnación orisa ocurre cuando el alma humana renace en un cuerpo animal. Esto generalmente se ve como un castigo por malas acciones en una vida anterior y, por lo tanto, se considera relativamente raro. Finalmente, la reencarnación Egbe se refiere al renacimiento del alma humana en un objeto inanimado, como una roca o un árbol. Esto es extremadamente raro y generalmente solo se ve en los casos en que el alma ha cometido una ofensa muy grave en su vida anterior.

Posibilidades de veneración ancestral (a pesar de atunwaye)

Atunwaye es la creencia de que todo en el universo está conectado y que todos los seres humanos descienden de un ancestro común. Esta creencia está en el corazón de la veneración ancestral, que es la práctica de honrar a los antepasados. Se basa en la idea de que nuestros antepasados están con nosotros incluso después de la muerte y que pueden ayudarnos a alcanzar nuestras metas en la vida. Si bien el atunwaye puede parecer un concepto extraño para algunos, en realidad está muy extendido. En muchas culturas, el culto a los antepasados es una parte esencial de la vida. En China, por ejemplo, se cree que los antepasados pueden ayudar a traer buena fortuna y protegerse contra la desgracia. Como resultado, las familias chinas a menudo hacen ofrendas a sus antepasados, como comida e incienso. En Japón, el culto a los antepasados se conoce como "ubasoku" y se considera una práctica profundamente espiritual. Las familias a menudo visitan las tumbas de sus antepasados para presentar sus respetos, y también pueden orar o realizar danzas tradicionales en su honor. Si bien atunwaye puede parecer un concepto extraño para algunos, en realidad es bastante común. En muchas culturas de todo el mundo, el culto a los antepasados es una parte importante de la vida.

¿Qué almas se reencarnan bajo el concepto de Atunwa de la cultura yoruba?

Según la cultura yoruba, hay dos tipos de almas: el orí, que es la esencia espiritual del individuo, y el ayanmo, que es la parte del alma que se une con los demás después de la muerte para formar un espíritu ancestral. El ayanmo es lo que reencarna, y se cree que cada persona tiene múltiples ayanmos. Cuando una persona muere, su ayanmo va al mundo de los espíritus, donde espera que nazca un nuevo cuerpo. El ayanmo puede elegir reencarnar en cualquier criatura viviente, incluidos humanos, animales y plantas. También se cree que el ayanmo puede influir en los acontecimientos de su vida y que es posible que el mismo ayanmo se reencarne varias veces. En consecuencia, todos tienen el potencial de relacionarse con todos los demás a través de su ayanmo.

¿Qué sucede si venera a un antepasado que puede haber reencarnado?

Se cree que cuando una persona muere, su alma renace en otra persona o animal. Como resultado, es posible que alguien a quien venera como antepasado haya renacido en otra persona. Si esto sucede, no hay necesidad de preocuparse. Todavía es posible honrar y respetar la memoria de su antepasado haciendo ofrendas a su espíritu, contando historias sobre ellos y manteniendo su memoria viva en su corazón. En última instancia, ya sea que su antepasado se haya reencarnado o no, siempre estará con usted en espíritu. Y mientras los recuerde y los guarde en su corazón, nunca se habrán ido realmente.

¿En qué se reencarnan los espíritus (solo humanos, animales, insectos, etc.)?

Hay muchos sistemas de creencias diferentes en todo el mundo cuando se trata de lo que le sucede a nuestros espíritus después de morir. Algunos creen que nos reencarnamos en otro ser humano, otros creen que nos convertimos en animales y otros se convierten en plantas o insectos. En la cultura yoruba, existe la creencia de que nuestros espíritus pueden renacer en cualquier forma dependiendo de cómo vivimos nuestra vida anterior. Si lleváramos una buena vida y fuéramos amables y generosos, entonces reencarnaríamos en una forma superior. Sin embargo, si llevamos una mala vida llena de egoísmo y codicia, entonces reencarnaremos en una forma inferior. Esto se basa en la idea de que nuestras acciones en esta vida determinan nuestra posición en la próxima. Como tal, es importante vivir una buena vida y tratar a los demás con respeto si queremos lograr un mayor nivel de existencia en el próximo.

Diferencia entre el concepto occidental de reencarnación y la reencarnación yoruba

Hay muchas creencias diferentes sobre la reencarnación, y puede ser un tema complejo de entender. El concepto yoruba de reencarnación difiere de la visión occidental sobre el más allá. En la cultura yoruba, se cree que el alma permanece en el mundo físico después de la muerte y puede renacer en otra forma humana o animal. En general, el concepto occidental de reencarnación se basa en la creencia de que el alma renace en otro cuerpo después de la muerte. Por el contrario, el concepto yoruba de reencarnación se basa en la creencia de que el espíritu del individuo permanece en el mundo después de la muerte y puede reencarnarse en cualquier número de formas diferentes. No hay un concepto de cielo o infierno, y el enfoque está en vivir una buena vida para lograr una vida futura positiva. La visión occidental de la reencarnación a menudo se centra más en el ámbito espiritual, y la idea de que el alma puede renacer en otra forma humana o animal no siempre se enfatiza. Los yorubas también creen en el cielo y el infierno, y la vida futura de una persona depende de sus acciones en esta vida. Como resultado, los dos conceptos de reencarnación son bastante diferentes.

Diferencia entre el concepto budista de reencarnación y la reencarnación yoruba

En la creencia yoruba, la reencarnación es un ciclo continuo en el que el alma renace en diferentes cuerpos. No hay un número determinado de veces que una persona pueda renacer, y no hay un objetivo o destino final. En la cultura yoruba, la reencarnación es la creencia de que el espíritu de una persona puede renacer en otra persona o animal después de morir. El alma simplemente "se recicla" a través de diferentes vidas, aprendiendo y creciendo con cada nueva experiencia. Esta creencia contrasta fuertemente con el concepto budista de reencarnación, que lo ve como un proceso de progresión hacia el Nirvana. En el budismo, el alma nace en diferentes formas basadas en su karma y continuará renaciendo hasta que alcance un estado de perfección. En ese punto, será liberado del ciclo de renacimiento y alcanzará el Nirvana. Para los budistas, la reencarnación no es un ciclo interminable, sino un viaje con un objetivo específico. Esto es diferente del concepto yoruba de reencarnación, que sostiene que el espíritu de una persona renace en otra persona o animal después de morir. En la cultura yoruba, la reencarnación es la creencia de que el espíritu de una persona puede renacer en otra persona o animal después de morir. Esto se debe a que se cree que el espíritu es eterno e inmutable. En consecuencia, el espíritu puede existir en múltiples formas a lo largo del tiempo.

Por otro lado, el concepto budista de reencarnación sostiene que el espíritu de una persona renace en otra persona o animal después de morir. Esto se debe a que el espíritu no se considera permanente y está sujeto a cambios. En consecuencia, el espíritu solo puede existir de una forma a la vez. Si bien ambos conceptos de reencarnación difieren en sus creencias sobre la naturaleza del alma humana, ambos comparten la creencia de que el alma sobrevive a la muerte y puede renacer en otro cuerpo.

Diferencia entre el concepto hinduista de reencarnación y la reencarnación yoruba

Tanto en el hinduismo como en la cultura yoruba, el concepto de reencarnación es fundamental para la religión. Sin embargo, hay algunas pautas clave en que los dos sistemas de creencias difieren con respecto a este principio. Por un lado, los yoruba creen que una persona puede nacer de nuevo como un ser humano o un animal, mientras que los hindúes generalmente creen que una persona renace como otro ser humano. Además, los yoruba creen que el destino de una persona en su próxima vida está determinado por sus acciones en esta, mientras que los hindúes creen que el karma determina qué forma tomará una persona en su próxima vida. En la creencia yoruba, la reencarnación es un ciclo continuo en el que el alma renace en diferentes cuerpos. Este ciclo se conoce como "ayanju". A diferencia del hinduismo, donde se cree que el alma renace en una forma superior o inferior en función de su karma, en la cosmología yoruba, se cree que el alma renace en diferentes formas para obtener nuevas experiencias y aprender nuevas lecciones. Esto significa que el alma no necesariamente progresa o retrocede en cada vida, sino que simplemente se mueve a través de diferentes formas para crecer y desarrollarse. Como resultado, estas creencias diferentes pueden conducir a visiones del mundo y enfoques muy diferentes de la práctica religiosa.

Capítulo 10: Maldiciones ancestrales y cómo quebrarlas

Cuando alguien pronuncia la frase "maldición ancestral", puede pensar que está siendo figurativo. En realidad, una maldición ancestral es, por desgracia, un problema real que enfrentan muchas familias.

La comunidad africana explica que las maldiciones ancestrales se lanzan sobre un solo miembro de la familia. La maldición comienza a extenderse a otros a través de la persona maldecida. La persona maldecida se la pasa a sus hijos y luego sus hijos la siguen pasando. Lentamente toda la familia se convierte en portadora de esta desgracia.

Lanzar o quebrar una maldición ancestral es arriesgado. Incluso si alguien tiene experiencia en brujería, no significa que deba trabajar con este tipo de energía. La cantidad de energía que se necesita para maldecir a toda una familia es insondable, e interferir con ella es peligroso tanto para quien conjura como para quienes están involucrados. La misma lógica se aplica a los brujos que están tratando de quebrar la maldición. ¿Por qué? La cantidad de energía que se necesita para maldecir a toda una familia es la misma cantidad que se necesita para curarlos de su desgracia.

Este capítulo cubrirá informaciones relacionadas con este tema. Es mejor ser curioso y cauteloso que tratar de asumir la responsabilidad de lidiar con este tipo de magia. En última instancia, lidiar con este tipo de energía puede tener consecuencias que no había previsto.

Tipos de maldiciones

Todo el mundo experimenta desgracias de vez en cuando, pero ¿cómo puede diferenciar entre episodios aleatorios de mala suerte y una maldición generacional? La respuesta es simple y complicada.

La respuesta simple es que si ha observado que usted y su familia han estado sufriendo el mismo problema o que un patrón está dañando a sus seres queridos, entonces su familia probablemente esté maldecida.

Sin embargo, si quiere saber si son víctimas de una maldición generacional, primero debe saber a qué se enfrenta. Hay muchos tipos de maldiciones, y cada una se manifiesta de manera diferente. Una maldición podría afectar a una familia de una manera, y otra podría afectar de manera completamente diferente a otra. Necesita aprender sobre diferentes maldiciones y cómo afectan a las personas, y esto le dirá si está sufriendo una mala influencia o no.

Muslos rojos

La maldición de los muslos rojos hace referencia a mujeres que han sido maldecidas con maridos que no viven mucho tiempo. Esto significa que una mujer con esta maldición estará constantemente atrapada en un ciclo de dolor, y estará continuamente afligida por la muerte de su esposo.

Las mujeres bajo esta influencia no son las únicas víctimas, por desgracia. Sus hijas y maridos también son víctimas. Los maridos morirán poco después de casarse con la mujer. Por otro lado, las hijas heredarán la maldición de las madres. Esto significa que las hijas serán viudas que también podrían pasar la misma maldición a sus hijas.

Sin embargo, no termina aquí. La cosa se pone peor. Las mujeres con esta maldición no son solo viudas; también se enfrentan a la discriminación de su comunidad. Eventualmente, la sociedad notará las muertes recurrentes, y una vez que se haga evidente, la mujer maldecida tendrá cada vez menos amigos. Lo más probable es que pase toda su vida sin una pareja porque los hombres temerán por sus vidas.

Mal augurio

El blanco de malos augurios suelen ser los hombres. Se dice que cuando un hombre es maldecido con malos augurios, interrumpe y destruye cualquier cosa en la que fije su mirada. Por ejemplo, si un hombre maldecido toca a un niño, el niño podría enfermarse. Si el hombre juega con un animal, el animal podría enfermarse o morir. La maldición también interrumpe las relaciones sexuales del hombre con su esposa u otras mujeres. Esto hace que sea incómodo y desagradable disfrutar de su vida sexual.

La maldición también arruina sus relaciones y conexiones con los demás. Lo más probable es que este hombre ofenda inconscientemente a alguien o entre en discusiones por cosas que dice.

En resumen, la maldición del mal augurio no es mortal, pero hace que la vida sea desafiante y sofocante. Se dice que los hombres con esta maldición tienen más probabilidades de morir debido a las situaciones horribles en las que se encuentran a causa de la maldición. Hasta ahora, no ha habido ningún relato de hombres que murieran temprano a causa de esta maldición.

Hay, por supuesto, otros tipos de maldiciones, que se dirigen a personas específicas. Por ejemplo, cualquier hombre o mujer que profane la naturaleza o un árbol sagrado será maldecido. Pueden ser rechazados de la comunidad o se les puede prohibir recibir orientación con respecto a la brujería. También se dice que los hombres que violan o practican el incesto estarán maldecidos. Estas maldiciones se manifiestan de manera diferente porque quien conjura decide cómo castigar al individuo. Un hechicero podría dañar la tierra de otro, y otro podría hacer que alguien se vuelva infértil.

La delicada naturaleza de las maldiciones ancestrales

Hay muchas creencias en torno a la naturaleza de las maldiciones ancestrales. Algunos practicantes creen que solo se puede quebrar a través de hechizos. Otras brujas creen que quebrar las maldiciones generacionales se trata más de creencias personales. En otras palabras, uno no tiene que recurrir a lanzar hechizos para separarse del dolor que ha estado atormentando a su familia.

Para saber cómo deshacerse de las maldiciones, primero debe entender cómo funcionan. Los yorubas creen que la maldición pierde parte de su poder cuando el conjurador muere, pero aun así atormentará a la familia.

Los espiritistas de la nueva era creen que cuando una bruja lanza una maldición sobre una persona, viven toda su vida dedicando parte de su energía a esta maldición. Cuando mueren, la maldición muere con ellos. Sin embargo, cuando la familia maldecida comienza a hablar de ello, le dan poder. En cierto modo, la maldición vive a través de sus palabras y creencias. Cuanto más uno lo aborda, más control tiene sobre su vida. En otras palabras, la familia maldecida se convierte en la misma persona que los ha maldecido porque ahora le están dando energía.

Cómo quebrar las maldiciones generacionales

Los profesionales de hoy en día han ideado algunas soluciones que podrían separar a las personas de su maldición. Primero, dicen que si comienza a creer que puede romper un patrón negativo, ya ha comenzado a debilitar sus efectos.

En segundo lugar, quebrar una maldición generacional se puede hacer sin necesariamente lanzar un hechizo. Combatir un hechizo con esta cantidad de energía puede ser peligroso para todos los involucrados. Si desea saber más sobre cómo quebrar una maldición a través de medios seguros, a continuación encontrará algunas opciones.

El poder de los pensamientos y las creencias

Esta es una verdad universal: sus pensamientos y palabras tienen poder. Cualquier cosa en la que crea tiene una tremenda influencia sobre usted y su vida. Esto puede sonar como algo mágico, pero realmente no lo es. La forma en que percibe su vida y el conjunto de creencias que tiene, dan forma a su vida, ya sea que pueda verlo o no.

Una vez que crea que sus pensamientos, creencias y palabras tienen poder, puede comenzar a debilitar los efectos de la maldición. Al hacer esto, asume el control sobre la maldición. Puede hacer debilitar la maldición y sus efectos. Comience a hacer preguntas sobre la naturaleza de la maldición. Aléjese de la idea de la maldición tanto como sea posible.

Escriba una lista de afirmaciones que desvíen el poder de la maldición y empodérese tanto como sea posible. Intente repetir estas afirmaciones con la mayor frecuencia posible. Evite asociar los malos sucesos ocasionales con la maldición. Cualquier cosa que le suceda puede estar influenciada por muchísimos factores diferentes. Además, recuerde que a todo el mundo le pasan cosas malas todo el tiempo. No significa que estén maldecidos, y usted tampoco.

Cuanto más, mejor

Cuanto más rápido reconozca que hay poder en los números, más rápido se librará de su maldición generacional. ¿Cómo funciona esto? Es fácil. Si los pensamientos de un hombre son lo suficientemente poderosos como para cambiar el curso de su vida, entonces imagine si se tratara de un grupo de personas que se mueven hacia el mismo objetivo. ¿Qué cree que sucederá?

Todo lo que necesita hacer es reunir a los miembros de su familia. Aborde el problema de frente y sugiera que todos se reúnan y hagan sus afirmaciones. Envíelas al universo. Ore a los antepasados y pídales que lo ayuden a alcanzar su meta. Afírmese a sí mismo y a los demás que esta maldición no tiene poder sobre usted.

Una actividad que pueden hacer en familia es orar a los antepasados en un altar. Oren juntos como si fueran una sola entidad. Pida a los antepasados que lo ayuden a eliminar la negatividad que los rodea. Cuando haya terminado, imagine a los antepasados quebrando la maldición y pidiendo celebrar. Puede celebrar ofreciendo comida y bebidas a los antepasados para mostrar gratitud. A continuación, empiece a bailar y a cantar. Esto envía un mensaje a usted y al universo de que la maldición se ha quebrado. Cuanto más haga esto, menos sentirá los efectos de la maldición. Eventualmente, perderá su poder por completo y será libre.

Los rituales de afirmación también son poderosos. Les permiten afirmarse unos a otros que la maldición no tiene poder sobre ustedes. Sería mejor si dijeran razones lógicas por las que no están maldecidos. ¿Cuándo deberían hacer esto? Cada vez que usted o un miembro de su familia piense que la maldición causó un determinado evento, reúnase y diga en voz alta que no están maldecidos. Díganle al universo que usted y su familia son bendecidos. Asegúrense unos a otros que los antepasados los están protegiendo del peligro.

Perdonar al conjurador original es una solución final a la que pueden recurrir en familia. Esto, por supuesto, puede ser una tarea difícil. Sin embargo, vea el acto como una forma de empoderarse.

Puede discutir los resultados positivos que obtendrán como familia cuando perdonen al conjurador. Luego, intenten perdonar juntos. Intenten entender por qué lanzaron la maldición. Cualquiera que fuera su razonamiento, tal vez no era su derecho tomar el asunto en sus propias manos. Al perdonarlos, se liberan de su energía negativa hacia ustedes.

Rituales de limpieza

Si su energía ha sido contaminada con negatividad, entonces debe hacer una limpieza espiritual. Lo bello de la limpieza espiritual es que cualquiera puede hacerlo. No es necesario tantos conocimientos para elevar su energía. El proceso es sencillo y los resultados son profundos.

Para realizar un ritual de limpieza, necesita saber algunas cosas. En primer lugar, debe conocer el concepto de limpieza energética. En segundo lugar, debe saber qué ingredientes usar. En tercer lugar, elija algunos rituales de limpieza para hacer solo o con su familia.

1. Limpieza energética

La limpieza energética es básicamente reemplazar la energía negativa que se ha adherido a usted por una positiva. No puede elevar su energía con energía neutra o simplemente liberándose de la negatividad. Las energías negativas deben ser reemplazadas por otras más positivas.

Los ingredientes y rituales lo ayudarán a obtener más energía positiva. Sin embargo, si mantiene creencias negativas sobre usted mismo, entonces no llegará a ninguna parte. Recuerde empoderarse con pensamientos positivos mientras usa ingredientes sagrados que eliminarán cualquier negatividad que lo rodee.

2. Ingredientes

En el ámbito de la espiritualidad, hay varios ingredientes que puede usar para tener más energía positiva a su alrededor, especialmente si está alejando la energía no deseada de su vida.

Los ingredientes más potentes que puede utilizar son:

- Salvia
- Romero
- Sal marina
- Sal
- Agua bendita
- Albahaca

3. Rituales de limpieza

Hay diferentes rituales de limpieza que puede practicar. Empecemos por los más sencillos. Una cosa que puede hacer es limpiar su casa y su altar con ingredientes sagrados.

En primer lugar, desarme el espacio. Elimine todo lo que no necesita o le traiga infelicidad. En segundo lugar, si ha recibido algún objeto del conjurador que maldijo a su familia, deshágase del objeto. Si tiene regalos de brujas en las que no confía, deshágase también de ellos.

En tercer lugar, añada sal marina al detergente de limpieza que utiliza para limpiar el suelo. Frote el suelo con el agua salada. Mientras lo haga, imagine la negatividad evaporándose de su casa.

En cuarto lugar, queme un poco de salvia. Abra las ventanas antes de quemar la salvia, luego comience a moverse de una habitación a otra con la salvia. Mientras, imagine que el humo de la salvia limpia la energía de la casa. También puede añadir romero y albahaca a la mezcla.

A continuación, limpia su altar. Un altar limpio le dice a los antepasados que los respeta y aprecia su protección. Cuando haya terminado, rece para que lo protejan de cualquier energía no deseada.

Por último, haga un ritual de limpieza para usted. Vístase de blanco y rodéese de humo de salvia. A continuación, llene su bañera de agua y añádale sal marina. Añada unas gotas de aceite esencial de romero, pero tenga cuidado de no ser alérgico. Sumérjase en el agua y sienta cómo la negatividad abandona su cuerpo y es reemplazada por energía positiva.

Las maldiciones ancestrales son una gran desgracia, pero no tiene que sucumbir a su poder. Reconozca la cantidad de poder que usted y su familia tienen. Una vez que lo haga, la maldición tendrá cada vez menos poder sobre ustedes. No necesita recurrir a métodos peligrosos para deshacerse de las maldiciones. Puede probar cosas diferentes, y la mejor parte es que estos métodos han funcionado para otros, así que ¿por qué no le funcionarían a usted también?

En resumen, crea en usted y en su poder. Una vez que crea que la maldición no tiene control sobre su vida y comience a vivir de acuerdo con esta creencia, su vida comenzará a cambiar. No evite tener discusiones familiares con respecto a la maldición. Sí, puede ser un tema difícil o vergonzoso de abordar. Sin embargo, se debe hablar de ello para que usted y su familia lleven una vida mejor. Hay varias actividades que usted y su familia pueden hacer juntos para deshacerse de esta negatividad. Piense en esto a fondo y crea que tiene el poder de cambiar esta secuencia de eventos negativos.

Conclusión

La espiritualidad africana gira principalmente en torno a la familia, los linajes, la historia y la tierra. Es por eso que los yorubas están obsesionados con conceptos como la reencarnación, la veneración ancestral y la conexión con los orishás.

Observando de cerca las prácticas yoruba, encontrará que su sistema de creencias se basa en la historia de Nigeria. Los nigerianos tienen una inmensa gratitud por sus familias, por lo que los honran incluso después de la muerte. Construir altares y santuarios para honrarlos y comunicarse con ellos es su forma de recordarlos y mantenerlos cerca de sus corazones.

Los yorubas creen que hay vida después de la muerte terrenal. Y el espíritu sigue viviendo en otro reino. Cuando el alma se separa de su cuerpo, entra en un mayor estado de conciencia. Este estado elevado proporciona a los espíritus una gran sabiduría y poderes de los que carecían cuando eran humanos. El alma no olvida a quién amaba y con quién estaba conectada cuando estaba en la tierra. Es por eso que los yorubas saben que cuando los miembros de su familia mueren, se convierten en antepasados espirituales que los cuidan.

Cuando los yorubas mantienen los santuarios de sus antepasados y les rezan, los antepasados ven que están siendo apreciados y recordados. A cambio, los antepasados escuchan el llamado de su familia y responden a su manera.

La muerte no separa a los yorubas de sus seres queridos. Los antepasados están con ellos en espíritu, o también pueden reencarnarse como otra vida. Es posible que no vean a sus familias de la manera en que están acostumbrados, pero saben en sus corazones que sus seres queridos están vivos en el universo en alguna parte.

Las ofrendas, la oración, la adoración y la brujería desempeñan un papel importante en la cultura yoruba. En primer lugar, las ofrendas y la oración son la forma en que uno puede comunicarse con los orishás y los antepasados. Cuando los practicantes necesitan ayuda divina con sus vidas, humildemente piden a sus guías espirituales y antepasados que los ayuden. A menudo, los orishás llaman a los practicantes. Para mantener esta línea de comunicación abierta, uno necesita estar conectado con su vida espiritual. De lo contrario, no escuchará ni sentirá a sus guías espirituales.

En segundo lugar, la brujería abre una puerta directa entre el practicante, sus antepasados y los orishás. Por supuesto, este arte divino puede ser complicado al principio, pero la espiritualidad proporciona suficiente conocimiento para todos. Los sacerdotes ayudan a otros practicantes a encontrar su camino alrededor de ingredientes sagrados y oraciones poderosas. No se recomienda que los principiantes jueguen con hechizos complicados. Por otro lado, los novatos pueden practicar este arte divino cuando se les proporciona orientación y supervisión.

Aparte de los santuarios y las oraciones, el Odun Egungún es una herramienta poderosa para conectarse con los espíritus. Este festival es una reunión de energía humana y divina. Cuando los humanos dedican sus energías a sus antepasados, siempre ocurre algo extraordinario. Esta es la razón por la que ese día se revelan múltiples historias sobre espíritus. Honrar a los antepasados en privado es adoración, pero honrar colectivamente a los antepasados es un acto divino mucho más grande. El Odun Egungún le recuerda a los yorubas que siempre estarán conectados entre sí y con sus antepasados.

Glosario de términos yoruba

Las prácticas yoruba a menudo usan muchas palabras y términos desconocidos que pueden sonar extraños para los principiantes. Este capítulo resume todos los términos yoruba para ayudarlo a navegar por el libro. Puede usarlo a medida que avanza con la lectura.

Términos yoruba de uso común

- **Adetayanya:** grupo Egbe compuesto por niños que misteriosamente se sienten atraídos por basureros y harán todo lo posible para encontrarlos y permanecer cerca de ellos. Mencionado en el Capítulo 4.

- **Abiku:** niños que nacen muertos. En yoruba, este término se refiere a la interrupción del ciclo natural de la vida cuando una persona, independientemente de su edad, muere antes que sus padres. Mencionado en el Capítulo 4.

- **Ashé:** energía divina que cada espíritu posee o tiene la capacidad de aprovechar para el empoderamiento. Se puede obtener a través de diferentes prácticas yoruba, incluida la veneración ancestral. Mencionado en el Capítulo 1.

- **Aje:** conocidas como las otras madres, son mujeres sabias con poderes extraordinarios. Ayudan a realizar ceremonias, realizan adivinación y hacen que las personas las teman y las reverencien. Mencionado en el Capítulo 1.

- **Ajogún:** criaturas que representan fuerzas negativas de la naturaleza, y pueden causar todo tipo de percances en la vida. Mencionado en el Capítulo 1.
- **Akinori:** uno de los tipos de máscaras más populares que usan los bailarines de Odun Egungún. "Akinlari" significa "alguien que no se puede ver" en yoruba. Estas máscaras se utilizan en ceremonias y rituales realizados para proteger al usuario de los malos espíritus. Mencionado en el Capítulo 6.
- **Asípa:** grupo Egbe caracterizados por su capacidad de expresarse con claridad. Son vocales y misteriosos. Los asípa son difíciles de entender, tienen un sentido de grandiosidad y no son leales. Mencionado en el Capítulo 4.
- **Ayanmo:** ciclo de vida por el que pasa cada alma, según el pueblo yoruba. Mencionado en el Capítulo 9.
- **Ayala, también conocida como Babalú Ayé o Sopona:** La tercera línea ancestral que lleva el nombre de uno de los espíritus que se manifiesta como la Tierra y está fuertemente asociada con enfermedades infecciosas y curación. Mencionado en el Capítulo 5.
- **Baale:** grupo egbe a menudo considerado como una mezcla entre los Iyalode y los Eleeko, ya que se caracteriza por su capacidad de liderazgo y su tendencia a exhibir diversas personalidades. Se destacan por sus numerosos talentos. Mencionado en el Capítulo 4.
- **Babalawo:** sumos sacerdotes de los yoruba, que realizan diversas ceremonias, incluyendo ritos de iniciación y veneración ancestral. Su nombre se traduce como "el padre de los secretos", ya que pueden aprovechar la sabiduría divina a la que nadie más puede acceder. Mencionado en el Capítulo 1.
- **Changó, también conocido como Shangó, o Xangó:** dios de la tormenta y la iluminación y el hermano de Ogún. Se dice que fue un famoso guerrero yoruba que ascendió al estatus de orishá a través de la iluminación espiritual. Mencionado en el Capítulo 2.
- **Ebó, también conocido como ebbó:** término utilizado para los sacrificios y ofrendas hechas a deidades, antepasados y otros espíritus. Se puede presentar de muchas maneras, incluso

colocando alimentos, bebidas, objetos y decoraciones en el altar o liberando animales vivos. Mencionado en el Capítulo 3.

- **Egbe Orun, también conocido como "compañeros celestiales":** son espíritus que brindan asistencia, guía y protección durante la comunicación espiritual. Mencionado en el Capítulo 4.

- **Egún:** almas de los antepasados fallecidos o espíritus hacia los que usted se siente atraído. Pueden ser parientes consanguíneos o parte de su familia religiosa. Los guías espirituales y los espíritus animales se consideran egúns y se honran específicamente en ritos y ceremonias. Mencionado en el Capítulo 9.

- **Eleggua:** Eleggua, Eshú-Elegbará o Eleguá, es el guardián de la encrucijada de la vida. Según los yorubas, él es el orishá de las nuevas oportunidades y puede ayudar a llevar mensajes al reino espiritual. Sin embargo, es propenso a las travesuras, los engaños y el caos. Mencionado en el Capítulo 2.

- **Eleeko:** grupo egbe con miembros cuyo estado de ánimo es fácilmente influenciado por deseos abrumadores. Mencionado en el Capítulo 4.

- **Gelede:** máscara femenina usada en el Odun Egungún. Se asocia con el poder y la protección materna. Mencionado en el Capítulo 6.

- **Igba Didi:** ritual específico realizado para ayudar a remediar una conexión con Egbe Orun. A menudo se utiliza junto con Irari Egbe. Mencionado en el Capítulo 4.

- **Irari Egbe:** rito de iniciación para formar un pacto con la contraparte astral de una persona y ayudar a establecer una conexión con Egbe Orun. Mencionado en el Capítulo 4.

- **Iyalode:** sociedad de líderes egbe en el reino físico. Caracterizados por la calidad del liderazgo. Mencionado en el Capítulo 4.

- **Iyalawo:** contrapartes femeninas de Babalawo. Son sacerdotisas yorubas que realizan ceremonias, rituales y sesiones de oración, ofician ceremonias y tienen alta estima en sus familias. Mencionado en el Capítulo 1.

- **Jagun:** fraternidad egbe cuyo nombre significa "guerrero" debido a su implacabilidad y persistencia. Los miembros de este grupo son conocidos por su benevolencia, adaptabilidad y capacidad para adaptarse a los demás. Mencionado en el Capítulo 4.
- **Moohun:** grupo de niños egbe que a menudo dudan mucho en hacer las tareas domésticas o hacer recados. Son perezosos y pueden ser muy reacios a la hora de tomar decisiones. Mencionado en el Capítulo 4.
- **Obatalá:** creador de los seres vivos y dios yoruba de la pureza. También conocido como Obàtálá, Orisha-Popo, Olufon, Orisanla, Orisala Orisha-Nla, Oshanla y Orishala. Olodumare le encomendó la tarea de habitar la Tierra. Está asociado con la fortuna, la fertilidad y el parto. Mencionado en los Capítulos 1 y 2.
- **Odun Egungún:** celebración de los antepasados y forma de honrar su presencia continua en la vida de las generaciones futuras. Mencionado en el Capítulo 5.
- **Ogún:** dios yoruba de las armas y la guerra. Patrón de los metalúrgicos, herreros y cazadores. Sus seguidores se llaman Abogun. También creó armas usando hierro y otros metales y a menudo se asocia con la justicia. Mencionado en el Capítulo 2.
- **Olodumare:** Dios supremo, Olodumare u Olorun, es el creador del mundo. Un ser sin género que vive en el reino celestial, supervisando la paz, la justicia y los caminos espirituales. Mencionado en el Capítulo 1.
- **Olokun:** dios yoruba del mar y el esposo de Elusu, está asociado con el océano, los ríos y el mar. Es rápido para enojarse y debe ser apaciguado con ofrendas frecuentes. Mencionado en el Capítulo 1.
- **Olugbogero:** grupo egbe asociado a aguas o ríos que fluyen libremente. Tradicionalmente, se cree que los Aabiku o niños nacidos muertos están relacionados con los Olugbogero. Mencionado en el Capítulo 4.
- **Oogun:** junto con isegún y egbogi, oogun representa un trío de poderes misteriosos asociados con la medicina y la magia. Los

tres pueden facilitar la comunicación espiritual y la adoración ancestral. Mencionado en el Capítulo 1.

- **Ori:** palabra yoruba para la cabeza de una persona. El ori actúa como un recipiente para otro ori, que es una cabeza "interna" invisible. Este último se refiere al espíritu humano que es el centro de la personalidad. Mencionado en el Capítulo 2.
- **Oriki:** poema de alabanza que a menudo se usa para venerar a los antepasados, orishás u otros espíritus. Describe sus personalidades, sus hechos más memorables y cualquier contribución que hayan hecho a su familia y comunidad. Mencionado en el Capítulo 8.
- **Orishá:** seres espirituales que supervisan a otras criaturas vivientes y responden a Olodumare. Poseen poderes que las personas pueden aprovechar para el éxito, el crecimiento espiritual, la comunicación, los ritos de iniciación, la adivinación, la curación y más. Mencionado en el Capítulo 2.
- **Orishá-Oko:** línea ancestral que representa la agricultura, la fertilidad y la naturaleza cíclica de la vida y la muerte. Mencionado en el Capítulo 5.
- **Orunmila:** deidad yoruba de la sabiduría y la profecía, ayuda a aquellos que buscan conocimiento espiritual. Ya sea que busque sabiduría espiritual a través de divinidades, antepasados u otros espíritus, Orunmila puede mostrarle el camino. Mencionado en el Capítulo 2.
- **Oso:** junto con oogun buburu y oogun ika, oso es un poder vinculado a la brujería. A menudo se usa para causar daño o impedir la comunicación y el crecimiento espiritual. Suele ser el resultado de una maldición ancestral. Mencionado en el Capítulo 1.
- **Osonga:** junto con el ojo y el aje, osonga es una fuerza misteriosa asociada con la brujería. Tiene connotaciones negativas, ya que a menudo está vinculada a maldiciones y otros actos maliciosos. Mencionado en el Capítulo 1.
- **Oso Ijoba:** celebración de máscaras tradicionalmente masculina en Odun Egungún. A menudo se asocia con la muerte y la fertilidad. Mencionado en el Capítulo 6.

- **Oshún:** diosa yoruba del amor, gobierna el amor, la sensualidad y la creatividad. También protege el río Oshún y facilita la intimidad y el amor en las relaciones. Mencionado en el Capítulo 2.
- **Las 16 verdades de Ifá:** lista de recomendaciones a seguir si quiere llevar una vida recta y obtener la iluminación espiritual. También es una forma de veneración ancestral, como se menciona en el Capítulo 8.
- **Tunde:** se refiere al renacimiento espiritual, que permite al alma reunir más sabiduría espiritual. También puede significar el renacimiento simbólico después de la iniciación en la religión yoruba. Mencionado en el Capítulo 9.
- **Sango:** grupo ancestral yoruba que proviene del antepasado real de los yoruba. Puede manifestarse de diferentes maneras, incluyendo aira, agodo y lubé. Mencionado en el Capítulo 5.
- **Yemayá:** diosa yoruba del parto y el agua. Según los yorubas, tiene una personalidad fluida que cambia con las fases de la luna. Es la esposa de Obatalá y es conocida por los nombres de Iamanjie, Yemanjá, Yembo, Yemonjá, Yemojá y Yemowo. Mencionado en el Capítulo 2.

Quinta Parte: Ogun

La guía básica de los orishas y del yoruba, la santería y los loa del vudú haitiano

Introducción

¿Alguna vez se ha preguntado qué secretos encierra la antigua religión yoruba? ¿Quiere descubrir los misterios de Ogun, el dios del hierro? En este libro, explorará los secretos del poder divino de Ogun y aprenderá a incorporar las enseñanzas de Ogun a su vida cotidiana.

Durante siglos, los yoruba de África occidental han celebrado a Ogun, una deidad venerada por su energía vital y transformadora. Se le considera el antepasado de guerreros, cazadores, artesanos y de los que trajeron la cultura y la tecnología (como el trabajo del hierro) a la zona. Esta increíble tecnología transformó la cultura de la región al facilitar las tareas laboriosas con herramientas hechas de hierro. La región se fortaleció gracias a los intercambios culturales, como la talla del marfil, el trabajo del metal y la fabricación de muebles.

En honor a la energía transformadora de Ogun, sus devotos siguen rindiéndole homenaje en el festival anual de Ogun, en Nigeria. Durante los festejos, los sacerdotes piden bendiciones al dios y ofrecen objetos mágicos a cambio. Esperan que estos rituales aporten gran fertilidad a sus cosechas y les garanticen protección contra cualquier situación adversa en sus vidas y en su comunidad. Este libro explorará varios aspectos del culto a Ogun, incluidos sus símbolos y ofrendas, rituales y hechizos, días sagrados y festivales, y rituales diarios para celebrarlo.

Ogun es una figura asombrosa que ha sido venerada en todo el mundo desde la antigüedad. Es conocido por su fuerza y su poder, y esas cualidades son evidentes en su presencia en todos los continentes. Muchas culturas lo han acogido como dios de la protección o como patrón del trabajo del metal, como el que realizan los herreros a los guerreros. A través de este increíble alcance, Ogun ha compartido su poder con personas de todo tipo, ¡permitiéndoles abrazar su asombrosa fuerza a diario!

Este libro explora las profundidades del poder de Ogun, y los lectores aprenderán a atraer sus dones divinos a sus vidas. También desvelará los secretos de sus símbolos y ofrendas, profundizará en rituales y hechizos, y descubrirá cómo celebrar sus festivales y días sagrados. Al mismo tiempo, explorará por qué Ogun sigue siendo relevante hoy en día y qué puede enseñar a sus seguidores sobre el poder de la fuerza y el valor.

Ogun, el cuarto rey de Ife y del pueblo yoruba, fue un dios guerrero y protector que trajo múltiples bendiciones al reino. Su culto sigue vivo entre muchos que se esfuerzan por honrarlo con pequeños festivales, música y ofrendas. Los secretos del culto a Ogun, que se ciñe a tradiciones ancestrales, se guardan con sumo cuidado. Sin embargo, es posible rendir homenaje a esta fascinante deidad y aprender más sobre su pasado a través de este libro. Los lectores obtendrán valiosos conocimientos sobre el poder y el misterio de Ogun y sobre cómo aprovechar al máximo sus dones. ¡Feliz exploración!

Capítulo 1: ¿Quién es Ogun?

El yoruba y el vudú haitiano son dos tradiciones espirituales con poderosas historias transmitidas de generación en generación durante siglos. Es increíble pensar en el tiempo que han existido estas dos prácticas. El concepto de una identidad cultural compartida entre los pueblos africanos es inspirador, ya que demuestra que, independientemente del lugar de procedencia de las personas, todos pueden seguir conectados por sus raíces. Aunque ambas prácticas puedan parecer diferentes a primera vista, tienen muchos valores fundamentales, símbolos y prácticas en común. Este es un ejemplo del fuerte espíritu de unidad que trasciende el tiempo y el espacio.

El yoruba y el vudú haitiano tienen una poderosa historia en muchas comunidades"

Ogun, figura ilustre de la religión yoruba y de la fe vudú haitiana, es una de las figuras más veneradas en estas dos tradiciones sagradas. Ogun es venerado como dios guerrero y guardián del hierro. Se le considera un dios protector capaz de luchar contra las fuerzas del mal. A ambos lados del Atlántico, los creyentes buscan su fuerza y guía para protegerse en tiempos de necesidad. Tanto en el continente africano como en la isla caribeña de Haití, es fácil comprender por qué Ogun es una parte tan importante de la vida espiritual de ambas civilizaciones.

Este capítulo explorará el concepto y el significado de Ogun en las religiones vudú yoruba y haitiana. Discutirá las características, grafías, rituales, ofrendas y asociaciones en cada tradición, así como sus diferencias y similitudes. También mostrará cómo se ve a Ogun en ambas culturas y cómo está conectado con sus otras identidades. Al final de este capítulo, comprenderá mejor la importancia y relevancia de Ogun en las creencias religiosas del yoruba y el vudú haitiano.

Visión general de las religiones yoruba y del vudú haitiano

Las religiones yoruba y el vudú haitiano tienen un pasado largo y fascinante, que se remonta a cientos y cientos de años. Ambas religiones están vinculadas a la diáspora africana y sus orígenes se remontan a África occidental. Ambas ofrecen una visión de las prácticas espirituales de los pueblos que las crearon y han influido en muchas otras culturas de todo el mundo. Aunque sus costumbres, creencias y tradiciones pueden diferir significativamente, su ascendencia común sigue conectando profundamente estas religiones. Es increíble pensar que sigan siendo tan influyentes a pesar de tener puntos de origen tan distantes.

Procedentes de culturas africanas, estos sistemas religiosos fueron traídos al Caribe por los esclavos africanos durante la diáspora. Ambas son religiones únicas, impregnadas de rituales y prácticas de adivinación, curación y protección. En todas estas prácticas intervienen elementos de la naturaleza, como amuletos mágicos, espíritus ancestrales y objetos sagrados. Los yoruba se extendieron a otras partes de África y América, mientras que el vudú haitiano se mezcló con el catolicismo con el paso del tiempo. Estas religiones hacen hincapié en vivir en armonía con el entorno, algo muy relevante en el mundo moderno. Si conoce los fundamentos y principios tanto del yoruba como del vudú haitiano, podrá aprender más sobre las culturas y prácticas curativas de cada uno y cómo puede honrar mejor la tierra que compartimos.

Ogun en las religiones yoruba y el vudú haitiano

Ogun es un dios prominente en las religiones yoruba y vudú haitiano y en los sistemas espirituales de la diáspora africana. Se le conoce como el orisha del metal, la fuerza, la guerra y la protección, entre otras cosas. En la religión yoruba, es uno de los espíritus más poderosos, encargado de guiar a otros espíritus en tiempos de crisis. En el vudú haitiano, Ogun se encarga especialmente de traer suerte a sus devotos a lo largo de su trayectoria vital. Los cánticos rítmicos utilizados para honrarlo subrayan su importancia y su poder. En estas dos religiones, e incluso fuera de África, las personas que veneran a Ogun lo hacen de distintas maneras. Algunos rezan, mientras que otros realizan rituales como danzas acompañadas de tambores o golpean herramientas relacionadas con su afinidad con la metalurgia.

Ogun en la religión yoruba

Ogun tiene un gran significado para los seguidores de la fe yoruba. Su importancia no radica solo en proporcionar protección y guía, sino que su mayor impacto se produce en la propia cultura. Ogun enseña humildad, respeto, justicia, valor e integridad. Se le atribuye el cumplimiento de las leyes y la creación de vías de expresión artística a través del canto, la danza, la poesía y la escultura. Ogun, uno de los dioses más poderosos de la mitología yoruba, inspira a generaciones con su fuerza, devoción y amor por el pueblo yoruba.

Ogun está considerado el dios de la herrería y la guerra, y se celebra con uno de los mayores festivales religiosos de Nigeria, un acontecimiento de una semana durante el cual acuden personas de todas partes para rendir homenaje a Ogun. Los fieles le ofrecen boniatos y otros alimentos, porque es conocido por proporcionar abundancia cuando las plegarias por el éxito son atendidas. Ogun atrae a todas las clases sociales, ya que encarna el trabajo duro y el coraje al superar obstáculos y encontrar soluciones a cualquier desafío.

A. Características

Ogun es un dios guerrero orisha con un increíble potencial simbólico. Se le asocia con la orfebrería y representa la fuerza y el poder del hierro. Su presencia se hace sentir cada vez que se construyen objetos de metal o se manipula su forma. Se le considera un amado protector que vigila a las partes enfrentadas para ayudar a instaurar la paz y una figura bondadosa que ofrece consejo y ayuda a los mortales en tiempos de necesidad.

Ogun posee características únicas que le confieren una autoridad incuestionable y una inmensa sabiduría, lo que le hace muy respetado entre sus seguidores. Independientemente de la tarea que se le encomiende, cuando se busca la guía de Ogun, nunca deja de producir resultados positivos para quienes le invocan, lo que le hace insustituible en las prácticas religiosas yoruba.

B. Simbolismo

Simbólicamente, Ogun se asocia con la fuerza, la justicia y la protección del pueblo. A menudo, se le describe como un guerrero, lo que demuestra su voluntad de luchar físicamente por aquello en lo que cree. Además, se dice que Ogun creó herramientas e imbuyó con sus poderes medicinas tradicionales como hierbas o amuletos protectores que se utilizan para la curación y la protección. En otras palabras, el simbolismo de Ogun no solo representa la batalla, sino también el logro y la construcción.

El machete es otro símbolo significativo asociado a Ogun, ya que representa la fuerza física de los guerreros y también es una herramienta utilizada para cortar cualquier obstáculo que se interponga en el camino. Otros símbolos son el fuego, las espadas y los caballos, que representan la disposición de Ogun a luchar por lo que es justo. Los colores rojo, negro y blanco simbolizan a Ogun, ya que representan el elemento fuego, que manifiesta su poder.

C. Rituales

La religión yoruba tiene muchas prácticas únicas, incluido el culto ritual a Ogun. Derivada de su antiguo folclore africano, esta deidad representa la fuerza, el valor y la determinación. Ocupa un lugar vital como guía espiritual que ayuda a las almas perdidas a encontrar el camino de vuelta a la seguridad. Aunque su presencia puede resultar abrumadora a veces en combate, en última instancia sirve para proteger a los necesitados.

Sus rituales suelen incorporarse a ceremonias como ritos de nacimiento y celebraciones de la fertilidad como símbolo de progreso y seguridad en la comunidad. Algunos de los rituales y festivales dedicados a Ogun implican ofrendas de comida, bebida y, en algunos casos, sacrificios. Es interesante considerar como prácticas tradicionales como estas han podido perdurar en el tiempo y siguen siendo influyentes en la sociedad moderna actual.

D. Ofrendas

A Ogun se le considera un poderoso aliado capaz de proteger y guiar a lo largo de las dificultades de la vida. Se cree que sus ofrendas son muy beneficiosas para quienes buscan mejorar su salud física y espiritual. No es raro que en sus altares se coloquen ofrendas de alimentos, comidas especialmente preparadas o incluso herramientas de metal o estatuas del propio Ogun para honrar su presencia.

Rendir homenaje al influyente Ogun de la fe yoruba es una forma significativa de expresar gratitud y respeto por sus numerosas bendiciones. Los homenajes demuestran aprecio y mantienen una relación positiva con esta poderosa figura. Ya sea en forma de oraciones diarias, obras de arte, joyas u otras ofrendas, ser consciente de venerar a Ogun mediante homenajes puede tener un profundo impacto en su vida. Es un pequeño paso que puede cosechar grandes recompensas.

E. Asociación con otros dioses

Ogun es un dios abiertamente venerado en la religión yoruba, junto con Obatala e Ile. Es símbolo de fuerza y valor, y ofrece protección a quienes lo invocan. Ogun también se asocia con el trabajo del hierro y los nuevos comienzos, por lo que ocupa un lugar especial en los matrimonios y las iniciaciones a la edad adulta. Los seguidores de la fe yoruba suelen dejarle ofrendas en los cruces de caminos para reparar los agravios que puedan haber surgido. Ogun trae elementos vitales como la lluvia, el viento y el fuego, necesarios para la vida cotidiana. En resumen, Ogun es una parte importante de la religión yoruba y es muy apreciado como protector y cimiento del bienestar entre los seguidores de la fe.

Ogun en la religión vudú haitiana

Ogun es un loa influyente en la religión vudú haitiana. A menudo, se le representa como un soldado vestido de rojo o blanco, con un machete en la mano y fumando un puro. Al igual que en la religión yoruba, Ogun es el loa del metal, el hierro y las armas, lo que le convierte en el protector de las personas que se ganan la vida con este tipo de herramientas. También está profundamente asociado a la tecnología, ya que vigila y controla las máquinas que los humanos utilizan para realizar tareas físicas, lo que le convierte en una deidad esencial en la cultura haitiana contemporánea, donde muchos habitantes integran la tecnología en sus vidas.

Ogun, el poderoso hijo de Yemayá, es estupendo tenerlo de su parte. Su pasión por la justicia y su feroz ira contra el mal le han ganado un lugar en el panteón de muchas tribus africanas. Sin embargo, Ogun también muestra una dulce reverencia hacia aquellos que le rinden pleitesía, honrando y comprendiendo su poder. Si se le hace una ofrenda con el debido respeto y admiración, ofrecerá protección y bendición a quien lo solicite. Su presencia aporta fuerza, valor y verdadera curación a quienes se encuentran en su reino.

A. Origen de los loa

Ogun es una figura esencial dentro del vudú haitiano y desempeña un gran papel como dios guerrero o señor del hierro. Se le considera guardián de los viajeros y protector del peligro. Además, simboliza la fuerza, el valor, la asertividad, la creatividad y la fertilidad, atributos que muchos veneran en su vida cotidiana. Ogun se introdujo entre los haitianos con la llegada de los esclavos africanos en el siglo XVIII. Antes de esa fecha, el culto a los loa era desconocido.

Los esclavos adoptaron tradiciones espirituales afrocaribeñas como el vudú, integrándolas en sus sistemas de creencias, al tiempo que mantenían vivos antiguos secretos a lo largo de generaciones. Esto explica por qué Ogun sigue siendo tan importante para los haitianos de hoy. Tiene raíces profundas en la historia del país y sigue promoviendo la resiliencia entre sus ciudadanos.

B. Su papel en el vudú haitiano

Ogun es una figura esencial de la religión vudú haitiana, una de las principales confesiones afrocaribeñas. Ogun, a veces conocido como el "dios guerrero", representa un poderoso espíritu asociado con el control y la protección. Quienes veneran a Ogun suelen pedir su ayuda en tiempos difíciles de lucha y agitación. Se le considera guardián de la justicia y protector de todos los seres vivos. Su habilidad para proteger de enemigos y desgracias es conocida en toda la religión y por cualquiera que practique el vudú o busque guía en un viaje espiritual.

Se anima a los fieles a mostrar siempre el máximo respeto por Ogun, ofreciéndole diversos tipos de ofrendas, como animales sacrificados que representan la paz y la prosperidad. Más allá de esto, Ogun se ha hecho cada vez más popular, incluso en círculos no relacionados con el vudú. Viajeros, aventureros, profesionales de los negocios, estudiantes, deportistas y otras personas también buscan su guía y protección cuando se embarcan en acontecimientos o proyectos que cambian la vida.

C. Características

A Ogun se le considera feroz, poderoso e inflexible. Es una figura necesaria para los momentos en que sus seguidores se sienten abrumados y deben recurrir al poder de su interior. Es conocido por su pasión por la justicia y el éxito económico, y puede proporcionar tanto protección como guía. A menudo se le imagina vestido de rojo y con un machete en la mano. Se le asocia con el fuego, el vapor o el humo que surge del fuego utilizado en las ceremonias ancestrales. Proporciona fuerza e integridad a quienes lo veneran. Venerar a Ogun permite a los haitianos sentir que tienen poder independientemente de sus circunstancias, algo que ha sido especialmente valioso a lo largo de la larga historia de opresión y agitación de Haití.

D. Conexiones con otros loa

Ocupando un lugar destacado en la religión vudú haitiana, a Ogun se le conoce a menudo como el dios del hierro y la guerra, pero su impacto en la religión va mucho más allá, ya que representa la tecnología y el progreso. Ogun tiene muchas conexiones con otros loa de esta religión, como el Barón Samedi y Damballa. Por ejemplo, como el Barón Samedi, Ogun conecta con el liderazgo y la orientación. Al igual que Damballa, que representa la comunicación y las emociones de conexión con uno mismo en los momentos difíciles, Ogun es un loa que asume el papel de protector de los más vulnerables. Todas estas conexiones compartidas hacen de él una parte importante de la tradición y la práctica de la religión vudú haitiana.

E. Ofrendas

La gente honra a Ogun celebrando rituales en torno a utensilios de hierro y ofreciéndole ofrendas como clavos de cuatro caras o cuchillas. Se dice que si se respeta, Ogun tiene el poder de hacer cambios inimaginables en la vida de un individuo. Como representación de fuerza, protección, justicia y crecimiento, se hacen ofrendas a Ogun en días concretos con la esperanza de recibir su buena voluntad y bendiciones. También se hacen ofrendas de tabaco para apaciguar a Ogun. Se cree que aquellos que han invocado la bendición de Ogun pueden recibir un inmenso poder sobre sus destinos si siguen su dedicación hasta el final. Ogun es un símbolo único de poder y resistencia de la religión vudú haitiana.

Comparación entre el yoruba y el vudú haitiano

El yoruba y el vudú haitiano tienen muchas similitudes y diferencias, lo que los hace únicos y fascinantes. El yoruba se distingue por sus raíces, que se remontan a las creencias tradicionales africanas, mientras que el vudú haitiano conserva sus icónicos muñecos vudú desde hace siglos. Ambas prácticas depositan su fe en deidades, realizan ofrendas sacrificiales mediante ceremonias rituales, consultan a espíritus o dioses para recibir consejos o bendiciones y utilizan talismanes para protegerse.

Los practicantes nigerianos adoptan un enfoque más comunitario de la práctica, suelen reunirse en grupos durante las ceremonias y se centran sobre todo en el linaje familiar, mientras que los practicantes del vudú haitiano buscan rituales solitarios, siguen su camino en solitario fuera del marco de las ceremonias prescritas y piden ayuda a los poderosos espíritus loa. En definitiva, el vudú yoruba y el haitiano siguen siendo fundamentalmente diferentes, aunque similares en muchos aspectos.

En la tradición yoruba, Ogun también recibe los nombres de Ogou, Ògún Lákáayé u Ogúm, en función de las afiliaciones y el dialecto preferido del devoto. Su poder sobre la existencia humana a través de la creatividad y la producción ha hecho que, incluso hoy en día, sus fieles busquen su ayuda cuando trabajan el hierro o emprenden acciones políticas. Ya sea pacifista o feroz, Ogun ofrece guía a quienes se dedican a la transmisión del conocimiento a través del tiempo y el espacio.

Sin embargo, Ogun es conocido como un loa (espíritu) en el vudú haitiano. Su presencia tiene una importancia similar en las tradiciones religiosas de Haití, ya que es un intermediario entre el mundo de los espíritus y la humanidad. Ogun es un paladín de la justicia, un creador de orden y un defensor de los agraviados. A menudo, se le ve con un hacha en la mano, símbolo de su capacidad para despejar el camino hacia la comunicación y la conexión espirituales.

El doble papel de Ogun en el yoruba y el vudú haitiano ofrece una visión fascinante de las diferencias entre estas dos religiones. Aunque ambas tradiciones le honran como espíritu de fuerza y protección, la forma en que se le venera difiere. En el yoruba, Ogun es visto como un orisha, al que se venera y celebra mediante rituales y sacrificios, mientras que en el vudú haitiano se le considera un loa, o alguien a quien se puede invocar para obtener comunicación y ayuda directas. Esto ilustra la diferencia central entre estas dos religiones. El yoruba venera y apacigua a los orishas y otros espíritus poderosos con ceremonias rituales. El vudú haitiano hace mayor hincapié en la autonomía de los individuos, lo que significa que las personas son libres de elegir lo que hacen. Con la ayuda de los devotos, los individuos pueden comprender mejor el poder de un loa y utilizarlo en su propio beneficio.

A. Puntos en común

El yoruba y el vudú haitiano son formas fascinantes de espiritualidad con increíbles similitudes. Aunque pueden haberse originado en otras partes del mundo, ambas comparten raíces africanas comunes. Ambas practican conceptos similares, como la veneración de los antepasados, el fomento de la resiliencia de los creyentes y la enseñanza de cómo vivir una vida con propósito. Aunque los credos tradicionales difieren en prácticas y creencias fundamentales, la estructura de poder y la relación entre humanos y dioses son comunes. De este modo, el espíritu de universalidad de ambas religiones sigue uniendo a los diversos pueblos que practican diferentes credos en un discurso respetuoso y de entendimiento.

B. Diferencias

Los temas del vudú haitiano y el yoruba son una excelente manera de aprender sobre las diferencias entre las distintas culturas. Ambas religiones se han practicado durante siglos en la misma región geográfica, pero sus diferencias las hacen únicas. Aunque ambas tradiciones se basan en gran medida en los vínculos con los espíritus, la yoruba se centra más en apaciguar a estos espíritus con ceremonias rituales, mientras que el vudú haitiano pone un mayor énfasis en la autonomía de los individuos con actividades como la posesión de los fieles y el control de su comportamiento. El vudú haitiano también permite la posibilidad incluso de crear nuevos dioses. En definitiva, el estudio de las disparidades entre el yoruba y el vudú haitiano permite ver cómo dos culturas divergentes pueden adoptar enfoques fundamentalmente similares y, sin embargo, producir dos resultados drásticamente diferentes.

Otras identidades de Ogun

A Ogun se le asocia con la metalurgia, la guerra y otros títulos como dios de los herreros y deidad guerrera. Aunque Ogun es famoso por su espíritu guerrero, también se le venera como dios de la creatividad, la tecnología y el crecimiento, ofreciendo inspiración divina a aquellos que trabajan con sus manos para hacer cosas en la vida. Sus habilidades para trabajar el metal le permitieron dar forma a símbolos de poder, armas que podían tanto proteger como dañar si era necesario. Históricamente, se le ha considerado el patrón de la protección en tiempos de guerra, al tiempo que proporcionaba guía y fuerza en tiempos de paz.

Ogun, considerado el patrón de los herreros, es una de las deidades más poderosas y veneradas de las religiones africanas. El dominio de Ogun se extiende a todos los aspectos de la vida, participando en los rituales de procreación, matrimonio, nacimiento y muerte. Por ejemplo, tradicionalmente, las parejas que van a casarse invocan su nombre para pedir un matrimonio feliz. Su influencia también se extiende más allá del ámbito de la actividad humana. A menudo, se le pide que proteja los campos de los daños causados por los animales o las inclemencias del tiempo. Como orisha (deidad), Ogun desempeña un papel integral en la cultura local. Su presencia impregna muchas tradiciones nigerianas, tanto colectivas como individuales.

En el vudú yoruba y haitiano, Ogun es venerado como un espíritu fuerte, poderoso y fiable. Ofrece protección, guía, justicia y fuerza en tiempos difíciles. Sus funciones como deidad de la creatividad, la metalurgia y la guerra lo convierten en uno de los orishas/loa más populares de las religiones africanas. A pesar de sus diferentes nombres, títulos y funciones, Ogun sigue siendo un espíritu poderoso e influyente para los fieles de ambas religiones. Encarna la fuerza, el valor y la resistencia en tiempos difíciles. Los seguidores de Ogun se ven obligados a utilizar su valor y su fuerza en momentos de incertidumbre, sabiendo que nunca les abandonará, pase lo que pase en sus vidas.

Capítulo 2: Ogun como santo

La santería, también conocida como la regla lucumi, es una religión afrocaribeña que mezcla elementos de las tradiciones yoruba y vudú haitiana con el catolicismo romano. Es especialmente popular en Cuba, pero también hay un gran número de seguidores en Estados Unidos. Aunque la santería honra tanto a los dioses ancestrales como a los de las religiones de la diáspora africana, el principal sistema de creencias se basa en la veneración de los santos católicos y del propio Jesucristo.

La santería es una religión que mezcla las tradiciones del vudú con el catolicismo"

Las prácticas rituales asociadas a estos santos ofrecen a los devotos una forma de conectar sus creencias espirituales con sus realidades cotidianas. Para formar parte de la religión, hay que completar complejos ritos de iniciación de distintos niveles, aunque muchos devotos cuentan historias en las que reciben orientación a través de visiones o sueños. En general, la santería anima a sus seguidores a vivir en armonía con otras culturas y sistemas religiosos.

En este capítulo se analiza el papel de Ogun en la santería y cómo se le sincretiza con diversos santos. También habla de su capacidad protectora y de las ofrendas que se le hacen. Al final de este capítulo, comprenderá mejor cómo se venera a Ogun en la santería. También apreciará mejor el poder espiritual de Ogun y comprenderá cómo se puede utilizar su influencia para proteger tanto a las personas como a sus comunidades.

Introducción a la santería

La santería es una vibrante y colorida tradición religiosa originaria de las islas del Caribe. Se trata de una religión politeísta arraigada en las tradiciones espirituales de África occidental, sobre todo en sus creencias y rituales fundamentales. La santería ha crecido en popularidad desde que llegó a EE. UU., especialmente debido a su ecléctico sincretismo, que funde elementos espirituales africanos con otras religiones del mundo, como el cristianismo y las creencias indígenas americanas. La santería reconoce varias deidades llamadas orishas, que reflejan fuerzas de la naturaleza y representan valores morales y principios éticos para inspirar a los creyentes en su viaje por la vida. Los practicantes de esta vibrante fe buscan crear armonía entre su mundo visible y las fuerzas invisibles, al tiempo que adquieren fuerza, poder, valor y conocimiento a través de cada interacción.

La santería difiere del yoruba y del vudú haitiano

La santería es una religión intrigante en la que las influencias antiguas se encuentran con la vida moderna. Tiene sus raíces en las creencias de los pueblos indígenas de Nigeria y Benín, pero se reconoce que es distinta del yoruba y del vudú haitiano. La principal diferencia radica en su enfoque de las prácticas mágicas. Por ejemplo, la santería no solo busca presentar ofrendas a los dioses para que cambien la vida de uno, sino que también busca el consejo de la adivinación oracular, mientras que las prácticas del vudú yoruba y haitiano se centran más en el uso de talismanes y poderes sobrenaturales como cambiaformas o zombis para responder directamente a las necesidades individuales. Aunque toma elementos de las tres tradiciones religiosas, la santería es única en sus elementos y significados. Quienes la practican creen que nada puede suceder hasta que se consulte a los dioses ancestrales. Es un proceso impregnado de altruismo más que de interés propio, que hace hincapié en la responsabilidad, hacia la armonía de la comunidad más que en el beneficio personal.

Ogun en la santería

Ogun es un dios poderoso en la religión santera y se considera una deidad amable y protectora que orienta a las personas apasionadas que le piden consejo. Representa el poder, la fuerza y el valor, al tiempo que encarna rasgos como la intimidad, el fervor y el entusiasmo. También se le conoce como la deidad de la guerra, la forja, la creatividad y la caza. Ogun se asocia a menudo con herramientas utilizadas por los herreros, como yunques, martillos y hachas. Esto lo convierte en una de las deidades más importantes a las que rezar para tener éxito si se quiere crear un negocio o buscar suerte en cualquier empresa.

El papel de Ogun en la santería

Ogun es el espíritu orisha africano de la santería que representa el hierro, el fuego y la guerra. Es un orisha increíblemente poderoso que ayuda a sus seguidores a superarse para ganar fuerza y coraje. Ogun le enseña que no todos los viajes tienen un único camino y que él le traerá el poder y la perspicacia necesarios para afrontar cualquier reto, independientemente de su dificultad. Su color característico es el rojo, y objetos como herramientas, armas y equipo militar le representan, ya que son las cosas más asociadas a su dominio. Ogun otorga a sus seguidores un gran coraje para enfrentarse a las desgracias de la vida y curar sus mentes y corazones de la tristeza o la pena para que puedan seguir adelante en la vida, superando todos los obstáculos. Una cosa que los seguidores de Ogun deben recordar es que el poder no solo se da, sino que hay que tomarlo. ¡Él le guiará en el viaje con valentía mientras usted se enfrenta al miedo de pasar a la acción!

Los atributos de Ogun

En la santería, a Ogun se le suele llamar el "padre de todos los orishas". Es conocido por ser un espíritu guerrero y, como sabe, está representado por el hierro y otros metales. Ogun es el patrón de la tecnología, la política, el trabajo y la justicia. Sus atributos son la inteligencia y el conocimiento, la fuerza, la inventiva y la creatividad. Estos rasgos simbolizan su capacidad para traer prosperidad. Los fieles suelen ofrecerle herramientas de hierro para que les ayude en sus empresas. Los colores de Ogun son el verde, el negro y el rojo, que representan su fuerte conexión con la tierra y su protección contra la energía negativa. También es conocido por su pasión y lealtad hacia quienes le sirven fielmente. Con todo, Ogun es una figura increíblemente importante en la santería y no debe pasarse por alto al estudiar su sistema de creencias.

Cómo invocar a Ogun en la santería

La santería es una religión diversa, y muchas personas han estado aprendiendo sus tradiciones durante siglos. Ogun es una de las deidades más comúnmente veneradas en este sistema de creencias. Si le interesan algunas prácticas rituales para invocar a Ogun, empiece por invertir en objetos que representen a Ogun, como herramientas o armas de hierro o una vela roja. Asegúrese de crear un altar dedicado a él y coloqué sobre él sus bienes antes de encender esas velas y presentar ofrendas como fruta u otros alimentos. Mientras lo hace, siga suplicando a la deidad y explíquele para qué necesita ayuda, ya sea dinero, asuntos familiares o educación. Cuando esté listo, cierre la oración con ofrendas de agradecimiento y termine lentamente el ritual apagando cada vela con unas palabras de gratitud dirigidas a Ogun por escuchar su oración.

El sincretismo de Ogun con los santos

Ogun, la poderosa deidad yoruba del hierro y la guerra, es una de las figuras más queridas de las religiones de la diáspora africana en todo el mundo. Ogun es célebre en diversas culturas, que lo honran por sus polifacéticas funciones, desde el trabajo y la industria hasta la protección y la justicia. Curiosamente, Ogun ha sido sincretizado con varios santos en algunas culturas religiosas populares, conectando este poderoso espíritu de África occidental con figuras católicas romanas como san

Jorge y san Jerónimo. De este modo, los practicantes pueden conectar con ambos legados religiosos de forma única y enfatizar los valores compartidos de fuerza, coraje, tenacidad y nobleza que se cree que tienen en común Ogun y esos venerados santos. Este sincretismo pone de relieve lo conectados que estamos todos a nivel espiritual a través del tiempo y del espacio.

A. San Pablo

El sincretismo entre la deidad precolonial Ogun y san Pablo es interesante. Ogun era ampliamente venerado en toda África occidental como un espíritu de hierro y guerra, mientras que san Pablo es ampliamente conocido hoy en día como un erudito y misionero cristiano de los primeros tiempos. Este vínculo sincrético entre las dos religiones brinda la oportunidad de tender un puente significativo entre las religiones tradicionales africanas y el cristianismo. Es más, el examen de esta historia de mezcla religiosa puede incluso abrir opciones para los africanos de hoy sobre cómo pueden buscar la conformidad (o no) con las opiniones dominantes sobre la fe. Desde el principio, parece que ambas creencias pueden coexistir pacíficamente, además de estimularse mutuamente, ¡lo que constituye una lectura interesante!

B. Juan el Bautista

Ogun, una importante deidad venerada en África occidental, ocupa un lugar especial en las creencias religiosas de los pueblos de habla yoruba. Sus vínculos con el cristianismo son especialmente notables, ya que ha sido sincretizado con Juan el Bautista, que goza de especial importancia en las escrituras cristianas. Esto representa una mezcla entre dos sistemas de creencias y dice mucho de los valores de acogida y tolerancia de los pueblos de África occidental, que abrazan muchas creencias y crean espacios abiertos donde todas las culturas y religiones pueden mezclarse armoniosamente. La conexión entre Ogun y Juan el Bautista también es interesante desde una perspectiva histórica, ya que permite vislumbrar los cambios espirituales que se han producido a lo largo del tiempo.

C. San Jacobo

Ogun se sincretiza a menudo con san Jacobo en muchas partes del mundo. Este fenómeno único y fascinante refleja aspectos del sincretismo encontrado en diferentes sistemas de creencias a lo largo de la historia. Ogun es conocido por ser un luchador formidable, un gran predictor del éxito y un proveedor de fuerza para sus seguidores. Los rasgos de carácter que comparten Ogun y san Jacobo incluyen la compasión, la determinación y el compromiso inquebrantable con aquellos a quienes sirven. No es de extrañar que tantas culturas hayan encontrado similitudes entre estas dos figuras, lo que ilustra cómo las tradiciones de todo el mundo están conectadas a pesar de la distancia geográfica.

D. Santa Bárbara

La religión yoruba considera a Ogun una santa. Sin embargo, resulta que su sincretismo va más allá de ser simplemente yoruba. La fuente de adoración de Ogun se ha vinculado a Santa Bárbara tanto en la tradición católica como en la cristiana ortodoxa. Existe una fuerte conexión entre ambos porque son muy parecidos. Ambos son considerados guardianes que protegen contra las luchas políticas y otras formas de caos, al tiempo que velan por las encrucijadas, los viajes y la justicia. El sincretismo de Ogun con santa Bárbara parece ser menos una combinación de figuras y más un reconocimiento de las virtudes de la otra. Celebrarlas juntas es solo una de las formas en que los africanos occidentales reconocen su conexión con el resto del mundo.

E. San Pedro

El san Pedro católico es otro ejemplo de sincretismo con Ogun. Se creía que se podía invocar el poder y la fuerza de Ogun rezando a san Pedro, lo que demuestra que las dos historias estaban entrelazadas. Este es un poderoso ejemplo de sincretismo, que mezcla dos entidades aparentemente dispares y encuentra una cultura, una tradición y un poder en su unidad. El sincretismo constituyó gran parte de la base de las tradiciones religiosas de los afroamericanos durante la época de la esclavitud, y perduró incluso después de la emancipación; Ogun (san Pedro) es solo uno de los muchos ejemplos que siguen existiendo hoy en día.

Observando estas sinergias, se puede aprender más sobre las culturas africanas y las creencias religiosas que se han forjado en la diáspora. El sincretismo ha permitido a los creyentes tender puentes entre sistemas de creencias dispares, creando un vínculo entre el mundo divino y el mortal, así como una poderosa forma de expresar valores y honrar a figuras ancestrales. A través del sincretismo de Ogun con varios santos, se comprende mejor cómo han evolucionado las tradiciones espirituales de África occidental y por qué ciertas deidades se han vuelto tan importantes para las personas que viven en el mundo actual.

Ogun como fuerza protectora

En la santería, se le considera una poderosa fuerza protectora, un guerrero y un cruzado, dispuesto a entrar en acción para salvaguardar a su pueblo. Rendir culto a Ogun permite a los seguidores de la santería sentirse protegidos dentro de su comunidad. Se cree que Ogun puede proporcionar fuerza cuando hay que enfrentarse a obstáculos físicos o espirituales. También promete seguridad contra los malos espíritus y justicia vigilante contra cualquier daño que puedan sufrir sus devotos. Incluso en tiempos difíciles, tener fe en Ogun garantiza que sus seguidores no vagarán desprotegidos por el mundo. Si le muestra respeto, él le recompensará con su protección, por lo que es crucial honrarle como sea.

A. Protección contra los espíritus malignos y la energía negativa

Considerado como una fuerza protectora contra cualquier fuerza oscura que intente hacer daño, Ogun es honrado por muchos practicantes de la santería, que buscan en él protección contra los espíritus malignos, la energía negativa y los traumas generacionales. Se le considera un arma extremadamente poderosa contra la oscuridad, un escudo que ahuyentará todo lo que tenga malas intenciones. Cuando invoque la fuerza y el coraje de Ogun, se sentirá fortalecido al saber que cuenta con un poderoso aliado.

B. Ayuda a los necesitados

En la tradición de la santería, el dios africano Ogun es considerado una poderosa fuerza de protección y creación. Ogun también se considera una deidad de la guerra en el panteón de dioses yorubas, pero en la santería se le ve como algo más que eso. Es una deidad que protege a los necesitados, fomenta la creatividad y los cambios mediante el pensamiento innovador, y protege de todo lo que amenace la seguridad o el bienestar. Quienes le invocan a menudo experimentan una mayor claridad en sus vidas y encuentran la fuerza para avanzar con valentía en su camino. Al hacer hincapié en el amor, la paz y la compasión por todos los seres vivos, Ogun actúa como una fuerza edificante en las vidas de aquellos a los que ayuda.

C. Protección física

Ogun es una figura de gran influencia en la santería. Es un poderoso guerrero, protector de la familia, la comunidad y el hogar, y defensor de la justicia y el castigo contra los opresores. Debido a esta fuerte asociación con la protección, muchos santeros le invocan para que les ofrezca seguridad física contra el daño y la malicia. Ogun ofrece una fuerza benévola que garantiza la armonía y el equilibrio entre el reino humano y las fuerzas divinas. Hay algo reconfortante en saber que existe una figura poderosa que vela por usted cuando nadie más puede protegerle. Con su ayuda, su bienestar puede estar bien asegurado y mantenido.

D. Protección contra intenciones dañinas

En la santería, Ogun es una fuerza espiritual de protección y defensa. Protege a las personas de intenciones dañinas y proporciona asistencia divina para garantizar que está a salvo del peligro. Se cree que es una deidad inmensamente poderosa, dotada de una fuerza sobrenatural, y que puede dominar a cualquier enemigo que intente entrar en sus dominios. Ogun también se considera un símbolo de justicia y retribución. En algunas tradiciones, representa la lucha por el poder o el dominio sobre la injusticia, lo que le convierte en una eficaz fuente de protección para los necesitados. Con su fuerte presencia, ayuda en tiempos difíciles y ofrece seguridad desviando el daño de los que están bajo su mirada, lo que le convierte en un activo inestimable en la búsqueda de refugios seguros contra las fuerzas oscuras de la santería.

E. Protección del hogar

La santería es una fe practicada por millones de personas, y en su centro se encuentran poderosos espíritus llamados orishas. Ogun se asocia desde hace mucho tiempo con la protección, especialmente cuando se trata de proteger el hogar. A Ogun se le considera un fuerte defensor que está preparado para ahuyentar a las fuerzas del mal si alguna vez intentan causar daño a los habitantes de la casa. No solo ayuda a proteger a los habitantes de la casa, sino que también sirve para purificar el hogar y a quienes lo habitan. Los devotos de Ogun agradecen a este espíritu su presencia vigilante y rezan para que su poder trabaje siempre junto con su energía y sus esfuerzos para proporcionar una seguridad total en todos los hogares considerados sagrados por la santería.

Ogun y sus ofrendas

Ogun, un dios muy venerado en la práctica de la santería, es un espíritu poderoso y el orisha de la guerra, el trabajo, la justicia y las herramientas de hierro. Tiene muchas facetas diferentes en su identidad, incluyendo la de un espíritu guerrero que lucha por la justicia, así como la de un protector de la abundancia y la riqueza material. Los devotos de Ogun le hacen ofrendas como muestra de respeto y agradecimiento, que van desde puros o ron hasta monedas o cuchillos, dependiendo de la persona que busque la ayuda divina. Las personas que buscan fortuna en su trabajo pueden ofrecer monedas brillantes, mientras que alguien que busca valor puede obsequiar al orisha con una espada. Sea cual sea la ofrenda, se honra a Ogun, normalmente con fuego, y estas ofrendas serán fielmente recibidas.

A. Ebbó para Ogun

La santería es una poderosa tradición religiosa afro-diaspórica con una fuerte conexión con la naturaleza, como se aprecia en la veneración del orisha Ogun. Ebbó para Ogun honra y refuerza esta conexión mediante ofrendas de frutas y verduras, junto con objetos de hierro y otros materiales naturales. La ofrenda es una forma de que los seguidores devuelvan algo a la naturaleza y veneren a Ogun, el orisha santero más importante. Con estas ofrendas, los fieles honran su poder para dar forma al mundo físico y afirman el éxito y la paz en el futuro. Además, estas prácticas tienen un significado simbólico que abre conexiones espirituales entre la humanidad y las fuerzas espirituales o divinas que influyen en la vida cotidiana.

B. Sacrificios a Ogun

La ofrenda de sacrificios a Ogun se considera una forma de honrar y ofrecer respeto. Estos sacrificios pueden incluir cabras, gallos, ñames u otros productos autóctonos de la región. En muchos casos, se cree que sacrificar las posesiones de uno rinde mayor homenaje que sacrificar un animal porque el vínculo personal entre el practicante y la ofrenda es más fuerte. Independientemente de lo que un adepto a la santería elija ofrecer como sacrificio a Ogun, debe hacerse con amor y respeto por este espíritu generoso que tan voluntariamente da su presencia en los rituales que le honran.

C. Ofrendas y apaciguamiento a Ogun

En la santería, Ogun exige ofrendas y apaciguamiento para conceder a sus seguidores protección y abundancia. Las ofrendas para Ogun suelen consistir en metales como hierro o cobre, e incluso pólvora. Si se desea, también pueden utilizarse otros objetos de sacrificio, como comida, alcohol, cigarros o humo, para apaciguarle. Si se invita a Ogun a una ceremonia, llamará la atención. Se dice que cuando habla, ninguna otra voz puede hacerle competencia. Está claro que su sola presencia genera un inmenso respeto en la tradición santera.

Ogun tiene una gran influencia en la santería, y su identidad tiene muchos aspectos diferentes, a menudo invocados por los seguidores que buscan protección, prosperidad, valor y justicia. Las ofrendas hechas a Ogun pueden incluir comida, cigarros, ron, monedas, cuchillos o sacrificios de animales, dependiendo de lo que el devoto busque del espíritu. Cuando se apacigua a Ogun, es necesario hacerlo con amor y respeto para que el orisha conceda los deseos propios. Ogun también puede sincretizarse con varios santos, como san Pablo, san Juan Bautista y san Jacobo.

Cada santo aporta características únicas que lo convierten en un compañero adecuado para Ogun, como la fuerza y el valor de Pablo o la devoción y piedad de Juan el Bautista. A través de estas prácticas, los seguidores de la santería honran a Ogun de una forma significativa para su fe y buscan la guía divina de un espíritu que siempre les será leal. En última instancia, lo que se ofrece a Ogun depende de la interpretación individual y del resultado deseado por el devoto. Ogun es un espíritu poderoso que siempre responderá con amor, honor y respeto a quienes lo invoquen.

Capítulo 3: ¿Es usted hijo de Ogun?

Los expertos en espiritismo africano afirman que cada persona tiene dos orishas o padres espirituales. Según esta creencia, uno de los dos se considera siempre el principal en su vínculo. En otras palabras, se cree que su vida no está determinada por una sola fuerza, sino más bien por un esfuerzo de equipo de sus padres espirituales. Esta doble representación le da la comprensión de que su vida no está de ninguna manera predeterminada y, en cambio, está equipada con todo el apoyo necesario para tomar las decisiones que le esperan. Es un concepto asombrosamente fortalecedor y ejemplifica aún más la belleza de las prácticas y creencias espirituales africanas.

Este capítulo explorará este concepto en mayor profundidad y analizará cómo identificar a los orishas que son sus "padres" divinos y cuál es el que encabeza la relación. Para ello, se ha añadido un sencillo cuestionario que le ayudará a responder a la pregunta planteada en el título de este capítulo. Este cuestionario le permitirá comprobar si sus preferencias, estilo de vida o rasgos de personalidad pueden asociarse con Ogun. Al hacerlo, examinará de cerca los rasgos y características de la personalidad de Ogun.

Introducción a la filiación divina

La espiritualidad africana se caracteriza por ricas tradiciones y creencias que a menudo están impregnadas de elementos de filiación divina. Este concepto está relacionado con la creencia de que un ser superior creó el universo, actuó como su comandante y es esencialmente su progenitor. Las culturas africanas entienden este poder desde muchas perspectivas, con nombres como Olodumare en la cultura yoruba, Ngai entre los kikuyu y Qamata entre los xhosa. Las creencias sobre la filiación divina suelen estar vinculadas a principios más amplios de pertenencia, servidumbre, orden y respeto por la sinergia entre todos los seres vivos de su entorno y ascendencia. El culto a la filiación divina forma parte de la celebración de la identidad africana, la integridad y el sentido de la responsabilidad. Les recuerda a los africanos su conexión con algo más grande que ellos mismos mientras se esfuerzan por ser guardianes que honran la resiliencia a través del espíritu.

Como identificar a su "padre" orisha

Identificar a su "padre", orisha, es un viaje asombroso e importante. Va mucho más allá de los resultados de cualquier prueba, ya que requiere conocimiento, intención y respeto por el proceso. En la religión tradicional yoruba, cada persona tiene un "padre", orisha, que es su guardián espiritual y le ofrece orientación en el viaje de su vida. Conocer a su padre orisha puede abrirle un mundo de posibilidades para comprenderse a sí mismo espiritualmente. Esto le ayudará a responder quién está destinado a ser, qué tipo de trabajo debe perseguir y los objetivos más adecuados para encontrar la felicidad. Investigue un poco, hable con los ancianos de la tradición yoruba y dedique tiempo a aquietar su mente. Con perseverancia, podrá alcanzar niveles extraordinarios de perspicacia y claridad que darán forma a sus decisiones a medida que avance en la vida.

La prueba

Ogun es un poderoso orisha del panteón yoruba, considerado el dios del hierro y el fuego. Se le asocia con la fuerza, el poder, la acción y la innovación. Piense en las siguientes preguntas para determinar si Ogun es su progenitor divino:

¿Le gustan los retos?

Pregúntese si prefiere asumir tareas que requieran trabajo duro, dedicación y habilidad. ¿Disfruta de la sensación de logro tras completar una tarea difícil?

¿Es resistente ante la adversidad?

El camino de la vida a menudo presenta muchos obstáculos, pero ¿los afronta con determinación y una actitud positiva? ¿Está dispuesto a levantarse tras un contratiempo y volver a intentarlo?

¿Le gusta asumir riesgos?

¿Se atreve con frecuencia a alcanzar sus objetivos? ¿Le gusta salir de su zona de confort para ver qué es posible?

¿Prefiere tomar la iniciativa?

En cualquier situación, ¿le gusta tomar las riendas y dirigir el flujo de las cosas? ¿A menudo prefiere ser el que toma las decisiones y dirige a los demás? ¿Tiene una capacidad innata para inspirar a los que le rodean para que alcancen la grandeza?

¿Se enfrenta a los obstáculos de frente?

Enfrentarse a los problemas puede ser intimidante, pero ¿elige afrontarlos directamente? ¿Cree que la mejor manera de superar un obstáculo es afrontarlo de frente?

¿Tiene confianza en sí mismo y en sus decisiones?

A menudo es fácil dudar de sí mismo, pero ¿se mantiene firme ante la incertidumbre? ¿Tiene fe en sus capacidades y confía en sí mismo para tomar las decisiones correctas? ¿Cree que la seguridad en usted mismo es esencial para el éxito?

¿Se hace cargo y toma el control?

Un verdadero líder sabe tomar las riendas y dirigir. ¿Tiene la capacidad de tomar decisiones rápidamente para hacer las cosas? ¿Confía en su juicio y toma las riendas de la situación?

¿Es usted competitivo?

Aunque la competitividad no debe llevarse al extremo, ¿se esfuerza por ser el mejor? ¿Se enorgullece de sus logros y quiere hacerlo mejor que antes?

¿Tiende a ser asertivo y centrado?

Para llevar a cabo las tareas es necesaria una actitud asertiva y concentración. ¿Puede mantener la calma y la compostura bajo presión? ¿Cree que el éxito requiere una concentración inquebrantable?

¿Busca soluciones en lugar de problemas?

Resolver problemas es esencial. ¿Busca formas creativas de abordar las situaciones? ¿Está dispuesto a pensar con originalidad para encontrar la mejor solución?

Responda a estas preguntas con sinceridad para averiguar si Ogun es su padre divino. Sea cual sea la respuesta, utilice este conocimiento para profundizar en su comprensión de la espiritualidad yoruba y construir conexiones significativas con su padre divino. Hablar con un anciano o practicante espiritual de la tradición yoruba también puede ser útil para conocer mejor a tu progenitor divino. Con conocimiento y comprensión, puede acceder a niveles extraordinarios de poder personal y crecimiento espiritual.

Clave del cuestionario

Ahora que ha contestado el cuestionario, es el momento de ver si Ogun es su padre divino. Si ha respondido afirmativamente a la mayoría de las preguntas, es probable que Ogun sea su progenitor divino. Es un líder fuerte que encarna la fuerza, el coraje, la acción y la innovación. Le anima a asumir riesgos, a ser resistente ante la adversidad y a tomar las riendas de su vida. Puede utilizar el poder de Ogun para alcanzar sus metas y lograr la grandeza.

Por otro lado, si ha respondido negativamente a la mayoría de las preguntas, no es probable que Ogun sea su padre divino. Sin embargo, eso no significa que no forme parte de su viaje espiritual. La energía de Ogun puede ser invocada para ayudarle a superar obstáculos, encontrar soluciones y convertirse en un líder en su propia vida. Incluso si él no es su padre divino, la comprensión de la energía de Ogun todavía puede ser beneficiosa para guiarle por el camino correcto. He aquí una mirada más profunda a lo que Ogun representa, para que pueda utilizar su energía en su beneficio.

1. Desafíos

A Ogun no le asustan los retos. Está dispuesto a asumir riesgos y a menudo se encuentra en apuros sin una solución clara a la vista. Pero esa es exactamente la razón por la que Ogun acepta estas tareas. Le encanta la emoción y la adrenalina de ir más allá de sus límites. Al final, todo ello no hace sino mejorar su crecimiento como individuo y como líder, proporcionándole una mayor perspicacia, unas habilidades más sólidas y una mayor determinación. Como alguien que siempre busca superarse, Ogun afronta estas situaciones desafiantes con confianza y optimismo.

2. Resiliencia

Ogun, dios de la guerra y de la creación, personifica la resistencia de muchas maneras. Nació del trueno y se forjó su camino a través de la batalla. Este ejemplo de determinación para no rendirse nunca es algo a lo que todo el mundo puede aspirar. A veces, el fracaso es inevitable, y volver a levantarse y luchar puede ser difícil después de fracasar. Pero con un poco del espíritu, la esperanza, la determinación y el progreso orientado a la acción de Ogun, todos podemos construir nuestro camino hacia el éxito y desarrollar un inquebrantable sentido de la resiliencia. Al fin y al cabo, Ogun estaba lleno de conocimientos, coraje y fuerza, ¡algo de lo que usted también puede sacar ventaja cuando los tiempos se ponen difíciles!

3. Asumir riesgos

Ogun es un auténtico emprendedor que siempre busca nuevas oportunidades y asume riesgos cuando se le presentan. Esta actitud le ha ayudado a triunfar en su carrera, en sus relaciones y en sus aficiones. Ya sea creando una empresa, aprendiendo algo nuevo o persiguiendo un interés romántico, no se deja intimidar por los obstáculos ni por la posibilidad de fracasar. Su capacidad para reconocer los posibles resultados de sus decisiones y elegir los caminos con recompensas más dignas le ha abierto muchas puertas y seguramente seguirá conduciéndole a mayores logros. ¡Es una inspiración para todos!

4. Liderazgo

Ogun es un líder inspirador que guía con confianza a su equipo hacia el éxito. Entiende que una presencia fuerte y segura es clave para motivar y animar a los demás, y lo aplica a su estilo de liderazgo. Ogun también entiende que la confianza debe formar parte de cualquier dinámica de equipo de éxito y se esfuerza por garantizar que todos se sientan lo suficientemente cómodos para expresar sus ideas y opiniones. Dirige con integridad, imparcialidad y sabiduría, demostrando que esas cualidades son componentes esenciales de un buen liderazgo. En definitiva, es alguien a quien se puede admirar como ejemplo de lo que debe ser el verdadero liderazgo.

5. Conflicto

Ogun siempre da en la diana cuando se trata de abordar conflictos, mostrando su enfoque honesto y directo. No es de los que se andan con rodeos y prefiere afrontar este tipo de situaciones de manera amistosa. A menudo, esto puede conducir a un resultado sorprendentemente pacífico, ya que tiene una increíble habilidad para entender ambos lados de la discusión y encontrar un terreno común en el que todo el mundo pueda estar de acuerdo. Ogun es muy valorado por quienes le rodean gracias a su estilo diplomático de resolución de conflictos, que casi siempre acaba en un escenario en el que todos salen ganando.

6. Confianza

Ogun es un dios inspirador. Se fija metas constantemente y tiene toda la confianza que necesita para alcanzarlas. Su confianza en sí mismo le da la fuerza necesaria para enfrentarse a cualquier reto y no acepta un no por respuesta. Por eso siempre puedes contar con él en los momentos difíciles. Su inquebrantable seguridad en sí mismo y su actitud positiva le hacen seguir adelante pase lo que pase. Es alguien a quien admirar en términos de confianza y perseverancia, y demuestra que todo es realmente posible con el suficiente empuje y pasión.

7. Control

Ogun es conocido por ser un dios que toma las riendas. Si alguna vez se presenta una situación difícil, siempre hará todo lo posible por ser el que tenga el control. Su determinación e ingenio le convierten en un excelente líder capaz de encontrar el orden incluso en los momentos más caóticos. Tiene la confianza necesaria para tomar decisiones difíciles e inspira a los que le rodean para que sigan adelante sin importar lo que tengan que afrontar. Tiene suerte de tener a alguien como Ogun a quien rezar. Su serenidad y resistencia le ayudarán a salir de apuros una y otra vez.

8. Competencia

Ogun es la personificación de una persona moderna y de éxito. Siempre apunta alto y lo da todo en cada ocasión, esforzándose por alcanzar metas con auténtica ambición. Sin embargo, lo que realmente le distingue es su capacidad única para saber cuándo es el momento de dar paso a la colaboración. Entiende la importancia del trabajo en equipo entre compañeros y a la hora de abordar iniciativas de mayor envergadura. No solo facilita las cosas a todos los implicados, sino que también anima a los demás a dar un paso adelante y formar parte de todo el proceso. Cuando Ogun deja a un lado el orgullo individual y se centra en un objetivo final colectivo, a menudo suceden cosas increíbles, ¡lo que demuestra lo poderoso que puede ser trabajar juntos!

9. Asertividad

Ogun es un dios fuertemente asertivo que sabe priorizar lo que más importa. Es experto en abordar tareas con un enfoque claro, adoptar la mentalidad adecuada y no vacilar hasta completarlas. Su enfoque de los proyectos fomenta la eficacia y el espíritu de trabajo en equipo. Su actitud sensata, combinada con un comportamiento amistoso, le ayuda a mantener la calma y la compostura sin dejar de hacer oír su voz con eficacia en el equipo. La asertividad de Ogun es algo que debería admirarse y recordarse con cariño, ya que aporta una dosis de entusiasmo muy necesaria para que la gente se vincule.

10. Soluciones

Ogun adopta un enfoque único a la hora de resolver problemas, buscando siempre soluciones en lugar de detenerse en lo negativo. Al adoptar esta perspectiva optimista, Ogun tropieza a menudo con grandes oportunidades que de otro modo no habría percibido. Adoptar la misma perspectiva puede marcar la diferencia a la hora de crear un cambio positivo en cualquier situación y, a menudo, puede dar resultados muy superiores a los esperados. Podría seguir el ejemplo de Ogun e intentar resolver los problemas con una actitud optimista.

Profundizar en la comprensión de Ogun

Profundizar en el conocimiento sobre Ogun puede ser una forma poderosa de conectar con su sentido de la identidad y la espiritualidad. Tanto si desea saber más sobre la cultura yoruba de la que es originario como si quiere canalizar sus energías como parte de su práctica espiritual, el estudio de Ogun puede aportarle una gran cantidad de nuevos conocimientos y sabiduría. Como orisha y guerrero por excelencia, los devotos de todo el mundo han encontrado el poder de conectar con su presencia en momentos de transformación o agitación. Con investigación, rituales y dedicación, entender a Ogun puede ser enormemente gratificante y enriquecedor para cualquiera que busque echar un vistazo a las profundidades de la espiritualidad africana.

A. La relación de Ogun con el cambio

Ogun es una fascinante deidad africana, a menudo asociada con el cambio en la tradición igbo. Simboliza a la vez una fuerza beneficiosa y poderosa de crecimiento, que abraza las transformaciones y ayuda a los humanos a superar los obstáculos. Ogun también puede proporcionar protección en tiempos de agitación y estrés, ofreciendo sabiduría para afrontar los mayores retos de la vida. Esto lo convierte en una figura valiosa para quienes desean mejorar su vida o superar transiciones difíciles. Puede que no sea la deidad más reconocible o popular, pero esto permite a sus seguidores apreciar realmente su perspectiva única y aprender de sus experiencias de vida a través de grandes cambios en la forma de comprender las cosas.

B. Ogun y la adaptabilidad

Ogun encarna la adaptabilidad y la resistencia, dos rasgos que nos vendrían muy bien en estos tiempos de incertidumbre. Ogun nos enseña a mirar más allá del nivel superficial de las cosas y ver el futuro potencial que espera a ser desbloqueado a través de soluciones creativas. Esto puede significar modificar el enfoque o los puntos de vista, encontrar nuevas formas de interactuar con el mundo que nos rodea y abandonar el statu quo. Con la orientación de Ogun, podrá navegar mejor por las mareas cambiantes de la vida y convertirse en un agente de cambio dentro de sí mismo, de su comunidad y de su entorno.

C. Ogun y la acción

Ogun, el gran dios yoruba del hierro y la guerra, nos recuerda que debemos pasar a la acción. Es fácil estancarse en la misma rutina, sentirse como en una rueda de hámster en la que el día a día se convierte en una larga rutina. Pero Ogun está aquí para decirle que el hecho de que algo se haya hecho antes no significa que no pueda mejorarse. Esto puede aplicarse a cualquier aspecto de su vida, desde hacer pequeños cambios para despertar la alegría en su vida cotidiana hasta levantarse y denunciar las injusticias siempre que sea posible. Esforzarse por actuar cada día nos da una sensación de logro, al tiempo que nos ayuda a alcanzar nuestros objetivos y a mejorar el mundo que nos rodea. Adoptando la energía de Ogun, usted puede trabajar para mejorarse a sí mismo y a su comunidad con pasión y determinación.

D. Ogun y el valor

Ogun, el noble orisha de la mitología yoruba, es conocido como un valiente guerrero. Simboliza la fuerza y el valor ante la adversidad, siendo un pilar de fortaleza al que recurrimos en momentos de desesperación. Ogun le da valor y fortaleza para atravesar tiempos difíciles. También es un símbolo de protección. Su presencia se puede sentir a su alrededor cada vez que emprende un viaje difícil, cada vez que se esfuerza por alcanzar el éxito contra todo pronóstico, e incluso cuando algo parece imposible, pero aun así reúne la fuerza interior para intentarlo. Recuerde siempre a Ogun, el espíritu valiente que encarna el coraje que todos llevamos dentro.

E. Ogun y la superación de la adversidad

La adversidad se presenta en todas las formas y tamaños, y enfrentarse a ella puede resultar desalentador. Sin embargo, la deidad yoruba Ogun ofrece esperanza a quienes luchan contra ella. El dios del hierro, la guerra y el trabajo defiende a quienes se esfuerzan por superar sus dificultades a pesar de las adversidades. Mientras se mantenga fuerte y persevere, Ogun le ayudará a alcanzar sus metas. Ya sea conquistando una batalla o completando un proyecto, este espíritu ofrece una fuerza y un valor inquebrantables para alcanzar la paz y el éxito. Así que, si se enfrenta a un obstáculo o ha pasado recientemente por una tribulación, recuerde que con Ogun apoyándole, ¡le esperan días mejores!

Cómo identificar a su progenitor divino

Saber con qué progenitor divino ha sido bendecido es un sentimiento asombroso. Ayuda a dar forma a lo que usted es, dándole una idea de lo que hace que su carácter sea único. Identificar a su progenitor divino es más fácil de lo que cree. Todo lo que hace falta es un poco de introspección honesta y estar abierto a las respuestas que surjan. Empiece por pensar qué sabiduría y habilidades le resultan naturales. ¿Qué le apasiona o conoce excepcionalmente? Considera también cómo se han formado sus relaciones. ¿Hay algún dios o diosa en particular que siempre parece atraer su atención o influir en su vida? Una vez responda a estas preguntas, si averigua un poco sobre los dioses que se le presentan, podrá tener más claro si podrían ser su progenitor divino. En última instancia, nadie puede decirle quién es su progenitor divino. Solo puede emprender este extraordinario viaje conectando consigo mismo y confiando en sí mismo.

En este capítulo se analiza el concepto de padre divino en la espiritualidad africana y cómo Ogun, el gran dios yoruba del hierro y la guerra, encarna el valor y la fuerza en tiempos difíciles. El cuestionario es una herramienta que le ayudará a conocer los rasgos y características de la personalidad de Ogun y a identificar a su progenitor divino. Esperamos que este capítulo le haya proporcionado una visión y claridad sobre el poder de la paternidad divina y le haya explicado cómo conectar con Ogun. En última instancia, depende de usted conectar consigo mismo y descubrir quién ocupa este lugar especial en su vida.

Todos deberíamos esforzarnos por abrazar la energía de Ogun y trabajar juntos por un mundo más pacífico y próspero.

Capítulo 4: Ogun en mitos y leyendas

Ogun es un orisha muy influyente y apreciado en la tradición religiosa yoruba. Ogun no tiene una forma o apariencia única. En su lugar, la deidad abarca una compleja y polifacética gama de características. Esta poderosa y polifacética deidad es conocida como guerrera y protectora, y se asocia con la justicia y la lealtad. Además de estas funciones, Ogun también rige los conflictos, la pureza, la herrería, la metalurgia, la caza y la agricultura, entre otras áreas. Su espíritu encarna el valor, la fuerza y la transformación.

Ogun se asocia con muchas formas, entre ellas la de guerrero y protector[46]

Teniendo en cuenta todas sus responsabilidades y habilidades, no es de extrañar que los devotos den gracias a Ogun por proporcionarles protección en esta vida. Este capítulo repasará el origen de Ogun, su trayectoria y las distintas leyendas e historias que lo describen como un ser poderoso. También explorará su relación con Olodumare, el ser supremo del panteón yoruba. Al final de este capítulo, comprenderás mejor a Ogun y el papel que desempeña en la cultura yoruba.

Visión general de Ogun

Ogun es una deidad fascinante de la que se dice que fue el primer orisha que bajó del cielo. Descendió con su machete y forjó un camino a través de las tierras salvajes para que los humanos lo siguieran, permitiendo así el progreso de la humanidad. Ogun desarrolló herramientas y armas de metal, domesticó la naturaleza y dio a la gente acceso a conocimientos que les permitieron prosperar. Ogun es venerado como el dios del metal y se asocia a menudo con la herrería, la guerra, la caza y el trabajo.

Origen de Ogun

Ogun es la principal deidad yoruba del hierro y la guerra, una poderosa figura del ingenio y la invención. A menudo se le considera un mensajero, enlace entre los dioses y los humanos, ya que está conectado con la humanidad y los dioses. La historia del origen de Ogun se remonta a la antigüedad, cuando surgió de una calabaza plantada en la orilla norte del río Níger. Se dice que era pequeño dentro de la calabaza, pero poderoso, y que representaba la esperanza y la prosperidad de convertirse en algo más grande. El mensaje de Ogun se sigue honrando hoy en día, y su mitología sigue formando parte del folclore yoruba, inspirando a su pueblo incluso siglos después.

Caminos de Ogun

Los caminos de Ogun, un símbolo africano de poder y fuerza, han sido durante mucho tiempo una fuente clave de inspiración para muchos. Imbuido de perseverancia y determinación, el poderoso espíritu de Ogun ha sido un faro que nos atrae hacia adelante en el viaje de la vida. En algunas tradiciones, Ogun también se asocia con la justicia y la perspicacia, por lo que es un pilar de apoyo cuando hay que tomar decisiones difíciles. En esencia, los caminos de Ogun muestran a sus seguidores que, aunque la vida puede dar muchas vueltas, siempre tienen una guía interior a la que recurrir en tiempos difíciles. Así que, si alguna vez necesita inspiración en su camino, consuélese sabiendo que los caminos de Ogun están siempre presentes para iluminar su camino en tiempos de oscuridad.

Los adoradores de Ogun sí que saben honrar a sus deidades. Al cantar el oríkì de Ogun (un poderoso saludo en himnos/mantras, etc.), los fieles proclaman su aprecio por este poderoso dios yoruba. Una línea que tiene mucho peso es "Ògún ó tí bá rè síle síle", que se traduce como "Ogun está en los siete caminos". Este término refleja una comprensión del dios como un explorador de caminos o uno con acceso sin rival a todos los caminos. Esencialmente, recuerda a los seguidores que Ogun está en todas partes, ¡encabezando el crecimiento y el progreso con cada paso que da a través de los siete caminos!

1. Ogun Alagbo

Los caminos de Ogun Alagbo comprenden muchos rituales antiguos y tradiciones exclusivas de la religión, que tienen su origen en Ifá, un sistema de adivinación tradicional yoruba. Ogun Alagbo es una poderosa deidad muy respetada por los herreros. Conocido como el patrón de los herreros, ejemplifica el trabajo duro y la dedicación, trabajando sin descanso de la noche al día. A veces puede parecer duro y temeroso, pero su fuerte personalidad ha contribuido a convertir a Ogun en un símbolo de fuerza para los herreros. Venerado junto a Yemayá Okute, su esposa, la presencia de Ogun puede verse en todas las comunidades de herreros que lo reconocen según diversos nombres como Alaguede, Alagbo y Alagbede.

2. Ogun Onile

Ogun Onile es un espíritu fascinante conocido por su conexión con el reino de la tierra y la exploración. Este espíritu trae consigo sentimientos de comodidad y seguridad cuando está conectado al hogar, pero también encierra la promesa de desvelar vastos descubrimientos. La sabiduría de Ogun Onile se aprecia en su capacidad para reconocer el potencial de regiones sin cartografiar, lo que le permite recorrer la tierra como ningún otro. No es de extrañar que este espíritu sea tan querido. Ogun Onile celebra la estabilidad y el potencial, desde su capacidad para proporcionar una base estable hasta su invitación al crecimiento. Ya sea a través del viaje físico o de la autorreflexión interior, este espíritu se deleita con su actitud abierta al descubrimiento y le da el coraje para asumir los desafíos de la vida con audacia y seguridad.

3. Ogun Melli

Ogun Melli representa la fuerza y la comunicación dentro de sí mismo y de la comunidad, la comprensión de que pueden producirse conflictos sin equilibrio dentro de nuestras comunidades y de nosotros mismos. Este camino se centra en los sacrificios realizados para equilibrar las necesidades de los humanos y la naturaleza, permitiéndoles vivir en armonía. La práctica de la meditación ayuda a los seres humanos a comprender cómo existen en el mundo. Les ayuda a ver su lugar entre los demás y también a comprenderse mejor a sí mismos, escuchando atentamente y respondiendo de forma reflexiva. Prestando mucha atención a las enseñanzas de Ogun Melli, cualquiera puede encontrar una sensación de paz y conexión consigo mismo, así como con el mundo que le rodea.

4. Ogun Oloyon

Ogun Oloyon es el más conocido de todos los caminos de Ogun porque es aquí donde se originó la historia de cómo se convirtió en el dios del metal. Cuenta que un granjero tenía problemas para limpiar sus tierras, ya que cada vez que lo intentaba, sus herramientas se rompían. Frustrado, suplicó a los dioses y Ogun respondió a su llamada. Ogun utilizó sus herramientas para limpiar la tierra en apenas unos instantes, lo que le valió el título de "dios del metal".

5. Ogun Irumole

Ogun Irumole es un poderoso espíritu que encarna la protección y la guía. Es el guardián de los viajeros, a los que ayuda a mantenerse a salvo y a encontrar el camino de vuelta a casa. Este espíritu también protege a las personas de las influencias malignas y las energías negativas, y protege los hogares de robos y allanamientos. Ogun Irumole también echa una mano en asuntos de amor, como ayudar a curar corazones rotos y abrir canales de comunicación entre dos personas.

6. Ogun Oyeku Melli

Ogun Oyeku Melli es el espíritu de la guerra, el conflicto y el coraje. Esta senda subraya la importancia de defender la justicia cuando es necesario y de tener el valor de enfrentarse a los propios miedos y luchar por algo en lo que se cree. Ogun Oyeku Melli enseña a sus seguidores que la victoria llega a través del trabajo duro y la perseverancia, y les recuerda que nunca deben renunciar a sus sueños por muy difícil que sea el camino. También les recuerda la necesidad de proteger a los más débiles y de defender lo que es justo.

7. Ogun Akomi

La senda de Ogun Akomi encarna el espíritu de la curación y la creatividad. Este espíritu trabaja para inspirar a los individuos a practicar sus dones únicos y expresarse creativamente, ayudándoles a apreciar la belleza en cada aspecto de la vida. Anima a sus seguidores a tener fe en sus capacidades y a superar cualquier límite que les impida alcanzar la grandeza. Además, Ogun Akomi es un símbolo de esperanza, que ofrece consuelo en tiempos difíciles y recuerda a sus seguidores que siempre deben mirar al futuro con optimismo.

Leyendas e historias sobre Ogun

En la cultura de África occidental abundan las leyendas e historias sobre el dios Ogun. A esta deidad de la metalurgia, la guerra y la caza se le atribuyen muchas facetas, entre ellas la capacidad de atraer la fortuna, crear poderosas herramientas para quienes tengan la habilidad de manejarlas y proteger a quienes le honran. En algunas versiones de las mitologías que rodean a Ogun, se le representa como un embaucador que utiliza su conocimiento de los poderes para burlar a sus oponentes o incluso a otros dioses. Por eso, estas historias tratan tanto de dilemas éticos como de la sabiduría que se adquiere a través de sus enseñanzas. Las leyendas sobre Ogun constituyen relatos fascinantes que pueden ilustrar lecciones sobre valentía, fuerza y justicia que aún hoy pueden aplicarse.

1. Ogun y Yemayá

Ogun y Yemayá son deidades muy importantes en la cultura yoruba. Ogun es el dios del hierro, los guerreros y los cazadores, y se dice que está siempre presente en tiempos de guerra y muerte. Yemayá es el gran espíritu maternal, a menudo representado con una corona de conchas en la cabeza, que proporciona guía y protección a quienes la buscan. Ambas deidades tienen historias fascinantes asociadas. Desde cuentos sobre cómo Ogun creó el mundo hasta festivales patrocinados por Yemayá para sus seguidores, estas leyendas son recordatorios eternos del papel central de estas figuras en la mitología yoruba. Tanto si busca orientación en su viaje espiritual como si simplemente siente curiosidad por las leyendas que conforman esta tradición cultural, aprender más sobre Ogun y Yemayá puede ser una aventura esclarecedora.

2. La historia de la piedra parlante

Existen muchas historias y leyendas sobre Ogun, el dios yoruba del hierro y la guerra. Una de las más populares es la de la piedra parlante. Según la leyenda, cuando Ogun busca escuchar palabras de consejo sobre un asunto concreto, visita una piedra parlante que se encuentra en el bosque de Ira. Cuando llega al bosque y se arrodilla ante la piedra, esta empieza a hablar con conocimiento divino, ofreciéndole consejos sobre su viaje. Las variaciones de esta historia se extienden por África occidental e incluso más allá de las fronteras geográficas, lo que demuestra cómo este apreciado cuento ha arraigado en la cultura. Incluso hoy en día, las comunidades siguen encantadas con la historia de Ogun y su piedra mágica parlante.

3. El cuento de los pretendientes

Ogun es el dios de muchas historias y leyendas, sobre todo en lo que respecta a su relación con los pretendientes que le persiguen. Según una de ellas, Ogun no tenía hogar desde hacía mucho tiempo y buscaba un lugar donde quedarse. Cada noche llegaba a un nuevo pueblo con la esperanza de encontrar amabilidad y cobijo. En cambio, se encontraba con el desprecio y el rechazo. Una noche, a pesar de haber sido rechazado en tres hogares consecutivos, Ogun encontró consuelo cuando un benefactor anónimo le abrió la puerta y le dio la bienvenida para que descansara. Hoy desconocemos si esta leyenda se basaba en la realidad o en la ficción. Sin embargo, sirve como ejemplo de lo mucho que la gente de la antigüedad admiraba la resistencia y valentía de Ogun contra la adversidad.

4. Ogun y Osun

Ogun y Osun son dos fascinantes dioses de la religión yoruba de Nigeria. Las historias de Ogun hablan de una figura guerrera poderosa y valiente que también podía ser extremadamente creativa. La historia más popular cuenta cómo descubrió el trabajo del hierro para ayudar a su pueblo a construir herramientas, armas y otros objetos importantes en su vida diaria. Osun, por su parte, es la diosa de la belleza y el amor femenino. Según la leyenda, aporta abundancia y fertilidad a la vida de las personas. Utiliza su belleza como fuente de inspiración para muchas formas de arte, como la pintura, la poesía, la música y la danza. Las historias en torno a Osun suelen girar en torno a romances entre personas o entre diferentes dioses o diosas. Independientemente del tipo de historia, Ogun y Osun desempeñan un papel importante en la cultura yoruba.

5. Ogun y el bosque de la verdad

Ogun es una poderosa figura del folclore de África occidental, a menudo representada como guerrero y herrero. Se le asocia con la justicia, la verdad y la protección, tres valores muy apreciados en la época en que se originó el mito de Ogun. La historia más destacada de Ogun tiene lugar en el bosque de la verdad, donde emprende un viaje épico para recibir la guía de sus antepasados. Como dice Anansi, la araña: "Ogun no es una hazaña ordinaria. Marchó por bosques desconocidos, en busca de la sabiduría de su padre, y partió con un conocimiento mayor que antes". Esta historia clásica es una oda a la búsqueda de la resistencia, la fortaleza y la comprensión. Estos son valores que todos los seguidores pueden tomar cuando exploran historias centradas en Ogun.

6. Ogun y Eleguá

Ogun y Eleguá son figuras veneradas en el folclore africano, con innumerables leyendas e historias dedicadas a ellos. A Ogun se le asocia con la guerra y la destreza en la forja de armas, mientras que el propósito de Eleguá era servir de mensajero entre el reino espiritual y la humanidad. Juntos eran considerados dos de los dioses más influyentes de las antiguas culturas africanas, con célebres historias que detallaban sus fascinantes aventuras.

Los relatos de poderosas batallas entre Ogun y la deidad embaucadora Eshu ofrecen una visión de cómo las sociedades africanas veían la victoria y la derrota. Además, las características de picardía, astucia e inteligencia asociadas a Eleguá han sido celebradas durante generaciones en la narrativa africana. Si busca relatos emocionantes que den vida a la historia, no busque más allá de las leyendas de Ogun y Eleguá.

7. La batalla de los castores

Las leyendas e historias sobre Ogun y la batalla de los castores forman parte de muchas culturas, pero sobre todo de las originarias de África occidental. A Ogun se le atribuye la lucha contra los castores que intentaban apoderarse de los bosques. La leyenda suele contar que dirige a sus tropas en la batalla contra los castores y acaba derrotándolos. Las historias varían ligeramente según la cultura, pero por lo general se pone como ejemplo de valentía y perseverancia para conseguir que los humanos mantengan el control sobre su entorno. Es un cuento con moraleja contra la codicia y el ansia de poder, que insta a sus seguidores a no dejar que sus deseos les arrebaten sus recursos o les carguen con demasiado trabajo. En ese sentido, esta leyenda ha dejado una impresión duradera en la humanidad a lo largo de los tiempos.

8. Ogun y el trébol de siete hojas

Ogun es una figura influyente en muchas tradiciones religiosas africanas, y uno de los símbolos más emblemáticos asociados a él es el trébol de siete hojas. Estas siete hojas representan los siete caminos de la vida que trazó Ogun, y cada uno tiene su propia historia. Las leyendas hablan de Ogun viajando por su reino, enseñando a la gente estos caminos y lo valiosa que era la libertad. Otras historias se centran en Ogun como un poderoso guerrero que ganaba batallas con una fuerza sobrehumana. Aunque la veracidad de estas historias puede ser objeto de debate, nos muestran lo profundamente que Ogun ha formado parte de la cultura africana a lo largo de la historia y por qué su símbolo del trébol de siete hojas sigue siendo tenido en gran consideración hoy en día.

9. Ogun y la túnica blanca

Ogun es uno de los personajes más queridos del folclore africano. Una de sus muchas historias implica una poderosa batalla contra un espíritu vestido con una túnica blanca. Ogun tenía que cumplir dos tareas antes de ser coronado rey: 1) apoderarse de la túnica blanca y 2) vencer al espíritu. Su valor, inteligencia y fuerza le ayudaron a triunfar, dando ejemplo a las generaciones futuras. Ogun también es conocido por su papel como dios de la guerra, el hierro y la tecnología, por lo que no es de extrañar que se haya convertido en una figura tan influyente a lo largo de la historia. Hoy se le recuerda como un poderoso héroe que desafía la injusticia y el mal dondequiera que se encuentren. Aunque sus historias tienen raíces legendarias, sus cualidades siguen siendo intemporales y pueden inspirar a todo el mundo.

10. La leyenda del río Oshun

La leyenda del río Oshun está llena de profundo misticismo y emocionantes historias y cuentos. En la mitología del pueblo de Ogun, las historias se transmiten de generación en generación para explicar por qué ocurren las cosas en la naturaleza. Se cree que el río Oshun ha sido bendecido por el dios Ogun, que reside en sus orillas y vela por su pueblo. A Ogun se le considera un herrero que crea herramientas para que los guerreros las usen en la batalla, pero también un protector que colma generosamente de bendiciones a sus seguidores. Es famoso por desafiar a la muerte, rescatar almas inocentes y ayudar a hacer justicia cuando se cometen injusticias. Los seguidores creen que todo aquel que respete a Ogun como es debido será recompensado con protección y buena fortuna. Estas leyendas ofrecen una visión única de la historia del río Oshun y de la cultura de sus habitantes, al tiempo que cautivan a los oyentes con historias increíbles.

Se cree que el río Oshun está bendecido por Ogun[47]

Ogun y Olodumare

Ogun y Olodumare son dos de las deidades más importantes de la cultura yoruba. Ogun es venerado como un gran espíritu de conocimiento y fuerza, mientras que Olodumare es visto como la deidad más elevada, creadora de todas las cosas y cuyo poder supera al de cualquier otro espíritu o fuerza. Esta relación entre Ogun y Olodumare es fundamental en la práctica del espiritualismo yoruba, ya que se cree que son energías inseparables que actúan en su vida. Se entiende que a menudo desempeñan papeles complementarios, equilibrando su experiencia espiritual. Es increíble reflexionar sobre cómo estos poderosos dioses siguen siendo relevantes hoy en día.

Importancia de la relación entre Ogun y Olodumare

La mitología yoruba cuenta una historia fascinante sobre la relación entre Ogun y Olodumare. En los relatos sobre la creación y el orden de la vida se entrelaza la comprensión de cómo ambos trabajaron juntos para provocar cambios poderosos en quienes creían en ellos. Como poderoso dios elemental, Ogun se aseguraba de que las creaciones de Olodumare se desarrollaran según su plan. Se dice que Ogun era un hábil herrero que enseñó a los humanos a trabajar el hierro y a fundirlo para fabricar armas y herramientas. Sus enseñanzas fueron esenciales para ayudar a los humanos a diezmar los recursos de la tierra a la vez que se aseguraban de poder construir civilizaciones desde cero. Muchos seguidores de la mitología yoruba señalarán que Olodumare se habría perdido sin la influencia de Ogun en el desarrollo humano. Los avances modernos del mundo deben mucho a la asociación de este dúo.

El papel de Olodumare en la leyenda de Ogun

En la leyenda de Ogun y Olodumare, Olodumare desempeña un papel fundamental a la hora de dar una valiosa lección. Ogun, el rey guerrero, se aventura en busca de consuelo tras perder a su mujer y a sus hijos. Su viaje le lleva a conocer a Olodumare, el todopoderoso. A través de este encuentro divino, Ogun crece espiritualmente a medida que aprende humildad y fe, y se rinde a la voluntad de Olodumare. Esta poderosa lección anima a los seguidores a ser firmes en su creencia de que la justicia y la misericordia proceden de nuestro creador por encima de todo. En última instancia, la historia de Ogun demuestra que cuando lo das todo a Olodumare, su gracia producirá resultados positivos que cambiarán su vida.

Significado simbólico de la conexión de Ogun con Olodumare

Ogun, una fuerza que trabaja para lograr el cambio y el progreso, también está estrechamente relacionada con Olodumare, el ser creativo supremo del universo. Aunque el poder y la fuerza de Ogun están destinados a destacar y causar impacto, solo a través de su relación con Olodumare puede cumplir ese propósito.

Simbólicamente, la conexión indica la importancia de comprender de dónde procede su poder y de mantenerlo arraigado en algo mayor. Si no está respaldado por su conexión con su deidad y su plan cósmico, no puede haber verdadera transformación ni crecimiento. Comprender esta asociación entre Ogun y Olodumare nos permite comprender mejor nuestra propia experiencia. Puede que tenga fuerza, pero si no está presente su conexión espiritual y no reflexiona sobre sí mismo capa tras capa, nunca alcanzará su máximo potencial.

Ogun en otros mundos y religiones

Ogun es a menudo visto como una figura heroica en historias religiosas y míticas, que van desde los cuentos populares de África occidental a las epopeyas rusas y más allá. Representado a través de diferentes simbolismos dependiendo de la historia de origen, Ogun es venerado en todo el mundo por su fuerza y determinación. Como muchos dioses del poder, a menudo se le asocia con armas como espadas o lanzas. Además, se distingue de otros dioses del mundo por su capacidad para enseñar a la gente técnicas de artesanía y herrería, una habilidad esencial en las sociedades de todos los tiempos. En general, es impresionante cómo se ha preservado y celebrado la presencia de Ogun a lo largo de los siglos.

Importancia de Ogun en la religión afrocubana

Ogun es también una importante figura espiritual afrocubana que representa la fuerza y la pasión. Se le honra como uno de los guerreros armados más poderosos y se cree que abre cualquier puerta que haya estado cerrada. Se le considera el patrón de los que buscan su libertad, ya sea física o espiritual. Anima a los cubanos a avanzar con valentía, permitiéndoles desarrollar conexiones entre su pasado y el presente. Por esta razón, muchos devotos siguen rindiéndole homenaje, encendiendo velas en su honor o recitando oraciones en su nombre en ocasiones especiales.

Ogun es una de las deidades más intemporales y celebradas en muchas culturas de todo el mundo. Como dios de la fuerza, el valor y la pasión, a menudo se le considera el precursor del progreso y el cambio. Su conexión con Olodumare refuerza la importancia de comprender de dónde procede el verdadero poder y cómo se pueden utilizar las prácticas espirituales para alcanzar un potencial superior. Sus hazañas heroicas siguen inspirando a personas de todo el mundo, ya que sus relatos siguen formando parte de la historia y la cultura colectivas. A través de esta comprensión compartida, ¡puede honrar a Ogun en toda su grandeza!

Capítulo 5: Lo que Ogun enseña a sus seguidores

Ogun es una figura influyente para muchos, tanto espiritual como históricamente. Si se toma el tiempo necesario para aprender, sus experiencias están llenas de valiosas lecciones que muestran cómo vivir en el mundo. La vida de Ogun le enseñó a adaptarse y abrazar el cambio con valentía y fortaleza. También encarnó la bondad hacia los demás, especialmente hacia los que estaban tan desplazados como él. Todo intento de reinvención requiere resiliencia, pero cuando se mira a través de la lente de alguien como Ogun, también conlleva promesas y posibilidades. El legado espiritual de Ogun da a los seguidores la esperanza de que, incluso cuando se enfrentan a tal incertidumbre, hay belleza en reimaginar lo que su vida puede llegar a ser.

Embarcarse en un viaje por los caminos de Ogun, el dios yoruba del hierro y la tecnología, puede ser intimidante, emocionante y, en última instancia, esclarecedor. Cada paso que dé le ayudará a descubrir su lugar único en el mundo, ya sea comprendiendo sus habilidades creativas, explorando trayectorias profesionales o aprendiendo a superar retos personales. También puede reunir las experiencias necesarias para derribar barreras y tender puentes entre personas y comunidades abriéndose paso por terrenos difíciles. La búsqueda de la identidad es una búsqueda crucial para muchas personas, pero el camino de Ogun puede ofrecerle algo aún mayor, una puerta para crear su futuro.

Este capítulo explorará más a fondo los ocho caminos de Ogun y cómo puede utilizarlos como inspiración y guía en su camino. Se tratará la importancia de la conservación del conocimiento, los viajes y el movimiento, la fuerza, la comunicación, la ayuda a los demás, el despertar espiritual, el valor y, por último, la curación y la creatividad. Al final de este capítulo, comprenderá mejor cada camino y cómo puede aplicarse en su vida cotidiana.

Ogun Alagbo: El camino de la sabiduría de los ancianos

Ogun Alagbo es la senda que celebra el valor de la sabiduría a través de la edad. Le anima a asumir su papel de anciano, líder y maestro con claridad y convicción, y subraya la necesidad de confiar en los años de experiencia para que le guíen a través de los complejos retos de la vida. Ogun Alagbo recuerda a las personas que si abrazan su historia humana sin miedo ni aprensión, aceptando quiénes fueron en el pasado y abrazando su futuro con los brazos abiertos, pueden superar cualquier obstáculo. Este antiguo camino arroja luz sobre cómo se pueden utilizar los conocimientos aprendidos a lo largo de la vida para dejar una huella duradera en el mundo.

Ogun Alagbo fomenta el valor de la sabiduría a través de la experiencia y la edad[48]

A. La importancia de preservar el conocimiento

Preservar el conocimiento y la sabiduría es algo que muchas culturas han hecho a lo largo de los años, y un buen ejemplo de ello es Ogun Alagbo, o "el camino de la sabiduría anciana". Esta tradición nigeriana subraya la sabiduría de respetar y buscar el consejo y los conocimientos de los ancianos de nuestras comunidades. Sirve para recordar a todos que el conocimiento nunca se queda obsoleto. Independientemente de la experiencia o la formación de una persona, siempre hay algo más que aprender de quienes tienen más conocimientos, experiencia vital y comprensión que ella. Mantener vivas estas tradiciones garantiza que las generaciones anteriores sean recordadas y celebradas por sus contribuciones a la experiencia humana compartida.

B. Encontrar su propio camino con Ogun Alagbo

Ogun Alagbo es una oportunidad increíble para encontrar su propio camino y aprender de los conocimientos de ancianos experimentados y sabios. Aprender de los que nos han precedido y comprender su perspectiva nos da una visión mucho más clara de nuestros caminos y una orientación que a veces solo puede proporcionar la sabiduría adquirida con el tiempo. A través de las inspiradoras enseñanzas de Ogun Alagbo, podrá reconocer su destino y dar los pasos necesarios para alcanzarlo con una claridad renovada. Emprenda este viaje y abrace el crecimiento y la iluminación que este proceso puede aportarle.

C. Apreciar el poder de los mayores

Apreciar el poder de los ancianos es una experiencia humilde e iluminadora. Ogun Alagbo, que se traduce como "El camino de la sabiduría de los mayores" en yoruba de África occidental, arroja una luz única sobre las motivaciones que subyacen a este aprecio. Sugiere que la sabiduría ancestral a menudo nos da perspectiva, independientemente de lo turbulento o poco claro que pueda parecer nuestro mundo. Esta sabiduría puede alcanzarse buscando a los ancianos de la comunidad, que comparten sus historias y experiencias para adquirir conocimientos e ideas sobre cómo afrontar los momentos más difíciles de la vida con gracia y fortaleza.

Abrazar el poder de los ancianos puede ayudarle a ampliar sus horizontes más allá de lo que creía posible, a la vez que se aferra a las tradiciones transmitidas de generación en generación. Al rendir homenaje a los que le han precedido, se dota de un recurso inestimable para crecer tanto en su vida personal como profesional.

Ogun Onile: El camino del viaje y el movimiento

Ogun Onile, o el camino yoruba del viaje y el movimiento, existe desde hace siglos. Se trata de una fascinante exploración de los aspectos espirituales del movimiento y de cómo diferentes culturas de todo el mundo abordan las interacciones humanas en movimiento. En la cultura yoruba en concreto, Ogun Onile es un sistema de creencias que se centra en garantizar la seguridad durante el viaje y subraya la importancia de una comunicación clara en las relaciones interpersonales.

También se centra en crear armonía entre personas con distintas supersticiones. Las prácticas de Ogun Onile consisten a menudo en revelar símbolos físicos para indicar que se viaja con seguridad y que se está abierto a discutir respetuosamente cualquier asunto apremiante. Este antiguo sistema de creencias permite comprender cómo las distintas sociedades han afrontado lo que podrían haber sido viajes muy difíciles, como recorrer largas distancias a pie o por mar.

A. Adoptar la adaptabilidad con Ogun Onile

Ogun Onile es una forma única de viajar y moverse adoptada por el pueblo yoruba que se centra en la adaptabilidad. Esta filosofía implica comprender su entorno, utilizarlo en su beneficio y mantenerse fluido para avanzar en la mejor dirección para su crecimiento. Practicar este método puede reportarte beneficios reales, como la mejora de la navegación y de las habilidades de resolución de problemas basadas en la navegación. Además, desarrollar una apreciación de cómo los entornos pueden afectar a su vida fomenta una mentalidad más dinámica y le permite prepararse mejor cuando se enfrenta a cambios o desafíos. Aprender a adoptar la adaptabilidad a través de Ogun Onile puede ser justo lo que necesita para salir adelante en la vida.

B. Salir al mundo en busca de oportunidades

Para cualquier persona interesada en buscar oportunidades, el camino yoruba del viaje y el movimiento, Ogun Onile, es una forma estupenda de embarcarse en el viaje, de descubrir lo que hay más allá. Esta práctica permite comprender los retos que pueden surgir al salir al mundo y cómo superarlos. Implica tener fe en sí mismo y en su propio viaje, crear un sistema de apoyo entre familiares y amigos cercanos a medida que se embarca en diferentes experiencias vitales, y darse cuenta de que, independientemente de los retos que surjan, los superará con destreza. En los momentos en que no parece fácil, escuchar la voz de la intuición dentro de usted mismo puede marcar la diferencia.

C. Utilizar la autosuficiencia para forjar su camino

Ogun Onile es una filosofía antigua y poderosa. En esencia, es un camino de autosuficiencia que anima a las personas a tomar las riendas de sus vidas, forjar sus propios caminos y romper con el pensamiento convencional. Ogun Onile insta a sus adeptos a buscar una comprensión y un entendimiento más profundos de la vida, convirtiéndose en mejores comunicadores, estableciendo mayores conexiones con su entorno y dominando la autoexpresión creativa necesaria para el crecimiento personal.

Al aprender esta sabiduría ancestral, toda persona tiene el potencial de traer paz y armonía a su vida, así como de mejorar su salud y bienestar. Abrazar a Ogun Onile le otorga una mayor libertad a la hora de decidir cómo abordará sus viajes por la vida y crear su camino único con valentía, confianza y fuerza.

Ogun Melli: El camino de la fuerza y la comunicación

Ogun Melli es un poderoso camino originado entre el pueblo yoruba, que venera a deidades que representan diferentes fuerzas de la naturaleza. En este camino, los individuos exploran la fuerza y la comunicación a través de prácticas metafísicas profundamente arraigadas en sus raíces ancestrales. Ogun Melli infunde una visión significativa de las luchas diarias de la vida y anima a sus adeptos a luchar por la paz interior y el equilibrio.

A través de rituales espirituales, como círculos de medicina, sesiones de percusión y ofrendas al chamanismo de la olla, desarrolla un sentido más fuerte de sí mismo, abre canales de comunicación dentro de su comunidad y cultiva una mayor conciencia de su entorno. Cultivando la fuerza interior a través del Ogun Melli, puede establecer relaciones curativas eficaces con sus semejantes y profundizar su conexión con el mundo circundante.

A. Actuar para mejorar con Ogun Melli

Ogun Melli es un poderoso camino yoruba de fuerza y comunicación que puede ayudarle a mejorar en muchas áreas diferentes. Esta antigua práctica contiene los secretos para desbloquear lo que le detiene y equiparle con la fuerza, el coraje y la sabiduría para actuar en cualquier momento. En este camino se esconden poderosos rituales, afirmaciones y meditaciones que le ayudarán a guiarle en su viaje espiritual y a manifestar la vida que desea. Estas enseñanzas le ayudarán a apoyar sus objetivos espirituales y le proporcionarán consejos prácticos sobre cómo reconocer y superar cualquier obstáculo que impida su crecimiento personal.

B. Comprender el poder de las palabras y la expresión

Ogun Melli proporciona una visión del poder de las palabras y cómo pueden ser utilizadas tanto positiva como negativamente para dar forma a nuestras vidas, relaciones y circunstancias. Ogun Melli nos enseña a utilizar nuestras habilidades comunicativas de forma estratégica para compartir mejor nuestros pensamientos y sentimientos y evitar malentendidos. A través de esta práctica tradicional, se aprende a ejercer el buen juicio durante las conversaciones importantes y a empezar a reparar los vínculos dañados utilizando palabras sinceras con amor, sinceridad, respeto y comprensión. Al hablar directamente desde el corazón a las personas que más le importan, puede alcanzar un nivel de comprensión mutua que beneficiará a todas las partes a largo plazo.

C. Aprender a aprovechar la fuerza interior

Ogun Melli le enseña a reconocer y acceder a su poder interior, permitiéndole navegar a través de los desafíos de la vida con claridad y gracia. Los principios rectores de Ogun Melli incluyen la introspección y la autorreflexión, la aceptación de las fuerzas innatas, la aceptación de la verdad y el reconocimiento de los límites. A través de estas prácticas, puede aprovechar la fuerza de su voz interior, lo que le permite guiarle a través de situaciones difíciles, mientras que el mantenimiento de la paz de la mente, tanto en el éxito y el fracaso. A medida que usted se sintoniza más con este camino de fuerza y comunicación, puede convertirse en su ser más auténtico con mayor facilidad.

Ogun Oloyon: El camino de ayudar a los demás

Ogun Oloyon es una senda yoruba que nos anima a ayudar a los demás por encima de todo. El servicio genuino es primordial, ya sea con objetos tangibles, consejos o apoyo. Resuena con un fuerte sentido de comunidad en el que todos colaboran para preservar la armonía en sus familias y vecindarios. Ogun Oloyon le permite practicar el altruismo, aunque no haya una recompensa inmediata, ya que se dice que "ayudar a la gente necesitada hace que todas sus acciones tengan más sentido". Aunque se trate de una tradición antigua, puede adoptarla y aplicarla en su vida diaria por su atemporalidad y relevancia.

A. El valor de la compasión con Ogun Oloyon

Ogun Oloyon es una antigua tradición yoruba que valora la compasión y la ayuda a los demás como parte integral de una vida con sentido. Este camino reconoce su interdependencia con los demás, le anima a ser servicial y generoso, y le permite formar conexiones significativas tanto dentro de su comunidad como fuera de ella. Ogun Oloyon se basa en la creencia de que la satisfacción está en dar más que en recibir o acumular posesiones materiales. Al participar en actos de cuidado y generosidad, puede experimentar una mayor alegría en su vida, sentirse conectado con los demás y provocar un cambio positivo. Practicar la compasión le convierte en una persona más sana, construye comunidades más fuertes y, en definitiva, un mundo mejor para todos.

B. Comprender el poder de la bondad

Ogun Oloyon, o el camino de ayudar a los demás, es una antigua filosofía de la bondad que conecta con el espíritu de la humanidad y su importancia en el desarrollo personal. Ogun Oloyon comprende la idea de que su espiritualidad y bienestar florecerán si se esfuerza por comprender a quienes le rodean y empatizar con sus luchas. Invocar este concepto significa que es su responsabilidad cuidar de los demás mediante objetos materiales o ayuda económica y actos de amor y compasión.

Por ejemplo, piense en una ocasión en la que compartió una conversación reconfortante con alguien que se sentía solo. Ese es un poderoso acto de bondad con un profundo significado espiritual para ambos. Al reconocer su interconexión con los demás y comprender lo impactantes que pueden ser los gestos descuidados, puede empezar a aprovechar el poder del Ogun Oloyon en su vida cotidiana para difundir más energía curativa.

C. Utilizar sus recursos para ayudar a los demás

Ogun Oloyon, el camino espiritual yoruba de ayudar a los demás, puede ser una forma poderosa y gratificante de ayudar a los necesitados. Anima a utilizar todos los recursos físicos y mentales para prestar ayuda.

Desde dar artículos físicos básicos, posesiones o dinero, hasta proporcionar apoyo emocional o servicios de atención, es posible marcar una diferencia positiva en la vida de todos. Comprender la importancia de las relaciones y la interdependencia mutua hace posible servir con sinceridad, paciencia y humildad, elevando al mismo tiempo nuestro crecimiento espiritual y el de los demás.

Ogun Irumole: El camino del despertar espiritual

Ogun Irumole, el camino espiritual yoruba del despertar y la trascendencia, es una práctica antigua que sigue siendo una fuerza poderosa hoy en día. Hace hincapié en el desarrollo de una fuerte conexión con las fuerzas divinas de la naturaleza, al tiempo que eleva la espiritualidad a través de la música, el movimiento, la oración y los jeroglíficos. Para mantenerse fieles a sus valores fundamentales de conocimiento, comprensión y respeto a los demás, los seguidores deben atenerse a ciertos principios como la disciplina de la mente y el cuerpo, la búsqueda de la paz interior y la comprensión del lugar que uno ocupa en el universo.

Ogun Irumole enseña a acceder a la guía espiritual de los antepasados y a las fuerzas divinas que llevan a abrir nuevos caminos de autotransformación. Su larga tradición de cultivar fuertes lazos entre personas de diferentes culturas y orígenes fomenta el crecimiento personal, lo que solo puede tener consecuencias positivas para las generaciones presentes y futuras.

A. Crecer con Ogun Irumole

A través de las enseñanzas de Ogun Irumole, los practicantes adquieren una nueva comprensión de los principios básicos de la espiritualidad y aprenden a despertar su propio poder. Como parte de este proceso, se les enseña que el conocimiento solo se encuentra parcialmente en los libros, sino que también debe provenir de la experiencia para que sea verdaderamente significativo. Al aprender más sobre esta práctica tradicional y utilizarla como guía para el crecimiento espiritual, los practicantes descubrirán un camino hacia un mayor conocimiento, intuición y paz mental.

B. Fomento de la autorreflexión y la superación personal

Ogun Irumole es una práctica que proporciona un estímulo inspirador y significativo para practicar la autorreflexión y la mejora. A través de diversas técnicas y rituales, este camino espiritual yoruba adopta un enfoque holístico, ayudando a los practicantes a ser más conscientes de sus pensamientos, sentimientos y comportamiento. También les ayuda a comprender mejor sus puntos fuertes y débiles, al tiempo que desarrollan la paz interior, la claridad, el propósito y la motivación.

Con su potencial transformador, Ogun Irumole puede ser una herramienta poderosa para quienes se encuentran en el camino de la superación personal. Además, la comunidad de apoyo que a menudo se forma en torno a esta práctica añade el apoyo vital de aquellos con conocimientos y experiencias expertas en el camino de la vida. Además, Ogun Irumole es muy adaptable y ofrece flexibilidad para necesidades individuales o específicas, por lo que cualquier persona puede beneficiarse de ella independientemente de la etapa de su vida en la que se encuentre.

C. En busca del crecimiento espiritual

Ogun Irumole, el camino yoruba del despertar espiritual, ofrece una oportunidad única a los buscadores de crecimiento espiritual. Es una experiencia profundamente enriquecedora que proporciona enseñanzas para abrir la mente y el alma y ejercita el cuerpo mediante rituales energéticos. A través de esta poderosa práctica de autorreflexión, se revela la comprensión de la propia verdad interior y el propósito de la vida. Y aunque puede haber desafíos en este viaje de exploración y crecimiento, las experiencias adquiridas al realizar este trabajo le guiarán a lo largo de la vida. Conecte con Ogun Irumole hoy mismo y sea testigo de cómo puede abrir nuevos caminos para la iluminación y darle una nueva perspectiva de la vida.

Ogun Oyeku Melli: El camino del valor

Ogun Oyeku Melli es una práctica poderosa dentro de la tradición yoruba. Ogun Oyeku Melli es el camino del coraje y la fuerza que proviene del conocimiento interior. Anima a las personas a ser valientes para superar el miedo y las emociones difíciles y a encontrar la fuerza en sus viajes espirituales. Las personas que practican Ogun Oyeku Melli se esfuerzan por tener fe en sí mismas y confiar en sí mismas, incluso en situaciones aparentemente imposibles.

Este antiguo conjunto de principios puede aportar valor y claridad mental a cualquiera que se esfuerce por comprenderlo correctamente. Un mayor conocimiento de uno mismo conlleva una mejor toma de decisiones, una mayor compasión por los demás y un renovado espíritu de fortaleza. A medida que se afrontan diferentes retos, Ogun Oyeku Melli puede ofrecer una visión sobre la mejor manera de gestionarlos mientras se permanece conectado con la determinación interior.

A. Aceptar el cambio con Ogun Oyeku Melli

Aceptar el cambio puede ser un reto, especialmente cuando no estamos seguros del resultado. Pero aceptar el cambio con Ogun Oyeku Melli, un conjunto de principios filosóficos y espirituales, puede ayudarte a atravesar el cambio con valentía y con la convicción de que el resultado será mejor que antes. Ogun Oyeku Melli le ayuda a ir más allá de sus límites físicos y mentales y a reconocer que arriesgarse está bien sin dejar de centrarse en su propósito. Con esta filosofía, puede aceptar el cambio y sacar lo mejor de sí mismo al aprovechar las nuevas oportunidades y enfrentarse a sus miedos.

B. Aprender a superar el miedo

Ogun Oyeku Melli, o el camino del coraje, es una antigua práctica de meditación y visualización que le ayuda a mejorar su coraje y superar el miedo. En esta práctica, las afirmaciones positivas le hacen sentirse fuerte, capacitado y seguro de sí mismo. Aprenderá a anclarse en el momento presente, a dejar de lado las preocupaciones y la ansiedad, y a encontrar la paz interior a través de la concentración intencionada y las técnicas de relajación. Con la repetición regular, la capacidad de acceder a su fuerza interior se acumula para que pueda hacer frente a situaciones de miedo con mayor resistencia y aplomo. A través de Ogun Oyeku Melli, descubrirá lo fácil que es disipar sus miedos a medida que se alinea más con su máximo potencial para el éxito.

C. Fomentar la confianza en usted mismo y la determinación

Ogun Oyeku Melli es una antigua práctica que se originó dentro de la cultura Yoruba, y su propósito principal es dar a los individuos el coraje para aumentar su auto-confianza y determinación. Este sistema de creencias combina movimientos decididos, mantras especiales, proverbios, meditación, palmas rítmicas y visualizaciones. La idea que subyace a esta tradición es reunirse con el poder superior para fortalecer la identidad propia en las experiencias y pruebas de la vida.

Quienes practican Ogun Oyeku Melli creen que puede proporcionar resistencia y equilibrio emocional cuando se afrontan tiempos difíciles, al profundizar la conexión de las personas con su esencia espiritual. Esta práctica ha tenido éxito durante generaciones de seguidores, provocando cambios positivos en el comportamiento y las creencias ante los momentos difíciles de la vida. Como resultado de su apoyo espiritual, Ogun Oyeku Melli hace que los practicantes se sientan fortalecidos y preparados para afrontar cualquier adversidad.

Ogun Akomi: El camino de la curación y la creatividad

Ogun Akomi es un sistema único de curación y creatividad desarrollado por el pueblo yoruba. Mientras que la medicina occidental tradicional se centra en el tratamiento de los síntomas, este enfoque holístico considera la salud como una combinación interconectada de mente, cuerpo y espíritu que deben estar en equilibrio para lograr un bienestar óptimo. Combinando métodos tradicionales como los remedios herbales con actividades como el canto, la danza, la terapia artística, la narración de cuentos y la adivinación, Ogun Akomi ayuda a las personas a identificar y liberar bloqueos físicos, emocionales y espirituales para lograr un sentido más profundo de conexión consigo mismas.

Al centrarse en la creatividad y la autoexpresión, esta práctica ofrece a las comunidades una poderosa herramienta para conectar con sus ancestros y abordar al mismo tiempo las cargas actuales. Ogun Akomi está transformando la forma de pensar sobre la curación de una manera que prioriza el crecimiento sobre el sufrimiento, por lo que es un camino inestimable para descubrir una vida más sana y vibrante.

A. Apreciando el poder de la curación con Ogun Akomi

Ogun Akomi es una práctica asombrosa que se ha utilizado durante siglos para ayudar a sus practicantes a encontrar la paz y la claridad. A través de su combinación de arte, música, oración y reverencia a los antepasados y al espíritu divino, Ogun Akomi crea un poderoso viaje curativo de autodescubrimiento. Cuando se abraza con el corazón y la mente abiertos, este camino de creatividad y conexión espiritual puede provocar cambios profundos en la vida de cada uno, desde encontrar la fuerza interior hasta liberar el potencial desaprovechado.

Ogun Akomi le invita a estar presente en el momento, apreciar su poder superior, reconocer la belleza que yace en su interior y crear su propia historia a través de prácticas rituales significativas. Su poder reside en sus tradiciones ancestrales y en su capacidad para transformarle conectándole profundamente con lo que es en su esencia. No hay nada que se le parezca.

B. Aprender a afrontar la pérdida y el dolor

El duelo y la pérdida pueden ser increíblemente dolorosos de manejar. Pero hay esperanza. La antigua práctica de Ogun Akomi, basada en la comprensión yoruba de la curación y la creatividad, ofrece un enfoque único para hacer frente a estas complejas emociones. Incluye métodos eficaces para gestionar la energía que acompaña al duelo y la pérdida, al tiempo que honra la espiritualidad y los valores del individuo.

Esta vía de curación tiene en cuenta el trasfondo único de cada persona, su visión de la vida y su relación con los demás, a la vez que encuentra formas creativas de gestionar los sentimientos fuertes para evitar sentirse abrumado por ellos. Cualquiera que busque una forma alternativa de gestionar el duelo o la pérdida debería plantearse explorar el Ogun Akomi. Podría ofrecer claridad, dirección y paz a través de un proceso tradicional destinado a sanar y crear un cambio duradero en todos los aspectos de la vida.

C. Utilizar la creatividad para superar retos

Ogun Akomi es un camino yoruba de curación y creatividad que anima a las personas a resolver sus retos de forma creativa. A través de esta práctica, puede identificar el poder constructivo de su imaginación, desarrollar una mayor conciencia de sí mismo y aprender a gestionar los momentos difíciles. Esto implica aprender el arte de transformar los pensamientos superficiales en objetivos alcanzables, al tiempo que se reconocen los riesgos y amenazas potenciales para prevenir consecuencias futuras.

A través de Ogun Akomi, las personas adquieren la confianza que necesitan para avanzar y descubrir nuevas formas de alimentar su creatividad y utilizarla como herramienta para resolver problemas. Con dedicación y la orientación adecuada, los practicantes pueden practicar Ogun Akomi para liberar todo su potencial, superar los obstáculos con gracia y crear un entorno de apoyo para sí mismos a lo largo de su viaje hacia la curación y el bienestar mental.

Invocar a Ogun en la vida cotidiana

Ogun es una figura increíblemente poderosa del panteón yoruba, y su presencia se siente en todas partes. En la vida cotidiana, se puede invocar a Ogun por muchas razones, desde la protección a la curación o la perspicacia, utilizando oraciones y honoríficos tradicionales. Se puede hacer en casa en cualquier momento, aunque a muchos adeptos les gusta celebrar ceremonias antes de acontecimientos o transiciones importantes. Se dice que Ogun puede infundir valor y fuerza a quienes vigila, al tiempo que aleja los obstáculos de su camino. Puede pedirle que lo apoye y lo guíe en los viajes difíciles invocando su nombre con respeto y reverencia.

He aquí una lista de consejos y trucos para invocar a Ogun en la vida cotidiana:

- Ofrezca oraciones y honores a Ogun antes de acontecimientos o transiciones importantes.
- Contacte con el espíritu de Ogun invocándolo en momentos de necesidad, ya sea de protección, curación, perspicacia o valor.
- Adopte las oraciones y honoríficos tradicionales cuando invoque el poder de Ogun.
- Dedique tiempo a meditar sobre su papel en su vida y las lecciones que nos enseña.
- Busque la orientación y el apoyo de sacerdotes y sacerdotisas experimentados en caso de duda.
- Recuerde mostrar siempre respeto a Ogun y agradecerle su guía.
- Encuentre formas de expresar su gratitud por la ayuda de Ogun en su vida.

Siguiendo estos sencillos consejos y trucos, podrá invitar al espíritu de Ogun a su vida y beneficiarse de su sabiduría.

Este capítulo ha presentado las enseñanzas de Ogun a través de los caminos de Akomi y Onile. A través del ejemplo de Ogun, podrá aprender a mostrar valor ante la adversidad y a utilizar su creatividad para superar cualquier reto. Con respeto y reverencia, también puede invocar el poder de Ogun para atraer coraje, fuerza y guía a su vida. Siguiendo los consejos y trucos aquí mencionados, podrá beneficiarse de la sabiduría de Ogun y experimentar el crecimiento a través de la curación, la creatividad y la comprensión espiritual.

Capítulo 6: Símbolos y ofrendas a Ogun

Ogun, el orisha del hierro y el trabajo, es considerado una deidad importante en muchas partes del mundo. Es conocido por su fuerza e inquebrantable determinación; estos rasgos le honraban tanto que se le otorgó el título de "vencedor de las dificultades". Ogun predica con el ejemplo, inspirando a quienes le veneran a trabajar duro para alcanzar sus objetivos. Dios inventivo, influye en el progreso y anima a la posteridad. Todos los que miran a Ogun en busca de guía pueden estar seguros de que el éxito les acompañará si se esfuerzan por alcanzar la excelencia. Es una fuente inestimable de consuelo y poder en tiempos difíciles, siempre animando a superar las dificultades.

Ogun es una deidad compleja con muchas facetas, que refleja una profunda historia y resonancia en la diáspora africana. Se le asocia con una gran variedad de colores, animales, plantas, cristales, símbolos y velos. Cada uno tiene un significado distinto que identifica el tipo de energía que ejerce Ogun. Desde los vibrantes tonos carmesí y granate hasta poderosos animales como el carnero y el gallo, cada uno de ellos crea una conexión entre Ogun y la gente que lo venera. Las plantas que representan su fuerza, los cristales para protegerse de la energía negativa y los símbolos de poder tallados en madera o pintados con tintes brillantes sobre lienzo se utilizan como ofrendas en rituales o se colocan alrededor de su entorno como recordatorios de luz y belleza en tiempos oscuros.

Este capítulo explorará las características y rasgos de Ogun, profundizando en los colores, chakras, animales, plantas, cristales, símbolos y velos asociados a él. También incluirá información sobre qué ofrendas y comidas prefiere recibir. Al comprender sus energías y cómo utilizarlas, podrá apreciar en mayor profundidad la fuerza que Ogun le ofrece. Cuanto más comprenda a Ogun, mejor podrá utilizar su poder en su vida cotidiana.

Profundizando en Ogun

En la religión yoruba, Ogun es un símbolo de fuerza y habilidad, representado no solo por símbolos, sino también por colores, animales y plantas. Se cree que el dibujo de un vevé es una forma de dirigir la energía en los rituales para conectar con el espíritu de Ogun. Además, su color rojo suele representar la batalla, el liderazgo y la autoridad. Se cree que llevar ropa roja durante los rituales ayuda a mostrar respeto por este complejo orisha.

El vevé de Ogun (u Ogoun)⁴⁰

A Ogun también se le asocia con animales, como cabras y perros, de los que se dice que eran sus compañeros durante los viajes comerciales. Estos animales se sacrifican durante las celebraciones en honor a Ogun. Por último, muchas plantas se consideran sus compañeras, entre ellas la pimienta melegueta (granos del paraíso), utilizada para condimentar los alimentos, símbolo de la apertura de la puerta para la comunicación entre uno mismo y el reino divino. Así que, a través de él, se puede ver cómo diferentes símbolos se unen para honrar a esta poderosa deidad.

Aunque estos son solo algunos de los símbolos asociados a Ogun, merece la pena profundizar en los detalles y saber qué significan.

Los colores de Ogun

Ogun es el dios yoruba de la metalurgia, la guerra y la caza; está representado en muchas culturas de todo el continente africano. Y si hay algo en lo que es un maestro, ¡es en sus característicos tonos rojos! El granate, el óxido y el carmesí se asocian divinamente con Ogun; con ellos vienen el poder, la autoridad, la batalla y el coraje. El rojo simboliza la fuerza de esta poderosa deidad. El rojo y todos sus tintes y tonos dinámicos también significan la fuerza de voluntad y el poder espiritual que da a sus seguidores.

Los chakras de Ogun

El chakra primario de Ogun está poderosamente asociado con el *chakra de la raíz*, que simboliza el enraizamiento y la estabilidad en tiempos difíciles. Aquellos llamados a trabajar con Ogun son guiados por su presencia y fuerza para permanecer enraizados en su propósito durante los momentos difíciles de la vida. Ogun le ayuda a actuar en pos de sus objetivos, le proporciona protección, le infunde valor y estabilidad, y potencia la creatividad en la resolución de problemas. Tanto si acaba de conocerlo como si es un devoto experimentado, es probable que encuentre consuelo en la energía de su colorido chakra, ya que le ayuda a gestionar el caos con sabiduría, equilibrio y fuerza.

Ogun se asocia con el chakra raíz[50]

El animal de Ogun

Ogun es un dios increíblemente poderoso, y no es de extrañar que se le asocien carneros y gallos. Los carneros representan la fuerza y la vitalidad en la vida, mientras que los gallos simbolizan la positividad energética. En la cultura yoruba, se honra a Ogun con ofrendas sacrificiales de estos dos animales para mostrar reverencia por su poder. Esta conexión entre carneros, gallos y Ogun se ha mantenido desde la antigüedad, un testimonio de la importancia del dios dentro de esta tradición cultural.

Las plantas de Ogun

El misterioso y poderoso Ogun se ha asociado con varias plantas y hierbas, entre ellas la pimienta melegueta (granos del paraíso). Esta hierba no solo es muy sabrosa en muchos platos, sino que también se cree que abre las puertas de la comunicación entre el reino divino y uno mismo. Imagínese cómo sería la vida si tuviera acceso directo y comprensión del reino divino. Otras plantas asociadas a Ogun son el agbo, la calabaza y la ciruela natal. Se dice que el árbol de calabaza fue donde Ogun elaboró por primera vez su bebida característica de fuerza y valor, mientras que las ciruelas natales representan la prosperidad. El agbo es un afrodisíaco yoruba que refuerza la relación de Ogun con la fertilidad y la creatividad.

Ogun se asocia con la pimienta melegueta[61]

Los cristales de Ogun

Ogun, el poderoso orisha de Nigeria y Benin, se asocia con algunos cristales que tienen ciertos beneficios únicos. La turmalina negra protege a su portador de la energía negativa y le proporciona fuerza y valor en situaciones difíciles. El jaspe rojo, una hermosa piedra de color rojizo, restablece el equilibrio y aporta paz en medio del caos. Por último, el ojo de tigre, y sus aparentemente infinitas profundidades, ayudan a comprenderse a uno mismo y a crear fuertes límites con la gente que nos rodea. Estos poderosos cristales asociados a Ogun ayudan a fomentar la positividad en su vida.

El jaspe rojo es una de las piedras asociadas a Ogun, ya que simboliza la restauración de la paz entre el caos[52]

Símbolos de Ogun

Ogun es conocido como un espíritu de gran fuerza, asociado tanto a la guerra como a la paz. Como tal, sus símbolos son diversos pero también muy poderosos. Los símbolos de Ogun se componen de un machete, un hacha, una cadena o grilletes y una botella de ron o ginebra. Todos ellos representan la presencia de fuerza que encarna Ogun. Indican la capacidad de Ogun para unir múltiples ideas y conceptos en una fuerza poderosa. En muchos círculos espirituales se dice que su poder es invencible.

Aunque los símbolos de Ogun son poderosos, también representan una variedad de significados. Aquí tienes un desglose de lo que representa cada símbolo:

El machete de Ogun

El machete es uno de los símbolos más poderosos de Ogun, el dios del hierro de la mitología yoruba. Representa la fuerza, el poder y la vitalidad esenciales para una vida exitosa. También se cree que Ogun es el antepasado de los herreros que forjaban herramientas de hierro como los machetes con habilidades y sabiduría transmitidas de generación en generación. El machete se utilizaba no solo por sus usos prácticos, como despejar el follaje durante la labranza y recoger las cosechas, sino también para indicar autoridad debido a su poder. El machete representa la fuerza y la valentía que acompañan a un espíritu indomable y a la victoria en las batallas contra la adversidad. Sirve para recordar que todo se puede conseguir con perseverancia y disciplina.

El machete representa el valor y la fuerza[53]

Hacha de Ogun

El hacha es un símbolo emblemático en muchas comunidades tradicionales africanas. Se asocia con Ogun, el dios guerrero y creador yoruba del hierro. El hacha simboliza el valor y la determinación para superar los obstáculos a los que uno se enfrenta en la vida. El simbolismo de la herramienta refleja la capacidad de Ogun para proteger y guiar a su pueblo. También demuestra que la fuerza proviene de la perseverancia, independientemente de la situación. Para muchos, un hacha es un recordatorio de que hay que mantenerse fuerte en los momentos difíciles o cuando se afrontan situaciones complicadas. Con el hacha como representación simbólica, los seguidores se sienten inspirados para seguir adelante y alcanzar sus objetivos a pesar de las dificultades que se les presenten.

El hacha representa la determinación para superar cualquier obstáculo"

La cadena o los grilletes de Ogun

Durante mucho tiempo se ha asociado a Ogun con cadenas o grilletes como símbolos de su poder para atar y controlar. Aunque estos objetos pueden verse como una forma de restricción, ofrecen la promesa de protección y fuerza cuando se invocan correctamente. La historia de Ogun se cuenta en muchas partes de África. Salva a los guerreros de sus enemigos, ayuda a fabricar herramientas para el éxito y forja caminos para que otros encuentren la libertad. Las cadenas o los grilletes también pueden simbolizar la potenciación de los resultados del trabajo duro y la dedicación, algo propio de un herrero como Ogun. En el fondo, este poderoso símbolo representa la fuerza que surge de afrontar retos y mantener el compromiso.

La cadena de Ogun es un símbolo de su capacidad para controlar y atar el poder[55]

Botella de ron o ginebra

Ogun suele representarse con una botella de ron o ginebra. Cuando se ven estos símbolos, representan la alegría, la celebración y el jolgorio. También expresan fuerza y resistencia, cualidades que Ogun ejemplifica y fomenta en sus fieles. Para muchos, estos símbolos son un recordatorio del apoyo y la fuerza de Ogun en tiempos difíciles. Adoptar estos símbolos es esencial para honrar a Ogun y los valores que representa. Independientemente de la situación, brindar con una copa de ron o ginebra recuerda que puede haber alegría en cualquier circunstancia.

La botella representa la celebración y la alegría[56]

Los vevés de Ogun

Los vevés de Ogun son símbolos vibrantes que se encuentran en diversas religiones y culturas de origen africano. Estos símbolos suelen incluir una cruz y un círculo en cuyo interior se ve la figura de Ogun. Los vevés se utilizan en ceremonias espirituales y significan una ofrenda a Ogun, el espíritu asociado a la fuerza, la fertilidad, el fuego y el trabajo del hierro. Es a la vez protector de la justicia y capaz de impartir buena fortuna. Un vevé actúa entonces como una invocación a Ogun para que sus energías sean invocadas y proporcionen protección o bendición antes de comenzar un ritual o emprender una tarea importante. He aquí un análisis más profundo de algunos de los vevés más populares asociados a Ogun.

- **El vevé de la tierra:** Este vevé está representada por un pequeño círculo con otro mayor a su alrededor, que simboliza el ciclo de la muerte y la renovación. Se utiliza para invocar la protección y la fuerza de Ogun en tiempos difíciles.

- **El vevé del agua:** Consta de dos círculos concéntricos con un ojo abierto en el centro. Se cree que ofrece protección contra daños emocionales y físicos, además de traer abundancia de suerte y prosperidad.

- **El vevé del fuego:** Este símbolo se utiliza a menudo para invocar la presencia y el poder de Ogun. Está formado por un círculo con un triángulo en el centro, que simboliza la capacidad de Ogun para traer transformación y protección. El triángulo también recuerda el espíritu valiente de Ogun.

- **El vevé del aire:** Este vevé se caracteriza por cuatro círculos unidos en el centro por una pequeña línea, que simbolizan las cuatro direcciones del viento. Se utiliza para invocar la sabiduría y la perspicacia de Ogun, así como para protegerla de cualquier daño.

Ofrendas y comidas para Ogun

En cuanto a las ofrendas y comidas para Ogun, los yoruba ofrecen una gran variedad de comidas tradicionales y artículos especiales. Para honrar al espíritu de Ogun, se preparan alimentos como arroz jollof, plátanos asados, estofados de ternera y otras comidas. Además, se suelen ofrecer frutas como naranjas, limas y aceitunas, junto con otros objetos utilizados en los sacrificios, como velas, ron y puros. En ceremonias religiosas más específicas relacionadas con Ogun, se realizan ofrendas más fuertes que incluyen gallos y otros animales sacrificados en su altar. Estos rituales incluyen cantos preparados acompañados de instrumentos de percusión especiales que reflejan su presencia como orisha o dios en la religión yoruba.

He aquí algunas recetas para honrar a Ogun:

Arroz Jollof

Ingredientes:

- 2 tazas de arroz de grano largo
- 2 cucharadas de aceite vegetal
- 1 cebolla finamente picada
- 2 dientes de ajo, picados
- 1 cucharadita de jengibre rallado
- 1 cucharadita de curry en polvo
- 1 cucharadita de chile en polvo
- ½ cucharadita de comino molido
- 2 cucharadas de pasta de tomate
- 2 tazas de caldo de pollo
- 1 lata de tomates cortados en dados
- Sal y pimienta al gusto

Instrucciones:

1. Caliente el aceite en una sartén grande a fuego medio.
2. Añada las cebollas, el ajo, el jengibre y las especias y cocinar hasta que estén fragantes y las cebollas estén translúcidas, unos 5 minutos.
3. Añada la pasta de tomate y remover durante 1 minuto.
4. Añada el arroz, el caldo de pollo y los dados de tomate, y sazonar con sal y pimienta.
5. Lleve a ebullición, baje el fuego y deje cocer tapado durante 20 minutos.
6. Retire la tapa y remueva con un tenedor antes de servir.

Si utiliza esta receta para honrar a Ogun, le traerá buena suerte y le protegerá de todo mal. También puede utilizarla en ceremonias religiosas especiales en las que se invoque a Ogun para que traiga transformación y protección.

Plátanos asados

Ingredientes:
- 2 plátanos maduros, cortados en rodajas de 1 pulgada de grosor
- 2 cucharadas de aceite de oliva
- Sal y pimienta al gusto

Instrucciones:
1. Precaliente el horno a 350 °F.
2. Engrase una bandeja para hornear con aceite de oliva.
3. Coloque las rodajas de plátano en una capa uniforme en la bandeja para hornear.
4. Espolvoree sal y pimienta al gusto.
5. Hornee durante 20 minutos, dándoles la vuelta a la mitad, hasta que los plátanos estén dorados.

Servir plátanos asados como ofrenda a Ogun es una forma tradicional de honrarle y pedirle protección y fuerza. Además, se cree que los plátanos traen buena suerte y prosperidad en tiempos difíciles.

Estofado de ternera

Ingredientes:
- 2 cucharadas de aceite vegetal
- 1 cebolla picada
- 1 libra de carne de ternera, cortada en cubos
- 2 dientes de ajo picados
- 2 zanahorias peladas y cortadas en dados
- 1 tallo de apio, cortado en dados
- 1 cucharadita de comino molido
- 1 cucharadita de pimentón
- ½ cucharadita de orégano seco

- 2 cucharadas de pasta de tomate
- 2 tazas de caldo de carne
- 2 tazas de patatas cortadas en dados
- Sal y pimienta al gusto

Instrucciones:
1. Caliente el aceite en un sartén grande a fuego medio.
2. Añada las cebollas y la carne y cocine hasta que estén ligeramente doradas, de 8 a 10 minutos.
3. Añada el ajo, las zanahorias y el apio, y cocine durante 5 minutos más.
4. Agregue el comino, el pimentón, el orégano y la pasta de tomate y revuelva para cubrir la carne de res y las verduras.
5. Añada el caldo de carne y las patatas y llévelo a ebullición.
6. Tape, baje el fuego y deje cocer a fuego lento durante 1 hora.
7. Retire la tapa y sazone con sal y pimienta antes de servir.

Se cree que servir un estofado de ternera alrededor de un fuego sagrado muestra respeto a Ogun y puede aportar energía positiva en forma de protección, fuerza y valor. El estofado de ternera es un símbolo de sustento y nutrición, elementos importantes a la hora de honrar a Ogun.

Ogun es una deidad muy influyente y poderosa en la religión yoruba. Se le asocia con la fuerza, el valor y la protección contra el mal. Se pueden utilizar símbolos como el machete, el martillo y los vevés para invocar su espíritu y atraer energía positiva. Sus colores son el rojo, el negro y el azul, su chakra es el primero o chakra raíz, su animal es un carnero y su planta es el algodón. Su cristal es el jaspe y sus símbolos son el machete, el martillo y los vevés. A menudo se le invoca con un vevé específico, que se cree que atrae su espíritu y protección. Ofrecerle ron, puros, incienso y comidas tradicionales como estofado de ternera o plátanos asados es una buena forma de honrarle.

Además, a Ogun le gusta recibir diversos alimentos y bebidas como ofrenda, como ron, puros y comidas tradicionales como estofado de ternera o plátanos asados. Comer estas comidas puede traer buena fortuna y protección contra el mal, mientras que invocar a Ogun a través de símbolos y velos puede traer transformación y protección. Por lo tanto, honrar a Ogun de estas formas puede traer energía positiva a su vida.

Capítulo 7: Construyendo un altar sagrado

Dedicar un altar a Ogun puede ser una experiencia impresionante, llena de significado y una forma inestimable de honrar al orisha. No solo es hermoso y cautivador crear un espacio que capture sus vibrantes interpretaciones de Ogun, sino que también sirve para profundizar y enriquecer su viaje espiritual con él. Una ofrenda creativa de expresiones visuales, como piezas de arte e incluso esencias, se pueden juntar de manera que le hagan sentir profundamente conectado con Ogun. Con el tiempo y la práctica, los altares pueden convertirse en poderosas herramientas espirituales utilizadas para pedir la guía, protección, fuerza y bendiciones de Ogun en su vida.

Altar de Ogun[67]

Este capítulo trata sobre los beneficios de construir un santuario a Ogun, dónde crearlo, qué colocar en él y cómo cuidarlo, cómo dar ofrendas a través de él y cuándo limpiar las ofrendas. También proporcionará ejemplos de santuarios y ofrendas tradicionales. Al final de este capítulo, comprenderá mejor cómo crear y mantener su propio altar de Ogun. El conocimiento compartido aquí le ayudará a hacer su viaje espiritual con Ogun más significativo y poderoso.

Beneficios de construir un altar a Ogun

La deidad africana Ogun trae inmensa buena fortuna y fuerza a quienes le rinden culto. Construir un santuario puede ser una forma excelente de honrar a Ogun y aprovechar las bendiciones que concede a quienes le rinden tributo. Según la leyenda, tener un santuario puede proteger contra la desgracia, promover la prosperidad e incluso crear oportunidades de progreso. También puede servir como recordatorio de las creencias espirituales de cada uno y mantenerlas cerca del corazón, especialmente en tiempos difíciles. También ofrece una ubicación central para los rituales o ceremonias que se celebran en honor de Ogun, asegurando que su legendario poder permanezca siempre presente. En definitiva, construir un santuario para Ogun es una poderosa práctica espiritual que no solo honra a la deidad, sino que puede conducir a un individuo o a una comunidad por el camino del éxito.

A. Respetar y honrar a Ogun

Construir un santuario para honrar y respetar a Ogun puede traer inmensas bendiciones a su vida. No solo tendrá el favor de Ogun y estará protegido por su presencia, sino que también puede verse dotado de una mayor creatividad, libertad de expresión y un bienestar físico enriquecido. Al crear un altar o santuario dedicado a Ogun, está invitando a su poderosa energía a entrar en su vida y permitiéndole que traiga abundancia a nuevas áreas de su existencia. Mostrar reverencia, respeto y cuidado por esta gran deidad puede conducir a bendiciones mucho mayores de lo que jamás podría imaginar.

B. Fortaleciendo la conexión con Ogun

Se dice que construir un santuario para Ogun es la mejor manera de fortalecer su conexión con este poderoso y respetado orisha. Añadir un altar en su casa o comunidad sirve como un recordatorio esencial de sus bendiciones y ayuda a crear una atmósfera espiritual en la que recibir la guía divina. Los sacrificios y ofrendas regulares en el santuario generarán manifestaciones positivas como la mejora de la salud, la mejora de la concentración y la productividad, el aumento de la riqueza y la prosperidad, y la protección segura contra los enemigos, tanto visibles como invisibles. A medida que su conexión con Ogun se profundice con el tiempo, a través de la contemplación y la reverencia ante el altar, es posible que experimente una transformación aún más profunda en su interior.

C. Un lugar de apoyo emocional y consuelo

Construir un altar a Ogun trae consigo muchos beneficios, y uno de los más significativos es proporcionar apoyo emocional y consuelo. Al reunirse con otros seguidores para honrar y celebrar a Ogun, los participantes experimentan una sensación de conexión que puede ayudar a reducir los sentimientos de aislamiento. Las ofrendas que se hacen en estos santuarios son también una gran fuente de consuelo. Por ejemplo, pequeños objetos como comida o bebida se entregan en agradecimiento por la guía de Ogun, proporcionando alimento físico y renovación espiritual. En definitiva, cuando dedique tiempo a unirse y venerar, sus acciones le fortalecerán emocional y espiritualmente de forma positiva.

D. Un lugar para que Ogun conceda bendiciones

Construir un santuario a Ogun viene con muchos beneficios y puede ser una gran manera de practicar su fe. Como lugar sagrado al que acudir para rezar y disfrutar de la presencia de los dioses, también es una oportunidad para experimentar la prosperidad y la paz que Ogun puede conceder a una persona. Cuando se deposita la fe en Ogun, esta deidad proporciona seguridad y protección, seguridad financiera y orientación general en la vida cotidiana. Además, tener un lugar designado para recargarse espiritualmente del estrés diario aporta más equilibrio a su vida, dejándole con más energía y motivación. Un santuario a Ogun es bueno para individuos y familias que deseen mantener vivas las antiguas tradiciones, bendiciéndose con el fuerte apoyo de la comunidad. Con todos estos increíbles beneficios, construir un santuario a Ogun merece cada segundo de tiempo y esfuerzo que le dedique.

E. Un lugar para compartir bendiciones con otros

Construir un santuario al dios yoruba Ogun es una forma significativa e interesante de compartir bendiciones con los demás. Es una forma increíblemente poderosa de conectar con las fuerzas energéticas del orisha y aprovechar su potencial, para ayudar a mejorar su vida y la de los que le rodean. También es una forma estupenda de honrar a Ogun y abrazar sus atributos, como el conocimiento, la innovación, el valor, la fuerza, la protección y mucho más.

Construir un santuario que encarne estos valores fundamentales es honrar a Ogun y recordarse a sí mismo porque es necesario en su viaje espiritual. Y para aquellos que ya han establecido una conexión con el orisha, es una oportunidad de mostrar devoción de forma tangible a través de obras de arte o decoración en el santuario. Al crear este espacio sagrado dedicado a él y compartir la alegría con los demás, podrá asegurarse de que sus bendiciones se transmiten en un flujo abundante.

Dónde crear un altar de Ogun

Ogun es una deidad importante en muchas tradiciones africanas, y tener un altar personal dedicado a él es una veneración profundamente espiritual de este poderoso dios. Al crear un altar de Ogun, es fundamental pensar detenidamente en cómo y dónde colocarlo. Un lugar ideal para un altar de este tipo sería un lugar al aire libre, como un patio trasero o una zona natural que se sienta conectada con la tierra. Así se sentirá conectado con el entorno, como el espíritu de Ogun.

Sin embargo, a veces no es factible o conveniente para todo el mundo tener un altar al aire libre. En estos casos, montar el altar en el interior también puede tener sentido si se hace con cuidado. La clave es encontrar un espacio cómodo y privado para concentrarse en el culto a Ogun sin distracciones. En definitiva, debe crear un espacio que refleje su relación con Ogun y le haga sentirse conectado a él a un nivel más profundo.

A. Interior o exterior

Cuando se trata de crear un altar de Ogun, la elección entre el interior y el exterior puede ser difícil. Mientras que un altar al aire libre captará la atención y creará un espectáculo impresionante, algunas preocupaciones sobre la seguridad pueden convertirse en un problema. Una alternativa de interior puede proporcionar más privacidad, pero requiere una configuración más creativa y reflexiva. Antes de elegir la ubicación de su altar, considere detenidamente ambas opciones para poder crear la atmósfera que desee, ya sea mística y reconfortante o sobrecogedora y poderosa. En última instancia, la decisión de dónde elegir para crear su altar Ogun debe depender de lo que funciona mejor para sus objetivos.

B. Ubicación y dirección

Al crear un altar de Ogun, es vital elegir la ubicación correcta. El poder de Ogun yace en las profundidades de los metales, y se cree que sus altares deben ser montados en una roca abierta en un área pública. Una ubicación ideal sería la cima de una montaña o un cruce de caminos, ya que estas zonas son símbolos de transformación y justicia, principios también muy arraigados en esta tradición. Esto asegura que se está alineando con las energías de Ogun mientras le permite alcanzar todo su potencial, trayendo fuerza, percepción y determinación a su vida.

C. Tamaño y diseño del altar

Al crear un altar de Ogun, piensa detenidamente en el tamaño y el diseño. Si el espacio es grande, mayor puede ser el altar y más elaborada la decoración. Pero un altar modesto puede seguir atrayendo energía positiva si solo se dispone de una superficie reducida. Al seleccionar los adornos o materiales para el altar, elige artículos que hablen de su espiritualidad, así como de los principios de Ogun. Pueden ser desde cuentas y telas hasta plumas o joyas. Considera cuidadosamente la combinación de colores. La mayoría de los altares utilizan el rojo, el negro y el blanco con toques de verde o azul para representar los cuatro puntos cardinales. Por encima de todo, cuando elija dónde crear un altar Ogun, asegúrese de que es un lugar en el que se siente cómodo y seguro. ¡Su propósito es de energizarlo espiritualmente y conectarlo con esta poderosa deidad!

Que colocar en un altar para Ogun

Hacer un altar a Ogun es una gran manera de honrar y mostrar su devoción a la deidad yoruba. Aunque se pueden colocar muchos materiales en un altar a Ogun, algunos de los más comunes incluyen elementos de madera y metal, como cuchillos o hachas, que simbolizan su poder sobre las herramientas de hierro. También se añaden elementos para beber y cocinar, como una olla o los tradicionales limpiadores de calabaza u "Osun", que simbolizan su ayuda a la hora de cocinar deliciosos alimentos para la familia.

También se suelen utilizar telas rojas para recordar la capacidad de Ogun de atravesar cualquier obstáculo y despejar el camino. Por último, debería considerar la posibilidad de añadir piedras de los alrededores de su casa o de los cauces de los ríos cercanos, ya que los elementos basados en la naturaleza siempre han sido importantes en las religiones africanas. Con estas significativas adiciones a su altar, puede demostrar su aprecio por el papel de Ogun en el mundo espiritual.

A. Ofrendas tradicionales

El altar de Ogun es un espacio sagrado que honra al orisha yoruba, Ogun. Es tradicional dejar ofrendas en el altar para honrar y dar respeto al orisha, que es conocido como el patrón de la tecnología, los herreros, la guerra y la caza. Las ofrendas más comunes son conchas de cauri, telas rojas y blancas, nueces de cola, aceite de palma, boniatos o patatas, monedas, ron o ginebra, puros o cigarrillos. Además de estas ofrendas, también es costumbre que los devotos de Ogun creen objetos de metal para su altar, como tijeras y otras herramientas que pueden conectarlo simbólicamente con nuestros esfuerzos creativos y tecnológicos. Al dejar en su altar objetos que son significativos para usted, pretende reafirmar su relación con el reino de los espíritus y honrar su conexión con lo divino honrando a Ogun.

B. Símbolos de protección y fuerza

Los altares de Ogun son una forma estupenda de abrazar el poder y la protección del espíritu de Ogun. Para crear un altar, empieza por reunir objetos simbólicos relacionados con la fuerza y la seguridad. Algunas buenas opciones podrían incluir un trozo de tela o paño de color rojo brillante, herramientas útiles como martillos y tenazas para demostrar fuerza o protección, hierbas secas o frescas que evoquen visualmente protección como el romero, sal para la limpieza y protección contra el mal, piedras o conchas para enraizar la energía, velas para guiar el camino, incienso como el alcanfor o el copal para purificar el espacio y mejorar su conexión espiritual con Ogun, y quizás una imagen del propio Ogun. Con cada objeto que coloque en el altar, pídale a Ogun que lo infunda con su energía. Centrarse en sus intenciones puede ayudarle a disfrutar al máximo del poder de su altar.

C. Una estatua de Ogun

Ogun, el orisha yoruba del hierro y la guerra, es honrado con una estatua o altar. Si usted es un devoto yoruba de Ogun o aprecia mucho la cultura yoruba, crear un altar de Ogun puede ser una maravillosa manera de rendir tributo a esta poderosa deidad. Un altar debe incluir cosas como piedras, monedas, hierbas secas y hojas de plantas que representen la protección y la prosperidad, como la hoja de Olugbo y la cola amarga, aceites vegetales para la iluminación, cuentas de oración y campanas para la limpieza espiritual, y herramientas de latón que representen el poder. Si ya posee una estatua de Ogun, puede encender velas delante de ella como muestra de respeto y ofrenda de agradecimiento. Cualesquiera que sean los objetos que incluya en su altar serán únicos para su conexión con la deidad orisha honrándola en toda su gloria.

D. Velas

Si está preparando o montando un altar para el orisha Ogun, puede que se esté preguntando que velas usar. Las velas son una forma simple pero poderosa de llamar y rendir tributo a este poderoso Dios del hierro y la forja. Considere velas negras, rojas y blancas para su altar cuando trabaje con la energía de Ogun. Las velas negras son ideales para la protección y el éxito material, las rojas para la alegría, la fuerza, la vitalidad y el poder, y las blancas para la devoción y el crecimiento espiritual. También puede combinar los tres colores en una vela grande o colocarlos uno al lado del otro alrededor de su altar. Añadir monedas de distintos países es otra forma poderosa de mostrar agradecimiento a Ogun, ya que las monedas representan la riqueza en todas sus formas, como la moneda, el conocimiento y la riqueza de energía. Por último, añadir una ofrenda de fruta fresca variada (como manzanas o naranjas) o una bebida fuerte, como un vaso de whisky, encima del altar le complacerá enormemente, asegurando que sus bendiciones se cosechen una y otra vez.

E. Incienso y otros aromas

El incienso y otras esencias también son excelentes para crear la atmósfera alrededor de un altar de Ogun. Ogun es conocido como el guerrero del cambio, así que mucha gente usa esta deidad para honrar su valentía y transición en la vida. El incienso se usa a menudo en un altar de Ogun porque se cree que abre portales entre mundos, permitiendo la comunicación entre humanos y espíritus. La gente también puede considerar la colocación de hierbas aromáticas como el lúpulo, romero, verbena, raíz de angélica y zarzaparrilla como ofrendas en su altar a Ogun. Cada hierba tiene sus propias propiedades especiales que trabajan junto con las energías dentro de la naturaleza o incluso dentro de sí mismo para crear cambios poderosos. También se pueden utilizar aceites muy perfumados, como el sándalo o el pachulí, para atraer la buena suerte y el éxito en momentos de agitación o transición.

Cómo cuidar el altar

Cuidar de su altar es esencial para honrar y conectar con este amado espíritu. Le sugerimos que realice regularmente ofrendas y sacrificios en su altar para mostrar respeto y gratitud, especialmente cuando haya pedido cosas específicas a la deidad. También debería limpiar su altar alrededor de una vez a la semana quemando incienso; puede probar con un aroma a cuero utilizado tradicionalmente en el culto a los orishas. Cerciórese de que el altar esté bien iluminado y libre de desorden y polvo. Llenarlo de fruta fresca, flores u otras ofrendas naturales también es una gran idea. En general, el cuidado de un altar para Ogun requiere un compromiso constante, pero las recompensas que recibirá a través de su experiencia espiritual pueden ser inconmensurables.

Como realizar ofrendas a través de un altar de Ogun

Es una forma estupenda de mostrar su respeto por Ogun y mantener una conexión con él. Para hacer su ofrenda, empiece por limpiarse las manos y preparar el espacio donde pretende honrar a Ogun. Asegúrese de que está limpio y acogedor para que pueda concentrarse en ofrecer su reverencia. A continuación, elija un regalo apropiado para la ocasión y hágalo coincidir con los valores de Ogun. Piense en herramientas de labranza, machetes o cualquier tipo de objeto de hierro para la fuerza. Colóquelos delante del altar como si le diera la bienvenida a su casa y exprese su gratitud por su presencia en su vida. Por último, pase algún tiempo en meditación antes de dispersar las energías con gratitud y ligeros zumbidos. ¡Esta es una gran manera de establecer una fuerte relación con la energía de Ogun!

Cuando limpiar las ofrendas de un altar a Ogun

Limpiar las ofrendas de un altar a Ogun es una práctica importante para cualquiera que honre a la deidad. Los métodos utilizados para limpiar estas ofrendas dependen de las preferencias individuales y pueden ir desde la eliminación física o la quema de ofrendas. La frecuencia de la limpieza debe responder a las señales que aparecen cuando llega el momento de retirar las ofrendas, como cambios en la energía o sensación de pesadez. Alcanzar y prestar atención al reino de los espíritus puede proporcionar pistas de que es el momento de limpiar el altar y asegurarse de que su altar a Ogun se refresca regularmente con la intención y la presencia de honor, respeto y adoración.

Ejemplos de santuarios y ofrendas para Ogun

Ogun, el dios yoruba del hierro y la guerra, es honrado con santuarios en toda África y en los países de la diáspora africana. La celebración varía de una región a otra, pero en todas ellas se depositan ofrendas en el santuario. Dependiendo de la zona, estas ofrendas pueden incluir el sacrificio de pollos o cabras, el lanzamiento de monedas, el vertido de libaciones de vino de palma o ron, la quema de papel moneda u objetos simbólicos del poder de Ogun, y herramientas de hierro como machetes, hachas y azadas, y dejando alcohol para que beba. Otras formas más modernas de celebrar a Ogun incluyen actuaciones culturales como tocar tambores, bailar y cantar canciones dedicadas a él. Todas estas ofrendas se hacen entendiendo que, aunque Ogun puede ser una fuerza destructiva cuando lo necesita en tiempos de guerra, también es generoso con sus seguidores, que le honran fielmente con devoción.

Honrar a Ogun con un altar es una forma estupenda de conectar y mostrar su aprecio por este poderoso espíritu. Crear un altar implica crear un espacio limpio y acogedor, ofrecer objetos o sacrificios específicos a los valores de Ogun y retirar periódicamente estas ofrendas. Con un compromiso y esfuerzo constantes, conectar con Ogun a través de un altar puede ser una parte gratificante de su práctica espiritual. También es vital recordar que, aunque Ogun puede ser una fuerza destructiva en tiempos de guerra, cuando es necesario también es generoso con sus seguidores, que le honran fielmente. Una forma de mostrar su respeto es conectando con Ogun a través de un altar, ofreciendo objetos y sacrificios apropiados, retirándolos regularmente según las instrucciones y mostrando siempre una devoción sincera. La conexión y la relación con Ogun pueden lograrse con dedicación y esfuerzo.

Capítulo 8: Rituales y hechizos útiles

Ogun, el muy respetado espíritu guerrero, puede otorgar un gran poder de protección, fuerza y claridad a sus seguidores. Su presencia aumenta la confianza en uno mismo, guiándole a través de caminos llenos de obstáculos y conflictos y ayudando a obtener soluciones creativas a los problemas, aumentar la productividad, ayudar en la resolución de problemas y superar los bloqueos. Su presencia también guía los viajes físicos a nivel espiritual. Al completar rituales u ofrendas para Ogun, se abre a recibir sus bendiciones en estas áreas. Todo lo que se necesita es un corazón abierto, fe y confianza para que él venga y le guíe siempre que lo necesite.

Este capítulo esboza recetas para hechizos, rituales y oraciones dedicadas a Ogun. Se enumeran todos los ingredientes necesarios con los pasos a seguir para la protección, la confianza en uno mismo, la creatividad, la productividad y los viajes. Siguiendo estos pasos con reverencia, respeto y atención, puede invocar el poder de Ogun para ayudar a manifestar sus intenciones. Recuerde que cualquier hechizo o ritual debe hacerse con una intención clara y pura, ya que el poder de Ogun puede ser destructivo y productivo dependiendo de la intención de cada uno.

Protección

Ogun, también conocido como el guerrero intrépido y el maestro del hierro, es una deidad influyente en el panteón yoruba. Quienes buscan protección pueden encontrar fuerza y guía mediante rituales, hechizos y ofrendas a Ogun. Muchos de ellos ofrecen reconocimiento y respeto a este gran dios al tiempo que ayudan a los propietarios a establecer una conexión espiritual con él. Incitar la protección de Ogun puede hacerse mediante ofrendas ancestrales como sacrificios de animales o libaciones de miel. Otros símbolos protectores, como clavos de hierro o estrellas de cuatro puntas, también son apreciados por Ogun.

Los conjuros en los que se invoca a Ogun suelen incluir cantos, danzas, tambores y el intercambio de historias de coraje y valentía, cualidades muy apreciadas por la propia deidad. Además de pronunciar plegarias de protección en dirección a un santuario de hierro dedicado a Ogun, otros rituales como la meditación también son útiles para pedir ayuda al guerrero intrépido. Por supuesto, no todo el miedo puede bloquearse con hechizos o fórmulas. A veces el valor tiene que venir de dentro, y con un poco de ayuda de sus deidades, encontrará un camino a través de cualquier oscuridad.

Ritual para proteger su hogar de influencias no deseadas

Crear un hogar seguro y tranquilo puede ser complicado. Ogun es una energía increíblemente poderosa a la que podemos recurrir cuando buscamos protección adicional. Desde simples rociadas de sal y hojas de laurel hasta ofrendas y rituales más complejos, también hay muchos hechizos que utilizan la energía de Ogun para proteger su hogar de influencias externas. Tanto si busca su poder para proteger su morada física o su hogar metafórico de la oscuridad, la fuerza de Ogun nos da la posibilidad de mantener a salvo nuestros preciados lugares de paz para nosotros y para nuestros seres queridos.

El ritual de espolvorear sal y hojas de laurel requiere solo unos pocos ingredientes y es eficaz para muchos tipos de protección. Aquí tiene una receta detallada:

Ingredientes:
- 1 vela blanca
- 1 vela negra
- 2 cucharadas de incienso de sándalo
- Sal
- Hojas de laurel

Instrucciones de uso:
1. Comience por crear un espacio sagrado en su hogar encendiendo la vela blanca y la vela negra.
2. Rece una oración o invocación a Ogun y pídale que le proteja de todo lo negativo, indeseable y dañino.
3. Tome la sal y las hojas de laurel en sus manos y espolvoréelas alrededor del perímetro de su casa, empezando por la puerta principal. Visualice una barrera protectora que rodea su casa para darle fuerza y valor.
4. Por último, encienda el incienso de sándalo y camine por la casa, dejando que el humo purifique y limpie todas las habitaciones.
5. Deje que las velas se consuman de forma natural y aproveche este tiempo para meditar y reflexionar sobre la protección que aporta Ogun.

Ritual de protección contra los patrones de pensamiento negativos

Practicar rituales para protegerse de los pensamientos negativos establece prácticas saludables que equilibran nuestra salud mental y nuestro bienestar. Ogun, el espíritu yoruba del hierro, es una figura poderosa a la que muchos recurren para protegerse de pensamientos negativos o energías no deseadas. Hay una gran variedad de cantos, invocaciones y hechizos útiles relacionados con Ogun, que se pueden utilizar en función de lo que necesite. Las meditaciones de enraizamiento y los ejercicios de visualización pueden fortalecer aún más a una persona que busca protección contra ciclos mentales negativos. Conectar con la fuerza de Ogun a través de estas prácticas puede ayudarle a encontrar una mayor resistencia en tiempos difíciles y a confiar en su poder innato.

Rituales para combatir el acoso

Ogun encarna la fuerza, la artesanía y la guerra, y es una figura importante en muchos rituales. Si ha sufrido acoso o conoce a alguien que lo haya sufrido, Ogun puede proporcionarle una poderosa protección. Incorporar a Ogun a sus rituales para combatir el acoso puede proporcionarle consuelo y una sensación de seguridad. Él puede proporcionar el oportuno impulso de coraje y seguridad que, a menudo, es lo que se necesita frente al acoso. Con su protección, puede encontrar resistencia sin importar la situación. En las ceremonias en las que interviene Ogun, se utilizan poderosas ofrendas como hierro, tela negra, panales y piedras curativas para invocar su presencia. Estos significativos rituales pueden ser especialmente beneficiosos para aquellos que han pasado por episodios extremos de acoso, ya que proporcionan consuelo donde antes no parecía posible.

Confianza en sí mismo

Ogun está relacionado con muchas habilidades y pasiones diferentes. Una de ellas es la confianza en sí mismo, que se puede construir a través de una variedad de diferentes rituales y hechizos. El poderoso espíritu de Ogun puede ayudarle a crecer y desarrollar su confianza en sí mismo a través de ciertas ofrendas y recitaciones. Sin embargo, recuerde que usted es el principal impulsor de su autoconfianza. Todo lo que Ogun puede hacer es proporcionar un poco más de apoyo en su viaje hacia sentirse cómodo en su piel.

Hechizos y rituales para ayudar con la baja autoestima

Una de las prácticas más poderosas para cualquier persona luchando con baja autoestima es recurrir a Ogun. Los hechizos y rituales dedicados a él pueden ser inmensamente útiles para ayudarle a recuperar su verdadera identidad y poder. El objetivo es llenarse de valor, fuerza y resistencia para afrontar con valentía cualquier obstáculo que la vida pueda deparar.

Cuando se sienta indigno o indefenso ante las dificultades de la vida, invocar a Ogun puede proporcionarle valor gracias a su fuerte naturaleza. Del mismo modo, los símbolos relacionados con Ogun pueden utilizarse como recordatorios de fortaleza y colocarse alrededor del hogar como talismanes de seguridad. A través del lanzamiento de hechizos, ofrendas y afirmaciones diarias, puede que se encuentre más vibrante tanto en el espacio físico como en el espiritual. Al fortalecerse internamente, enfrentar sus miedos o ansiedades de frente puede ser más fácil para que los caminos hacia el empoderamiento puedan realmente comenzar a conducirlo por un nuevo camino.

Hechizo para aumentar la confianza en sí mismo y el valor

Ogun es el orisha tradicional de la fuerza y el coraje, que ha proporcionado fe y protección a los pueblos africanos durante siglos. Es, sin duda, un poderoso aliado, sobre todo en las luchas actuales contra la confianza en sí mismo, el miedo y la ansiedad. Si desea eliminar obstáculos con delicadeza, acudir a Ogun puede ser justo lo que necesita.

Ya sea a través de rituales o hechizos, Ogun puede ayudar a guiarle en el camino hacia nuevos niveles de autoaceptación y valentía. Entre otras actividades, como crear afirmaciones o pronunciar conjuros relevantes para sus objetivos, un ritual básico es el siguiente:

Ingredientes:
- Panal
- Abalorios de hierro/uñas/anillos de hierro
- Velas (preferiblemente negras o azules)
- Piedras de su elección

Instrucciones:
1. Coloque los abalorios de hierro, el panal y las piedras en un altar o en cualquier otro espacio sagrado de su elección.
2. Encienda las velas y comience a concentrar toda su energía en los objetos que tiene delante.
3. Exprese en voz alta su intención para el hechizo, o recite una oración o conjuro dedicado a Ogun (ver más abajo un ejemplo).
4. Deje los objetos y las velas en el altar hasta que se hayan consumido, luego deséchelos de forma segura y respetuosa.

Oración a Ogun

"Ogun, espíritu sagrado de fuerza, coraje y poder, le pido que me conceda protección divina para que pueda tener la fuerza y el coraje de enfrentarme a mis miedos. Lléneme de paz, claridad y comprensión infinitas para que pueda liberarme de la preocupación y la ansiedad. Protéjame de las fuerzas de la oscuridad y guíeme a nuevas alturas de confianza en mí mismo y poder. Le ofrezco mi humilde gratitud y devoción en este momento. Que le sea devuelta diez veces más. Amén".

Una vez completado el hechizo y rezada la oración, mantenga sus energías altas haciendo un seguimiento con afirmaciones o actividades que le ayuden a mantenerse centrado en sus objetivos. Con la ayuda de Ogun, el camino hacia el autoempoderamiento debe ser más claro y más alcanzable.

Meditaciones para superar el miedo

Cuando se trata de vencer el miedo, puede que no haya mejor herramienta que Ogun. Es un poderoso protector y guerrero que acude en ayuda de quienes más lo necesitan. A través de meditaciones y rituales de la tradición yoruba, puede aprovechar el poder de Ogun para ayudarle a superar el miedo y pasar al valor y la acción. Existe una gran variedad de rituales para acceder a la ayuda de Ogun, dependiendo de lo que usted necesite, desde hechizos de protección personal hasta rituales para desterrar la ansiedad. Si se siente abrumado o en busca de un impulso de empoderamiento, la conexión con Ogun puede ser un recurso inestimable en su viaje hacia la conquista de sus miedos.

He aquí algunos ejercicios a tener en cuenta:

- Visualícese afrontando y venciendo sus miedos, invocando el poder de Ogun. Imagine que su ardiente energía le proporciona fuerza, protección y valor.

- Recite una oración o conjuro a Ogun que refleje sus objetivos actuales (consulte el ejemplo anterior).

- Elabore un altar físico u ofrenda a Ogun con objetos de su elección.

- Realice una visualización activa. Imagine un escudo protector a su alrededor, fortalecido por la energía de Ogun.

- Participe en rituales centrados en la meditación como "sacudir" la energía negativa (esto implica agitar físicamente su cuerpo como si estuviera sacudiendo la energía vieja y estancada).
- Pase tiempo en la naturaleza y dedique un momento a apreciar el poder de Ogun y la energía protectora que proporciona.

Creatividad

Ogun es un poderoso espíritu asociado con la creatividad y la transformación, en particular en relación con los nuevos comienzos. Existen muchos rituales y hechizos maravillosos para honrar a este espíritu y encarnar su energía transformadora en su vida. Una práctica popular que ayuda a dar rienda suelta a la creatividad es la reverencia a los antepasados, que consiste en relatar historias de los antepasados, honrarlos con ofrendas como velas o frutas, e incorporar sus lecciones a la vida.

Incorporar tambores o cantos relacionados con Ogun también puede crear un camino muy necesario para el flujo creativo mientras le permite conectar profundamente con esta poderosa fuerza. Sea cual sea el ritual que elija, recuerde que ser consciente de la energía vibrante que aportan sus esfuerzos creativos, puede marcar la diferencia a la hora de desbloquear el poder transformador de Ogun en su interior.

Rituales para desbloquear la creatividad

Hay muchos rituales y hechizos para liberar la creatividad que implica invocar la energía de Ogun. Cuando se inicia un proceso creativo, puede ser útil invocar la energía de Ogun pidiendo que nos guíe para superar cualquier bloqueo o inhibición. He aquí algunos rituales para reavivar el proceso creativo:

- **Ofrendas en llamas:** Encienda una vela o incienso para simbolizar su ofrenda de gratitud y respeto a Ogun.
- **Tambores:** Utilice un tambor u otro instrumento de percusión para crear energía y abrir el camino creativo.
- **Danza:** Encuentre un ritmo y permítase moverse libremente mientras invoca la energía de Ogun.
- **Oración:** Recite una oración o un canto a Ogun, expresando su gratitud y pidiéndole que le guíe para superar los bloqueos creativos.

- **Veneración de los antepasados:** Dedique tiempo a conversar o dé una ofrenda a sus antepasados y pídales que le guíen en su camino creativo.

- **Paseos por la naturaleza:** Pase tiempo en la naturaleza, reflexionando sobre el poder de Ogun y pidiéndole orientación.

Ritual para la abundancia y la oportunidad

Ogun también puede ser un poderoso aliado para manifestar abundancia y crear oportunidades de éxito. Cuando se trabaja con la energía de Ogun, puede ser útil centrarse en pasar a la acción, ya que su energía se asocia con la fuerza asertiva y la fortaleza. He aquí algunos rituales que le ayudarán a atraer la abundancia y las oportunidades a su vida:

Ingredientes:

- Vela blanca o marrón
- Siete monedas (u otra ofrenda a Ogun)
- Recipiente ignífugo

Pasos:

1. Coloque la vela en su recipiente ignífugo y enciéndala.
2. Invoque a Ogun, pidiéndole su ayuda para manifestar la abundancia y crear oportunidades de éxito.
3. Coloque las monedas en círculo alrededor de la vela.
4. Visualice la energía de la abundancia y la oportunidad irradiando desde la vela en un patrón circular.
5. Exprese en voz alta sus intenciones sobre lo que desea atraer a su vida.
6. Cuando termine, deje que la vela se consuma en el recipiente ignífugo.
7. Ofrezca su gratitud a Ogun por su ayuda.

También puede conectar con la energía de Ogun recitando esta oración:

"Ogun, poderoso guerrero y protector, acudo a usted en busca de su guía. Ayúdeme a forjar un camino de abundancia y oportunidades. Ayúdeme a ser valiente en la búsqueda de mis objetivos. Le agradezco

su fuerza y protección en mi viaje".

Con estos rituales y oraciones, usted puede recurrir a la energía de Ogun para manifestar la abundancia y crear oportunidades de éxito en su vida.

Ritual de purificación

La energía de Ogun puede utilizarse para limpiar y despejar cualquier obstáculo en su vida, abriendo vías para nuevas posibilidades y comienzos. Practicar rituales o ceremonias que impliquen aprovechar la energía de Ogun puede ser beneficioso, como encender velas para ayudarle a meditar y centrarse en su poder. A medida que aprovecha sus fuerzas, las mismas pueden convertirse en las suyas propias, ayudándole a despejar cualquier sentimiento negativo o desorden que pueda haber estado bloqueando el camino a seguir. Una vez liberado de estas restricciones, se encontrará más abierto que nunca a nuevas oportunidades y posibilidades.

He aquí un ritual de limpieza que puede utilizarse para despejar el camino hacia nuevos comienzos:

Ingredientes:
- Vela blanca
- Ajo
- Olíbano
- Un cuenco de agua
- Sal

Pasos:
1. Comience grabando su nombre en la vela. Coloque el ajo y el olíbano alrededor de la vela.
2. Encienda la vela y pida a Ogun protección, limpieza y cualquier nueva oportunidad que desee manifestar en su vida.
3. Esparza una pizca de sal en el cuenco de agua y remuévala con los dedos mientras se concentra en su intención para el ritual.
4. Sumerja los dedos en el agua y rocíela por la habitación en la que se encuentre como ofrenda a Ogun.
5. Deje que la vela se consuma por completo y dé gracias a Ogun por su guía y protección.

Oración de Ogun:

"Ogun, Ogun. Le pido protección, limpieza y bendiciones para mí. Guíeme a través de mi viaje y abra los caminos que están destinados para mí. Le doy las gracias por sus bendiciones y confío en su guía divina. Amén".

Durante siglos, Ogun ha sido venerado por su poder y su fuerza. Sigue siendo una gran fuente de protección, limpieza y apertura de caminos para quienes lo buscan. Mediante rituales y oraciones, Ogun ayuda a las personas a hacer realidad sus deseos. Este capítulo ha esbozado algunos rituales y oraciones que se pueden utilizar para atraer la energía de Ogun y ayudar a traer abundancia, oportunidad, protección y limpieza a su vida. Que encuentre el éxito en todos sus esfuerzos, con sus bendiciones.

Capítulo 9: Fiestas y días festivos de Ogun

Cada año, el pueblo yoruba de Nigeria y otros países de África occidental celebra con alegría y exuberancia el festival de Ogun, en honor a Ogun. Se trata de un poderoso arquetipo venerado por su fuerza perdurable para superar circunstancias difíciles, cualidades que el pueblo yoruba sigue encarnando hoy en día. La celebración dura varios días y a veces incluye desfiles y sacrificios, además de actuaciones de grupos de danza religiosa.

Muchos países de África Occidental celebran cada año la fiesta de Ogun[ss]

Aunque los rituales pueden diferir de una región a otra, lo cierto es que, se celebre donde se celebre, la fiesta de Ogun forma parte integrante de culturas que han sobrevivido y crecido a lo largo del tiempo, sin perder nunca de vista las tradiciones que las sustentan. Este capítulo explora los orígenes de la fiesta de Ogun, cómo se celebra hoy en día y por qué, así como consejos para honrar a la deidad en nuestra vida cotidiana. El capítulo también se sumerge en la festividad de Ogun (que coincide con el día de san Pedro) y los días asociados a Ogun para ofrecer una visión holística de esta importante festividad y su relevancia en la cultura yoruba actual.

Festival de Ogun

Este festival tradicional yoruba honra a Ogun, el dios del hierro y la guerra. Miles de devotos se congregan para rezar, cantar, bailar y hacer ofrendas para mostrar su reverencia por el poder y la fuerza de Ogun. Las celebraciones pueden durar de tres días a varias semanas y se celebran para honrar a Ogun y a todos los dioses asociados a él. Las actividades diurnas consisten en desfiles con coloridos trajes, piezas de metal y hierro ornamentadas, como espadas y herramientas de labranza. Por la noche, se celebran ceremonias sagradas de rezos, música y comidas especiales elaboradas con ingredientes que se cree que traen las bendiciones de Dios. Si tiene la oportunidad de presenciar o participar de primera mano en un acontecimiento así, no lo dude, será una experiencia memorable.

Orígenes del festival

La fiesta de Ogun es una celebración anual que tiene lugar en Nigeria y otros países de África Occidental. Su origen se remonta a la historia antigua, cuando los guerreros utilizaban el hierro en sus armas para protegerse. Se creía que Ogun era tan poderoso que se creó todo un festival en su honor. Cada año miles de asistentes se reúnen para participar en rituales que incluyen tambores y bailes, que se cree que son una gran muestra de respeto a la fuerza y el poder de Ogun. La gente se viste con ropas tradicionales y disfruta de una gran variedad de comida elaborada especialmente para la festividad. El festival de Ogun sigue vivo hoy en día en las sociedades tradicionales que quieren rendir tributo a sus raíces ancestrales honrando a esta notable deidad.

Celebraciones y rituales

El festival de Ogun, también conocido como Oguinha, es una espectacular y vibrante celebración de la religión yoruba. Coloridos trajes, elaborados bailes de máscaras, música de tambores y animados desfiles llenan las calles para honrar a Ogun ofreciendo ceremonias en lugares sagrados. Las familias se reúnen para compartir platos tradicionales e intercambiar bendiciones mientras rinden culto a Ogun. Este periodo especial permite a las familias estrechar los lazos en sus relaciones y apreciarse mutuamente a un nivel mucho más profundo. La energía de este alegre acontecimiento es realmente contagiosa. Incluso los que no son religiosos pueden unirse a las festividades siempre que respeten las costumbres culturales.

Peregrinación de Ogun

La peregrinación de Ogun es una celebración anual del dios yoruba del hierro, la metalurgia y la caza en algunas zonas del suroeste de Nigeria. Esta peregrinación espiritual se ha celebrado tradicionalmente durante siglos y se sigue celebrando hoy en día. Cada año, la gente se viste totalmente de blanco para simbolizar la pureza espiritual y la limpieza ritual. Encabezados por miembros ancianos de Ogun, los devotos marchan alrededor del espacio sagrado dedicado a Ogun para acceder a las bendiciones.

Durante este tiempo, bellas muestras de vibrante energía acompañadas de música instrumental y bailes rítmicos dan vida a las celebraciones. También se hacen ofrendas tradicionales en honor de Ogun, como nueces de cola y vino de palma, que los devotos presentan en honor del poder de Ogun sobre el crecimiento y el sustento, que él proporciona. Este acontecimiento histórico está lleno de energía y devoción, ya que los yoruba se reúnen para buscar la guía espiritual de su amado Ogun. Es una experiencia impresionante que merece la pena ver si se tiene la oportunidad.

Fiesta y baile

Celebrado entre agosto y septiembre, el Festival de Ogun es conocido por sus fiestas y bailes. Los miembros de la comunidad comparten banquetes y grandes comidas comunales, lo que pone de manifiesto la importancia de los lazos sociales en la cultura yoruba. Además, el baile enérgico es uno de los pilares de las celebraciones. Este baile anima a los miembros de la comunidad y muestra su creatividad y riqueza cultural. Todos los asistentes al festival se visten con sus mejores galas para honrar a Ogun y relacionarse entre sí. El colorido de los trajes y la animada música crean un ambiente vibrante.

Procesiones y desfiles

Cada año se celebran procesiones y desfiles en los que los miembros de la comunidad portan paraguas de colores junto con utensilios hechos de hierro, como lanzas o herramientas utilizadas para cortar metal, mientras marchan por diversas partes de la tierra yoruba. Se trata de una tradición ritualista con música alegre e inspiradora, que culmina con una gran fiesta ofrecida por el pueblo anfitrión. No importa de dónde sea usted. Si busca una experiencia cultural emocionante, no deje de salir a participar en estos bulliciosos festivales.

Significado contemporáneo en la cultura yoruba

A día de hoy, esta fiesta sigue siendo una fecha importante en el calendario cultural yoruba. Tradicionalmente se celebra con rituales, banquetes y sacrificios. En la actualidad, la fiesta encarna valores yorubas que trascienden las estructuras sociales y se centran en la justicia, la igualdad de oportunidades y el progreso colectivo. Ofrece a familiares y amigos la oportunidad de unirse para vivir la vida en equilibrio.

El festival de Ogun refuerza nuestro entendimiento compartido de que debemos seguir avanzando como colectivo, tanto espiritual como económicamente. Este sistema de valores compartidos refuerza las creencias sobre la responsabilidad de una acción comunitaria positiva al final del periodo festivo de cada temporada. La gente reza por otro año lleno de una mayor comprensión del mundo y atesora lo que significa vivir como administradores de esta hermosa tierra, tal y como pretendían nuestros antepasados.

Cómo celebrar la fiesta de Ogun

El festival de Ogun es un momento muy emocionante, y hay muchas formas de reunirse para celebrarlo. Participar en ceremonias tradicionales es una forma de honrar el espíritu de Ogun. La fiesta es un momento de celebración alegre, lleno de risas y alegría. Así que organizar un desfile por su comunidad con tambores, flautas y cualquier instrumento que tenga a mano, seguro que causará impresión. Si prefiere un enfoque más sosegado, preparar sabrosos platos, como pan de mandioca o potaje de plátanos, son formas divertidas de celebrarlo. Y no olvide que parte de la fuerza y el poder de Ogun proviene de su capacidad para ayudar a los demás; hacer donativos a una organización benéfica local u ofrecer ayuda de algún tipo también sería una forma excelente de rendir homenaje esta temporada. Diviértase celebrando.

Fiesta de Ogun

La fiesta de Ogun es una celebración del temible dios de la mitología yoruba, líder de todos los guerreros. Al honrarle en su fiesta, los devotos rezan para que les proteja y esperan que sus enemigos sean vencidos. En la mayoría de las celebraciones, las ofrendas consisten tradicionalmente en comida, bebida y tambores. Cuando la gente se reúne para celebrar este día tan especial, también es una oportunidad para relacionarse y seguir compartiendo historias de las hazañas de Ogun mientras se disfruta de la compañía de familiares y amigos. La veneración de Ogun pretende unir a todas las personas en lugar de dividirlas, por lo que su festividad es un hermoso recordatorio de que, independientemente de nuestras diferencias, tenemos mucho en común.

¿Cuándo se celebra?

La fiesta de Ogun es una celebración muy esperada por los yoruba todos los años. Se celebra durante tres días, del primero al tercero del cuarto mes de su calendario. La gente participa en muchas actividades culturales y oraciones tradicionales en agradecimiento a Ogun, su dios del hierro y la tecnología. Las actividades pueden incluir cantos, bailes y banquetes con exquisitos manjares preparados especialmente para la fiesta. Además de ser un importante acontecimiento espiritual en honor de Ogun, el día de la fiesta es también una gran oportunidad para que las familias y los amigos se reúnan para celebrarlo.

Celebraciones en distintas regiones

En toda África occidental, los miembros de la diáspora yoruba se reúnen para honrar a Ogun y mostrar su agradecimiento por su protección. El punto culminante de una celebración de un mes de duración es una ceremonia minuciosamente planificada que incluye música, cantos, bailes y platos locales únicos. Durante este tiempo de gratitud, los celebrantes donan dinero a los necesitados y distribuyen alimentos en honor a la generosidad de Ogun. Los participantes en el festival suelen dejar ofrendas en los santuarios que se erigen durante el evento para agradecer a sus deidades que les hayan protegido de todo mal durante el último año. Todos los que participan se sienten inspirados por la gentileza de Ogun y crean recuerdos que perduran más allá del final del festival.

Ofrendas y actividades

Durante esta celebración anual tienen lugar todo tipo de ofrendas y actividades en honor de Ogun, desde utensilios metálicos caseros hasta sacrificios de animales. Mucha gente también disfruta participando en círculos de tambores, banquetes con platos tradicionales nigerianos y animados bailes de distintas partes del país. Todo el mundo es bienvenido a unirse a los festejos o simplemente a observarlos. Sea cual sea su elección, la fiesta de Ogun será sin duda una experiencia increíble.

Días asociados a Ogun

Ogun, antiguo dios del panteón yoruba, representa la virilidad y el poder. Es fuerte y valiente, capaz de forjar su camino. Este espíritu de fuerza y determinación es la razón por la que muchas culturas de todo el continente honran a Ogun en días especiales. Los martes están especialmente asociados a él, ya que se consideran días de coraje y fuerza que rompen cualquier obstáculo que se encuentre en el camino de una persona. Los miércoles también representan la firmeza y resistencia de Ogun, un día llamado así para recordarle que puede mantenerse firme en sus sueños, independientemente de lo que la vida le depare. Por último, se honra a Ogun el cuarto día de cada mes. Este recuerdo especial es una oportunidad para reflexionar sobre el pasado e invocar su energía para luchar por la grandeza en los proyectos presentes. Las celebraciones dedicadas a Ogun nos recuerdan a todos que debemos seguir persiguiendo nuestros objetivos con determinación.

Cómo honrar a Ogun durante estos días

Ogun posee muchas cualidades, como fuerza y valentía, un fuerte sentido de la justicia, así como benevolencia y curación. Considere la posibilidad de visitar un templo o santuario local dedicado a Ogun y compartir sus ofrendas de velas o alcohol. También puede dedicar tiempo a reflexionar sobre la simbolización de Ogun, con ofrendas de tela negra y roja para representar sus colores en sincretismo. Recuerde que si es la primera vez que celebra este día, no pasa nada si su devoción no es perfecta, pero aun así puede ser un ritual significativo.

Aquí tiene más consejos para celebrar la fiesta de Ogun, tanto si está solo como con amigos:

- Dedique tiempo a meditar y reflexionar sobre las cualidades de Ogun y porque son importantes.
- Prepare un altar personal para mostrar su devoción: reúna objetos que simbolicen la fuerza y la fortaleza de Ogun.
- Dedique un tiempo a escribir un diario: escriba su gratitud por la protección de Ogun o los retos a los que se ha enfrentado el año pasado y cómo su presencia le ha ayudado a superarlos.
- Celebre una ceremonia con amigos o familiares para honrar a Ogun: vístase de rojo y negro, encienda velas y lea oraciones o poemas dedicados al orisha.
- Comparta historias de las muchas hazañas de Ogun o de cómo su presencia ha influido en su vida.
- Por último, disfrute de un banquete tradicional nigeriano en honor del Orisha. Puede prepararlo usted mismo o encargarlo a un restaurante nigeriano local.

La fiesta de Ogun es un acontecimiento increíble que celebra la fuerza y resistencia de su homónimo. Al participar en las festividades, podrá conectar con él y recibir su protección durante su viaje. A través de reflexiones meditadas, ceremonias significativas y comidas deliciosas, puede honrar al orisha y seguir firme en la persecución de sus objetivos. Así que reúna a sus amigos o busque un lugar tranquilo para reflexionar: es hora de celebrar a Ogun.

Capítulo 10: Rituales cotidianos para celebrar Ogun

Ogun, el orisha africano del hierro, es una deidad con un espíritu apasionado que puede traer bendiciones o maldiciones a las personas. Alinearse diariamente con la energía de este singular guerrero es increíblemente gratificante para aquellos lo suficientemente valientes como para hacerlo. Esto puede lograrse ofreciendo oraciones, realizando rituales y participando en actividades que reconozcan y honren su presencia fortalecedora. Aquellos que se alinean con la fuerza de Ogun experimentan una gran protección, resistencia e ingenio mientras recorren sus caminos de vida.

Para aquellos que buscan una conexión más profunda con Ogun, tómese el tiempo para honrarlo diariamente y vea como su vida se transforma. Este capítulo explica cómo venerarle y alinearse con la energía de Ogun a diario. Proporciona ideas y rituales, oraciones, baños espirituales y actividades que se pueden hacer cada día de la semana. Cada actividad encierra una bendición, desde la protección contra los patrones de pensamiento negativos hasta el trabajo para alcanzar un objetivo o profundizar en la conexión con lo divino. Al realizar cada una de estas actividades diarias, se acercará más a Ogun y experimentará una conexión más profunda con él.

Oraciones a Ogun

Invocar a Ogun mediante la oración es una forma poderosa de honrar a la deidad yoruba de la metalurgia y el poder físico. Ogun es conocido y respetado en muchas culturas africanas, como Nigeria y Benín. En la tradición yoruba, se han practicado rituales y oraciones especiales a Ogun durante siglos. A menudo incluyen la quema de cigarros o incienso, que se dice que ayudan a comunicarse con el mundo de los espíritus. Para recibir las bendiciones de Ogun, es esencial rendirle respeto y reverencia con oraciones sagradas. Los fieles pueden sentir que sus espíritus se llenan de poder y fuerza cuando conectan con Ogun a través de la oración.

Rituales para alinearse con Ogun

Participar en rituales que invoquen a Ogun puede ser una forma poderosa y significativa de alinearse con su espíritu. A menudo, estos rituales consisten en ofrecer plegarias y cantos ataviados con colores como el rojo, el blanco o el negro. Otras ofrendas para Ogun pueden incluir herramientas como hachas y martillos, dinero u otros objetos metálicos que representen simbólicamente la fuerza o la fortaleza. Durante el ritual, tómese unos momentos para establecer las intenciones de lo que espera obtener al unirse con este poderoso orisha. La conexión con Ogun a menudo conduce a una mayor claridad de propósito y trae una fuerte protección espiritual y física. Tanto si se está explorando una ceremonia ritual autodirigida como si se une a una ya establecida, asegúrese de mantener los ojos abiertos y todos los sentidos alerta. Nunca se sabe cuándo aparecerá la ayuda del espíritu en el camino.

Actividades cotidianas que honran a Ogun

Todos los días se puede participar en actividades que honran a Ogun. Desde ofrecer bebidas especiales a la pícara y poderosa deidad hasta contar historias sobre su fuerza, puede poner de su parte para venerarle. Cada mañana, rinda homenaje a Ogun con una oración. Cada noche, deje ofrendas para los orishas. Además, para gestos más permanentes de aprecio y respeto, la gente puede crear santuarios físicos o modificar las habitaciones de sus casas para dedicarlas exclusivamente a este popular dios. Independientemente de cómo elija honrarle a diario, debe recordar que, al participar en estas actividades, está rindiendo tributo a la creatividad y al poder de Ogun.

Lunes

El comienzo de una nueva semana puede traer tanto emoción como ansiedad. Los lunes, tómese su tiempo para honrar a Ogun con los siguientes rituales y actividades.

1. Ritual: Protección contra los patrones de pensamiento negativos

Los lunes pueden ser duros, y es fácil pensar negativamente sobre lo que tradicionalmente es el primer día de la semana laboral. Al honrar a Ogun, el dios del poder y la fuerza, puede utilizar rituales como protección contra esos ciclos negativos y tener un gran comienzo. Para empezar, reúna algunas herramientas u objetos que representen la fuerza y el poder de Ogun: Como un hacha, un martillo, un cuchillo u otras herramientas de metal. Únjase con aceites dedicados a Ogun, como olíbano o mirra. Encienda una vela y rece una oración o un mantra.

2. Actividad: Aprender una manualidad

Los lunes pueden convertirse en el inicio de un nuevo comienzo. ¿Por qué no aprovecharlo para aprender algo nuevo? Es una forma estupenda de honrar a Ogun, el espíritu yoruba del hierro y la guerra. Una actividad como la fabricación de velas o jabón funciona con el elemento fuego de Ogun, y aprender a fabricar herramientas de metal puede ser muy gratificante. Aprender un oficio también fomenta la fortaleza de mente, cuerpo y alma, necesaria para afrontar los retos de la vida. Le enseñará que el trabajo duro conduce al final a la alegría.

3. Meditación: Conexión con la naturaleza

Comience su lunes con actividades que aporten claridad y concentración a su mente, cuerpo y espíritu, como dar un paseo al aire libre, hacer ejercicios de respiración profunda o escribir en un diario de gratitud. Si es creativo, puede incluso hacer una representación física de Ogun ese día. Dibuje o elabore algo que hable de su poder y colóquelo donde lo vea a menudo.

Martes

El miedo y las dudas suelen aparecer a mediados de semana. El martes es un día para despojarse de preocupaciones y dudas, para poder seguir avanzando con confianza. Los martes, realice las siguientes actividades para alinearse con Ogun y su energía:

1. Ritual: Proteja su hogar de influencias no deseadas

Dado que los martes es el día en que se honra a Ogun, es el momento perfecto para realizar un ritual de protección. Comience purificando su hogar y a usted mismo con el humo de hierbas como la salvia o el incienso. Invoque a Ogun para que proteja su hogar de cualquier energía no deseada, entidad negativa o influencia maligna. Junte herramientas y objetos metálicos que representen su fuerza, como martillos, hachas, cuchillos y espadas. Colóquelos por toda la casa para simbolizar la protección de Ogun.

2. Actividad: Trabajar con herramientas metálicas

El martes es especialmente apropiado hacer algo que implique herramientas de metal, ya que este es el elemento de Ogun. Intente fabricar herramientas de metal o busque una clase en la que pueda aprender a trabajar con ellas. Trabajar con estos materiales le ayudará a establecer una conexión con Ogun y su poder.

3. Meditación: Vencer el miedo

Dedique un momento de su día a meditar sobre la superación del miedo. El miedo puede paralizarnos y dificultarnos avanzar. Invocando el poder y la fuerza de Ogun, es posible invocar el valor necesario para superar el miedo y avanzar. Visualícese rodeado de un círculo de herramientas metálicas, que representan la protección de Ogun. Mientras respira profundamente, imagine que el miedo se disipa y es sustituido por coraje y fuerza férreos.

Miércoles

Puede ser difícil deshacerse de la negatividad, pero los miércoles puede utilizar las siguientes ideas para alinearse con Ogun y su energía.

1. Ritual: Protección contra los patrones de pensamiento negativos

Los miércoles pueden ser especialmente agotadores, y protegerse de la energía negativa es crucial. Comience el ritual reuniendo objetos representativos de la fuerza y el poder de Ogun, como un hacha, un martillo, un cuchillo u otras herramientas metálicas. Imprégnese con los aceites dedicados a Ogun. Visualice una luz blanca brillante que le rodea y rece una oración o mantra de protección.

2. Actividad: Inventar algo nuevo

Los miércoles son perfectos para honrar a Ogun desafiándose a usted mismo y ampliando sus límites creativos. Dedique algún tiempo a inventar algo nuevo, ya sea una receta, una manualidad o una herramienta. Ogun es el espíritu de la creación y la innovación. Celebre su energía inventando algo único.

3. Meditación: Purificación

Medite para purificar sus pensamientos y emociones. Durante esta meditación, visualícese rodeado de una luz blanca brillante de protección. Imagine la luz entrando en su mente y cuerpo, purificando y expulsando todos los pensamientos, emociones y energías negativas. Invoque a Ogun para que le ayude a centrarse en pensamientos positivos y a mantener su fuerza contra cualquier negatividad que pueda aparecer en su camino.

Jueves

La limpieza y la purificación son pasos esenciales que hay que dar los jueves. Utilice las siguientes ideas para honrar a Ogun y atraer su energía a su vida.

1. Ritual: Expulsar la vieja energía

Los jueves son un gran día para honrar a Ogun y limpiar cualquier vieja energía que pueda estar agobiándole. Empiece limpiando su casa y a usted mismo con el humo de hierbas como la salvia o el olíbano. Después, tome un baño espiritual para purificar aún más su energía. Mientras se baña, invoque a Ogun para que le ayude a eliminar viejos patrones y deje espacio para nuevos comienzos.

2. Actividad: Tomar un baño espiritual

Puede utilizar hierbas como la lavanda, el romero o el eucalipto para limpiar su aura de cualquier energía estancada. Comience el día dándose un baño de limpieza con hierbas para purificar el cuerpo y el espíritu. También puede preparar un bastoncillo de hierbas con salvia o lavanda. Mientras lo hace, invoque a Ogun para que le dé fuerza y protección.

3. Meditación: Dejar ir los apegos

Tómese un tiempo para meditar sobre la liberación de cualquier apego que pueda estar reteniéndole. Puede resultar difícil avanzar cuando nos aferramos demasiado a las cosas o a las personas. Visualícese rodeado de un círculo de herramientas metálicas, que representan la fuerza y la guía de Ogun. Mientras respira profundamente, imagine que las ataduras se sueltan y se desvanecen. Repita un mantra como "suelto todo lo que ya no me sirve, con fuerza y coraje".

Viernes

El viernes es el día para centrarse en sus objetivos y ambiciones. Aquí tiene algunos rituales y actividades que puede hacer para alinearse con Ogun.

1. Ritual: Conectar con su camino

Los viernes son para centrarte en conectar con su camino espiritual. Empiece encendiendo una vela blanca e invoque a Ogun para que le proteja y le guíe. Después, tómese unos momentos para reflexionar sobre los objetivos que se ha fijado y cómo puede utilizar la fuerza y el coraje de Ogun para ayudarle a alcanzarlos.

2. Actividad: Trabajar para alcanzar un objetivo

Dedique algún tiempo a trabajar para alcanzar un objetivo que se haya fijado. Ogun es el espíritu del progreso, así que aproveche este día para explotar su energía y avanzar hacia la consecución de sus objetivos. Ya sea tomando clases, investigando o buscando recursos, actúe para seguir avanzando.

3. Meditación: Afrontar tareas difíciles

Medite y visualícese rodeado de la fuerza y la protección de Ogun ante las tareas difíciles. Invoque el valor y la fuerza de Ogun para que le mantenga motivado y supere los momentos más difíciles. Concentrar su energía en una dirección positiva le ayudará a superar cualquier reto que se interponga en su camino.

Sábado

Ser creativo e ingenioso es clave los sábados. Aquí tiene algunos rituales y actividades que puede hacer para alinearse con Ogun.

1. Ritual: Rituales para desbloquear la creatividad

Los sábados son un gran día para centrarse en desbloquear cualquier energía creativa que pueda estar atascada. Comience encendiendo una vela verde e invoque a Ogun en busca de inspiración creativa. Después, dedique algún tiempo a rituales como escribir un poema o pintar para reconectar con su artista interior.

2. Actividad: Explorar lo desconocido

Ogun es espíritu de exploración, así que aproveche este día para explorar lo desconocido. Tómese su tiempo para pasear por la naturaleza y ver qué nuevas aventuras se le presentan. Salga de su zona de confort y pruebe algo nuevo, como una nueva manualidad o habilidad.

3. Meditación: Honrar a los antepasados

Tómese un tiempo para honrar a sus antepasados e invoque a Ogun para que le guíe en su viaje. Imagínese rodeado de un círculo de herramientas metálicas, que representan la fuerza y la protección de sus antepasados. Cierre los ojos y reflexione sobre las historias, la sabiduría y los conocimientos que le han transmitido sus antepasados.

Domingo

La esperanza y la fe son los temas de los domingos. Aquí tiene algunos rituales y actividades que puede hacer para alinearse con Ogun.

1. Ritual: Abundancia y oportunidad

Los domingos son un gran día para centrarse en crear abundancia y oportunidades. Comience encendiendo una vela amarilla e invoque a Ogun para que le abra las puertas de la abundancia. Tómese un tiempo para concentrarse en manifestar la vida que desea y crear un plan para alcanzar sus objetivos.

2. Actividad: Visitar un santuario o adoratorio

Una buena forma de honrar a Ogun es visitar un santuario dedicado a él. Conecte con su energía y ofrézcale oraciones y regalos. También puede crear un santuario en su casa para tener cerca el espíritu de Ogun.

3. Meditación: Profundizar la conexión

Tómese un tiempo para meditar y profundizar su conexión con Ogun. Imagínese rodeado de un círculo de herramientas metálicas que representan su fuerza y su guía. Visualícese abrazando su energía y utilizándola para fortalecerse en su vida diaria.

Estas son solo algunas ideas que pueden ayudarle a alinearse con la energía de Ogun en su día a día. Siéntase libre de ser creativo y explorar otros rituales, actividades y meditaciones que le ayuden a conectar con él más profundamente. Recuerde, Ogun es el espíritu del progreso y la transformación, así que utilice su energía como guía en su viaje.

Extra: Glosario de términos

Este capítulo extra ofrece un completo glosario de términos que le ayudará a navegar por el libro con mayor facilidad. A continuación, encontrará una lista alfabética de palabras extranjeras y sus definiciones, acompañadas de su pronunciación y fonética.

Barón Samedi (bah-RAWN sah-MEH-dee): El Barón Samedi es una deidad de los muertos en el vudú haitiano.

Damballa (dahm-buh-LAH): El gran espíritu serpiente de los cielos, también conocido como "gran padre del cielo".

Obatala (oh-bah-TAH-lah): El orisha de la paz, la justicia.

Ifá (ee-fah): Sistema espiritual o adivinatorio que constituye la base de la religión yoruba.

Loa (low-ah): Espíritu del vudú haitiano.

Obatala (oh-bah-tuh-lah): Orisha de la creación, la paz y la pureza. Obatala ama la armonía y la justicia en todas las cosas.

Ogun (Oh-goon): Orisha del hierro, la guerra y el trabajo. Es conocido por resolver situaciones difíciles y proteger o defender a sus devotos.

Ogun Akomi (Oh-goon ah-KOH-mee): Uno de los siete caminos de Ogun, también conocido como el camino de la curación y la creatividad.

Ogun Alagbo (Oh-goon ah-lah-GOH-bo): Uno de los siete caminos de Ogun, también conocido como el camino de la sabiduría y el conocimiento.

Ogun Irumole (Oh-goon eer-oo-MOH-lee): Uno de los siete caminos de Ogun, también conocido como el camino del despertar espiritual.

Ogun Melli (Oh-goon meh-jee): Uno de los siete caminos de Ogun, también conocido como el camino de la comunicación y la fuerza.

Ogun Onile (Oh-goon oh-NEE-lee): Uno de los siete caminos de Ogun, también conocido como el camino del movimiento y el viaje.

Ogun Oloyon (Oh-goon oh-low-YOHN): Uno de los siete caminos de Ogun, también conocido como el camino de ayudar a los demás.

Ogun Oyeku Melli (Oh-goon oh-yay-koo meh-jee): Uno de los siete caminos de Ogun, también conocido como el camino del valor.

Orisha (or-ee-sah): Deidades o seres divinos del panteón yoruba, venerados tanto en África como en la diáspora africana.

Yemayá (yay-may-yah): Orisha del mar, soberana de las tormentas y los naufragios. A menudo se la invoca para proteger a marineros y viajeros.

Yoruba (Yoh-roo-bah): Lengua hablada por el pueblo yoruba de Nigeria, en África occidental.

Conclusión

Ogun es una deidad fascinante que forma parte importante del sistema de creencias del pueblo yoruba. Tuvo una larga y complicada historia durante cientos de años antes de afianzarse firmemente en la mitología y la cultura yoruba como dios del hierro y la guerra. Sus seguidores invocan a Ogun para que elimine los obstáculos, les permita superar los retos y crear su propio destino. En la actualidad, sigue siendo venerado por muchos seguidores de las creencias tradicionales yoruba en toda Nigeria.

Ogun, el dios del conocimiento, el poder y la creatividad, es una fuente de gran fuerza y guía. Su presencia continua, reconforta a quienes buscan ayuda en tiempos de necesidad. Aunque a Ogun se le asocia principalmente con la forja y la guerra, también tiene fuertes conexiones con la protección, la justicia, la confianza y el espíritu de progreso. También se le considera santo y guerrero.

Ya sea su poderosa gracia, que nos protege de cualquier daño, o su genio creativo, que nos ayuda a encontrar soluciones cuando todo lo demás falla, Ogun encuentra la forma de dar sentido a la vida y restablecer el equilibrio en el universo. No conoce fronteras y siempre estará ahí para usted, sea cual sea la situación. Pedir consejo a Ogun es acceder a una fuente infinita de sabiduría y protección que aporta claridad en momentos de angustia.

Ogun es una figura legendaria desde hace siglos. Se le atribuye haber inspirado muchos aspectos de la vibrante cultura del pueblo yoruba. Por ejemplo, se le ha invocado en varias obras literarias y artísticas como símbolo de fuerza. También se le tiene un inmenso respeto por su representación de poderes vitales como la creatividad y la productividad. Su influencia se extiende a distintos ámbitos, como el espiritual, el político, el económico y el social. Sigue conformando la forma en que el pueblo yoruba se identifica y vive hoy en día. Independientemente de su fe específica, es imposible negar los efectos monumentales de Ogun en la identidad cultural yoruba a lo largo de la historia.

Esta guía proporciona una visión general de Ogun, centrándose en la historia y mitología que rodea su culto, cómo identificarse como hijo de Ogun y los rituales, símbolos y festivales asociados a él. También incluye información sobre cómo montar un altar sagrado, llevar a cabo rituales y hechizos útiles y celebrar a Ogun mediante prácticas cotidianas. Por último, se incluye un glosario de términos y frases relevantes para facilitar su consulta.

A través de esta guía, esperamos que haya adquirido un conocimiento más profundo de Ogun y que llegue a apreciar su poder y su presencia en su vida. Siguiendo sus enseñanzas, podrá progresar significativamente en el camino de la vida y alcanzar sus objetivos. Ogun está siempre con usted, ayudándole a crear un futuro mejor.

Sexta Parte: Oshun

La guía definitiva de una orisha yoruba, de la santería y divinidad femenina del ifá

Introducción

Oshun es una de las deidades femeninas más poderosas del yoruba, la santería y el ifá. Es una de los 401 orishas creadas por la deidad suprema Oludumare, y actúa como mensajera entre este poderoso ser y la gente. A menudo llamada la *divinidad femenina*, Oshun es una diosa benévola que vela por los que están bajo su protección. Aunque son sobre todo las mujeres quienes tienden a adoptarla como patrona, puede ser venerada por cualquiera que desee establecer una conexión con ella. Sus principales poderes son atraer el amor y la prosperidad hacia sus seguidores, y también se la asocia con el agua corriente y la fertilidad. Al principio de este libro, conocerá sus diferentes aspectos según la antigua religión yoruba, el *ifá*, y la religión de la diáspora africana, la santería.

Según la tradición yoruba, todas las personas proceden de los orishas. Teniendo esto en cuenta, todo el mundo tiene al menos un padre orisha. En este libro, aprenderá a identificar a su progenitor orisha y a descubrir si es hijo de Oshun. Después, conocerá las coloridas leyendas, mitos e historias *(patakis)* relacionadas con Oshun, incluida su popular historia de amor con Changó y las historias relacionadas con su madre, Yemayá, y su hijo, Eshu. Aprender sobre sus interacciones con los otros orishas y los humanos le ayudará a entender cómo conectar con su esencia femenina divina. Aunque ella es sólo el arquetipo de este poder, sus historias tienen mucho que contar sobre la conexión entre lo divino femenino y lo divino masculino.

Los capítulos siguientes serán una guía completa del simbolismo de Oshun. Le presentaremos sus plantas favoritas, sus ofrendas y las asociaciones que puede utilizar para honrarla, conectar con ella y pedirle favores y bendiciones. Una de las mejores formas de celebrarla es visitar sus lugares favoritos. Se trata de ríos, cascadas y otras fuentes de agua dulce. Otra forma excelente de venerar a cualquier deidad, incluida Oshun, es construir un altar. El libro le dará toda la información que necesita para crear y dedicar un espacio sagrado a la diosa. Aunque tener un altar dedicado no es necesario, puede hacer maravillas para construir su conexión espiritual con ella, sobre todo si es su hijo.

Cuando haya aprendido sobre su asociación, estará listo para ampliar sus conocimientos sobre los hechizos y rituales que puede realizar para honrarla. También podrá utilizarlos para comunicarse con ella y utilizar su *ashe* para mejorar su vida. El capítulo correspondiente ofrece un montón de hechizos y rituales y conjuros para el amor, la belleza, la abundancia y la prosperidad, junto con instrucciones para principiantes para cada trabajo. Podrá realizarlos en sus días sagrados y festivales.

Por último, aprenderá que no tiene que esperar una ocasión trascendental para venerar a Oshun. Los pequeños consejos y trucos que se ofrecen en el último capítulo pueden ayudarle a alinearse con su energía en el día a día, lo que le permitirá establecer un vínculo mucho más profundo con ella. Encontrará guías para principiantes sobre meditación, manualidades y otras actividades. El simple hecho de practicar el amor propio le ayudará a conectar con lo divino femenino. Si está listo para embarcarse en este viaje y empezar a celebrar a Oshun, sólo tiene que seguir leyendo.

Capítulo 1: Oshun - Espíritu, santa, orisha

Oshun se encuentra entre los orishas más significativos e influyentes de las religiones yoruba, santería e ifá. Estas religiones se originaron en África, pero han conseguido extenderse a diferentes países de todo el mundo. Este capítulo presentará estas tres religiones, el concepto de los orishas, Oshun y su papel entre ellos.

Representación artística del nacimiento de Oshun[69]

Oshun yoruba

La religión yoruba

La religión yoruba se originó en África occidental, especialmente en el oeste de Nigeria. El pueblo yoruba está formado por varios grupos étnicos y reside en el sur del desierto del Sahara. Es una de las religiones más antiguas del mundo, anterior incluso al cristianismo. Tienen sus propias creencias y tradiciones, que practican desde hace años. Sus costumbres religiosas se basan en su cultura e historia, e influyeron en su literatura, arte y vida, creando una mitología, canciones y proverbios fascinantes y ricos. Los yoruba transmiten sus tradiciones oralmente de una generación a otra. Por eso, un mismo mito puede tener varias versiones diferentes.

Gente de todo el mundo practica el yoruba, incluso en Estados Unidos; la religión llegó al nuevo mundo durante la trata de esclavos. Los africanos fueron obligados a convertirse al catolicismo y se les prohibió practicar sus propias creencias. Sin embargo, aún conservaban sus tradiciones religiosas y las practicaban en privado.

Olodumare es la deidad suprema de la religión yoruba y el creador del universo. En diferentes mitos, recibe el nombre de Olofin u Olodumare-Olorun. Olodumare no tiene género y se le suele llamar «ellos» porque es todas las cosas y no se pueden clasificar en un solo género. En el sistema jerárquico religioso, Olodumare ocupa la cima. No hay nadie por encima de la deidad que existía antes que el universo mismo.

- Olodumare
- Orishas
- Humanidad
- Los antepasados
- Plantas y animales

La religión yoruba no tiene el concepto de ángel o demonio porque creen que nada es todo bueno o todo malo. Todo tiene un lado positivo y otro negativo. Sin embargo, existen seres similares a los demonios que se conocen como *Ajoguns*. Son seres embaucadores que, a diferencia de los orishas, traen desgracia a la humanidad.

Los espíritus de los antepasados también desempeñan un papel importante en la religión yoruba. Son individuos que influyeron en la humanidad cuando estaban vivos, como valientes guerreros o reyes. Tras su muerte, los vivos mantienen vivo su recuerdo honrándoles y haciéndoles ofrendas cuando necesitan su guía.

En la parte inferior de la jerarquía están las plantas y los animales. Aunque no tienen el mismo poder que los demás seres, no son menos importantes.

Ayanmo, o destino, es un concepto principal en yoruba. Según su cosmología, cuando los humanos fueron creados, eligieron su destino: dónde nacerían, con quién se casarían, cuántos hijos tendrían, qué harían con sus vidas e incluso cómo morirían. Sin embargo, cuando vienen a la Tierra, olvidan su destino y se pasan la vida intentando recordarlo y cumplirlo. A cada ser humano se le asigna un orisha que le ayuda a realizar su *ayanmo*.

En algunos casos, una persona puede morir antes de alcanzar su destino, pero normalmente se le da una segunda oportunidad a través de la reencarnación. En la religión yoruba, la reencarnación suele considerarse una experiencia positiva. Es una recompensa para las personas que llevan una vida honorable y virtuosa.

En la religión yoruba también se cree que el alma sigue viviendo después de la muerte. El alma se reencarna en otro cuerpo, donde puede continuar su viaje hacia el cumplimiento de su destino. Este proceso se considera un ciclo natural de vida y muerte, y se cree que el alma puede renacer varias veces hasta alcanzar su verdadero propósito. Los yoruba también creen que la reencarnación es una forma de que el alma aprenda valiosas lecciones y adquiera sabiduría, lo que le ayudará a alcanzar su destino en la próxima vida. En última instancia, la reencarnación se considera un viaje hacia la iluminación espiritual y la liberación definitiva del ciclo del nacimiento y la muerte.

Orishas

Justo después de Olodumare vienen los orishas, que son los seres más significativos de la religión yoruba. Los orishas u orisas son entidades sobrenaturales y son aspectos diferentes de Olodumare. A menudo se les describe como deidades, semidioses o espíritus. Olodumare creó a los orishas antes de crear el universo. La deidad insufló vida a la humanidad, lo que hace que todos los seres humanos estén conectados entre sí.

El concepto de deidad suprema es demasiado complicado para que lo comprenda el simple cerebro humano, por lo que Olodumare no podía comunicarse directamente con la gente. Además, la deidad vive en los cielos, muy lejos de la Tierra, por lo que no puede escuchar las plegarias de la gente y suele ignorar los asuntos de la humanidad. Por esta razón, Olodumare creó a los orishas para que actuaran como intermediarios con los humanos. La deidad asignó al azar a cada orisha un dominio de influencia donde vigilarían y protegerían a la humanidad e informarían a Olodumare. Hay un orisha para cada cosa, como el trueno, la agricultura, el agua, los ríos, el hierro, la caza y el amor.

Sin embargo, algunos historiadores no están de acuerdo en que Olodumare fuera una deidad distante e inconsciente. Afirman que algunos relatos presentaban a Olodumare como un dios atento que se involucraba en la vida de los hombres y escuchaba sus plegarias.

Los orishas son muy venerados entre los yoruba porque influyen mucho en sus asuntos cotidianos. Intervienen en todos los aspectos de la vida humana, pero sólo cuando es necesario. La relación entre la humanidad y los orishas es mutuamente beneficiosa, ya que no pueden sobrevivir sin el otro. La gente venera a los orishas y les hace ofrendas, mientras que los orishas les proporcionan ayuda.

Aunque se puede buscar la ayuda de cualquier orisha, los practicantes modernos prefieren «Los siete poderes africanos». Estos siete se consideran los más poderosos e influyentes de todos estos orishas.

1. Oshun, orisha del amor y la fertilidad.
2. Changó, orisha del trueno y la iluminación.
3. Yemayá, la madre Tierra y la madre de los orishas.
4. Esu, mensajero entre los orishas y la humanidad, un orisha embaucador.
5. Obatalá, orisha del cielo y creador de la humanidad.
6. Oya, orisha de la muerte y el renacimiento.
7. Ogun, orisha del hierro y el metal.

Los orishas no son seres perfectos. Tienen muchas cualidades humanas, han cometido errores y han causado problemas a la deidad suprema. En una historia, intentaron matar a Olodumare y ocupar su lugar porque el dios estaba envejeciendo. Creían que debían gobernar solos, ya que se implicaban más en la vida de la gente y no necesitaban el permiso o la supervisión de la deidad. Muchas historias muestran a los orishas como seres imperfectos con egos, que a veces son débiles cuando se enfrentan a sus deseos. Sin embargo, siguen siendo seres responsables y siempre acuden cuando la gente los llama.

Por lo tanto, no se puede describir a los orishas como dioses. Tienen debilidades humanas y sus poderes siguen siendo limitados, ya que no pueden hacer nada sin el permiso de Olodumare. Por ejemplo, en el mito de la creación, cuando Obatalá quiso crear la tierra firme y la humanidad, primero tuvo que pedir permiso a Olodumare. Sin embargo, siguen compartiendo similitudes con los dioses, ya que tienen poderes, pueden escuchar las plegarias y ayudar a los humanos.

Nadie ha visto nunca a un orisha. Se les representa en varios cuadros basándose en su descripción en la mitología y utilizando características conocidas. Aunque los invoque, no se le aparecerán. Poseen a una persona dispuesta, normalmente un sacerdote o sacerdotisa, durante ciertos rituales.

A veces, los orishas pueden causar problemas a las personas en lugar de ayudarlas. No lo hacen intencionadamente, pero son imperfectos y tienen objetivos que pueden influir en sus acciones. Al igual que los seres humanos, se debaten entre su deber y sus deseos personales.

Oshun

Cuando Olodumare creó el universo, sintió que le faltaba algo. Necesitaba amor, romance, belleza y dulzura, así que creó a Oshun. Oshun, que también se escribe Ochun, Osun u Oxum, se pronuncia «O-shun» y es la orisha del amor, la belleza, el agua dulce, la pureza, la sensualidad y la fertilidad. Se la describe como diosa y espíritu y es la más joven de todas las orishas. Algunas leyendas mencionan que Yemayá era su madre, mientras que otras afirman que era su hermana mayor. Oshun es la favorita de Olodumare y una de las pocas que pueden comunicarse directamente con la deidad suprema y transmitirle mensajes de los orishas.

Oshun desempeñó un papel fundamental en la creación del universo, y varios mitos mencionan también cómo ayudó a salvar el mundo. Es extremadamente poderosa y puede ser tanto una fuerza de destrucción como de creatividad. Es justa y no disfruta con las acciones extremas que a veces tiene que tomar, pero sólo castiga a aquellos que se lo merecen, como cuando alguien falta al respeto a la naturaleza o a lo divino, la ofende o muestra crueldad hacia otros humanos o criaturas. Puede provocar sequías reteniendo la lluvia o causando inundaciones. Nunca se debe contrariar a Oshun, ya que es vengativa y su naturaleza dulce puede cambiar instantáneamente y convertirse en una orisha aterradora.

Su ira es sólo una respuesta a los pecadores y no refleja su verdadero carácter. A Oshun se la describe como cariñosa, bondadosa, generosa, noble, misericordiosa y cálida. Es un símbolo de la belleza femenina y domina todo tipo de relaciones. Protege, guía, cura y proporciona fertilidad a quienes la respetan y se arrepienten de sus errores. Oshun nunca ha roto una promesa, y espera que sus seguidores también mantengan su palabra. Recompensa su lealtad acudiendo siempre a su llamada.

Oshun siempre está ahí para los suyos y se muestra comprensiva con los que luchan o experimentan grandes cambios en sus vidas y se dirigen hacia nuevos comienzos. Cuando alguien pierde a un ser querido y está de duelo, Oshun le ayuda a superar su dolor.

Oshun tiene las mismas cualidades que los ríos que gobierna. Es encantadora y carismática, *y muchos orishas masculinos la encuentran irresistible*. Por fuera, Oshun parece una orisha feliz que ilumina todas las habitaciones que pisa con su belleza y su actitud positiva. Sin embargo, en el fondo, sufre y lucha contra la soledad, la tristeza y la angustia. Como orisha del amor, suele entregar su corazón a aquellos que le importan. Sin embargo, nadie le ha mostrado nunca la misma pasión, amor y devoción, por lo que siempre acaba decepcionada.

Oshun es una orisha bella, sensual y seductora, con una hermosa figura femenina. Se la representa con un vestido dorado decorado con hermosas joyas. A menudo sostiene un espejo en la mano para maravillarse de su propia belleza, haciendo gala de su vanidad.

Los seres humanos conocieron a Oshun en Nigeria, en una ciudad llamada Osogbo. Hasta hoy, el pueblo yoruba la considera un lugar sagrado. Viven bajo su protección y, a cambio, la veneran y le presentan ofrendas.

Como todos los orishas, Oshun es imperfecta y tiene cualidades y debilidades humanas. Fue la segunda esposa de Changó. También estaba casado con Obbá, la orisha del tiempo y los ríos. Estaba celosa de Obbá y le gastaba bromas para que Changó la odiara. En la mayoría de las leyendas, Oshun aparece retratada bajo una luz heroica al hacer siempre lo correcto. Sin embargo, las historias que muestran su lado humano y débil hacen que la gente se identifique con ella porque la ve como un ser imperfecto que también comete errores.

A Oshun se la asocia con la magia y a menudo se la llama «la reina de las brujas». Enseña a sus seguidores hechizos y misticismo. Oshun disfruta viendo cómo la gente se enamora y lanza hechizos que unen a los amantes.

La gente invoca a Oshun cuando necesita prosperidad, buena suerte, cambios, salud y fuerza. Aunque es una orisha para todos, presta especial atención a las mujeres. Ayuda a las que buscan el amor o quieren quedar embarazadas.

Oshun y el mito de la creación

Obatalá desempeñó un gran papel en la creación del universo[60]

En la mitología yoruba, el orisha Obatalá desempeñó un papel fundamental en la creación del universo. Cuando Olodumare creó el mundo por primera vez, sólo había cielo y agua. Obatalá sintió que al mundo le faltaban cosas, así que pidió permiso a Olodumare para construir y crear tierras, a lo que éste accedió. Con la ayuda de Orunmila y otros orishas, Obatalá descendió a la Tierra y comenzó a crear tierra firme. Cuando Obatalá terminó, pasó algún tiempo en la Tierra disfrutando de su creación. Sin embargo, se sentía solo y deseaba compañía. Pidió permiso a Olodumare para crear seres humanos, y éste se lo concedió. Sin embargo, Obatalá se emborrachó durante el proceso de creación y acabó creando personas deformes. Antes de darse cuenta de su error, pidió a Olodumare que les insuflara vida. Cuando Obatalá despertó, se dio cuenta de lo que había hecho y se horrorizó. Juró no volver a beber y se convirtió en el protector de los discapacitados.

Una vez creado el universo, Olodumare envió a algunos de sus orishas a la Tierra para completar el proceso. Había dieciséis orishas masculinos y una femenina, Oshun. Oshun tenía muchas ideas sobre cómo quería difundir la belleza y el amor en el universo. Sin embargo, como era joven y mujer, los otros orishas no escucharon ninguna de sus ideas. Se sintió ofendida y se marchó. Continuaron su trabajo, pero sin la guía de Oshun, fracasaron. No sabían qué hacer y no tuvieron más remedio que ir a ver a Olodumare y decirle que no podían completar su misión. Olodumare se quedó perplejo al ver que Oshun no estaba con ellos y preguntó por ella. Le contaron lo que había ocurrido. Olodumare se enfadó con razón. No sólo fracasaron en su misión e ignoraron las órdenes de Olodumare, sino que además faltaron al respeto a la orisha favorita de la deidad. Les dijo que para que esta misión funcionara, debían escuchar a Oshun. Los orishas masculinos dejaron a un lado sus egos y se disculparon ante Oshun. Ella aceptó sus disculpas y los acompañó de nuevo a la Tierra. Bendijo al mundo con amor, belleza y fertilidad.

Oshun en la santería

La religión santera

La religión de la santería también se llama «religión lucumí», que en español significa «La orden de lucumí», y «La regla de Ocha», que significa «La orden de los orishas». La palabra «santería» significa santos o el camino de los santos. Los practicantes de esta religión suelen describir a los orishas como santos. Cuando los africanos llegaron al nuevo mundo, se vieron obligados a convertirse al cristianismo. Como querían seguir practicando sus propias creencias religiosas, encontraron un paralelismo entre la santería y el catolicismo, lo que les dio la oportunidad de practicar ambas religiones. Descubrieron que los santos católicos y los orishas tenían muchas cosas en común, ya que ambos actuaban como intermediarios entre Dios y el pueblo. Asignaron santos católicos a sus orishas, para que pudieran aparentar que practicaban el catolicismo cuando, en realidad, estaban practicando su propia religión. Esta conexión aumentaba la complejidad de la santería. En este contexto, Oshun estaba vinculada a Nuestra Señora de la Merced.

Existe la idea errónea de que los afrocubanos fusionaron la santería con el catolicismo. Se trataba más bien de un paralelismo basado en las similitudes entre ambas religiones. A día de hoy, hay personas que practican ambas religiones, ya que no encuentran contradicciones entre ellas. Por ejemplo, alguien puede ir a la iglesia sin dejar de practicar la santería en su casa o decorar su hogar con imágenes de orishas *y* estatuas de santos católicos.

Los afrocubanos practicaron la santería en secreto durante cientos de años. Tras la revolución cubana, el gobierno reconoció y aceptó la santería, y se permitió a la gente practicar libremente sus creencias religiosas. Sin embargo, la religión seguía suscitando preocupación por su asociación con la brujería.

La religión se originó en África Occidental y llegó a países como Brasil, Cuba, Puerto Rico, Haití y Estados Unidos durante la trata de esclavos. Es una fe diversa que combina diferentes creencias de muchas culturas y religiones, como la religión yoruba, el catolicismo y las tradiciones caribeñas.

Orishas

Los orishas desempeñan un papel similar en la santería. Velan por la humanidad, informan a Olodumare y asisten a la gente cuando necesita ayuda. Invocar a un orisha requiere rituales o adivinación. Un sacerdote o sacerdotisa dirige un ritual e invita a un orisha a poseerle. Los asistentes piden entonces consejo y orientación. Algunos practicantes de la santería incluso invocan a los orishas para que les ayuden en sus prácticas mágicas.

Existen muchas similitudes entre la santería y el yoruba. En ambas religiones, Olodumare creó el universo y dejó que los orishas lo vigilaran y prestaran ayuda a la gente. En la santería, los orishas también son extremadamente poderosos y pueden hacer lo imposible, por lo que la gente los invoca cuando se encuentra indefensa. Sin embargo, también tienen el poder de traer la desgracia a la humanidad. Cuando una persona experimenta mala suerte, normalmente significa que ha estado descuidando a su orisha. Construir un altar, rezar o presentar ofrendas puede devolverlo a su versión buena. Cuando un orisha está contento con usted, se sentirá mejor y notará una mejora en todas las áreas de su vida.

Los orishas no son inmortales, y sin el reconocimiento y las ofrendas de la gente, no pueden sobrevivir.

Oshun

El amor es lo que hace que merezca la pena vivir. Olodumare se dio cuenta de este hecho tras crear el universo. Lo único que puede garantizar la supervivencia de este nuevo mundo es que la gente experimente el amor. Olodumare creó a Oshun (también Ochún) y la envió a la Tierra para difundir el amor y la alegría entre la gente. Oshun está muy unida a su madre (o hermana mayor), Yemayá, y ambas trabajan muy bien juntas. Yemayá como madre de orishas, y Oshun, como su amor. Las orishas ayudan a la gente con asuntos relacionados con el amor, la maternidad y el matrimonio.

Oshun seduce a los hombres con su baile, su risa encantadora y sus caderas. Muchos orishas y personas consideran a Oshun inexperta debido a su corta edad. Sin embargo, en más de una ocasión ha demostrado ser más lista y capaz que otros orishas. Es muy amiga de Esu, el mensajero orisha. Estuvo casada con múltiples orishas como Changó, Ogun, Orúnmila (el orisha de la sabiduría y la adivinación) y Ochosi (el orisha de la caza.) Es hija del orisha creador Obatalá y hermana de Oya y Obbá (la orisha del río). Aprendió mucho de su marido, Orúnmila, y también se convirtió en una adivina de gran talento. Aunque tuvo muchos maridos, nunca amó a nadie tanto como a Changó. Desde que lo conoció, se enamoró de él. Sin embargo, Changó era un mujeriego y le rompió el corazón muchas veces. Siguió siendo su gran amor.

Aunque es una orisha poderosa, Oshun puede comportarse como una niña malcriada y enfadarse mucho cuando la gente la ignora o no cumple sus exigencias. Ha salvado a seres humanos y a otros orishas en más de una ocasión. Domina todos los tipos de agua dulce, como estanques y lagos. Todos los elementos necesarios para la vida en la Tierra, como el amor, el agua y la prosperidad, están bajo su control.

Oshun en el ifá

Ifá es una religión basada en la adivinación. Se originó en el yoruba de la familia Olori y está muy influenciada por la magia. Ifá también se centra en venerar a los espíritus de los antepasados y en la curación. Al igual que las religiones abrahámicas, los seguidores del ifá adoran a un solo dios, Olodumare.

Los orishas desempeñan un papel destacado en la religión ifá, y cada uno de ellos está asociado a un elemento de la naturaleza. Los practicantes buscan la ayuda de los orishas a través de la adivinación, los conjuros y las oraciones. Pueden aparecérseles en sueños para aconsejarles o responder a sus preguntas.

El papel de Oshun en ifá es similar al de yoruba y santería. Proporciona orientación y ayuda, pero debe ser respetada, pues de lo contrario se vengará de quienes la ofendan. Como adivina experta, Oshun influye enormemente en la religión ifá.

Yoruba, santería e ifá tienen muchas cosas en común. Una de las bases de estas religiones son los orishas. La gente depende de ellos en todos los aspectos de su vida. Cuando los africanos llegaron al nuevo mundo, trajeron consigo a sus orishas para que les apoyaran y protegieran en esos tiempos difíciles. Esto llevó a la propagación de estas creencias a varios lugares del mundo.

A muchas personas les resultó fácil aceptar a los orishas. Se identificaban con ellos y con sus luchas. La gente simpatizaba con los orishas porque compartían experiencias similares y a menudo se dejaban llevar por sus emociones. Oshun no se ve diferente de cualquier otro humano. Cuando alguien la insulta, su ego saca lo peor de ella, y puede enfadarse y ser vengativa. Puede ahogar ciudades para castigar a los pecadores. Hermosa y seductora, Oshun está obsesionada con su aspecto. Es consciente de su belleza y del impacto que tiene en los hombres. El espejo que lleva consigo refleja su vanidad.

Sin embargo, Oshun tiene un gran corazón y a menudo ha llegado a los seres humanos y a otros orishas. Es el equivalente de Afrodita y Venus en la mitología griega y romana. Su principal objetivo es difundir el amor y la belleza. Cuida de las mujeres y de sus luchas y las protege a ellas y a sus hijos. No hay problema que Oshun no pueda solucionar. En la mayoría de los casos, no recurre a la violencia. Utiliza sus seductores pasos de baile, su belleza y su encanto para ayudar a su pueblo. Es imposible negar el papel de Oshun para la humanidad. No sólo ha contribuido a la creación del universo, sino que es la heroína de muchas leyendas en las que ha salvado a los orishas o a la humanidad utilizando su ingenio, su buen corazón o sacrificando algo. Cuanto más aprenda sobre Oshun, más entenderá por qué es importante en estas religiones y por qué la necesita en su vida.

Capítulo 2: ¿Es hijo de Oshun?

Determinar quién es su orisha puede ser una tarea muy complicada. Puede sentirse perdido en cuanto a por dónde empezar, especialmente si es nuevo en la fe tradicional africana. En este capítulo, aprenderá todo lo que necesita saber sobre los orishas madre y padre y los orishas de cabecera. Descubrirá la diferencia entre ellos, cómo determinar quiénes son y comprenderá cuál es el mejor momento para embarcarse en este viaje. Por último, entenderá lo que significa ser hijo de Oshun y encontrará un cuestionario que le ayudará a determinar si lo es.

Orishas madre y padre

Según las creencias tradicionales africanas, al nacer se asigna a todo el mundo un padre y una madre biológicos y unas figuras espirituales de padre y madre orishas. La madre orisha garantiza su seguridad, bienestar y protección durante toda su vida. Sus padres orishas son los que le guían, le ayudan cuando enfrenta retos y velan por su felicidad. Sólo podrá desbloquear su destino cuando trabaje con su madre y su padre orishas, y acepte su guía.

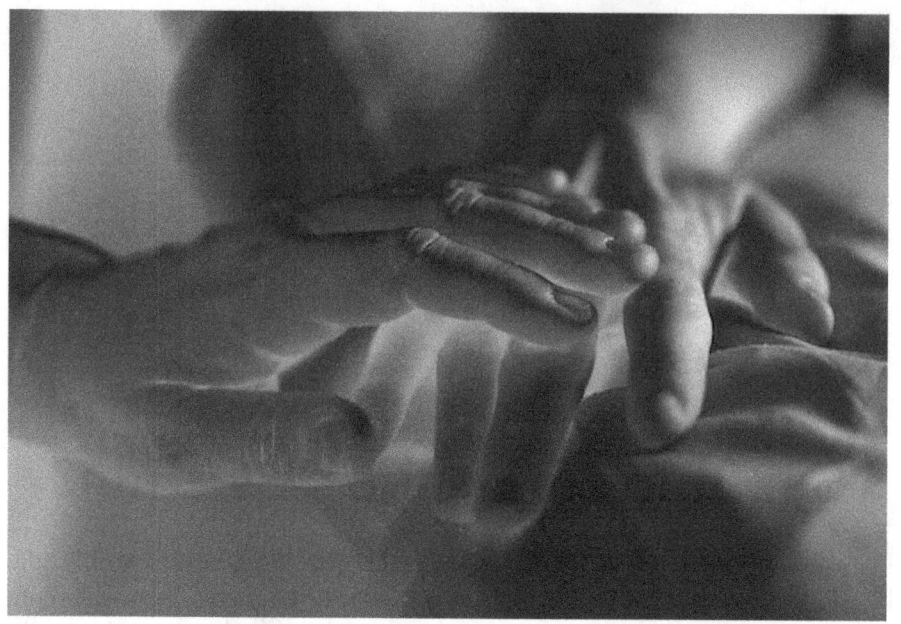

Según las tradiciones africanas, a todo el mundo se le asignan madres y padres espirituales al nacer[61]

Cada orisha encarna uno de los arquetipos de Olodumare para servir de intermediario entre los fieles y el dios supremo. Hay más de 400 orishas, cada uno de los cuales rige un determinado aspecto de la vida. Esta representación numérica muestra lo ilimitado que es el panteón. Aunque no hay un número infinito de orishas, sugiere que nunca podrá nombrar 400, aunque los conozca a todos. Es probable que siempre le falte al menos uno.

Hay orishas específicos para todo, desde la sabiduría hasta la curación. Dado que cada persona se enfrenta a las mayores dificultades en un determinado aspecto de su vida, se le asigna un orisha personal al nacer, que se considera el ayudante destinado de la persona. Dicho esto, puede invocar a *cualquier orisha* cuando enfrente ciertos problemas en su vida. Por ejemplo, alguien que siempre termina en relaciones románticas tóxicas debería considerar trabajar con Oshun. Una persona que se embarca en un viaje de sanación necesitará la ayuda de Obatalá.

Si desea aprender más sobre sus orishas paternos, primero debe liberarse de cualquier expectativa que pueda tener. Sus orishas rara vez son quienes cree, así que cualquier apego previo puede afectar su habilidad para determinar quiénes son sus orishas padres. Además, sus orishas no son necesariamente los mismos de sus padres. Si sus mayores siguen la fe tradicional africana, debería plantearse hablar con ellos; son los mejores maestros a los que puede recurrir. Sus mayores no sólo le conocen desde que nació, sino que también son muy sabios y experimentados y probablemente han estado trabajando con los orishas durante mucho tiempo. Ellos pueden darle una visión y claridad sobre quiénes son su madre y su padre orisha.

Si sus mayores tienen diferentes creencias espirituales o no es posible contactarlos directamente, puede revisar sus sueños. Los sueños pueden darle mucha información y pistas sobre quiénes son sus orishas. Decodifique el mensaje y, si es necesario, consulte a un *babalawo*. Si todo lo demás falla o sigue con dudas, puede preguntar a los propios orishas y trabajar con ellos con la ayuda de un sacerdote o sacerdotisa. Un *babalawo* especializado puede incluso ayudarle de inmediato basándose en sus respuestas a ciertas preguntas.

Cuando determine quiénes son su madre y su padre orishas, necesitará aprender más sobre ellos. Lea todo sobre sus tradiciones, símbolos, preferencias y costumbres. Constrúyales un altar y averigüe con qué elementos y asociaciones decorar el espacio. Averigüe qué ofrendas les gustan y asegúrese de dejarles regalos y rezarles con regularidad. Mantenga el espacio limpio y bien organizado, y acérquese siempre con positividad y respeto. Debe hacer un esfuerzo consciente y activo para conectar con sus orishas paternos a un nivel más profundo porque son figuras vitales en su vida. Muéstreles que está comprometido a trabajar con ellos para que puedan ofrecerle la orientación que necesita.

Orishas de cabecera

Los orishas de cabecera son comúnmente conocidos como orishas tutelares en las religiones tradicionales africanas. Varias tradiciones creen que puede tener dos orishas padres o un solo orisha cabeza u *Ori* orisha. Los orishas principales actúan como entidades equilibradoras y orientadoras, como la madre y el padre tutelares. No puede elegir su orisha de cabecera, ya que está asociado con su destino. Este orisha es la fuente de energía espiritual que una persona necesita para llevar una vida armoniosa.

Puede saber quién es su orisha de cabecera sometiéndose a una ceremonia especializada. Este ritual, sin embargo, sólo puede realizarse una vez en la vida de una persona. Cuando sepa quién es su orisha de cabecera, ocupará un lugar en su espíritu y en su alma. Debe ser consciente de que estará comprometido con su orisha tutelar (custodio) cuando sepa quién es. Es por eso que debe estar seguro de que está listo para la iniciación y un compromiso de por vida. Muchos practicantes creen que una persona se convierte en un «prisionero» de su fe elegida cuando el orisha tutelar se establece. Cuando se dedica a este sistema espiritual, se espera que se someta a una serie de iniciaciones, que a menudo son costosas. Su orisha de cabecera espera que se sumerja plenamente en el sistema de creencias.

Si habla con sus mayores o con otros practicantes de la fe, probablemente le dirán que se tome su tiempo antes de conocer a su orisha de cabecera, especialmente si aún no está seguro de la dirección espiritual que desea tomar. Si está interesado en la religión tradicional africana, pero no está seguro de estar preparado para comprometerse, debería considerar posponer el proceso de revelación del orisha tutelar. Conozca todos los aspectos de la religión y aprenda toda la información que pueda sobre los orishas. Evite encariñarse demasiado con uno solo y asegúrese de tener una buena relación con todo el panteón. Los orishas sienten celos cuando una persona favorece a uno más que a otro o le presta más atención. También pueden sentirse confundidos sobre quién es su guía tutelar. Solo cuando esté listo para iniciarse y someterse a Ocha debería considerar averiguar quién es su orisha de cabecera.

Probablemente se esté preguntando cómo puede construir relaciones positivas con 401 orishas. Una cosa que necesita saber es que no todos los orishas tienen el mismo poder y habilidades. Sólo unos pocos de ellos pueden tomar el control de la mente de una persona. Los orishas tutelares pueden diferir de una fe a otra. Sin embargo, según la religión de la santería lucumí, los orishas con esta capacidad son Oshun, Obatalá, Elegguá, Changó, Oya, Orunmila, Yemayá, Ochosi y Ogún. Todos ellos, excepto Orunmila (que se inicia a través del ifá), se convierten en espíritus tutelares del individuo a través de Kariocha.

¿Qué significa ser hijo de Oshun?

Oshun es la diosa de la fertilidad, el amor, la prosperidad y la belleza. Es lógico que los hijos de Oshun reflejen sus cualidades y encarnen su energía. Se espera que los hijos de un orisha específico pinten las vidas de otras personas con las bendiciones de sus deidades. También serían responsables de mantener vivo el espíritu de Oshun en las mentes y los corazones de otros practicantes.

Cuestionario: ¿Soy hijo de Oshun?

Este cuestionario no pretende reemplazar el proceso formal y tradicional de descubrir al padre o al orisha de cabecera. Este cuestionario, sin embargo, puede ayudarle a obtener una idea de quién podría (o no) ser su orisha. También puede permitirle confirmar sus sospechas y la validez de las pruebas anteriores de que puede ser hijo de Oshun.

Señale las afirmaciones que correspondan:

1. Le gusta vivir con lujos y persigue constantemente un estilo de vida acomodado.
2. Considera que la riqueza y el dinero son aspectos muy importantes de la vida.
3. Disfruta mostrando sus costosas posesiones a los demás.
4. Viste ropa de diseño y le encanta llevar accesorios.
5. Invierte en tecnologías que le hacen la vida más fácil y cómoda.
6. Algunas personas creen que no tiene remedio a la hora de gestionar sus finanzas.
7. El dorado es su color favorito.
8. Le gusta trabajar con piedras preciosas como cornalina, ágata, jaspe marrón y calcita azul.
9. Le importa mucho la opinión de los demás.
10. Le preocupa lo que los demás digan y piensen de usted.
11. Se preocupa mucho por su apariencia y reputación.
12. Se considera una persona muy decidida.
13. Siempre le impulsan sus metas y cree que tiene un propósito mayor en la vida.
14. Planifica estratégicamente y nunca abandona sus objetivos.
15. Está dispuesto a luchar por las cosas que quiere, incluso si eso significa que necesita manipular a otros en el proceso.
16. Le gustan los puestos que le permiten influir en los demás.
17. Es un emprendedor nato.
18. No prospera en ambientes comerciales o corporativos.
19. Es un empleado competente y dedicado.
20. Su vida sexual es interesante e intensa.

21. Muchas personas afirman que es muy coqueto.
22. Se guía por sus emociones.
23. Es muy sensible y receptivo a las necesidades de los demás.
24. Tiene tendencia a engordar.
25. Es muy carismático, cariñoso y acogedor.
26. Si tiene hijos, a menudo lo elogian por cómo los cuida.
27. Aunque no le gusta imponer sus opiniones a los demás, tampoco le gusta que le contradigan.
28. No se enfada con facilidad, pero cuando lo hace es intenso.
29. Es muy afectuoso y compasivo.
30. Se pone celoso con facilidad en las relaciones sentimentales y tiene tendencias posesivas.
31. El amor puede volverlo ciego.
32. Le gusta hacer todo con su pareja, pero se da cuenta de que el amor propio es más importante.
33. Es justo y honesto.

Análisis de las respuestas

Es probable que sea hijo de Oshun si la mayoría de las afirmaciones anteriores se aplican a usted.

Oshun suele ser representada como una mujer hermosa, con carisma, juguetona y encantadora. Sus ropas son doradas y muy lujosas, y a menudo se la representa luciendo joyas caras. Oshun disfruta exhibiendo sus impresionantes posesiones. Algunas representaciones de Oshun la muestran sosteniendo un espejo, lo que la hace parecer vanidosa. Se espera que los hijos de Oshun tengan gustos caros similares, lo que justifica las 8 primeras afirmaciones.

Se sabe que Oshun se preocupa mucho por lo que piensen y digan los demás, y por eso se espera que sus hijos también se preocupen por la opinión pública (afirmaciones 9 y 10). Se preocupa mucho por mantener una apariencia bella y una reputación alta. Se mantiene alejada de los escándalos y de todo lo que pueda empañar ligeramente su imagen (afirmación 11).

Oshun es un arquetipo del pensamiento y la planificación estratégicos. Su exterior amable y bello manipula y engaña a los demás haciéndoles creer que no tiene lo que hay que tener para conseguir lo que quiere. Sin embargo, poco saben de su gran determinación y de su deseo de influencia social y riqueza (afirmaciones 12 a 19).

A menudo se representa a Oshun con un tarro de miel alrededor de la cintura. Es un símbolo del placer sexual masculino, el embarazo y la fertilidad. Se espera que los hijos de Oshun encarnen su energía sensual, seductora y encantadora (afirmaciones 20 y 21).

Oshun es conocida popularmente por ser la más sensible y emocional de todas las orishas del panteón. A veces incluso se la considera quejumbrosa y reservada. Su sensibilidad, sin embargo, es lo que la hace estar atenta a las necesidades y el bienestar de los demás. Se cree que es la protectora de los enfermos y los pobres, y se la asocia con la curación y la prosperidad. Aporta abundancia a la vida de los demás. Aunque es muy amable y generosa, puede enfadarse mucho cuando alguien le pisa los talones. Es comprensiva y tolerante, pero no le gusta que le lleven la contraria. Oshun sabe cuándo dar se convierte en demasiado, ya que siempre da prioridad a su bienestar. Quiere a los demás, pero se quiere más a sí misma. Los hijos de Oshun nunca son tímidos cuando se trata de dar amor y mostrar cariño, pero saben que no deben comprometer sus propias necesidades y bienestar. Son afectuosos con sus parejas, amigos y familiares (afirmaciones 22 a 32).

Aunque puede llegar a ser manipuladora, si es necesario, a Oshun le gusta hacer las cosas de la manera correcta. Es recta y valora cualidades como la honradez y la justicia, sobre todo cuando trata con personas que merecen este trato (afirmación 33).

Ahora que sabe todo lo que necesita sobre la madre, el padre y los orishas de cabecera, puede determinar si está preparado para saber quiénes son. Debe recordar que encontrar a su orisha de cabecera es un compromiso de por vida. Debe estar completamente listo para pasar por el proceso de iniciación.

Capítulo 3: Oshun en mitos y leyendas

Oshun es una de las figuras más prominentes del yoruba, santería e ifá. Desempeña un papel en muchas historias de la mitología africana, ya sea como personaje principal o en un papel secundario que influye en los acontecimientos de la historia.

En este capítulo se tratan mitos y leyendas sobre Oshun. En ellos se reflejará su importancia, su verdadero carácter y su relación con otros orishas.

Oshun tiene muchos mitos y leyendas asociados a ella[68]

Traición

Un día, los orishas se reunieron para discutir su lugar en la jerarquía. Les disgustaba que Olodumare tuviera todo el poder y que tuvieran que consultarle antes de tomar cualquier decisión. Los orishas estaban muy involucrados en los asuntos de la humanidad y hacían todo el trabajo. Olodumare no sólo era una deidad lejana, sino que además estaba envejeciendo y no tenía ninguna influencia directa sobre la gente. Los orishas pensaron que si alguien debía estar al mando, eran ellos.

Decidieron rebelarse contra Olodumare. Ya no seguirían las órdenes de la deidad y dirigirían el universo a su manera. Eshu (también Esu y Eschu y denominado Elegba en santería) era el orisha de la superchería, similar a Loki de la mitología nórdica, y era el mensajero entre los orishas y la humanidad. Era un devoto y buen amigo de Oshun. Eshu también era el orisha de las encrucijadas. Estaba en la puerta, por lo que escuchó el plan rebelde.

Eshu corrió hacia Olodumare para contarle la traición de los orishas. Olodumare estaba furioso y se sintió traicionado. La deidad siempre había confiado en los orishas y los tenía en alta estima, por lo que sus acciones eran injustificadas e hirientes. Olodumare decidió castigar a los orishas impidiendo que lloviera, lo que provocó una sequía. Este fue el alto precio que pagaron tanto los orishas como la humanidad. Los ríos y lagos se secaron, las plantas murieron, las cosechas fracasaron, los humanos sufrieron y la Tierra pereció. Todo lo que los orishas crearon y construyeron estaba muriendo. Los humanos lloraban y suplicaban su ayuda. Pensaban que habían hecho algo para enfadar a los orishas y pedían perdón. Sin embargo, los orishas sabían que todo era culpa suya y no de la humanidad.

Los orishas se arrepintieron de sus actos, lloraron y se lamentaron para que Olodumare les perdonara. Sin embargo, Olodumare vivía lejos, en el cielo, y no podía oírlos. La única solución era que los orishas viajaran hasta Olodumare y le pidieran perdón. Sin embargo, muchos lo intentaron y fracasaron.

Oshun se ofreció a hacer el viaje por el bien de la humanidad y del universo. Sin embargo, los orishas se burlaron de ella porque era joven y pequeña, y no tendría éxito, especialmente cuando otros orishas mayores habían fracasado. Se burlaban de su vanidad y le decían que sólo se centrara en estar guapa. Sin embargo, Oshun era mucho más fuerte de lo que parecía y persistió. Los orishas estaban desesperados y no tenían otra opción. Pensaron que no había nada malo en dejarla intentarlo, aunque todos esperaban que fracasara.

Se transformó en pavo real y se fue volando. Era un camino muy largo y cercano al sol. Oshun perdió las plumas de sus alas y estaba agotadísima, pero siguió volando porque estaba decidida a llegar a Olodumare. Cayó muy enferma, pero nada pudo detenerla.

Finalmente, Oshun llegó a Olodumare, pero estaba tan enferma que no podía hablar. Se desmayó en sus brazos. Ya no era un hermoso pavo real, sino un buitre desgastado. La deidad la cuidó hasta que pudo hablar. Oshun explicó que los orishas estaban arrepentidos y suplicaban el perdón de la deidad. Olodumare quedó impresionado por el sacrificio y la determinación de Oshun y aceptó sus disculpas. La deidad le explicó que su valentía le alegraba el corazón. Olodumare devolvió la lluvia y todo volvió a ir bien.

Olodumare no olvidó las acciones heroicas de Oshun. Le curó las alas y le concedió un gran honor. Se convirtió en la mensajera de Olodumare y en la única orisha con la que la deidad se comunicaría y a la que permitiría entrar en su reino. Oshun voló de vuelta a los orishas en su forma de buitre. Había salvado al mundo y todos le estaban agradecidos por su heroísmo.

Oshun, la orisha del río

Oshun no era originalmente la orisha del río. Era Yemayá, la madre de todos los orishas y orisha del agua. Algunas leyendas la describen como la madre de Oshun, mientras que otras dicen que era su hermana mayor. Todos los orishas principales eran mayores que ella y tenían sus propios reinos. Como no tenía un palacio donde residir, Oshun llevaba una vida despreocupada viajando por el mundo. Un día, mientras vagaba, se encontró con Ogun. Ogun era un guerrero y el orisha del hierro conocido por su fuerza e inteligencia. Cuando vio a Oshun, quedó hipnotizado por su belleza.

Ogun deseaba a Oshun y la persiguió por todo el país. A ella no le interesó y huyó de él. Sin embargo, no tenía dónde esconderse y, mientras corría, cayó al río. El río la arrastraba. Cuando Yemayá vio a Oshun, corrió a rescatarla. Yemayá se dio cuenta de que su hija necesitaba protección y debía tener su propio reino. Por eso le dio el dominio sobre los ríos y las aguas dulces.

Historia de amor entre Oshun y Changó

Un día, Oshun fue a un festival de tambores. Había un hombre muy guapo bailando como nadie nunca había visto. Oshun, que tenía muchos admiradores, se sintió enamorada de él. Ese hombre era Changó, el orisha del rayo y el trueno, el equivalente a Thor en la mitología nórdica. Cuando Changó puso los ojos en Oshun, quedó prendado de su belleza. Ningún hombre podía resistirse a Oshun, y Changó no era diferente. Ya estaba casado con Obbá, la orisha del tiempo y del río Obbá. También era hija de Yemayá y hermana de Oshun.

Changó era mujeriego y deseaba a Oshun, y el sentimiento era mutuo. Él y Oshun se casaron. Aunque más tarde Changó tomó una tercera esposa, Oshun siguió siendo su favorita. Era una cocinera muy hábil y conseguía complacer a Changó con sus deliciosas comidas.

Celos

Changó estaba locamente enamorado de Oshun, y nunca dejó de desearla, incluso después de casados. Nunca tenía suficiente de ella ni de su deliciosa cocina. Esto rompía el corazón de Obbá, que sentía que Oshun estaba ocupando su lugar. Obbá quería que Changó la deseara de la misma manera, así que buscó la ayuda de su hermana. Le pidió el secreto que hacía irresistible su comida.

Oshun estaba celosa de Obbá y de su relación con Changó. Aunque Changó quería de verdad a Oshun, Obbá ocupaba un lugar muy especial en su corazón que a ella le costaba mucho aceptar. Oshun decidió provocar una ruptura entre ellos. Le dijo a Obbá que si quería que Changó disfrutara de su cocina y se sintiera atraído por ella, debía cortarse la oreja y añadirla a la comida. Al principio, Obbá no estaba convencida y pensó que su hermana le había mentido. Oshun decidió gastarle una broma para hacer más creíble su mentira.

Oshun preparó un plato para Changó, le añadió un tipo de seta parecida a una oreja y se puso un pañuelo. Changó comió la comida y quedó muy satisfecho. Cuando Obbá vio lo que pasaba, se cortó la oreja y la utilizó para prepararle un plato para Changó.

Changó comió la comida y la disfrutó. Cuando Obbá se dio cuenta de que a su marido le encantaba su comida, decidió contarle la verdad para que supiera cuánto lo quería y se sacrificaba por él. Obbá se quitó el pañuelo, dejando al descubierto la oreja que le faltaba. Cuando Changó se enteró de lo que había hecho, se enfureció y sintió asco. No podía mirar la cara de Obbá mutilada. La echó y se fue a vivir con Oshun, que estaba muy satisfecha de sí misma. No sólo humilló a Obbá, sino que también se deshizo de ella.

A Obbá se le rompió el corazón porque amaba de verdad a Changó. Siguió llorando y lamentándose hasta que se convirtió en el río Obbá.

En otra versión del mito, Oshun estaba celosa de Obbá porque sus hijos heredarían el reino de Changó algún día. Cuando Obbá le pidió ayuda, Oshun le contó que una vez se había cortado un trozo de oreja y lo había añadido a un plato que estaba preparando para Changó. Desde que se lo comió, se convirtió en su esposa favorita. Obbá no podía creer que su hermana fuera tan crédula como para confiarle ese secreto. Decidió superarla y se cortó toda la oreja.

Changó descubrió la oreja mientras comía. Estaba furioso y se sintió traicionado porque pensaba que Obbá intentaba envenenarle. Su ira estaba tan fuera de control que cayó un trueno en su casa. Obbá y Oshun se aterrorizaron e intentaron escapar, pero ambas cayeron y se convirtieron en los ríos que llevan sus nombres.

El sacrificio de Oshun

Yemayá estaba casada con Arganyu, que era uno de los orishas mayores. Algunas leyendas dicen que era el padre de Changó, mientras que otras lo llaman su hermano. Yemayá y Arganyu estaban locamente enamorados. Permanecieron casados durante mucho tiempo, y su unión benefició a la humanidad. Sin embargo, Yemayá sintió que esta relación debía terminar. Quería pasar su vida sirviendo al mundo, pero su matrimonio con Arganyu se lo impedía. No estaba aprendiendo nada nuevo y quería hacer más y marcar una verdadera diferencia. Yemayá decidió separarse de su marido. Sin embargo, lo amaba profundamente y no quería dejarlo solo. Quería que Arganyu estuviera con alguien que cuidara de él, satisficiera sus necesidades y le ayudara a superarla. Sabía que no había nadie mejor para ese trabajo que su hija favorita, Oshun. No sólo era la orisha del amor, sino también muy hermosa, y ningún hombre podía resistirse a ella. También podía usar encantamientos y magia con Arganyu para que se olvidara de Yemayá.

Yemayá se dirigió a casa de su hija para hablar con ella. Oshun quería mucho a su madre y se alegró mucho de verla. Sin embargo, sintió que algo iba mal, ya que Yemayá no visitaba a nadie casi nunca, y también tenía una expresión de preocupación en el rostro. Oshun se arrojó a los pies de Yemayá para mostrarle su respeto y devoción. Le dijo que haría todo lo que le pidiera. Yemayá abrazó a su hija y se sintió conmovida por su lealtad. La miró a la cara y no pudo evitar admirar su belleza. Sabía que Oshun era la única persona que podía hacer feliz a Arganyu.

Yemayá abrió su corazón a Oshun y le explicó su deseo. Oshun se sorprendió porque no esperaba que su madre le pidiera algo así. Sintió que había hablado demasiado pronto al acceder a la petición antes de saber de qué se trataba. Oshun se encontró en una situación terrible. No quería faltar a su palabra, pero tampoco podía casarse con un hombre al que no amaba. Yemayá le explicó su plan a su hija. Traería a Arganyu aquí y luego pondría una excusa y se iría. Entonces, Oshun debería empezar a coquetear con Arganyu y acostarse con él.

Cuando Yemayá se marchó, Oshun reflexionó sobre lo que su madre le había pedido. Aún estaba conmocionada por la petición. ¿Cómo iba a casarse con un hombre al que no amaba? Era innegable que Arganyu era guapo, pero ella no sentía nada por él. Sin embargo, su madre le había dicho que era por un bien mayor, y Oshun quería y respetaba tanto a su madre que no podía negarse.

Oshun no podía dormir. Sabía que su vida nunca volvería a ser la misma. Le preocupaba cómo reaccionaría Arganyu. Quería mucho a su madre y no podía enfadarse ni ser cruel con ella. Decidió aceptar la petición de su madre y se durmió dispuesta a prepararse para el gran día.

A la mañana siguiente, Yemayá llevó a Arganyu a Oshun. No hablaron mucho durante el viaje, ya que su mente estaba preocupada. Iba a abandonar para siempre al hombre que amaba. Oshun se preparó y se aseguró de lucir lo mejor posible. Yemayá y Arganyu llegaron y vieron a Oshun; nunca había estado más guapa. Al cabo de un rato, Yemayá se excusó mientras lanzaba una mirada a su hija para que ejecutara el plan. Oshun asintió para tranquilizar a su madre. Yemayá abrazó a su marido, y él supo entonces que no volvería a verla. Sintió que se le partía el corazón al verla alejarse.

Hubo un silencio muy largo antes de que Arganyu empezara a hablar. No estaba tan enfadado como Oshun temía. Arganyu estaba tranquilo y hablaba con voz suave. Le dijo que no tenía por qué hacer eso, que él estaría bien y que ella no tenía por qué disgustar a su madre. Oshun se quedó mirando a Arganyu sin decir una palabra. Pensó en lo que ocurriría a continuación y se dio cuenta de que la situación no era tan horrible como pensaba en un principio. Acordaron permanecer juntos. Arganyu encontraba a Oshun hermosa y ella quería mantener la palabra dada a su madre.

Arganyu fue el primer hombre con el que estuvo, ya que esta historia tuvo lugar antes de que conociera a Changó. Aunque nunca estuvieron enamorados, Arganyu era muy especial para Oshun porque la hacía sentir mujer. Vivieron juntos durante mucho tiempo en paz y armonía.

Oshun y Ogun

Como orisha del hierro, Ogun trabajaba como herrero. Los otros orishas y toda la humanidad se beneficiaban de su trabajo. Sin embargo, estaba cansado y quería retirarse al bosque, donde se sentía más feliz. Sabía que nadie podría detenerle porque era fuerte y poderoso. Un día, decidió marcharse y se fue a vivir al bosque. Sin embargo, su ausencia se hizo notar. El universo necesitaba un herrero para fabricar herramientas y construir cosas. Los orishas acordaron ir al bosque y convencer a Ogun de que volviera. Ninguno tuvo éxito. Ogun echaba a todos los orishas que venían a visitarle y se obstinaba en permanecer en su nueva vida.

Oshun era la única orisha que nunca había probado suerte con Ogun. Un día, fue a ver a los otros orishas y les pidió permiso para hablar con Ogun. Una vez más, los orishas la subestimaron por su corta edad y su falta de experiencia. También estaban preocupados porque ella era pequeña y Ogun era muy fuerte e impredecible. Sin embargo, Oshun estaba decidida y les pidió que le dieran una oportunidad. Les explicó que era más fuerte de lo que parecía y que sabía exactamente cómo traerlo de vuelta. Nadie la tomó en serio. Todos la subestimaban por su edad y su ingenuidad.

Obatalá, el padre del cielo, creador de la humanidad y padre de todos los orishas, incluida Oshun, estaba presente. Al cabo de un rato, hizo una señal con la mano para que todos dejaran de hablar. El silencio llenó la sala. Dijo que como ninguno había conseguido traer de vuelta a Ogun, no había nada malo en darle una oportunidad a Oshun. Obatalá sabía que Oshun era deseable y podía atraer a Ogun y traerlo de vuelta.

Oshun se dirigió al bosque, dispuesta a ejecutar su plan. Se paró en medio del bosque y empezó a bailar. No llevaba nada más que cinco pañuelos transparentes. Ogun estaba dando un paseo y, cuando Oshun lo vio, empezó a bailar de forma seductora. Fingió que no veía a Ogun y se puso a cantar. Él oyó su voz y se acercó para ver de dónde venía. Oshun se dio cuenta y se ajustó los pañuelos para mostrar partes de su cuerpo. Cuando vio a Ogun, se acercó a él lentamente y le hechizó aplicándole miel en los labios.

Él quedó hipnotizado y entró en trance. Oshun siguió fingiendo que no lo veía. Siguió alejándose del bosque hacia el pueblo y aplicándole miel en los labios para evitar que el hechizo desapareciera y mantenerlo en trance. De repente, Ogun recobró el conocimiento y se encontró en la ciudad rodeado de todos los orishas. Se alegraron mucho de verle y vitorearon a Oshun por haber conseguido traerlo. Ogun decidió quedarse para que pareciera que había vuelto por voluntad propia y que no lo habían engañado. Desde ese día, todos vieron a Oshun como una orisha capaz y poderosa.

Engañar a la muerte

Un amado rey yacía en su lecho de muerte. Estaba muy enfermo e Iku, el dios de la muerte, se preparaba para llevarse su alma. Su pueblo estaba desconsolado y no estaba preparado para ver partir a su rey. Buscaron la ayuda de un oráculo que les dijo que Oshun podía ahuyentar a Iku, pero que necesitaban presentar una gran ofrenda. Oshun se compadeció de la gente y quedó impresionada por su devoción al rey. Aceptó la ofrenda y fue a ver a Iku, que estaba en casa del rey. Le dijo con firmeza que dejara al rey, pero él no aceptó.

Oshun le dijo que no se rendiría hasta que se fuera. Iku intentó asustarla, pero Oshun era valiente y no se echó atrás. Se acercó a él y lo tocó de forma sensual. Estaba confundido y, antes de que se diera cuenta, Oshun le robó su talismán de poder. Iku se quedó sin poder y se avergonzó de que Oshun pudiera engañarlo. Le dijo que sólo recuperaría su talismán si accedía a marcharse. Iku se marchó y el rey vivió. Oshun fue la única orisha capaz de engañar a la muerte.

Seducir a un fantasma

Oya, la orisha del renacimiento y la muerte, era la hermana de Oshun y la tercera esposa de Changó. Estaba celosa de que Changó favoreciera a

Oshun y sólo le prestara atención a ella. Hizo un truco para mantener a su marido cerca y evitar que viera a Oshun. Utilizando su poder sobre los muertos, Oya invocó fantasmas y los hizo rodear la casa para que Changó no pudiera salir. Ella sabía que él no podía tolerar a los muertos, así que no intentaría desafiarlos.

Changó estaba atrapado. Pasaron los días y Oshun empezó a preocuparse. Changó nunca pasaba tanto tiempo sin verla, así que supo que algo iba mal. Fue a verlo y él le contó lo que había hecho Oya. Oshun salió y se reunió con el líder de los fantasmas. Hizo todo lo posible para que se marchara. Coqueteó con él, le ofreció ron y lo sedujo con su belleza. El fantasma cedió y se marchó. Changó pudo marcharse y estar con Oshun.

De todas estas leyendas se desprende claramente que Oshun era una mujer fuerte, decidida, valiente, segura de sí misma e inteligente. La gente se burlaba de ella y la subestimaba, pero ella desafiaba todas las probabilidades, creía en sí misma y demostraba a todos que estaban equivocados. Era valiente y siempre se ofrecía de voluntaria para ayudar. Desinteresada y cariñosa, no ganaba nada con sus acciones; sólo quería hacerlo bien por el bien de la humanidad y de los orishas.

En muchos casos, Oshun utilizó su sensualidad para resolver problemas. No era sólo uno de sus poderes y una forma pacífica de hacer las cosas. Sin embargo, Oshun dejó claro que era algo más que una mujer hermosa. Sus verdaderos poderes residían en su personalidad. Es imposible no admirarla.

Hay muchas lecciones que aprender de estas historias, pero la más importante es creer en uno mismo incluso cuando nadie más lo hace. Cuando alguien le diga que no puede hacer algo, dígale que observe mientras lo hace. Esa era la actitud de Oshun, y siempre demostró a los otros orishas lo capaz que era.

Capítulo 4: Conexión con la divinidad femenina

El universo es un ser gigantesco hecho de energía sin fin. Crea constantemente y se crea continuamente al mismo tiempo. Su energía es inquieta, siempre zumba y se multiplica, pero nunca disminuye ni se destruye.

El universo también se rige por su propio conjunto de leyes. Hay doce leyes. Una es la ley de la polaridad, y la otra es la ley del género. La ley de la polaridad afirma que todo existe dentro de una dinámica binaria.

Básicamente, esta ley establece que si hay luz, también debe haber oscuridad, y si hay calor, entonces hay frío, etc. Este contraste no existe por casualidad, sino por diseño. Esta dualidad crea armonía y equilibrio; sin ella, todo se convertiría en caos y destrucción.

La divinidad femenina es una forma de energía siempre presente[68]

La ley del género es otra ley vital. Afirma que cada ser existe con su contraparte. Es muy parecida a la ley de la polaridad, pero no sirve para los mismos fines. Esta ley también crea equilibrio y armonía entre cada ser energético.

Ahora se preguntará, ¿cómo se relacionan estas leyes universales con lo divino femenino? Sencillamente, lo divino femenino no podría haber llegado a existir si estas dos leyes no rigieran el mundo. Este capítulo le dará una comprensión profunda de lo divino femenino y su papel en la tradición yoruba.

¿Qué es lo divino femenino?

Lo divino femenino es una forma de energía que tiene lugar en casi todo lo que le rodea. Por ejemplo, la Madre Tierra es lo divino femenino. El agua, la luna y los humanos tienen lo divino femenino en ellos. Esta energía no existe en un lugar o en una criatura; existe en cualquier lugar y en todas partes.

Para comprender lo divino femenino, primero hay que entender sus cualidades. ¿Cómo se puede distinguir esta energía?

1. Creatividad

Lo divino femenino está lleno de energía creativa. Siempre crea, y sus creaciones se consideran sagradas, bellas y únicas. Piense en la Tierra y piense en todas sus creaciones. Árboles que alcanzan los cielos, flores delicadas dibujadas con intrincados detalles o tierras que albergan millones de seres vivos. Piense en pájaros que cantan, lobos que aúllan a la luna, gallos que cantan al amanecer, criaturas que vuelan entre las nubes y otras que viven en las profundidades del océano. La Madre Naturaleza está en constante estado de creación, y su creatividad despliega su divina energía femenina.

2. Intuición

La intuición es una sensación poderosa que ejercen tanto los seres humanos como la naturaleza. La gente tiende a creer que la intuición es una herramienta que utilizan los humanos, pero eso está muy lejos de la realidad. La intuición es una fuerza energética que puede existir en cualquier lugar y en cualquier cosa. Por ejemplo, la luna está vinculada a la intuición. Varias religiones y culturas espirituales creen que la luna refuerza la intuición. Se cree que eleva las capacidades intuitivas. Por eso la luna es vista como una divinidad femenina y a menudo se asocia con varias diosas en diversas culturas.

3. Sabiduría innata y regeneración

La espiritualidad vincula a la serpiente con la feminidad divina. Varias culturas centenarias utilizaron la serpiente como símbolo de sabiduría y transformación. Estas dos cualidades forman parte del arquetipo femenino divino. Los seres humanos conectados a esta energía tienden a comprenderse a sí mismos a través de la autorreflexión. El acto de buscar el conocimiento desde el interior permite a las personas acceder a su sabiduría innata, lo que finalmente conduce a un ciclo transformador. La serpiente muda su piel y se convierte en una versión nueva y mejorada de sí misma. La divinidad femenina también sabe cuándo es el momento de mudar de piel y convertirse en una versión avanzada de lo que es.

4. La dadora

Lo divino femenino es un dador por naturaleza. Cuando las personas aprovechan esta energía, también se convierten en dadoras. Esto significa que una persona es generosa con su tiempo, su amor y su esfuerzo. Es indulgente y empática consigo misma y con los demás. Esto también se refleja en la naturaleza. La mejor manera de entender la naturaleza generosa de la divinidad femenina es compararla con los árboles. Los árboles son dadores. Proporcionan sombra, fruta y un aire más limpio, y su contemplación es relajante. Son el hogar de muchos animales, y su mera existencia es un regalo para toda criatura viviente. Como el árbol, la divinidad femenina es naturalmente dadora. Sin embargo, como la divinidad femenina es intuitiva y sabia, sabe cuándo se está abusando de su generosidad, lo que significa que no tiene que ser infinitamente generosa. Sin embargo, descubrirá que es más generosa cuando está en sintonía con su feminidad divina.

Lo divino femenino y su contraparte

Para comprender plenamente lo divino femenino, necesita entender su contraparte. Las leyes de polaridad y género establecen que todo debe existir con su contraparte. Esto significa que lo divino femenino es una cara de la moneda. No existe sola. Entonces, ¿qué hay en la otra cara de esta moneda sagrada? Lo divino masculino. Lo divino femenino y masculino existen en armonía. Juntas, estas dos energías crean un equilibrio necesario. Demasiado de cualquier cosa puede crear y creará el caos. Por eso lo divino femenino existe junto a lo divino masculino.

Esto no quiere decir que una esté incompleta sin la otra. Al contrario, ambas energías son perfectas tal y como son. Sin embargo, cada una aporta cualidades de las que carece la otra. Por ejemplo, la ley de la polaridad dice que todo y su opuesto coexisten juntos, ¿verdad? Así, por ejemplo, lo divino femenino es más reflexivo y busca la sabiduría en su interior. Por otro lado, lo divino masculino busca la sabiduría en el exterior o a través de los demás.

Por supuesto, esto no significa que una forma sea mejor que la otra. Sin embargo, no sería sensato buscar la sabiduría sólo en el interior y depender únicamente del exterior para comprender. Por eso es mejor confiar ocasionalmente en cualquiera de las dos estrategias.

Ahora bien, debe recordar que lo divino femenino y lo masculino son fuerzas energéticas. ¿Qué significa esto? En pocas palabras, ambas energías son frecuencias que cualquiera puede aprovechar. Por ejemplo, es fácil suponer que las mujeres están naturalmente conectadas con lo divino femenino y que los hombres se conectan con lo divino masculino, ¿verdad? Pues no.

Para entenderlo, hay que profundizar en los componentes de un ser humano. Las personas existen físicamente en un plano terrenal y espiritualmente en un reino espiritual. La forma en que la gente entiende el género en la Tierra sólo funciona para el reino físico. Sin embargo, el género no funciona de la misma manera en el mundo espiritual. ¿Por qué? Porque la espiritualidad afirma que el género en la forma espiritual no es más que energía. ¿Qué es la energía en el mundo espiritual? En su forma más simple, es una frecuencia. Esto significa que cualquiera puede acceder de forma natural a una determinada frecuencia o cambiar conscientemente de una energía a otra.

En palabras más claras, tanto las mujeres como los hombres pueden conectarse a una u otra energía. Las mujeres pueden conectarse a su divino masculino, y los hombres pueden actuar desde su energía divino femenino. Los seres humanos también pueden cambiar entre estas dos energías en cualquier momento que lo deseen.

Ahora que conoce bien las cualidades divinas femeninas, es hora de que se familiarice con las divinas masculinas para que pueda comprender el funcionamiento de las divinas femeninas.

Lo divino masculino es un perseguidor, lo que significa que es activo y asertivo. No es conocido por su profunda autorreflexión, ya que se centra más en establecer objetivos y llevar a cabo los planes. Esta energía es más decisiva y lógica. Esto no significa que las personas que están en sintonía con su divino masculino carezcan de emociones. Al contrario, sienten sus emociones, pero actúan según su lado lógico. Lo divino masculino es naturalmente protector y tiene un buen sentido del liderazgo.

Uno puede encontrar un buen equilibrio entre ambas energías, lo que significa que puede estar más en sintonía con su divino femenino y conectado con su divino masculino un segundo después. Puede hacerlo fácilmente cuando tiene un buen discernimiento entre ambas y sabe cómo se siente cuando está conectado a cualquiera de ellas.

El arquetipo Oshun y lo divino femenino

El concepto divino femenino es universal. Esto significa que varias culturas con diferentes antecedentes reconocen estas energías sagradas. Por supuesto, el término «divino femenino» está más occidentalizado. El pueblo yoruba cree en la energía del divino femenino y la conoce como Oshun. ¿Quién es Oshun?

Oshun es una diosa nigeriana. Gobierna los ríos, el agua, el amor, la sensualidad, la fertilidad y la pureza. Se la describe como una diosa gentil y amable, pero también se la conoce por su naturaleza ferozmente protectora. Es conocida por vengarse de cualquiera que se atreva a traicionarla.

Recibe su nombre del río Osun, en Nigeria. La diosa de los océanos, Yemayá, y Olofin, rey de los cielos, se unieron y dieron a luz a Oshun. La diosa está más en sintonía con su divina feminidad, pero también muestra pequeñas cualidades divinas masculinas. Esto hace que esté perfectamente equilibrada.

¿Cómo consigue la diosa equilibrar ambas energías? Para responder a esta pregunta, primero hay que familiarizarse con Oshun.

Oshun fue la única mujer enviada a la Tierra, junto con otros 16 dioses masculinos. Estos seres divinos fueron enviados a la Tierra para poblarla y crear vida. Los dioses intentaron crear vida, pero fracasaron. Oshun fue la única diosa que logró crear vida.

¿Le recuerda esto a las cualidades divinas femeninas? Oshun utilizó su creatividad, sabiduría interior, intuición y fertilidad para crear vida. Oshun trajo el agua a la tierra, creando y dando vida a todo lo que la rodeaba. El impacto de la diosa en la Tierra fue tan fuerte que el pueblo yoruba creía que la humanidad no habría existido si Oshun no hubiera ayudado de alguna manera.

Los yoruba rezan a la diosa para que les ayude con su fertilidad. Esto demuestra la generosidad y el amor de la diosa hacia sus devotos. Oshun utiliza sus poderes y ayuda a sus adoradores permitiéndoles crear como ella. La diosa se complace cuando ve a sus devotos crear y dar y amar sus creaciones sin cesar.

Es un claro ejemplo de lo divino femenino, pero también conecta con lo divino masculino cuando es necesario. Por ejemplo, protege a sus creaciones y a sus hijos. También es conocida por mostrar su ira cuando se enfada. Un mito describe violentas inundaciones y lluvias torrenciales que destruían a la gente que ofendía a la diosa. Estas historias demuestran que la diosa está naturalmente en sintonía con su feminidad divina. Sin embargo, también tiene el poder de conectar con su masculinidad divina cuando es necesario.

Proverbios y leyendas sobre la divinidad femenina

La tradición yoruba cuenta varias historias de Oshun que muestran su feminidad divina. Por ejemplo, un mito describe a Oshun como una diosa inteligente que podía engañar a la muerte. Se sabía que algunos dioses y diosas no podían alcanzar el cielo solos. Sin embargo, Oshun quiso desafiar a los orishas y alcanzar los cielos. Los orishas se rieron de la diosa y no creyeron que pudiera alcanzar los cielos.

Oshun estaba decidida a alcanzar los cielos, así que se transformó en un hermoso pavo real con plumas de colores. Consiguió volar al cielo, pero el sol empezó a quemarle las plumas. El sol empezó a corroerle la piel, pero la diosa siguió volando más alto. Finalmente, Oshun alcanzó al creador, Olodumare. Se desplomó en sus brazos y se convirtió en un buitre. El creador admiró su dedicación y valentía y la cuidó hasta que recuperó la salud. Olodumare honró la dedicación de Oshun comunicándose sólo a través de ella.

Desde entonces, el pavo real y el buitre se convirtieron en símbolos de la transformación, regeneración, valor y dedicación de Oshun.

Otro mito muestra la inteligencia y sensualidad de Oshun. La historia comienza con Oya, hermana de Oshun y tercera esposa de Changó. Oya estaba celosa porque Changó prefería a Oshun antes que a ella. Un día, invocó a un fantasma y le exigió que rodeara la casa. Oya sabía que

Changó no se atrevía a desafiar a los muertos vivientes. El fantasma rondó la casa, a petición de Oya, y Changó no pudo escapar de ella.

Mientras tanto, Oshun estaba preocupada porque sabía que nada podía alejar a su marido de ella. Visitó la casa y encontró al fantasma que Oya había invocado. Oshun intentó que se marchara ofreciéndole ron, pero el fantasma no abandonó la casa. La diosa utilizó entonces su sensualidad para seducir al fantasma y conseguir que abandonara la casa. Al final, el fantasma se asustó de los intentos de Oshun y se marchó. Cuando el fantasma abandonó la casa, Oshun y Changó se reunieron de nuevo.

¿Qué muestran estas historias? Muestran la feminidad divina de Oshun. Como humana, no tiene por qué utilizar su feminidad divina de forma similar. A través de estas historias, Oshun muestra cómo cualquiera puede manipular su feminidad divina y utilizarla como una poderosa herramienta para lograr cualquier cosa que su corazón desee.

¿Cómo puede conectar con la divinidad femenina?

Si quiere estar en sintonía con su divino femenino, debe familiarizarse con sus cualidades. Ahora que sabe en qué cualidades debe trabajar, necesita tener sesiones de autorreflexión con usted mismo.

Pregúntese: «¿Cuál es mi relación con mi intuición? ¿Escucho mi intuición? ¿Sigo mi sabiduría interior? ¿O la desacredito?». Su relación con su intuición aquí es clave para conectar con lo divino femenino.

Acostúmbrese a tener sesiones de autorreflexión; si le resulta extraño, es señal de que debe practicar la autorreflexión. Eso le ayudará a estar más en sintonía con su cuerpo y su espíritu. Cuanto más lo haga, más fluirá su intuición.

Recuerde que lo divino femenino es conocido por su creatividad. Esto no significa que necesite dar a luz físicamente. Simplemente significa que necesita permitirse estar en un flujo creativo. Cuando permita que su creatividad fluya a través de su cuerpo, permítase crear. Sus creaciones pueden tomar cualquier forma: cerámica, una obra de ficción, una pieza artística, etc.

La divinidad femenina también es dadora. Ahora, pregúntese cómo puedo ser más dadivoso. Su generosidad debe empezar por usted mismo en primer lugar. Esto significa que primero debe ser generoso, amable e indulgente con usted mismo. Cuanto más practique ser generoso con usted mismo, más generoso se encontrará de forma natural con los demás.

Al principio, esto puede parecer desalentador. No se preocupe; hay rituales que puede probar para ayudarle a conectar con su feminidad divina.

Ritual del amor propio

Ingredientes:

- 1 vela blanca grande
- 5 girasoles
- 1 cucharadita de canela
- 1 cucharadita de miel
- 1 cuenco
- Su perfume de autor
- Una estatua de Oshun

Instrucciones:

1. En un espacio seguro, encienda una vela durante cinco días delante de la estatua de Oshun.
2. Coloque la vela en el centro del cuenco.
3. Aderece el cuenco y la vela con canela, miel y girasoles.
4. Converse con Oshun durante los cinco días y pídale que le ayude a encontrar su sensualidad o que le ayude a enamorarse de usted mismo.
5. El quinto día, apague la vela.
6. Retire la vela y los restos de cera. Tome el cuenco con sus ingredientes y llénelo de agua tibia.
7. Métase en la ducha.
8. Mientras vierte el agua, rece a la diosa.

Ritual de la fertilidad

Ingredientes:

- 1 vela amarilla grande
- 1 cucharadita de miel
- 1 calabaza
- 1 lápiz
- Una estatua de Oshun
- 1 bolsa de papel marrón

Instrucciones:

1. Encienda la vela.
2. Déjela en un espacio seguro.
3. Enciéndala durante cinco días.
4. Rece a la diosa y comparta sus deseos con ella.
5. Cree una gran abertura en la parte superior de la calabaza.
6. Recorte un trozo de papel de la bolsa de papel marrón.
7. Utilice el lápiz y escriba sus deseos en él.
8. Coloque el papel en la calabaza.
9. Selle la calabaza con cera de vela.
10. Coloque la calabaza sellada encima de su estómago para que pueda concebir.
11. Coloque la calabaza y déjela junto a un río como ofrenda para la diosa.

En resumen, la divinidad femenina es una fuerza energética. Es un estado mental al que cualquiera puede acceder. No necesita ser un hombre o una mujer para estar conectado con su feminidad divina. Recuerde que puede alternar entre lo divino femenino y lo masculino siempre que lo desee. Y lo que es más importante, recuerde que el equilibrio es la clave entre ambas energías. Puede estar naturalmente más en sintonía con su divina feminidad, pero recuerde conectar también con su divino masculino. Siempre que necesite conectar con la energía femenina sagrada, rece a Oshun o lea historias sobre ella y deja que inspire su feminidad divina.

Capítulo 5: Plantas, símbolos y ofrendas

Ahora que ya sabe cómo conectar con la divinidad femenina, es hora de aprender qué ofrendas colocar en su altar o en cualquier otro de sus lugares favoritos. Al leer este capítulo, descubrirá lo que la diosa del amor y la prosperidad prefiere recibir como ofrendas y qué símbolos u objetos puede utilizar para invocar sus poderes. Enumera las plantas, animales, símbolos, flores, frutas, comidas, etc. Asociados a Oshun, incluyendo las razones por las que se relacionan con la diosa. También encontrará algunas recetas de comidas que puede preparar cualquier día que desee honrar a Oshun.

Plantas asociadas a Oshun

Como todas las demás orishas, Oshun también tiene su representación en hierbas y plantas curativas que contienen su energía. Utilizándolas en hechizos y rituales dedicados a la diosa, puede obtener su *ashe* y utilizarlo para potenciarse en el amor y en otros empeños y tener éxito. A continuación se indican las plantas más comunes asociadas a Oshun.

Diferentes hierbas y plantas se asocian con Oshun"

Canela

El arbusto de la canela es una planta muy asociada a Oshun, sobre todo porque combina bien con las recetas dulces que prefiere la diosa del amor. Combina especialmente bien con la miel, otro de los símbolos naturales de Oshun. Los seguidores de Oshun creen que la canela atrae el amor y la buena fortuna. Además de las ofrendas, suelen utilizar esta hierba en rituales de limpieza antes de realizar un conjuro o rito para la diosa.

La canela también tiene propiedades medicinales y se sabe que ayuda a la digestión, regula los niveles de azúcar en sangre y refuerza la inmunidad. Los curanderos suelen utilizarla en jarabes para tratar resfriados e infecciones respiratorias. Una de las mejores formas de honrar a Oshun es cuidando la salud, y esta hierba es una de las mejores herramientas para ello. Estar en mejor forma ayuda a aprovechar mejor las bendiciones que proporciona la diosa.

Clavo

El clavo atrae a Oshun por varias razones. Se asocia con la protección y da poder al practicante durante su trabajo. También ayuda a limpiar el espíritu de influencias negativas, creando espacio para el *ashe* de la diosa. El clavo encarna la fertilidad y puede ayudar a conectar con la diosa cuando se le pide ayuda para hacer más fértil cualquier aspecto de la vida.

Caléndula

También conocida como caléndula moñuda, la caléndula es una planta infundida con una energía increíblemente potente que emana de la diosa. Tiene propiedades purificadoras, que resultan útiles para los rituales de limpieza y las oraciones que puede utilizar para invocar y honrar a Oshun. Se dice que limpia la energía y disipa las influencias negativas. Todo ello es esencial para comunicarse con la diosa.

La infusión de caléndula trata las infecciones de oídos y encías, alivia el dolor de muelas y las irritaciones cutáneas y regula el ciclo menstrual. Debido a este último efecto, la planta contribuye a la fertilidad, razón principal por la que está vinculada a Oshun.

Girasol

La planta sagrada de Oshun, el girasol, tiene muchos usos en una amplia gama de rituales relacionados con los orishas. Sus propiedades curativas incluyen el alivio de los síntomas de infecciones respiratorias, fiebre, resfriados, hemorragias nasales y afecciones gastrointestinales. Esta planta también es eficaz contra las infecciones renales, los cálculos renales y las infecciones del tracto urogenital inferior. Debido a este último efecto, tiene un impacto positivo en la fertilidad. Permite a las mujeres que desean concebir aprovechar las bendiciones de Oshun.

El girasol es la planta sagrada de Oshun[65]

El girasol es también el símbolo de la buena suerte y del efecto beneficioso del agua en la naturaleza. Debido a la asociación de Oshun con las aguas, es fácil entender por qué prefiere que se le dé esta planta como ofrenda. Además del agua, el girasol también es conocido por buscar constantemente la luz del sol, atrayendo la buena energía a sus flores. Puede utilizarlo para atraer energía positiva y potenciar cualquier hechizo o ritual que realice en nombre de la diosa.

Calabaza

Según la tradición yoruba, Oshun talló la primera lámpara en una calabaza y la utilizó para bailar junto a ella. También se cree que la diosa guarda sus riquezas en calabazas. Se puede acceder a estos dones con los hechizos invisibles que almacena en los ríos, por lo que se le suelen ofrecer calabazas cerca del agua corriente.

En algunas tradiciones, las calabazas no se pueden consumir ni vender para comer, mientras que otras prácticas las utilizan por sus propiedades curativas. Sirve para tratar problemas digestivos, quemaduras e inflamaciones de la piel. También puede utilizarse en rituales de purificación y belleza asociados a Oshun. Hace que la piel, el pelo y las uñas parezcan más sanos, especialmente cuando se utilice con la bendición de Oshun. Otros usos de la calabaza incluyen hechizos para promover la fertilidad, alegrar la vida, reavivar viejas relaciones, el crecimiento personal, el éxito, etc.

Melón

Tradicionalmente, se utiliza para este fin el melón de Castilla (es el más dulce, y a Oshun le gustan las cosas dulces), pero sirve cualquier tipo de melón. Al igual que la calabaza, el melón se ofrece a orillas de los ríos o cerca de grandes masas de agua, ya que es el mejor lugar para acercarse a la diosa. Si no tiene ríos cerca, puede preparar el melón para un hechizo, ritual o como ofrenda de comida y servirlo en su altar junto con una oración a la diosa. El melón se suele ofrecer junto con miel y canela, que potencian sus poderes. La planta tiene propiedades similares a las de la calabaza y suele asociarse con la fertilidad. Se utiliza en rituales que invocan a la diosa para hacer más fértil cualquier ámbito de la vida.

Ñames

Los ñames han sido un alimento básico para las culturas africanas durante siglos. Además de su gran sabor, que permite incorporarlos a una gran variedad de comidas, los ñames son plantas muy fructíferas.

Por eso se asocian a menudo con la fertilidad. Se utilizan en ofrendas por esta causa o simplemente porque la diosa los favorece. Suelen ofrecerse junto con miel o incorporados a una comida endulzada con miel.

Naranjas

Las naranjas también son frutas dulces que Oshun adora recibir en ofrendas. Las semillas de naranja le atraen aún más, ya que se asocian con la fertilidad y la nueva vida. Coloque las semillas en su altar en un pequeño cuenco con miel después de extraerlas de una naranja que haya comido. Rece una oración a la diosa y le concederá sus deseos de fertilidad. Las naranjas también están repletas de vitaminas que puede utilizar para reforzar su inmunidad y prepararse para la bendición que está a punto de recibir.

Lino de río

Si vive cerca de un río, encontrará lino de río, un tipo de hierba muy apreciada por Oshun en rituales y ofrendas. Una de las formas más comunes de utilizar el lino de río para obtener el favor de la diosa es un ritual de cinco días que se realiza a orillas del río. El primer día, una piedra que simboliza a Oshun se introduce en miel, tras lo cual se le ofrecen sus animales favoritos (hoy en día sólo simbólicamente). El segundo día, se retira la miel de la piedra y ésta se cubre con una sábana de lino amarillo. El tercer día, la persona que realiza el ritual se abanica cinco veces (tradicionalmente con cinco abanicos diferentes, pero se puede utilizar uno solo). El cuarto día, se ofrecen a Oshun cinco dulces naturales diferentes. Hasta este momento, todo se hace en un altar. El quinto día, la piedra se lleva al río y se coloca en una cesta junto con un trozo de oro. Tradicionalmente, la cesta se envía hacia el centro del agua para que el río se la lleve. También se puede dejar en la orilla del río mientras se dedica una oración a la diosa, pidiéndole sus bendiciones.

Carey

Según las creencias yoruba, Oshun requiere la planta de carey cuando se le pide un favor más grande. Es la forma que tiene de asegurarse de que el solicitante ha recibido el poder de la planta y está preparado para recibir el *ashe* de la diosa. Normalmente se utiliza como asiento (se pone debajo) para las conchas que contienen agua espiritual. En otras ocasiones, la planta se utiliza en infusión para crear el agua herbal espiritual necesaria para hechizos, rituales y ofrendas.

Hierba Fresca

Esta hierba única crece en suelos húmedos, como los que se encuentran cerca de ríos y otras masas de agua, de ahí que la diosa la prefiera. Se cree que atrae la buena fortuna y aleja a los malos espíritus. Suele utilizarse en los rituales de limpieza de los hogares y para ayudar al alma a prepararse para las bendiciones de la diosa. También se puede infusionar en agua, que se utiliza para limpiar los suelos. Otra forma de utilizar el agua infusionada con hierbas frescas es beberla. Mejora la función renal, lo que purifica aún más el cuerpo de influencias negativas. Puede dejarla en su altar durante un día y pedir a la diosa que la bendiga, y luego beberla o utilizarla para el fin previsto.

Guacamayo

En Sudamérica, a Oshun se le suele ofrecer guacamayo amarillo. Las raíces, las hojas y los tallos tienen propiedades medicinales. Pueden tratar problemas digestivos, regular el metabolismo y aliviar dolores crónicos. Sin embargo, Oshun prefiere las flores de esta planta en las ofrendas porque ayudan a limpiar el espíritu de energías dañinas. Puede pedir a la diosa que bendiga las flores de su altar y utilizarlas en un baño de limpieza. De esta forma, estará preparado para las bendiciones de Oshun.

Perejil

El perejil se utiliza habitualmente en la comida. También es otro de los favoritos de Oshun. Tiene muchos usos en la medicina popular debido a sus propiedades antioxidantes, estimulantes del sistema inmunitario, antiinflamatorias y depurativas. Puede ofrecer perejil en cualquier comida que prepare para Oshun, en infusiones o como parte de un ritual de limpieza. Dependiendo de cómo lo utilice, el perejil puede purificar el cuerpo, la mente y el espíritu. Todo ello es esencial para recibir bendiciones, ya pida fidelidad, amor o prosperidad.

Animales y otros símbolos de Oshun

Además de las plantas, Oshun también se asocia con varios animales y otros símbolos.

Aves sagradas

Los animales sagrados de Oshun son aves inteligentes, como buitres y pavos reales. Según la tradición yoruba, cuando algunos orishas se rebelaron contra el gobierno supremo de Olodumare, Oshun invocó a sus aves sagradas para protegerse de la ira del creador. Sus pájaros sagrados ayudaron a proteger a Oshun y al resto de los orishas, por lo que ella siempre los apreciará y preferirá su simbolismo en las ofrendas. Estos pájaros sagrados simbolizan el valor de Oshun y su capacidad para defenderse a sí misma y a los demás y perseverar. Como prefieren vivir cerca del agua, estas aves se asocian a la diosa. Por la misma razón, también están vinculadas a la curación y la vida. Se cree que las aves sagradas de Oshun pueden transmitir sus poderes curativos a través del agua y conceder ayuda en hechizos y rituales de fertilidad, limpieza y amor. Puede utilizar símbolos o imágenes de estas aves o plumas si puede conseguirlas. Colóquelas en su altar cuando invoque a la diosa para un hechizo o ritual de protección.

El pavo real es una de las aves sagradas debido a su inteligencia[66]

Miel

A menudo se representa a Oshun con un tarro de miel en la cintura. Según antiguas creencias, la miel simboliza la fertilidad y el placer sexual, que, a su vez, suele estar relacionado con el embarazo. Se dice que las mujeres que desean concebir deben ofrecer miel a Oshun, pidiéndole que las bendiga con un hijo. Como otra forma de honrar a Oshun como diosa de la fertilidad y representar sus poderes de feminidad y sensualidad, las mujeres suelen llevar consigo pasteles de miel o llevar cuentas y cinturones de color miel (o dorado) alrededor de la cintura.

Otra forma de utilizar la miel para pedir las bendiciones de Oshun es en hechizos y rituales. Como todas las cosas dulces asociadas a la diosa, la miel también puede ayudarle a atraer la buena suerte, la riqueza y la prosperidad. Puede incorporarla a cualquier trabajo que realice con este fin, pida ayuda a la diosa y recibirá lo que desea en abundancia. Oshun apreciará especialmente que pruebe la miel antes de incorporarla a su trabajo.

Aceites esenciales

Oshun prefiere los aceites esenciales extraídos de sus plantas, hierbas y especias favoritas. Sin embargo, puede utilizar sus aceites favoritos, aunque no estén en su lista. Está garantizado que a la diosa le gustarán siempre que sean coloridos, fragantes y tengan un aire de sensualidad. La mejor forma de incorporar aceites esenciales a los hechizos, rituales y ofrendas que se hacen para Oshun es combinarlos con canela, clavo y otras especias secas que le gusten.

Aguas corrientes

Como diosa de los ríos, Oshun prefiere que sus ofrendas se dejen cerca de aguas corrientes, como ríos y cascadas. Si no tiene cerca una fuente de agua corriente o dulce, puede utilizar sus símbolos en su altar. Por ejemplo, puede utilizar la imagen de una cascada cuando pida purificación, curación o alejamiento de influencias hostiles. Si tiene estas fuentes cerca, pero no puede (o prefiere no hacerlo) dejar ofrendas en la naturaleza, puede coger un poco de la fuente de esa agua. Llévela a casa y colóquela en su altar junto a las demás ofrendas que haya preparado para la diosa.

Objetos de valor

Aunque tradicionalmente se asocia a Oshun con el color dorado y los objetos de oro, también le atraen otros objetos de valor. Cuando sus seguidores le piden favores importantes, como fertilidad y prosperidad económica, suelen ofrecerle monedas u objetos de oro. El latón y el cobre también son buenas alternativas al oro.

Incienso

Debido a su ligero aroma dulce, a Oshun le gusta especialmente el incienso de sándalo. Se asocia con la protección y le ayudará a evocar los poderes protectores de la diosa. Sin embargo, una vez más, puede utilizar cualquier incienso dulce que prefiera durante su trabajo. Oshun puede infundir sus poderes en cualquier cosa dulce; el incienso lo hace aún más fácil, ya que impregna sus sentidos. Envuelve su cuerpo y su espíritu y aleja cualquier energía negativa que amenace con perturbar su trabajo.

Conchas de cauri

Según la antigua tradición, Obatalá transmitió sus poderes adivinatorios a Oshun con la ayuda de conchas de cauri. Cuando Obatalá necesitó recuperar sus pertenencias de Elegba, le pidió a Oshun que lo hiciera por ella y, a su vez, le enseñó a utilizar las conchas para la adivinación. Cuando estaba a punto de completar su tarea, Elegeba le ordenó que enseñara a los demás orishas a adivinar con conchas de cauri. Los orishas, a su vez, enseñaron este arte a los humanos. Estas conchas se asociaron entonces a la profecía y a Oshun. Se utilizan en rituales, hechizos y ofrendas en su honor. Las conchas de cauri pueden evocarla y pedirle consejo sobre el éxito o el crecimiento espiritual. Las conchas de cauri también simbolizan las aguas y las criaturas acuáticas sobre las que gobierna Oshun. Siempre que necesite una limpieza o evocar el poder del agua y sus criaturas, puede incorporar conchas de cauri (o cualquier otra concha que encuentre) a su trabajo con la diosa.

Bebidas

A Oshun le encantan las bebidas dulces, normalmente de fruta. El zumo de naranja es una de sus favoritas, pero la manzanilla también le gusta, sobre todo si está endulzada con miel. A la diosa también le gustan los vinos blancos dulces como ofrenda, sobre todo si van acompañados de una de sus comidas favoritas.

Símbolos de feminidad

Oshun es una de las deidades femeninas con más poder, pero incluso a ella le encanta que le recuerden su feminidad. Utilizar símbolos de feminidad también es estupendo para las seguidoras, ya que les ayuda a abrazar su lado femenino sin tener que comprometer otros aspectos de la vida. Puede ofrecer a la diosa maquillaje, perfume, cepillos y otros productos asociados a la belleza femenina, aunque no los utilice a diario. También puede recitar una plegaria a la diosa después de un ritual de limpieza y mimos o mientras mira su propia imagen en el espejo. Esta última es una experiencia increíblemente enriquecedora para quienes buscan mejorar algunas partes de sí mismos para atraer el amor.

Recetas para honrar a Oshun

Aunque le gusta más la fruta y la bebida, Oshun tampoco le dará la espalda a algunas de las siguientes propuestas culinarias.

Sopa de calabaza de Oshun

Esta sopa se puede ofrecer junto con hechizos y pequeños rituales para el amor o la prosperidad. Como diosa que siempre está dispuesta a abrazar sus poderes femeninos, Oshun también está dispuesta a mostrar su talento en la cocina. Según la tradición, sus alimentos favoritos eran las calabazas y los melones. Por eso, esta receta de calabaza es una de las mejores formas de honrarla con sus ofrendas culinarias. Sírvala en el altar o en una mesa cubierta con tela dorada o amarilla para representar los colores tradicionales de Oshun. La receta es suficiente para al menos cuatro personas, así que no dude en compartirla con sus amigos o seres queridos.

Ingredientes:

- 2 tazas de caldo de pollo
- 3 tazas de cubos de calabaza *butternut* o calabaza limpia
- 2 cucharadas de mantequilla
- Media cebolla
- ¼ taza de compota de manzana
- ½ cucharadita de perejil seco
- ¼ cucharadita de salvia molida y un poco más para adornar
- ½ cucharadita de cebolla en polvo (opcional para añadir sabor)
- Una pizca de nuez moscada molida
- Una pizca de canela molida
- ¼ taza de nata para cocinar
- Pipas de girasol o de calabaza secas (opcional para adornar)

Instrucciones:

1. En una sartén grande, derretir la mantequilla a fuego lento. Mientras se derrite, picar la cebolla.
2. Pasar la cebolla a la sartén y cocinar hasta que se vuelva translúcida.

3. En otra sartén, añada la calabaza y cúbrala con agua. Llevar a ebullición y cocer a fuego lento hasta que esté tierna al pincharla con un tenedor.
4. Cuando la calabaza esté cocida, escúrrala, vuélvala puré y pásela a la sartén con la cebolla.
5. Añadir el puré, las especias y el caldo de pollo, y mezclar hasta que estén bien combinados.
6. Llevar a ebullición de nuevo, y cocinar durante 10 minutos a fuego lento mientras se remueve con frecuencia.
7. Retirar del fuego y añadir sal, pimienta y nata. Servir con salvia y, eventualmente, pipas de girasol o de calabaza como guarnición.

Boniatos con miel de Oshun

Esta receta es perfecta para celebrar a la diosa el día de su fiesta. Sin embargo, también puede prepararla siempre que necesite que ella le dé fuerzas o quiera celebrar su conexión. A la diosa le encantan los boniatos y la miel, y esta receta es otra de sus favoritas. Ella le concederá sus deseos si le pide ayuda con la fertilidad, la riqueza o cualquier otra cosa sobre la que tenga poder. La receta sólo lleva unos pocos ingredientes y no se tarda nada en prepararla, así que tendrá tiempo de sobra para preparar otras comidas y ofrendas para celebrar a la diosa. Puede colocar un plato de boniatos para ella en su altar o en una mesa cubierta con un paño dorado o amarillo y comerse uno usted mismo mientras celebra a Oshun.

Ingredientes:
- 2 - 3 boniatos (si come junto a Oshun, necesitará 3)
- 2 cucharaditas de flores secas de manzanilla
- 3 cucharadas de miel cruda
- 2 palitos de canela

Instrucciones:
1. Vierta agua en una olla mediana y llévela a ebullición.
2. Parta las ramas de canela por la mitad y añádalas al agua junto con la manzanilla seca.
3. Añada los boniatos a la olla y llévelos de nuevo a ebullición. Cocer hasta que los boniatos estén tiernos.

4. Cuando los boniatos estén blandos, retire la olla del fuego, escurra el agua y pele los boniatos. (Puede pelarlos antes de hervirlos, pero es más fácil quitarles la piel cuando están cocidos).

5. Triture los boniatos o córtelos en trozos del tamaño de un bocado, según sus preferencias. Añada un poco de canela molida y miel por encima, y la diosa no podrá resistirse... y usted tampoco.

Capítulo 6: Crear un altar para la diosa

Aunque no todos los devotos ven la creación de un altar como una parte obligatoria de su práctica, los que sí lo hacen coinciden en que tener un centro espiritual dedicado a cualquier fin tiene muchas ventajas. En lo que respecta a Oshun, tener un lugar donde pueda conectar con ella a través de rituales diarios es especialmente beneficioso para su salud y su crecimiento espiritual. Leyendo este capítulo, aprenderá sobre los beneficios adicionales de crear un altar para Oshun en o cerca de su casa y usar este espacio para celebrar a la diosa y a lo divino femenino dentro de usted. Se le proporcionará un montón de consejos fáciles de usar para la formación de un santuario para Oshun, aprender a cuidar de él, y cómo utilizarlo para hacer ofrendas a esta orisha. Dicho esto, los consejos de este capítulo sólo deben servir como punto de partida. Algunos elementos de un santuario son necesarios para venerar a la diosa del amor y la prosperidad. Siéntase libre de añadir toques personales a su creación para potenciar por completo su espacio espiritual sagrado. Esto no sólo le permitirá formar un vínculo inquebrantable con Oshun, sino que le permitirá fortalecerse espiritualmente.

Asegúrese de que su altar represente aspectos que le ayuden a celebrar a Oshun[67]

Los beneficios de creer un altar para Oshun

Un lugar sagrado para la propia práctica espiritual es vital para muchos sistemas de creencias, incluidos yoruba, ifá y la santería. Muchos seguidores de estas religiones creen que tener un lugar sagrado dedicado a su práctica tiene beneficios para su espíritu y su conexión con sus guías y los orishas que adora. A continuación le presentamos algunos de los mayores regalos que puede obtener al crear un altar para la diosa Oshun.

Conseguir un espacio para invocar a la diosa

¿Los lugares favoritos de Oshun? Los ríos. Sin embargo, si no los tiene cerca, el siguiente mejor lugar para invitarla es un espacio sagrado dedicado a ella. Cada objeto que coloque en el altar conecta con su alma y con el espíritu de la diosa que quiere evocar. Los objetos que utilice para decorar su altar de Oshun representan emociones e intenciones. También denotan símbolos que pueden ayudarle a crecer espiritualmente, encontrar el amor (incluido el amor propio), lograr la prosperidad y mucho más. Tendrá una forma directa de comunicarse con Oshun a través del altar que ha erigido y mantenido en su honor. Cuanto más utilice este lugar para invocarla, más poder (*ashe*) podrá aprovechar a lo largo de su práctica espiritual. Desde los elementos que representan a Oshun hasta sus ofrendas para ella, los objetos que coloque en el altar de la diosa le ayudarán a tener más confianza en sus objetivos, igual que Oshun siempre tuvo en los suyos.

Tanto si es un hijo de Oshun como un simple devoto, entablar una relación con ella implica utilizar un espacio dedicado durante varios días. No sólo eso, sino que tendrá que colocar nuevos símbolos en el altar cada día. Intercambiar los existentes o añadir nuevos elementos dependerá del objetivo de su trabajo espiritual. De cualquier manera, el uso de un altar le fortalecerá espiritualmente y profundizará su conexión con este orisha. También puede compartir el espacio con otras personas que quieran conectarse con lo divino femenino. Es una manera maravillosa para los devotos de encontrar un terreno común y potenciar la sensualidad y la confianza en sí mismos a través de la práctica mutua.

Centrarse en sus intenciones

Tanto si se comunica con Oshun a diario como si sólo lo hace durante los días asociados a ella y a los festivales, tener un espacio dedicado a ello puede ayudarle a centrarse en su intención en todo momento. Al decorar el altar, ya empezará a centrarse en su propósito de acercarse a la diosa. Al colocar sus correspondencias frente a usted, deja atrás los pensamientos ordinarios y las preocupaciones. Su mente se desplaza lentamente a un plano más tranquilo, en el que sólo está usted, su intención, Oshun y las herramientas que le ayudan a establecer una conexión con ella. Por ejemplo, si se despierta sintiendo que le acechan energías negativas, su intención podría ser pedirle a la diosa que le ayude a disiparlas. Puede reflexionar sobre ello mientras prepara el altar. Cuando haya terminado y la haya invitado, sabrá cómo ayudarle.

Vibraciones positivas

No hay mejor manera de celebrar a Oshun que empoderándose con energía positiva. Sentirse positivo le da confianza y le permite cultivar el amor propio, dos cosas que agradarán a la diosa. Al fin y al cabo, es una mujer que conoce su valor y espera que sus devotos tengan el mismo enfoque de vida. Un altar también puede ser una herramienta valiosa para invitar y retener su energía amorosa en su hogar durante un periodo prolongado. Esto es especialmente útil si últimamente ha estado luchando con una falta de confianza y pensamientos positivos. Montar un altar para la diosa del amor y cuidarlo garantizará que la energía positiva siga fluyendo por su espacio.

Las experiencias e influencias negativas pueden obstaculizar su capacidad para crecer espiritualmente, ser productivo y cultivar el amor propio. Si ha sentido sus efectos, construir un altar a Oshun es el primer paso para romper con la negatividad. Al hacer un altar para Oshun, dispondrá de un espacio para abordar y contrarrestar las influencias negativas, independientemente de su origen. Tanto si proceden de espíritus maliciosos como de vidas envidiosas, tener un espacio dedicado a la diosa del amor le capacitará para disipar la negatividad de su vida y sustituirla por influencias positivas.

Aprender las correspondencias de Oshun

Aunque este libro enumera las correspondencias de Oshun, no se espera que usted, como principiante, las aprenda todas de inmediato. Construir un altar a esta diosa puede ser una maravillosa experiencia de aprendizaje. Durante la misma, puede aprender a comprender qué debe exponer y por qué. Después de visitar este espacio sagrado con regularidad, sabrá instintivamente qué color utilizar y qué ofrendas prefiere ella. Aprender las correspondencias de Oshun le permitirá ver de primera mano cómo funcionan mejor. Esto también le ayudará a comprender lo que no le gusta y lo que debe evitar cuando le haga ofrendas.

Descubra su lado creativo

Decorar un altar es una forma excelente de expresar su creatividad, aunque crea que no la tiene. Si bien hay ciertos objetos que necesitará utilizar, averiguar cómo colocarlos requiere un poco de pensamiento creativo. Le sorprenderá descubrir lo ingenioso que puede ser durante este proceso. Le permite crear algo único y expresar sus pensamientos y emociones a través de sus manualidades. Tanto si venera a Oshun como orisha, arquetipo de la divinidad femenina, patrona del agua dulce o cualquiera de sus otros aspectos, siempre tendrá varias opciones para celebrarla y comunicarse con ella. Sea cual sea su objetivo al invocarla, hay una manera de expresarlo de forma creativa a través de los adornos que utilice para el altar.

Crear un espacio para usted

Reuniendo la combinación adecuada de elementos, puede crear un espacio para mimarse siempre que sienta la necesidad de hacerlo. Ya sea a través de un hechizo, ritual, oración, meditación o cualquier otro medio, puede utilizar el altar para invocar el espíritu de Oshun. Cuando su esencia divina impregne sus sentidos, su cuerpo y su mente se relajarán y su experiencia espiritual será más profunda. Después de esto, puede hacer una invocación, utilizando incienso y otras herramientas que le ayuden a centrarse en la intención específica que tiene en mente. Elija las que le parezcan adecuadas para la situación actual. Otra opción es fortalecer su mente y su cuerpo meditando ante las ofrendas dedicadas a Oshun. La diosa le mostrará cómo utilizar el poder de la naturaleza para alimentar su confianza en usted mismo y su amor, de modo que pueda alcanzar sus objetivos. También puede rezar a Oshun y hacer otros ejercicios de autoayuda, como decir afirmaciones positivas o elogiarse mientras se mira al espejo. Cualquier cosa que haga para elevar su espíritu le gustará a la diosa, ya que se sabe que ella también lo hace por sí misma.

Conexión con la naturaleza

Cada vez que trabaja con un orisha, lo está acercando a la naturaleza, y establecer una conexión con Oshun no es una excepción. Esta diosa favorece elementos naturales como hierbas, plumas de pájaro, agua y deliciosas frutas y verduras. No importa si puede cultivarlos y cosecharlos usted mismo. Mientras expreses su gratitud por ellos al colocarlos en su altar, la diosa sabrá que los respeta tanto como ella. Algunas de ellas pueden ser perfectas para ofrendas. Por el contrario, otros pueden utilizarse en hechizos y rituales para animar a Oshun a que le ayude a comprender o a realizar cualquier otro trabajo que esté en consonancia con sus tradiciones y cultura. Dejará la mayoría de las correspondencias y ofrendas de Oshun en el altar durante varios días (o al menos medio día). Es tiempo suficiente para que se dé cuenta de su presencia. Cuando lo haga, le concederá muchas bendiciones a cambio.

Cómo construir un altar para la diosa

Para crear un altar hay que tener en cuenta muchos detalles, desde el lugar donde se coloca hasta los objetos que se ponen encima. Aquí tiene algunos consejos para construir un altar para Oshun en su casa o cerca de ella.

Colocación del altar

Antes de empezar a adornar el altar, debe elegir un lugar adecuado para él, idealmente en un espacio tranquilo de su casa. Si vive cerca de un río u otra fuente de agua dulce, también puede colocarlo cerca de la casa y lo más cerca posible del agua. Como regla general, el altar debe colocarse siempre lejos de zonas muy transitadas. De lo contrario, no podrá calmar su mente y su cuerpo, lo que le impedirá concentrarse en su intención durante el trabajo. También es una buena idea colocar el altar en una habitación orientada al sur, para que pueda recibir la mayor cantidad de luz solar posible. La luz del sol es esencial para trabajar con Oshun, ya que está asociada con una de sus flores favoritas, el girasol, que utiliza la luz del sol para atraer energía positiva. Tener un lugar sagrado en su dormitorio facilitaría las oraciones matutinas y vespertinas a la diosa, recomendables para crear un vínculo fuerte con ella.

Si no tiene espacio para una mesa completa que sirva de altar, siempre puede instalar una zona más pequeña sobre la cómoda, el tocador o dentro del armario. También puede colocar un pequeño altar en el alféizar de la ventana. De este modo, puede dejar la ventana abierta y disfrutar de la luz del sol (a menos que haga demasiado calor) mientras trabaja. Si piensa practicar la meditación o ejercicios similares de autoayuda, coloque el altar en un espacio que pueda albergar estas actividades.

Qué poner en el altar

Para creer un altar es necesario utilizar todos los elementos asociados a esta diosa:

- Un trozo de tela amarilla, o varios, dependiendo de lo grande que sea su altar
- Cristales amarillos y naranjas; si es posible, utilice piedras de verdad
- Conchas de cauri o, si no las encuentra, puede utilizar cualquier variedad de conchas o símbolos de criaturas acuáticas
- Una pequeña estatua o imagen de Oshun
- Un plato blanco
- Un vaso de agua (la mejor es agua de río, pero también puede utilizar agua del grifo)
- Un vaso de vino blanco (o una botella si piensa brindar por ella y beber en su honor)
- Un plato pequeño con miel
- Monedas de oro o joyas
- 5 piezas de fruta (o fruta entera si utiliza fruta amarilla o naranja más pequeña)

- Productos de belleza como perfume, maquillaje y un espejo
- Girasoles (preferiblemente frescos, pero también puede usar secos o artificiales si no son de temporada)
- Plumas
- 2 velas amarillas
- Incienso dulce (o el que prefiera)
- Una taza de té de manzanilla con canela (o simplemente una ramita de canela)
- Ropa amarilla (opcional)
- Comidas preparadas que piensa ofrecer (o boniatos crudos, calabazas u otros productos que ella prefiera)
- Hierbas curativas

Después de reunir sus herramientas e ingredientes, puede empezar a preparar el altar:

1. Coloque la tela amarilla sobre la superficie del altar.
2. Coloque la representación de Oshun en el centro y el plato blanco frente a ella. Llene este último con las ofrendas.
3. Coloque una de las velas a la izquierda del símbolo y la otra a la derecha.
4. Coloque la copa de agua junto a la vela de la izquierda, la copa de vino junto a la vela de la derecha y el plato con la miel en algún lugar entre las dos velas (detrás del símbolo de la diosa).
5. Después de colocar la fruta donde tenga más espacio, esparza todos los objetos pequeños que simbolizan a Oshun.
6. Esparza los girasoles y las hierbas curativas entre los demás objetos.
7. Tome las ropas y déjelas en el extremo izquierdo del altar.
8. Coloque el incienso a la izquierda. Enciéndalo justo antes de empezar su trabajo, junto con las velas.

Cómo hacer ofrendas y limpiarlas

Antes de utilizar el altar, no olvide bendecirlo dedicando una breve oración a la diosa. También es una buena idea limpiar su espacio y a usted mismo con un sahumerio e incluso darse un baño antes de empezar a trabajar. Esto último le pondrá de mejor humor y facilitará la comunicación con la diosa. También puede conectarse a tierra y limpiarse a través del poder de la naturaleza.

Después, puede empezar a presentar las ofrendas. Si trabaja con la diosa a diario, sea generoso y deje un pequeño objeto cada día. Rece una oración o haga una meditación rápida cada vez. No deje alimentos fuera más de dos o tres días. Si la comida está cocinada, retírela antes de ocho horas. Los girasoles también se marchitarán, así que tendrá que reponerlos. Los artículos no perecederos pueden permanecer mientras los necesite o hasta que decida sustituirlos por otros.

Aparte de los utensilios mencionados, también puede adornar su altar con objetos que reflejen sus necesidades y deseos actuales. El número de objetos pequeños debe ser cinco, el número sagrado de la diosa. Si cree que su altar está demasiado lleno, no dude en retirar algunos objetos. A medida que continúe su comunicación diaria con la diosa, pronto empezará a añadir otros nuevos.

Además de venerarla a diario y honrarla en sus días sagrados, también puede dejar ofrendas a Oshun cuando desee conectar con lo divino femenino, redescubrir su sensualidad o necesite una ayuda para encontrar el amor o la clave de la prosperidad en cualquier ámbito de la vida.

Cómo cuidar el altar

Para los nuevos devotos, en general se recomienda tener sólo un pequeño altar en casa, para que pueda concentrar su poder. También le facilitará nutrirlo con energía positiva, que recibirá de vuelta con la ayuda de Oshun. Recuerde mantener su altar limpio, tanto física como espiritualmente. La forma más fácil de hacer ambas cosas es cubrirlo con un gran trozo de tela amarilla cuando no lo esté utilizando. De vez en cuando, puede quitarlo todo, limpiar el polvo y otros restos de la superficie, y volver a colocarlo todo en el altar. Asegúrese de limpiarlo regularmente con incienso o sahumerios para disipar las influencias negativas, ya que éstas pueden interferir cuando llegue el momento de comunicarse con Oshun. Preste atención a las pistas de la diosa sobre las ofrendas que quiere recibir. A veces, ella le dirá exactamente qué preparar a continuación o qué herramientas utilizar.

Capítulo 7: Hechizos y rituales para el amor y la belleza

Ahora que ha aprendido sobre las correspondencias de Oshun, estará listo para probarlas en hechizos y ritos dedicados a la diosa. Este capítulo trata sobre cantos de amor, baños, rituales y otros trabajos que pueden realzar su belleza natural curándole desde dentro hacia fuera. Utilizando las correspondencias de Oshun, puede atraer un nuevo amor, fortalecer el que ya tiene y dotarlo de confianza y fuerza.

Es importante centrarse en el amor y la belleza al crear estos rituales[68]

Ritual de autocuidado de Oshun

Oshun es conocida por su naturaleza benévola y bondadosa, y puede inspirarle a cuidar mejor de usted mismo. Los colores de las herramientas utilizadas en el ritual, incluidos el girasol, la calabaza y la miel, están todos asociados con el poder de la diosa del amor, que puede aprovechar a través de este ritual.

Ingredientes:

- Una estatua o imagen de Oshun
- Pétalos de girasol (frescos o secos si no están de temporada)
- 1 calabaza
- 1 vela amarilla grande
- 1 trozo de bolsa de papel marrón (O cualquier material reciclado marrón, amarillo o dorado)
- Bolígrafo
- Gotas de miel
- Joyas amarillas, doradas o de cobre
- Frutas amarillas si están de temporada; si no, las naranjas también sirven

Instrucciones:

1. Coloque la vela amarilla delante de la estatua o imagen de Oshun en su altar y enciéndala.
2. Cierre los ojos, respire hondo para calmar la mente y concéntrese en su intención. Repítala mentalmente un par de veces y, si es necesario, dígala en voz alta para solidificarla.
3. Vierta unas gotas de miel en un recipiente que habrá colocado junto a la vela. Disponga la fruta amarilla y las joyas alrededor de la vela, la miel y la representación para hacer la ofrenda.
4. Abra los ojos, coloque la calabaza frente a usted y haga una abertura redonda en su parte superior.
5. En el trozo de papel, escriba su intención. Doble el papel y colóquelo dentro de la calabaza.
6. Tome la vela, inclínela y vierta la cera sobre el papel. La cera sellará también la abertura de la calabaza.

7. Repita su intención antes de apagar la vela.

8. Si puede, lleve la calabaza al río o a una fuente de agua dulce cercana y ofrézcasela a Oshun.

Si necesita reiterar su intención o necesita más tiempo para empoderarse a través de Oshun, puede volver a encender la vela y repetir su intención cada vez que quiera durante los cinco días siguientes.

Baño ácido para fortalecerse mentalmente

El propósito de este baño es reconocer que mientras las energías negativas le afectan, las energías positivas están esperando a que las invite. Sumergirse en este baño ácido hecho con hierbas amargas le ayudará a lidiar con la negatividad que hay en usted y a su alrededor y a disiparla, al tiempo que mejora su estado de ánimo.

Ingredientes:
- Una taza
- 7 gotas de amoníaco
- Velas de té
- 1/2 taza de vinagre
- Girasoles y otras flores amarillas, naranjas y blancas
- Hierbas amargas frescas o secas, como diente de león, milenrama, marrubio, ajenjo y ortiga

Instrucciones:

1. Empiece este ritual antes del atardecer llenando la bañera de agua caliente. Ajuste la temperatura a la que le guste habitualmente.

2. Coloque y encienda con cuidado las velas alrededor del borde de la bañera. Deje espacio suficiente entre al menos dos de las velas. Necesitará este espacio para entrar y salir de la bañera con seguridad.

3. Cuando el agua de la bañera haya alcanzado el nivel deseado, apague las luces artificiales del cuarto de baño.

4. Eche el resto de los ingredientes en el agua de la bañera y, a continuación, entre en la bañera entre dos velas.

5. Mientras se sumerge en el agua e inhala el aroma amargo de

las hierbas, concéntrese en los distintos aspectos de su vida para ver si hay negatividad oculta en alguno de ellos.
6. Si necesita orientación adicional, puede pedirle a Oshun que le ayude a superar cualquier experiencia amarga.
7. Procure pasar un total de siete minutos sumergido en el agua, así que asegúrese de sumergir la cabeza en el agua de vez en cuando.
8. Cuando el agua del baño empiece a enfriarse, salga de la bañera por el mismo hueco y entre las mismas velas por donde entró.
9. Vierta parte del agua de la bañera en el vaso, junto con los ingredientes.
10. Vacíe la bañera mientras se deja secar de forma natural para que los efectos beneficiosos de las hierbas se impregnen en su piel.
11. Póngase ropa oscura y saque la taza con el agua del baño al exterior.
12. Mire hacia el este, sujete la taza sobre su cabeza y cante:

«Le he dado a la diosa su ofrenda.
Ahora le pido que se aferre a mí.
Con esta agua, expulso todas las energías negativas de mi vida.
Ashé, ashé!»

13. Tire el agua, vuelva a su casa y reflexione sobre sus fortalezas.
14. Beba mucha agua a temperatura ambiente después del baño para reponer los líquidos que ha perdido mientras estaba en remojo.

Puede incluir este baño en su práctica habitual de mimos y cuidado de la salud. Aplique manteca de karité u otros agentes hidratantes naturales después para que las hierbas puedan hacer mejor efecto. En lugar de utilizar aparatos electrónicos justo después del baño, dedique su tiempo a hacer ejercicios de atención plena.

Baño para atraer energía positiva

Cuando haya eliminado las influencias negativas de su vida, tendrá que sustituirlas por energía positiva. Esto le ayudará a encontrar el amor (empezando por el amor propio), la confianza y la fuerza que necesita.

Tome este baño al amanecer para limpiar y revitalizar su cuerpo. Los ingredientes, como la leche, los huevos y la miel, son los favoritos de Oshun, y nutrirán su cuerpo y vigorizarán su mente siempre que necesite mimos.

Ingredientes:
- Unas velas de té
- Unas gotas de miel
- 3 tazas de leche
- 1 cucharadita de canela molida
- 1 cucharadita de nuez moscada molida
- Flores con pétalos totalmente blancos, como rosas, lirios, crisantemos blancos y margaritas
- Girasoles
- Cinco hierbas diferentes frescas o secas con efectos tonificantes, como angélica, hisopo, pimienta de Jamaica y consuelda
- Manteca de cacao o de karité (opcional)
- 1 huevo crudo
- 1 taza
- Su perfume favorito

Instrucciones:
1. Poco antes del amanecer, llene su bañera con agua caliente.
2. Coloque con cuidado las velas de té alrededor del borde de la bañera como se indica en la receta anterior y enciéndalas.
3. Cuando la bañera esté lo suficientemente llena, cierre el grifo y todas las demás luces del cuarto de baño.
4. Rompa el huevo y échelo en el agua. Puede que empiece a cocerse un poco, pero es normal.
5. Eche las flores, las hierbas y la canela, seguidas de la nuez moscada, la leche y la miel.
6. Añada unas gotas de su perfume favorito y remueva suavemente el agua para distribuir uniformemente todos los ingredientes.

7. Entre en la bañera por el hueco entre dos velas.
8. Cuando entre en el agua, concéntrese en los aspectos positivos de su vida. Piense en todas las buenas experiencias que ha tenido ese día.
9. Es una buena idea expresar su gratitud a Oshun por todas las bendiciones que ha recibido hasta ahora.
10. Procure pasar 7 minutos completamente sumergido en el agua, así que asegúrese de sumergir la cabeza bajo el agua de vez en cuando.
11. Cuando el agua empiece a enfriarse, salga de la bañera por el mismo hueco por el que entró.
12. Vierta parte del agua de la bañera en el vaso junto con los ingredientes.
13. Dejé que la bañera se vacíe mientras se deja secar de forma natural en lugar de utilizar una toalla para que el efecto de las hierbas pueda impregnar su piel.
14. Póngase ropa de color claro y saque la taza con el agua de la bañera al exterior.
15. Mire hacia el este, sujete la taza sobre la cabeza y recite:

«¡Doy la bienvenida a mi vida a todas las energías positivas que me esperan en mi camino!

Mientras arrojo esta agua donde más se necesita,

pido a la diosa Oshun que me bendiga con salud, amor y felicidad. Ashé, ashé!»

16. Tire el agua, vuelva adentro y prepárese para recibir las bendiciones que ha invocado.

Como en el baño anterior, puede incorporar este baño a su rutina habitual de belleza y cuidado de la salud. Intente meditar, viajar o realizar cualquier otra forma de cuidado personal después de bañarse y salir a pasar el día. Sin embargo, si no tiene tiempo para esto, no se preocupe. Evitar el uso de aparatos electrónicos y tener pensamientos tranquilos justo después del baño puede ayudarle a mantenerse positivo durante todo el día y atraer más energía positiva.

Baño ritual del amor

Como Oshun es la patrona del amor, puede hacer realidad sus deseos en asuntos del corazón. En lugar de utilizar una vela amarilla, este rito utiliza una vela blanca. Así podrá ver con claridad y no pasará por alto a la persona que le corresponde. El uso de su perfume favorito la atraerá a su lado.

Ingredientes:

- 5 pétalos de girasol
- 1 cuenco grande
- 1 vela blanca
- Unas gotas de miel
- Una estatua o símbolo de Oshun
- Una pizca de canela molida
- Su perfume favorito

Instrucciones:

1. Coloque la vela blanca delante de la representación de la diosa en su altar y enciéndala.
2. Cuéntele a Oshun su deseo de atraer el amor a su vida. Si es posible, dígalo en voz alta.
3. Coloque los pétalos de girasol en un cuenco, rocíelos con miel y espolvoree canela por encima. Por último, añada un poco de su perfume favorito.
4. Cubra los ingredientes con agua y déjelos en remojo durante unos minutos.
5. Dese una ducha o un baño y vierta lentamente el contenido del recipiente sobre su cuerpo. Empiece por el cuello y avance lentamente hacia los pies.
6. Cierre los ojos y repita su intención una vez más en silencio.

La vela sólo debe encenderse cuando tenga tiempo de supervisarla. Puede encenderla en cualquier momento durante los siguientes 5 días consecutivos. El baño, por otro lado, sólo debe repetirse una vez cada 2-3 semanas para dejar tiempo suficiente para que el amor encuentre su camino en su vida.

Hechizo para fortalecer su amor

Este hechizo es perfecto para fortalecer el amor y despertar la pasión en una relación romántica. El hechizo debe ser realizado en el día sagrado de Oshun, viernes, para los mejores efectos. Es un hechizo increíblemente popular entre los practicantes de la santería.

Ingredientes:

- 5 tipos diferentes de bebidas alcohólicas
- 1 coco
- 1 cucharada de melaza
- 1 cucharada de miel
- 1 cucharada de azúcar morena
- 1 cucharada de azúcar blanca
- 1 vela amarilla
- 1 cinta amarilla

Instrucciones:

1. Parta el coco por la mitad, quítele la mitad del agua y resérvala.
2. Añada una cucharada de cada bebida y el resto de los ingredientes, luego vierta la otra mitad del agua de nuevo en el coco.
3. Cierre las dos mitades del coco presionándolas y atándolas con la cinta amarilla.
4. Coloque el coco delante de la vela de su altar.
5. Encienda la vela y pida a Oshun que le ayude a fortalecer el amor de su relación.
6. Repita el último paso durante 5 noches, encendiendo la vela cada vez. Déjela encendida mientras hace su consulta y rece una rápida oración de agradecimiento.

Poción de amor con jazmín, rosa y canela

Usando esta poción de amor, puede mejorar su relación y mejorar su estado de ánimo. Debido a sus propiedades reguladoras de la sangre, la canela aumenta la pasión y le permite disfrutar aún más de su relación. El jazmín y la rosa se asocian a la sensualidad. Además, provocan euforia y reducen la ansiedad que obstaculizaría el desarrollo de su relación.

Ingredientes:
- 1 cucharada de pétalos de rosa secos
- 2 cucharadas de flores secas de jazmín
- ¼ de cucharadita de extracto de vainilla
- 1 taza de agua fresca
- 2 palitos de canela

Instrucciones:
1. Vierta una taza de agua en una olla. Puede usar más para un efecto más fuerte o menos para una poción más suave.
2. Añada el resto de ingredientes al agua y remueva hasta que estén bien combinados.
3. Lleve la mezcla a ebullición y cueza a fuego lento durante 2-3 minutos.
4. Retirar la mezcla del fuego.
5. Deje enfriar la poción y consúmala cuando la necesite. Beba con un poco de agua con gas siempre que se sienta estancado en su relación o necesite avivar la pasión.
6. Puede dejar la mezcla en la nevera en un recipiente hermético durante 5-7 días.

Hechizo para mejorar su belleza

Si desea mejorar su atractivo y ganar un poco más de confianza, este hechizo será la herramienta perfecta para ello. Puede usarlo junto con cualquier ritual que haga para comunicarse con Oshun, incluyendo la meditación, o incluso al decir una simple oración de gratitud por sus bendiciones.

Ingredientes:
- 5 velas amarillas (o 3 amarillas y 2 blancas)
- Unas gotas de aceite esencial de rosa
- 1 trozo de cinta o hilo amarillo
- Ofrendas para la diosa

- Representaciones de Oshun (estatuas y símbolos comunes como monedas de oro, conchas, plumas, etc.)
- Pétalos de girasol, su incienso favorito, música o cualquier otra cosa que pueda ponerle de buen humor

Instrucciones:

1. Prepare todos los ingredientes y colóquelos frente a usted en su altar o lugar sagrado.
2. Esto es opcional, pero si quiere, puede tomar un baño relajante de antemano (puede tomar uno de los baños descritos anteriormente) para asegurarse de que su cuerpo y su mente estarán lo suficientemente relajados como para concentrarse en el hechizo.
3. Asegúrese de no distraerse y ajuste la temperatura de la habitación a ligeramente cálida. Siéntase libre de ponerse ropa sensual o, si lo prefiere, cualquier cosa con la que se sientas más cómodo.
4. Colóquese en una posición cómoda frente a su espacio sagrado.
5. Coloque las velas en los bordes del altar y enciéndalas. Esparza los pétalos de girasol y la representación de la diosa alrededor de las velas.
6. Coloque el símbolo de Oshun delante de las ofrendas que ha preparado.
7. Realice algunas respiraciones relajantes y empiece a concentrarse en su intención. Excluya cualquier otra cosa de su mente.
8. Tome el trozo de hilo amarillo y empiece a enrollarlo alrededor del dedo índice de su mano dominante. Mientras lo hace, recite lo siguiente:

   «Me veo a mí mismo como una visión de la belleza, ya que ahora estoy lleno de confianza.
   Estoy lleno de amor, pasión y calidez, y mi rostro es siempre agraciado.
   Todo el mundo se dará cuenta de lo atractivo que soy ahora, por dentro y por fuera.
   Y pronto encontraré a alguien que aprecie lo que hay más allá de mi belleza».

9. Cierre los ojos y repita la canción mentalmente. Siga enroscando el hilo alrededor del dedo hasta que esté listo para abrir los ojos.
10. Ate el hilo a la base de una de las velas, pero permanezca en la misma posición. Visualice su nuevo atractivo y que está lleno de confianza y fuerza interior.
11. Mire a la luz de la vela y deje que le llene de toda la confianza en usted, la energía y la gracia que necesita para encontrar la felicidad que merece.
12. Concéntrese en esta intención el mayor tiempo posible. Cuando se sienta preparado, coma y beba de las ofrendas que ha preparado para la diosa. Compartir simbólicamente la comida con ella hará que le ayude más rápidamente.
13. Cuando esté listo para terminar, apague las velas y llévese el hilo con usted. Puede guardarlo en su bolsillo o bolso o llevarlo puesto como recordatorio de su intención y atractivo.

Hechizo para endulzar sus relaciones

Con este simple hechizo, puede endulzar cualquier relación en su vida. Puede hacer que cualquiera, desde su pareja hasta su jefe, sea más receptivo a sus necesidades y sea más cariñoso con usted. Utilice la dulzura de la miel, aunque puede sustituirla por azúcar si tiene prisa por conseguir una atención positiva.

Ingredientes:
- Una botella o un tarro que no le importe desechar
- Miel, la necesaria
- Agua del grifo
- Bolígrafo y papel

Instrucciones:
1. Añada el agua y la miel a la botella y agítela para combinar.
2. Usando el papel y el bolígrafo, escriba el nombre de la persona que quiere endulzar.
3. Coloque la botella en el altar hasta que se cumpla su intención. Después, puede tirar la botella. También puede verter el contenido y utilizarlo como incienso dulce.

Capítulo 8: Hechizos y rituales de abundancia y prosperidad

Además del amor y la belleza, Oshun también puede ayudar a obtener prosperidad y abundancia en varios aspectos de la vida. Tanto si desea crecer espiritualmente, como si tiene problemas de fertilidad o quiere seguridad económica para usted y sus seres queridos, obtener las bendiciones de Oshun puede ser la clave para una vida mejor. En este capítulo se enumeran varios hechizos y rituales diseñados para la abundancia, la fertilidad e incluso la protección de quienes desean estos dones. Con la ayuda de estas herramientas y estableciendo una poderosa conexión con la diosa, podrá hacer realidad sus sueños.

La abundancia y la prosperidad llegan con la ofrenda a Oshun[69]

Ofrenda de prosperidad

Oshun es una de las mejores opciones como orisha asociada con la prosperidad. Aunque a menudo se la asocia con la abundancia en las relaciones y la riqueza espiritual, también puede invocarla con respecto a cualquier otra área de la vida que desee mejorar. Con la combinación adecuada de herramientas, puede hacer que Oshun le conceda riqueza material y seguridad financiera.

Ingredientes:

- 5 naranjas
- 1 vela amarilla
- 1 plato blanco
- Canela
- Miel
- Una representación de Oshun

Instrucciones:

1. Coloque la vela amarilla delante de la representación de Oshun en su altar y enciéndala.
2. Recite su intención en voz alta para asegurarse de que Oshun pueda oírle.
3. Ponga las naranjas en un plato blanco y rocíelas con miel.
4. Espolvoree también un poco de canela sobre las naranjas.
5. Deje las naranjas y la cobertura delante de la orisha junto a la vela durante cinco días.
6. Cuando pasen los cinco días, puede guardar la vela y deshacerse también de la ofrenda.

La vela no debe dejarse encendida continuamente durante 5 días. Asegúrese de apagarla siempre que no pueda atenderla y enciéndala de nuevo cuando pueda supervisarla. Utilice también naranjas frescas para mantenerla a temperatura ambiente hasta que finalice el ritual.

Ofrenda para el crecimiento profesional

El mejor momento para hacer esta ofrenda a Oshun es cuando esté buscando un ascenso o un nuevo trabajo. Sin embargo, también puede presentarla en cualquier otro momento del año si necesita su protección o guía. Si lo hace en la orilla de un río, Oshun sabrá mucho más rápido que la necesita. Dicho esto, puede hacerlo a través de una ventana abierta si no tiene un río u otra fuente de agua dulce cerca.

Ingredientes:
- Una estatua o imagen de Oshun
- Una moneda o billete
- Un trozo de tela amarilla
- Polvo de incienso de Oshun
- Conchas de cauri (están asociadas a la adivinación, por lo que puede predecir si va a conseguir el nuevo trabajo)
- Frutas, verduras u otras ofrendas de su elección
- Una cesta

Instrucciones

1. Extienda la tela sobre su altar y coloque la representación de Oshun encima, en el centro del altar.
2. Coloque el dinero en un cuenco pequeño y vierta un poco de incienso en polvo en otro.
3. Encienda el incienso en polvo y coloque las conchas en la cesta.
4. Coloque también todas sus ofrendas alrededor de la cesta.
5. Encienda la vela y rece la siguiente oración a Oshun:

    «*Te alabo, Oshun, diosa de las aguas dulces.*
    Te alabaré y serviré mientras tus aguas nutran la Tierra.
    Que tus aguas estén en calma, para que me traigan trabajo.
    Y te llevaré siempre en mi corazón. Ashé, ashé».

6. Calme sus pensamientos concentrándose en la llama de la vela. También puede cerrar los ojos y meditar durante un par de minutos si le resulta más fácil relajar la mente de esta manera.
7. Trabaje en manifestar su intención hasta que el incienso se consuma, entonces exprese su gratitud a Oshun por la bendición que pueda concederle.

El incienso en polvo Oshun puede ser sustituido por otro de su elección.

Ritual de Oshun para la creatividad y la prosperidad

Puede alcanzar la prosperidad espiritual emprendiendo nuevas actividades creativas. Si no sabe por dónde empezar su viaje creativo, puede pedirle a Oshun que le guíe utilizando este ritual. Además de mostrarle cómo expresar su creatividad, también puede ayudarle a liberarse de todas las cargas que le impiden alcanzar su pleno potencial espiritual. Como muchos otros rituales para Oshun, se recomienda realizarlo cerca de un río. Si no tiene acceso a uno, puede hacerlo en el altar y enviar simbólicamente sus preocupaciones río abajo.

Ingredientes:

- Un trozo de tela amarilla o dorada para representar a Oshun
- Un tarro de miel
- Agua de manantial en un recipiente grande (si lo hace en un altar interior en lugar de cerca de una fuente de agua)
- Una pieza de fruta dulce (de temporada)
- Semillas que plantaría en primavera (preferiblemente de calabaza, girasol, calabacín o cualquier otra de las favoritas de Oshun)
- Flores frescas - amarillas, blancas y naranjas
- Bolígrafo y papel
- Una campana
- Una cesta pequeña
- Purpurina y otros materiales para manualidades

Instrucciones:

1. Extienda la tela en su altar o en el suelo si lo hace al aire libre.
2. Escriba su intención en un trozo de papel, dóblelo y colóquelo en la cesta.
3. Mientras se concentra en su intención, empiece a decorar la cesta con purpurina y otros materiales de manualidades.
4. Cuando haya terminado, coloque la fruta y las semillas en la cesta, rocíelas con miel y flores, y colóquela en el río (o en un recipiente con agua).

5. Toque la campana para llamar la atención de Oshun y rece una oración de agradecimiento por sus bendiciones.

Ritual de la fertilidad

Este ritual tradicional yoruba ha sido utilizado por mujeres jóvenes que desean concebir un hijo. Aparte de esto, Oshun puede concederle fertilidad en muchos otros aspectos de la vida, como el arte, el trabajo e incluso el cultivo de las relaciones. Los colores y las semillas de la calabaza simbolizan el poder de la fertilidad de la naturaleza.

Ingredientes:

- 1 melón
- 1 vela amarilla
- Papel y bolígrafo
- Una representación de la diosa

Instrucciones:

1. Coloque la vela amarilla delante de la representación de Oshun en su altar y enciéndela.
2. Cierre los ojos y concéntrese en manifestar sus deseos. Decirlos en voz alta suele ayudar.
3. Abra los ojos, tome el bolígrafo y escriba sus deseos en el papel.
4. Coloque el papel sobre el melón. Después, sujételo sobre el estómago (si quiere concebir), delante del corazón (si desea fertilidad en sus relaciones, o sobre la cabeza (para la productividad en el trabajo, las aficiones o el arte).
5. Repita sus deseos y pida a la diosa que le ayude a realizarlos.
6. Cuando sienta que sus deseos han sido escuchados, lleve el melón a la fuente de agua más cercana y ofrézcaselo a Oshun. También puede enterrarlo en su jardín o comérselo en uno o dos días.

Puede dejar la vela encendida brevemente una vez finalizado el ritual. No obstante, si es probable que la deje desatendida, es mejor apagarla. Puede volver a encender la vela cuando lo desee durante los cinco días siguientes.

Ritual de la vela de 5 días para Oshun

Invocar a Oshun puede ser útil cuando necesita eliminar la mala suerte de su vida y sustituirla por la buena fortuna. Una gran vela amarilla le asegurará la abundancia que desea. La adición de alimento amarillo apaciguará a Oshun, por lo que le prestará el *ashe* que necesita para conseguir sus objetivos.

Usar una vela amarilla grande trae abundancia[70]

Ingredientes:

- Un trozo de hilo de algodón amarillo
- Flores amarillas y blancas - frescas o secas
- Boniatos
- Virutas de coco
- Miel
- Semillas de calabaza
- Una vela amarilla grande
- Una representación de Oshun

Instrucciones:
1. Organice su altar o espacio sagrado despejando todo lo que no vaya a necesitar para este ritual.
2. Coloque la vela amarilla y el símbolo que representa a Oshun en el centro de su altar.
3. Prepare los boniatos, las semillas de calabaza, las virutas de coco y la miel en cuencos separados y colóquelos sobre el altar.
4. Si utiliza flores secas picadas, espolvoréelas alrededor de la vela y ate el hilo o estambre amarillo alrededor de la parte inferior de la vela.
5. Si utiliza flores frescas o secas enteras, átelas en un ramo con el hilo.
6. Cuando esté preparado, encienda la vela, cierre los ojos y prepárese para invocar a Oshun.

A continuación, recite el siguiente canto

«Oh, poderosa Oshun, por favor, préstame tu fuerza,

envíame suerte y fortuna.

Que sea fuerte y sabio,

Para que pueda obtener prosperidad.

Ayúdame a ser cariñoso y atento

Para que siga tratando a los demás con la misma integridad».

Tradicionalmente, la vela se dejaba encendida 5 días y 5 noches después de rezar la oración. Sin embargo, esto no suele recomendarse por motivos de seguridad. Por no mencionar que, como muchos otros hechizos, éste sólo funciona mientras mantenga una gran concentración en su intención. No importa cuán ansioso esté por obtener prosperidad, sólo podrá concentrarse en esto por un corto período de tiempo. Por eso, es mejor quemar la vela durante varios minutos a lo largo de 5 días. Siempre que tenga tiempo durante el día, encienda la vela y recite el conjuro. Cuando haya terminado, apáguela y siga con su día. Cuando pueda, vuelva a encenderla hasta que se consuma. Se supone que la comida debe servirse cruda, pero Oshun también aceptará su ofrenda si prepara un plato con los alimentos mencionados, sobre todo si come a su lado.

Ritual de fertilidad y protección

Este ritual puede servir tanto para resolver problemas de fertilidad como para proteger a las futuras madres y a sus familias. Utilice el símbolo de fertilidad por excelencia de Oshun, la calabaza, junto con muchas de sus otras asociaciones. Pueden ayudarle a alejar las influencias negativas que causan problemas de fertilidad o amenazan la seguridad de una madre embarazada, su bebé y su familia. Pueden realizar este ritual las mujeres embarazadas, sus familiares femeninas, sus amigas o incluso el padre del feto. Puede combinar este rito con otros rituales de purificación o protección, como baños de limpieza y rutinas de cuidado personal.

Ingredientes:

- 1 calabaza mediana
- 1 plato blanco
- Un puñado de raíces de pachulí
- Girasoles y otras flores amarillas (se recomienda la flor siempre viva especialmente para este fin)
- Miel, según sea necesario
- Aceite esencial de naranja, según sea necesario
- 1 vela amarilla
- Unas gotas de su loción o jabón favorito
- Una estatua o imagen de la diosa, orisha o santa (dependiendo de cómo desee celebrarla)
- Una campana
- Un collar o pulsera de cuentas con los colores de Oshun
- 5 monedas de oro (las monedas normales también sirven si no encuentra monedas de oro)
- Purpurina amarilla y dorada para representar a la diosa, ya que son sus colores favoritos
- Purpurina plateada y blanca para la estabilidad
- Purpurina azul para la armonía
- Purpurina roja para la pasión y el éxito de la madre y el niño
- 1 vaso de agua (de río o del grifo)
- 1 vaso de vino blanco o champán (opcional)

Instrucciones:

1. Coloque el plato blanco en el centro de su altar, justo delante de la representación de Oshun.
2. Espolvoree pachulí seco y pétalos de flores sobre el plato y coloque la calabaza encima. Si lo desea (y si es usted quien está esperando o deseando concebir), puede sostener la calabaza frente a su corazón o estómago y decir rápidamente su intención antes de colocar la calabaza en el plato.
3. Coloque la vela amarilla a la derecha del plato y enciéndala. Puede ungirla previamente con aceite esencial de naranja.
4. Coloque el vaso de agua o vino a la izquierda del plato, junto a la campana.
5. Vierta un poco de loción, aceite esencial de naranja y miel en la parte superior de la calabaza. Utilice las manos para cubrir generosamente toda la calabaza con estos maravillosos líquidos. Mientras lo hace, diga su intención, y pida las bendiciones de Oshun.
6. Utilice la campana para llamar la atención de Oshun antes de pasar al siguiente paso.
7. Cuando haya captado su atención, puede retenerla espolvoreando purpurina en la parte superior de la calabaza.
8. Después de untarla con los líquidos, coloque el collar o la pulsera encima de la calabaza.
9. Coloque las 5 monedas en el plato alrededor de la calabaza. Si su calabaza es grande y no tiene mucho espacio alrededor, puede colocar las monedas encima de ella, alrededor de su tallo.
10. Levante su vaso en nombre de Oshun mientras recita una oración de gratitud por las bendiciones que está a punto de recibir.

Suponga que trabaja en un espacio cerrado. En ese caso, puede dejarlo todo en el altar (después de apagar la vela, por supuesto) durante 1-2 días, dependiendo de la temperatura de la habitación. Después, retire el plato con la calabaza, pero puede dejar el resto. Lave suavemente la pulsera y colóquela en la representación de Oshun. Rece una oración todos los días mientras espera las bendiciones.

Hechizo de protección y suerte para Oshun

Si se siente con mala suerte, este hechizo puede manifestar las bendiciones de Oshun. Ellas pueden venir en forma de buena suerte, una abundancia de fortuna, o simplemente tener mejores experiencias en la vida. El hechizo también le proveerá con la protección que necesita de aquellos que envidiaran su éxito cuando la suerte regrese a su lado. Puede combinarlo con otros rituales y oraciones de prosperidad.

Ingredientes:

- 1 vela amarilla
- Su incienso favorito
- Miel, según sea necesario
- Un trozo de papel pergamino
- Dinero (billete de papel)
- Jabón natural (con miel, azúcar, madreselva u otros ingredientes naturales dulces)
- Unas gotas de aceite magnético (opcional, puede utilizar un imán en su lugar) para atraer la fortuna
- 1 cristal negro (por ejemplo, azabache) para la suerte, la protección y el dinero
- Una piedra de río (u otra representación de un río)
- Una imagen o estatua de Oshun
- 1 vela roja pequeña para que la intención se haga realidad lo antes posible
- 1 vela dorada pequeña para el éxito
- 1 vela amarilla pequeña para ayudar a comunicar sus deseos
- 1 campana
- Una pizca de crisantemo seco, caléndula y pétalos de rosa para que todo siga su curso cuando tenga suerte
- Polen de abeja, según sea necesario

Instrucciones:

1. Comience escribiendo su petición en papel pergamino y junte el papel con el billete.
2. Mezcle en sus manos unas gotas de jabón y aceite de imán. Cubra suavemente el papel y el dinero con la mezcla.
3. Coloque el papel y el dinero en el altar, y ponga la piedra de río y el cristal negro encima o al lado, según la forma que tengan las piedras. Si son muy grandes y redondas, puede colocarlas junto al papel para evitar que rueden.
4. Dígale a Oshun lo que desea y rece una oración de agradecimiento. Puede utilizar la campana para llamar su atención.
5. Coloque la vela amarilla grande junto al papel y el dinero y enciéndala.
6. Espolvoree algunos crisantemos, caléndulas y rosas alrededor de la vela y reserve un poco para el baño.
7. Espolvoree un poco de polen de abeja alrededor de la vela. También puede untar la vela con miel.
8. Prepare el agua del baño con miel, polen de abeja, hierbas y jabón natural. Mientras prepara el baño, escriba una intención para cada pequeña vela.
9. Después de tomar su baño, vuelva a su altar y encienda las velas pequeñas mientras da a conocer su intención por última vez.
10. Lleve la piedra u otra representación de un río a su fuente de agua más cercana, junto con un poco de miel, y rece una oración de gratitud por la bendición que recibirá. Conserve la piedra negra con usted como talismán o recordatorio de su intención.

Si es necesario, puede recitar su intención varias veces. No es necesario que tome el baño de limpieza cada vez, pero puede llamar a Oshun con la campana para recordarle sus deseos. Alternativamente, puede utilizar 3 velas pequeñas del mismo color si tiene una petición específica que reforzar. Por razones de seguridad, apague la vela grande mientras se baña y vuelva a encenderla junto con las pequeñas una vez haya regresado al altar.

Capítulo 9: Días sagrados y festivales

Las celebraciones de Oshun, conocidas como días sagrados y festivales, son un aspecto esencial para honrar a la diosa. Sin embargo, muchos devotos pueden estar inseguros acerca de lo que estas celebraciones implican, cuándo ocurren, y cómo honrar apropiadamente a Oshun durante estos eventos. Por ello, es crucial informarse sobre las ceremonias, rituales y prácticas tradicionales de Oshun. Al conocer los orígenes y el trasfondo cultural de cada festival, los practicantes pueden profundizar en su comprensión del poder de Oshun y su papel en la vida cotidiana. Siga leyendo para saber más sobre los festivales relacionados con Oshun y las mejores formas de celebrarlos con respeto y reverencia hacia la diosa.

Los festivales permiten celebrar y alabar a Oshun[71]

Festival Oshun-Osogbo

El festival Oshun-Osogbo es una fiesta tradicional muy popular y significativa que se celebra en Osogbo, la capital del estado de Osun, Nigeria. Los habitantes del estado de Osun lo celebran anualmente desde hace siglos. El festival está dedicado a la diosa Oshun, a la que los habitantes de esta zona consideran responsable de la fertilidad y la prosperidad.

La celebración comienza entre el 1 y el 29 de agosto de cada año y en ella se suceden desfiles, actuaciones de música y danza, rituales de disfraces e invocaciones espirituales. El momento culminante del festival es cuando los devotos visitan el santuario ribereño de Osoogun, situado junto al río Osun, para hacer sacrificios a sus antepasados y pedir bendiciones a la diosa del río.

Oshun es una orisha o diosa asociada al amor, la fertilidad, la belleza, el oro, la abundancia y la diplomacia. Esta deidad yoruba es venerada en muchas religiones como portadora de paz y prosperidad para sus devotos. Durante el festival Oshun-Osogbo, la gente se reúne para honrar a Oshun mediante celebraciones y oraciones.

En Nigeria, una de las mayores celebraciones tiene lugar en la ciudad de Osogbo, donde miles de personas se reúnen para participar en procesiones a menudo acompañadas de música. La gente decora sus casas con telas de colores, adornos y pancartas para celebrar la ocasión. Durante las procesiones, la gente reza y hace ofrendas en honor de Oshun.

En Ghana, el festival se conoce comúnmente como festival de Oshun. Se celebra de la misma manera que en Nigeria, pero con un mayor énfasis en actividades tradicionales como tocar el tambor, bailar y contar historias. Se cree que estas actividades unen a la comunidad y son una parte importante de la celebración. El festival es también un momento para que las familias se reúnan y den gracias por las bendiciones que Oshun les ha concedido.

En Benín, la fiesta se conoce como el festival Igue. Se celebra de forma similar a la de Nigeria, centrándose en actividades tradicionales como la danza y los tambores. También es un momento para que la comunidad se reúna y dé gracias a Oshun por sus bendiciones.

En América Latina, la fiesta se celebra en honor de Yemayá, el equivalente de Oshun en la religión yoruba. Las celebraciones suelen centrarse más en rituales acuáticos, como bañarse en ríos o mares para limpiarse de cualquier impureza espiritual. Se cree que esto aporta equilibrio y armonía al individuo y a su comunidad, y se considera un aspecto importante de la celebración.

En general, el festival Igue es una importante celebración profundamente arraigada en la historia y la cultura de Benín y celebrada en otros países africanos y en América Latina. Es una ocasión para que la comunidad se reúna y dé gracias.

El festival culmina el 31 de agosto con la tradicional procesión Oshun-Osogbo. Esta procesión es un importante ritual en el que los fieles caminan desde la arboleda sagrada de Osoogun hasta la ciudad de Osogbo, portando una estatua de su diosa y cantando sus alabanzas. Por la noche, se celebra un gran final en el palacio del *Ataoja* (rey), donde se honra a todos los que participaron en la procesión.

La mejor forma de celebrar un festival de Oshun en casa es crear un espacio sagrado dedicado a honrarla. Esto puede incluir montar un altar y decorarlo con ofrendas como frutas o monedas. Otras actividades pueden ser cantar canciones tradicionales en su honor y realizar bailes o rituales especiales que celebren su presencia divina. También se puede ser creativo y organizar una cena o reunión de amigos para compartir historias sobre Oshun e intercambiar muestras de agradecimiento por sus bendiciones.

No importa en qué parte del mundo se encuentre, el festival Oshun-Osogbo es un gran recordatorio para apreciar la belleza y el poder de la naturaleza. Al celebrar este festival, la gente honra a sus antepasados y a la humanidad que comparten.

Festival del río Oshun

El festival del río Oshun es una vibrante celebración de la diosa yoruba Oshun, que se celebra anualmente en Osogbo (Nigeria). El festival, que suele durar tres días en septiembre, es una ocasión para que los devotos rindan homenaje a Oshun mediante prácticas de culto tradicionales, música y espectáculos de danza.

En el centro del festival está el acto principal, que tiene lugar en un santuario situado cerca de las orillas del río Oshun, dedicado a Oshun. Allí, los devotos se reúnen para rezar, hacer ofrendas de comida, flores y otros objetos, y participar en rituales para obtener bendiciones de la diosa. Tras estas ceremonias, comienzan los festejos con animados tambores y bailes alrededor de hogueras, celebrando la presencia de Oshun.

El segundo día del festival se dedica a prácticas de culto tradicionales, incluidas ceremonias para limpiar el cuerpo y el espíritu. Estas actividades tienen lugar en santuarios y espacios sagrados de Osogbo, como Olumo Rock y el santuario de Opa Oranmiyan. Los desfiles también cuentan con coloridas carrozas, músicos que tocan instrumentos tradicionales africanos y personas vestidas con vibrantes trajes ceremoniales que cantan y bailan en alabanza a Oshun.

El último día de celebraciones, las procesiones llevan a la gente por diferentes partes de la ciudad para visitar lugares relacionados con la historia de Oshun antes de regresar al santuario principal para presentar ofrendas y dar gracias a la diosa. Los festejos continúan hasta bien entrada la noche, con comida compartida entre familias y amigos mientras se intercambian historias sobre festivales pasados.

El festival del río Oshun es un momento de alegre celebración, en el que se reconoce la conexión entre la humanidad y la divinidad. Brinda a los participantes la oportunidad de expresar su gratitud y conectar con su diosa mediante actos devocionales en su honor.

Festival Igue

El festival Igue es una celebración anual de cinco días que tiene lugar en Uselu, Ciudad de Benín, Nigeria, del 28 de octubre al 2 de noviembre. Es un momento de gran alegría y celebración para los adoradores de la diosa yoruba Oshun, que se reúnen para honrarla y rendirle homenaje. La fiesta está profundamente arraigada en la historia y la cultura de Benín y se celebra desde hace siglos.

El primer día del festival, los participantes se reúnen en el santuario de Oshun para decorarlo con flores y telas blancas, hacer ofrendas de agradecimiento y pedir bendiciones. La música y los bailes tradicionales comienzan entonces mientras la gente da gracias y alaba a Oshun. A lo largo de los cinco días de celebraciones, hay fiestas, desfiles, actuaciones de bailarines y disfraces, banquetes con deliciosas comidas, concursos de canto entre grupos o aldeas, ceremonias tradicionales como la bendición de los niños con agua del río sagrado de Oshun, Obo Osebo, sesiones de narración de cuentos por parte de los ancianos que comparten historias antiguas sobre el poder de Oshun sobre la vida en la tierra, y exhibiciones de arte cultural que incluyen el tejido de cestas con tintes naturales.

Por la noche, durante el festival, se celebran rituales especiales a la luz de la luna para traer suerte a las personas o familias que han hecho ofrendas a Oshun. Estos rituales pueden incluir el vertido de agua especialmente preparada sobre trozos de tela colocados alrededor de los santuarios, que representan distintos tipos de fortuna o deseos que pueden ser concedidos por Oshun, como la salud o la prosperidad.

Para quienes no puedan asistir al festival Igue en Uselu, hay formas de participar en la celebración desde casa. Uno de los métodos más populares es dedicar uno o dos días a rezar en honor de Oshun y su poder sobre la vida en la Tierra. También se pueden incorporar hierbas asociadas a Oshun, como el romero o la albahaca, en las comidas mientras se ofrecen oraciones silenciosas de agradecimiento por todo lo que Oshun ha hecho en sus vidas. Esto permite una conexión personal y espiritual con el festival, aunque se esté físicamente ausente de las celebraciones.

El festival Igue forma parte de la cultura de la ciudad de Benín, transmitida de generación en generación desde tiempos inmemoriales. Ofrece una oportunidad única de conectar con la historia y celebrar la propia fe en un ambiente vibrante. Cada año, en octubre y noviembre, miles de personas se reúnen en Uselu, independientemente de sus diferencias religiosas, para honrar a Oshun.

Durante el festival, los devotos participan en diversos rituales y ceremonias cargados de tradición y simbolismo. Hacen ofrendas a Oshun, como frutas, dulces y flores, para mostrar su gratitud por sus bendiciones. También participan en danzas tradicionales y tocan tambores para invocar la presencia de la diosa y conectar con su energía. Muchas personas también visitan los diversos santuarios y lugares sagrados de la zona dedicados a Oshun, donde pueden darle las gracias y buscar su guía. En general, el Festival Igue es un importante recordatorio del poder perdurable de Oshun y de las profundas raíces culturales del pueblo yoruba.

Festival de Oshala

El Festival de Oshala es una celebración anual que tiene lugar en diciembre en honor de la diosa yoruba del río Oshun. Es un momento de oración y agradecimiento, en el que los devotos ofrecen sacrificios y ofrendas a Oshun para obtener curación y protección. El festival se celebra en varios lugares de Nigeria, normalmente cerca de ríos u otras fuentes de agua. Las fechas varían cada año en función del ciclo lunar, pero suelen coincidir con las dos semanas previas al 31 de diciembre. En algunas zonas, las celebraciones pueden durar hasta tres semanas, comenzando en la luna llena más cercana al 21 de diciembre.

Es especialmente famosa en comunidades ribereñas como Osogbo, Ijebu-Ode e Ilesa. Durante el festival, los participantes hacen ofrendas de frutas, granos y otros objetos ceremoniales en santuarios cercanos a fuentes de agua para asegurarse de que las bendiciones de Oshun les lleguen en abundancia. También ofrecen plegarias para curarse de los problemas físicos y emocionales y protegerse del peligro y las dificultades.

Además de estas prácticas tradicionales, los devotos modernos pueden celebrar el Festival de Oshala participando en actividades como círculos de tambores y bailes alrededor de hogueras sagradas encendidas en honor del espíritu de Oshun. Se cantan canciones especiales en su honor y se entregan delicados regalos en su santuario como muestra de respeto y agradecimiento por todo lo que ha hecho por ellos.

Los que no pueden asistir a las fiestas locales pueden honrar el espíritu de Oshun en casa adornando los espacios con telas amarillas (color representativo de Oshun) o haciendo pequeñas ofrendas en un altar dedicado específicamente a su divinidad. También se pueden encender velas e incienso, que simbolizan la conexión entre la humanidad y la naturaleza, para garantizar que las bendiciones lleguen a quienes están lejos de cualquier lugar de celebración.

El Festival de Oshala es una tradición ancestral que se celebra en Nigeria desde hace siglos. Se trata de una celebración anual de dos semanas, normalmente antes de Nochevieja, en la que los devotos de la diosa yoruba del río, Oshun, se reúnen para expresar su gratitud y honrar su gracia divina. Esta fiesta está profundamente arraigada en el patrimonio cultural y espiritual del pueblo yoruba. Es una celebración no sólo de la diosa, sino también de la devoción y dedicación de quienes la han honrado durante generaciones. El festival se caracteriza por elaboradas ceremonias, música y bailes tradicionales, ofrendas y banquetes, todo ello en honor de Oshun y su poderosa presencia en la vida de sus seguidores.

Festival de Elegba

El festival de Elegba es una celebración anual que honra al poderoso orisha Elegba y a la deidad yoruba Oshun en Nigeria. Se celebra todos los años en febrero en el palacio de Ile-Ife, en el estado de Osun. Se ofrecen plegarias y ofrendas a Oshun, la diosa asociada al amor, la fertilidad, la belleza, la riqueza y la prosperidad. El festival incluye ofrendas de comida, bebida, flores y otros objetos a Oshun, así como actuaciones de música y danza tradicional yoruba.

La fiesta suele celebrarse en febrero, aunque las fechas varían de un año a otro. Comienza con una procesión de ofrendas al orisha Elegba, seguida de una serie de rituales y ceremonias en honor de Oshun. La música y la danza tradicionales rinden homenaje tanto a Elegba como a Oshun.

En el palacio de Ile-Ife, la gente se reúne para celebrar y ofrecer sus oraciones y ofrendas a Oshun en un ambiente de alegres cantos, bailes y banquetes. Los mercados locales también están presentes, donde la gente puede comprar regalos para amigos o seres queridos o simplemente participar en la vibrante atmósfera que impregna el recinto del palacio durante el festival.

Las celebraciones no terminan en el palacio de Ile-Ife, ya que muchas comunidades de Nigeria tienen sus propias fiestas en honor del orisha Elegba, con coloridos desfiles de bailarines disfrazados de animales y con elaboradas máscaras que representan a diferentes dioses o diosas, como Oshun. Los tambores tradicionales y las acrobacias añaden un toque de diversión a estas fiestas.

Quienes no puedan asistir en persona al festival pueden participar ofreciendo oraciones o quemando incienso en honor de los orishas Elegba y Oshun ante las imágenes que los representan. También se pueden preparar comidas o bebidas especiales en su honor, lo que permite formar parte de esta sagrada tradición anual incluso desde la distancia.

En definitiva, el festival de Elegba brinda a la gente la oportunidad de reunirse para celebrar y honrar a una de las deidades más importantes de la cultura yoruba, Oshun. El festival une espiritualmente a la gente, y tanto si participan en grandes desfiles como en íntimas reuniones caseras, es seguro que unirá a las personas sin importar dónde se encuentren.

Días santos

Osunseya o día de Ironmole

Osunseya, o Día de Ironmole, es una celebración anual en honor de la diosa yoruba del amor y la fertilidad, Oshun. Se celebra el último sábado de agosto y los devotos la celebran tanto en Nigeria como en otras partes de África Occidental. El día está dedicado al poder de Oshun para traer a la gente abundancia, prosperidad y fertilidad. Es un momento para reflexionar sobre el mensaje de amor y armonía de la diosa.

Las celebraciones suelen tener lugar en aldeas ribereñas, donde los devotos se reúnen a la luz de las velas en torno a un santuario dedicado a Oshun. Ofrecen plegarias y sacrificios, como miel, huevos, frutas, joyas y animales. Muchos visten ropas amarillas, ya que se dice que agradan a Oshun más que cualquier otro color. Los bailes tradicionales y las actividades culturales también forman parte de las festividades.

Al atardecer, se encienden pequeñas barcas llenas de velas y se lanzan al agua para simbolizar la esperanza de buena fortuna en el año venidero. Después se enciende una hoguera que, se dice, conecta directamente a la humanidad con la divinidad a través de sus llamas. Las familias disfrutan de un banquete como ofrenda de agradecimiento a su deidad protectora.

Osunseya, o día de Ironmole, es una importante celebración anual entre los seguidores de la mitología yoruba y una oportunidad para renovar su compromiso de llevar una vida mejor basada en la espiritualidad, la bondad, el amor y el respeto a la naturaleza. El festival es un momento de reunión para honrar a Oshun y un recordatorio de los mensajes intemporales de amor y armonía que representa la diosa.

Viernes

Todos los viernes, la religión yoruba de Nigeria celebra a Oshun, una querida deidad conocida por su vibrante energía, creatividad y bondad. Los devotos rinden homenaje a la diosa mediante rituales que incluyen ofrendas de comida, bebida y otros regalos, vestidos con ropas amarillas y blancas para representar el sol y la pureza.

La celebración comienza con oraciones y cantos en los lugares sagrados o santuarios dedicados a Oshun. Se presentan ofrendas de frutas, huevos, harina de maíz, leche, miel y azúcar a la diosa como forma de expresar gratitud y pedir bendiciones. Tras invocar la presencia de la diosa, los devotos bailan alrededor de las hogueras sosteniendo un paño blanco, símbolo de su fe en Oshun.

Los que no pueden asistir a las celebraciones físicas pueden honrar a Oshun en casa montando un altar dedicado a la diosa. Se pueden incluir flores, velas amarillas y piedras de río como ofrendas, junto con alimentos asociados a Oshun, como pasteles de miel, mangos o gachas de mijo.

La celebración es también una oportunidad para la reflexión y la introspección, no sólo sobre la vida personal, sino también sobre la interconexión de todas las cosas. Al adoptar estas creencias y valores, los seguidores pueden crear un espacio armonioso dentro de sus hogares y, en última instancia, avanzar hacia la liberación del sufrimiento y experimentar la verdadera dicha.

Cumpleaños de Oshun

El cumpleaños de Oshun es una celebración anual venerada y muy esperada en la religión yoruba, que marca el cumpleaños de Oshun, la diosa del amor, el placer y la fertilidad. Este día sagrado se celebra el 5 de abril. Está impregnado de tradición e importancia histórica, ya que se celebra desde hace miles de años.

Los devotos honran a Oshun en su día especial con rituales y ceremonias que incluyen ofrendas y agradecimiento por sus bendiciones. Estas ofrendas pueden incluir flores, dulces o incluso sacrificios de animales para expresar gratitud por los dones divinos de la diosa y buscar su protección y guía.

Además de los rituales tradicionales, muchos seguidores celebran el cumpleaños de Oshun en casa con sus seres queridos. Pueden organizar pequeñas reuniones para dar gracias a la diosa, disfrutar de dulces y comidas tradicionales preparadas en su honor, vestirse con ropas tradicionales o adornarse con joyas asociadas a Oshun.

Se cree que los que celebran correctamente el cumpleaños de Oshun serán bendecidos con buena salud, prosperidad, amor, alegría y armonía en la vida. Por lo tanto, este día especial es una oportunidad esencial para conectar con la diosa y aportar equilibrio espiritual a la vida. Ya sea mediante rituales tradicionales o celebraciones personales, honrar a Oshun en su cumpleaños es una forma poderosa y significativa de mostrar devoción y buscar bendiciones.

Capítulo 10: Rituales diarios para honrar a Oshun

Honrar a la diosa yoruba Oshun es una forma maravillosa de mostrar agradecimiento por sus bendiciones. Para que este ritual diario tenga sentido, conectar con Oshun a través de sencillos actos de bondad y generosidad puede ser gratificante. Aunque es la diosa africana del amor, la belleza y la sensualidad, Oshun también está asociada a la fertilidad, la abundancia y el agua dulce. ¿Cómo honrarla de forma significativa? Este capítulo explora algunos rituales cotidianos creativos. Desde baños purificadores hasta afirmaciones de amor, estos rituales pueden favorecer la curación y la renovación. Si se compromete a practicarlos con regularidad, estará honrándola e invitándola a su vida con lo cual recibirá más energía de apoyo de esta deidad benévola.

Rituales diarios

1. Ofrendas

Honrar a Oshun mediante ofrendas diarias es importante para establecer una relación con la diosa y recibir su favor. Estas ofrendas son una forma de mostrar su gratitud y aprecio por todo lo que ha hecho por los que la aman y de pedir sus bendiciones y guía en su vida diaria.

Las ofrendas tradicionales a Oshun incluyen miel, flores amarillas y harina de maíz amarilla, que se cree que tienen un significado especial para la diosa. La miel simboliza la dulzura y la prosperidad y se asocia a menudo con la capacidad de la diosa para traer abundancia a la vida. Se cree que las flores amarillas, como las caléndulas y los girasoles, representan la alegría y el sol, y suelen utilizarse para invocar las bendiciones de felicidad y positividad de la diosa. La harina de maíz amarilla es un alimento básico en muchos países africanos, se cree que representa la nutrición y el sustento, y a menudo se utiliza para pedir a la diosa sus bendiciones de salud y bienestar.

El arroz cocido endulzado con miel o azúcar también es una ofrenda habitual. También pueden ofrecerse frutas como manzanas, naranjas, mangos y cocos, cada una de las cuales representa distintas cualidades asociadas a la diosa. Por ejemplo, se cree que las naranjas representan la alegría y la fertilidad, mientras que los cocos representan el alimento y la protección.

Las flores amarillas y doradas son las preferidas para las ofrendas a Oshun, ya que corresponden con las asociaciones cromáticas de la diosa. Sin embargo, se puede utilizar cualquier tipo de flor dependiendo de la intención de la ofrenda. Por ejemplo, se cree que los tulipanes simbolizan la prosperidad, mientras que las rosas simbolizan el amor y la gratitud. Los inciensos, como la canela y el jazmín, también son formas estupendas de honrar a Oshun, ya que tienen profundas conexiones espirituales con su energía. Pueden utilizarse para crear una atmósfera de calma y meditación y para invocar la presencia de la diosa.

Por último, también se pueden hacer ofrendas sencillas, como un vaso de agua o miel, para mostrar respeto y pedir su bendición y guía. Estas ofrendas pueden colocarse en un altar dedicado a Oshun e ir acompañadas de oraciones o cánticos. Haciendo ofrendas diarias a Oshun, los devotos pueden profundizar su conexión con la diosa y recibir sus bendiciones en sus vidas.

2. Meditación

La autorreflexión y la meditación son aspectos importantes a la hora de honrar a la diosa Oshun. Al despejar la mente y centrarse en conectar con la energía divina, se puede profundizar en la conexión con la diosa y recibir sus bendiciones.

Cuando medite en honor a Oshun, concéntrese en visualizar su luz dorada dentro de usted y a su alrededor, aportando equilibrio y armonía a su vida. Oshun es una poderosa diosa africana del amor, la belleza y la fertilidad; meditar en su honor puede ser una experiencia transformadora.

Para preparar su meditación diaria para Oshun, busque un lugar tranquilo cerca del agua o cree una masa de agua artificial llenando un cuenco poco profundo con agua fresca de manantial. Coloque el cuenco ante usted y encienda velas blancas a ambos lados. Puede montar un pequeño altar para Oshun en la zona donde medita. Coloque objetos que la representen, como joyas de oro, monedas, flores u ofrendas de comida, como naranjas y miel. Si puede quemar incienso, utilice aromas como el jazmín y el azahar, que se asocian con la energía de Oshun.

Siéntese cómodamente en una silla con la espalda recta, los pies apoyados en el suelo, las manos con las palmas hacia arriba sobre las rodillas y los ojos cerrados. Respire hondo varias veces mientras se relaja. Visualice que se abre para recibir el amor incondicional de la diosa Oshun. Imagine que su luz irradia desde su corazón y entra en el suyo, abriéndolo aún más. Observe cómo su luz aporta calidez a su cuerpo. Mientras sigue respirando profundamente, considere cualquier área de su vida en la que se sienta limitado o restringido. Afirme en voz alta que estas áreas están ahora abiertas para la transformación y el crecimiento a través del poder y la gracia de Oshun mientras continúa respirando profundamente en este espacio sagrado dedicado a su energía.

Cuando esté preparado, concéntrese en su respiración y repita mantras en honor a Oshun, como «que esté conectado con la fuente» o «que tenga abundancia en mi vida». Cante lo que resuene más profundamente en su interior, como «Oshun protégeme» o «todo el poder pertenece a Oshun».

Mientras continúa su meditación, tómese su tiempo para visualizar las bendiciones que desea de Oshun. Podría ser guía o paz interior en momentos de dificultad o creatividad cuando se sienta bloqueado. Sea cual sea la forma que adopten estas bendiciones, entrégueselas de todo corazón a Oshun con la esperanza de que las escuche. Después de visualizar estas bendiciones durante varios minutos, abra los ojos y termine su práctica de meditación con una oración de agradecimiento por su presencia en su vida. Agradezca todo lo que Oshun ha traído a su vida hasta ahora, como amor, belleza y fertilidad. Dele las gracias por existir y ser una fuente de energía nutritiva en el universo. Exprese su gratitud por la oportunidad de recibir sus dones a diario si los acepta con los brazos abiertos sin dejar de ser consciente de sus límites personales. Concédase unos momentos más antes de volver suavemente a la realidad física, tomando toda la energía curativa con la que ella le ha bendecido hoy.

Cuando haya terminado con su práctica de meditación, dedique algún tiempo a expresar su gratitud hacia Oshun por escuchar sus plegarias y dedicarle este tiempo especial a su espíritu cada día. Agradézcale todo el amor, la protección y la guía que le ofrece a usted y a todos los que la invocan en todo el mundo.

Meditar cerca del agua y honrar a Oshun con mantras y oraciones es una forma poderosa de aprovechar su energía divina y obtener información sobre su vida. Oshun, la diosa africana del amor, la belleza y la fertilidad, ofrece una gran riqueza de conocimientos, abundancia y protección a quienes la honran. Esta práctica diaria le ayuda a conectar con el flujo de energía del divino femenino y le permite honrar a quienes le han precedido a lo largo de la historia. Al meditar en su honor cada día, puede profundizar su conexión con Oshun y recibir sus bendiciones en su vida.

3. Música y danza

La música y la danza son formas poderosas de honrar a la diosa yoruba Oshun. Oshun es una diosa del amor, la belleza y la fertilidad; la música y la danza son poderosas expresiones de estas cualidades. Los yoruba llevan mucho tiempo utilizando la música y la danza para honrar a sus dioses, incluida Oshun. Las canciones tradicionales yoruba dedicadas a Oshun suelen incluir plegarias de agradecimiento o peticiones de bendiciones y van acompañadas de ritmos creados con tambores y otros instrumentos de percusión. Las danzas interpretadas para Oshun utilizan movimientos simbólicos para expresarle admiración y respeto. Una de estas danzas, «Oshoaluwo», consiste en golpear el suelo con los pies siguiendo patrones que representan el poder de la diosa y su influencia sobre la naturaleza.

Otra danza tradicional que honra a Oshun es la danza «Ebora». Es una danza de celebración que se ejecuta en honor de la diosa y sus poderes de fertilidad. Suelen bailarla mujeres, con movimientos sensuales y fluidos que emulan el flujo del agua, estrechamente relacionado con Oshun.

La danza «Osun Osogbo» es otra danza tradicional que se baila en honor de la diosa Oshun. Esta danza se lleva a cabo durante el festival anual Oshun Osogbo de Nigeria, dedicado a la diosa. Las bailarinas visten ropas de vivos colores y tocados adornados con cuentas y otros ornamentos. Llevan bastones y espadas mientras bailan. La danza combina movimientos rítmicos y coreografía para representar el poder de la diosa y su influencia sobre el mundo natural.

Además de estas danzas tradicionales, también hay interpretaciones modernas de la danza inspirada en Oshun. Por ejemplo, el vídeo musical «Brown Skin Girl» de Beyoncé, que se rodó en Nigeria y mostraba ropa tradicional africana y elementos culturales, se ha considerado una interpretación moderna de una danza inspirada en Oshun. El uso del movimiento, el vestuario y las imágenes del vídeo se ha interpretado como una forma de expresar admiración y respeto por la diosa y su influencia en las mujeres de color.

La música y la danza forman parte de la cultura yoruba y son poderosas formas de honrar a la diosa Oshun. Sirven para expresar gratitud y admiración por la diosa, al tiempo que conectan con su energía y poder físico y espiritual.

4. Oraciones y bendiciones

La oración es una forma significativa de honrar a la diosa Oshun y conectar con su poderosa energía. Puede aportar equilibrio, paz y alegría a su vida. Para sacar el máximo partido a sus plegarias, intente recitarlas al amanecer o al atardecer, cuando se produce la transición entre el día y la noche, ya que es un momento especial para agradecer a todos los dioses, incluida Oshun, sus bendiciones, su guía, su protección y su amor. Se pueden recitar oraciones tradicionales como «*Omi Tutu*», que significa «Río Madre», ya que uno de los dominios de Oshun son los ríos. También puede crear sus propias oraciones con el corazón, lo que le parezca más auténtico. Es importante centrarse en la intención de la oración y hablar desde el corazón para conectar con la energía de Oshun.

Honrar a la diosa Oshun a través de la oración es un aspecto importante de la práctica espiritual. He aquí algunas sugerencias para incorporar oraciones y bendiciones diarias a su rutina:

Empiece cada día con una oración de gratitud a Oshun. Dele las gracias por su guía y sus bendiciones, y dedique un momento a apreciar y agradecer todas las cosas positivas de su vida. Expresar gratitud le ayuda a mantenerse positivo y abierto a recibir más bendiciones.

Antes de empezar el día, ofrezca una bendición matutina a Oshun, pidiéndole que le proteja y le guíe a lo largo del día y que tenga éxito en todo lo que emprenda. También es una buena oportunidad para fijar una intención o un objetivo para el día.

Al final de cada día, tómese un tiempo para reflexionar sobre lo que ha ocurrido durante el día y ofrezca una bendición vespertina a Oshun. Puede aprovechar este momento para agradecerle su guía y protección y pedirle que le proteja mientras duerme.

Expresar la creatividad es otra forma de honrar a Oshun, ya que implica abrirse emocional, espiritual y físicamente. Cuando se sienta inspirado, cree algo único, como un cuadro, una danza o una canción, en honor a su presencia en su vida.

Encender velas es una antigua práctica utilizada como símbolo de esperanza, fe y guía en muchas culturas, incluida la yoruba, que venera a Oshun como una de sus principales deidades. Siéntese en silencio antes de encender una vela dedicada exclusivamente a Oshun. Tómese un momento para respirar hondo y concentrarse en su energía, liberándose de cualquier preocupación o problema del día. Esto puede ayudar a equilibrar sus emociones y devolver la paz interior y la energía positiva a su vida.

5. Baños espirituales

Un baño espiritual es una forma poderosa y significativa de honrar a Oshun, la venerada orisha de la belleza, el amor y la fertilidad. En la tradición yoruba, se cree que tomar un baño especial con hierbas y otros ingredientes naturales purifica el cuerpo y el alma, honra a Oshun y atrae su protección, bendicion y amor a su vida.

Para conectar de verdad con Oshun a través de un baño espiritual, es importante involucrar los cinco sentidos: vista, olfato, gusto, tacto y oído. Empiece por establecer una intención u oración que exprese por qué está conectando con ella. Reúna ingredientes naturales que tengan un significado simbólico relacionado con Oshun, como la miel o la harina de maíz, que se conocen como «aguas sagradas» en la cultura yoruba. Además, utilice hierbas que correspondan a Oshun, como pétalos de rosa o capullos de lavanda, para atraer su energía calmante cuando las añada ceremonialmente a su cuenco o bañera.

Si es posible, tome su baño espiritual cerca de masas de agua, como ríos, ya que el agua está estrechamente ligada a la divinidad en religiones africanas tradicionales como la yoruba. Estar en la naturaleza mientras se toma el baño aumenta el poder del ritual de limpieza. Si no es posible, encienda velas alrededor del lavabo o la bañera antes de empezar el ritual. Cantar también es un complemento poderoso; se pueden utilizar canciones tradicionales yoruba llamadas *oriki* que alaban a los orishas.

Durante el baño, concéntrese en la visualización e imagínese rodeado de luz dorada, el color asociado a Oshun, ya que limpia cualquier energía negativa de su cuerpo y espíritu. Una vez finalizado el baño, reflexione y deje que los efectos positivos calen profundamente en su alma. Como ofrenda, deje una pequeña muestra, como flores o comida, en el exterior, cerca de donde se haya bañado, devolviendo energía a la naturaleza.

6. Creatividad

Honrar a la diosa yoruba Oshun mediante rituales y prácticas diarias puede traer paz, alegría y abundancia a nuestras vidas. Una forma poderosa de conectar con Oshun es a través de la oración o la meditación, donde ofrecemos gratitud y aprecio por sus bendiciones y guía.

Otra forma de honrar a Oshun es a través de expresiones creativas, como la pintura, el dibujo, la escultura o la escritura. Crear algo que ofrecer a Oshun puede ayudarle a concentrar su energía y proporcionar una representación tangible de su presencia en su vida. Incorporar colores y símbolos asociados a Oshun, como el amarillo, el dorado, el naranja y símbolos de agua o ríos, puede reforzar aún más la conexión con su energía.

La poesía es otra forma de honrar a Oshun a diario. Escribir sobre sus atributos en forma poética puede ayudarle a llevar su poder a sus propias palabras y pensamientos, a la vez que se centrará en áreas específicas que ella rige, como el amor o la abundancia, lo que puede añadir aún más significado a sus devociones.

Fabricar velas, sobre todo velas amarillas de cera de abeja, también puede ser una forma poderosa de conectar con Oshun. Estas velas se pueden utilizar durante la oración y la meditación en su nombre y también pueden servir como ofrenda cuando se acompañan de la búsqueda de bendiciones. El arte escénico, como los tambores, bailes y cantos tradicionales africanos, también puede utilizarse para honrar a Oshun, ya que puede suscitar respuestas poderosas tanto en el público como en la deidad.

7. Practicar el amor propio

Honrar a Oshun, la diosa yoruba del amor, la belleza, la fertilidad y la abundancia, puede hacerse mediante prácticas diarias que promuevan el amor propio y el cuidado. He aquí algunas sugerencias para honrar a

Oshun en su vida diaria:

Háblese con cariño - Como diosa del amor y la compasión, Oshun quiere que se trate con cariño. Dígase palabras de aliento y positivas cada día para honrar la naturaleza nutritiva de Oshun. Esto le ayudará a cultivar una mayor autoestima y confianza.

Dedíquese tiempo - Dedicarse tiempo es una forma estupenda de honrar a Oshun y su divina feminidad. Dedique algo de tiempo cada día a hacer algo placentero, como leer un libro o darse un baño caliente. Hacer algo agradable para usted le ayudará a sentirse mejor mental y físicamente y reponer sus reservas de energía para que pueda ser su mejor versión para los demás a lo largo del día.

Evite las influencias negativas- Las influencias negativas, como los cotilleos o las personas que juzgan, no honran el espíritu de la naturaleza amorosa de Oshun, por lo que es importante evitarlas en la medida de lo posible para mantener su energía positiva. Si se encuentra en situaciones en las que otras personas no son amables o son negativas, respire profundamente para conectarse a tierra antes de alejarse de la situación y permanecer centrado en medio del caos que le rodea.

Ejercicio consciente - Practicar yoga u otra forma de movimiento consciente le ayuda a ser consciente de su cuerpo en el espacio y a superar las limitaciones físicas que se ha impuesto sin ni siquiera saberlo. Mover el cuerpo con atención le ayuda a ser más consciente de su vida, lo que hace honor a la devoción de Oshun por la belleza y el arte a través del movimiento.

Practique la gratitud - dedicar un tiempo diario a practicar la gratitud cambia su perspectiva de la carencia a la abundancia, lo que honra el simbolismo de Oshun por la abundancia. Lleve un diario en el que anote tres cosas del día por las que se siente agradecido, cada noche antes de acostarse.

Retribuir - Una forma de honrar a Oshun, la diosa yoruba del amor, la belleza, la fertilidad y la abundancia, es mediante actos de generosidad y retribuyendo a los demás. Ofreciendo voluntariamente su tiempo o sus recursos para apoyar a una organización local sin ánimo de lucro o una causa que esté en consonancia con sus valores, puede reconocer y apreciar la abundancia en su vida y contribuir a crear un mundo más equitativo y justo para todos. Este acto de servicio no sólo honra los principios de compasión y generosidad de Oshun, sino que también demuestra su compromiso de ser un administrador responsable de las bendiciones y recursos que se le han dado.

Extra: Glosario de términos

Si es nuevo en el mundo de las religiones tradicionales africanas, es probable que se encuentre con varios términos desconocidos en este libro. Utilice este glosario como guía si necesita ayuda para entender o recordar el significado de alguno de los siguientes términos.

Ajogun

Ajogun es la forma personificada de las fuerzas del mal. Esta personificación se manifiesta como 601 guerreros que persiguen la guerra y las batallas para destruir a la humanidad. Hay 8 líderes *Ajogun*: Ikú, el gobernador de la muerte, Egbà, la personificación de la parálisis; Òfò, la manifestación de la pérdida; Èṣe, la esencia de la aflicción; Ewon, la personificación del encarcelamiento, Àrùn, el símbolo de la enfermedad, Oràn, la forma personificada de los problemas, y Èpè el símbolo de las maldiciones.

Más información sobre *Ajogun* en el capítulo 1.

Ashe

Ashe es un término que puede hacer referencia a tres conceptos muy importantes en la tradición yoruba. Por un lado, se utiliza como afirmación tras una oración. Se considera el equivalente a «Amén» y se traduce como «¡sí!» o «¡así es!». Muchos nativos lo utilizan incluso en contextos informales durante su vida cotidiana. Si dice algo o comparte una idea con alguien y éste grita «¡*Ashe*!», sepa que ha dicho algo que le gusta mucho o con lo que está de acuerdo. Esta palabra se considera muy afirmativa y expresiva.

Esta palabra también puede utilizarse para referirse a la energía o fuerza vital. Si le interesa la medicina tradicional india o china, puede que encuentre que la palabra «*Ashe*» es el equivalente a «Prana» o «Qi». Todas las personas nacen con una cantidad específica de fuerza vital. Sus experiencias y elecciones en la vida pueden sumar a esta cantidad o disminuirla. Los pensamientos nocivos y negativos y las compañías tóxicas pueden disminuir su fuerza vital, y lo contrario es cierto. Los practicantes yoruba creen que sus *Egún*, o antepasados, son quienes los bendicen con *Ashe*. Ellos han creado cierta grandeza y la han dejado atrás, por lo que se convierte en su *Ashe*. Los yorubas también creen que los descendientes pueden contribuir a su *Ashe*. Darles descendencia permite ampliar el linaje, lo que expande aún más su influencia a lo largo de la vida.

La última definición de *Ashe* se considera la más importante y se basa en la definición anterior de fuerza vital. Se refiere al poder de sus palabras. Cada palabra que pronuncia lleva la esencia de *Ashe*, ya que es su fuerza vital. Por eso los yorubas dan mucha importancia a todo lo que dicen y son muy conscientes de ello. Creen que se debe ser muy cuidadosos con la intención de las palabras porque pueden generar cualquier cosa que digan en voz alta. Hay que tener cuidado con aquello relacionado a la fuerza vital.

Cuando oiga algo con lo que esté profundamente de acuerdo, piense en el papel que su energía y su existencia desempeñan en el mundo o cómo quieren manifestarse. Termine la frase con «*Ashe*». Pronúnciela con cada pizca de esencia y energía vital que tenga.

Ortografías alternativas: Asé, Axé

Se hace referencia a *Ashe* en el capítulo 6.

Ataoja

Los practicantes yoruba utilizan el término *Ataoja* para referirse a los líderes espirituales o gobernantes. El término se traduce como «la persona que puede beber agua de la boca de un pez». Como líder espiritual, se espera que el *Ataoja* ofrezca bendiciones al público y practique la curación espiritual. Algunas personas creen que el *Ataoja* obtiene su fuerza del río y utiliza este poder para ayudar a su pueblo en tiempos de necesidad.

El *Ataoja* se menciona en el capítulo 9.

Ayanmo

Ayanmo, que significa destino o suerte, es un concepto muy importante en las religiones tradicionales africanas. Este término describe las intenciones o la voluntad espiritual de una persona, el futuro y la fuerza que controla todos los acontecimientos. Según las creencias yoruba, el entorno de una persona, su fecha de nacimiento y el momento presente conforman su *Ayanmo*. También se cree que una persona elige su *Ayanmo* al nacer.

Más información sobre el *Ayanmo* en el capítulo 1.

Babalawo

El término Babalawo, también conocido como Babaaláwo, se traduce como «el padre de los secretos/misterios ocultos». Este apreciado título describe al sumo sacerdote del oráculo de ifá.

Babalawo se menciona en el capítulo 2.

Ifá

Ifá es un sistema de adivinación que representa las enseñanzas del Òrìṣà Ọrunmila, el Òrìṣà de la Sabiduría, quien a su vez sirve como representante oracular de Olodumare.

Más información sobre Ifá en el capítulo 1.

Ile Ife

Según los yorubas, en Ile Ife nació su civilización. También creen que los dioses se alojaron en esta ciudad cuando viajaron a la Tierra. El nombre de la ciudad se traduce como «lugar o sitio de dispersión». Dicen que los orishas Obatalá y Oduduwa fundaron esta ciudad cuando estaban creando el mundo. La tradición yoruba sugiere que Oduduwa se nombró a sí mismo primer rey yoruba, y Oduduwa creó a los primeros ciudadanos del mundo utilizando arcilla.

Sin embargo, históricamente hablando, los igbo ya habitaban la zona que más tarde se conocería como tierra yoruba cuando llegó Oduduwa. Su ejército se acercó a las fronteras septentrionales de la ciudad, expulsando a los igbos hacia el este. Cuando Oduduwa murió, sus descendientes empezaron a expandir el yoruba y fundaron nuevas ciudades alrededor de Ile Ife. Los yoruba no tardaron en convertirse en uno de los mayores grupos étnicos del continente.

Más información sobre las celebraciones que tienen lugar en Ile Ife en el capítulo 9.

Kariocha

Kariocha, también conocido como «hacer ocha», es el proceso de iniciación de un nuevo sacerdote o sacerdotisa que forma parte de la religión tradicional africana santería lucumí. Durante esta ceremonia de una semana de duración, el orisha tutelar de una persona es coronado en su cabeza. El iniciado entra entonces en un periodo de un año y 7 días conocido como *Iyaworaje*, durante el cual experimenta la purificación, el renacimiento y la transformación y amplía sus conocimientos.

El kariocha y hacer ocha se mencionan en el capítulo 2.

Omi Tutu

Las oraciones y el ofrecimiento de liberaciones son dos aspectos cruciales de los rituales de los orishas de ifá. Se espera que los practicantes hagan ambos sin importar qué tan simple o intrincado sea el ritual que están llevando a cabo. Las libaciones se completan en forma de oriki, el canto de alabanza. Oriki es una forma de reconocer la energía de los orishas y pedirles su guía y bendiciones. Según los practicantes, estas oraciones y rituales promueven la apertura de la conciencia de quienes los realizan. Esto puede ser valioso en cualquier ceremonia, ritual u otros esfuerzos espirituales porque ayuda a alinear su conciencia con la de las fuerzas divinas, facilitando el contacto con ellas.

Omi Tutu es una oración tradicional que los practicantes utilizan para invocar a las fuerzas divinas para que traigan energía refrescante al practicante. También se utiliza como oración de mejora: los practicantes la emplean para manifestar cualquier cosa que deseen a través de la intervención ancestral. *Omi Tutu* suele recitarse al principio de cualquier ritual antes de participar en cualquier práctica espiritual. Se suele ofrecer una libación de agua fría al orisha cuando se recita la oración. Esta oración también se utiliza popularmente en rituales de limpieza espiritual porque elimina la energía negativa y hace que el practicante sea más receptivo a la guía de los orishas.

Aprenda más sobre las oraciones y cuándo usar *Omi Tutu* en el capítulo 10.

Ori

El *Ori* es una idea metafísica tradicional africana. La palabra se traduce literalmente como «cabeza», pero a menudo apunta al *Ayanmo* (destino) y a la intuición de un individuo. El *Ori* es la encarnación de la conciencia humana, por lo que varios sistemas de creencias lo consideran un orisha por sí mismo. Algunos practicantes veneran a su *Ori*, lo apaciguan mediante ofrendas y le rezan como lo harían con cualquier otro orisha. Se cree que trabajar con su *Ori* puede ayudarle a llevar una vida más armoniosa y a mejorar su carácter. Los practicantes a menudo le piden a *Ori* que los guíe cuando están experimentando desafíos, porque creen que *Ori* es responsable de todo lo que sucede en la vida de una persona, determina el destino de uno.

Mencionado en el capítulo 2.

Orisha

Un orisha es una de las deidades (en plural: orishas) del panteón venerado por varios pueblos africanos, sobre todo los yorubas del suroeste de Nigeria. Los ewe de Benín, Ghana y Togo, los edo del sureste de Nigeria y los fon de Benín también veneran a los orishas. Aunque los mitos y rituales asociados a los orishas pueden diferir de un lugar a otro, los conceptos espirituales subyacentes de todas las religiones tradicionales africanas son relativamente similares. Algunos afirman que la definición de «deidad» no capta la verdadera esencia de los orishas y sugieren que se trata de una fuerza unificadora intrincada y multidimensional.

Ortografías alternativas: orixa, orisa

Orisha de cabecera

Cada persona tiene un orisha tutelar o de cabecera. Estas entidades también se conocen popularmente como un orishas guardianes porque sirven como guías espirituales y para equilibrar las fuerzas vitales. Son llamados orishas de cabecera porque reclaman la cabeza del individuo cuando son reconocidos. Conocer y trabajar con su orisha tutelar es un compromiso de por vida. Los practicantes no pueden elegir a sus orishas de cabecera, están determinados por el destino de la persona al nacer. Sólo puede alcanzar su *Ayanmo* si sigue la guía de esta fuerza. Según el sistema de creencias de la santería lucumí, sólo 9 orishas pueden servir como orishas tutelares.

Vea el capítulo 2 para aprender más sobre los orishas tutelares.

Conclusión

Oshun es la más joven de las orishas y a menudo se la considera la más gentil. Es la patrona de los ríos, el amor y la sensualidad. También se la asocia con la fertilidad y los nuevos comienzos. Sin embargo, a pesar de su naturaleza aparentemente serena y benévola, es una de las fuerzas femeninas más poderosas. Es paciente y no se enfada fácilmente, pero como todas las deidades yoruba, también tiene aspectos negativos. Se sabe que Oshun es una criatura vanidosa, que a menudo muestra celos y actúa con rencor. Al gobernar sobre los ríos, puede arrebatar fácilmente la vida que dieron sus aguas inundando tierras fructíferas.

Oshun ocupa un lugar central en la antigua religión yoruba, así como en la santería e ifá, y cada uno de estos sistemas de creencias tiene cuentos y mitos asociados a ella. Uno de los más famosos gira en torno a la contribución de Oshun a la población de la Tierra, sólo igualada por su historia de amor con Changó, el poderoso dios del trueno. Según los mitos yoruba, la humanidad existe gracias a Oshun, la diosa del amor y la fertilidad. Es la madre de muchos; si se siente atraído por su poder, puede que también sea su madre orisha. Si este es el caso, la información que ha obtenido al leer este libro será un excelente trampolín para construir una relación sustancial con ella.

La diosa Oshun es el arquetipo universal del divino femenino, una fuente increíblemente potente y espiritualmente edificante de poder femenino. Conectar con este aspecto de Oshun (así como con cualquier otro) sólo es posible tras conocer las correspondencias y las ofrendas favoritas. Por ejemplo, saber que prefiere recibir ofrendas y que se dirija a ella cerca de aguas corrientes o dulces puede ayudarle a apaciguarla y a pedir sus favores y bendiciones. Del mismo modo, representarla con los colores oro y amarillo y la multitud de elementos naturales vinculados a ella le permitirá formar un poderoso vínculo con ella.

Oshun suele ser invocada por las mujeres que luchan contra la infertilidad, pero también puede aportar productividad a cualquier ámbito de su vida. También puede solicitar su ayuda cuando tenga problemas económicos o cuando desee empoderarse a través de la sensualidad. Puede trabajar con ella en sus lugares favoritos o dedicarle un altar. Esto último es particularmente beneficioso para las prácticas diarias y por muchas otras razones relacionadas con la espiritualidad, la magia y el empoderamiento. Además de trabajar con ella, los hechizos y rituales contenidos en este libro contribuirán a su crecimiento espiritual y le ayudarán a convertirse en una versión más segura y amorosa de usted mismo.

Se suele venerar a Oshun los viernes, ya que es su día favorito. También se la honra a través de varios festivales celebrados por los devotos de las religiones yoruba y de la diáspora africana. Uno de los más populares es el festival Oshun-Osogbo, que se celebra la última semana de agosto. Este trascendental acontecimiento celebra a varias otras deidades yorubas, culminando con elaborados rituales celebrados en honor de Oshun. Otra forma estupenda de honrar a la diosa del amor es a través de rituales diarios de autocuidado, como la meditación, la lectura de un diario, el canto, los baños y mucho más. Puede utilizar los que se mencionan en este libro o crear su propio ritual de mimos. En cualquier caso, el objetivo es fortalecerse y prepararse para afrontar cualquier reto en el amor o en cualquier otro aspecto de su vida.

Séptima Parte: Yemayá

La guía definitiva de la madre de los orishas en la tradición yoruba y la santería

Introducción

Los seres humanos a menudo tienden a dar identidades, nombres y rostros a las fuerzas naturales y sobrenaturales con las que se encuentran para comprenderlas mejor y hacerlas más identificables. En la tradición yoruba, estas fuerzas o espíritus se conocen como orishas. Aunque algunas personas confunden a los orishas con dioses, estos son más bien espíritus o deidades. Se supone que son los intermediarios entre la humanidad y las fuerzas celestiales del universo.

Según los mitos yorubas, los orishas fueron traídos a este mundo por Olodumare. La mayoría de los mitos que rodean a los orishas y la historia yoruba tienen lugar en una región de África Occidental que abarca muchos ríos. Los nombres de estos ríos se asemejan a los de los orishas, razón por la cual muchas deidades orishas proceden de estos ríos en forma de espíritus fluviales guías. Una de estos espíritus fluviales, quizás la más crucial, se llama Yemayá, también conocida como la orisha del mar.

Aunque cada orisha se considera igualmente importante y es venerado y celebrado por muchas personas de la cultura yoruba, Yemayá (o Yemoja) es una de las más veneradas en la cultura yoruba. Por ello, este libro trata con gran detalle sobre Yemayá, madre de todos y reina del mar. Para comprender plenamente a una deidad, es necesario aprender las diversas prácticas y rituales asociados a ella. Sin embargo, antes de practicar los diversos rituales asociados a un orisha, debe aprender sobre los mitos asociados a él.

Especialmente en el caso de Yemayá, existen innumerables historias y leyendas que se han transmitido las familias yoruba y santeras durante siglos. Cada una de estas historias encierra lecciones espirituales que le harán sentirse más cerca de la maravillosa diosa y le enseñarán valiosas lecciones de vida. Muchas personas comparan a la diosa Yemayá con la Virgen María bajo diferentes argumentos.

Existe poca literatura que detalle la historia, mitología, prácticas, rituales, ofrendas y amuletos asociados a cada orisha, especialmente a Yemayá. A diferencia de otros libros sobre los orishas, este no incluye solo las historias interesantes asociadas con Yemayá, sino también sus gustos y disgustos, encantos, ofrendas y oraciones específicas. Para invocar realmente el poder de Yemayá, debe apreciar plenamente sus múltiples aspectos y crear una relación única con ella. Para ello, tiene que equiparse con toda la información posible sobre la diosa del mar.

En general, los devotos e iniciados de Yemayá suelen considerarla una deidad compasiva y gentil. Sin embargo, hay muchos otros aspectos en ella que deben ser reconocidos por sus seguidores para conectar verdaderamente con su divinidad. Como verá en los próximos capítulos, la diosa del mar tiene muchas facetas. También aprenderá sobre las diversas ofrendas que puede presentarle y cómo rendir homenaje a su legendaria existencia. No es necesario que practique todos los rituales que se presentan en el libro, solo aquellos que resuenen con usted y le permitan sentir la presencia divina de Yemayá.

Capítulo 1: ¿Quién es Yemayá?

Yemayá es una orisha importante, venerada en varias religiones como la yoruba, la santería, el candomblé, la umbanda, y el vudú haitiano. Es hija de Olodumare, creador del universo y dios principal de la religión yoruba y la santería. Yemayá es la orisha de la maternidad y el mar y la madre de todas las orishas. Los seguidores de la religión yoruba y la santería creen que es la responsable de toda la vida en la Tierra. Ya que es la orisha de los mares y el agua, es la que sustenta y nutre a todos los seres vivos.

Aunque Yemayá es muy venerada en muchas religiones, este capítulo se centra en su papel en la religión yoruba y la santería.

Yemayá es la orisha de la maternidad[73]

La religión yoruba

La religión yoruba es originaria de África occidental, principalmente de Nigeria. Según su mitología, Olodumare (u *Olorun*) es la deidad principal y el creador del universo. Esta deidad no se ajusta a un género específico y se refieren a ella usando el pronombre «ellos». Tras la creación del universo y de los orishas, solo existían el agua y el cielo. Obatalá, el padre del cielo, sintió que al universo le faltaba algo, así que pidió permiso a Olodumare para crear tierra firme. Le concedieron su petición y, con la ayuda de otros orishas, Obatalá reunió las herramientas necesarias y descendió a la Tierra. Creó colinas y valles y plantó palmeras. Obatalá pasó su tiempo en la Tierra disfrutando del mundo que había construido, pero después de algún tiempo, se sintió solo y necesitó compañía. Pidió permiso para construir seres humanos y para que Olodumare les diera vida, a lo que accedieron. Sin embargo, Obatalá estaba borracho cuando creó a los seres humanos, y su creación era extremadamente defectuosa. Cuando se despertó al día siguiente y descubrió lo que había hecho, se sintió consumido por el arrepentimiento y juró no volver a beber.

Conceptos espirituales y prácticas tradicionales como el destino o *ayanmo* rigen esta religión. Los yoruba creen que la humanidad debe cumplir su destino. Parte del «*ayanmo*» de cada persona es llegar a ser uno con lo divino, que es el creador del universo y, por tanto, la fuente de toda energía. Esta unidad se denomina «Olodumare». Antes de nacer, cada espíritu elige su destino, de quién se enamorará, dónde nacerá, cómo será su carrera y cómo terminará su vida. Sin embargo, cuando una persona nace, olvida todo lo que había planeado para sí misma y se pasa la vida intentando encontrar y cumplir su destino olvidado. Todo lo que se piensa, dice o hace, así como las interacciones con los demás, tienen un propósito: encontrar y alcanzar el propio destino espiritual.

Otro concepto es el de *ajogun*, similar a la idea del diablo o demonio en Occidente. Estas entidades son responsables de todas las desgracias que le ocurren a la humanidad, como enfermedades o accidentes. Nunca se debe buscar comunicación con los *ajogun*, que deben evitarse a toda costa. Los yoruba no creen en el diablo. El concepto del bien contra el mal no existe en su religión. Nadie puede ser totalmente malo o totalmente bueno. Los seres humanos y la moral son más complicados que eso. *Ashé* es otro concepto que se refiere a una fuerza que existe en todos los seres humanos, deidades, seres naturales e incluso los nombres y la sangre. Se asemeja al concepto de chakra o chi.

Los yoruba no consideran que la muerte sea el final del viaje del alma. Creen en un concepto similar al de la reencarnación, en el que el espíritu experimenta un renacimiento en diversas formas físicas. A diferencia de otras religiones, la reencarnación es una experiencia positiva que recompensa a las personas buenas. Los individuos malos que causan daño y sufrimiento no se reencarnan.

Los orishas en la religión yoruba

Olodumare es el ser más poderoso de los yoruba, pero no interviene en la vida de los hombres y no puede escuchar sus plegarias. Creó a los orishas, que ocupan el segundo lugar en la jerarquía religiosa después de Olodumare. Son entidades sobrenaturales que actúan como intermediarios entre la deidad y la humanidad. Intervienen en la vida de las personas y les ayudan en sus tareas cotidianas proporcionándoles guía e iluminación. Existe la idea errónea de que los orishas son deidades. Hay diferentes tipos de orishas. Algunos son semidioses que fueron creados antes que la humanidad y ayudaron a Olodumare en la creación del universo. Otros son espíritus de los antepasados que influyeron en el mundo con sus buenas acciones y actos heroicos.

Hay unos 401 orishas en la religión yoruba. Cada uno está asociado a poderes, colores, animales y ofrendas específicos. Los orishas y la humanidad mantienen una relación mutuamente beneficiosa en la que los seres humanos les presentan ofrendas para apaciguarlos y pedirles favores y protección. Al mismo tiempo, los orishas aceptan estas ofrendas y conceden bendiciones a cambio. Ambos se necesitan mutuamente para sobrevivir. La gente sigue venerando e invocando a estos espíritus para pedir su ayuda. Si se quiere comunicar con un orisha, primero necesita el permiso de Eshu, que monta guardia en su puerta. Estos espíritus adoptan la forma de diversos elementos de la naturaleza, como árboles y ríos. Los yoruba creen que cuando alguien sufre una desgracia, un orisha está enfadado con él y debe apaciguarlo.

Los orishas tienen cualidades humanas. Se sienten felices, tristes, envidiosos y enfadados. Según la mitología, se rebelaron contra Olodumare e intentaron matarlo. Creían que se estaba haciendo viejo y que ellos eran más dignos de gobernar el universo, ya que estaban más involucrados en los asuntos de la humanidad. Sin embargo, Olodumare los descubrió y los castigó.

Hay siete orishas a los que se conoce como «los siete poderes africanos». Tienen el mayor número de devotos y son los que más se involucran en la vida de las personas.

1. Yemayá, orisha del mar y la maternidad, madre de todos los orishas.
2. Obatalá, orisha del cielo y protector de los discapacitados.
3. Eshu, orisha del engaño y mensajero de los orishas y la humanidad.
4. Changó, orisha del trueno, la iluminación y la guerra.
5. Ogun, orisha de la curación y la fuerza.
6. Oya, orisha del renacimiento y la transformación y guardián de los muertos.
7. Oshun, orisha del amor y la fertilidad.

Yemayá en la religión yoruba

Yemayá también se escribe Yemaja, Yemoja, Yemonja y Yemalla y se la conoce como «la reina del mar». Su nombre significa *«la madre cuyos hijos son peces»,* lo que implica que tiene muchos hijos (como peces) y muchos adoradores debido a su generosidad. Es la orisha de los ríos, océanos y mares y uno de los espíritus más poderosos de la religión yoruba. Yemayá es una de las hijas mayores de Olodumare. Está casada con su hermano Aganyu, el orisha de los volcanes, mientras que diferentes leyendas mencionan que estuvo casada con otros orishas como Obatalá, Ernile y Okere. Es la madre de Changó, Oya, Ogin y Oshun. Sin embargo, algunas personas creen que nunca tuvo hijos propios, sino que crió a muchos orishas como Dana y Changó. Reside en el mar. Según la religión yoruba, la vida surgió de ella porque es agua. Yemayá es el secreto de la existencia; sin ella, toda la vida en la Tierra perecería.

Durante mucho tiempo, Yemayá fue solo la orisha del río. Su asociación con el océano se produjo más tarde, cuando los esclavos llegaron de África al nuevo mundo. No podía dejar a su gente sola, así que vino con ellos, convirtiéndose así en la orisha del océano. Yemayá es muy popular entre los yoruba y la más querida entre las siete potencias africanas. Ama entrañablemente a todos sus adoradores, y la mayoría de ellos son mujeres. De ahí que se haya convertido en la protectora de todas las mujeres. Representa una figura maternal con la que muchas de sus devotas se identifican y forman una estrecha conexión. Sin embargo, como todos los orishas, puede interponerse en el camino de sus seguidores. Invocar a Yemayá en el mar puede ser peligroso. Ella es una buena orisha que nunca dañaría a nadie a propósito. Sin embargo, quiere mantener a todos sus seres queridos en el mar. Por esto, puede olvidar que sus seguidores necesitan vivir en tierra y llevárselos cuando se acercan a sus dominios.

Como orisha de la maternidad, Yemayá es la orisha más cariñosa. Siempre está al lado de los suyos, a los que cuida y protege. Tiene la misma personalidad que su dominio, el mar. Es generosa y amable, pero puede ser despiadada cuando se enfada, igual que el mar. Cuando alguien le falta al respeto o hace daño a alguno de sus hijos, Yemayá provoca inundaciones y maremotos. Aparte de eso, suele ser tranquila y paciente, y rara vez se enfada.

Se representa como una joven atractiva con un vestido azul de siete faldas, cada una de las cuales representa uno de los siete mares. A veces también aparece como una sirena muy hermosa. Lleva joyas del mar, como perlas, cristales y corales. Se pone pequeñas campanillas en la ropa y el pelo que hacen ruido cada vez que se mueve. Yemayá provoca olas simplemente caminando y moviendo las caderas. Se la asocia con el número siete, que representa los siete mares. Le atraen los colores blanco y azul, y su animal favorito es el pavo real. Todo lo que existe en el mar, como las conchas y los peces, se asocia con ella. Las leyendas dicen que tiene los pechos largos porque ha amamantado a muchos niños. Otros orishas se burlaban de su aspecto, lo que afectaba a su autoestima. Incluso se transformó en río para escapar a su juicio.

La gente invoca a Yemayá cuando sufre o está de duelo, ya que ella limpia el dolor con su amor maternal. Las mujeres con problemas de fertilidad también buscan su ayuda, ya que tiene el poder de curarlas. Yemayá es comprensiva, escucha a todos sus devotos y cuando tienen problemas acude en su ayuda. Las mujeres con problemas de autoestima también invocan a Yemayá para que las ayude a quererse a sí mismas. Sean cuales sean los problemas a los que se enfrentan las mujeres, como embarazos, problemas de paternidad o peligro para sus hijos, siempre acuden a esta orisha protectora en busca de ayuda.

Yemayá es la orisha más antigua del mundo y se venera desde hace siglos. Cuando los africanos esclavizados llegaron al nuevo mundo, más gente empezó a conocer a los orishas en América del Norte y del Sur.

Santería

Santería es una palabra española que se traduce como *«devoción de los santos»*. También se llama *religión Lucumí* (u «orden de Lucumí»), y *la Regla de Ocha*, que significa «La orden de los orishas». Estos nombres son más populares entre los practicantes que el nombre santería. Se considera una religión afrocubana que llegó a países como EE UU, Cuba, Haití, Brasil y Puerto Rico a través del comercio de esclavos. Cuando los africanos llegaron a América, no eran libres de practicar sus creencias religiosas, ya que la mayoría de la gente era católica. Sin embargo, se aferraron a su fe para preservar su identidad y como forma de rebelión. Practicaban su religión en privado. Transmitían sus tradiciones oralmente de una generación a otra. Tras la revolución cubana, querían ser libres para practicar la santería, pero el gobierno cubano no confiaba en esta religión y acusó a sus seguidores de practicar la brujería. Estuvo proscrita durante mucho tiempo, pero recientemente ha sido reconocida y ahora se practica legalmente.

Incluso cuando era ilegal, la santería era muy popular y se extendió por toda Cuba. Alrededor del 80 % de los cubanos siguen esta religión o practican algunas de sus tradiciones. Se cree que el ex presidente cubano Fidel Castro era seguidor de la santería.

Mucha gente cree que los africanos y los cubanos combinaron la santería con el catolicismo para convertirse en una sola fe, pero esto es un error muy común. Los afrocubanos practican ambas religiones debido a las similitudes entre ellas. Algunos de ellos practican el catolicismo y van a la iglesia al mismo tiempo que practican la santería y van a los templos. También relacionan a los orishas con santos católicos. La santería surgió de la combinación de la religión yoruba y el catolicismo. Aunque son diferentes, encontraron similitudes en sus historias y personalidades. Por ejemplo, Yemayá se asocia con la Virgen María, Ogun con San Pedro y Changó con Santa Bárbara. El origen de esta asociación se remonta a la época de la esclavitud, cuando los africanos esclavizados eran castigados por practicar su fe, por lo que fingían honrar a los santos católicos en su lugar. Esto dio lugar al solapamiento entre las dos religiones y a la asociación entre los orishas y los santos. Esto aumenta la complejidad de la santería.

La santería se ha inspirado en varias culturas y religiones de todo el mundo, como la yoruba, el catolicismo y otras tradiciones caribeñas. Muchas de estas creencias y tradiciones son contradictorias entre sí. Sin embargo, los afrocubanos han encontrado elementos comunes y los han incorporado a sus creencias.

Los seguidores de la santería también creen en la deidad suprema Olodumare y en que es el creador del universo. Creen que existe el bien y el mal en cada persona y en cada orisha. Al hacer cosas buenas, se aseguran de alinear sus acciones con su destino. *Ashé* también existe en la santería. Los seguidores creen que procede de Olodumare y existe en todos los seres y aspectos de la naturaleza. Por lo tanto, *ashé* es sagrado y la naturaleza es venerada.

Los orishas en la religión santera

La santería, similar a la religión yoruba, se centra principalmente en las relaciones entre las personas y los orishas. Los seguidores de este credo conectan con los espíritus a través de médiums, sacrificios, la adivinación y la iniciación. Los orishas les proporcionan guía, sabiduría, éxito y protección. Los devotos de la santería apaciguan a los espíritus con ofrendas y rituales con tambores y danzas, con la esperanza de que los orishas les ayuden a cumplir su destino. También actúan como mensajeros entre la deidad suprema y la humanidad. Solo los sacerdotes (*babalawos*) y las sacerdotisas pueden comunicarse con los orishas mediante rituales de adivinación y posesión. La posesión en la santería (también llamada *montaje*) no es una experiencia negativa o forzosa como la posesión demoníaca. Cuando los orishas son invocados durante las ceremonias, poseen a un asistente dispuesto, que suele ser el sacerdote o sacerdotisa que dirige el ritual. La gente puede interactuar con los orishas y pedirles ayuda o consejo. Los orishas también ayudan a los seguidores de la santería en sus prácticas mágicas.

Los orishas se asocian con la buena y la mala suerte. Los devotos creen que son tan poderosos que pueden hacer milagros, pero cuando se enfadan con alguien, lo condenan a sufrir mala suerte y se debe honrarlos presentándoles ofrendas para apaciguarlos. Los orishas y los seres humanos se necesitan mutuamente. Aunque son semidioses, los orishas son mortales y pueden morir sin las ofrendas, los sacrificios y la devoción de la gente.

La mitología de los orishas se conoce como *patakis*. Los practicantes de la santería son conscientes de que estas leyendas no se basan en hechos reales. Sin embargo, las enseñanzas que encierran estas historias y las interpretaciones personales hacen que estos mitos sean significativos.

Los seguidores de la santería veneran a los 401 orishas, pero solo unos pocos desempeñan un papel importante en la religión:
- Changó, orisha de la sexualidad y la energía masculina.
- Elegua (Eshu), el mensajero entre los orishas y la humanidad.
- Oya, orisha de los muertos y guerreros.
- Babalu Aye, orisha de la curación conocido como el padre del mundo.
- Yemayá, orisha de la maternidad.

Yemayá en la religión santera

El papel de Yemayá en la santería es similar al que tiene en las creencias yorubas. Ella es la orisha de los mares y es responsable de mantener la vida en la Tierra. No es la orisha de todo el mar u océano, sino solo de las partes conocidas y accesibles a la humanidad, donde hay peces, plantas, etc. Las partes más profundas de los océanos y mares pertenecen al orisha Olokun. Yemayá también se asocia con la maternidad. Sus adoradores saben que deben evitar enfadarla a toda costa, porque sus castigos pueden ser severos. Sin embargo, perdona rápidamente cuando las personas se arrepienten de sus errores. Es una orisha muy inteligente y conocida por su valentía. Nunca rehúye una batalla. Como madre protectora, iría a la guerra en lugar de sus hijos con un machete y derrotaría a todos sus enemigos.

A menudo se la representa con un vestido largo azul con colas blancas y azules y un cinturón. El color y el diseño del vestido simbolizan las olas. Su collar es de cristal transparente y está formado por cuentas azules con el dibujo de su número favorito, el siete. Su perfume favorito es la verbena y se la asocia con el día sábado. Yemayá tiene todas las cualidades de una madre cariñosa, como la virtud y la sabiduría. Sin embargo, también tiene un lado divertido y le gusta bailar. Sus movimientos de baile son coreografiados, ya que empieza con movimientos elegantes y lentos y luego da vueltas mientras mueve la falda.

Yemayá es experta en la adivinación, que aprendió de su marido, Orula. En ese entonces, las mujeres no podían practicar la adivinación, así que Yemayá tuvo que espiar a su marido para aprender. Tenía tanto talento y aprendía tan rápido que él la ayudó a practicar con conchas de cauri. Hoy en día, los sacerdotes y sacerdotisas de la santería practican la adivinación con las mismas conchas.

La religión yoruba y la santería tienen más similitudes que diferencias. Ambas religiones se centran en el culto a los orishas. Estas entidades son responsables de todo en la Tierra, y la humanidad estaría perdida sin su constante guía y protección. La gente no adora a los orishas solo cuando quiere algo. De hecho, es una falta de respeto acudir a ellos únicamente para pedirles un favor. Los devotos deben expresar regularmente su gratitud a los orishas por todas las bendiciones que les conceden. Cada persona también se identifica con uno o más orishas, ya que estos tienen cualidades humanas y es fácil simpatizar con ellos y relacionarse con sus luchas.

El papel y el impacto de Yemayá son los mismos en ambas religiones. Es muy venerada y amada por todos sus devotos. Es una madre cariñosa a la que se puede acudir en cualquier problema, y ella acudirá con amor y afecto. Aún queda mucho por aprender sobre Yemayá. Este capítulo es solo el principio. En el próximo se encuentran todas las historias interesantes que tienen como protagonista a la orisha del mar.

Capítulo 2: La sabiduría de la madre en el mito y la tradición

Hay un dicho popular en África que afirma que *Dios creó al hombre porque le gustan las historias*. De hecho, la mitología siempre ha sido la piedra angular de muchas religiones. Estas historias no son solo un entretenimiento. Explican diversas prácticas y tradiciones para que se entienda mejor su fe. Las historias sobre Yemayá muestran su personalidad y arrojan luz sobre por qué es una de las orishas más veneradas. Sabia y protectora, hay mucho que aprender de los mitos y tradiciones de Yemayá.

Las historias transmitidas de generación en generación permiten comprender mejor a Yemayá[78]

El nacimiento

Los seguidores de la santería y los yoruba transmiten sus mitos y leyendas oralmente. Por lo tanto, hay contradicciones y diferentes interpretaciones de las mismas historias. Una versión del mito de la creación muestra el papel de Yemayá en el nacimiento del primer ser humano. Estaba embarazada y un día rompió fuente. Como era una de las orishas más poderosas del mundo, este acontecimiento provocó una de las mayores inundaciones que el universo presenció jamás. Se crearon ríos y arroyos. Después, dio a luz al primer ser humano. La orgullosa madre dio a su primer hijo humano un regalo muy especial y personal. Era una concha marina que transmitía su voz para que el niño siempre pudiera oír a su madre.

Yemayá regaló a su primer hijo humano una concha marina que llevaba su voz[74]

La voz de Yemayá sigue resonando hoy en día. Cuando se acerca una concha al oído, no es el sonido del océano lo que oye. La voz de Yemayá proporciona serenidad a sus hijos y les recuerda que su madre siempre está ahí.

Una versión diferente del mito de la creación incluye a Orungan, el hijo de Yemayá, y a su pareja, Aganju. Orungan era un adolescente agresivo, colérico y rebelde. Desarrolló sentimientos hacia su madre, lo que le llevó a intentar matar a su padre. Yemayá estaba tan desconsolada por el comportamiento peligroso e inestable de su hijo que se escondió en la cima de una montaña. Estaba consumida por el dolor y la ira, y como era conocida por su crueldad cuando se enfurecía, maldecía constantemente a su hijo. Un día, sus maldiciones surtieron efecto y Orungan murió.

Ninguna madre tolera el dolor de perder a un hijo, aunque esté furiosa o descorazonada con él. El corazón de Yemayá estaba tan lleno de pesar y pena que no pudo soportar el dolor y murió. Después de su muerte, catorce orishas salieron de su cuerpo. De su vientre salió agua bendita, que fue la primera agua de la Tierra y constituyó los siete mares.

Lección moral

Tanto si Yemayá dio a luz al primer ser humano como si no, fue la portadora de la vida a la Tierra al crear el agua. La naturaleza dadivosa de Yemayá se hace evidente en esta historia, sus bendiciones nunca cesaron, ni siquiera tras su muerte. Esta historia muestra el lado maternal, bondadoso y cariñoso de Yemayá. Aunque su hijo cometió actos horrendos e intentó matar a su padre, ella no podía vivir sin él. Como cualquier madre, nunca pudo odiar a su hijo.

Todas las madres pueden aprender del carácter cariñoso de Yemayá. Podría haberle dado oro o cualquier regalo caro digno de una semidiosa. Sin embargo, eligió algo que refleja su amor por él. ¿Quién no querría oír el sonido tranquilizador de su madre cuando está sufriendo o pasando apuros? Algunos padres pueden obsesionarse con el aspecto material de la vida y olvidarse de que sus hijos pueden pasar apuros y necesitar solo su voz tranquilizadora para saber que todo irá bien.

Las olas de la marea

Olokun es el orisha de la gran riqueza. Es muy poderoso y digno de gran admiración y reverencia. Sin embargo, Olokun sentía que no recibía el respeto que merecía. Esto hirió su ego y se empeñó en castigar a los humanos para darles una lección. Ordenó al agua que produjera poderosos maremotos para ahogar todo lo que había en la Tierra. El océano obedeció y envió grandes olas para invadir las tierras. La gente se aterrorizó al ver acercarse las enormes olas y corrió a refugiarse.

Los orishas no estaban contentos con las acciones de Olokun, ya que estaba destruyendo la humanidad y la creación de Olodumare. Fueron puestos en esta Tierra para proteger y ayudar a la humanidad, no para causar estragos. Los orishas acordaron interferir y poner fin al comportamiento imprudente y peligroso de Olokun. Acudieron a Orunmila, el orisha de la sabiduría y el conocimiento, para que les ayudara a idear un plan. Les sugirió que buscaran la ayuda de Ogun, el orisha del metal y el hierro, que también era un guerrero feroz. Ogun les dijo que diseñaría una larga cadena de metal para usar contra Olokun.

Mientras tanto, la gente pidió ayuda a su madre protectora, Yemayá, ya que ella era la orisha del nivel superior del océano, mientras que Olokun era el orisha de su nivel inferior. Le pidieron que interviniera y los salvara de una muerte inminente. Yemayá no lo dudó e inmediatamente se puso en acción para ayudar a sus hijos. Antes de dirigirse a Olokun, fue a Ogun y tomó la cadena. Erguida como la madre feroz que era, con la cadena metálica en la mano, Yemayá impidió que las olas del mar alcanzaran a sus hijos.

Olokun fue al encuentro de Yemayá cuando supo lo que estaba pasando. Utilizando su naturaleza sabia y bondadosa, ella calmó a Olokun, que ordenó al océano que se calmara. Cuando el agua se calmó, dejó atrás muchos corales y perlas como regalos para la gente. Yemayá salvó a la humanidad.

Lección moral

Hay varias formas en que Yemayá podría haber manejado esta situación. Por ejemplo, podría haber usado sus poderes y atacado a Olokun para darle una lección. Sin embargo, decidió usar su sabiduría y su naturaleza tranquilizadora para poner fin a este ataque. Esta historia enseña que la violencia nunca debe ser la respuesta. Siempre hay que usar el corazón y la mente. Pensar en soluciones positivas y abordar la situación con comprensión y compasión puede cambiar el resultado.

La bofetada

Yemayá era una de las orishas más bellas, pero tenía un defecto que afectaba su autoestima: solo tenía un pecho (en otras leyendas, tenía dos pechos muy largos). Solo se fijaba en este defecto, lo que la hacía muy insegura de su aspecto. Yemayá creía que nunca encontraría a alguien que la amara. Renunció al romance y al matrimonio. Ogun estaba locamente enamorado de ella y, a sus ojos, era perfecta. Quería hacerla feliz y demostrarle lo que sentía por ella. Ogun decidió impresionarla con sus habilidades culinarias y preparar su plato favorito. Mientras preparaba la comida, Ogun rompió accidentalmente una de las ollas de

Yemayá. Ella se puso furiosa y tuvieron un serio enfrentamiento. Ogun se enfadó por la reacción de Yemayá, perdió la calma y la abofeteó. Ella, conmocionada y furiosa, desapareció sin darle la oportunidad de decir o hacer nada más. Sin embargo, Yemayá no iba a dejar que se saliera con la suya sin castigarlo. Antes de desaparecer, le arrebató una parte de su poder, dejándolo furioso.

Lección moral

Esta es una historia sobre la violencia doméstica. Aunque Yemayá tenía problemas de autoestima y creía que no la querían, no toleró este comportamiento, no permitió que Ogun mintiera ni se inventó una excusa para sus acciones inexcusables. Yemayá también demostró valentía al arrebatarle a Ogun una parte de su poder. No permitió que el abuso quedara impune.

Las devotas de Yemayá suelen pedirle consejo en asuntos de violencia doméstica porque da a las mujeres el valor necesario para enfrentarse a maridos maltratadores. Todas las víctimas de violencia doméstica pueden aprender de la historia de Yemayá. La mejor reacción ante el maltrato físico es alejarse, porque ninguna explicación o excusa puede hacer aceptable este comportamiento. Su reacción inspira a todas las mujeres que la admiran y la invocan en busca de protección y fuerza.

El matrimonio de Changó

Changó tenía una aventura con Oya, que era su hermana y la mujer de su hermano Ogun. Esto creó discordia entre los dos hermanos. A su padre, Obatalá, no le gustaba la situación y le preocupaba que el conflicto afectara al reino. Aconsejó a Changó que se casara y sentara cabeza. Changó era mujeriego, y Obatalá quería que se centrara en su trabajo y arreglara la relación con su hermano. Obatalá sugirió a Changó que se casara con su hermana Oba, que estaba enamorada de él, y Changó accedió porque creía que era la única forma de proteger el reino. Cuando Changó vio a Oba, quedó prendado de su belleza y bondad, y la encontró la pareja perfecta para él. Se casaron y Oba demostró ser perfecta en su nuevo papel de reina. Sin embargo, un monstruo de ojos verdes la acechaba desde atrás.

Oya, la primera amante de Changó, estaba celosa y se empeñaba en recuperarlo. A pesar de que Oya amaba a su hermana y veía lo feliz que era con Changó, no se echaba atrás. Estaba consumida por la ira y quería desatar su viento para destruir el reino. Sin embargo, su amor y respeto por su padre, Obatalá, se lo impidieron. Estaba dolida y sola, así que recurrió a la persona en la que más confiaba, su madre, Yemayá.

Confió a su madre sus sentimientos y le pidió ayuda. Oya sugirió que utilizaran sus poderes de viento y agua para destruir el matrimonio. Yemayá escuchó con calma y paciencia a su hija expresar sus sentimientos. Sin embargo, se quedó estupefacta al ver a su hija en ese estado, enfadada y celosa. No podía creer que Oya quisiera destruir a su hermana y al hombre que decía amar. Yemayá era una mujer fuerte y feminista, incluso antes de que existiera ese concepto, así que también le desconcertaba la voluntad de su hija de empezar una guerra por un hombre.

Yemayá se negó a formar parte de este plan. Changó era su hijo favorito. Nunca le haría daño ni destruiría su matrimonio. Sin embargo, simpatizaba con Oya y lamentaba verla sufriendo. Intentó hablar con ella y mostrarle que esa no era la solución. Yemayá quería que su hija fuera razonable, aceptara que Changó estaba casado y siguiera adelante. Esperaba que Oya la escuchara como siempre hacía. Madre e hija tenían un estrecho vínculo, y Oya respetaba a su madre y siempre buscaba su consejo. Sin embargo, esta vez las cosas fueron diferentes y desde entonces nada volvió a ser igual.

Oya no razonaba y, por primera vez en su vida, no siguió los consejos de su madre. Yemayá le dijo a Oya que protegería a sus hijos de cualquiera que quisiera hacerles daño. Oya dejó claro a su madre que estaba dispuesta a luchar para recuperar a su amante. A partir de ese día, se distanciaron y su relación nunca se recuperó. Yemayá quería mucho a su hija y le dolía que su relación se hubiera roto. Sin embargo, seguía siendo madre y su deber era proteger a todos sus hijos, así que decidió que debía detener a Oya. Yemayá es una orisha que protege y crea. No tolera el caos y la destrucción, especialmente de alguno de sus orishas. Cuando Oya se calmó, se dio cuenta de que luchar contra su hermana enfurecería a su madre, y Yemayá era imparable cuando perdía los estribos. Decidió que la única forma de recuperar a Changó era haciéndose amiga de su enemiga, su otrora amada hermana Oba.

Lecciones morales

La sabiduría de Yemayá es evidente en esta historia. Manejó la ira de su hija con compasión y sensatez en lugar de ser cruel y despiadada. Yemayá era inflexible y se negaba a hacer daño a un hijo para complacer a otro. Oya creía que su madre se ponía de parte de Changó y no de la suya, como podría parecerle a algunos, ya que Changó era su hijo favorito. Sin embargo, una interpretación diferente de esta historia sugiere que estaba protegiendo a Oya de sí misma. No quería que su hija cediera a sus celos e hiciera algo de lo que luego se arrepentiría. Siempre hay que seguir los pasos de Yemayá a la hora de tomar decisiones difíciles, sobre todo con la familia. Mantener la calma y la serenidad sin ceder a los sentimientos es la mejor decisión en estas situaciones.

El deber por encima del amor

Yemayá se enamoró de Arganyu y se casaron. Estuvieron juntos muchos años, y su unión benefició a la Tierra y a la humanidad. Yemayá sentía que aún podía hacer más para beneficiar al mundo. Aun así, creía que no podía lograr nada nuevo si estaba casada con Arganyu. Sin embargo, le costaba abandonar al hombre que amaba profundamente. Decidió buscar a alguien que satisficiera las necesidades sexuales de su amado y le ayudara a olvidarse de ella. Nadie era más perfecta para este papel que su hija Oshun, la bella orisha del amor.

Yemayá visitó a Oshun, que se alegró mucho de ver a su madre. Sin embargo, tenía un mal presentimiento, ya que su madre rara vez visitaba a alguien y parecía triste y ansiosa. Oshun sabía que Yemayá le preguntaría algo y, antes de que pudiera hablar, cayó de rodillas en señal de respeto. Le dijo que aceptaba todo lo que le pidiera. Yemayá estaba orgullosa de la lealtad de su hija. No dejaba de mirar su hermoso rostro y pensaba que había tomado la decisión correcta. Yemayá le contó a Oshun su propuesta y su hija quedó estupefacta.

Oshun nunca imaginó que su madre le pediría que se casara con su marido. Se encontró en una situación difícil después de haber accedido a la petición de su madre. Oshun no quería faltar al respeto a su madre negándose. Yemayá, feliz de que su hija estuviera de acuerdo, elaboró un plan para que Oshun sedujera a Arganyu.

Yemayá se preparó para ejecutar su plan. Llevó a Arganyu a casa de Oshun, fingiendo que era una visita habitual. Oshun estaba vestida para la ocasión. Era tan fascinante que Arganyu no podía apartar los ojos de ella. Yemayá indicó a su hija que los dejaría solos para llevar a cabo el resto del plan. Antes de marcharse, abrazó fuertemente a su marido. Arganyu sabía que algo estaba mal y comprendió que su mujer se estaba despidiendo. Yemayá siempre consideraba su deber con el reino por encima de todo, y él siempre había admirado eso de ella. Ambos amantes se separaron. A cada paso que ella se alejaba de él, él sentía cómo su corazón se rompía poco a poco. Yemayá estaba destrozada por dejar al hombre que amaba, pero por el bien de los orishas y del reino, tuvo que renunciar a él.

Lección moral

Es una historia tan antigua como el tiempo: sacrificar el amor por un bien mayor. Yemayá amaba a Arganyu, pero tuvo que dejarlo para concentrarse en el reino y sus orishas. Podría haberle explicado que no podía abandonar sus obligaciones y que debía marcharse. Sin embargo, optó por una opción menos cruel, buscando alguien a quien amara para que no estuviera solo. Renunciar al amor por el deber es una de las decisiones más difíciles de tomar. Yemayá lo hizo sin dudar, incluso cuando se le partía el corazón, lo que demuestra su naturaleza valiente y desinteresada.

La reacción de Oshun ante la petición de su madre refleja cómo Yemayá era querida y venerada entre todos sus hijos.

El camino hacia la adivinación

Yemayá necesitaba un tiempo para estar sola y recuperarse del dolor de renunciar al hombre que amaba. Mientras reflexionaba sobre su decisión, oyó una voz que le hablaba. Siguió la voz, que la condujo a un árbol muy grande. Encontró a un hombre sentado junto al árbol. Era el maestro de la adivinación, Orula, que le pidió que fuera su esposa. Yemayá se sintió mal por él. Parecía solo y quería ser amado. Se dio cuenta de que casarse podría beneficiarlos a ambos. Ella le haría compañía mientras él le enseñaba adivinación.

Se casaron, pero no duró mucho. Ella no estaba enamorada de él y no podía olvidar a Arganyu. Aprendió tanto de su nuevo marido que empezó a practicar la adivinación por sí misma. Orula nunca le enseñó nada, pero ella lo observaba practicar y aprendió rápido gracias a su inteligencia. Practicaba en privado sin que su marido lo supiera. La gente acudía a ella en todas partes para que les hablara de su futuro. Estaban impresionados por su talento y hablaban de la gran adivina, hasta que la noticia llegó a Orula.

Sin saber que se trataba de su mujer, Orula sintió curiosidad por esta nueva adivina. Preguntó por ahí hasta que la encontró. Yemayá estaba haciendo sus lecturas en el árbol donde se habían conocido. Se sorprendió al ver a Orula, que se sintió herido y traicionado. Puso fin a su matrimonio en el acto. Ella estaba agradecida por su tiempo con él y por las cosas que había aprendido. Esta vez, Yemayá no tenía el corazón roto porque no estaba enamorada de Orula. Arganyu seguía en su corazón, rondando cada uno de sus pensamientos.

Lección moral

Casarse con Orula por compasión demuestra lo bondadosa que era Yemayá. No quería ver a una pobre alma sola y sufriendo. Su propósito no era solo aprender de él y mejorar su vida. Esta historia también muestra lo grande que fue su sacrificio, ya que aún no podía olvidar al hombre que amaba. Su inteligencia también se refleja en el hecho de que no necesitaba que nadie le explicara cómo funcionaba la adivinación. Aprendió todo observando y se convirtió en una de las mejores adivinas de todos los tiempos.

Yemayá era valiente, inteligente, desinteresada, cariñosa, atenta, sabia, fuerte y maternal. Sus historias ayudan a entenderla no solo como un ser sobrenatural, sino como una mujer, una humana que ama y siente dolor. Están llenas de lecciones de las que se puede aprender e incorporarlas a la vida diaria. Yemayá es digna de ser un referente para todas las mujeres. Orisha, madre, amante, protectora y feminista, es un personaje admirable digno de gran veneración.

Sus acciones también enseñan que el cambio es necesario y que nada permanece igual. Se puede crecer y transformarse cuando se acoge el cambio con amor y compasión. Yemayá es la madre protectora que existe en todos sus hijos. Siempre hay que mirar hacia dentro y buscar su espíritu protector y su amor infinito.

Capítulo 3: Yemayá y la Virgen María

En varias religiones de la diáspora africana, Yemayá se sincretiza con la Virgen María, la santa católica con características similares. También se la conoce como la Virgen de Regla y señora del mar, una representación que se ajusta más a la naturaleza divina de Yemayá que al espíritu de una santa. En este capítulo se analiza la conexión entre Yemayá y la Virgen María y cómo surgió este sincretismo. Yemayá es adorada como una santa y la representación de la Virgen María se relaciona con la orisha yoruba Yemayá.

La Virgen de Regla[75]

¿Qué es el sincretismo?

Para comprender cómo se asoció la imagen de Yemayá con la Virgen María, hay que entender qué es el sincretismo y por qué se produce. El término sincretismo describe la fusión de ideas religiosas arraigadas en dos o más sistemas de creencias diferentes. Las creencias religiosas solo pueden aceptarse si se basan en pensamientos con los que la gente está familiarizada. Por consiguiente, se puede concluir que todas las religiones tienen sincretismos. Por ejemplo, la idea del creador o Dios (o dioses) se aceptó porque ayudaba a explicar acontecimientos que la gente consideraba hechos de un poder superior. Una vez que un pensamiento religioso se convierte en creencia, puede interpretarse de muchas maneras. El modo en que estos sentimientos se interpretan y diversifican a lo largo del tiempo determina la evolución cultural y tradicional de los distintos sistemas de creencias. A veces, el sincretismo hace que los sistemas religiosos adopten nuevas ideas. En otras ocasiones, conduce a la formación de nuevos sistemas de creencias. Un ejemplo clásico de esto último es la santería, la religión de la diáspora africana que sincretiza deidades africanas y santos católicos.

Durante la trata transatlántica de esclavos, miles de africanos fueron llevados al Nuevo Mundo, donde se les obligó a convertirse al cristianismo. Se prohibieron sus prácticas paganas autóctonas y se les obligó a rendir culto a los santos en lugar de a las divinidades. Sin embargo, los seguidores de la religión yoruba pronto se dieron cuenta de que los santos tenían mucho en común con los dioses y diosas del panteón yoruba (los orishas). Esto les facilitó la aceptación de los santos como patronos y también les permitió seguir venerando a los orishas. Rebautizaron a los orishas con los nombres de los santos de características similares y empezaron a venerarlos como santos. Algunos consideran esto un falso sincretismo, ya que los orishas solo fueron ocultados con el nombre de los santos. En algunas religiones, como en la santería, esto puede ser cierto. Al fin y al cabo, los practicantes de la santería no se convirtieron totalmente al cristianismo; fingieron que lo habían hecho. Por otra parte, en países como Cuba, las deidades yorubas son veneradas como orishas y santos, lo que alude a una aceptación al menos parcial de las creencias católicas.

Otras religiones totalmente sincréticas contienen elementos que proceden de fuentes contradictorias. El vudú y el *Hoodoo*, por ejemplo, incorporan creencias cristianas, espiritualidad africana y prácticas mágicas populares africanas. La magia y las creencias cristianas no podrían estar más alejadas, y sin embargo funcionan juntas de forma natural en estas religiones. Creencias como el judaísmo, el islam y el cristianismo no se consideran sincréticas, aunque históricamente se sabe que toman elementos unas de otras.

La conexión entre Yemayá y la Virgen María

Ahora que ha aprendido lo que implica el sincretismo, puede explorar por qué Yemayá ha sido sincretizada con la Virgen María y no con cualquier otra santa cristiana. Para los yoruba, Yemayá es la orisha de los mares y una diosa guerrera. También es la madre divina de la raza humana y encarna la fuerza femenina más poderosa del universo. Es la protectora de los niños indefensos y de las madres, y les da poder. Yemayá fomenta los valores maternales y promueve el amor y la paz entre los seres humanos, tanto en su vida personal como en sus comunidades. También contribuye al equilibrio de la familia manteniendo a salvo a los niños y garantizando el bienestar económico de las familias para que los niños prosperen.

Una de las figuras más visibles del cristianismo, María, es vista de forma muy similar a Yemayá. Es un símbolo de pureza y maternidad. No solo es la madre de un hijo que tuvo un enorme papel en la formación del sistema de creencias, sino también la figura maternal de todos los seres humanos. Es conocida por su naturaleza cariñosa y protectora, tanto hacia su hijo como hacia el resto de la humanidad. Siempre dispuesta a ayudar a los necesitados, la Virgen María es una fuente de fortaleza espiritual y la patrona de las madres, los niños y las familias.

Aunque Yemayá es conocida por su naturaleza fluida (al fin y al cabo, es una diosa del agua), en general es una orisha bondadosa. Puede enfadarse, sobre todo si alguien le falta al respeto a ella o a sus protegidos. Sin embargo, se apacigua fácilmente con ofrendas y otros actos en su favor. María siempre se representa como una mujer serena que expresa con calma su fe en su hijo y en el resto de la humanidad. Es una protectora más silenciosa que Yemayá, que no teme expresar su opinión cuando es necesario. Su sincretismo en la santería y otras religiones de la diáspora ayudó a conciliar las diferencias entre estos aspectos divinos femeninos. María se hizo más fuerte a la vez que se mantenía fiel a su naturaleza protectora y tranquila. En cambio, Yemayá siguió siendo la feroz patrona de las madres y las familias, pero adquirió la capacidad de resolver las situaciones con más calma.

Yemayá y la Virgen María enseñan a sus seguidores a creer en sí mismos y a vivir con determinación. Interceden por las madres y los niños. También ayudan a quienes luchan por mantener a sus familias felices, sanas y seguras. Esto es especialmente cierto en el caso de Yemayá porque, como orisha, transmite mensajes podrían comunicar de otro modo. Ella lleva estos mensajes a Olodumare, el creador supremo y guía espiritual. Aunque la interferencia de María es más sutil, proporciona fuerza para superar los obstáculos. En algunas religiones, Olodumare se llama Olofi y se sincretiza con el Espíritu Santo del cristianismo. La Virgen María se asocia con la Santísima Trinidad, lo que también la relaciona con la versión cristiana de Olofi. En las religiones sincretizadas, Olofi es la patrona de los asuntos mundanos y se comunica con los orishas o santos. Dependiendo de la interpretación específica, Olofi o el Espíritu Santo también puede comunicarse con las personas.

¿Cómo se venera a Yemayá como santa?

Yemayá tiene una rica historia de culto como orisha, tal y como se conoce a través de la rica historia oral de los yoruba. Sus actos están inmortalizados en los depósitos de la sabiduría recopilada por los antepasados yoruba. Las generaciones modernas pueden acceder a este conocimiento y así es como los practicantes actuales han encontrado su conexión con las deidades yoruba, incluida Yemayá. Las creencias en torno a la Virgen María tienen una historia igualmente larga. Aunque rara vez se la menciona en el Nuevo Testamento, sí se hace referencia a ella varias veces en el Antiguo Testamento. Las religiones de la diáspora africana tienen un pasado mucho más breve. Aun así, el elemento de la sincretización de Yemayá como santa ha dejado su huella en el bagaje cultural de estas religiones y sus devotos. Al igual que los yoruba ofrecían oraciones, rituales y sacrificios personales a Yemayá, los practicantes de las religiones de la diáspora africana hacen lo mismo con su persona como santa.

Entre los practicantes cubanos de la santería, Yemayá es conocida como la Virgen de Regla (o nuestra señora de Regla), una santa negra capaz de materializar el poder divino en la vida de las personas. A menudo se le pide que cambie la disposición de las personas, permitiéndoles alcanzar la iluminación espiritual y tener una vida equilibrada. También ayuda a disipar las influencias negativas y transforma la vida de las personas animándolas a adoptar un enfoque positivo. A Yemayá, como santa, le piden estos favores personas individuales que le hacen pequeñas ofrendas y oraciones con regularidad. Cuando la petición es más importante, requiere un ritual realizado por un sacerdote o sacerdotisa, igual que se hace en la religión cristiana. Sin embargo, a diferencia de los ritos yoruba, Yemayá (como santa) no posee con su *ashé* (esencia espiritual) a los devotos. Ella otorga su bendición, proporciona guía y hace todo lo que se le pide sin ninguna posesión espiritual.

La Virgen María tiene varias formas, como María, estrella del mar y nuestra señora de Regla. En la santería, Yemayá (de nuevo, como santa) está asociada a ambas. Se la venera como nuestra señora de Regla (Virgen de Regla) por su identidad como diosa madre. Los seguidores de la santería le dan tanta importancia como la Iglesia católica. Se le ofrecen oraciones los sábados, se la observa en visiones durante la meditación y se espera que realice milagros cuando se la invoca. María, estrella del mar, representa la fusión definitiva de Yemayá y la santa. Posee el poder de la diosa del mar y la naturaleza de la Virgen María. También se la honra los sábados. Las mujeres embarazadas le rezan para tener un parto seguro y niños sanos, mientras que las que desean tener hijos le piden que les conceda el don de la fertilidad. Quienes desean un viaje seguro al extranjero también le rezan antes de partir.

Los practicantes solitarios y quienes desean mantener un fuerte vínculo con esta santa le rezan a diario. He aquí una oración típica que los seguidores de religiones sincréticas ofrecen a Yemayá como santa. Se conoce como el Ave María pagano. Se recita de cara a una gran masa de agua (mar u océano) o en el altar mientras se mira un pequeño cuenco lleno de agua salada. Dice así:

«*Dios te salve María, encarnación de la gracia,*
Tú eres iluminada.
Tú eres bendita entre las mujeres
y también lo es el fruto de tu vientre.
Dios te salve María, madre de todos nosotros,
bendice a tus hijos ahora y durante toda su vida».

Los practicantes de la santería también utilizan un rosario para rezar a Yemayá/María. Si se siente cómodo, puede repetir varias Avemarías mientras repasa las cuentas. Comience con unas pocas y poco a poco amplíe su oración hasta que pueda recitar un rosario entero. La oración también puede rezarse antes de la meditación y otras prácticas dedicadas a Yemayá.

Cuando terminan con las oraciones, los seguidores piden a la santa que les guíe o interceda por ellos como necesiten. Esto funciona si Yemayá sabe cuál es su problema. Si le pide un favor, descríbale claramente su problema.

Adoración de la Virgen de Regla

La santería y otras religiones sincretizadas no están centralizadas ni tienen lugares de culto asignados. Los rituales en nombre de María y otros santos se celebran en casa de los sumos sacerdotes y sacerdotisas. Eventualmente, pueden celebrarse en un lugar de importancia para la comunidad local. Un gran ejemplo de ello es la procesión de la Virgen de Regla. Celebra a María en su forma de Virgen de Regla. La procesión se celebra cada siete de septiembre entre los muelles de Regla (punto de entrada a La Habana) y la Iglesia de Nuestra Señora de Regla, situada en las cercanías. Los fieles se reúnen cerca de la iglesia para venerar a la santa patrona de La Habana y del mar. Llevan vestidos de capas con los colores del mar (azul, celeste, turquesa y blanco) y flores blancas. También llevan vistosos collares de flores y cuentas.

Los sacerdotes y sacerdotisas expresan su devoción portando velas blancas y pulseras tradicionales de cuentas. Aparte de estos devotos que veneran a Yemayá como orisha (enmascarada como santa), algunos la veneran propiamente como santa, portando el símbolo de la Virgen de Regla y crucifijos. Algunos (normalmente las últimas generaciones) intentan respetar a ambas partes mostrando un comportamiento simbólico. Mientras caminan hacia la iglesia, se persignan en nombre de María (tradición católica) y ofrecen monedas a Yemayá (costumbre yoruba). A su alrededor, los bailarines se mueven de forma flotante. Llevan una falda azul de varias capas (siete es el número tradicional según el número de mares gobernados por Yemayá) y una blusa blanca. Mientras bailan, simulan el movimiento del mar, acentuado por el color de su ropa, que las hace parecer olas espumeantes.

Hasta hace poco, bailaban al ritmo de los tambores tradicionales yoruba, llamados *bata*. Debido a la coincidencia de motivos en los distintos sistemas de fe, los tamborileros tradicionales dejaron de apoyar la procesión de los santos. Ahora, los bailarines y los devotos se acompañan de formas sencillas y más nuevas de música auténtica de Cuba.

Al entrar en la iglesia, los devotos de la Virgen se dirigen a la gran estatua elevada en honor de la santa. Allí le depositan flores y le dirigen una rápida oración, expresándole su gratitud y sus deseos. Algunos desean pasar unos momentos en privado con la Virgen. Después de que todos han presentado sus respetos a la Virgen, se celebra una misa católica tradicional. A continuación, todos salen de la iglesia con la imagen a cuestas. Caminan hacia el muelle, atravesando siete «ventanas» de madera adornadas con flores e íconos de la Virgen. El muelle de Regla tiene un significado simbólico para muchos devotos. Se abre a una vía que conecta Cuba con Florida y el océano Atlántico. También fue el primer lugar donde los africanos recién esclavizados pisaron el Nuevo Mundo durante la trata transatlántica de esclavos. En este lugar, los devotos sienten una conexión más profunda con sus raíces y piden a la Virgen que les ayude a mantener vivos estos recuerdos. Después, entonan canciones tradicionales dedicadas a María. Giran la estatua hacia el agua, para que admire su reino, y luego se despiden de ella. A continuación, llevan la estatua de vuelta al santuario, donde los devotos la visitan, ofreciéndole oraciones y pidiéndole guía.

Los devotos que también celebran a María como Yemayá hacen una ceremonia diferente por la tarde del mismo día. Utilizan tambores y cánticos para invocar a la orisha. Los devotos de la versión combinada celebran sesiones espiritistas llamadas *misas espirituales*. Como su nombre indica, estas misas espirituales tienen por objeto comunicarse con la santa a nivel espiritual. También es costumbre que los anfitriones contacten con las almas de antepasados y guías espirituales. También se recurre a las almas de antiguos esclavos que, en su tiempo, veneraron a Yemayá o a la Virgen de Regla.

La representación de la Virgen María

En el arte, la Virgen María se representa de forma muy similar a Yemayá. Lleva una expresión serena y está sentada o de pie en su reino. Sin embargo, hay varias diferencias entre las representaciones de

Yemayá y la Virgen María. En particular, la santa está rodeada de nubes, velando por sus hijos. En cambio, Yemayá suele aparecer de pie sobre el agua, vigilando su reino y haciendo que sea seguro para los viajeros. Otra diferencia es que, mientras Yemayá suele vestir de azul, María lleva un vestido blanco y un manto o velo azul. Su vestido blanco refleja su condición virginal, que contrasta con la naturaleza apasionada de Yemayá. Con el velo azul, María conserva parte del simbolismo de Yemayá, que alude a su condición de patrona de los mares. También le confiere un aire de pureza, ya que el agua es uno de los agentes limpiadores más poderosos.

Que María vista de azul no solo es usual en las nuevas religiones sincretizadas. Se hace referencia a ella en el Antiguo Testamento, donde se compara con la María en el Arca de la Alianza, una reliquia sagrada protegida por un paño azul. Esta referencia proviene de la descripción de María llevando a su hijo envuelto en la protección celestial. En el cristianismo, el color azul es el símbolo del cielo. Cuando se utiliza en la vestimenta (especialmente en una prenda que refleje pudor, como un velo o un manto), el color azul significa que la persona está protegida por el cielo. María (con su velo azul) es bendecida por su devoción a todos sus hijos. Demuestra que es una fuerza femenina radiante que utiliza su poder sutilmente y solo cuando es necesario.

El velo azul de María también le confiere un estatus distinguido. Históricamente, el azul y el morado se asocian a la realeza y a una buena posición material. Hasta la invención de los tintes artificiales, la ropa se teñía con agentes naturales. Esto hacía que los tejidos azules fueran extremadamente difíciles de crear y tan caros que solo los miembros más ricos de la sociedad podían permitírselos. A María siempre se la representa como una mujer modesta. Sin embargo, su velo azul indica que no le faltaba nada (al menos no en lo que es verdaderamente valioso, como las riquezas morales). Dicho esto, a diferencia de Yemayá, que suele ser representada con una gran falda flotante de siete capas, la ropa de María es más modesta. Su vestido es largo, pero de diseño sencillo.

Otras representaciones la muestran como la reina de los cielos, con un velo azul que denota su condición divina. En el arte religioso y el simbolismo de la santería, aparece vestida con ropas elaboradas de color azul y blanco, incluso cuando se refieren a ella como Yemayá. María es representada como una joven blanca, igual que en el arte cristiano. Yemayá, la santa, es notablemente negra, a veces con gotas de agua brillando en su piel, como si hubiera surgido del mar. En los rituales, la gente viste de azul y blanco como colores de Yemayá, en conexión con su gracia y sabiduría.

A veces se representa a María con ropas azules, de pie sobre una serpiente. Esta imagen simboliza su naturaleza poderosa y hace referencia a su victoria sobre la serpiente (el demonio) aplastando su cabeza.

Capítulo 4: Cómo conectar con Yemayá

Sin importar si ya está familiarizado con las prácticas y tradiciones yoruba o si se está introduciendo en ellas por primera vez, conectar con Yemayá no es algo muy difícil de conseguir. El mejor enfoque es comprender adecuadamente el origen de la diosa y las culturas, tradiciones y religiones de las que proviene. No se puede conectar realmente con ella hasta que no se ha aprendido todo sobre la herencia de la que proviene (esto es esencial, incluso cuando se reza a la diosa, ya que debe transmitir su respeto por ella y por las prácticas culturales asociadas a ella). Además, las prácticas asociadas con el culto a Yemayá varían mucho debido a puntos de origen específicos, por lo que es vital aprender sobre cada religión y cultura.

Conectar con Yemayá es una experiencia espiritual[76]

Aunque conectar con Yemayá no debería intimidarlo, sí requiere esfuerzo. Como en muchas religiones, los verdaderos secretos y los rituales para conectar plenamente con la diosa solo se revelan a los iniciados. Por eso, es preferible que se forme adecuadamente en una o en todas las religiones asociadas a la diosa. Si no está bien informado sobre los rituales que intenta practicar, solo conseguirá hechizos ineficaces en el mejor de los casos, e incluso puede arriesgarse a ofender a Yemayá. También es una falta de respeto a los practicantes yoruba y a los devotos de Yemayá si realiza sus rituales sin ningún entrenamiento o conocimiento previo. Por lo tanto, es importante que siempre se acerque a estos rituales y tradiciones con respeto y honor. Este capítulo sirve como una guía adecuada para conectarse con Yemayá y explica cómo adorarla respetuosamente.

Conectando con Yemayá: Lo básico

Empecemos por lo básico para incorporar a su vida diversas prácticas que lo harán sentir más conectado con la diosa madre, Yemayá. Estos sencillos gestos y rituales diarios afectarán en gran medida su espiritualidad y le permitirán comprender más profundamente a su orisha favorita. Aquí tiene algunas ideas sobre cómo incorporar la magia de Yemayá a su vida diaria y a sus rituales:

- Use ropa y amuletos azules y blancos. De esta forma, siempre que lleve los colores de la orisha del mar, se acordará de ella.
- Si le gustan las faldas largas y aireadas, use un conjunto con faldas blancas que le recuerden a Yemayá.
- Los devotos de Yemayá llevan siete brazaletes de plata en un brazo para representar su lealtad a la diosa del mar.
- Practique la magia oceánica o acuática cuando visite la playa, el río o el lago.
- Anote sus deseos, conjuros y oraciones a Yemayá en un barquito de papel azul o blanco y déjelo flotando en el mar.
- Beba más agua a lo largo del día.
- Dedique tiempo a mirar los peces en un acuario, río o playa.
- Realice alguna actividad acuática como navegar a vela, en barco o en crucero para sentir el poder arrollador del océano.
- Si ha estado rezando para tener hijos, incluya a Yemayá en sus rituales y hechizos de fertilidad.

Símbolos, atributos mágicos y ofrendas

Además de las prácticas comunes utilizadas al invocar a Yemayá, también puede incluir algunos símbolos, amuletos y ofrendas mágicas en sus prácticas para tener más posibilidades de formar un vínculo con la diosa. Puede utilizar estos objetos en su altar o en rituales diarios para atraer la energía de Yemayá:

- Arena seca de una playa.
- Agua fresca de una playa, río o lago.
- Perlas, peces, rocas y conchas de la playa.
- Redes para peces.
- Fuentes.
- Barquitos de papel o madera.
- Flores blancas.
- Platos de cerámica blanca o azul que lleven agua fresca del mar o del río.
- Amuletos azules y blancos.
- El número 7.
- Siete conchas de cauri, siete moneadas o siete rosas blancas.

La mayoría de la gente asocia a Yemayá con la fertilidad y otros aspectos femeninos de la vida. Sin embargo, tiene mucha más profundidad de lo que se suele reconocer. Los verdaderos devotos de la diosa conocen su valor real. Todos los orishas con los que entra en contacto desarrollan su potencial cuando ella adquiere su forma completa. Yemayá no solo debe ser invocada cuando se trata de realizar rituales de fertilidad, sino, sobre todo, cuando planea nutrir sus metas y manifestar su verdadero propósito. Si quiere dar vida a sus ideas, la energía de Yemayá será extremadamente beneficiosa para usted.

Altar para Yemayá

Un altar para Yemayá puede ser creado de manera similar a como se diseña un altar para el elemento agua. Para este propósito, puede elegir un altar de menor tamaño dedicado únicamente a rezarle a la diosa del mar. Antes de empezar a practicar rituales o rezar a Yemayá, debe limpiar el altar y bendecirlo con energía positiva.

Este altar actúa como un canal adecuado para conectar con la diosa y, por lo tanto, debe estar libre de cualquier energía negativa. Dedique unos minutos al día a rezar a la diosa en este altar y haga ofrendas periódicas en su nombre. Medite sobre su presencia en este altar creado para ella (más adelante se habla de la meditación). Cuando medite con el altar frente a usted, imagínese rodeado de la energía blanca y pura de la diosa y de su elemento, el agua azul y cristalina. Cántele, récele o ponga canciones que le recuerden a ella o al océano.

Aunque más adelante en el libro encontrará una guía para crear un altar para el culto a Yemayá, asegúrese de usar azul y blanco para adornar el altar. Utilice conchas marinas, modelos de peces y otras criaturas marinas, e incluso imágenes que representen a la diosa del mar. Utilice velas blancas para crear un ambiente lumínico en el altar y añada algunas flores.

Otras formas de conectar con Yemayá

Como se discutió anteriormente, Yemayá se asocia frecuentemente con la luna y muchos de sus rituales de adoración implican las alineaciones del ciclo lunar. Por lo tanto, una buena manera de conectarse con ella es incorporar la luna y los símbolos asociados con la luna en las prácticas de adoración y otros rituales. En segundo lugar, Yemayá también se asocia a menudo con el número siete. Se representa con siete faldas que, básicamente, representan los siete mares. Por lo tanto, el número siete también debe incluirse en las prácticas de la forma que sea más conveniente. Por ejemplo, puede encender siete velas blancas en su altar o colocar siete conchas de cauri mientras medita. No debe haber límites en su creatividad cuando invoque a Yemayá. Ella misma es un espíritu creativo y aprecia enormemente la innovación y los espíritus creativos. Por ejemplo, algunas personas hacen ofrendas a Yemayá durante siete días consecutivos.

Muchos dibujos y pinturas antiguos también la representan con campanillas en el pelo y en la ropa. Por tanto, el sonido y el uso de campanas también representan a la diosa y pueden incorporarse a la práctica ritual. Otro símbolo común vinculado a la diosa del mar es el pavo real. Utilice símbolos o plumas de este animal como amuletos en su altar. Yemayá suele responder positivamente a los hechizos o rituales realizados en nombre de la curación, la protección, la creatividad y el amor propio. Sin embargo, debe evitar pedir favores si no deja suficientes ofrendas para la diosa porque, con Yemayá, la relación que se establece debe ser de doble sentido.

Ofrendas ideales para Yemayá

Si quiere agradar a Yemayá, el truco está en ser generoso con sus ofrendas. Un capítulo habla en detalle de las diversas ofrendas que puede dejarle. Asegúrese de visitar el océano o algún río con frecuencia para hacer estas ofrendas. Aunque está bien realizar los rituales en casa y rezar en el altar propio, los hechizos y oraciones serán más efectivos cuando esté cerca del agua.

Las ofrendas ideales para Yemayá pueden incluir conchas marinas, agua salada, amuletos, flores, frutas, hierbas e incluso alimentos. La mejor forma de mostrar reverencia hacia ella es dejarle ofrendas que hablen de sus rasgos de personalidad y elementos asociados. Puede cantar canciones sagradas o componer una oración única para ella. También puede cantar su nombre y utilizar las vibraciones de su voz para conectar con su energía. Algunas personas incluso preparan platos de comida para rendir homenaje a la diosa.

Otros aspectos importantes de la conexión y el diálogo con Yemayá

Según las leyendas yoruba, Yemayá es la reina del océano y la madre de todos los seres vivos. Tiene muchos hijos a los que cuida y protege. Ama a sus hijos por encima de todo y, por ello, es muy amable y generosa. Hay que acercarse a ella con reverencia y respeto. Esto es especialmente importante para las personas que no están familiarizadas con las prácticas y tradiciones yoruba. Supongamos que siente interés por conectar con Yemayá. En ese caso, es importante que primero se tome el tiempo de estudiar la tradición y la cultura asociada con la diosa. Debe recordar que conectarse con los orishas no es algo para tomarse a la ligera y requiere mucho esfuerzo. Por lo tanto, siempre debe ser respetuoso de la relación que forme con una deidad orisha.

Meditación de Yemayá

La meditación es uno de los métodos más populares utilizados para conectarse con Yemayá[77]

La práctica de la meditación es una de las mejores maneras de conectarse espiritualmente con un orisha. La meditación ayuda a enraizarse, limpiar su energía y alinearla con la deidad a la que adora (si lo hace correctamente). Para practicar la meditación de conexión con Yemayá, siga estos pasos:

1. Encuentre un lugar tranquilo y cómodo en su casa, lejos de todo tipo de distracciones.
2. Encienda siete velas blancas y colóquelas frente a usted (tenga cuidado con posibles incendios). Utilice un difusor de aceite o incienso para crear el ambiente perfecto para la meditación.
3. Cierre los ojos y deje que su cuerpo se relaje. Respire lenta y profundamente tres veces y establezca su intención para las sesiones de meditación. Abra su corazón a la energía de Yemayá y cante en su mente: «Quiero conectar con Yemayá».
4. Ahora, imagine que está en una hermosa isla, completamente rodeado por el profundo océano azul. El cielo está libre de nubes, el sol brilla intensamente. Sienta la brisa fresca y suave en su cara y disfrute de la vista.

5. Imagínese jugando en el agua, chapoteando en las olas frías y frescas. Ahora piense que se sube a una pequeña barca y deja que la corriente lo arrastre mar adentro. Concéntrese en las sensaciones cuando lo rodea el océano. En lugar de sentir miedo ante la inmensidad del mar, siéntase a gusto.
6. Imagine que la energía que lo rodea cambia de repente. Empieza a sentirse querido, envuelto en calor, y mira hacia arriba para ver a una hermosa mujer que surge del mar. Lo mira y le dice: *«Soy la diosa del mar, Yemayá, madre de todos. Me complace que hayas conectado conmigo. Ven conmigo y déjame mostrarte quién soy».*
7. Después de esto, imagine que ella lo toma en sus brazos y lo lleva al mar. Mientras esté con ella, hágale preguntas y pídale bendiciones. Cuando haya terminado, despídase, respire profundo tres veces y abra los ojos.
8. Una vez de vuelta en su habitación, repase lo que ha aprendido sobre ella y haga conciencia de cómo se siente justo después de la sesión meditativa.
9. Cuando trate de conectarse con deidades orishas, asegúrese de usar el nombre del orisha para invocar su presencia. En este caso, el nombre sagrado de Yemayá es aguamarina, y su piedra sagrada es el ágata azul. Asegúrese de usar el nombre de la diosa cuando le presente ofrendas.

A continuación, hay algunos consejos adicionales para conectar con Yemayá:

- Para que las sesiones de meditación sean más provechosas, siéntese cerca de un lago, río, mar o incluso piscina y sumerja las piernas en su interior. El agua actuará como un conducto entre usted y Yemayá. También puede llevar una falda blanca aireada, que se ceñirá alrededor de sus piernas cuando esté en el agua, dándole un aspecto de sirena.
- Otra forma de conectar mejor con Yemayá durante las sesiones de meditación es llevar una concha marina. Las conchas marinas son sus símbolos y lo harán sentir su presencia con más fuerza. Puede sostener la concha en la mano o cerca de la oreja para escuchar a la diosa.

Oraciones para Yemayá

Mantenga buenas relaciones con la diosa del mar rezándole con regularidad, ya sea en rituales diarios, en festivales ocasionales o ante su altar.

Oración 1:
Yemayá, oh bendita reina de los mares,
deja que las sagradas aguas del océano me bañen.
Abrázame, oh madre.
Limpia mi alma, nutre mi vida y sustenta mi espíritu.
Yemayá, oh, magnífica,
tú que llevas las siete faldas sagradas de los siete mares,
muévete a mi alrededor y rodéame con tu energía
para limpiar toda negatividad.
Oh, Yemayá, señora de las mareas y de la luna,
bendíceme con tu luz sagrada
y lléname con tu energía.
Ayúdame a cumplir mi propósito.
Oh Yemayá, madre sanadora del océano,
te pido que me llenes con tu energía purificadora.
Bendíceme con tus aguas puras,
y déjame sanar con tu energía regeneradora

Oración 2:
Nubes extrañas y fragmentos de belleza.
Imaginando estrellas brillantes de una historia.
Invocándote entre las diosas de las aguas.
Tú calmas la tormenta con tu alegría.
Traes la calma con tus palabras amables
La brisa del mar nos trae tu energía,
Oh, diosa del mar y de los ríos
Besas a la hermosa luna
y nos bendices con tus olas
Las olas llevan hermosas flores

escondidas en las aguas

Sus aromas son la esperanza que te hace

la Diosa del Océano.

Oración 3:

Siento el consuelo y el amor de una madre al contemplar tu imagen. Sé que estás cerca, guardando y dirigiendo a tus hijos. Agacho la cabeza en señal de admiración y respeto; te pido tus gracias. Que Dios te conceda purificar mi alma y mi cuerpo con tus aguas divinas, y que mi camino terrenal sea iluminado por tu luz divina. Amén

Oración 4:

Trae bendiciones y fortuna a los necesitados, oh magnífica Yemayá. Esperamos, querida Madre, que a través de tus gracias, consigamos lo que pedimos en esta oración. Aunque sabemos que, debido a nuestros defectos, no merecemos lo que pedimos, te imploramos que respondas a nuestras oraciones. Amén.

Oración 5:

Reina madre de todos,

diosa de las profundidades del océano,

defensora de las mujeres,

haz que la gente sea consciente de tu presencia en este lugar sagrado.

Nosotros que te rezamos como Yemayá,

nuestra Madre, nuestro vientre de formación,

te pedimos que tu amor siga rodando y bañándonos

como las olas del mar, como los arroyos de tus pechos.

Yemayá, madre de los peces,

tú que eres consuelo, aliento y redención,

te llamamos para que entres en nuestros corazones y en nuestras almas.

Oración 6:

Tú eres la fuerza que ondula bajo el agua,

La que une el mar y el cielo, la madre eterna que se reclama.

Siente la arena bajo tus pies, aprieta la caracola contra tu oído, y contempla mi azul,

me conocerás.

Entrégame tu problema,
arroja tus preocupaciones al núcleo del océano, que soy Yo.
Yo cuidaré de ti, secaré tus lágrimas, calmaré tu angustia
y te protegeré de las tormentas que se avecinan.
En tu sumisión, abrazo tu voz.
En la entrega, me convierto en tu libertad.
Hija, vuelve a casa y permíteme
que unifique
todo lo que es fragmentario.

Oración 7:

Tú que controlas las aguas, derramando sobre la humanidad tu protección, oh madre divina, lava sus cuerpos y sus pensamientos, realizando una purga con tu agua e inculcando en su alma la consideración y reverencia debidas a la fuerza de la naturaleza que simbolizas. Permítenos salvaguardar tus aguas y lo que ellas protegen.

Rogamos a la fuerte Yemayá, reina de las aguas, que reciba esta súplica.

Con bondad y amor, dame la capacidad necesaria para resistirlo todo.

En tu océano de belleza y tranquilidad, deseo vivir.

Mantén a mis seres queridos a salvo de todo daño y peligro.

¡Salve Yemayá, reina del mar!

Yemayá es una de las principales deidades orishas mencionadas en las leyendas yoruba. Es la madre de todos y, por tanto, es fácil buscarla y conectar con ella. Su espíritu es afectuoso y cálido, lo que hace que resulte aún más atractiva para la gente. Los devotos y adoradores de Yemayá están presentes en todo el mundo y rinden homenaje a la diosa del mar de diferentes maneras. La gente suele buscar sus bendiciones y sabiduría cuando necesita desesperadamente curación y protección. Aunque muchas fuentes han generalizado el culto a Yemayá, su veneración real procede de culturas y prácticas únicas que muchos desconocen. Para los devotos no nativos, es muy difícil encontrar fuentes auténticas para conectar adecuadamente con la diosa. Esperamos que las técnicas proporcionadas en este capítulo le ayuden a conectar más profundamente con Yemayá.

Capítulo 5: La diosa del océano y la luna

Las mareas y la luna siempre han estado conectadas. El agua gravita hacia la luna y gira y se mueve con las fases lunares. Tradicionalmente, se considera a Yemayá la diosa del océano y la luna. Sin embargo, el público solo reconoce su dominio sobre las masas de agua. No reconoce ni recuerda que también gobierna la luna.

Yemayá también es conocida como la diosa del océano y de la luna[78]

La diosa Yemayá tiene muchas caras y unas cuantas reencarnaciones. Al principio, cuando se crearon los océanos y la luna, apareció Olokun y se anunció como el dueño de las profundidades del agua. A continuación, se sumergió en el agua y creó una salpicadura que se evaporó en los cielos. Inmediatamente, comenzó a llover y las gotas regresaron al océano. Fue entonces cuando apareció Yembo, la primera encarnación de Yemayá. Yembo declaró que su reino está «donde la luna toca las aguas».

El nombre completo de Yemayá es *Ye Emo Eja*, que se traduce directamente como «la madre cuyos hijos son tan numerosos como los peces». Se cree que Yemayá dio a luz tanto al sol como a la luna, así como a los primeros catorce orishas.

Este capítulo se centra principalmente en la conexión de Yemayá con la luna. Esto incluye varios rituales que se hacen en determinadas fases de la luna, así como diferentes oraciones y hechizos que se relacionan con la diosa.

Yemayá y las fases de la luna

La luna tiene un gran poder y afecta a todo, incluido a usted mismo. Piense en la forma en que la luna afecta al agua o en cómo la mayoría de los depredadores atacan en luna nueva. La atracción gravitatoria de la luna es tan fuerte que mueve océanos y mares. Es ridículo pensar que la luna tiene esta fuerte influencia sobre la Tierra y no afecta a los humanos de ninguna manera.

Las fases de la luna también afectan a la humanidad. Es bien sabido que las emociones de las personas se intensifican durante la luna llena. Este capítulo trata en profundidad las diferentes fases lunares y lo que los seres humanos experimentan durante cada una de ellas. Sin embargo, antes de profundizar en esto, es necesario comprender el papel de Yemayá en todo esto.

La primera encarnación de Yemayá dio origen a la luna y a las estrellas. Es la diosa del cielo nocturno y de las aguas. Yemayá creó diferentes fases lunares para ordenar y armonizar la vida de la Tierra.

Cada fase lunar está asociada a diferentes temas de la vida. Por ejemplo, la luna nueva está vinculada a ciertos temas, mientras que otras fases lunares están asociadas a temas diferentes. ¿Por qué debe saber esto? Pues porque las probabilidades de recibir resultados óptimos son mayores cuando reza o realiza hechizos durante las fases lunares pertinentes.

Por ejemplo, imagínese rezando por un nuevo comienzo. Esto se consigue mejor durante la luna nueva. ¿Por qué? Cada fase lunar tiene poderes, así que pedir un nuevo comienzo da resultados durante la luna nueva, pero no es tan poderoso durante la luna menguante. La media luna menguante está asociada con los finales, por lo que el poder de su oración y la media luna menguante serán contradictorios. Por eso es mejor hacer hechizos o rezar durante las fases relacionadas con lo que está pidiendo o manifestando.

Recuerde que las fases se dividen en dos grupos: principios y finales. Las primeras cuatro fases están relacionadas con comienzos y nuevos eventos, mientras que las otras cuatro son sobre finales y situaciones viejas. La luna llena no pertenece a ninguno de estos dos grupos, ya que se considera una fuerza en sí misma.

En la espiritualidad, la luna está relacionada con el subconsciente, la intuición, la feminidad, la fertilidad, la magia y las habilidades psíquicas. En las tradiciones yoruba y la santería, Yemayá también se asocia a estos ámbitos.

La diosa también rige el reino de los sueños, incluyendo los sueños proféticos y lúcidos. Esto significa que la diosa puede responder a sus llamados y plegarias en los sueños. Las personas que rezan a Yemayá suelen pedir protección durante el embarazo o ayuda con su fertilidad. Otros piden que guíe su viaje espiritual cuando practican magia o hacen hechizos. Los espiritistas también piden a Yemayá que guíe y refuerce su intuición.

Yemayá es considerada la madre de todos, así que si alguna vez necesita sentir el amor y la protección maternales, puede rezar a la diosa para conseguirlo. Hay millones de razones para rezarle. Todo depende de lo que necesite de ella.

Si quiere establecer una conexión, debe saber que ella responde en el momento adecuado. Esto significa que su respuesta puede no ser instantánea. Le responderá cuando esté preparado para recibir la respuesta o cuando las circunstancias sean las adecuadas. Puede que aparezca en sus sueños o que le envíe mensajes directos que, sin lugar a dudas, provendrán de ella. Se asegurará de que entienda que ella es la remitente, y la respuesta será clara como la brillante luna llena en el cielo.

Luna nueva

La luna nueva puede ser oscura e indistinguible del cielo nocturno, pero sus poderes superan su apariencia. Es la primera fase lunar. Trae consigo cambios, nuevos comienzos, una nueva versión de usted y una nueva página en su historia. Tiene una energía infantil y sentirá este entusiasmo si conecta con Yemayá durante esta fase.

Es el mejor momento para dar vida a sus ideas. Así que antes de que llegue la luna nueva, haga una lista de cosas que le gustaría empezar con la fase de luna nueva. Cuando el sol se ponga y la luna salga, vaya al altar de Yemayá e invóquela.

Limpie el altar, encienda las velas y comience la invocación diciendo: *«Reina del mar, madre de la vida, vengo a ti esta noche de luna nueva. En el reflejo de tu espejo, bajo tu santa mirada, te rindo honor, homenaje y alabanza».*

Puede utilizar la misma oración en diferentes fases lunares; solo asegúrese de decir la fase lunar correcta. Después de su oración, empiece a comunicarse con la diosa. Comparta con ella todo lo que le gustaría empezar este mes. Pídale que le dé oportunidades y lo guíe en sus decisiones.

Durante este periodo, si recibe invitaciones o se encuentra con una señal clara de que la diosa ha escuchado sus llamadas, respóndalas. Lo mejor es que no rechace invitaciones durante este tiempo. La diosa puede enviarle nuevas personas, invitaciones inesperadas u otras oportunidades que crearán un camino hacia lo que desea.

Luna creciente

La luna creciente adorna el cielo dos días después de la luna nueva. Durante esta fase lunar, se sentirá más seguro de sí mismo y de sus capacidades. Sentirá una oleada de valentía que lo hará más propenso a asumir riesgos. Es esencial que intente mantener los pies en la tierra durante esta fase, porque podría ser un poco impulsivo.

Esta fase lunar no influye en el comportamiento imprudente o impulsivo, pero las personas reaccionan a la luna de formas diferentes. Esto significa que si usted es impulsivo por naturaleza, puede sentirse más impulsivo durante esta fase. Si es propenso a la imprudencia, considere pedir a la diosa que le ayude a tomar decisiones sabias durante este tiempo.

Al igual que la luna nueva, el cuarto creciente trae consigo nuevos comienzos, pero también hace que las personas se sientan más optimistas y con la confianza suficiente para emprender nuevas tareas. También debilita las dudas sobre uno mismo, así que si es una persona que se cuestiona mucho, se sentirá más seguro.

Uno de los símbolos de Yemayá es la luna creciente, así que cuando le rece durante el creciente o el menguante, asegúrese de tener la luna creciente en el altar. Cuando rece a la diosa, háblele de las ansiedades y miedos que le gustaría eliminar durante este tiempo. Háblale de sus nuevos proyectos, pero también de lo que le preocupa. Pídale que le dé confianza y consuelo. Los poderes del creciente le darán seguridad y confianza en usted mismo, pero la diosa puede multiplicarlos por usted.

Primer cuarto

El primer cuarto y el último cuarto se conocen como la media luna. En la cultura santera y yoruba, la media luna es un símbolo del conocimiento y la sabiduría desconcertantes de la diosa.

Esta fase lunar empuja a mejorar. En otras palabras, lo reta a superar sus miedos a lo desconocido o lo invisible. ¿Por qué? Solo la primera mitad de la luna es visible; el resto no se ve. Esta fase simboliza la relación binaria y el fuerte contraste entre lo que se conoce y lo que no. El primer cuarto de luna da fuerza y una perspectiva más profunda.

Durante este tiempo, podrá ser más honesto consigo mismo y reflexionar sobre diversos aspectos que debe trabajar o arreglar. Puede que se sienta ansioso durante esta fase, y para eso puede quemar pimienta de Jamaica como ofrenda a la diosa. Esta especia se utiliza en varios hechizos, pero cuando se ofrenda en el primer cuarto de luna, envía sus plegarias a la diosa.

Se cree que quemar esta planta reduce la ansiedad y el estrés y lo hace sentir más relajado. Cuando ofrezca esta especia a Yemayá, ella entenderá que necesita ayuda inmediata con sus miedos y ansiedades sobre el futuro.

Puede quemar esta hierba cada primer cuarto de luna como ritual. Recuerde limpiar el altar e invocar a la diosa antes de ofrecerle cualquier cosa.

Cuarto creciente

La luna creciente es la última fase antes de la luna llena. Esto hace que esta fase sea especial. ¿Por qué? Bueno, la luna llena es la fase lunar más poderosa, por lo que la creciente contiene parte de este poder.

Esta fase lunar trae consigo oportunidades y potencial positivo. Durante este tiempo, es posible que sienta que está a punto de adquirir nuevas experiencias o de hacer realidad sus objetivos y sueños. Confíe en sus sentimientos y en su intuición durante el crepúsculo. Si siente que está a punto de emprender un viaje, será cierto. Esta fase trae consigo riqueza, desarrollo y manifestaciones de éxito.

El cuarto creciente lo recompensará si ha estado trabajando para conseguir lo que se propone. Durante este tiempo, puede quemar incienso de pino o de Yemayá como ofrenda a la diosa y como forma de bendecir sus ganancias financieras.

Si quiere añadir incienso de Yemayá a sus trabajos, puedes seguir la siguiente receta:

Ingredientes:
- Anís estrellado en polvo.
- Pétalos de rosa.
- Hojas de albahaca.
- Sándalo en polvo.
- Hierba Luisa.
- Reina de los prados.

Necesitará lo siguiente:
- Mascarilla antipolvo.
- Recipiente de cristal.
- Mortero.

Pasos a seguir:
1. Añada las hierbas y las plantas al mortero.
2. Use una mascarilla antipolvo.
3. Machaque los ingredientes con el mortero.
4. Añada la mezcla en el recipiente.
5. Rece a Yemayá sobre los ingredientes.

6. Comparta con ella sus intenciones y objetivos.
7. Coloque el recipiente sobre el altar de Yemayá.
8. Déjelo allí durante catorce días.
9. Selle el polvo en un recipiente.
10. Queme el polvo sobre carbón vegetal.
11. Utilícelo durante el cuarto creciente o cuando rece a la diosa.

Luna llena

La luna llena es la más poderosa de todas las fases lunares. Esta fase simboliza la figura maternal de Yemayá. Se la considera la madre de todos, y la luna llena simboliza su maternidad y a todos sus hijos.

Será bendecido con claridad e iluminación en la primera noche de luna llena. Recibirá claridad emocional y mental. No dudará ni se cuestionará a sí mismo sus elecciones o sus decisiones. Si se siente un poco emocional durante esta fase, no debe preocuparse. Casi todo el mundo se siente emocional bajo la luz de la luna llena. Las emociones exacerbadas traen muchas revelaciones. En otras palabras, puede ver lo que su subconsciente oculta a su mente consciente.

Durante esta época, las mujeres son más fértiles o tienen más posibilidades de concebir. Si tiene la intención de trabajar con Yemayá durante este tiempo, estará muy ocupado. Hay varios cantos, oraciones y hechizos para este período.

Si quiere trabajar en su fertilidad con la diosa, ponga un tazón de almendras en su altar y cante:

«¡Hoy! ¡Hoy voy a cantar!
¡Alabaré en la arena, en luna llena, a la madre Yemayá!
Rosa del mar, mi estrella del cielo azul, no es cuento de pescador
que mi amor te daré.
¡Se va! Deja pasar las olas del mar.
Escucha la canción de la bella Odoiá.
Ojalá enviara un gran amor desde el fondo del mar».

Comience comiendo las almendras, dado que están en un cuenco aparte, no el de la ofrenda. Ahora, se estará preguntando, ¿por qué debo comer almendras? Bueno, se sabe que las almendras ayudan con la fertilidad cuando se trabaja con Yemayá. Son como una red mágica en hechizos de fertilidad.

Si quiere buscar la protección de Yemayá, la mejor noche es la de luna llena. Para que este hechizo funcione, tendrá que hacer un viaje a la playa, así que prepárese para empacar algunas cosas.

Ingredientes:
- Aceite sagrado.
- Aceite de Yemayá.
- Siete cristales de cuarzo.
- Siete cubos de alcanfor.
- Siete velas azules.
- Siete anzuelos de plata.
- Siete monedas de plata.
- Siete centavos.
- Siete bolas azules.
- Siete tarros de cristal.
- Tres llaves.
- Zumo de siete limas.
- Paño azul (cuadrado).
- Toalla blanca (limpia).

Entre en el agua durante la marea alta y deténgase cuando el agua le llegue a los tobillos. Pida a Eleggua que se abra el camino y deje tres llaves como ofrenda. Cuente siete olas y empiece a cantar lo siguiente a la diosa:

«Reina del mar, madre de la vida, vengo a ti en esta noche de luna llena. En el reflejo de tu espejo, bajo tu santa mirada, te rindo honor, homenaje y alabanza».

Cuando haya terminado, sumerja los frascos en el océano y séquelos con una toalla limpia. Llene los tarros con cristales, anzuelos, cubitos de alcanfor y monedas. Asegúrese de poner estos ingredientes en el orden propuesto y cante:

«Llamo al poder del mar, mantén mi hogar a salvo y protégeme».

Repita el cántico cada vez que ponga un cristal o una llave en el tarro. Cuando haya terminado, habrá completado 35 cánticos.

Ahora, llene dos tercios del tarro con agua de mar y deje los centavos donde el agua se encuentra con la arena. Cuando termine, recoja los tarros y váyase a casa. Coloque siete platos en el suelo y haga un círculo. Coloque cada tarro en cada plato. Coloque las siete velas junto a los tarros y únjalas con aceite de Yemayá. Llene la bañera de agua y añada agua florida, sal marina, zumo de lima y aceite de bergamota. Siéntese en el agua durante 28 minutos exactos. Asegúrese de poner un temporizador. Cuando suene el temporizador, dese palmaditas con una toalla blanca. Acuérdese de dar palmaditas y no enjuagarse. Póngase aceite sagrado en los pies, las manos, el tercer ojo y el corazón.

Ahora, vuelva al círculo y lance un hechizo energético. Para ello, simplemente visualice una luz blanca formando un escudo protector a su alrededor. Encienda cada vela y diga:

«Espíritu del mar, protégeme».

Cierre los ojos e imagine que el agua se eleva para protegerlo. Pase 28 minutos meditando mientras mantiene esta imagen en su mente. Cuando haya terminado, diga lo siguiente

«Espíritus del agua, les doy las gracias por prestar su Ashé a este lugar. Vuelvan a su reino bajo las olas. Salve y adiós».

Cierre el círculo y coloque las velas en lugares aleatorios de su casa. No las apague; deje que la cera se derrita. Guarde el agua de mar que hay en los frascos en otro recipiente y cuelgue los talismanes en un paño azul. El séptimo día después del hechizo, vierta el agua de mar en el sentido de las agujas del reloj alrededor de su casa.

Cuarto menguante

El cuarto menguante es la primera fase de los finales. Este es el mejor momento para desprenderse de cualquier hábito autosaboteador y mentalidad autodestructiva. Es probable que durante este tiempo se encuentre con partes de su yo sombrío. Cuando lo haga, no rechace estas partes de usted, puede que no le guste cómo lo hacen sentir sobre usted mismo, pero aceptarlas es imperativo. Al aceptarlas, se libera de su férreo control.

Supongamos que quiere protegerse de sus hábitos destructivos. Puede ungir velas con aceite de Yemayá en el altar de la diosa o quemar el aceite y rezarle mientras inhala el dulce aroma.

Ingredientes:
- Siete gotas de aceite de bergamota.
- Siete gotas de sándalo.
- Dos gotas de hierba luisa.
- Dos gotas de aceite de rosa.
- Una onza de aceite de almendras.
- Una perla.
- Cuatro gotas de magnolia.
- Cristales de sal marina.

Necesitará lo siguiente:
- Goteros reutilizables.
- Un embudo pequeño.
- Botella de cristal.
- Mortero.

Pasos a seguir:
1. Añada aceite de almendras al frasco.
2. Déjelo reposar durante siete minutos.
3. Vierta el resto de los aceites.
4. Utilice un gotero para los aceites.
5. Limpie el gotero con alcohol para no mezclar los aceites.
6. Machaque la perla con el mortero.
7. Añada la perla pulverizada al frasco.
8. Remueva durante tres minutos.
9. Rece a la diosa para que lo proteja.
10. Añada los cristales de sal marina al frasco.
11. Selle el tarro con su tapa.
12. Deje en el altar durante siete días.
13. Utilice el aceite para ungirse a usted mismo o las velas. También puede quemarlo cuando esté rezando para pedir protección.

Último cuarto

Similar a la luna menguante, el último cuarto también está conectado con el yo sombra. Esta luna empuja a trabajar o arreglar rasgos o hábitos negativos. Llama la atención sobre su lado sombrío haciéndole confrontarlo a través de amigos, familiares o personas cercanas.

Es posible que se enfrente a sus hábitos negativos. No se desanime cuando esto ocurra. Intente aceptar la situación y perdónese a usted mismo. Recuerde hacerse amigo de su yo sombra y mírelo como un camino para su curación.

Lo mejor que puede hacer es rezar a la diosa y pedirle que lo ilumine y le ayude a atravesar este periodo con toda la gracia posible. Recuerde que el tiempo a solas es esencial durante este periodo, así que tome su incienso y siéntese junto a la playa. Conecte con usted mismo y con el océano y se sentirá mejor.

Cuarto menguante

La fase de cuarto menguante empuja a prestar atención a las propias necesidades. Durante esta fase, es posible que se sienta agotado. Esto ocurre para llamar su atención sobre sus niveles de energía y autocuidado. Si se ha estado esforzando o ha pasado la mayor parte del tiempo preocupándose u ocupándose de otros, es el momento de dedicar parte de este cuidado a usted mismo.

Pase tiempo junto al océano para conectar con Yemayá y permítase sentir su amor y cuidado Asegúrese de satisfacer sus necesidades y de hacer cosas que le gusten de verdad, aunque eso signifique quedarse dormido o pasar todo el día en el sofá.

Luna oscura

La luna oscura es la última fase y es exactamente lo contrario de la luna nueva. A diferencia de la luna oscura, la luna nueva trata de nuevos comienzos. Durante este tiempo, se sentirá impulsado a poner fin a las cosas que ya no le sirven.

Es el momento de cortar con amistades tóxicas, poner fin a relaciones poco fructíferas o dejar trabajos extremadamente agotadores. Si siente que la luna le está diciendo que expulse algo de su vida, tómelo como una señal. Sin embargo, debe reflexionar sobre lo que termina y sus razones para hacerlo. No ponga fin a una relación o deje un trabajo si no está seguro de sus razones.

Lo mejor es ofrecer una magnolia al altar de Yemayá o quemarla junto a él si quiere obtener sabiduría durante este periodo tan desafiante.

Cada fase lunar contiene un poder y una energía propias. Estas energías nos afectan diariamente, seamos conscientes de ello o no. Ya sabe lo que hacen y cómo Yemayá está conectada con la luna y sus fases. Si quiere trabajar con la diosa, considere realizar algunos hechizos o rituales durante las fases lunares que los potencian.

Capítulo 6: Herramientas y símbolos rituales

Yemayá es una deidad generosa y abierta que suele aceptar cualquier tipo de ofrenda que se le presente, siempre que las intenciones sean puras. Sin embargo, es mejor presentar ofrendas y regalos personalizados cuando se trata de ganar el favor de cualquier orisha, y Yemayá no es una excepción. Si le regala peines adornados con perlas, hermosos collares, perfumes intensos, pinturas y representaciones de ella, flores, conchas marinas, piedras o alimentos, aceptará encantada y lo colmará de bendiciones.

Un abanico de encaje es una de las ofrendas preferidas[79]

Muchas personas también le dejan abanicos de encaje azul o blanco y abanicos de plumas de pato o pavo real. Como ya se ha dicho, estos animales tienen especial importancia para la diosa del mar. Por ello, cualquier objeto que los represente se considera significativo. Yemayá prefiere las campanas, las redes para peces, las piedras preciosas como la aguamarina, las cuentas de cristal, las perlas, las máscaras y el vidrio de color azul, aunque se observa que las ofrendas más populares son la comida y las flores.

Uno de los símbolos más comunes asociados a Yemayá son las caracolas. La mayoría de sus representaciones la muestran sosteniendo las conchas de cauri. La leyenda asociada a este elemento simbólico es que Yemayá llenaba estas caracolas con su voz reconfortante. Además, estas conchas tienen una estrecha hendidura en un lado, mientras que el otro parece un vientre de embarazada, lo que las relaciona con la diosa de la fertilidad. Según la leyenda, Yemayá llena estas conchas de cauri con el don de la fertilidad. El espíritu de la diosa quiere que todos sus descendientes sean las versiones más auténticas de sí mismos, por eso bendice a las personas en su camino, para que encuentren el sentido de su vida y persigan sus sueños.

Las conchas de cauri se encuentran en todo el mundo, pero antiguamente se consideraban objetos sagrados. Incluso se utilizaban como moneda. Muchas mujeres las llevaban como joyas y las cambiaban por especias y seda. Estas conchas son increíblemente versátiles y se encuentran en varias formas, tamaños y colores. Como se consideraban símbolos de fertilidad, se regalaban a las novias o parturientas para que tuvieran un parto seguro. Hoy, muchos adoradores de Yemayá llevan collares y pulseras de cauri para canalizar la energía de la diosa. La gente mantiene visible la abertura para señalar su deseo de tener pareja o simbolizar sus firmes opiniones.

Las sagradas conchas de cauri

Desde la antigüedad, las conchas de cauri han tenido un significado sobrenatural en los rituales y tradiciones yoruba y la santería. Sin embargo, entrar de lleno en esos rituales es demasiado complejo para hacerlo aquí. En su lugar, puede probar una forma sencilla de utilizar las conchas de cauri para conectar con lo divino. Esto se hace practicando un ritual de preguntas de sí o no, comúnmente conocido como *Obi*. Hay cinco posibles respuestas que se pueden obtener de esta práctica.

Para realizar el ritual, necesita cuatro conchas de cauri abiertas (la barriga natural de la parte posterior de la concha debe cortarse y lijarse para obtener una superficie bastante plana). Cuando los lados cortados miran hacia arriba durante la lectura, significa que la concha está en silencio, mientras que cuando el lado con forma de boca mira hacia arriba, la concha está hablando. Además, necesita una tela o esterilla sencilla para poner en el suelo o sobre una mesa. Allí es donde se arrojan las conchas. Asegúrese de rezar a los espíritus y pedirles su guía antes de lanzar las conchas.

Las conchas de cauri tienen un valor sobrenatural en los rituales yoruba y la santería[80]

Coja las cuatro caracolas con las manos mientras imagina su pregunta o la situación sobre la que está preguntando. Concéntrese únicamente en la pregunta y sople lentamente sobre las caracolas. A continuación, agite las caracolas en sus manos y hágalas rodar sobre el paño como si fueran dados. Interprete las respuestas según las siguientes pautas:

- Si las cuatro conchas caen con la boca hacia arriba, indica que las cuatro están hablando. Esto se considera una bendición, por lo que la respuesta debe considerarse un sí. Tendrá éxito en lo que ha preguntado, más de lo que espera. Puede hacer una segunda tirada para ver si su suerte durará mucho.

- Si tres conchas caen con la boca hacia arriba y una está hacia abajo, tres están hablando y una en silencio. Esta respuesta es menos positiva que la primera y puede considerarse un tal vez. Aunque muchas personas consideran que esta respuesta es un sí, la única concha silenciosa genera dudas sobre la cuestión. Para comprobar la respuesta, puede hacer una segunda tirada. Si en la segunda tirada hablan las cuatro caracolas, entonces es un sí. Si vuelve a obtener una concha muda, debe seguir adelante con su decisión. Si hay más de dos conchas mudas, la respuesta es negativa.
- Si dos conchas caen con la boca hacia arriba y las otras dos hacia abajo, se considera una respuesta muy positiva. Esta respuesta indica que todo está equilibrado, armonioso y perfecto. Lanzar las conchas por segunda vez no es prudente cuando se recibe esta respuesta.
- Si obtiene una concha con la boca hacia arriba y tres hacia abajo, las conchas silenciosas superan a las que hablan. Esto es un no rotundo. Indica que lo que ha preguntado será extremadamente difícil, o imposible, de conseguir.
- El último escenario posible es con las cuatro conchas mirando hacia abajo o en silencio. Esta respuesta es un no irrevocable, pero también es una advertencia. Indica que le rodean fuerzas negativas y que debe hacer una limpieza espiritual lo antes posible.

Los espíritus y las deidades a menudo se comunican con este patrón cuando se les pide orientación. Sin embargo, se requiere mucha práctica antes de dominar este arte e interpretar las respuestas correctamente. Debe hacer tiradas adicionales si no está completamente satisfecho con la respuesta, pero la mayoría de los expertos sugieren no hacer más de dos tiradas seguidas.

Otros símbolos y asociaciones

Aunque muchos de ellos ya han sido discutidos anteriormente, aquí tiene una lista de símbolos y asociaciones relacionados con Yemayá que pueden ser muy útiles para sus prácticas y rituales:

- **Días de la semana** - El sábado es sagrado para Yemayá, como se ha comentado anteriormente, pero algunas historias también sugieren que el viernes es un día importante de la semana para la diosa del mar.
- **Metales** - El plomo es el metal más comúnmente asociado a Yemayá. Es el único metal que no se corroe fácilmente con el agua de mar y, por tanto, ocupa un lugar especial para la diosa del mar. También acepta ofrendas de plata y acero.
- **Colores** - El color azul ocupa un lugar especial en el corazón de Yemayá. Es el color del vasto océano en el que vive. Se deben utilizar diferentes tonos de azul para presentar las ofrendas. El blanco es otro de los colores favoritos de la diosa. Simboliza la bondad y la pureza de la madre orisha. Algunas personas también añaden cuentas verdes y rojas a los collares que llevan en los festivales para celebrar a Yemayá.
- **Collares** - los collares de cuentas son ofrendas habituales para Yemayá. Su collar sagrado consta de siete cuentas blancas seguidas de siete azules. Este patrón se repite hasta que el collar es lo suficientemente largo. Las cuentas blancas también pueden sustituirse por cuentas transparentes.

Ofrendas florales

Existe la idea errónea de que Yemayá prefiere las rosas blancas como ofrenda floral. Si bien es cierto que las flores blancas son sus favoritas, y que prefiere las rosas, no son las únicas variedades que le gustan. A Yemayá le encantan las flores azules o blancas, pero acepta flores de todos los colores, especialmente rosas, amarillas, rojas o violetas. Lo más importante a la hora de presentar las ofrendas florales es la frescura, la belleza y la fragancia de las flores. Lo mejor es presentarlas en grupos de siete, si es posible, para respetar el número sagrado de la diosa. Si alguna vez ve hermosas flores flotando sobre las olas del mar, o en algún río, tenga por seguro que alguien las dejó como regalo para Yemayá. Nunca recoja estas flores ni las lleve con usted, aunque lleguen a la orilla.

A Yemayá le encantan las ofrendas florales azules y blancas[81]

Cuando presente ofrendas florales a la diosa madre Yemayá, siga algunas pautas para mostrarle su respeto. Lleve faldas blancas o un vestido, si es posible. Deje que sus pies se sumerjan en el agua, pero no se aventure a más profundidad. Antes de introducir las flores en el mar, acérquelas a su corazón y rece a la diosa. Pídale que lo bendiga y lo guíe. Al final de la oración, cuente siete olas antes de lanzar las flores al mar. Espere siete latidos y dé siete pasos hacia atrás antes de darse la vuelta y volver a la playa. Durante este recorrido, asegúrese de no dar la espalda al mar para mostrar su respeto a la diosa.

También puede hacer ofrendas no florales a la orilla del mar. Siempre asegúrese de que lo que arroja al mar no es tóxico para la vida marina. Los plásticos están prohibidos. Puede arrojar alimentos al mar, pero asegúrese de quitarles antes el envoltorio para no contaminar.

Ofrendas de comida

Muchos practicantes preparan ofrendas de comida para los orishas con el fin de mantenerlos nutridos y felices. Estas ofrendas suelen colocarse en los altares durante un breve periodo de tiempo. La gente también prepara las comidas favoritas de las deidades y las come con sus familias para honrar a los orishas. En el caso de Yemayá, ella prefiere que sus ofrendas de comida se presenten a la orilla del mar. También puede dejarlas en un lago o en un río. Se dice que Yemayá reina sobre todas las aguas, por lo que puede hacer sus ofrendas en cualquier lugar que le convenga.

Si ninguna de estas opciones es posible, puede dejar algo de comida en su altar o en las raíces de un árbol viejo y grande. Deje donde deje las ofrendas, asegúrese de limpiar lo que ensucie. Es esencial tener en cuenta el medio ambiente a la hora de dejar comida como ofrenda. La comida se pudre y se degrada en el entorno. Los espíritus no se ofenden si deja reposar sus ofrendas por un tiempo antes de deshacerse de ellas responsablemente.

Como cualquier otra deidad orisha, Yemayá prefiere varios alimentos por encima de todo: ganso, pato, carnero, gallo, tortuga, gallina, cisne, cordero, mariscos y crustáceos. También le encanta la piel de cerdo, sobre todo recién frita. Entre las ofrendas vegetarianas para la diosa están los arándanos, los plátanos, la sandía, las algas, los bananos, el melón dulce, el melón cantalupo y la lechuga. También le gustan los postres con nata espesa y el sirope. Por ejemplo, sirope de caña, caramelo de agua salada, melaza, dulces, vinos blancos y bizcochos.

Cocinar para Yemayá

Aunque se pueden ofrecer como ofrendas para Yemayá alimentos ya preparados, cocinar una comida completa en nombre de la diosa tiene algo de especial. Cocinar es una de las mejores maneras de demostrarle a Yemayá lo dedicado que se está a ella. Además, le encantan los espíritus creativos y disfrutará con su intento de preparar alguno de sus platos favoritos. Puede compartir esta comida con su familia o presentársela a Yemayá y luego compartirla con su comunidad espiritual.

Estofado de marisco picante

Esta deliciosa receta es sabrosa, única y encaja perfectamente con la personalidad de Yemayá. Puede servirla con gambas o añadir vieiras.

Necesitará lo siguiente

- Un pimiento amarillo (picado).
- Una cebolla roja (picada).
- Un pimiento verde (picado).
- Un pimiento rojo (picado).
- Media barra de mantequilla salada.
- Media libra de almejas.
- Media libra de mejillones.
- Una libra de gambas crudas (peladas y limpias).

- Sal y pimienta (según sea necesario).
- Una cucharada de harina.
- Cuatro cucharadas de ajo (picado).
- Cinco onzas de ostras.
- Media taza de caldo de pescado.
- Una cucharada de cajún (para sazonar).

Pasos:

1. En primer lugar, prepare la salsa. Para ello, derrita la mantequilla en una sartén mediana a fuego alto.
2. Una vez que la mantequilla esté completamente derretida, añada las cebollas y remueva hasta que se vuelvan translúcidas.
3. Cuando las cebollas estén hechas, añada la harina y mezcle bien. Asegúrese de que no se formen grumos en la salsa.
4. La salsa se dorará al cabo de un rato, y es entonces cuando tendrá que añadir el caldo de pescado a la mezcla. Remueva bien.
5. Por último, añada a la sartén el resto de las verduras picadas, el ajo y los condimentos.
6. Deje que la mezcla se cocine durante unos diez minutos para que los pimientos se ablanden. Cuando estén tiernos y blandos, añada las ostras a la sartén y cocine otros cinco minutos.
7. A continuación, añada las almejas y los mejillones a la mezcla y remueva durante un minuto. Finalmente, añada las gambas y cocínelas hasta que adquieran un color rosado y empiecen a enroscarse. Sirva caliente.

Macarrones de coco

No hay que confundir estos macarrones con el elegante manjar francés en el que piensa la mayoría de la gente. Son dulces montoncitos de coco y azúcar. A casi todos los orishas les encanta este postre, y aunque es fácil comprar dulces en el mercado, hornearlos usted mismo demuestra un nivel de devoción que no todo el mundo tiene. Además, no son tan difíciles de preparar y requieren ingredientes sencillos.

Necesitará lo siguiente:

- Media cucharadita de extracto de vainilla.
- Media taza de azúcar.
- Una pizca de sal.
- Tres huevos grandes (claras).
- 14 onzas de coco (endulzado).

Pasos:

1. Precaliente el horno a 300 grados y empiece a preparar la masa.
2. Mezcle el azúcar, la sal y las claras de huevo en un bol pequeño hasta que se integren por completo.
3. Cuando las claras empiecen a estar espumosas, añada el extracto de vainilla y, a continuación, incorpore a la masa el coco endulzado.
4. Utilice una cuchara para sacar la masa y colóquela en una bandeja para hornear en forma de pequeños montículos.
5. Introdúzcalos en el horno y hornéelos entre 25 y 30 minutos. Compruebe periódicamente si los bordes se han dorado. Será entonces cuando tenga que sacarlos del horno. Sírvalos con salsa de caramelo o chocolate.

Gambas al coco

Gambas al coco[82]

Esta puede convertirse fácilmente en una de sus recetas favoritas y le encanta a Yemayá. Tenga en cuenta que es un poco más complicada que las otras recetas, así que si está confundido con alguna instrucción, respire hondo y concéntrese, o pídale ayuda a un amigo. Estas fragantes delicias lo transportarán a las playas del Caribe en un santiamén.

Necesitará lo siguiente:

- Tres cuartos de taza de pan rallado.
- Media cucharadita de sal.
- Un tercio de taza de harina.
- Media cucharadita de pimienta.
- Una taza de coco (rallado, azucarado).
- Una cucharada de aceite vegetal.
- Dos huevos grandes.
- Una libra de camarones.

Pasos a seguir:

1. En primer lugar, pele las gambas y quíteles las venas, pero asegúrese de dejar la cola intacta.
2. En un bol pequeño, mezcle la harina, la sal y la pimienta.
3. En otro bol, bata los dos huevos hasta que empiecen a hacer espuma.
4. En otro bol, coloque el pan rallado junto al coco endulzado. Mézclelos bien.
5. Ahora, coloque los cuencos en orden para coger las gambas y pasarlas primero por la mezcla de harina.
6. A continuación, sumérjalas en la mezcla de huevo y cúbralas por completo. Por último, cubra las gambas con la mezcla de pan rallado y coco y colóquelas en un plato.
7. Haga esto con todas las gambas y, a continuación, colóquelas en una sartén o cazuela a fuego medio.
8. Fría las gambas unos dos minutos por cada lado. Retire las gambas fritas de la sartén y colóquelas sobre papel absorbente para que escurran el aceite.

Las ofrendas de comida para Yemayá deben cocinarse en ollas, sartenes u hornos adecuados y servirse en un caldero. Los calderos son una herramienta ritual dedicada a los orishas y se utilizan para presentar las ofrendas de comida a las deidades. Cada orisha tiene un caldero dedicado a él, que se decora según los rasgos de su personalidad. En el caso de Yemayá, debe ser blanco y estar decorado con ondas azules. Puede ser creativo con los diseños del caldero o del plato de servir.

Herramientas y objetos sagrados

Las herramientas y objetos rituales tienen un poder especial que muchos no comprenden. Están llenos de la energía de orishas específicos y tienen un gran efecto en hechizos o rituales. Estos objetos sagrados simbolizan cosas más profundas y ocultas asociadas con cada orisha y actúan de forma similar a los talismanes u objetos mágicos. En la mayoría de las tradiciones yoruba, después de que alguien es iniciado como devoto, se le entregan herramientas sagradas fundidas en plomo. Éstas pueden utilizarse para canalizar la energía de Yemayá al realizar un ritual o hechizo. A continuación, hay una lista de artículos rituales sagrados que puede usar para canalizar el *Ashé* de Yemayá para un hechizo o ritual.

- Conchas de cauri - herramientas para la adivinación.
- Luna llena - simboliza la maternidad de Yemayá.
- Media luna - simboliza la sabiduría de Yemayá.
- Ancla - simboliza la estabilidad.
- Siete aros o pulseras - simbolizan la riqueza de Yemayá.
- Amuletos de sirena - simbolizan la belleza sobrenatural de Yemayá.
- Remos - representan el equilibrio entre el bien y el mal (siempre en parejas).

Los rituales y hechizos son una parte común de las prácticas yoruba y se realizan en todas las manifestaciones de esta cultura. Los símbolos y las herramientas rituales tienen un poder especial que no debe subestimarse. Hacer que estas herramientas formen parte de su práctica será muy beneficioso. Intente hacerse con las herramientas y amuletos asociados a Yemayá, aunque no haya sido iniciado en sus filas. Sea siempre respetuoso con la diosa y con las prácticas que realice. No falte al respeto a ningún objeto sagrado o herramienta ritual asociada a Yemayá o, en general, a las prácticas yoruba. Mantenga estos objetos situados en el altar o en un armario. Además, mantenga a la diosa a su favor ofreciéndole regularmente regalos y flores cerca de un río o del mar.

Capítulo 7: Construir un santuario sagrado

Aunque no todo el mundo considera la construcción de un santuario una parte fundamental de su práctica, los que sí lo hacen están de acuerdo en que tener un espacio sagrado tiene muchas ventajas. Leyendo este capítulo, conocerá los beneficios de construir un santuario en su casa o cerca de ella y de utilizar este espacio para venerar a Yemayá. Se proporcionan numerosos consejos para principiantes sobre cómo erigir un santuario a Yemayá, cómo cuidarlo y cómo utilizarlo para hacer ofrendas a los orishas. Los consejos de este capítulo solo deben servir como directrices generales. Aunque ciertos elementos son necesarios para honrar a Yemayá, siéntase libre de añadir su toque personal al espacio para potenciar su santuario. Esto le permitirá formar un poderoso vínculo con ella, y ella le ayudará a alcanzar sus objetivos.

Un santuario es necesario para tener un lugar donde conectar con los orishas[88]

Beneficios de construir un santuario a Yemayá

Un centro espiritual para la propia práctica es una parte fundamental de muchas tradiciones paganas y no paganas. Tener un lugar sagrado dedicado a su práctica tiene muchos beneficios para el alma y la conexión con sus guías y los orishas que adora. A continuación, se presentan algunos de los mayores beneficios que se obtienen de la construcción de un santuario a Yemayá.

Ganar un lugar para invocar a los orishas

Trabajar con orishas es una práctica basada en la espiritualidad. Cada objeto que coloca en su santuario se conecta con su alma y con el espíritu de los orishas que quiere invocar. Representan emociones, intenciones y símbolos de guías espirituales que le ayudan a crecer espiritualmente, a acceder a la sabiduría ancestral y mucho más. Yemayá es conocida por estar siempre presente para aquellos que la necesitan. Tendrá una forma directa de comunicarse con ella a través de un santuario hecho en su honor. Cuanto más utilice su santuario para invocarla, más poder espiritual obtendrá a lo largo de su práctica. Desde la primera piedra que coloque hasta la primera vela que vea encenderse frente a usted, todo alimentará su espíritu como si estuviera siendo alimentado por la diosa madre.

Las decoraciones para un altar de agua, como las que se utilizan para representar a Yemayá, suelen incluir elementos sencillos que potencian el fortalecimiento espiritual. Hacer crecer su conexión con Yemayá implica utilizar su altar durante varios días, a menudo colocando nuevos objetos en la superficie sagrada. Intercambiar los existentes o añadir nuevos objetos depende del propósito de cada práctica. De cualquier manera, aumenta el poder de su trabajo espiritual y profundiza su conexión con esta orisha. También puede compartir el santuario con otras personas. Su contribución a este espacio sagrado común fortalecerá los lazos espirituales dentro de su comunidad. Esto tendrá un efecto positivo en la conexión de su comunidad con Yemayá.

Atraer mucha energía positiva

Un santuario es un espacio en el que puede aprovechar la energía espiritual de la diosa (o el *ashé*, según su religión). Sin embargo, también es una herramienta valiosa para invitar y retener la energía nutritiva en su hogar durante un periodo prolongado. Yemayá tiene mucha energía positiva que compartir con sus devotos. Montar un altar o santuario para la diosa madre y cuidarlo garantiza que la energía positiva fluya por su espacio. Lo seguirá por toda su casa.

Expresar su creatividad

Construir un santuario es una forma excelente de expresar su creatividad. Aunque hay ciertos elementos que debe utilizar, la forma de colocarlos requiere pensamiento creativo, incluso si tiene una guía como la que proporciona este capítulo. Solo debe aprender a adoptar un enfoque creativo para honrar a Yemayá a través del santuario y de mantenerlo bien cuidado. Al mismo tiempo, puede construir algo único y expresar sus pensamientos y emociones a través de esta creación. Ya sea que honre a Yemayá como orisha, santa o diosa, tendrá varias opciones para venerarla y pedirle sus bendiciones. Recuerde, Yemayá tiene muchas caras y puede ayudarle en diferentes aspectos de su vida. Puede otorgarle el don de la fertilidad en muchas áreas, nutrir sus talentos, concederle un viaje seguro al extranjero y mucho más. Sea cual sea su objetivo, hay una forma de expresarlo a través de las decoraciones que utilice para el santuario.

Sustituir las influencias negativas por energía positiva

Las experiencias e influencias negativas obstaculizan la capacidad de ser fértil y productivo y de cultivar el amor propio. Si este es el caso, Yemayá es perfecta para acudir a ella (y construir un santuario en su nombre es el primer paso en la dirección correcta). Al crear un santuario para Yemayá, gana un espacio para hacer algo contra las influencias negativas, independientemente de su origen. Tanto si la negatividad proviene de seres vivos como de espíritus, tener un lugar sagrado le dará poder para combatirlas y mantenerlas alejadas de usted y de su vida.

Aprender sobre las correspondencias

No hay mejor manera de aprender las correspondencias asociadas con un orisha o santo que exhibirlas en un espacio que visite regularmente. Esto se aplica no solo a los colores y objetos favoritos, sino también a las ofrendas preferidas de cada deidad. Aprender las correspondencias de Yemayá le permite ver de primera mano cómo funcionan. Esta información le ayuda a entender lo que le gusta y lo que debe evitar cuando haga ofrendas para ella. Le permitirá formar una conexión mucho más profunda con ella durante su práctica diaria.

Crear un centro sagrado de meditación

Los santuarios pueden transformarse para representar a más de un orisha o santo. Sin embargo, incluso si desea dedicar su santuario exclusivamente a Yemayá, este espacio puede ser el lugar perfecto para meditar con la diosa. Reuniendo la combinación adecuada de elementos, puede crear un espacio para desconectarse después de un ajetreado día de trabajo. A medida que evoca el espíritu de Yemayá e impregna sus sentidos, su cuerpo y su mente se relajan y su experiencia se vuelve más profunda. Si está haciendo una consulta, puede utilizar incienso y otras herramientas para centrarse en una pregunta o petición específica. Para relajarse, elija lo que le parezca adecuado para cada situación. No hay mejor forma de conectarse a tierra que meditando frente a las ofrendas dedicadas a Yemayá, la diosa conocida por su esencia calmante y sus vibraciones espirituales.

Concentrarse en sus intenciones

Puede invocar a Yemayá a diario o solo durante los días asociados a ella y los festivales. En cualquier caso, disponer de un espacio sagrado le ayuda a centrarse en sus intenciones en todo momento. Construir el santuario es una buena forma de empezar a centrarse en lo que quiere pedirle a la diosa. A medida que ubica las cosas, deja atrás los pensamientos mundanos y las preocupaciones. Poco a poco entra en un proceso de pensamiento en el que sólo está usted, Yemayá, y los elementos que le ayudan a establecer una conexión con ella. Si practica magia con otras personas, el santuario puede unir las intenciones o mensajes de todos y enfocarlos hacia la diosa. Si es un practicante solitario, puede adaptar el espacio a sus gustos y preferencias específicas, lo que también potencia sus poderes espirituales.

Honrar a sus antepasados y otros espíritus

Un santuario hecho para un orisha (en este caso, Yemayá) también se puede utilizar para buscar la guía espiritual de sus antepasados y otros guías espirituales. Yemayá lo anima a nutrir sus conexiones familiares. Esto se aplica tanto a los familiares vivos como a los muertos. Siempre puede pedir la guía de Yemayá cuando se encuentre en una situación difícil en la vida. Sin embargo, no se sorprenda si le dice que se dirija a quienes mejor lo conocen: su familia. Dado su carácter comprensivo y compasivo, no le importará que la invoque y evoque a sus antepasados durante el mismo ritual. También puede depositar ofrendas para ella y los antepasados. Su sabiduría colectiva puede ayudarle a superar las situaciones más difíciles. Puede crear un espacio en el que su devoción a Yemayá coexista con la veneración ancestral. Será un buen recordatorio de que cuenta con el apoyo de varias fuerzas poderosas.

Acoger la naturaleza

Establecer una conexión con la naturaleza es otra forma de desarrollar su espiritualidad y conectar con Yemayá. Muchos devotos eligen cultivar hierbas medicinales y plantas para alimentarse, aunque solo lo hagan en un pequeño rincón de su casa. Colocando su cosecha en el altar o santuario junto con agua, puede expresar gratitud. Algunas de esas plantas pueden ser perfectas para ofrendas (e incitar a Yemayá para que le ayude a obtener una visión, lanzar un hechizo o realizar cualquier otro acto que se alinee con sus tradiciones culturales. Lo más recomendable es que deje las ofrendas en el altar durante varias horas o días. Esto permite que el aviso de su presencia sea llevado a Yemayá, y ella le proporcionará muchas bendiciones a cambio.

Compartir su devoción

Ya sea para introducir a alguien en las prácticas yoruba o de santería o para encontrar puntos en común con otro devoto, construir juntos un santuario para Yemayá es una forma estupenda de compartir las creencias espirituales. Se trata de una práctica habitual para celebrar los días y festivales sagrados. Involucrar a otros en la construcción del santuario o en su preparación para las festividades es una forma estupenda de conectar con sus hijos o con los niños de su familia o comunidad. Yemayá tiene un lugar especial en su corazón para los niños, y nada la hace más feliz que verlos convertirse en miembros valiosos de su comunidad.

Cómo crear un santuario para Yemayá

Desde el lugar donde lo coloca hasta los objetos que pone en él, hay muchos detalles que intervienen en la construcción de un santuario. Aquí tiene algunos consejos para crear un santuario para Yemayá en su casa o cerca de ella.

Ubicación del santuario

Antes de empezar a construir un santuario, debe elegir un lugar adecuado para él, idealmente en su casa. Sin embargo, si lo va a compartir con otras personas o si no tiene espacio en su casa, puede ubicarlo cerca de ella. Esta es una idea particularmente buena si vive cerca de un océano o mar, ya que refuerza su voluntad de evocar a Yemayá. Lo ideal es erigir el santuario lejos de zonas muy transitadas o de posibles distracciones. De lo contrario, no podrá relajarse, y mucho menos concentrarse en su consulta durante el trabajo. Muchos devotos optan por instalar sus santuarios en el despacho de su casa o en el dormitorio, ya que pasan la mayor parte del tiempo en estas habitaciones. Tener un lugar sagrado en el dormitorio también facilita las oraciones matutinas y vespertinas a la diosa, recomendables para mantener una fuerte conexión con ella. Si no tiene mucho espacio para una mesa que sirva de santuario, puede instalar una zona más pequeña en la mesa de noche, el tocador o incluso dentro del armario. También puede crear un santuario en el alféizar de la ventana. Dejar la puerta abierta y trabajar bajo la luz de la luna es otra práctica excelente para mantenerse en contacto con Yemayá. Si planea practicar meditación o técnicas similares para comunicarse con la diosa, construya el santuario en una habitación que pueda albergar estas actividades.

Qué utilizar para el santuario

La creación de un santuario requiere el uso de todos los elementos asociados con esta diosa. Estos son:

- Trozos de tela azul (o una sola pieza, dependiendo del tamaño del santuario).
- Conchas de cauri o, si no las encuentra, cualquier variedad de concha marina.

- Perlas, de verdad, si es posible.
- Una estatua o imagen de Yemayá.
- Cualquier otra cosa que simbolice a Yemayá: fotos de delfines, sirenas, aves acuáticas u otras criaturas marinas.
- Un caldero (un plato utilizado para las ofrendas para Yemayá).
- Un vestido azul (opcional).
- Una corona de plata y otros objetos de plata.
- Abanicos.
- Una vela blanca.
- Una vela azul.
- Incienso; incienso de Yemayá o su incienso favorito con un aroma relajante.
- Flores blancas o azules o un balde de flores de colores.
- Una selección de ofrendas hechas de lechuga, mariscos, sandía, melaza, plátanos, vino blanco y café.
- Agua de mar; si no la tiene disponible, poner sal en el agua es una buena alternativa.

Existen kits ya preparados con todo lo necesario para montar un santuario para Yemayá, pero también se aconseja usar la creatividad. Si tiene padrinos (*a través de la religión*), ellos también pueden ayudarle a decidir qué necesita. Por ejemplo, la imagen que utilice depende de lo que se utilice tradicionalmente en la religión que siga. En la yoruba, se la representa como un orisha. En la santería, su imagen más común es *la Virgen de Regla*, pero también se la representa como la diosa del mar.

Después de reunir los ingredientes, puede empezar a montar el santuario:

1. Coloque la tela azul sobre la superficie de la base.
2. Coloque la imagen de la diosa en el centro y esparza las conchas, los objetos de plata, las perlas, los abanicos y los pequeños objetos que simbolizan a Yemayá.
3. Coloque el caldero con las ofrendas y el cuenco con el agua delante del símbolo principal.
4. Coloque una de las velas a la izquierda del símbolo y la otra a la derecha.

5. Esparza las flores entre los demás elementos.
6. Doble el vestido (o déjelo desplegado, según su espacio) en el extremo izquierdo con la corona encima.
7. Coloque el incienso a la izquierda. Enciéndalo solo antes de su práctica, junto con las velas.

Cómo dar ofrendas y limpiarlas

Antes de utilizar el santuario, no olvide bendecirlo dedicando una breve oración a la diosa. Después, puede empezar a presentar las ofrendas. Sea generoso y deje algo cada día. Rece una oración o haga una meditación rápida cada vez que lo haga. Si deja alimentos, procure que no se queden más de dos o tres días. Las flores vivas también se marchitan, así que tendrá que reponerlas. Los artículos no perecederos pueden permanecer el tiempo que los necesite o hasta que decida sustituirlos por otros objetos. Sustituya las velas quemadas lo antes posible.

Aparte de los objetos mencionados, puede dejar objetos que reflejen necesidades y deseos personales. Si toca un instrumento o canta, también puede utilizar estos talentos para honrar a la orisha. Incluso puede dejar pequeños instrumentos en el espacio sagrado. El número de objetos pequeños (como objetos de plata, perlas o conchas) debe ser siete, ya que es el número de mares que ella gobierna. Si siente que el espacio se está llenando demasiado, retire algunos objetos. Siempre puede añadir nuevos objetos a medida que continúa con su veneración diaria a la diosa.

También puede dejar ofrendas cuando busque la sabiduría de Yemayá, necesite una figura maternal o una mano amiga para curarse de un trauma emocional. Sea educado cuando haga una ofrenda en el santuario y nunca deje una ofrenda cuando pida algo perjudicial. Recuerde que también tiene un lado vengativo y no querrá enfadarla.

Consejos adicionales para colocar y cuidar su santuario

Hay muy pocas reglas sobre cómo construir un santuario para Yemayá. Es la diosa de las muchas caras, y siempre que incluya algunos de los elementos tradicionales asociados a cualquiera de sus rasgos, puede personalizar su espacio como quiera. Para los novatos, generalmente se recomienda tener un pequeño santuario en casa. Esto permite concentrar su poder. También facilita nutrirlo con energía positiva y cuidarlo. Debe mantenerlo limpio, tanto física como espiritualmente. La forma más fácil de hacer ambas cosas es cubrirlo con un gran trozo de tela azul cuando no lo use o tenga visitas que no estén familiarizadas con su religión.

De vez en cuando puede quitar todo, limpiar el polvo y otros restos y volver a colocarlo todo en su santuario. Asegúrese de limpiarlo regularmente con incienso para alejar las energías negativas, ya que pueden dificultar su comunicación con la diosa. Otra forma de mantener alejadas las energías negativas es no dejar objetos perecederos durante demasiado tiempo. Preste atención también a las pistas de Yemayá sobre el santuario y las ofrendas. A veces, ella le dirá qué debe preparar. Escuche sus consejos, aunque le parezcan extraños. Ella solo desea que encuentre el equilibrio que necesita.

Capítulo 8: Baños espirituales y hechizos

Como la madre de todos los orishas y la patrona de las aguas, Yemayá ayuda con varios asuntos relacionados con la feminidad y la sanación espiritual. Ahora que ha aprendido sus correspondencias, puede profundizar en su uso para aprovechar la esencia de la diosa. Este capítulo ofrece recetas de baños rituales y hechizos para el amor propio, la fertilidad y la curación de heridas o traumas emocionales.

Los baños rituales son terapéuticos y curativos[84]

Baño curativo de Yemayá

Tomar un baño curativo es una gran manera de utilizar el poder de Yemayá para la curación espiritual. Éste le ayudará a atraer energía positiva y prosperidad espiritual, a expulsar la energía negativa y a alejarla en el futuro. Puede tomar este baño fácil de preparar en cualquier momento del día.

Necesitará lo siguiente:

- Un jabón de coco que solo usted utilice.
- Agua de mar o agua normal con sal marina añadida (según sea posible).
- Perfume de lavanda que solo usted utilice.
- Melaza de caña.
- Una vela azul grande (tiene que ser lo suficientemente alta para que el agua no cubra su punta).
- Un recipiente alto.
- Agua de coco.
- Sales de baño azules o índigo.

Instrucciones:

1. Añada las sales, el perfume de lavanda, la melaza de caña y el agua de coco al recipiente.
2. Vierta tres cuartos del agua y remueva con las manos en el sentido de las agujas del reloj. Mientras lo hace, pida en silencio a la diosa prosperidad, salud, equilibrio, abundancia, paz o cualquier cosa que desee.
3. Coloque la vela en el centro del recipiente y añada más agua si hay espacio suficiente, pero tenga cuidado de no cubrir la vela.
4. Encienda la vela y contemple su llama. Sienta cómo irradia su calor, llenándolo de amor y cariño.
5. Pida a Yemayá que potencie la luz para que tenga un efecto aún más poderoso al iluminar su corazón.
6. Cuando se sienta preparado, apague la vela. Si queda cera en el agua, cuélela.
7. Llene su bañera con agua tibia ajustando la temperatura a su gusto.

8. Coloque el recipiente con el agua bendecida por Yemayá en el borde de la bañera.
9. Entre en el agua y lávese con jabón de coco. Purificará su cuerpo de energías negativas, y el aroma del jabón atraerá energía positiva.
10. Coja el recipiente y vierta lentamente el agua sobre su cuerpo, empezando por el cuello y bajando progresivamente.
11. Refuerce su petición de prosperidad, salud, equilibrio, abundancia, paz o cualquier otra cosa que desee.
12. Si es posible, deje que el agua se seque de forma natural y sienta cómo la positividad recorre su cuerpo. Si tiene frío, séquese dándose golpecitos con una toalla.
13. No olvide limpiar la bañera al terminar para eliminar la negatividad de su entorno.
14. Tome este baño cada semana (preferiblemente el sábado) y recibirá muchas bendiciones de Yemayá. El éxito que ha pedido pronto comenzará.

Ritual del baño de luna llena

Con el ritual del baño de luna llena, puede invocar el poder más profundo de la diosa madre suprema. Le ayudará a sanar a través del crecimiento espiritual, el amor propio y la autoaceptación. Debe tomarlo por la noche, cuando la luna esté en su posición más alta.

Necesitará lo siguiente:
- Siete velas azules.
- Siete pétalos de rosa blanca.
- Una piedra luna u otra piedra asociada a la luna.
- Siete pizcas de sal marina.
- Siete gotas de aceite esencial de menta, pasiflora o lavanda.

Instrucciones:
1. Prepare la bañera. Mientras se llena, coloque las velas alrededor del borde y enciéndalas.
2. Contemplando la luz de las velas, respire unas cuantas veces y concéntrese en el asunto que debe eliminar de su mente para sanar.

3. Añada sal y aceites esenciales al agua de la bañera. Mientras lo hace, invoque a Yemayá y pídale que llene su corazón.
4. Respire hondo y entre en la bañera. Mientras se sumerge en el agua, sienta el toque bondadoso de la diosa, sanándolo.
5. Tómese el tiempo que necesite en remojo y deje que ella cure sus heridas más profundas.
6. Salga de la bañera y séquese con una toalla cuando esté listo.
7. Antes de vaciar el agua, coloque los pétalos de rosa en el borde de la bañera como ofrenda a Yemayá mientras dice lo siguiente:

«Yemayá, nuestra madre y diosa del agua.

Ven a este lugar y quédate conmigo.

Diosa de los ríos, lagos y océanos,

Tu belleza trae el flujo del poder.

Te pido que cures mi alma, mi mente y mi cuerpo.

Con la ayuda de tu amor, volveré a estar completo.

Ashé, gran diosa».

Hechizo de Yemayá para el amor

Si vive cerca de un gran cuerpo de agua (océano, mar, lago, río, etc.), el hechizo de amor de Yemayá es la manera perfecta de atraer o profundizar los sentimientos románticos. Incluso si no es su caso, puede realizar una versión modificada del hechizo. Con la ayuda de este hechizo, cualquiera puede evocar el poder de Yemayá y atraer el amor a su vida. Es particularmente efectivo cuando se realiza el sábado, el día sagrado de Yemayá. Sin embargo, solo funciona si ya existe atracción entre usted y la persona deseada.

Necesitará lo siguiente:
- Una vela azul.
- Un melón.
- Melaza de caña.
- Extracto de vainilla.
- Azúcar moreno.
- Dos cintas azules.
- Papel y bolígrafo rojo.

Instrucciones:

1. Coloque todo en su altar o santuario y ubíquese frente a él.
2. Encienda la vela e invoque a Yemayá.
3. Escriba siete veces su nombre, el nombre de su amor y la fecha de nacimiento de ambos.
4. Dé la vuelta al papel y escriba del otro lado aquello para lo que necesita ayuda. Por ejemplo, si ya tiene pareja, puede pedirle a la diosa que fortalezca su amor mutuo. Si no tiene pareja, puede pedirle a la diosa que le ayude a dar el primer paso.
5. Corte la parte superior del melón e introduzca en ella el papel.
6. Vierta el azúcar, el extracto de vainilla y la melaza de caña en el melón. Pida a Yemayá que le endulce el corazón mientras usted lo hace con el melón.
7. Coloque la parte superior del melón hacia atrás desde donde la cortó, y asegúrela en su sitio atando las cintas alrededor del melón. Puede utilizar un trozo de cinta adhesiva para que quede más seguro.
8. Coloque el melón junto a la vela, y manténgalo ahí hasta que la vela se consuma por completo.
9. Si vive cerca del agua, lleve el melón y ofrézcalo a Yemayá. Coloque siete monedas junto a él y déjelo allí.
10. Si no vive cerca del agua, coloque el melón en su jardín o fuera de su ventana. Déjelo allí para la diosa durante unos días.
11. Aléjese sin mirar atrás.
12. Cuando llegue a casa, dé las gracias de corazón a la diosa ofreciendo una oración de gratitud.
13. Pronto, la diosa accederá a su petición y el amor en su corazón y en el de su ser querido se hará más profundo.

Ritual de luna nueva

El poder de la diosa también puede aprovecharse en torno a la luna nueva. Durante este periodo, puede pedirle nuevas oportunidades, fertilidad o que le ayude a superar una experiencia traumática e iniciar un nuevo capítulo en su vida.

Necesitará lo siguiente:
- El símbolo de Yemayá.
- Siete monedas.
- Una vela azul.
- Cualquier ofrenda que quiera darle a Yemayá.

Instrucciones:
1. Comience encendiendo la vela el día de luna nueva. La vela debe colocarse junto al símbolo y cualquier otra ofrenda que quiera hacer.
2. Sostenga una moneda en sus manos e invoque a Yemayá. Pídale lo que necesite que le traiga la luna nueva.
3. Mire fijamente la llama de la vela y concéntrese en su consulta.
4. Cuando esté preparado, ofrezca una oración de agradecimiento a la diosa y deposite la moneda junto a las demás ofrendas antes de apagar la vela.
5. Repita esto durante siete días consecutivos, dejando una moneda a la vez.
6. Al final del séptimo día, mire todas las monedas que ha dejado para la diosa. Utilícelas como recordatorio de lo que lo inspiró para acercarse a Yemayá.
7. La diosa pronto le concederá sus deseos. Cuando lo haga, retire las monedas del altar mientras expresa su gratitud una vez más.

Ritual de la confianza en uno mismo de Yemayá

Este es otro ritual de siete días dedicado a la diosa madre, pero se puede hacer en cualquier momento del mes. Invoque el poder de Yemayá con la ayuda de siete velas para llenarse de autoconfianza y amor.

Necesitará lo siguiente:
- Siete velas azules o blancas (elija el color que más resuene con usted).
- Un recipiente.

Instrucciones:

1. Coloque todos los colores en el altar o santuario y acomódese frente a él.
2. Al anochecer, encienda una vela e invoque a Yemayá.
3. Enfoque su mirada en la llama y visualice cómo lo envuelve su calor.
4. Visualice que la energía de Yemayá acompaña al calor formando un orbe resplandeciente a su alrededor.
5. Pida a Yemayá que le ayude a ganar confianza en su capacidad para perseverar y convertirse en la persona que desea ser.
6. Deje que la vela se consuma y déjela en el altar.
7. Repita esto durante seis días más.
8. La séptima noche, recoja toda la cera de las velas en un recipiente.
9. Coloque el recipiente en el alféizar de su ventana para cargar la cera con la luz de la luna, que contiene la esencia de la diosa.
10. Pronto empezará a ganar confianza. Agradezca a la diosa sus bendiciones.

Baño de renovación

Este baño le ayudará a recargar y llenar su cuerpo y espíritu de energía nueva y positiva con la ayuda de Yemayá. Solo necesita unos pocos ingredientes sencillos y lo puede hacer en cualquier momento de la semana o del mes.

Necesitará lo siguiente:

- Pétalos de flores blancas.
- Cuatro tazas de agua.
- Una cucharadita de canela.
- Frambuesas secas o un chorrito de vinagreta de frambuesa (si es alérgico a las bayas, omita este ingrediente).
- Una vela blanca.

Instrucciones:
1. Vierta el agua en una olla y llévela a ebullición.
2. Añada la canela, los pétalos de flores y las frambuesas o la vinagreta en el agua hirviendo.
3. Apague el fuego y deje que el agua infusione con el resto de los ingredientes durante quince minutos.
4. Mientras tanto, prepare un baño y encienda una vela puesta en el borde de la bañera.
5. Añada el agua infusionada al agua de la bañera y mézclela con la mano.
6. Sumérjase en el agua mientras invoca a Yemayá.
7. Concéntrese en lo que necesita y dígaselo a la diosa.
8. Deje que ella elimine toda la negatividad de su cuerpo, mente y alma y la sustituya por positividad.
9. Cuando se relaje y empiece a sentirse renovado, dé las gracias a la diosa.
10. Salga de la bañera, apague la vela y déjese secar al aire.
11. Puede hacer sus rituales de belleza favoritos, como aplicarse lociones, aceites, sueros, etc.

Hechizo para recargarse con ayuda de Yemayá

Este hechizo también funciona para recargar sus energías con la ayuda de la diosa madre. Le permite formar un lazo más profundo con Yemayá y atarse a ella espiritualmente, lo que le ayudará en cualquier curación o crecimiento espiritual que necesite en el futuro.

Necesitará lo siguiente:
- Un cuenco de agua.
- Unas gotas de su aceite esencial favorito.
- Un símbolo de Yemayá.
- Una vela azul.

Instrucciones:
1. Coloque todo en su altar o santuario y prepárese para el ritual respirando profundamente unas cuantas veces.
2. Añada el aceite esencial al agua y encienda la vela.

3. Mire el símbolo de la diosa y coloque una de sus manos sobre él.
4. Coloque la otra mano sobre el agua. Visualice que se abre un canal energético para recibir energía positiva.
5. Pida a la diosa que lo bendiga con positividad y le ayude a ahuyentar las influencias negativas diciendo:

 «Diosa Madre, te pido ahora la renovación de mi alma.

 Por favor, envíame tus bendiciones y ayúdame a mantenerme activo y sano».

6. Visualice la energía positiva viajando desde la imagen de la diosa hacia el agua.
7. Cuando sienta que ha canalizado suficiente positividad hacia el agua, sumerja las manos en ella.
8. Deje la mano en remojo durante medio minuto y luego séquela con palmaditas.
9. Repítalo tantas veces como necesite para recargarse.

Tarro del amor propio de Yemayá

Con la ayuda de algunos objetos asociados al poder de Yemayá, puede crear un tarro lleno de positividad que le recordará sus mejores cualidades. Cada vez que sienta falta de amor propio, solo tendrá que mirar el tarro y la diosa le recordará que es digno de amor y compasión.

Necesitará lo siguiente:

- Un tarro grande con tapa.
- Sal marina.
- Melaza de caña.
- Canela.
- Pétalos de flores blancas secas.
- Siete monedas.
- Conchas pequeñas.
- Una vela azul.
- Un símbolo de la diosa.
- Algas secas.

- Pequeñas figuras de criaturas acuáticas.
- Papel y bolígrafo.

Instrucciones:

1. Coloque todo en su altar delante del símbolo divino y encienda la vela.
2. Empiece a meter todo en el tarro. Con cada objeto, haga una pequeña pausa y diga algo positivo de usted.
3. En el papel, escriba lo que le pide a la diosa. Por ejemplo, puede pedirle que le recuerde su autoestima, que le ayude a ganar más confianza en usted mismo o a cultivar un amor propio más profundo.
4. Coloque el papel en el frasco y rece una oración silenciosa a la diosa.
5. Cierre el tarro, tome la vela y deje que la cera gotee alrededor de la tapa mientras gira el tarro.
6. Cuando la cera se endurezca y forme un sello, dé las gracias por la bendición de la diosa que va a recibir.

Ritual de la fertilidad

Este ritual tradicional yoruba ha sido utilizado por mujeres jóvenes que desean concebir un hijo. Aparte de esto, Yemayá puede conceder fertilidad en muchos otros aspectos de la vida, como el arte, el trabajo e incluso el cultivo de las relaciones. Los colores y las semillas de la calabaza simbolizan su poder sobre la naturaleza y la fertilidad.

Necesitará lo siguiente:

- Una calabaza.
- Una vela azul.
- Un lápiz.
- Una bolsa de papel marrón.
- Una representación de Yemayá.

Instrucciones:

1. Coloque la vela azul delante de la representación de Yemayá en su altar o santuario y enciéndala.
2. Cierre los ojos y concéntrese en manifestar sus deseos. Decirlos en voz alta suele ayudar.

3. Abra los ojos y talle una abertura redonda en la calabaza.
4. Con el lápiz, escriba sus deseos en un trozo de la bolsa de papel.
5. Coloque el trozo de papel dentro de la calabaza y, a continuación, vierta cera de vela encima.
6. Después de asegurarse de que la calabaza se ha sellado con la cera, colóquela sobre su estómago, repitiendo sus deseos.
7. Cuando sienta que sus deseos han sido escuchados, lleve la calabaza a la fuente de agua más cercana y ofrézcala a Yemayá. También puede dejarla en el alféizar de la ventana para que se cargue con la luna.

Puede dejar la vela encendida durante un breve periodo de tiempo una vez finalizado el ritual. Sin embargo, si va a dejarla desatendida, es mejor apagarla. Puede volver a encender la vela cuando quiera durante los siete días siguientes.

Elixir curativo de Yemayá

Este sencillo elixir no solo es beneficioso para su salud, sino que también puede cargarlo con el poder de Yemayá. Prepárelo la noche de luna llena y recibirá los beneficios al día siguiente.

Necesitará lo siguiente:

- Agua. La cantidad que necesite (puede preparar varias tazas del elixir y consumirlas una a una a lo largo del día).
- Canela en rama.
- Una tetera.
- Un marcador.
- Un tarro de cristal.

Instrucciones:

1. Dibuje una concha en el fondo del tarro para simbolizar a Yemayá. Mientras lo hace, concéntrese en invocarla.
2. Llene el cántaro con tantas tazas de agua como quiera y pida la bendición de Yemayá.
3. Coloque el cántaro en el alféizar de la ventana, donde pueda tomar la luz de la luna y déjelo toda la noche.

4. Por la mañana, vierta el agua de la tinaja en una tetera, llévela a ebullición y vuélvala a verter en la tinaja.
5. Introduzca las ramitas de canela en el agua y visualícelas liberando la energía positiva que Yemayá ha vertido en ellas durante la noche.
6. Deje que la canela infusione el agua durante diez minutos y su elixir estará listo para beber.
7. Mientras lo bebe, imagine que el amor de Yemayá se extiende por su cuerpo y lo cura.

Descargo de responsabilidad

La transferencia de la esencia de Yemayá puede tener un efecto increíblemente poderoso en el receptor de esta energía nutritiva. Usando el poder de la diosa, puede equilibrar su energía espiritual, lo que le permite re-energizarse y le ayuda a enfrentar los desafíos de la vida más fácilmente. Dicho esto, el poder de Yemayá no cura ninguna enfermedad mental. Si sospecha que padece alguna afección psicológica, debe consultar a un especialista de la salud para recibir tratamiento. Una vez que su médico haya establecido un diagnóstico y un plan de tratamiento convencional, puede volver a plantearse la posibilidad de acudir a la diosa para empoderarse a través del proceso de curación.

Si ya le han diagnosticado una enfermedad mental, espere a sentirse lo bastante fuerte antes de hacer cualquier ritual que evoque a Yemayá. Recibir su energía curativa puede ser una experiencia abrumadora, incluso para mentes sanas. Para los principiantes, sus mensajes pueden ser confusos y su energía puede ser demasiado poderosa. Si su bienestar mental no es óptimo, recibir mensajes espirituales puede ser más perjudicial que beneficioso. Incluso si puede recibir sus mensajes, no estar en buen estado mental puede afectar su habilidad para honrar a la diosa apropiadamente.

Capítulo 9: Días sagrados y festivales

Los festivales y rituales son formas comunes de rendir homenaje a las deidades orishas y se han celebrado durante años. Los festivales en honor a Yemayá son especialmente populares debido a su prominencia entre los otros orishas. Al fin y al cabo, por algo es la madre de todos. A lo largo de la historia, el mar y el océano han sido lugares sagrados para los africanos occidentales debido a las numerosas leyendas asociadas a ellos. Entre las deidades orishas hay varias figuras femeninas poderosas, entre las que destaca Yemayá. Simboliza una relación maternal por su asociación con el agua y la fertilidad.

Además, el océano desempeña un papel importante en las travesías forzadas de la trata de esclavos. Los esclavizados que sobrevivieron al viaje fijaron la costumbre de hacer ofrendas a la diosa y transmitieron estas prácticas a sus descendientes. Así se originaron los festivales que celebran a la gloriosa orisha de los océanos y el mar, Yemayá.

Los festivales y rituales son una forma maravillosa de rendir homenaje a los orishas[65]

Aunque el 2 de febrero se celebra un gran festival de Yemayá en varios lugares del mundo, también tienen lugar otras celebraciones más pequeñas a lo largo del año. La celebración principal tiene lugar en Salvador y Sao Paulo e incluye diversas actividades, como bailar, cantar, rezar, festejar y participar en otros rituales. Durante estas fiestas, es costumbre invocar a Yemayá y pedir sus bendiciones utilizando los temas y herramientas rituales tratados en capítulos anteriores. Este capítulo es una guía para entender las diversas festividades asociadas a la diosa Yemayá y cómo participar en ellas.

Fiesta de Yemayá en Salvador

Considerada una de las celebraciones más populares de Salvador Bahía, la fiesta de Yemayá rinde homenaje a la diosa del océano y se celebra desde la época contemporánea. A lo largo de los años, ha mantenido su popularidad y fuerza y sigue siendo una de las manifestaciones más esenciales de la ciudad. El acontecimiento, que se celebra el 2 de febrero, está lleno del fervor y el celo de los devotos de la diosa. No solo está repleto de antiguas tradiciones y prácticas, sino que también es intenso en el sentido de que numerosas personas participan en las actividades con total fervor. Por ello, esta fiesta se considera parte integral del patrimonio de Salvador. Está salvaguardada por el registro nacional de protección de las culturas afrobrasileñas y otras manifestaciones religiosas.

La mayor celebración suele tener lugar en el barrio de Rio Vermelho, situado en la colonia de Pescadores. El lugar se decora con amuletos y colores temáticos y es visitado por gente de todo el mundo que quiere entregar regalos a Yemayá. Hoy en día, la mayoría de la gente solo deposita flores en el mar porque otros amuletos y ofrendas como espejos, jabones, joyas o perfumes pueden causar daños a la vida marina. Estas son las pautas que debe seguir si piensa asistir a las fiestas de Yemayá en Salvador (Brasil):

- Los festejos de la celebración de Yemayá comienzan un día antes de la fiesta propiamente dicha, en la noche del 1 de febrero. Así que es una buena idea llegar pronto a la casa de Yemayá para explorar a fondo el patrimonio cultural asociado a la fiesta. La gente ve salir el sol mientras disfruta de la arena entre los dedos de los pies y escucha de fondo los tambores tradicionales Candomblé y Umbanda.

- Las festividades comienzan oficialmente al amanecer, con hermosos fuegos artificiales adornando el cielo. La gente puede dejar ofrendas desde la primera hora del día hasta bien entrada la noche.

- La procesión de celebración lleva las ofrendas en barcas para entregarlas a Yemayá. Esto tiene lugar hacia las 4 de la tarde, cuando los pescadores salen al mar. Para unirse a la procesión, hay que llegar temprano y encontrar sitio en una de las barcas. También puede alquilar una barca a cualquier otra hora, pero salir en la procesión con cestas de flores es una experiencia especial.

- Aunque no hay limitaciones en cuanto a la vestimenta, lo mejor es llevar algo azul o blanco para mostrar respeto. Esto retrata su voluntad de aprender sobre la cultura yoruba, aunque no sea un iniciado.

- A lo largo del día hacen el paseo marítimo varios grupos recreativos, como los de capoeira, samba y percusión. También hay muchas fiestas y espectáculos llenos de bailes, cantos y oraciones en muchos lugares cercanos al festival.

La fiesta de Yemayá en otras partes de la ciudad

Salvador es un centro de celebraciones en nombre de Yemayá. Es una de las diosas más queridas y tiene un aire de importancia. Las celebraciones en otras partes de la ciudad incluyen el solar de *Unhao*, que tiene lugar la última semana de enero. Durante este acontecimiento, la gente solo presenta ofrendas florales a la diosa y pide su guía.

Otro festival tiene lugar en Itapúa justo antes de la fiesta de Yemayá. Se conoce como *Lavagem de Itapúa* y tiene lugar el 13 de febrero. Durante esta celebración, los seguidores de Yemayá recorren las calles vestidos para la ocasión. Llevan macetas con flores y agua perfumada para limpiar la escalera de la iglesia. Muchos grupos culturales recorren las calles celebrando a la reina del mar y rinden homenaje a su legado ofreciendo diversos amuletos, cantando y bailando.

Festival de Yemayá en Ibadan (Nigeria)

Otra región destacada donde se celebra a la diosa Yemayá es Nigeria, en concreto en Ibadan, Nuevo Oyo. Todos los años, los seguidores yoruba de Nigeria se reúnen y expresan su agradecimiento a la diosa y reina del mar, junto con la celebración de otros dioses yoruba. Creen que es una práctica esencial para rendir homenaje a sus creencias ancestrales y raíces tradicionales.

Durante este festival anual, la gente comienza el día con una danza tradicional, música y algunas oraciones invocando a Yemayá. Como Yemayá es considerada la madre de todos los orishas, es más importante que cualquier otro. Este destacado festival gana la atención del público por el hecho de que dura 17 días enteros y se dice que es tan antiguo como la cultura yoruba. La celebración comienza en octubre y termina el último día del mes. El gran final, que tiene lugar el 31 de octubre, incluye bailes tradicionales frente al templo de Yemayá.

Los devotos de Yemayá perfeccionan sus bailes antes de la celebración para seguir correctamente el ritmo de la música. Dentro del templo hay una estatua de Yemayá amamantando a un bebé. Los devotos de Yemayá cantan, rezan y dan gracias a la diosa madre por sus bendiciones. Agradecen a la orisha por mantenerlos sanos y prósperos durante el año pasado y piden sus bendiciones para el año venidero. A continuación, se dirigen al río para hacer sus ofrendas.

En el interior del templo de Yemayá, el jefe de la aldea prepara las diversas ofrendas que se presentarán a la diosa del río. Frente a él está la estatua de Ogunleki, junto a la que se colocan algunas calabazas huecas. Las calabazas tienen un papel destacado en la historia yoruba, por lo que se consideran frutos sagrados. El jefe deja caer las ofrendas en las calabazas mientras pronuncia palabras sagradas de oración a la diosa madre Yemayá.

Una vez preparadas las ofrendas, el sacerdote principal asociado a Yemayá reza unas oraciones con las manos extendidas. Los devotos responden a esta oración con *ase* (el final tradicional de la oración en la cultura yoruba) y comienzan la procesión. La procesión parte del templo y llega hasta el río, donde se presentan las ofrendas a Yemayá. Las mujeres van vestidas de blanco y llevan las ofrendas en calabazas. Cada calabaza contiene diferentes ofrendas de comida, como fríjoles y arroz cocidos, frutas, bayas y otros alimentos asociados a Yemayá. Los demás participantes siguen a los portadores de las calabazas hasta el río.

Se considera que el río está habitado por espíritus guías relacionados con Yemayá. Todos se comprometen con los espíritus y, durante el siguiente festival, canjean sus promesas haciendo diferentes ofrendas. Esta expresión de gratitud ayuda a los devotos a planificar y rezar para el futuro. Cuando terminan las promesas y oraciones en el río, la sacerdotisa principal recoge parte del agua del río y la rocía sobre sus compañeros portadores de calabazas y devotos de Yemayá. Parte de esta agua también se recoge y se utiliza con fines medicinales y para baños rituales.

Las mujeres desempeñan un papel fundamental en las fiestas de Yemayá: desde transportar las calabazas hasta preparar las ofrendas y realizar las tareas de sacerdotisa, la población femenina tiene funciones principales en la celebración sagrada. La celebración procesional tiene lugar durante los días siguientes, junto con otras actividades tradicionales.

El último día del festival, los nuevos iniciados tienen que cortarse el pelo y llevar unas cuentas únicas diseñadas para ellos. Se componen de cuentas azules y rojas que forman un collar a modo de gargantilla. Al cabo de un tiempo, los nuevos miembros pueden por fin llevar los largos collares de cuentas blancas que llevan los demás devotos. La procesión concluye con la presentación de ofrendas de alimentos a la orilla del río. Cada objeto se introduce en el río de uno en uno hasta que la corriente se los lleva.

Celebraciones de Yemayá en Uruguay

Las celebraciones de Yemayá también tienen lugar anualmente en Uruguay el 2 de febrero y se consideran una de las ocasiones más festivas del país. Durante este festival, muchos turistas se ven atraídos por la playa de Ramírez. Aunque los festejos comienzan justo después del amanecer, por la tarde empiezan a congregarse multitudes notables para disfrutar de la música tradicional asociada al pueblo uruguayo y a la historia yoruba. Esto implica rápidos sonidos de tambores junto con música rápida. Muchos vendedores ambulantes se alinean en la orilla de la playa ofreciendo amuletos, collares, velas, carteles, ropa y alimentos relacionados con Yemayá.

Por la tarde, los devotos preparan sus altares dedicados a Yemayá. Estas estructuras suelen hacerse con arena de la playa. La gente coloca en su altar todo tipo de ofrendas a la diosa, junto con una estatua. La estatua está rodeada de velas azules y blancas, que se encienden al anochecer. Algunas personas también colocan comida o preparan los alimentos preferidos de la diosa. Tras preparar el altar, los devotos se sientan y contemplan la hermosa puesta de sol desde la playa mientras rezan a la diosa. Tras la puesta de sol, aumentan los festejos. La música uruguaya se extiende por la playa y dura toda la noche. Las ofrendas flotan por el mar hasta que se las lleva la corriente.

Mucha gente también participa en bailes festivos y remolinos al caer la noche. Es entonces cuando el festival está en su apogeo. Los participantes de la danza suelen caer en un trance espiritual al girar frenéticamente. Los devotos y otros participantes visten faldas o vestidos largos, blancos y vaporosos. Se les ve inclinarse ante la reina del mar y permanecer postrados en el suelo. A continuación, se adentran lentamente en el mar hasta que el agua les llega a las rodillas. Allí presentan sus ofrendas a Yemayá, rezan oraciones y regresan a la orilla sin dar la espalda en señal de respeto. Aunque no hay muchos adoradores de Yemayá debidamente iniciados, el festival atrae a una gran multitud de personas que vienen a participar en las tradiciones. La mayoría se limita a observar desde la barrera, mientras que algunos participan en las actividades y dejan ofrendas para la diosa.

Festival de Yemayá en Fernihurst, Victoria (Australia)

Como ya sabe, el festival de Yemayá ha ganado popularidad en todo el mundo. Los festivales y tradiciones yoruba ya no solo se practican en las regiones nativas, sino en diversos lugares de todo el mundo. Uno de los principales festivales para Yemayá se celebra en Fernihurst, Victoria, cerca de Melbourne (Australia). Este vibrante acontecimiento, de varios días de duración, es un espectáculo digno de verse y se considera la experiencia de toda una vida. El festival inicia con algunas plegarias a la diosa, seguidas de una celebración honorífica en la que se rinde homenaje a los propietarios tradicionales de la región. La gente reza a la diosa para que bendiga y limpie sus espíritus y espera que los próximos días estén llenos de energía familiar y positiva.

La devota comunidad que celebra este festival hace posible que el acontecimiento esté lleno de posibilidades artísticas y espíritu creativo. Es celebrado a lo largo del río Loddon, por lo que los participantes disponen de un paisaje abierto para explorar el agua y las regiones cercanas para la autoexploración. Al llegar, se sumergen en un colorido mundo lleno de música, danza y espíritu festivo. La decoración es única e hipnótica, con motivos psicodélicos, iluminación cálida, diseños abstractos y hermosos amuletos colgantes.

Este festival no se parece a ningún otro en honor a Yemayá y consiste en actuaciones modernas en un escenario principal. El aspecto único de este evento es la incorporación de un toque moderno a las prácticas tradicionales que se utilizan para celebrar a la diosa Yemayá. Los ritmos palpitantes hacen que todos se muevan con la música, lo que crea un estado casi de trance en la reunión. Se anima a devotos e invitados a moverse libremente y a fundirse con la música. Durante estas actuaciones, suele observarse una danza especial y fluida. La mayoría de estas actuaciones musicales simbolizan la transformación personal y profundizan la conexión con la diosa Yemayá. Durante el día, la música pop animada suena por los altavoces, mientras que la música de trance se apodera del festival cuando se pone el sol.

Si participa en el festival para autoexplorarse y conectar con la diosa, no le servirá de nada ser una mosca en la pared. Aunque no hay nada malo en observar los festejos, le vendrá bien participar en las danzas y otras prácticas para sentirse parte de la cultura. Los lugareños y los organizadores del festival animan a los participantes a tomar parte en las artes visuales y escénicas. El espacio abierto del festival ofrece a los participantes la ventaja de añadir chispa a la música. Tienen incluso la opción de crear su propia música improvisando con cualquiera que quiera tocar un instrumento.

Los invitados pueden alimentar aún más sus impulsos creativos trabajando con materiales de artesanía para crear tesoros únicos y luego presentarlos como ofrendas a la diosa o utilizarlos para decorar su altar. Este festival de Yemayá puede resultar una maravillosa experiencia de unión que fomenta el esfuerzo colaborativo, la paz, la armonía y el amor incondicional. Aunque tenga que esforzarse, intente involucrarse en el festival para disfrutar de toda la experiencia. Trate a todo el mundo como a una gran familia y le sorprenderá ver cómo lo reciben con los brazos abiertos.

Fiestas de Yemayá en Pelatos

Otro lugar de nacimiento de fiestas tradicionales que celebran a la diosa del mar, Yemayá, es Pelatos, en Río Grande. Es costumbre que la imagen de *nossa senhora* sea llevada a través de la ciudad hasta el puerto de Pelatos el 2 de febrero. El barco lleva a bordo a practicantes yoruba que portan la imagen de Yemayá antes de que finalice la fiesta católica, que es presenciada por miles de personas.

Fiesta de *Conceição da praia*

Una de las fiestas religiosas más antiguas que se celebran en Brasil, *la Festa da Conceiço da Praia*, rinde homenaje a la gloriosa patrona de Bahía. El tema de la fiesta está relacionado con la Inmaculada Concepción, que remite a un tema de la iglesia, pero también suele relacionarse con la diosa madre, Yemayá. Con el coro de la basílica cantando de fondo, una procesión de sacerdotes, seminaristas y otras personas desfila por la ciudad rindiendo homenaje a *Nossa Senhora da Conceicao*.

Los preparativos de la fiesta empiezan a las cinco de la mañana, pero las celebraciones principales comienzan a partir de las nueve. Si quiere ver bien la procesión, es mejor que llegue temprano. Las actuaciones musicales son increíbles e incluyen muchos aspectos tradicionales. La procesión sale de *Conceicao da Praia* a las 10:30 y regresa al cabo de unas doce horas. Después tiene lugar una gran celebración, que incluye cestas de ofrendas a la diosa, puestos de comida y muchas otras actividades.

Otras fiestas de Yemayá en São Paulo

Sao Paulo también acoge algunos festivales y fiestas de Yemayá para rendir homenaje a la diosa del mar. Suelen celebrarse durante las dos primeras semanas de diciembre. Durante estas fiestas, muchos autos se decoran con amuletos y colores yoruba. Para Yemayá, los colores azul y blanco son los más destacados en cada decoración. Algunos de estos autos recorren cientos de kilómetros desde las montañas de Sao Paulo hasta la playa. En la playa, *Praia Grande*, numerosas personas se reúnen junto a la estatua de Yemayá.

Celebraciones de Año Nuevo en Brasil

Muchas personas también rezan a Yemayá en Año Nuevo para pedirle bendiciones para el año venidero. En Río de Janeiro, en particular, acuden millones de devotos vestidos con atuendos religiosos que combinan con los colores de Yemayá. Estas personas suelen reunirse en la playa de Copacabana para ver los fuegos artificiales y hacer ofrendas a la diosa. Estas ofrendas incluyen flores, alimentos, frutas, amuletos, etc. Algunas personas envían sus ofrendas a Yemayá en pequeños barcos de madera de juguete. Muchas tiendas venden hermosas pinturas de la diosa, que la representan emergiendo del mar como una sirena. Dejar velas flotando a lo largo de la costa también es una práctica bastante común en esta época.

Yemayá, la gloriosa diosa de los ríos, el mar y la fertilidad, se celebra en todo el mundo. Son innumerables los devotos que cada año realizan significativas ofrendas en estos festivales. Ya sea el festival anual de Yemayá en Salvador de Bahía o el de Ibadán, tanto locales como extranjeros celebran estas ocasiones con todo el entusiasmo. Los festivales más modernos también se celebran con gran celo, aunque de forma algo diferente a los tradicionales. Las prácticas que se llevan a cabo durante estos festivales ayudan a muchas personas a familiarizarse con sus raíces, conectar con su espiritualidad y honrar a la diosa orisha Yemayá. No importa en qué etapa de su viaje espiritual se encuentre, celebrar a Yemayá con sus mejores intenciones lo acercará un paso más a establecer una verdadera conexión con la diosa madre.

Capítulo 10: Rituales diarios para honrar a Yemayá

Hay una serie de diferentes rituales y prácticas que puede incorporar en su vida diaria si está buscando honrar a Yemayá.

Como Yemayá es la orisha del mar, muchos de estos rituales implican agua o artículos asociados con el agua. Además, como orisha de la maternidad, muchos de los rituales para honrarla son rituales de fertilidad.

En este último capítulo, se repasan las formas de honrar a Yemayá en la vida cotidiana, creando una relación larga y duradera con ella. Algunos de estos rituales incluyen ofrendas al mar, un altar para Yemayá, un baño espiritual, un ritual de curación y mucho más.

Ofrendas al mar

Si vive cerca del mar o planea visitar la costa, uno de los rituales diarios más efectivos para Yemayá es hacer sus ofrendas directamente al mar. Estas ofrendas pueden incluir:

- Pescado.
- Frutas.
- Velas.
- Flores.
- Miel.
- Espejos.
- Comidas.
- Estatuas de Yemayá.

Si piensa sumergir sus ofrendas en el mar, asegúrese de que sean biodegradables y no dañen las aguas en las que se sumergen. Por ejemplo, si va a sumergir una estatua, asegúrese de qué tanto ella como la pintura que lleva sean ecológicos. Lo último que quiere es dañar involuntariamente los océanos mientras honra a Yemayá.

Otra forma de hacer ofrendas directamente al mar es hacer una pequeña vasija de cartón o papel. Puede decorar el recipiente con símbolos de Yemayá, llenarlo de pequeñas ofrendas y dejar que el barco flote en el agua.

Una vez hecha la ofrenda, encienda una vela y colóquela en la arena. A continuación, eleve una plegaria a Yemayá, agradeciéndole la buena suerte y las bendiciones que trae a su vida.

Tras la oración, apague la vela y llévesela a casa para no herir accidentalmente a otro visitante de la playa.

Cree un altar y haga sus ofrendas

Si no vive cerca del mar (o no puede visitarlo con frecuencia), no tiene por qué preocuparse. También puede construir un altar a Yemayá en su propia casa y hacer sus ofrendas en el altar.

El altar que construya debe estar poblado de representaciones de Yemayá. Esto puede incluir una imagen de ella, conchas de cauri y otro tipo de conchas, un caldero, una tela azul, y más.

Una vez que haya construido y esté satisfecho con su altar a Yemayá, el siguiente paso es hacer sus ofrendas. Cuando haga sus ofrendas en el altar, asegúrese de encender una vela y ofrecer una oración a la orisha. Después de terminar su oración, puede apagar la vela o dejar que se consuma por sí sola.

Ritual de cauri

Las conchas de cauri están intrínsecamente ligadas a Yemayá, y la mayoría de los altares a la orisha tienen algunas de estas conchas. Si tiene acceso a conchas de cauri, puede utilizarlas para llevar a cabo un ritual a Yemayá.

Ritual de cauri tigre

Necesitará lo siguiente:

- Una concha de cauri tigre.
- Aceite de incienso.

Debe realizar este ritual cuando esté listo para comenzar un nuevo proyecto. Es una forma de honrar a Yemayá como orisha de la maternidad y al mismo tiempo invocarla para que bendiga su nuevo proyecto.

Para llevar a cabo el ritual, debe insertar algo representativo de su proyecto en el vientre de la concha de cauri tigre. Algunas ideas son:

- Un trozo de papel en el que haya escrito los objetivos de su proyecto.
- Una ficha de cristal que represente la energía con la que quiere impregnar su proyecto.
- Un pequeño objeto representativo del proyecto; por ejemplo, si está empezando un proyecto de costura, puede colocar un trozo de tela dentro de la concha.

Una vez colocado el objeto en el vientre de la concha, frote la abertura con el aceite de incienso. Esto protege la energía con la que ha imbuido el caparazón. Después de frotar la concha con el aceite, rece una oración a Yemayá, pidiéndole buena suerte en su proyecto.

La noche de luna nueva, coloque la concha con el objeto en el alféizar de la ventana. La luna nueva es el momento ideal para empezar un nuevo proyecto y la concha de cauri con el objeto elegido en su interior representa la creatividad. La concha está «preñada» de una semilla y la luna nueva es el momento perfecto para dejarla crecer.

Ritual de cauri pequeña

Las conchas de cauri pequeñas son las que se suelen comprar a granel. Suelen ser fáciles de conseguir, por lo que cualquiera puede realizar este ritual.

Necesitará lo siguiente:

- Dos recipientes del mismo tamaño.
- Suficientes cauris pequeñas para llenar un recipiente.

Para realizar este ritual, debe llenar un recipiente hasta el borde con conchas de cauri. Luego, cada día, saque una concha. Mirando hacia el este, sosténgalo de forma que la boca de la concha quede mirando hacia usted.

Pensando en Yemayá y en su devoción hacia ella, hable en voz alta a la concha. Lo que le diga a la concha difiere de una persona a otra: puede ser una articulación de sus sueños, valores, esperanzas o cualquier otra cosa. El caparazón sirve esencialmente como conexión con Yemayá, y hablarle a la concha de cauri es una forma de hablarle a Yemayá.

Una vez que haya terminado de hablar y haya llenado la concha con su voz, colóquela en el segundo recipiente. Repita este ritual a diario.

Cuando se haya quedado sin conchas, límpielas con agua fresca y déjelas secar. El agua llevará sus palabras a Yemayá y podrá reutilizarlas para continuar con este ritual.

Realizar un ritual con peine de Venus

Además de las conchas de cauri, puede utilizar cualquier otra concha para conectar con Yemayá. El peine de Venus es una opción popular debido a la asociación de la concha con los peines (como su nombre indica), el aseo, la belleza y las mujeres. Este ritual es una forma de honrar aspectos de usted mismo que a menudo no reconoce o aprecia como debería.

Necesitará lo siguiente:

- Una concha de cualquier tipo.
- Un peine de Venus. Si no puede conseguir una concha física, basta con la imagen de una.
- Una botella o jarra de agua.
- Un cuenco azul.
- Un recipiente de sal.
- Siete o más cuentas azules y blancas.
- 30cm de cuerda.
- Pegamento.
- Un peine.
- Dos vasos de agua potable.

- Galletas de queso.
- Música asociada a Yemayá: pueden ser sonidos del océano o música devocional creada para honrarla.

Para este ritual, debe vestirse de azul y blanco y seguir los siguientes pasos:

1. Coloque la concha delante del cuenco.
2. Acomódese (también puede hacer este ritual sentado si lo prefiere).
3. Realice tres respiraciones profundas.
4. Vierta suavemente el agua en el cuenco.
5. Una vez que haya vertido el agua en el cuenco, añada sal en el agua, una pizca a la vez.
6. Tome una cuenta. Sosténgala en sus manos e imprégnela con una parte de usted que sienta que no es reconocida o apreciada. Para ello, haga una afirmación en voz alta. Por ejemplo, puede decir: «Se me da bien trabajar en equipo». Una vez que impregne la cuenta con su energía, colóquela en el agua.
7. Repita el paso anterior con cada cuenta.
8. Una vez que haya colocado todas las cuentas en el agua, haga girar el agua con los dedos en el sentido de las agujas del reloj, permitiendo que la energía se acumule en el cuenco, el agua y las cuentas. Mientras lo hace, imagine que sus palabras se transmiten a Yemayá.
9. De una en una, saque las cuentas del agua y ensártelas en el hilo. Haga un nudo y refuércelo con una gota de pegamento una vez que las cuentas y el hilo se hayan secado.
10. Mire el Peine de Venus (o su imagen) y péinese, imaginando que Yemayá le ayuda mientras lo hace. Este acto de autocuidado es una forma de reforzar su autoestima.
11. Cuando la pulsera y el pegamento se hayan secado, póngasela en la mano. Su pulsera, ahora imbuida del poder de Yemayá, es un recordatorio de que, aunque no puede controlar lo que piensan y actúan los demás, sí puede controlar lo que piensa de usted mismo y cómo se presenta al mundo.

12. Ponga música y baile, dejando que su energía llene la habitación. Después, ponga los pies en la tierra comiendo unas galletas de queso.

13. Beba de un vaso de agua, bendiciendo su ritual y rezando a Yemayá mientras lo hace.

14. Termine haciendo una ofrenda a Yemayá. Puede hacerlo incorporando el otro vaso de agua a su altar o puede simplemente ponerlo en la tierra (la tierra de una maceta servirá). Alternativamente, puede tomar una ducha y verter el vaso de agua sobre usted mismo como parte de su ducha.

Participe en un ritual de baño

Los rituales de baño son una forma poderosa de conectar con Yemayá y honrarla, dada su conexión intrínseca con el agua. Puede llevar a cabo rituales de baño en su propio cuarto de baño o en una masa de agua.

Ritual de baño casero

Necesitará lo siguiente:

- Una bañera.
- Un altar a Yemayá.
- Un cuarto de taza de sal marina.
- Siete gotas de aceite de eucalipto.

Instrucciones:

1. En primer lugar, cree un altar para Yemayá en su cuarto de baño. Puede hacerlo trayendo una mesita auxiliar y cubriéndola con un paño azul. Luego, llene el altar con una imagen de Yemayá y objetos relacionados con el océano, como conchas marinas, perlas (reales si es posible), arte inspirado en el océano, etcétera. También puede añadir algunas flores azules y blancas al altar.

2. A continuación, llene la bañera con agua tibia.

3. Añada la sal marina y el aceite de eucalipto al agua, mezclando suavemente para incorporarlos por completo.

4. Mientras reza a Yemayá, sumérjase en el agua. Puede rezar en voz alta o en silencio (Yemayá lo oirá de cualquier manera). Esta oración puede tomar la forma que desee (puede

aprovechar la oportunidad para hablar con Yemayá sobre sus miedos y preocupaciones, verbalizar sus arrepentimientos, o agradecerle por sus bendiciones). A continuación, pídale que elimine cualquier bloqueo que le impida alcanzar su verdadero potencial y avanzar en la vida. Concluya su oración agradeciéndole su amor y compasión.

5. Cuando haya terminado de rezar, quite el tapón del desagüe y deje que el agua de la bañera se escurra. Cuando el agua se escurra, se llevará consigo toda la negatividad que haya liberado en su oración.

Ritual de baño en el mar/océano/río

Si vive cerca de una masa de agua accesible, puede probar este ritual. Para este ritual de baño, necesita lo siguiente:

- Melaza de caña.
- Ofrendas a Yemayá - una buena opción es una ofrenda de flores azules y blancas. Asegúrese de que las ofrendas que elija sean ecológicas y puedan sumergirse en un cuerpo de agua sin causar daños al ecosistema.

Instrucciones:

1. Entre en el agua y deje que el agua se lleve la melaza de su cuerpo. Mientras el agua se lleva la melaza, piense que está siendo limpiado y purificado por el poder de Yemayá.
2. Mientras el agua se lleva la melaza, libere sus ofrendas en el agua y agradezca a Yemayá por su amor y compasión.

Ritual para devolver la energía y sanar las aguas naturales

Una de las mayores preocupaciones a las que se enfrentan los seguidores de Yemayá, y de hecho, el mundo en su conjunto, es el estado de los océanos del mundo. La contaminación por plásticos y la basura marina amenazan las aguas del planeta a un ritmo sin precedentes. Este ritual está diseñado para proporcionar energía curativa a las aguas naturales del mundo.

Necesitará lo siguiente:

- Siete conchas. Las de cauri son las mejores, pero cualquier concha sirve.
- Siete flores azules y blancas.

Este ritual puede realizarse junto a una masa de agua natural o en su casa. Si realiza el ritual en su casa, también necesitará lo siguiente:

- Un recipiente grande con agua lo más fresca posible. Lo ideal es agua destilada o de manantial. Además, debe ser suficientemente grande para que pueda estar de pie en él. También puede llenar una bañera con agua y sumergirse en ella.

Instrucciones:

1. Ubíquese cerca del agua (pero no dentro todavía) y medite sobre su objetivo para el ritual, dedicando tiempo a conectar con su ser interior. Piense en la energía que quiere compartir con las aguas del mundo y en lo que quiere liberar en ellas.

2. Camine hacia el agua. Esta es una forma de conectar físicamente con las aguas del mundo.

3. Invoque a las deidades en las que cree. A continuación, invoque a Yemayá y Oshun, las dos orishas asociados con las aguas. También puede invocar a cualquier otra deidad fluvial en la que crea.

4. Sosteniendo las siete conchas en la mano, llame a los ancestros de las conchas que vivieron en los océanos en una época en la que las aguas del mundo no estaban contaminadas y estaban llenas de vida. Pídales que traigan ese equilibrio al presente para que las aguas del mundo sean sanadas.

5. Sumerja las conchas en el agua. Mientras lo hace, diga:

   «Yemayá, te ofrezco estas conchas y su energía ancestral para ayudarte a restaurar tu energía, sanarte y curar el daño que el mundo te ha hecho».

   Deje las conchas en el agua como ofrenda. Si realiza el ritual en casa, póngalas en un pequeño cuenco de agua salada y ponga el cuenco en su altar a Yemayá. Déjelas reposar en el agua hasta que termine la luna llena.

6. A continuación, tome las siete flores en sus manos e invoque a Yemayá, Oshun y cualquier otra diosa del agua en la que crea. Deles las gracias por traer la fertilidad y la vida y por dar al mundo las aguas que nutren y limpian a todos los seres vivos. Pida a los orishas y a las diosas sus bendiciones y pídales también que le ayuden a limpiarse de pies a cabeza. Sienta el agua moviéndose por sus pies, tobillos y el resto del cuerpo si está sumergido en el agua. Sienta el frescor del agua y cómo le ayuda a soltar todo aquello de lo que desea limpiarse, que es arrastrado por el agua.

7. Suelte las flores en el agua, sintiendo que el agua lo cura. Mientras lo hace, agradezca a Yemayá y a las otras diosas y orishas diciendo:

   «Yemayá, te ofrezco estas flores como agradecimiento por tu amor, compasión, curación y protección. Te ofrezco mi agradecimiento por las aguas que nos nutren y el aire que nos sostiene».

8. Tómese un tiempo para conectar con la sabiduría de Yemayá y reflexione sobre lo agradecido que está por sus dones al mundo. Dé las gracias a los océanos y a las aguas del mundo, así como a Yemayá, a Oshun, a las demás deidades del agua a las que reza y a los antepasados.

Limpie y conserve las aguas

Aparte de proporcionar a las aguas del mundo energía curativa, también debe adoptar un papel más proactivo para ayudar a sanar las aguas del mundo. Para ello, busque organizaciones en su zona que desempeñen un papel destacado en la limpieza de las masas de agua locales.

Pregúnteles si puede colaborar como voluntario y ayudar a recoger la basura de las aguas y las playas. Si no hay ninguna masa de agua en su localidad, busque organizaciones que trabajen en la protección del agua e invierta tiempo o dinero para ayudarlas de la forma que pueda.

También puede escribir cartas a los miembros de su gobierno para abogar por políticas que protejan las aguas o ayudar a las organizaciones que ya están trabajando en ello. Si no existe ninguna organización de este tipo en su zona, también puede plantearse crear una usted mismo.

Además, puede tomar medidas para conservar el agua siempre que sea posible. Trabaje para reducir el despilfarro de agua y tome medidas para recoger y utilizar el agua de lluvia para reducir su consumo de agua. También puede fijarse en las medidas que se están tomando en su zona para reciclar las aguas residuales y buscar formas de contribuir. Algunas medidas que puede tomar para reducir el consumo de agua son:

- Darse duchas más cortas o baños con balde en lugar de bañarse en la tina.
- Poner la lavadora solo cuando esté llena de ropa.
- Reutilizar las aguas grises del lavaplatos en su jardín
- Cerrar el grifo cuando no lo use, por ejemplo, cuando se lave los dientes o lave la fruta y la verdura.
- Poner el lavavajillas solo cuando esté lleno.
- Utilizar el riego por goteo en lugar de aspersores en el jardín.
- Utilizar el agua de lluvia recogida para regar el jardín.
- Eliminar el césped y sustituirlo por plantas de bajo consumo de agua.

Conclusión

El hecho de que haya elegido adorar a Yemayá entre todos los demás orishas demuestra que ya tiene una conexión espiritual con ella. No importa si aún no ha sido iniciado. Con un poco de práctica y consistencia lo logrará en poco tiempo. Esperamos que la guía proporcionada en este libro resulte útil para su práctica.

Que elija adorar a Yemayá con hechizos y magia o con simples ofrendas y oraciones depende completamente de usted. Solo recuerde que la magia, en su estado natural, está en todas partes. No tiene que ser una persona especial para acceder a la magia que lo conecta con la diosa del mar. De hecho, es amable y generosa con quienes desean conectar con ella. Del mismo modo, que decida hacer los amuletos, velas, incienso y demás ofrendas desde cero o comprarlos en el mercado depende completamente de usted.

Tenga en cuenta que el culto a una deidad orisha es profundamente personal y único para cada individuo. No existen normas estrictas que limiten las prácticas que se llevan a cabo para su culto. No hay una forma correcta o incorrecta. Simplemente practique de la manera que sienta que refleja sus sentimientos internos hacia la diosa. Por eso hay pocos rituales idénticos. Lo importante es encontrar su propio camino al adorar a la diosa madre, Yemayá.

El camino para encontrar a Yemayá puede ser largo y difícil si comienza sin ninguna guía. Esto puede ser especialmente difícil para las personas que no tienen la misma herencia cultural que quienes practican las religiones tradicionales africanas. Además, estas tradiciones y prácticas suelen ser muy secretas, por lo que es difícil para un no nativo aprender sobre ellas. Aunque Internet es un gran recurso para estas cosas, no hay suficientes fuentes de información sobre este tema presentadas con precisión. Muchas de las fuentes en línea son engañosas, pero si tiene éxito en encontrar una fuente auténtica de información, nunca debe dudar en aprender más sobre el mundo místico de los orishas.

No hay un camino exclusivo para llegar a Yemayá. Ella viajó por todo el mundo con Obba Nani, dejando una parte de sí misma a donde iba. Por lo tanto, es seguro asumir que sus bendiciones no solo se extienden a las personas que forman parte de su religión, sino también a cualquiera que quiera unirse a sus devotos.

Construir un altar para Yemayá no es diferente que para cualquier otro orisha. Solo asegúrese de usar los colores asociados con la diosa, como se explica en el libro. Por otra parte, las ofrendas y amuletos deben ser acordes con el libro sobre los gustos y disgustos de la diosa. Por último, las oraciones deben rezarse con total devoción, pero no hay reglas rígidas para seguir al pie de la letra. Así que puede hacer las modificaciones que quiera.

Vea más libros escritos por Mari Silva

Su regalo gratuito

¡Gracias por descargar este libro! Si desea aprender más acerca de varios temas de espiritualidad, entonces únase a la comunidad de Mari Silva y obtenga el MP3 de meditación guiada para despertar su tercer ojo. Este MP3 de meditación guiada está diseñado para abrir y fortalecer el tercer ojo para que pueda experimentar un estado superior de conciencia.

https://livetolearn.lpages.co/mari-silva-third-eye-meditation-mp3-spanish/

¡O escanee el código QR!

Referencias

Hoodoo en San Luis: Tradición religiosa afroamericana (Servicio de Parques Nacionales de Estados Unidos). (sin fecha). Nps.gov. https://www.nps.gov/articles/000/hoodoo-in-st-louis-an-african-american-religious-tradition.htm

Louissaint, G. (2019, 21 de agosto). ¿Qué es el vudú haitiano? https://theconversation.com/amp/what-is-haitian-voodoo-119621

La religión ortodoxa kemética. (s.f.). Kemet.org. https://www.kemet.org/

La religión santería una historia. (2009, 8 de septiembre). African American Registry. https://aaregistry.org/story/from-africa-to-the-americas-santeria/

Wigington, P. (2019, 29 de noviembre). La religión yoruba: Historia y creencias. Learn Religions. https://www.learnreligions.com/yoruba-religion-4777660

42 Leyes de Maat según la ley de Kemet. (s.f.). Blackhistoryheroes.com. http://www.blackhistoryheroes.com/2013/02/42-laws-of-maat-under-kemet-law-and.html

Pregunta a Aladdin. (s.f.). La diosa egipsia Ma'at - Ma'at la diosa de la justicia - AskAladdin. Egypt Travel Experts. https://ask-aladdin.com/egypt-gods/maat/

Cressman, D. (2021, 5 de octubre). Breve guía de los 7 principios de ma'at - Daniella Cressman. Medium. https://daniellacressman.medium.com/a-brief-guide-to-the-7-principles-of-maat-8ed2faf0fe7c

Elliott, J. (2010, 1 de enero). 3 maneras de emprender un viaje espiritual. WikiHow. https://www.wikihow.com/Go-on-a-Spiritual-Journey

Emily. (2021, 10 de octubre). ¿Qué sucede en un viaje espiritual? 5 etapas que experimentará. Aglow Lifestyle. https://aglowlifestyle.com/what-happens-on-a-spiritual-journey/

Ganguly, I. (2019, 31 de octubre). Viaje espiritual - guía completa. TheMindFool - Medio perfecto para el autodesarrollo y la salud mental. Explorador del estilo de vida.

Abisoye. (2021, 11 de agosto). Olodumare, el dios sin imágenes, santuarios. Plus, TV Africa. https://plustvafrica.com/olodumare-the-god-with-no-images-shrines/

Beyer, C. (2010, 20 de febrero). Bondye, el dios bueno del vudú. Learn Religions. https://www.learnreligions.com/bondye-the-good-god-of-vodou-95932

Olódùmarè y el concepto de dios del pueblo yoruba. (2020, 25 de marzo). Métissage Sangue Misto. https://metissagesanguemisto.com/olodumare-and-the-concept-of-god-of-the-yoruba-people/

Barrett, O. (2022, 4 de febrero). Espíritus nacidos de la sangre: Los lwa del panteón vudú. TheCollector. https://www.thecollector.com/voodoo-lwa/

Beyer, C. (2009, 4 de junio). Espíritus del Vudú. Learn Religions. https://www.learnreligions.com/spirits-in-african-diaspora-religions-95926

Beyer, C. (2010, 1 de febrero). Una introducción a las creencias básicas de la religión vudú (vudú). Aprenda Religiones. https://www.learnreligions.com/vodou-an-introduction-for-beginners-95712

Beyer, C. (2012a, 11 de junio). Los orishas. Aprenda Religiones. https://www.learnreligions.com/who-are-the-orishas-95922

Beyer, C. (2012b, 14 de junio). Los *orishas*: Orunla, Osain, Oshun, Oya y Yemaya. Aprenda Religiones. https://www.learnreligions.com/orunla-osain-oshun-oya-and-yemaya-95923

demo demo. (2016, 20 de septiembre). ¿Quiénes son los orishas? Centro de Danza DJONIBA. https://www.djoniba.com/who-are-the-orishas/

Gardner, L. (2009, 29 de septiembre). El culto de los santos: Una Introducción a la Santería. Llewellyn Worldwide. https://www.llewellyn.com/journal/article/2048

«Santería: La Regla de Ocha-Ifa y Lukumi. (sin fecha). Pluralism.Org. https://pluralism.org/%E2%80%9Csanter%C3%ADa%E2%80%9D-the-lucumi-way

Emancipación: La experiencia Caribe. (s.f.). Miami.Edu. https://scholar.library.miami.edu/emancipation/religion1.htm

Regla De Ocha, Candomble, Lucumi, Oyo, Palo, Palo, M., Santeria, M., & Ifa, Y.(n.d.). *orisha* Worshippers. Bop.Gov. Obtenido el 10 de febrero de 2022, del sitio Web: https://www.bop.gov/foia/docs/orishamanual.pdf.

mythictreasures. (2020, 10 de mayo). Introducción a las velas de 7 días. Mythictreasures. https://www.mythictreasures.com/post/into-to-7-day-candles

Cómo invocar la energía de la diosa yoruba Oshun. (sin fecha). Vice.Com. https://www.vice.com/en/article/3kjepv/how-to-invoke-oshun-yoruba-goddess-orisha

admin. (2020, 1 de febrero). Fèt gede - el Día de los Muertos haitiano - Visit Haiti. Visit Haiti. https://visithaiti.com/festivals-events/fet-gede-haitian-day-of-the-dead/#:~:text=Cada%20año%2C%20en%20noviembre%201

Egun / Los antepasados - Los conceptos religiosos yoruba. (s.f.). Sites.google.com. https://sites.google.com/site/theyorubareligiousconcepts/egungun-the-ancestors

Herukhuti, R. A. (2022, 27 de enero). Por qué los africanos honran a los ancestros. https://www.afrikaiswoke.com/the-true-nature-of-african-ancestral-spirits/

Ost, B. (s.f.). LibGuides: Libro de texto de las religiones tradicionales africanas: Ifá: Capítulo 5. Nuestros ancestros están con nosotros en el presente. Research.auctr.edu. https://research.auctr.edu/Ifa/Chap5Intro

Devotos del vudú comen VIDRIO y sacrifican cabras durante extrañas celebraciones con motivo del día de los muertos en Haití. (2016, 2 de noviembre). The Sun. https://www.thesun.co.uk/news/2101053/voodoo-devotees-eat-glass-and-sacrifice-goats-during-bizarre-celebrations-held-to-mark-haitis-day-of-the-dead/

¿Qué es la santería? - Los conceptos religiosos yorubas. (s.f.). Sites.google.com. https://sites.google.com/site/theyorubareligiousconcepts/what-is-santeria

Catálogo de Hierbas Mágicas: Sampson Snake Root. (s.f.). Www.herbmagic.com. https://www.herbmagic.com/sampson-snake-root.html

Raíz de Juan el conquistador: Una mirada a la magia *hoodoo*. (s.f.). Original Botánica. Extraído el 17 de noviembre de 2022, de https://originalbotanica.com/blog/high-john-the-conqueror-root-a-staple-of-hoodoo-magic/ (Este sitio web fue mi principal recurso para este capítulo)

Altares de la religión yoruba. (s.f.). Excelencias.com. https://caribeinsider.excelencias.com/index.php/en/news/altars-yoruba-religion

Dorsey, L. (2014, 23 de marzo). Creación de altares de antepasados en santería y vudú. Voodoo Universe. https://www.patheos.com/blogs/voodoouniverse/2014/03/creating-ancestor-altars-in-santeria-vodou-and-voodoo/

Helena. (2021, 24 de enero). Cómo construir un altar en casa para el autocuidado espiritual. Disorient.

LibGuides: Libro de texto de las religiones tradicionales africanas: Ifá: Capítulo 5. Nuestros antepasados están ahora con nosotros. (2021). https://research.auctr.edu/Ifa/Chap5Intro

Bradley, J., y Coen, C. D. (2010). La bolsa mágica: Crear bolsas gris-gris y bolsas. Llewellyn Publications.

Caro, T. (2020, 14 de septiembre). Bolsa de ojo vs gris-gris [la diferencia y cómo usarlos]. Magickal Spot. https://magickalspot.com/mojo-bag-vs-gris-gris/

Cómo hacer sus propias bolsas de mojo. (n.d.). Nui Cobalt Designs. https://nuicobaltdesigns.com/blogs/daily-astrology-reports/16564821-how-to-make-your-own-mojo-bags

Cómo hacerlo: ¿Qué es una bolsa de mojo y cómo se usa? (s.f.). Livejournal.com. https://ldygry.livejournal.com/4248.html

Chery, D. N. (2016, 29 de julio). AP FOTOS: Festival de vudú transforma aldea haitiana. Associated Press.

Fiesta del valle hermoso. (2021, 1 de mayo). Templo kemético UK. https://kemetictemple.uk/t/feast-of-the-beautiful-valley/618

Festival del meneo. (s.f.). Historyofegypt.net. https://historyofegypt.net/?page_id=980

Festivales. (s.f.). Kemet.org. https://www.kemet.org/community/festivals

Alston, D. D. «Lectura de Ifá del año 2022-2023». Última modificación: 10 de junio de 2022. https://www.daydreamalston.com/blog/tag/Isese

Atla LibGuides. «Religiones tradicionales africanas: Ifá». Última modificación 15 de diciembre de 2022. https://atla.libguides.com/OER_Ifa

Doctor Espiritual AFI. «La estación de virgo y los orishas». Última modificación 7 de septiembre de 2019. https://spiritualdoctorafi.com/blog/tag/Isese

Africa Update Archives. (s. f.). Ccsu.edu.

Barrett, O. (23 de enero de 2022). Voodoo: The revolutionary roots of the most misunderstood religion. TheCollector. https://www.thecollector.com/voodoo-history-misunderstood-religion/

Beyer, C. (1 de febrero de 2010). An introduction to the basic beliefs of the vodou (Voodoo) religion. Learn Religions. https://www.learnreligions.com/vodou-an-introduction-for-beginners-95712

Mark, J. J. (2021). Orisha. World History Encyclopedia. https://www.worldhistory.org/Orísha/

Murphy, J. M. (2022). Santería. En Encyclopedia Britannica.

Rudy, L. J. (30 de julio de 2019). What is candomblé? Beliefs and history. Learn Religions. https://www.learnreligions.com/candomble-4692500

Asante, M. K., & Mazama, A. (Eds.). (2009). Encyclopedia of African religion. SAGE Publications.

AU Press - publicaciones digitales. (s. f.). AU Press - Digital Publications. https://read.aupress.ca/read/sharing-breath/section/c53bd62e-abaf-4bd3-859d-20cf02db467a

Codingest. (s. f.). Orí: The significance of the head in Yoruba. Positive Psychology Nigeria. https://positivepsychology.org.ng/orí-the-significance-of-the-head-in-yoruba

Dopamu, A. (2008). Predestination, destiny, and faith in Yorubaland: Any meeting point? Global Journal of Humanities, 7 (1 y 2), 37-39.

AU press - digital publications. (s. f.) AU Press - Digital Publications. https://read.aupress.ca/read/sharing-breath/section/c53bd62e-abaf-4bd3-859d-20cf02db467a

Balogun, O. (2013). The Concepts of Orí and Human Destiny in Traditional Yoruba Thought: A soft deterministic interpretation. https://www.academia.edu/3550807/The_Concepts_of_Ori_and_Human_Destiny_in_Traditional_Yoruba_Thought_A_Soft_Deterministic_Interpretation

Taiwo, P. O. (2018). Orí: The Ifa Concept of the Evolution of the earth. https://www.academia.edu/37623959/Ori_The_Ifa_Concept_of_the_Evolution_of_The_Earth

(s. f.). Researchgate.net. https://www.researchgate.net/publication/280495301_Predestination_and_Free_will_in_the_Yoruba_Concept_of_a_Person_Contradictions_and_Paradoxes_Philosophy_Culture_and_Traditions

(s. f.). Researchgate.net. https://www.researchgate.net/publication/237832774_The_Concepts_of_Ori_and_Human_Destiny_in_Traditional_Yoruba_Thought_A_Soft_Deterministic_Interpretation

A west African folktale of the story of oshún's flight to olodumare. (s. f.). Blackhistoryheroes.com. http://www.blackhistoryheroes.com/2015/10/a-west-african-folktale-of-story-of.html

An Illustration Studio. (2013). Creation Stories. Createspace.

Asante, M. K., & Mazama, A. (Eds.). (2009). Encyclopedia of African religion. SAGE Publications.

AU Press - publicaciones digitales. (s. f.). AU Press - Digital Publications. https://read.aupress.ca/read/sharing-breath/section/c53bd62e-abaf-4bd3-859d-20cf02db467a

Hardy, J. (2 de julio de 2022). 12 African gods and goddesses: The Orísha pantheon. History Cooperative; The History Cooperative. https://historycooperative.org/african-gods-and-goddesses/

Mark, J. J. (2021). Orísha. World History Encyclopedia. https://www.worldhistory.org/Orísha/

Ogbodo, I. (17 de marzo de 2022). Yoruba mythology: The oríshas of the Yoruba religion. African History Collections. https://medium.com/african-history-collections/yoruba-mythology-the-orishas-of-the-yoruba-religion-f411c3db389d

Awakening to Your Divine Self: What is Orí Consciousness? (20 de septiembre de 2017). Ayele Kumari, PhD / Chief Dr. Abiye Tayese. https://ayelekumari.com/ifayele-blog/awakening-to-your-divine-self-what-is-orí-consciousness/

How to align with your Orí? (s. f.). Infinity-Charm. https://infinity-charm.com/blogs/news/how-to-align-with-your-orí

Iborí – learn how to feed your Orí – babalawo Orísha. (n.d.). Babalawoweb.com.

Oríginal Products. (10 de septiembre de 2019). Creating an Orísha altar. Oríginal Botanica; www.oríginalbotanica.com#creator. https://oríginalbotanica.com/blog/creating-an-orísha-altar-/

Ancestors. (4 de febrero de 2022). The Spiritual Community of the Òrìṣà - Energies of Nature. https://orísa.si/en/ancestors/

Egbe Òrun Complete. (s. f.). Scribd. https://www.scribd.com/document/494770885/Egbe-Orun-Complete

Egun / The ancestors - The Yoruba Religious Concepts. (s. f.). Google.com.

Isaad, V. (23 de octubre de 2021). Beginner's guide to spiritual practices to start connecting with your ancestors. HipLatina; HipLatina.com. https://hiplatina.com/connecting-ancestors-guide/

Baron, E. (14 de marzo de 2017). Beginning ancestor meditation. Nature's Sacred Journey. https://www.patheos.com/blogs/naturessacredjourney/2017/03/beginning-ancestor-meditation/

Connect. Collaborate. Express. (s. f.). RoundGlass. https://roundglass.com/living/meditation/articles/connect-to-your-ancestors

Evolve your ancestral story to heal & create change. (s. f.). Theshiftnetwork.com. https://theshiftnetwork.com/Evolve-Your-Ancestral-Story-Heal-Create-Change

How to build an Ancestor (Egun) shrine. (20 de septiembre de 2017). Ayele Kumari, PhD / Jefe Dr. Abiye Tayese. https://ayelekumari.com/ifayele-blog/how-to-build-an-ancestor-egun-shrine/

Onilu, Y. (29 de mayo de 2020). EGBE: "spiritual doubles" or "heavenly comrades." Jefe Yagbe Awolowo Onilu; Yagbe Onilu. https://yagbeonilu.com/egbe-heavenly-mates/

Egbe Òrun Complete. (s. f.). Scribd. https://www.scribd.com/document/494770885/Egbe-Orun-Complete

Egbetoke, V. A. P. (28 de noviembre de 2018). Orí, Egbe Agba, Egungun, Destiny, just to start knowing about. White Calabash. https://whitecalabash.wordpress.com/2018/11/28/orí-egbe-agba-egungun-destiny-just-to-start-knowing-about/

Ekanola, A. B. (2006). A naturalistic interpretation of the Yoruba concepts of Orí. Philosophia Africana, 9, 41+. https://go.gale.com/ps/i.do?id=GALE%7CA168285830&sid=googleScholar&v=2.1&it=r&linkaccess=abs&issn=15398250&p=AONE&sw=w&userGroupName=anon%7Ed19920da

Fruin, C. (2021). LibGuides: African Traditional Religions: Ifa: Hermeneutics. https://atla.libguides.com/c.php?g=1138564&p=8384978

Metalgaia. (27 de agosto de 2013). The Basics of Yoruba - An African Spiritual Tradition. Metal Gaia. https://metal-gaia.com/2013/08/27/the-basics-of-yoruba/

Wigington, P. (s. f.). Yoruba Religion: History and Beliefs. Learn Religions. https://www.learnreligions.com/yoruba-religion-4777660

Sawe, B. E. (17 de abril de 2019). What Is The Yoruba Religion? Yoruba Beliefs and Origin. WorldAtlas. https://www.worldatlas.com/articles/what-is-the-yoruba-religion.html

Africa Update Archives. (s. f.). Ccsu.Edu.

Anzaldua, G. (2009). Yemayá. En A. L. Keating, W. D. Mignolo, I. Silverblatt y S. Saldívar-Hull (Eds.), The Gloria Anzaldúa Reader (pp. 242–242). Duke University Press.

Beyer, C. (11 de junio de 2012). The Orishás Learn Religions. https://www.learnreligions.com/who-are-the-orishás-95922

Beyer, C. (14 de junio de 2012). The Orishás: Orunla, Osain, Oshun, Oya, and Yemaya. Learn Religions. https://www.learnreligions.com/orunla-osain-oshun-oya-and-yemaya-95923

Brandon, G. (2018). orisha. En Encyclopedia Britannica.

Celebrate eleguá~eshu, Orisha of Destiny. (26 de septiembre de 2022). New York Latin Culture Magazine TM; New York Latin Culture Magazine. https://www.newyorklatinculture.com/elegua-orisha-of-the-crossroads/

Beyer, C. (27 de julio de 2012). Ebbos in Santeria - Sacrifices and Offerings. Learn Religions. https://www.learnreligions.com/ebbos-in-santeria-sacrifices-and-offerings-95958

Borghini, K. (9 de junio de 2010). Offerings and sacrifices: Honoring our ancestors helps us give thanks. Goodtherapy.org Therapy Blog. https://www.goodtherapy.org/blog/offerings/

Cuba, A. pa mi. (26 de julio de 2020). How to invoke Obatala? Prayers and prayers to the Orisha. Ashé pa mi Cuba.

https://ashepamicuba.com/en/como-invocar-a-obatala-oraciones-y-rezos-al-orisha/

Dokosi, M. E. (20 de marzo de 2020). How Orisha veneration by the Yoruba and Ewe crossed over as Santería in the Americas. Face2Face Africa. https://face2faceafrica.com/article/how-orisha-veneration-by-the-yoruba-and-ewe-crossed-over-as-santeria-in-the-americas

Egbe Òrun Complete. (s. f.). Scribd. https://www.scribd.com/document/494770885/Egbe-Orun-Complete

Febrero. (9 de febrero de 2017). Classes of egbe (heavenly mate of every human). Blogspot.com. https://fayemioye.blogspot.com/2017/02/must-read-classes-of-egbe-heavenly-mate.html

Noviembre. (14 de noviembre de 2017). Ways to communicate to egbe effectively. Blogspot.com. https://fayemioye.blogspot.com/2017/11/communicate-with-egbe-through-these.html

Onilu, Y. (29 de mayo de 2020). EGBE: "spiritual doubles" or "heavenly comrades." Jefe Yagbe Awolowo Onilu; Yagbe Onilu. https://yagbeonilu.com/egbe-heavenly-mates/

Agbo, N. (9 de febrero de 2020). Significance of Egungún in Yoruba cultural history. The Guardian Nigeria News - Nigeria and World News; Guardian Nigeria. https://guardian.ng/life/significance-of-egungún-in-yoruba-cultural-history/

Issa, N. M., Tomé, J., Sturgeon, L. y Coyoli, J. S. (s. f.). Oro a egún. ReVista. https://revista.drclas.harvard.edu/oro-a-egún/

LibGuides: African Traditional Religions: Ifa: Appendix B: Categories of spiritual forces; Spiritual forces; And praise names. (2021). https://atla.libguides.com/c.php?g=1138564&p=8385027

Egungún Masquerade Dance Costume: Ekuu Egungún. (s. f.). Africa.si.edu. https://africa.si.edu/exhibits/resonance/44.html

Kalilu, R. O. R. (1991). The role of sculptures in Yoruba egungún masquerade. Journal of Black Studies, 22(1), 15–29. https://doi.org/10.1177/002193479102200103

United Nations High Commissioner for Refugees. (2002). Refworld: Information on refugees and human rights. Naciones Unidas.

How to build an Ancestor (Egún) shrine. (20 de septiembre de 2017). Ayele Kumari, PhD / Jefe Dr. Abiye Tayese. https://ayelekumari.com/ifayele-blog/how-to-build-an-ancestor-egún-shrine/

Kule, P. (28 de diciembre de 2010). How to create a spiritual altar. HubPages. https://discover.hubpages.com/religion-philosophy/How-to-Create-a-Spiritual-Altar

Ancestor veneration: What is it, and why is it important? (s. f.). Urban Lotus Jewelry. https://www.urbanlotusjewelry.com/blogs/musings/how-to-connect-with-your-ancestors

16 Truths of IFA. (4 de diciembre de 2013). Templo Oyeku Ofun. https://oyekuofun.org/16-truths-of-ifa/

How to Connect to Your Ancestors. (s. f.). RoundGlass. https://roundglass.com/living/meditation/articles/connect-to-your-ancestors

Akin-Otiko, A. (s. f.). The reality of reincarnation and the traditional Yoruba response based on odù ifá. Uwi.edu. http://ojs.mona.uwi.edu/index.php/cjp/article/viewFile/4627/3382

Anālayo, B. (s. f.). Rebirth and the west. Buddhistinquiry.org. https://www.buddhistinquiry.org/article/rebirth-and-the-west/

Cheng, C. (s. f.). Reincarnation in Hinduism. Emory.edu. https://scholarblogs.emory.edu/gravematters/2017/02/17/reincarnation-in-hinduism/

Wachege, P. (s. f.). CURSES AND CURSING AMONG THE AGĨKŨYŨ: SOCIO-CULTURAL AND RELIGIOUS BENEFITS.

Why Generational Curses Are So Hard To Break And How To Do It. (s. f.). The Traveling Witch. https://thetravelingwitch.com/blog/why-generational-curses-are-so-hard-to-break-and-how-to-do-it

Nigeria, G. (24 de noviembre de 2019). El orisha Ogun en Maléfica. Noticias de el Guardián de Nigeria. Noticias de Nigeria y el Mundo; El Guardián Nigeria. https://guardian.ng/life/the-orisha-ogun-in-maleficent/

Ogun. (s.f. a). Encyclopedia.com. https://www.encyclopedia.com/humanities/news-wires-white-papers-and-books/ogun

Ogun. (s.f. b). Mythencyclopedia.com. http://www.mythencyclopedia.com/Ni-Pa/Ogun.html

Ogun, dios de la guerra. (s.f.). Africanpoems.net. https://africanpoems.net/gods-ancestors/ogun-god-of-war/

La jardinería de los veteranos en los trópicos. (s.f.). Torontomu.Ca. https://www.torontomu.ca/olivesenior/poems/ogun.html

Origen de Ogun, dios del hierro. (30 de diciembre de 2016). Ondo conecta la nueva era. http://www.ekimogundescendant.org/origin-of-ogun-god-of-iron/

XoticBrands. (4 de diciembre de 2020). Ogun, Dios del Hierro y del Ron... ¿Quién era en 3 minutos? Medium. https://xoticbrands.medium.com/ogun-god-of-iron-and-rum-4e68172f9af7

31 días de mujeres revolucionarias, #16: Oshun. (2017, 16 de marzo). South Seattle Emerald.

https://southseattleemerald.com/2017/03/16/31-days-of-revolutionary-women-16-oshun/

Baltimore Sun - Actualmente no estamos disponibles en su región. (s.f.). Baltimoresun.com. https://www.baltimoresun.com/maryland/bs-md-african-faiths-20190315-story.html

Beyer, C. (2012, 14 de junio). The orishas: Orunla, Osain, Oshun, Oya y Yemayá. Learn Religions. https://www.learnreligions.com/orunla-osain-oshun-oya-and-Yemayá-95923

Brandon, G. (2018). orisha. En Enciclopedia Británica.

Tradición y prácticas de la santería cubana. (s.f.). Anywhere.com. https://www.anywhere.com/cuba/travel-guide/santeria

Imoka, A. (2019, 11 de abril). ¿Quién es la santería Oshun? El Viejo Lázaro. https://www.viejolazaro.com/blogs/news/who-is-oshun-santeria

Imoka-Ubochioma, C. (2021, 8 de diciembre). La historia yoruba de la creación. Linkedin.com. https://www.linkedin.com/pulse/yoruba-story-creation-dr-chizoba-imoka-ubochioma/

Jeffries, B. S. (2022). Oshun. En Enciclopedia Británica.

Mark, J. J. (2021b). Oshun. Enciclopedia de la Historia Universal. https://www.worldhistory.org/Oshun/

Mesa, V. (2018, 20 de abril). Cómo invocar a Oshun, la diosa yoruba de la sensualidad y la prosperidad. VICE. https://www.vice.com/en/article/3kjepv/how-to-invoke-oshun-yoruba-goddess-orisha

Murphy, J. M. (2022). santería. En Enciclopedia Británica..

Ochún. (s.f.). AboutSanteria. http://www.aboutsanteria.com/ochuacuten.html

Oshun - Deidad y diosa yoruba del río. (s.f.). Realmermaids.net. http://www.realmermaids.net/mermaid-legends/oshun/

¿Qué es la santería? (s.f.). AboutSanteria. http://www.aboutsanteria.com/what-is-santeria.html

Wigington, P. (2011, 15 de noviembre). ¿Qué es la religión santería? Learn Religions. https://www.learnreligions.com/about-santeria-traditions-2562543

Wigington, P. (2019, 29 de noviembre). La religión yoruba: Historia y creencias. Learn Religions. https://www.learnreligions.com/yoruba-religion-4777660

yoruba. (s.f.). Everyculture.com. https://www.everyculture.com/wc/Mauritania-to-Nigeria/yoruba.html

Hijos de Oshun - ¡Conoce sus características y averigua si es uno de ellos! (2022, 27 de septiembre). Love Magic Works.

https://lovemagicworks.com/children-of-oshun-see-the-characteristics-and-find-out-if-you-are-one-of-them/

Church, S. (s.f.). La cabeza o guardián, orisha. Santería iglesia de orishas. http://santeriachurch.org/head-or-guardian-orisha/

Oshun: La diosa yoruba del amor. (2013, 18 de marzo). The Broom Closet. https://broomcloset.wordpress.com/2013/03/19/oshun-the-yoruban-goddess-of-love/

Rogers, M. R. (2022, 6 de julio). ¿Cómo encontrar a su madre y padre orisha? Mamá clasificada. https://www.classifiedmom.com/how-to-find-your-orisha-mother-and-father/

Terrio, S. J. (2019). ¿De quién soy hijo? Niños indocumentados y solos en custodia de la inmigración de EE. UU. University of California Press. https://doi.org/10.1525/9780520961449

Abisoye. (2021, 13 de agosto). Los poderes mitológicos de las orejas de Obbá. Plus, TV Africa. https://plustvafrica.com/the-mythological-powers-of-obas-ears/

Amarachi. (2017, 10 de diciembre). orisha: La leyenda de Changó y sus esposas. Travel with a Pen Nigerian Travel Blog. https://www.travelwithapen.com/orisha-legend-sango-wives/

Celebrar a Obatalá, el orisha que hizo el mundo y la gente. (2022, 26 de septiembre). New York Latin Culture Magazine TM; Revista de cultura latina de Nueva York. https://www.newyorklatinculture.com/Obatalá/

Control de las estaciones en el nuevo reino - Los conceptos religiosos yoruba. (s.f.). Google.com. https://sites.google.com/site/theyorubareligiousconcepts/control-of-the-seasons-in-the-new-kingdom

Nut_Meg, O. (s.f.). Oshun. Obsidianportal.com. https://god-touched.obsidianportal.com/characters/oshun-1

Oshún. (s.f.). AboutSanteria. http://www.aboutsanteria.com/ochuacuten.html

Oshún pierde su belleza. (s.f.). Uua.org. https://www.uua.org/re/tapestry/children/signs/session13/oshun

Prince_miraj. (s.f.). Cómo Oshun atrajo a Ogun del bosque. Wattpad.com. https://www.wattpad.com/522478079-nigerian-tribe-myth%27s-african-how-oshun-lured-ogun

Roy, M. (2020, 7 de mayo). Eshu, dios embaucador yoruba. Minute Mythology. https://medium.com/minute-mythology/eshu-yoruba-trickster-god-a09fd22ca48c

Santos, E. (2020). Oshum. Solisluna Editora.

El nacimiento de Oshun ibu yumu - los conceptos religiosos yoruba. (s.f.). Google.com

. https://sites.google.com/site/theyorubareligiousconcepts/the-birth-of-oshun-ibu-yumu-1

Los editores de la Enciclopedia Británica. (2015). Eshu. En Enciclopedia Británica.

Colaboradores de la Wikipedia. (2022, 22 de diciembre). Aganju. Wikipedia, La enciclopedia libre. https://en.wikipedia.org/w/index.php?title=Aganju&oldid=1128829112

Yemayá abandona a Arganyu en Oshuns Ile – Conceptos religiosos yoruba. (s.f.). Google.com. https://sites.google.com/site/theyorubareligiousconcepts/Yemayá-abandons-arganyu-in-oshuns-ile

Yemayá ofrece a Oshun casarse con Arganyu - Conceptos religiosos yoruba. (s.f.). Google.com. https://sites.google.com/site/theyorubareligiousconcepts/Yemayá-offers-oshun-marriage-with-arganyu

Aletheia. (2018, 4 de marzo). Divino Masculino: 9 maneras de despertar su Shiva interior   LonerWolf. LonerWolf.

Escuela Anusara de hatha yoga. (2022, 28 de agosto). 6 maneras fáciles de conectar con lo divino femenino. Anusara School of Hatha Yoga. https://www.anusarayoga.com/6-easy-ways-to-connect-with-divine-feminine/

Davis, F. (2021, 8 de octubre). Cómo encarnar sus cualidades divinas femeninas. Karma and Luck. https://www.karmaandluck.com/blogs/news/divine-feminine-qualities

Divino Femenino: Significado, orígenes y más. (sin fecha). Tiny Rituals. https://tinyrituals.co/blogs/tiny-rituals/divine-feminine

Tiodar, A. (2021, 1 de junio). 11 asombrosas cualidades de la Divino femenino explicadas. Subconscious Servant. https://subconsciousservant.com/divine-feminine-qualities/

En qué consiste lo «divino femenino» y 9 formas en que cualquiera puede encarnarlo. (2021, 22 de marzo). Mindbodygreen. https://www.mindbodygreen.com/articles/divine-feminine

Rodríguez, C. (2020, 23 de agosto). 10 plantas representativas de Oshún. Ashé pa mi Cuba. https://ashepamicuba.com/en/plantas-de-oshun/

Diosa Oshún. (2012, 21 de enero). Viaje a la diosa. https://journeyingtothegoddess.wordpress.com/2012/01/21/goddess-oshun/

Mi yoruba. (sin fecha). Tumblr. https://myoruba.tumblr.com/post/82996905534/oshuns-herbs

Rhys, D. (2022, 6 de noviembre). Oshun – simbolismo de la diosa yoruba. Symbol Sage. https://symbolsage.com/african-goddess-of-love/

Kaufman, A. (2022, 31 de octubre). Ofrendas a Oshun: ¿Cuáles son las ofrendas a Oshun para pedir ayuda? Digest From Experts. https://digestfromexperts.com/4516/oshun-offerings/

Universo, V. (2014, 8 de septiembre). Receta de sopa de calabaza Butternut de Oshun. Universo Vudú. https://www.patheos.com/blogs/voodoouniverse/2014/09/oshuns-butternut-squash-soup-recipe/

View all posts by Simone Soulel Co. (2019, septiembre 10). Recetas del día de fiesta de Oshun: ¡Ñames con miel! La Enciclopedia Bruja. https://coven90210.wordpress.com/2019/09/10/oshuns-feast-day-recipes-honey-yams/

Scott-James, N. (2020, 30 de octubre). Ori Ye O: Honrando a la diosa yoruba Oshun. The Alchemist's Kitchen. https://wisdom.thealchemistskitchen.com/ori-ye-ye-o-yoruba-goddess-oshun/

Siren Says. (2009, 11 de mayo). Siren Says. https://sirensays.wordpress.com/2009/05/11/oshun-altar/

Cómo invocar la energía de la diosa yoruba Oshun. (2018, 20 de abril). Vice.Com. https://www.vice.com/en/article/3kjepv/how-to-invoke-oshun-yoruba-goddess-orisha

Urošević, A. (2015, 23 de septiembre). Limpieza espiritual en ifá: Baños «agrios» y «dulces». Amor et Mortem. https://amoretmortem.wordpress.com/2015/09/23/spiritual-cleansing-in-ifa-sour-and-sweet-baths

Lousfey, D. (s.f.). Hechizos de amor. SHUBHAM

Ritual Oshun con Yeye Luisah Teish para el amor y la prosperidad presentado por el Neighborhood Story Project. (s.f.). P.5 Ayer dijimos mañana. https://www.prospect5.org/programs/pp46cnl2n50rmcbjegutylqka9e4tx

Botánica, Y. [@YeyeoBotanica]. (2019, 29 de agosto). Ritual de la fertilidad Oshun | Yeyeo Botánica. Youtube. https://www.youtube.com/watch?v=RFAZQSWRIp4

Botánica, Y. [@YeyeoBotanica]. (2017, 30 de enero). Protección de Oshun y petición especial | Yeyeo Botanica. Youtube. https://www.youtube.com/watch?v=RFAZQSWRIp4

Sin título. (s.f.). Twinkl.Co.In. https://www.twinkl.co.in/event/osun-festival-nigeria-2023

Rankin, L. M. (2019, 3 de julio). Una diosa para dar y recibir amor. Human Parts. https://humanparts.medium.com/a-goddess-for-giving-and-receiving-love-7541cb73ad65

Viajes sagrados con Bruce feiler. (s.f.). VIAJES SAGRADOS CON BRUCE FEILER. https://www.pbs.org/wgbh/sacredjourneys/content/osun-osogbo/

Regla De Ocha, ., Candomble, ., Lucumi, ., Oyo, ., Palo, ., Palo, M. ., santería, M. ., & ifá, Y. . (s.f.). Regla de Ocha Candomble Lucumi Oyo Palo Mayumbe Palo Monte Santeria Vodun yoruba Ifa Religious Practices. Bop.gov. https://www.bop.gov/foia/docs/orishamanual.pdf

Top 10 oraciones a Oshun. (s.f.). Pinterest. https://www.pinterest.com/ideas/oshun-prayer/899688434063/

Acerca de: Babalawo. (s.f.). DBpedia. https://dbpedia.org/page/Babalawo

Acerca de: *Ori* (yoruba). (s.f.). DBpedia. https://dbpedia.org/page/Ori_(yoruba)

Ajogun. (s.f.). Wiktionary.org. https://en.wiktionary.org/wiki/Ajogun

Alamy Limited. (s.f.). Monarca de Osun Osogbo: *Ataoja* de Osogbo luciendo su corona sagrada el día de Osun. Alamy.com. https://www.alamy.com/osun-osogbo-monarch-ataoja-of-osogbo-wearing-his-sacred-crown-on-osun-day-image425916626.html

Dopamu, A. (2008). Predestinación, destino y fe en tierra yoruba: ¿Algún punto de encuentro? Global Journal of Humanities, 7(1 & 2), 37-39. https://www.ajol.info/index.php/gjh/article/view/79372

Facebook. (s.f.). Facebook.com. https://web.facebook.com/StJohnsSpiritualBaptistChurch/posts/omi-tutu-that-is-water-that-calmsthis-ritual-is-very-oldthere-are-many-reasons-f/1874345729265590/?_rdc=1&_rdr

LibGuides: Religiones tradicionales africanas: ifá: Capítulo 5: Nuestros antepasados están ahora con nosotros. (2021). https://atla.libguides.com/c.php?g=1138564&p=8384925

Recio, S. (2019, 14 de febrero). ¿Qué he hecho yo? Y otras respuestas a sus preguntas -. Sili Recio. https://silirecio.com/blog/what-have-i-done-and-other-answers-to-your-questions

El *Ataoja* de la tierra de Osogbo. (s.f.). Google Arts & Culture. https://artsandculture.google.com/asset/the-ataoja-of-osogbo-land/JwEH7uuwlNpEcQ?hl=en

El abogado espiritual. (2019, 24 de septiembre). *Ashe*: Qué es y por qué es importante. TheSpiritualAttorney. https://www.thespiritualattorney.com/post/manage-your-blog-from-your-live-site

(Sin fecha). Blackpast.org. https://www.blackpast.org/global-african-history/ile-ife-ca-500-b-c-e/

(2019, 25 de diciembre). Oshun: diosa africana del amor y las aguas dulces. Ancient Origins Reconstrucción de la historia del pasado de la humanidad; Ancient Origins. https://www.ancient-origins.net/myths-legends-africa/oshun-african-goddess-love-and-sweet-waters-002908

Anzaldua, G. (2009). Yemayá. En A. L. Keating, W. D. Mignolo, I. Silverblatt, & S. Saldívar-Hull (Eds.), The Gloria Anzaldúa Reader (pp. 242-242). Duke University Press.

Beyer, C. (2012a, 11 de junio). Los orishas. Learn Religions. https://www.learnreligions.com/who-are-the-orishas-95922

Beyer, C. (2012b, 14 de junio). Los orishas: Orunla, Osain, Oshun, Oya y Yemayá. Aprender Religiones. https://www.learnreligions.com/orunla-osain-oshun-oya-and-yemaya-95923

Brandon, G. (2018). Orisha. En enciclopedia británica.

Canson, P. E. (2014). Yemonja. En Enciclopedia Británica.

Tradición y prácticas de la santería cubana. (s.f.). Anywhere.com. https://www.anywhere.com/cuba/travel-guide/santeria

Eze, C. (2022, 25 de septiembre). Mitología yoruba: Los orishas de la raza yoruba. The Guardian Nigeria News - Nigeria and World News; Guardian Nigeria. https://guardian.ng/life/yoruba-mythology-the-orishas-of-the-yoruba-race/

Mark, J. J. (2021). Orisha. Enciclopedia de Historia Mundial. https://www.worldhistory.org/orisha/

Merten, P. (2018, 31 de julio). En Cuba, la santería florece dos décadas después de que se levantara la prohibición. The GroundTruth Project. https://thegroundtruthproject.org/cuba-santeria-catholicism-religion-flourish-two-decades-freedom-granted/

Murphy, J. M. (1988). Santería: Una religión africana en América. Beacon Press.

Rhys, D. (2020, 1 de diciembre). Yemayá (yemoja) - Reina yoruba del mar. Symbol Sage. https://symbolsage.com/yemaya-queen-of-the-sea/

Rituales y costumbres. (sin fecha). BBC. https://www.bbc.co.uk/religion/religions/santeria/ritesrituals/rituals.shtml

Deidades de la santería. (s.f.). BBC. https://www.bbc.co.uk/religion/religions/santeria/beliefs/orishas.shtml

Sawe, B. E. (2019, 17 de abril). ¿Qué es la religión yoruba? Creencias y origen yoruba. WorldAtlas. https://www.worldatlas.com/articles/what-is-the-yoruba-religion.html

Snider, A. C. (2019, 9 de julio). La historia de Yemayá, la diosa reina del océano, sirena de la santería. Yahoo Life. https://www.yahoo.com/lifestyle/history-yemaya-santeria-apos-queenly-144630513.html

¿Qué es la santería? (s.f.). AboutSanteria. http://www.aboutsanteria.com/what-is-santeria.html

Wigington, P. (2011, 15 de noviembre). ¿Qué es la santería? Learn Religions. https://www.learnreligions.com/about-santeria-traditions-2562543

Wigington, P. (2019, 29 de noviembre). La religión yoruba: Historia y creencias. Learn Religions. https://www.learnreligions.com/yoruba-religion-4777660

Yoruba. (s.f.). Everyculture.com. https://www.everyculture.com/wc/Mauritania-to-Nigeria/Yoruba.html

Mito de la creación yoruba. (s.f.). Gateway-africa.com. https://www.gateway-africa.com/stories/Yoruba_Creation_Myth.html

(s.f.). Teenvogue.com. https://www.teenvogue.com/story/the-history-of-yemaya-goddess-mermaid

Amata. (2016, 5 de agosto). Historias sagradas de los orishas. Viaje de una reina africana del siglo XXI. https://giramatans.wordpress.com/2016/08/05/sacred-stories-of-the-orishas/

Control de las estaciones en el nuevo reino - Los conceptos religiosos yoruba. (sin fecha). Google.com. https://sites.google.com/site/theyorubareligiousconcepts/control-of-the-seasons-in-the-new-kingdom

Sabiduría de la diosa: La historia de Yemayá. (2013, 18 de julio). El arco iris del amor propio; la bendición que se manifiesta. https://www.selfloverainbow.com/2013/07/goddess-wisdom-yemayas-story.html

Importancia de la mitología. (s.f.). Prezi.com. https://prezi.com/remyxkfdbc4o/importance-of-mythology/

En busca de mitos y héroes. ¿Qué es un mito? (s.f.). Pbs.org. https://www.pbs.org/mythsandheroes/myths_what.html

Matrimonio de Oba Nani y Changó - los conceptos religiosos yoruba. (s.f.). Google.com. https://sites.google.com/site/theyorubareligiousconcepts/marriage-of-oba-nani-and-shango

Rhys, D. (2020a, 1 de diciembre). Olokun - orisha de las profundidades del océano. Symbol Sage. https://symbolsage.com/olokun-sprit-of-waters/

Rhys, D. (2020b, 1 de diciembre). Yemayá (yemoja) - Reina yoruba del mar. Símbolo sabio. https://symbolsage.com/yemaya-queen-of-the-sea/

La separación de Oya y Yemayá - Los conceptos religiosos yoruba. (s.f.). Google.com. https://sites.google.com/site/theyorubareligiousconcepts/marriage-of-oba-nani-and-shango/the-separation-of-oya-and-yemaya-1

Turnbull, L. (2022, 28 de octubre). Yemayá, la diosa santera del océano. Goddess Gift; The Goddess Path. https://goddessgift.com/goddesses/yemaya/

Yemayá abandona a Arganyu en Oshuns Ile - Los conceptos religiosos yoruba. (s.f.). Google.com.

https://sites.google.com/site/theyorubareligiousconcepts/yemaya-abandons-arganyu-in-oshuns-ile

Yemayá se convierte en la Apetebi (mujer de Orula) - The Yoruba Religious Concepts. (s.f.). Google.com. https://sites.google.com/site/theyorubareligiousconcepts/yemaya-becomes-the-apetebi-woman-of-orula-1

Yemayá ofrece a Oshun matrimonio con Arganyu - The Yoruba Religious Concepts. (s.f.). Google.com. https://sites.google.com/site/theyorubareligiousconcepts/yemaya-offers-oshun-marriage-with-arganyu

Beyer, C. (s.f.). Sincretismo - ¿Qué es el sincretismo? Learn Religions. https://www.learnreligions.com/what-is-syncretism-p2-95858

Snider, A. C. (2019, 9 de julio). La historia de Yemayá, la diosa reina del océano sirena de la santería. Teen Vogue. https://www.teenvogue.com/story/the-history-of-yemaya-goddess-mermaid

Viarnés, C. (s.f.). Todos los caminos llevan a Yemayá: Trayectorias transformativas en la procesión de Regla. Hemisphericinstitute.Org. https://hemisphericinstitute.org/en/emisferica-5-1-traveling/5-1-essays/all-roads-lead-to-yemaya-transformative-trajectories-in-the-procession-at-regla.html

Gardner, L. (2009, 29 de septiembre). Cultos a los santos: introducción a la santería. Llewellyn Worldwide. https://www.llewellyn.com/journal/article/2048

Chai, S. C. (2021, 9 de noviembre). La Virgen María y el azul: ¿Cuál es su significado? - F O R M F L U E N T. F O R M F L U E N T. https://formfluent.com/blog/the-virgin-mary-and-blue-what-is-the-significance

Dorsey, L. (2015, 7 de septiembre). Cómo crear un espacio sagrado para Yemayá. Voodoo Universe. https://www.patheos.com/blogs/voodoouniverse/2015/09/how-to-create-a-sacred-space-yemaya/

Jorgenson, J. (2019, 13 de julio). Explorando a la diosa yorubá Yemayá. Exemplore. https://exemplore.com/wicca-witchcraft/Exploring-the-Yorb-Goddess-Yemayá

Kaufman, A. (2022, 3 de septiembre). ¿Cómo conectar con Yemayá? Goddess Yemayá altar setup, offering, & more. Digest From Experts. https://digestfromexperts.com/4361/how-to-connect-with-yemaya-altar-offerings/

Rezos para Yemayá - palabras poderosas y profundas para oradores. (s.f.). Prayerist.com. https://prayerist.com/prayer/yemaya

Toni. (2019, 14 de febrero). Conectar con Yemayá. En clave de alma. https://www.inthekeyofsoul.com/mainblog/yemaya

Zeeshan. (2022, 30 de enero). Cómo conectar con Yemayá. Digital Global Times. https://digitalglobaltimes.com/how-to-connect-with-yemaya/

Morgaine, R. (2021). Yemayá: orisha, diosa y reina del mar. Weiser Books.

Kaufman, A. (2022, 3 de septiembre). ¿Cómo conectar con Yemayá? Configuración del altar de la diosa Yemayá, ofrendas y más. Digest From Experts. https://digestfromexperts.com/4361/how-to-connect-with-yemaya-altar-offerings/

Quinn, A. (2018, 28 de septiembre). Beneficios de los santuarios en el hogar que cambian la vida. Abbeygale Quinn. https://abbeygalequinn.com/benefits-of-home-shrines/

Crear un altar de orishas. (s.f.). Original Botánica. https://originalbotanica.com/blog/creating-an-orisha-altar-

Aprender a rendirse: Las lecciones sagradas de Yemayá. Atmos. https://atmos.earth/ocean-conservation-santeria-yemaya-lessons/

BAÑOS DE PURIFICACIÓN CON YEMAYÁ. (2021, 20 de mayo). BOTÁNICA OCHUN. https://botanicaochunco.com/purification-baths-with-yemaya/

Gómez, A. R. (2010, 29 de marzo). Hechizo: Ritual de baño con Yemayá. Llewellyn Worldwide. https://www.llewellyn.com/spell.php?spell_id=4038

Nana. (2014, 7 de diciembre). REVELADO EL MAYOR SECRETO SOBRE EL HECHIZO DE AMOR YEMAYÁ. LA VERDAD. Hechizos de amor. https://lovespell.tips/yemaya-spells-for-love-that-works/

Crawshaw, E. (2021, 26 de octubre). Ocho hechizos y rituales para el amor propio. Mysticum Luna. https://mysticumluna.com/blogs/blog/10-spells-and-rituals-for-self-love

Amogunla, F. (2020, 6 de diciembre). Danza, agua y oraciones: Celebrar a la diosa Yemayá. Al Jazeera. https://www.aljazeera.com/features/2020/12/6/dance-water-and-prayers-celebrating-the-goddess-yemoja

Celebrando a Yemayá: La madre del océano y el mar en las tradiciones de la diáspora africana. (sin fecha). Daily Kos. https://www.dailykos.com/stories/2022/7/10/2108414/-Celebrating-Yemayá-The-mother-of-the-ocean-and-sea-in-African-diasporic-traditions

Grimond, G. (2017, 30 de junio). La diosa del mar de Brasil: Todo lo que necesita saber sobre el festival de Yemayá. Culture Trip; The Culture Trip. https://theculturetrip.com/south-america/brazil/articles/brazils-goddess-of-the-sea-everything-you-need-to-know-about-festival-of-iemanja/

Slama, F. (2020, 23 de enero). Festival Yemayá. Salvador - Bahia - Mix It Up. https://www.salvadordabahia.com/en/iemanja-festival/

Zelenková, B. (s.f.). Yemayá: Una celebración uruguaya de la diosa yoruba del mar. Ethnologist.Info. https://ethnologist.info/2019/04/25/iemanja-a-uruguayan-celebration-of-the-yoruba-goddess-of-the-sea/

Un ritual a Yemayá - madre cuyos hijos son los peces. (2018, 31 de enero). Judith Shaw - La vida al límite. https://judithshaw.wordpress.com/2018/01/31/a-ritual-to-yemaya-mother-whose-children-are-the-fish/

Atmos. (2022, 21 de junio). Aprender a rendirse: Las lecciones sagradas de Yemayá. Atmos. https://atmos.earth/ocean-conservation-santeria-yemaya-lessons/

Instituto del Celebrante. (2011, 23 de diciembre). Un ritual de agua de la diosa para fin de año. Espiritualidad y Salud. https://www.spiritualityhealth.com/blogs/spirituality-health/2011/12/23/celebrant-institute-goddess-water-ritual-new-years-eve

Episodio 51- Yemayá, la orisha yoruba «madre de todo» - segunda parte de conchas marinas y diosas del océano. (s.f.). Moonriverrituals.com. https://moonriverrituals.com/episode-51-yemaya-the-yoruba-orisha-mother-of-all-part-2-of-seashells-and-ocean-goddesses/

Productos originales. (2018, 31 de diciembre). Yemayá: La diosa del año nuevo. Original Botánica; www.originalbotanica.com#creator. https://originalbotanica.com/blog/yemaya-the-goddess-of-the-new-year

Ratcliffe, D. (2017, 7 de junio). Un ritual de sanación para Yemayá (y para TI) en el Día Mundial de los Océanos. Inner Journey Events Blog. https://innerjourneyevents.wordpress.com/2017/06/07/a-healing-ritual-for-yemaya-and-you-on-world-oceans-day/

Reduzca el consumo de agua en casa. (2012, 24 de enero). Sswm.Info; seecon international gmbh. https://sswm.info/taxonomy/term/2658/reduce-water-consumption-at-home

Fiesta de Yemayá: Los uruguayos acuden a la playa para rendir homenaje a la diosa del mar. (s.f.). https://www.outlookindia.com/. Consultado el 28 de noviembre de 2022, del sitio Web: https://www.outlookindia.com/international/yemanja-feast-day-uruguans-flock-to-the-beach-to-pay-ode-to-sea-goddess-photos-66798?photo-1.

Fuentes de imágenes

[1] https://unsplash.com/photos/Ue5kuMVmIhU

[2] TYalaA, CC BY-SA 4.0 https://creativecommons.org/licenses/by-sa/4.0, vía Wikimedia Commons https://commons.wikimedia.org/wiki/File:Goddess_Ma%27at_or_Maat_of_Ancient_Egypt_-_reconstructed.png

[3] Image_of_an_African_Songye_Power_Figure_in_the_collection_of_the_Indianapolis_Museum_of_Art_(2005.21).jpg: RichardMcCoyderobra derivada: IdLoveOne, CC BY-SA 3.0 https://creativecommons.org/licenses/by-sa/3.0, vía Wikimedia Commons https://commons.wikimedia.org/wiki/File:Image_of_an_African_Songye_Power_Figure_in_the_collection_of_the_Indianapolis_Museum_of_Art_(2005.21)-EDIT.jpg

[4] Omoeko Media, CC BY-SA 4.0 https://creativecommons.org/licenses/by-sa/4.0, vía Wikimedia Commons https://commons.wikimedia.org/wiki/File:Orishas_in_Oba%27s_palace,_Abeokuta.jpg

[5] Ji-Elle, CC BY-SA 4.0 https://creativecommons.org/licenses/by-sa/4.0, vía Wikimedia Commons https://commons.wikimedia.org/wiki/File:Trinidad-Santer%C3%ADa_(1).jpg

[6] https://unsplash.com/photos/n_GkKJCGgBI

[7] https://unsplash.com/photos/7LsyosoO0GQ

[8] https://unsplash.com/photos/zI84PsYBODg

[9] https://unsplash.com/photos/k44X7D5bpms

[10] Ji-Elle, CC BY-SA 4.0 https://creativecommons.org/licenses/by-sa/4.0, vía Wikimedia Commons https://commons.wikimedia.org/wiki/File:La_Havane-Vente_d%27articles_religieux-Santer%C3%ADa_(4).jpg

[11] Teogomez, CC BY-SA 3.0 http://creativecommons.org/licenses/by-sa/3.0/, vía Wikimedia Commons https://commons.wikimedia.org/wiki/File:Grisgristuareg.JPG

[12] https://unsplash.com/photos/tGIB7t4LIJY

[13] *Fastaschool, CC BY-SA 4.0* https://creativecommons.org/licenses/by-sa/4.0/deed.en *vía Wikimedia Commons*
https://commons.wikimedia.org/wiki/File:The_Yoruba_Cultural_Group_Children_of_Fasta_International_School_-_Photo_Session.jpg

[14] *Creador:Dierk Lange, CC BY-SA 2.5* https://creativecommons.org/licenses/by-sa/2.5/deed.en *vía Wikimedia Commons*
https://commons.wikimedia.org/wiki/File:Obatalá_Priester_im_Tempel.jpg

[15] https://unsplash.com/photos/Oze6U2m1oYU

[16] https://unsplash.com/photos/obsBswnv7FI

[17] https://pixnio.com/miscellaneous/seashell-mollusk-conch-gastropod#

[18] *Kehinde1234, CC BY-SA 4.0* https://creativecommons.org/licenses/by-sa/4.0, *vía Wikimedia Commons* https://commons.wikimedia.org/wiki/File:Babalawo_Akinropo_(AKA_%E1%BB%8Cs%E1%BA%B9-tura_il%E1%BA%B9%CC%80_%C3%8Cb%C3%A0d%C3%A0n).jpg

[19] *Dornicke, CC BY-SA 4.0* https://creativecommons.org/licenses/by-sa/4.0, *vía Wikimedia Commons* https://commons.wikimedia.org/wiki/File:Opele_if%C3%A1_MN_01.jpg

[20] *Edithobayaa1, CC BY-SA 4.0* https://creativecommons.org/licenses/by-sa/4.0, *vía Wikimedia Commons* https://commons.wikimedia.org/wiki/File:Palm_nut_in_Ghana.jpg

[21] *Happycheetha32, CC BY-SA 4.0* <https://creativecommons.org/licenses/by-sa/4.0>, *via Wikimedia Commons* https://commons.wikimedia.org/wiki/File:Ellegua.jpg

[22] *Museo de Brooklyn, CC BY 3.0* https://creativecommons.org/licenses/by/3.0, *vía Wikimedia Commons* https://commons.wikimedia.org/wiki/File:Brooklyn_Museum_2009.39.1_Asafo_Company_Flag_Frankaa.jpg

[23] https://www.pexels.com/photo/photo-of-woman-lighting-the-candlesticks-6192006/

[24] https://www.pexels.com/photo/women-of-massai-tribe-11679893/

[25] https://unsplash.com/photos/7PWISrkiPW4

[26] *Peter Rivera from Stamford, CT, USA, CC BY 2.0* <https://creativecommons.org/licenses/by/2.0>, *via Wikimedia Commons* https://commons.wikimedia.org/wiki/File:African_mask_(3146098034).jpg

[27] *Daderot, CC0, via Wikimedia Commons* https://commons.wikimedia.org/wiki/File:Tutelary_Deity_or_Guardian_Figure_(alusi),_Nigeria,_Igbo_people,_c._1935,_wood,_paint_-_Chazen_Museum_of_Art_-_DSC01780.JPG

[28] https://www.pexels.com/photo/photography-of-a-woman-meditating-906097/

[29] https://pxhere.com/es/photo/1363848

[30] https://unsplash.com/photos/uGDH9jS9bfo

[31] https://unsplash.com/photos/GRI_6wnQjjs

[32] https://unsplash.com/photos/X1GZqv-F7Tw

[33] *Ayo Adewunmi, CC BY-SA 4.0< https://creativecommons.org/licenses/by-sa/4.0 >, a través de Wikimedia Commons https://commons.wikimedia.org/wiki/File:Ayo_Adewunmi_-_Yoruba_Dancers.jpg*

[34] *Daderot, CC0, a través de Wikimedia Commons https://commons.wikimedia.org/wiki/File:Pottery_shrine_piece,_Ibo_-_African_objects_in_the_American_Museum_of_Natural_History_-_DSC05998.JPG*

[35] *Happycheetha32, CC BY-SA 4.0< https://creativecommons.org/licenses/by-sa/4.0 >, a través de Wikimedia Commons https://commons.wikimedia.org/wiki/File:Ellegua.jpg*

[36] *Isha, CC BY 3.0< https://creativecommons.org/licenses/by/3.0 >, a través de Wikimedia Commons https://commons.wikimedia.org/wiki/File:Oxal%C3%A1.jpg*

[37] *Cliff1066, CC BY 2.0< https://creativecommons.org/licenses/by/2.0 >, a través de Wikimedia Commons https://commons.wikimedia.org/wiki/File:Yoruba_Shango.jpg*

[38] *Infrogación de Nueva Orleans, CC BY 3.0< https://creativecommons.org/licenses/by/3.0 >, a través de Wikimedia Commons https://commons.wikimedia.org/wiki/File:BRStateMuseumJuly08VoodooAltar.jpg*

[39] *Designed by Freepik, https://www.freepik.com/free-photo/lonely-grey-black-space-park-despair_1239157.htm*

[40] *https://www.pexels.com/photo/people-celebrating-at-a-traditional-festival-5377719/*

[41] *DEGAN Gabin, CC BY-SA 4.0< https://creativecommons.org/licenses/by-sa/4.0 >, a través de Wikimedia Commons https://commons.wikimedia.org/wiki/File:The_resplendent_colors_of_the_Egun-guns.jpg*

[42] *Susanne Bollinger, CC BY-SA 4.0< https://creativecommons.org/licenses/by-sa/4.0 >, a través de Wikimedia Commons https://commons.wikimedia.org/wiki/File:SB090_Santer%C3%ADa_altar.JPG*

[43] *https://www.pexels.com/photo/woman-meditating-in-the-outdoors-2908175/*

[44] *Calvin Hennick, para WBUR Boston, CC BY 3.0 <https://creativecommons.org/licenses/by/3.0>, vía Wikimedia Commons https://commons.wikimedia.org/wiki/File:Haitian_vodou_altar_to_Petwo,_Rada,_and_Gede_spirits;_November_5,_2010..jpg*

[45] *Nheyob, CC BY-SA 4.0 <https://creativecommons.org/licenses/by-sa/4.0>, vía Wikimedia Commons https://commons.wikimedia.org/wiki/File:Saint_Luke_Catholic_Church_(Danville,_Ohio)_-_stained_glass,_Saints_Teresa_of_Avila,_Clare_of_Assisi,_Monica,_and_the_Immaculate_Conception.JPG*

[46] *Wood, J. G. (John George), CC BY-SA 4.0 <https://creativecommons.org/licenses/by-sa/4.0>, vía Wikimedia Commons https://commons.wikimedia.org/wiki/File:African_Warriors_Skirmish.jpg*

[47] *https://www.pexels.com/photo/body-of-water-between-green-leaf-trees-709552/*

[48] *https://www.pexels.com/photo/two-woman-looking-on-persons-bracelet-667203/*

[49] *https://commons.wikimedia.org/wiki/File:VeveOgoun.svg*

[50] *https://pixabay.com/es/illustrations/chakra-centros-energ%c3%a9ticos-cuerpo-3131630/*

[51] *Adoscam, CC BY-SA 4.0* <https://creativecommons.org/licenses/by-sa/4.0>, vía Wikimedia Commons https://commons.wikimedia.org/wiki/File:Graines_d%C3%A9cortiqu%C3%A9es_de_gousse_de_poivre_de_Guin%C3%A9e_ou_de_maniguette_ou_de_graine_de_paradis_ou_(ou_encore_atakoun_au_B%C3%A9nin).jpg

[52] あおもりくま、*Aomorikuma, CC BY-SA 4.0* <https://creativecommons.org/licenses/by-sa/4.0>, vía Wikimedia Commons https://commons.wikimedia.org/wiki/File:Red_Jasper_Tugaru_Nishikiishi_Japan_IMG_8854.jpg

[53] https://pixabay.com/es/photos/machete-tronco-naturaleza-campo-4528976/

[54] *Museo de Brooklyn, CC BY 3.0* <https://creativecommons.org/licenses/by/3.0>, vía Wikimedia Commons https://commons.wikimedia.org/wiki/File:Brooklyn_Museum_22.578_Axe_with_Handle_and_Blade.jpg

[55] https://unsplash.com/photos/2zGTh-S5moM

[56] https://www.pexels.com/photo/a-dark-brown-liquor-in-a-decanter-7253927/

[57] https://commons.wikimedia.org/wiki/File:Acentamento_de_Ogum,_Orossi.,JPG

[58] *Turismo sudafricano de Sudáfrica, CC BY 2.0* <https://creativecommons.org/licenses/by/2.0>, vía Wikimedia Commons https://commons.wikimedia.org/wiki/File:Zulu_Culture,_KwaZulu-Natal,_South_Africa_(20325264550).jpg

[59] *Tmanner38, CC BY-SA 4.0* https://creativecommons.org/licenses/by-sa/4.0, vía Wikimedia Commons https://commons.wikimedia.org/wiki/File:Birth_of_Oshun_HR.JPG.jpg

[60] fenixcs, *Attribution-NonCommercial-NoDerivs 2.0 Generic, CC BY-NC-ND 2.0* <https://creativecommons.org/licenses/by-nc-nd/2.0/> https://www.flickr.com/photos/fenixcsmar/34206000186

[61] https://unsplash.com/photos/r6_xcsNg0kw

[62] *Attribution-NonCommercial-NoDerivs 2.0 Generic CC BY-NC-ND 2.0 DEED* <https://creativecommons.org/licenses/by-nc-nd/2.0/> https://www.flickr.com/photos/fenixcsmar/33227614663

[63] https://pxhere.com/en/photo/247503

[64] https://unsplash.com/photos/6LTAljmu2cY

[65] https://unsplash.com/photos/oO62CP-g1EA

[66] https://unsplash.com/photos/_7S3tOs424o

[67] https://www.rawpixel.com/image/5943767/free-public-domain-cc0-photo

[68] https://unsplash.com/photos/lH973Qz0Iy4

[69] https://unsplash.com/photos/K0E6E0a0R3A

[70] https://unsplash.com/photos/66qsl7ia2cE

[71] Image by Sylwia Głowska from Pixabay https://pixabay.com/photos/africa-the-festival-man-piece-3644226/

[72] *Este archivo está bajo licencia Creative Commons Attribution-Share Alike 2.5 Generic*<https://creativecommons.org/licenses/by-sa/2.5/deed.en> https://upload.wikimedia.org/wikipedia/commons/9/9d/Yemayá-NewOrleans.jpg

[73] https://unsplash.com/photos/6jYoil2GhVk

[74] https://unsplash.com/photos/cNtMy74-mnI

[75] Christian Pirkl, CC BY-SA 4.0 https://creativecommons.org/licenses/by-sa/4.0, vía Wikimedia Commons https://upload.wikimedia.org/wikipedia/commons/e/e7/Virgin_de_Regla_Cuba_001.jpg

[76] https://unsplash.com/photos/0chVl3b15MQ

[77] https://unsplash.com/photos/2pUP1Ts1bmo

[78] https://unsplash.com/photos/8Gl7Ew-q6D8

[79] https://unsplash.com/photos/ZdMg-ILt20A

[80] Sodabottle, CC BY-SA 3.0 https://creativecommons.org/licenses/by-sa/3.0, vía Wikimedia Commons https://commons.wikimedia.org/wiki/File:Cowrie_shells_-_sozhi_roll_of_3.jpg

[81] https://unsplash.com/photos/qzoSJlPxS9k

[82] https://unsplash.com/photos/ag8O-k-DzC0

[83] Greg Willis, CC BY-SA 2.0 https://creativecommons.org/licenses/by-sa/2.0, vía Wikimedia Commons https://commons.wikimedia.org/wiki/File:Voodoo_Altar_New_Orleans.jpg

[84] https://unsplash.com/photos/5PVLPi7oenA

[85] https://unsplash.com/photos/-p7amImLLqs

www.ingramcontent.com/pod-product-compliance
Lightning Source LLC
Chambersburg PA
CBHW051856160426
43209CB00006B/1329